모빌리티

이 저서는 2018년 대한민국 교육부와 한국연구재단의 지원을 받아 수행된 연구임
(NRF-2018S1A6A3A03043497)

021
lity
anities
onnect

존 어리
모빌리티

존 어리 지음 ┃ 김태한 옮김
건국대학교 모빌리티인문학연구원 감수

JOHN URRY
MOBILITIES

앨피

모빌리티인문학 Mobility Humanities

모빌리티인문학은 기차, 자동차, 비행기, 인터넷, 모바일 기기 등 모빌리티 테크놀로지의 발전에 따른 인간, 사물, 관계의 실재적·가상적 이동을 인간과 테크놀로지의 공-진화co-evolution라는 관점에서 사유하고, 모빌리티가 고도화됨에 따라 발생하는 현재와 미래의 문제들에 대한 해법을 인문학적 관점에서 제안함으로써 생명, 사유, 문화가 생동하는 인문-모빌리티 사회 형성에 기여하는 학문이다.

모빌리티는 기차, 자동차, 비행기, 인터넷, 모바일 기기 같은 모빌리티 테크놀로지에 기초한 사람, 사물, 정보의 이동과 이를 가능하게 하는 테크놀로지를 의미한다. 그리고 이에 수반하는 것으로서 공간(도시) 구성과 인구 배치의 변화, 노동과 자본의 변형, 권력 또는 통치성의 변용 등을 통칭하는 사회적 관계의 이동까지도 포함한다.

오늘날 모빌리티 테크놀로지는 인간, 사물, 관계의 이동에 시간적·공간적 제약을 거의 남겨두지 않을 정도로 발전해 왔다. 개별 국가와 지역을 연결하는 항공로와 무선통신망의 구축은 사람, 물류, 데이터의 무제약적 이동 가능성을 증명하는 물질적 지표들이다. 특히 전 세계에 무료 인터넷을 보급하겠다는 구글Google의 프로젝트 룬Project Loon이 현실화되고 우주 유영과 화성 식민지 건설이 본격화될 경우 모빌리티는 지구라는 행성의 경계까지도 초월하게 될 것이다. 이 점에서 오늘날은 모빌리티 테크놀로지가 인간의 삶을 위한 단순한 조건이나 수단이 아닌 인간의 또 다른 본성이 된 시대, 즉 고-모빌리티high-mobilities 시대라고 말할 수 있다. 말하자면, 인간과 테크놀로지의 상호보완적·상호구성적 공-진화가 고도화된 시대인 것이다.

고-모빌리티 시대를 사유하기 위해서는 우선 과거 '영토'와 '정주' 중심 사유의 극복이 필요하다. 지난 시기 글로컬화, 탈중심화, 혼종화, 탈영토화, 액체화에 대한 주장은 글로벌과 로컬, 중심과 주변, 동질성과 이질성, 질서와 혼돈 같은 이분법에 기초한 영토주의 또는 정주주의 패러다임을 극복하려는 중요한 시도였다. 하지만 그 역시 모빌리티 테크놀로지의 의의를 적극적으로 사유하지 못했다는 점에서, 그와 동시에 모빌리티 테크놀로지를 단순한 수단으로 간주했다는 점에서 고-모빌리티 시대를 사유하는 데에 한계를 지니고 있었다. 말하자면, 글로컬화, 탈중심화, 혼종화, 탈영토화, 액체화를 추동하는 실재적·물질적 행위자agency로서의 모빌리티 테크놀로지를 인문학적 사유의 대상으로서 충분히 고려하지 못했던 것이다. 게다가 첨단 웨어러블 기기에 의한 인간의 능력 향상과 인간과 기계의 경계 소멸을 추구하는 포스트-휴먼 프로젝트, 또한 사물인터넷과 사이버 물리 시스템 같은 첨단 모빌리티 테크놀로지에 기초한 스마트시티 건설은 오늘날 모빌리티 테크놀로지를 인간과 사회, 심지어는 자연의 본질적 요소로 만들고 있다. 이를 사유하기 위해서는 인문학 패러다임의 근본적 전환이 필요하다.

이에 건국대학교 모빌리티인문학 연구원은 '모빌리티' 개념으로 '영토'와 '정주'를 대체하는 동시에, 인간과 모빌리티 테크놀로지의 공-진화라는 관점에서 미래 세계를 설계할 사유 패러다임을 정립하려고 한다.

아래 동학同學들을 포함해 수많은 '모바일' 동학의 제안과 토론에 깊이 감사 드린다. 피터 애디Peter Adey, 알렉스 아렐라노Alex Arellano, 마틸드 코르도바 아즈카라테Matilde Cordoba Azcarate, 프랑수와 아서François Ascher, 케이 액스하우젠Kay Axhausen, 위르겐 올레 배렌홀트Jurgen-Ole Bærenholdt, 마이클 불Michael Bull, 피터 번즈Peter Burns, 모니카 뷔셔Monika Buscher, 자비에르 칼레트리오Javier Caletrio, 노엘 카스Noel Cass, 데이비드 샬크래프트David Chalcraft, 앤 크로닌Anne Cronin, 팀 크레스웰Tim Cresswell, 모니카 데겐Monica Degen, 사올로 크웨너Saolo Cwerner, 팀 댄트Tim Dant, 브틸렌트 디켄Btilent Diken, 킹슬리 데니스Kingsley Dennis, 페니 드링크올Pennie Drinkall, 로잘린 더피Rosaleen Duffy, 마이크 페더스톤Mike Featherstone, 앤마리 포티어Annemarie Fortier, 마거릿 그리코Margaret Grieco, 미카엘 홀드럽Michael Haldrup, 케빈 해넘Kevin Hannam, 데이비드 홀리David Holley, 데이브 허튼Dave Horton, 마이클 험Michael Hulme, 류이치 키타무라Ryuichi Kitamura, 줄리엣 제인Juliet Jain, 카렌 캐플런Caren Kaplan, 뱅상 카우프만Vincent Kaufmann, 스벤 케슬링Sven Kesselring, 토마스 크바스니카Tomas Kvasnicka, 요나스 라르센Jonas Larsen, 스콧 래쉬Scott Lash, 에릭 로

리어Eric Laurier, 존 로John Law, 크리스티안 리코페Christian Licoppe, 글렌 라이언스Glenn Lyons, 애드리언 맥켄지Adrian Mackenzie, 윌 메드Will Medd, 피터 메리만Peter Merriman, 제니 저먼 몰츠Jennie Germann Molz, 그렉 노블Greg Noble, 피터 피터스Peter Peters, 콜린 풀리Colin Pooley, 메리 로즈Mary Rose, 앤드류 세이어Andrew Sayer, 미미 셸러Mimi Sheller, 엘리자베스 쇼브Elizabeth Shove, 브론 스제르스친스키Bron Szerszynski, 나이젤 스리프트Nigel Thrift, 존 트레빗John Trevitt, 에이미 어리Amy Urry, 톰 어리Tom Urry, 소일레 베욜라Soile Veijola, 지네트 베르스트라테Ginette Verstraete, 실비아 월비Sylvia Walby, 로라 와츠Laura Watts.

　이 책의 일부는 최근 몇몇 연구기금의 지원으로 집필했다. 지원해 주신 분들, 특히 이 프로젝트들에 참여한 연구자와 공동연구자들에게 깊은 감사를 전한다. 물론 이분들은 이 책의 견해에 책임이 없다. 이 책의 일부 작업은 다양한 프로젝트의 일환으로 이미 출판되었거나 출판 예정이다. 지원받은 기금명은 다음과 같다. 웨스트잉글랜드대학 교통과 사회 센터에서 수행한 '정보화 시대 여행 시간 이용 프로젝트'에 대한 EPSRC 기금, 'CHIME'와 '뉴호라이즌 소셜네트워크' 및 '미래 모빌리티 프로젝트'에 대한 교통부 기금, '지능정보 시스템과 교통'에 대한 통상산업부의 '포사이트' 프로그램, 제이크 모리스Jake Morris 및 마커스 생스터Marcus Sangster와 함께 수행한 '성장하는 장소 프로젝트'에 대한 산림위원회 기금, 로스킬데대학 지리학과 동료들과 수행한 다양한 공동연구 기금, 뮌헨을 중심으로 하는 코스모빌리티스Cosmobilities 네트워크.

랭커스터에서

차례

제1부

이동하는 세계

제1장

사회적 삶의 미동화

이동하라!
목하 맹위를 떨치는 이 말은
우리 시대의 법이자 유행이다.

[새뮤얼 테일러 콜리지Samuel Taylor Coleridge; Buzard 1993: 84에서 재인용]

이동 중

가끔은 온 세상이 이동 중인 것 같다[이에 대한 심도 있는 논의는 다음을 참조. Sheller, Urry 2006b; Hannam, Sheller, Urry 2006]. 조기 은퇴자, 유학생, 테러리스트, 디아스포라 집단, 행락객, 사업가, 노예, 스포츠 스타, 망명 신청자, 난민, 배낭여행자, 통근자, 젊고 이동적인 전문가, 매춘부, 그 외 무수한 사람들은 지금의 세상을 마음껏 누릴 수 있는 것으로, 적어도 자신의 운명으로 여기는 듯하다. 이들은 물리 데이터베이스와 전자 데이터베이스를 뒤져 근처에 있는 고속버스, 메시지, 비행기, 화물차 짐칸, 텍스트, 버스, 엘리베이터, 연락선連絡船, 기차, 자동차, 웹사이트, 와이파이 핫스팟 등을 찾아낸다. 그러면서 이 수많은 집단의 경로는 전 지구에서 이리저리 교차하고, 교통과 통신 허브에서 수시로 마주친다.

이 이동은 실로 엄청난 규모이다. 2010년에는 매년 적어도 10억 명이 합법적으로 국경을 넘어 이동하리라 예측된다(1950년 2,500만 명이었던 것과 비교해 보라). 항공기 승객은 매일 4백만 명이다. 미국 **상공**에만 매 순간 36만 명의 승객이 떠 있다. 큰 도시의 인구와 맞먹는 숫자다. 3,100만 명의 난민이 전 세계를 방황한다[Papastergiadis 2000: 10, 41, 54]. 자동차는 1998년 5억 5,200만 대였지만, 2020년에는 7억 3천만 대가 되리라 예상된다. 8.6명당 한 대를 소유하는 셈이다[Geffen, Dooley, Kim 2003]. 1800년 미국인은 평균 하루 50미터를 이동했지만, 현재는 50킬로미터를 이동한다[Buchanan 2002: 121; Axhausen 2002; Root 2000]. 오늘날 전 세계 도시민은 총 230억 킬로미터를 이동하는데, 2050년에 이르면 4배가 증가하여 1,060억 킬로미터가 될 전망이다[Schafer, Victor 2000: 171].

그렇다고 해서 예전보다 이동에 더 많은 시간을 것은 아니다. 이동 시간은 어느 사회나 상당한 편차가 있지만, 예나 지금이나 엇비슷한 수준이다. 매일 1시간쯤이다(Lyons, Urry 2005; 그러나 Van Wee, Rietveld, Meurs 2006도 참조할 것). 사람들이 더 자주 이동하는 것 같지도 않다. 근래 몇 년간 영국 내 국내 이동은 1년에 약 1,000회에 머물렀다(DTLR 2001: 표 2.1; 표 3.1).[1] 중요한 것은, 더 자주 이동하거나 '길에서' 시간을 더 보내지 않더라도 더 멀리, 그리고 더 빨리 이동한다는 것이다(이에 관한 상세한 역사적 탐구는 Pooley, Turnbull, Adams 2005 참조). 이 책은 지난 몇 십 년 동안 우편, 팩스, 인터넷, 유선전화, 이동통신, 이동형 컴퓨터 같은 다채로운 통신수단이 보급되고 그 사용량이 **증가**했는데도 왜 사람들이 여전히 물리적으로 이동하는지를 묻는다. 그리고 이러한 이동의 쓰임새, 즐거움, 어려움은 무엇인지, 이러한 이동이 사회적이고 물리적으로 어떤 영향을 미치는지를 묻는다.

여행과 관광은 전 세계적으로 최대 산업이다. 6조 5천억 달러의 가치가 있으며, 직간접적으로 전 세계 고용의 8.7퍼센트 및 GDP의 10.3퍼센트를 차지한다(World Travel and Tourism Council: WTTC 2006). 세계 200개국 이상을 대상으로 한 세계관광기구World Tourism Organization의 여행 통계에 따르면, 각국을 드나드는 방문자 수가 엄청나다는 것을 알 수 있다. 따라서, 이러한 모빌리티는 거의 모든 곳에서 영향력을 발휘한다고 할 만하다.

쉬벨부쉬Schivelbusch는 "20세기 관광객에게 세상은 시골과 도시가 즐비하게 늘어선 으리으리한 백화점이 되었다"고 대략적인 결론을 내린다. 물론 이 세계 사람들 대부분에게는 이 백화점을 마음 내키는 대로 향유

---

[1] 여기서 '국내 이동'은 쇼핑, 여가 활동, 출퇴근 등 일상적 이동까지 두루 포괄한다.

하는 것은 백일몽일 뿐이다(Schivelbusch 1986: 197). 주로 자발적이지만 때로는 그렇지 않은 이러한 이동 양태는 국경을 넘는 평화적 이동 가운데 가장 큰 규모이다. 9·11 테러, 사스,[2] 발리·마드리드·런던에서 일어난 폭탄 테러,[3] 그 밖의 지구적 참사에도 불구하고, 장기적 관점에서 보면 이런 이동이 **실질적으로** 감소했다는 증거는 보이지 않는다. 물리적 이동은 부자에게, 그리고 일부 빈자에게도 전 지구를 가로지르는 '삶의 방식'이 되었다. 피코 아이어Pico Iyer는 이렇게 이동하는 이들을 "초유의 인간 유형이자 대륙을 횡단하는 방랑족 …. 줄곧 탑승구로 향하고자 하는 환승 라운지 거류민"으로 정의하였다(Iyer undated: 6; 또한 Iyer 2000도 참조).

물건도 이동 중이다. 보통은 이동하는 신체들이 공공연하게나 은밀하게, 또는 부지불식간에 들고 간다. 또한, 다양한 공산품 부품을 다국적으로 공급하려면 세계 곳곳에 적시에 배송해야 한다. 취향의 '세계시민화cosmopolitanization'로 인하여, '북반구' 소비자는 세계 곳곳의 신선한 식재료가 '항공편'으로 식탁에 오르기를 기대하는 반면, '남반구' 소비자는 북반구에서 생산한 소비재를 흔히 우회로를 거쳐 얻어 내곤 한다. 즉, 소규모의 비공식 보따리장수가 들고 오거나, 친척이 '귀향'하면서 이삿짐 컨테이너에 실어 오거나, 밀수로 들여오는 식이다. 그리고 대개는 귀중품, 마약, 총기류, 담배, 술, 모조품, 해적판 등 불법적 상품이 대규모 흐름을 이룬다. 비디오, DVD, 라디오, 텔레비전, 캠코더, 이동전화가 종종 국경

---

2 2002년 11월 중국 광둥성에서 첫 환자가 발생하여 2003년까지 전 세계에서 유행한 중증급성호흡기증후군Severe Acute Respiratory Syndrome(SARS).
3 2002년 10월 12일 인도네시아 발리, 2004년 3월 11일 스페인 마드리드, 2005년 7월 7일 영국 런던에서 벌어진 이슬람 극단주의자의 폭탄테러 사건.

을 넘어 손에서 손으로 전달되면서 대중매체도 물질성을 지니게 된다(Spitulnik 2002).

사람과 물건의 이러한 움직임은 이산화탄소 배출량의 3분의 1을 차지하는 교통 문제와 관련하여 지구환경에 매우 큰 의미를 지닌다(Geffen, Dooley, Kim 2003). 교통은 가장 빠르게 증가하고 있는 온실가스 배출원이다. 하지만 중국을 비롯한 세계 여러 지역에서 승용차와 트럭이 증가할 것으로 예상되고, 항공 여행 및 항공운송이 급증하고 있으며, 특히 미국에서는 전 지구적 기후변화론을 비판하는 정치운동이 활발하다. 이렇게 볼 때, 온실가스 증가세가 수그러들 가능성은 낮다(본서 13장 참조). 대규모 모빌리티의 성장에는 또 다른 수많은 '환경적' 결과가 뒤따른다. 대기질 악화, 소음 증가, 악취, 경관 파괴 외에도 오존층이 파괴되고, 사회적 분열이 빚어지며, '돌발적' 사망이나 상해 같은 수많은 의학적 문제가 초래되고, 천식과 비만 등이 늘어난다(Whitelegg 1997; Whitelegg, Haq 2003).

인터넷도 경이롭게 급성장했다. 이전의 어떤 기술보다도 빠르게, 또 전 세계 대부분 지역에 어마어마한 충격을 주면서 급격히 성장했다. 인터넷 이용자는 이미 10억 명을 넘어섰다(Castells 2001). 이동전화도 2001년 이후로는 전 세계적으로 유선전화보다 많아졌다(Katz, Aakhus 2002a). 2001년 전체 국제전화 통화량은 1982년보다 적어도 10배 증가하였다(Vertovec 2004: 223). 이와 같은 가상통신과 이동전화 통화로 인해, 각 사회 안에서나 각 사회를 가로질러 새로운 상호작용과 소통 방식이 창조되고 있다. 특히 일부 저개발 사회에서는 전화와 컴퓨터가 유선 방식을 거치지 않고 바로 모바일 방식으로 건너뛰기도 한다.

서로 수렴하는 여러 이동적 기술[4]은 경제생활과 사회적 삶의 여러 양상을 완전히 바꿔 놓는 듯하다. 이제 그 양상은 어떤 의미에서는 '이동' 중이거나 '집'에서 떠나 있다. 이동적 세계에서는 물리적 이동과 통신 방식이 광범위하고 복잡하게 엮여 있다. 이러한 관계는 새로운 유동성을 형성하여, 대개는 안정시키기 어렵다. '이동 중'인 사람, 기계, 이미지, 정보, 권력, 돈, 관념, 위험이 전 세계에서 빠른 속도로 관계를 생산하고 재생산하기 때문에, 물리적 변화가 관계들을 '탈물질화'하는 것처럼 보인다.

이동의 문제, 이동이 어떤 사람에게는 너무 적고 어떤 사람에게는 너무 많다는 문제, 또는 이동의 유형이나 시기가 부적절하다는 문제는 많은 사람의 삶에서뿐만 아니라 크고 작은 공공 조직, 민간 조직, 비정부조직의 작동에서도 핵심적이다. 사스, 항공기 충돌, 공항 확장 논란, 문자메시지, 노예무역, 지구적 테러리즘, '승용차 통학'으로 인한 비만 문제, 중동의 석유전쟁, 지구온난화에 이르기까지, 내가 '모빌리티'라고 명명한 문제는 수많은 정책과 학술 과제의 중핵을 차지한다. 말하자면 어떤 '이동적인' 느낌의 구조[5]가 허공을 맴돈다[Thrift 1996: 259]. 짐멜Simmel, 벤야민Benjamin, 들뢰즈Deleuze, 르페브르Lefebvre, 드 세르토de Certeau, 어빙 고프만Erving Goffman이 이러한 이동적 시대로의 주요한 초기 안내자이다. 근래에는 비릴리오Virilio의 '질주학dromology'[Virilio 1997], 세르Serres의 '천사

---

4 이 책에서 mobile technology는 (무선)통신뿐 아니라, 교통과 수송 등 이동 기술까지 포괄하는 넓은 개념으로 쓰인다. 따라서 좁은 의미로 주로 (무선)통신을 뜻하는 '모바일 테크놀로지'나 '모바일 기술'보다는 '이동적 테크놀로지'나 '이동적 기술'로 옮긴다. mobile world 같은 개념도 마찬가지다.

5 느낌의 구조structure of feeling는 문화연구자 레이먼드 윌리엄스Raymond Williams의 용어로, 특정 시기의 특정 문화가 공유하는 특유한 삶의 감각과 사고 및 정동情動 방식을 뜻한다.

들'(Serres 1995), 바우만Bauman의 '액체근대'(Bauman 2000), 스리프트Thrift의 '이동공간'(Thrift 2004b), 하트Hardt와 네그리Negri의 '제국'의 매끄러운 세계(Hardt, Negri 2000)가 이러한 느낌의 구조를 드러낸다(필자가 쓴 Urry 2000; Sheller, Urry 2006b 참조).

이러한 이론가들은 말할 것도 없고, 이들보다는 경험적인 성향의 분석가들도 '모빌리티 전환mobility turn'[6]이라는 경제적 · 사회적 · 정치적 관계를 가로지르는 새로운 사고방식을 동원[7]하고 있다. 이러한 전환은 사회과학 내에서나 사회과학을 넘어서 퍼져 나가고, 과거의 정태적이고 고정되고 대개 비공간적인 '사회구조'를 다루던 분석을 이동화하고 있다. 문화연구, 페미니즘, 지리학, 이주 연구, 정치학, 과학학, 사회학, 교통과 관광 연구 등은 사회과학을 느리게나마 변형시키고 있으며, 특히 자연과학 및 문학과 역사학과의 접속 · 중첩 · 차용을 활성화하고 있다. 모빌리티 전환은 탈-분과학문적이다.

이 책은 이러한 모빌리티 전환과 관련한 전 세계의 다채로운 연구를 모으고 체계화한다. 이 전환은 1인 가구부터 대기업에 이르기까지 모든 사회적 실체가 수많은 다양한 형태의 실제 이동과 잠재 이동을 전제한다는 데에 초점을 맞춘다. 모빌리티 전환은 여러 형태의 이동, 교통, 통신에 대한 분석을, 시간을 거쳐 다양한 공간에서 수행되고 조직되는 복합적 방식의 경제생활 및 사회생활에 연결한다. 전 지구를 가로질러 복잡

---

[6]   모빌리티 전환mobility turn은 이 책의 저자인 존 어리, 미미 셸러Mimi Sheller, 팀 크레스웰Tim Cresswell 등의 사회과학자가 주창한 '새 모빌리티 패러다임'의 일환으로, 모빌리티가 고도화된 현대사회를 분석하고자 사유의 축을 부동과 불변에서 이동과 변화로 전환할 것을 강조한다.

[7]   mobilize는 문맥에 따라 '이동화하다'와 '동원하다' 중 선택하여 옮긴다.

하게 "뻗어 나가는" 사회적 관계에 대한 분석 이론, 연구 결과, 연구 방법은 사회적 배치에 관한 분석을 '이동'시키거나 조합한다. 이러한 분석은 부분적으로는 흐름의 과정으로서, 이동 중에, 그리고 우발적으로 이루어진다.

이 책의 1부는 사회과학 분석을 '이동'시키는 이론, 연구 결과, 연구 방법을 다룬다. 여기서는 내가 '새 모빌리티 패러다임new mobilities paradigm' 이라고 부른 바를 체계적으로 서술·확립하는데, 이 패러다임은 이와 관련된 사회과학 분석의 형세를 재배열할 것이다. 나아가 이 패러다임을 적용하여 다양한 양상의 이동과 소통의 본성 및 변화를 다시 사유하고(2부), 사회적 불평등과 배제, 약한 유대와 만남, 관계의 네트워크화, 장소와 복잡계의 본질 변화, 지구적 기후변화를 다루는 사회과학을 다시 사유한다(3부). 가장 중대한 사회현상들은 그렇게 '이동'시켜야만 충분히 분석할 수 있음을 보이고자 한다.

따라서 1부는 주로 이론적이다. 1부의 1장은 이러한 이동적인 '느낌의 구조'가 지닌 특성을 자세히 서술함으로써 논의의 장을 연다. 그리고 갖가지 사회과정을 이해하고 분석하는 방법의 전환을 시사하는 여러 경험적 과정과 개념적 과정을 개관한다. 이후에 상술할 광범위한 실질적 쟁점을 몇 가지 암시하기도 한다. 2장에서는 이론과 방법론에서 비정통적 자원을 확보하고자 한다. 다수의 이질적 요소로 이루어진 이 패러다임을 확립하고 안정시키려면 여러 자원을 조합해야 한다. 3장은 이 패러다임의 주요 특징을 제시하고, 이 태동 중인 패러다임의 유망한 소구력과 분석력을 실증하는 최근 연구 몇 건에 관해 논의한다.

다양한 '모빌리티'

이 절에서는 모빌리티의 몇 가지 다중적 양상을 상세히 서술한다. 먼저 '이동적mobile' 혹은 '모빌리티mobility'라는 용어가 지닌 네 가지 주요 의미에 주목하고자 한다[Jain 2002; Kaufmann 2002 참조]. 첫째, 이동적이라는 말은 이동한다는 것, 혹은 이동 **능력이 있다**는 것이다. 이 시대의 상징과 같은 이동전화(휴대전화)가 그렇고, 이동적 개인, 이동주택, 이동병원, 이동주방 등이 그렇다. 이동적이라는 것은 물건과 사람이 지니는 어떤 속성이다('신모빌리티'라는 말이 가리키는 계층이 그렇다.[8] [Makimoto, Manners 1997]). 현시대의 많은 기술은 새로운 방식으로 사람을 일시적으로 이동적으로 만들기도 하는데, '부동적 장애인'에게 이동 수단을 주는 신체적 인공기관이 여기에 포함된다. 이동적이라는 용어는 "과잉모빌리티"[9]에 대한 다양한 비판을 제외하고는 대체로 긍정적인 범주를 이룬다[Adams 1999].

둘째, 이동적이라는 말은 **폭민暴民**,[10] 즉 폭도나 제멋대로의 군중을 가리키는 의미가 있다. 폭민이 무질서해 보이는 이유는 바로 이동적이기 때문이다. 경계 안에 완전히 고정되어 있지 않으므로 추적해서 사회적으로

---

8   Makimoto and Manners(1997)가 논하는 "신모빌리티new mobility" 계층은 디지털 유목민digital nomad, 즉 원격통신 기술을 적극적으로 활용하는 직업으로 생계를 유지하며, 특정 장소에 구애받지 않고 자주 쉽게 이동하는 계층을 뜻한다.

9   과잉모빌리티hypermobility는 의학에서는 특정 신체 기관의 '운동기능 과잉증'을 뜻하지만, 이 용어를 차용한 지리학자 존 애덤스John Adams는 지나친 모빌리티가 초래한 교통 문제 혹은 (특히 항공 모빌리티로 인한) 환경 문제 악화를 지적했다. 이후 인문학과 사회과학에서는 대체로 비판적인 의미로 사용된다.

10   mobile과 mob의 어원은 둘 다 라틴어 movere(이동하다)이다.

규제해야 한다. 근대 세계는 이른바 스마트몹[11]을 포함하여, 새로운 위험한 폭민 혹은 다중多衆[12]을 다양하게 만들어 낸다. 통제하기 까다로운 이런 자들을 통치하려면 이들을 계산하고 규제하며 알려진 장소와 특정된 경계 내부에 고정할 새롭고 광범위한 물리 시스템과 전자 시스템이 필요하다(Thrift 2004b).

셋째, 주류 사회학이나 사회과학에서 사용하는 모빌리티의 의미가 있다. 상향 혹은 하향의 **사회적** 이동(모빌리티)이라는 의미다. 이런 모빌리티는 수직적이다. 여기에서 전제는, 지위의 비교적 명확한 수직적 위계가 존재하며, 이 위계 내에서 각 개인의 현재 지위를 그 부모나 그 사람의 출발 시 지위와 비교하고 특정할 수 있다는 것이다. 이러한 근대사회의 위계에서 상향 순환이나 하향 순환이 증가했는지, 그리고 이를 통해 근대 세계가 어느 정도 이동적이 되었는지에 대해서는 논쟁이 있다. 어떤 사람은 이러한 가외 순환은 최상위 지위의 수가 달라진 결과이지, 그 위계 내의 이동이 증가한 결과가 아니라고 본다(Goldthorpe 1980). 특히 9장에서 밝히겠지만, 물리적 이동 요소와 사회적 모빌리티 요소 간의 관계는 복잡다단하다.

넷째, 이주를 비롯한 여러 종류의 반영구적인 지리적 이동이라는 장기

---

11 스마트몹smart mob은 휴대전화, 인터넷, 이메일, 메신저 등 첨단 디지털 기술을 매개로 서로 소통하고 행동을 조율하며 특정 목적을 위해 일시적으로 자신들을 조직하는 집단이다. 《스마트몹: 다음 사회혁명Smart Mob Smart Mobs: The Next Social Revolution》(2002)에서 이 용어를 처음 도입한 하워드 라인골드Howard Rheingold는 스마트몹을 통신장비이자 컴퓨터인 기기를 통해 서로 모르면서도 일치된 행동을 하는 사람들로 규정한 바 있다.

12 다중multitude은 각자 특정 범주로 묶일 수 없는 독특한 정체성을 지니고 개별적으로 행동하는 인민 집단을 뜻한다. 서양 사상사에서 대체로 부정적 평가를 받았으나, 안토니오 네그리Antonio Negri와 마이클 하트Michael Hardt가 스피노자Baruch Spinoza 정치철학의 영향을 받아 《제국Empire》(2000)과 《다중Multitude》(2004)에서 해방의 새로운 주체라는 긍정적 지위를 부여했다.

적 의미에서의 모빌리티가 있다. 이는 수평적 의미에서 '이동 중'인 것이다. 특히 종종 '더 나은 삶'을 찾아 또는 가뭄, 박해, 전쟁, 기근 등을 피해서 타 국가나 대륙으로 이동하는 것을 가리킨다. 근대사회에는 이런 의미의 모빌리티가 많았다고 하지만, 과거 문화에서도 상당한 이동이 이루어졌다. 가령 유럽으로부터 유럽의 여러 제국이 지배하는 나라로의 이동, 그리고 나중에는 북미로의 이동이 그러했다.

이 책은 이러한 모든 '모빌리티'를 살펴본다. 이렇게 통칭하는 '모빌리티'는 물리적 이동의 다양한 유형 및 다양한 시간성을 포괄한다. 서 있기, 빈둥거리기, 걷기, 오르기, 춤추기부터, 자전거, 버스, 자동차, 기차, 배, 비행기, 휠체어, 목발 같은 기술로 강화된 것까지 망라한다[이와 관련하여 최근의 단행본 분량의 논의는 Thomsen, Nielsen, Gudmundsson 2005; Cresswell 2006; Kellerman 2006 참조]. 여기에서 고찰하는 이동 범위는 하루, 한 주, 한 해, 일생을 포괄한다. 또한, 멀티미디어에서의 이미지 이동 및 정보 이동도 포함한다. 그뿐 아니라, 네트워크 컴퓨터와 임베디드 컴퓨터를 통한 일대일, 일대다, 다대다 형태의 통신 같은 가상 이동도 포함한다. 더 나아가, 모빌리티 전환은 여객 수송과 메시지·정보·이미지 교환이 디지털화된 흐름을 통해 어떻게 중첩하고 일치하고 수렴하는지 검토한다. 그리고 물리적 이동이 상향 및 하향의 사회적 모빌리티와 관련을 맺는 방식도 모빌리티 분석에 중요한 의미가 있다. 물리적으로나 가상적으로 장소를 오가는 것은 지위와 권력의 원천으로, 일시적 이동이나 항구적 이동을 할 수 있는 권리의 표출이다. 이동을 강제하는 곳에서는 사회적 박탈과 배제가 생겨난다.

이 책은 어떤 면에서는 사회학적 방법을 위한 몇 가지 새로운 이동적 규칙을 펼쳤던《사회를 넘어선 사회학Sociology Beyond Societies》[Urry 2000]의 연장선에 있다. 그 규칙은 다음과 같다.

- 정체停滯, 구조, 사회질서보다는 이동, 모빌리티, 우발적 배치에 초점을 두는 사회학을 적절한 은유를 통해 발전시킬 것.
- 일을 위한, 즐거움을 위한, 고문에서 벗어나기 위한, 디아스포라를 지탱하기 위한, 기타의 것을 위한 인간의 신체 모빌리티, 상상 모빌리티, 가상 모빌리티의 규모와 범위 및 다양한 효과를 검토할 것.
- 사물을 사회적 사실로 간주할 것. 그래서 행위성agency이 물건과 사람의 상호교차에 기인한다고 이해할 것.
- 인간과 물건의 감각적 구조를 조사하여 분석을 체화embody할 것.
- 사회 경계 내에서나 이를 가로질러 이동하는 다양한 네트워크 및 흐름의 불균등한 유효범위 및 그것들의 공간적·시간적 상호연결 방식을 조사할 것.
- 상호교차하는 강력한 시간 체제temporal regime와 거주 양식 및 이동 양식을 통해 계급, 젠더, 민족, 국민[13]이 어떻게 구성되는지 검토할 것.
- 거주 감각이 지니는 다양한 토대를 서술할 것. 나아가 이러한 토대가 사람, 선물, 사진, 이미지, 정보, 위험 등 다양한 모빌리티에 의존함을 서술할 것.
- 권리와 의무가 점점 더, 그 위상배치가 사회의 위상배치와 교차하는 실체들로부터 유래하고 파생되기 때문에 시민권의 성격이 변화함을 이해할 것.
- 이미지가 날로 빠르게, 그리고 더 넓은 범위에서 순환하여 다양한 상상의 공동체를 형성하고 재형성함에 따라, 사회적 삶의 미디어화[14]가 증대하고

---

13 이 책에서 ethnicity는 '민족'으로, nationhood 혹은 nation은 주로 '국민'으로 옮긴다.
14 미디어화mediatization는 대중매체가 정치, 경제, 사회, 문화, 종교, 교육, 스포츠 등 사회의 여러 분

있음을 밝힐 것.

- '국내' 현안과 '해외' 현안이 점차 상호의존적이 되고 있음을 인식하고, 국가 권력의 결정에서 물리적 강제수단의 중요성이 감소하고 있음을 인식할 것.

- 모빌리티 '조절'을 강조하는 방향으로의 국가 내부 변화를 설명하고, 이로부터 나오는 종종 예측 불가능하고 혼란스러운 결과를 설명할 것.

- 진원지로부터 시간적·공간적으로 멀리 떨어져 있을 뿐 아니라, 규모도 각각 전혀 다르고 예측 불가능한 사회적 결과들이 어떻게 혼란스럽고 비의도적이고 비선형적으로 야기되는지 해석할 것.

- '지구적'이라는 창발적 수준emergent level이 생성 중인지 고찰할 것.[15] 이러한 [지구적] 수준은 자신을 재귀적으로 생산한다. 다시 말해, 이 수준에서는 출력이 '지구적' 객체, 정체성, 제도, 사회적 실천으로 이루어진 자기생산 순환 시스템 안으로 재진입하는 입력이 된다는 것이다.

나는 《사회를 넘어선 사회학》에서 이런 주제를 빠짐없이 다루려 했다. 그러나 모빌리티가 어떻게, 그리고 왜 사회관계에 그러한 차이를 만들어 내는지 속속들이 분석하지는 못했다. 그리고 다양한 모빌리티 시스템이나 이동 유형을 세밀히 구별하기는커녕, 이것들을 어느 정도 비슷한 것으로 취급했다. 이 책에서는 다양한 모빌리티에 대한 분석, 그리고 내

야에 강력한 영향을 미치는 현상을 뜻한다.

15 일반적으로 "창발創發(emergence)"은 (하위 수준의) 부분들로 이루어진 (상위 수준의) 전체가 부분들로 온전히 설명되지 않는 특성을 보임을 뜻한다. 이러한 창발을 강조하는 견해에서는 가령 생명 수준은 단순히 물질 수준으로 온전히 설명되지 않는다거나, 사회 수준은 단순히 개인 수준으로 온전히 설명되지 않는다고 본다. 여기에서는 지구적 수준이 국가적 수준이나 지역적 수준의 총합이면서도 그것으로 온전히 설명되지 않는 새로운 특성을 보이게 됨을 뜻한다.

가 모빌리티 시스템이라 부르는 것에 대한 분석을 훨씬 더 발전시킴으로써 이전 책의 연구 과제를 완수하고자 한다. 모빌리티와 모빌리티 시스템은 그 자체로 극히 중요할 뿐 아니라, 그것을 둘러싸고 사회관계에 의거하여 이해할 필요가 있다. 이러한 분석을 활용하여 특히 네트워크 자본network capital, 만남meetingness, 중간공간interspace, 포스트카post car 등의 다양한 신개념과 다양한 미래 시나리오를 통해, 사회과학의 광범위한 주제에 관한 새로운 분석을 시작하고 촉진하고자 한다. 또한, 지극히 다양한 모빌리티가 어떻게 서로 교차하는지 탐문하고자 한다. 그러나 신체 이동이 여타 지구적 과정들보다 꼭 더 빠르고 광범위하다고 상정하지는 않을 것이다. 허스트Hirst와 톰슨Thompson은 다음을 상기시킨다. "사람은 돈, 상품, 아이디어보다 덜 이동적이며, 어떤 의미에서는 '국가화'된 채 여권, 비자, 체류 허가, 노동 허가에 의존한다"(Hirst, Thompson 1999: 257).

이 견해를 발전시키고자 나는 현대 세계의 주요 모빌리티 유형 열두 가지를 제시한다. 그중 일부는 여권, 비자, 체류 허가, 노동 허가에 다분히 의존적이라면, 다른 것은 훨씬 덜 의존적이다(이 중 여러 유형에 대해서는 Williams 2006 참조). 이 유형들은 다양하게 서로 중첩하고 서로 영향을 미친다. 이 유형은 다음과 같다.

- 망명, 난민, 노숙 유랑, 이주(Marfleet 2006; Cloke, Milbourne, Widdowfield 2003).
- 사업가와 전문직의 출장(Davidson, Cope 2003).
- '해외 체험'을 하는 학생, 오페어,[16] 여타 젊은이의 탐색 여행. 이는 '통과의례'

---

16 외국 가정에 입주해서 집안일을 하고 보수를 받으며 언어를 배우는 사람.

이며 보통 문화 중심지로 여행을 떠남(Tully 2002; Williams 2006).

- 온천, 병원, 치과, 안경점 등으로의 의료 여행(Blackbourn 2002).
- 군대, 탱크, 헬기, 항공기, 로켓, 정찰기, 위성 등의 군사 모빌리티. 민간에서 사용되면서 수많은 파생 효과를 낳음(Kaplan 2006).
- 퇴직 후 이동, 은퇴 후 초국적 생활 방식 영위(Gustafson 2001; O'Reilly 2003).
- 자녀, 배우자, 여타 친척이나 가사노동자의 "길을 내는 이동"[17](Kofman 2004).
- 화교와 같은 특정 디아스포라 내에서 중심 교점node을 통과하는 이동과 이 주(Cohen 1997; Ong 1999).
- 전 세계를 누비며, 특히 세계도시[18]를 향하는 서비스 노동자의 이동(Sassen 2000). 현대판 노예의 이동 포함(Bales 1999: 8에 의하면 2,700만 명 추산).
- 장소와 행사를 찾아가는 관광 여행. 특히 '관광객의 시선'을 비롯한 여러 가지 감각이 개입됨(Urry 2002c).
- 친구나 친척 방문. 이러한 친목 네트워크도 이동 중일 수 있음(Conradson, Latham 2005; Larsen, Urry, Axhausen 2006).
- 통근을 비롯한 업무 관련 이동(Grabber 2004; Kesselring 2006a).

이러한 다양한 모빌리티를 분석함으로써, 이러한 모빌리티가 사회적 삶의 추월차선이나 서행 차선에 있는 다양한 사람이나 장소에 미치는 수많은 영향을 고찰한다. 어떤 사람에게는 모빌리티를 강화하지만 다른

---

[17] "길을 내는 이동trailing travel"은 가족 중 한 사람이 먼저 이동해서 "길을 낸 후" 다른 가족을 초청하는 것을 뜻함.

[18] 세계도시global city는 사회학자 사스키아 사센Saskia Sassen이 사용한 개념으로, 세계화 시대 네트워크에서 주요 교점으로 작용하면서 경제, 정치, 문화의 핵심 기능을 담지하는 거대도시.

사람에게는 임모빌리티를 강화하는 장소, 기술, '관문'이 급증하고 있다 (Graham, Marvin 2001). 그리고 모빌리티는 종종 타인을 만나거나 전화 답신을 하거나 고령의 친척을 방문하는 등의 의무 및 책무와 관련된다. 대개 호혜적인 이러한 책무의 네트워크는 삶을 채우는 내용이며, 조직, 친목 네트워크, 가족, 작업 집단, 정치조직이 시공을 가로질러 작동하는 방식을 채우는 내용이다.

더욱이 이동에 쓰는 시간이 꼭 최소화하고 싶은, 비생산적이고 낭비하는 죽은 시간인 것은 아니다. 이동하다 보면 종종 '이동 중 거주'의 물질적이고 사교적인 양상을 몸으로 경험할 수도 있다. 등산이나 즐거운 산책이나 멋진 열차 여행처럼 그 자체로 의미 있는 활동을 하고 이런 활동에 어울리는 장소에 갈 수도 있다. 목적지에서 하는 활동뿐 아니라 이동 중에 하는 활동도 있다. 휴식, 생각, 방향 전환 같은 '반反활동anti-activity'도 그렇다. 이동 자체가 즐겁기도 한데, 속도감, 주변 환경을 가로지르고 그에 노출되는 움직임의 감각, 이동 경로의 아름다움 등이 그렇다.

(19세기 중반에 출간된 소박한 책을 필두로)[19] 다양한 기술이 발전했다. 그 자체로도 '이동적'인 이러한 기술이 발휘하는 새로운 유도성[20]은 이동 중인 사람의 '활동'을 가능케 한다. 그리고 새로운 사회적 일상은 가정과 직장과 사회생활 '사이의' 공간, 즉 '중간공간'을 만든다. 이러한 간헐적 이

---

[19] 세계 최초의 관광상품을 개발한 영국의 토머스 쿡Thomas Cook이 1840년대 발간한 최초의 관광 안내 책자 《쿡의 관광안내서Cook's Tourists' Handbook》.

[20] affordance는 심리학자 제임스 깁슨James J. Gibson의 신조어로, 특정 행동을 유도하는 환경의 특정 속성을 뜻한다. 흔히 "행동유도성"으로 옮기는 경향이 있지만, 사실 행동뿐 아니라 지각, 정동, 사유 등도 유도한다. 따라서 여기에서는 "유도성"으로 옮기며, 동사형인 to afford는 대체로 "유도하다"로 옮긴다.

동의 장소에서는 여러 집단이 모이고 유선전화, 이동통신, 노트북, 문자 메시지, 무선통신 등을 사용한다. 이는 '이동 중에' 약속을 잡기 위한 경우가 많다.

그러나 이와 동시에 모빌리티에는 위험, 사고, 질병, 밀매, 테러, 감시, 특히 지구적 환경 재해가 따른다. 이동적인 현대 세계는 모험적인 이동적 삶에는 새로운 기회인 동시에 무시무시한 새로운 위험이기도 하고 사람, 장소, 환경에 대한 제약이기도 하다.

그리하여 이 책은 이동적 세계에 대한 다음과 같은 쟁점을 다룬다. 무엇이 개인이나 기호나 통신을 이동하게 만드는가? 다양한 사회의 모빌리티는 어떤 특징이 있으며, 이론과 연구의 관점에서 어떻게 탐구해야 하는가? 모빌리티 전환은 전 세계의 이해하기 힘든 사회현상을 어느 정도까지 이해하도록 만드는가? 이동적이라는 것은 좋은 것인가?

사회과학에서 모빌리티는 대체로 그 내부가 도통 오리무중인 블랙박스 같은 것이었고, 어떤 중립적인 과정으로 여겨졌다. 따라서 이것이 허용하는 경제적 · 사회적 · 정치적 삶의 형태를 모빌리티보다 인과적으로 더 강력한 다른 과정으로 설명할 수 있다고 여겼다. 그리고 교통과 통신 연구는 여간해서는 사회과학의 나머지 분야와 교류가 없는 별개의 범주 안에 자리 잡고 있었다. 휴일 행락, 보행, 자동차 운전, 전화, 비행 등은 일상생활에서 분명 중요한데도, 사회과학에서는 대체로 무시된다. 더 나아가, 업무 관계와 가정생활, 여가, 정치, 저항 등의 본질에서 이동이 갖는 중요성도 과소평가한다. 하지만 이런 것은 전부 다 이동 혹은 잠재 이동을 수반하며, 사회관계 형태에 여파를 미친다. 게다가 사회과학은 상호작용하는 주체에 지나치게 집중한 나머지, 사회적 삶의 인프라를 제공하는 지속적 시스템을 무시한다. 이러한 시스템이 사람, 관념, 정보가 장소에서 장소로, 사람에서 사람으로, 사건에서 사건으로 이동하는 것을 **가능하게** 하는데도 말이다. 그런데도 사회과학에서는 이런 시스템의 경제적 · 정치적 · 사회적 의의를 거의 검토하지 않는다.

시스템

이 책에서는 특히 이러한 시스템을 검토한다. 교차하는 여러 "모빌리티"는 하나의 "시스템"(실은 여러 시스템)을 전제로 한다. 이런 시스템은 이동을 가능케 한다. 즉, 여행을 하고 메시지가 전달되고 소포가 도착할 것이라는 "기대 공간"을 창출한다. 시스템 덕분에 해당 이동을 예측하고 비교적 위험 없이 반복할 수 있다. 시스템은 반복의 토대이다. 현대 세계에서 이런 시스템에는 매표, 석유 공급, 주소, 보안, 프로토콜, 역 환승, 웹사이트, 부두, 환전, 포괄여행,[21] 수화물 보관소, 항공교통관제, 바코드, 교량, 시간표, 감시장치 등이 있다. 이러한 반복적 시스템의 역사는 사실상 자연 세계를 '정복'하고 통제하여 안전하고 비교적 덜 위험하게 만드는 과정의 역사이다. 자연 정복의 결과를 확실히 보여 주는 것은, 사람이 '이동'하고 물건, 글, 돈, 물, 이미지를 이동시킨다는 사실이다. 마르크스는 이렇게 썼다. "자연은 기계, 기차, 철도, 전보, 스스로 움직이는 노새

---

21 포괄여행inclusive tour은 교통, 숙박, 식사 등 일체의 여행 경비를 미리 포괄적으로 정하여 판매하는 여행 상품. 패키지여행이라고도 한다.

등을 만들지 않는다. 이것은 인류 역사의 산물이고 … 인간이 자연에 간여한 산물이다"(Marx 1973: 706). 이처럼 인간이 자연에 간여하는 데에는, 어떤 과정으로서나 새로운 담론으로서나 점점 광범위해지는 순환 시스템의 생산이 핵심적인 의미를 지닌다.

어떤 과정이든 새로운 유형의 담론이든 간에, 점점 광범위해지는 순환 시스템의 생산은 이처럼 인간이 자연에 간여하는 데에 핵심이다.

이동과 순환이라는 관념에 담긴 이러한 함의는 특히 인체에서 피의 순환에 관한 하비Harvey의 발견과 자연 상태란 멈추지 않고 움직인다는 갈릴레오의 관념을 계승한다. 여기서 순환은 사회 세계에, 특히 홉스주의 정치철학의 발전에 지대한 영향을 미친 강렬한 관념이다(Cresswell 2006: 1장). 더욱 정확하게는 도시에 관해서 그렇다. "계몽적인 계획가는 도시를 설계할 때 도시가 건강한 신체처럼 자유롭게 흐르면서 기능하기를 바랐다. … 계몽주의 계획가는 움직임 자체를 목적으로 만든 것이다"(Sennett 1994: 263-264). 순환을 의무로 만드는 시스템이 차츰 발전하여, 물, 하수, 사람, 돈, 아이디어에 적용된다(Virilio 1986). 현대 세계에는 자본 축적과 닮은 이동 축적이 있다. 상호의존적인 다양한 모빌리티 시스템들 덕에 생겨나는 반복적 이동 혹은 순환이 그것이다.

산업화 이전의 모빌리티 시스템에는 보행, 승마, 가마, 마차 여행, 내륙수로, 해상운송 등이 있었다. 그러나 현재의 중요한 모빌리티 시스템은 대다수가 1840~1850년대 영국과 프랑스에서 시작되었다. 이런 시스템들은 상호의존하여 발전함으로써 이동하는 근대 세계의 윤곽을 만들어 냈는데, 바로 이 세계에서 물리 세계에 대한 놀라운 '정복'(일반적으로 '산업혁명'으로 불린다)이 이루어졌다. 19세기 중반 유럽에서 자연은 극적이고 조직적으로 '동원'되었다. 그 비범한 순간에 시작된 시스템에는 다음과 같은 것이 있다. 1840년의 국영 우편 시스템(영국의 롤런드 힐Rowland Hill[22]이 단순한 선급 우표 발명으로 만들어 낸 페니 포스트Penny Post[23]), 1839년의 최초의 상업 전신(그레이트웨스턴레일웨이Great Western Railway[24]에서 사용하기 위해 찰스 휘트스톤 경Sir Charles Wheatstone[25]과 윌리엄 포더질 쿡 경Sir William Fothergill Cooke[26]이 만들어 냈다), 사진 발명 및 안내서나 광고에서 사진 사용의 보급(1839년 프랑스의 다게르Daguerre,[27] 1840년 영국의 폭스 탤벗Fox Talbot[28]), 라인강을 안내하는 최초의 베데커 여행안내서,[29] 1839년 철도 시대의 개막과 최초의 전국 기차 시간표(브래드쇼),[30] 관광객의 시선으로 건설한 최초의 도시(파리), 1841년 최초의 포괄여행 또는 '패키지'여행(토머스 쿡Thomas Cook[31]이 개발한, 영국 레스터와 러프버러를 오가는 여행상품), 일정에 따라 운항한 최초의 대양기선 서비스인 커나드, 요크에 세

---

22 영국의 행정가로서 우표를 발행하는 우편제도를 처음 실시함으로써 근대 우편제도의 아버지라 불린다.
23 1페니짜리 우표인 페니 블랙Penny Black을 붙이는 1페니 우편제도.
24 1833년 설립된 영국의 철도 회사.
25 영국의 물리학자이자 발명가로서 전신 기기인 휘트스톤 브리지를 발명하였다.
26 영국의 전기기술자. 휘트스톤과 함께 오침전신기五針電信機를 발명하였다.
27 루이 자크 망데 다게르Louis Jacques Mandé Daguerre는 프랑스의 사진 연구자로서 처음에는 화가였으나 오랜 연구 끝에 사진술을 창시하였다.
28 윌리엄 헨리 폭스 탤벗William Henry Fow Talbot은 영국의 화학자이자 사진 발명가로서 다게르와 더불어 근대 사진 발전에 크게 기여한 인물로 평가받는다.
29 1827년에 독일의 출판업자 카를 베데커가 창간한 여행안내서.
30 기차 시간표를 수록한 영국의 철도 여행안내서. 영국의 지도 제작자이자 출판업자였던 조지 브래드쇼George Bradshaw의 이름에서 비롯되었다.
31 영국의 기업인으로 여행사 토머스 쿡&선을 창업하였다.

위진 최초의 철도 호텔,[32] 초기 백화점(효시는 1843년 파리의 백화점(Benjamin 1999: 42 참조)), 최초의 상하수 분리 순환 시스템(영국의 채드윅Chadwick)[33] 등이 그렇다. 1854년 토머스 쿡은 이 기간에 "세상이 다 움직이고 있는 이 변화의 시대에 제자리에 있는 것은 범죄일 것이다. 여행 만세! 저렴하고 또 저렴한 여행이여!"라고 부르짖었다(Brendon 1991: 65 재인용).

20세기에는 또 다른 어마어마한 '모빌리티 시스템'이 여럿 발전했는데, 자동차 시스템, 전국적 전화 시스템, 공군력, 고속철도, 현대적 도시 시스템, 저가 항공 여행, 이동전화, 네트워크 컴퓨터 등이 그렇다(이에 대해서는 2부에서 검토).

21세기 들어 이러한 '모빌리티 시스템'의 새로운 특징이 나타나고 있다. 첫째, 시스템은 한층 복잡해졌고, 훨씬 많은 요소로 이루어지며, 특수하고 난해한 전문 지식에 기초한다. 모빌리티는 늘상 전문가 시스템과 관련되어 왔지만, 이제 이런 시스템은 제법 특화되었다. 모빌리티 시스템 다수는 대학 학위과정 전체에 기반하며, 이와 관련하여 매우 전문적인 기업이 발전하고 있다. 둘째, 이런 시스템들은 매우 상호의존적이기 때문에, 빠짐없이 제대로 기능하고 서로 효과적으로 접속하는 복수의 시스템이 있어야 각각의 이동이나 통신이 가능하다. 셋째, 1970년대 이후로 이 시스템은 더욱 컴퓨터와 소프트웨어에 의존하게 되었다(Thrift, French 2002). 특수한 소프트웨어 시스템이 대규모로 만들어졌는데, 이 시스템들이 서로 소통해야 특정 모빌리티가 일어난다. 넷째, 이런 시스템은 '정상

---

32   철도 호텔railway hotel은 기차역 근처에 세워진 호텔을 가리킨다.
33   영국의 공중보건 및 구빈제도를 개혁한 에드윈 채드윅Edwin Chadwick(1800~1890).

사고normal accident', 즉 가끔 발생할 것이 거의 확실한 사고에 특히 취약해졌다. 이는 이 수많은 상호의존적 시스템이 그 본성상 굳게 잠겨 있으면서도[34] 이동하기 때문이다.

그렇다면 갈수록 복잡해지고 전산화되며 위험해지는 이 시스템의 핵심은 무엇인가? 세계의 더 부유한 지역에서는 매일이나 매주의 시공간 패턴이 역사적 공동체나 장소로부터 탈동기화된다. 따라서 시스템은 노동과 사회생활 일정을 만들고 수정하는 수단을 제공한다. 그렇게 집단적 조정 과정이 사라지면서 하루, 한 주일, 한 해 등 (동료, 가족, 중요한 타자,[35] 친구 같은) 핵심적 타인과 함께하는 '공동현전'[36]을 조직하는 것이 더 부담스러워졌다. 앞으로 살펴보겠지만, 네트워크의 개인화가 두드러질수록 이런 개인화를 쉽게 하는 시스템은 더욱 중요하다.

인간은 대부분 의식되지 않는 다양한 '시스템'에 분산되어 산재하는 정보 조각으로 재구성되는 중이다. 따라서 개인은 자신의 사적인 신체를 넘어 존재하며, 자아의 흔적을 공간에 남긴다. 특히 엄청나게 많은 사람이 이동 중이고, 그래서 그런 흔적은 사람들이 자신에게 침습侵襲하는 규제 시스템에 종속되도록 만든다. 이른바 '몸수색 사회frisky society'에서 장

---

34 잠금lock-In 효과. 특정 기술이 표준으로 정해지면 마치 자물쇠가 잠기듯이 고정되기 때문에, 이후 다른 기술도 이를 기반으로 계속 경로의존성path dependency을 지닌 채 발전할 수밖에 없다.

35 중요한 타자significant others는 자아 개념 형성이나 행동 방향 설정 등에 큰 영향을 미치는 인물을 뜻하며, 흔히 부모, 배우자, 친구 등이 포함된다.

36 특정 장소에 직접 나타나는 것을 뜻하는 presence는 "현전現前"으로 옮기며, 따라서 여러 사람이 함께 특정 장소에 직접 나타나는 것을 뜻하는 co-presence는 "공동현전"으로 옮긴다. 그러나 문맥에 따라서는 presence를 "참석"으로, co-presence를 "함께 참석"이나 "같이 참석" 등으로 옮기기도 한다.

소는 점차 공항처럼 되어 간다. 공항은 새로운 감독·감시·규제 시스템을 사용하여 이동하는 신체를 통제하는 곳이다.

　이어지는 여러 장에서는 이런 이동적 삶이 어떤 의미에서 좋은 삶이라고 말할 수 있는지 고찰한다. 이동하는 것은 좋은 것인가? 이동은 얼마나 자주 일어나야 하는가? 좋은 사회란 어느 정도는 이동적인 사회일까? 만약 모빌리티가 대규모의 규제 및 감독 시스템을 수반한다면, 덜 이동적인 사회가 나은가? 이제 이러한 모빌리티는 불가피한가? 즉, 핵겨울[37]이 일어나거나, 지구의 질서를 건드려 (그 전조 현상으로 뉴올리언스 홍수를 꼽을 수 있는) 대홍수를 불러일으킬 지구온난화가 일어나지 않는 한, 스스로 되먹임하며 거침없이 뻗어 나가는 비가역적이고 불가피한 추세인가?

　지구 전체의 미래가 달려 있는 이런 여러 쟁점을 검토하는 과정에서, 라투르Latour가 말했던 "순환하는 실체들circulating entities"이 새롭게 배치된다[Latour 1999]. 이 새로운 세기에 순환하는 실체는 사람, 상품, 정보의 고속 순환을 가능하게 하는 복합적이고 난해하며 위험한 시스템이다. 이 시스템은 개인화된 네트워킹과 '자율적' 일정 관리를 생산할 뿐만 아니라 거꾸로 전제하기도 한다. 이러한 네트워킹과 일정 관리는 개인화되고 지능적인 물리적 기계를 통해 이루어진다. 말하자면, 순환하는 실체가 점점 순환 자체를 생산한다.

　따라서 모든 사회에서 모빌리티는 다양하다. 하지만 이 책에서는 21세기 모빌리티의 중핵을 이루는 상호의존적이고 디지털화된 모빌리티 **시스템**을 탐구할 것이다. 바로 이 때문에, (최소한 일부 경우에 일부 사람에게)

---

[37]　핵전쟁 후 오래 지속될 것으로 예상되는 겨울과 같은 저온 상태.

지극히 예외적인 자유와 지극히 예외적인 시스템 의존성이 함께 나타나는 이러한 세계에서, 시스템 연구는 삶의 주요 윤곽을 해독하는 데에 긴요할 수밖에 없다. 우리는 가고 싶어 하는 곳은 어디든 갈 수 있다고 말할 수도 있다. 하지만 이는 빅브라더big brother가 거기 먼저 갔기 때문이다. 그리고 우리가 어디로 가기로 선택할지, 누구와 함께 갈지, 우리가 어디에 있었는지, 다음에는 어디로 가려고 하는지 (시스템이 멈추지 않았다면) 알고 있기 때문이다.

새로운 세기에는 이러한 변화 때문에, 새로운 모빌리티로 말미암은 사람, 적, 친구, 위험의 현전 **및** 부재가 새롭고도 광범위하게 조합되어〔마치 화면에서처럼〕'깜박인다flicker'. 그러므로 방법과 이론도 줄곧 이동 중이어야 한다. 그래야 새로운 모빌리티, 일정 관리 및 감독의 새로운 체계, 포함 및 배제를 동원하는 새로운 방식, 지극히 예외적인 위협 및 위험 체계에 보조를 맞출 수 있다.

제2장

'이동적' 이론과 방법

교통은 문명이다.

[에즈라 파운드Ezra Pound[1917] 1973: 169]

모빌리티 패러다임

이 책은 부분적으로는 사람, 관념, 사물, 정보의 **이동**이 사회적 삶에서 어떤 역할을 하는지를 폭넓게 분석할 것이다. 여러 분야의 수많은 사례를 통해, 특히 오늘날 세계화 시대에 이동이 상이한 '사회'에서 상이한 방식으로 자리잡고 있으며, 이 상이한 '사회'를 구성하는 데에 상이한 방식으로 이바지하고 있음을 보여 줄 것이다.

따라서 사람, 이미지, 관념, 사물의 이동과 부동, 강제적 이동과 자발적 정착 등과 관련한 허다한 문제가 사회적 삶의 기반을 이루고 있음을 보이고자 한다. 이는 다양한 사회, 혹은 다양한 사회유형에서 이러한 이동이 얼마나 중요한지를 묻는 경험적 질문이다. 근대사회에서는 더 많은 사람이 더 먼 거리를 비록 단기간이라도 더 자주 이동한다(이에 대한 반론은 짐멜에 관한 아래 논의를 참조할 것). 또한, 이러한 이동 형태가 한층 다양해진 것처럼 느껴진다. 앞서 새로운 교통기술과 통신 기술이 근대사회를 어떻게 규정하는지 언급했다. 물론 새로운 통신 덕분에 때로는 물리적 이동의 필요성이 줄어들 수도 있지만 말이다. UN 세계인권선언이나 EU 헌법에서처럼, 분명히 사회에서 이동은 차츰 하나의 권리 같은 것으로 간주된다. 그리고 어떤 이유로든 이동이 거부되는 사람은 다양한 배제를 겪는다. 이동의 이데올로기가 엄존한다.

또한 앞서 언급한 바와 같이, 교차-분과학문적 혹은 탈-분과학문적인 새 **모빌리티 패러다임**을 확립 및 정착시키고자 한다. 내 견해에 따르면, 모빌리티 '렌즈'를 통해 사유한다면 다양한 이론, 방법, 질문, 해법을 생산하는 독특한 사회과학을 이끌어 낼 수 있다. 패러다임이라는 용어는 정상과학, 과학적 범례, 과학혁명의 요소를 다룬 쿤Kuhn의 걸출한 분석에서 유래한 것이다(Kuhn 1970).

모빌리티 패러다임은 사람이나 관념 등의 다양한 이동에 대한 무시와 누락을 바로잡는다는 점에서 실질적으로 새로운 패러다임이다. 그뿐 아니라, 앞으로 상술하겠지만 어떤 대안적인 이론 및 방법론의 배치를 정당화함으로써 사회과학을 변형한다. 이 패러다임에서 이론화하는 '사회 세계'는 다양한 사람, 관념, 정보, 사물의 이동을 포함하고 유발하고 감소시키는 경제적 · 사회적 · 정치적 실천, 인프라, 이데올로기의 거대한 집합이다. 이를 통해 이 패러다임은 대부분 지하에 있어서 보이지 않던 연구의 이론, 방법, 범례를 지표면으로 끌어올린다. 그래서 모빌리티라는 용어는 이동이 주도하는 사회과학을 확립하는 광범위한 프로젝트를 가리킨다.

이 패러다임은 지하에 있는 것을 보이게 함으로써 이제까지의 여러 사회과학 실천 방식을 교정한다. 사회과학은 특히 서로 적대적인 '분과학문'의 격리된 '영토'나 '요새' 내부에서 조직된 채 감찰과 구속을 당하면서 실천되어 왔기 때문이다. '지하에 있다subterranean'는 말을 하는 이유는 이 패러다임이 완전히 새롭게 태동한 것이 아니기 때문이다. 이 패러다임의 여러 조각은 현재 분과학문의 요새에 거북하게 방치되어 있는 수많은 서고에 비장備藏되어 있다(특히 Serres 1995; Virilio 1997; Urry 2000; Riles 2001; Graham, Marvin 2001; Solnit 2001; Verstraete, Cresswell 2002; Amin, Thrift 2002; Rheingold 2002; Coleman, Crang 2002; Sheller 2003; Cresswell 2006; Sheller, Urry 2006b; Kellerman 2006 참조). 미셸 세르의 환상에 가까운 표현을 빌리자면, 새로운 패러다임은 이런 조각들이 새장에서 빠져나와 날면서 다른 '천사'를 만나 교감하게 할 것이다(Serres 1995). 모빌리티 패러다임이 이미 이렇게 풀려나고 있는 곳도 적지 않다

(유럽의 연구 네트워크인 코스모빌리티스가 그렇다).

그러므로 여기서 목표는 이동의 종류가 다양하며, 여러 사회과학에서 이러한 이동을 충분히 고찰하지 않았다는 중대한 주장을 제기하는 것이다. **그리고** 특히 모빌리티를 둘러싼 문제가 핵심임이 뚜렷한 이 신세기에, 이른바 새로운 패러다임이 탈-분과학문적이고 생산적인 방식으로 사회과학을 연구할 수 있다는 중대한 주장을 내세우는 것이다.

앞 장에서 많은 사회과학이 '비이동적'이었다고 말한 바 있다. 이것은 세 가지 모습으로 드러난다. 첫째, 이동과 통신을 **경시**하고, 이동과 통신이 경제적·정치적·사회적으로 조직되는 형태를 **경시**했다. 그래서 (휴일 행락, 걷기, 운전, 전화, 비행과 같은) 이러한 활동이 사람의 삶에서 개인적으로나 문화적으로 중요한 경우가 흔한데도 대부분 사회과학은 이를 무시한다. 다른 사람들과 마찬가지로 나도 이러한 주제, 특히 휴일 행락, 여가 여행, 다양한 이동 경험이라는 주제를 사회과학의 시야로 끌어들이기 위해 노력했다(Urry 2002c).

둘째, 이러한 이동 형태들이 직장 업무, 학교 교육, 가정생활, 정치, 저항 등의 성격에서, 즉 결정적으로 중대한 사회제도 내부에서 매우 중요하다는 점이 **축소**되어 왔다. 예를 들어 가족은 서로 자주 방문해야 하고, 학교는 통학 거리를 고려하여 선택하며, 업무 패턴은 교통체증으로 인한 통근 흐름의 구조화로 달라지고, 새로운 산업은 새로 유입되는 이주자에 의지하며, 저항운동은 다 같이 참석하는 행진과 시위에 좌우된다. 이러한 이동 패턴은 사회적 제도와 활동이 전개되고 변화하는 방식을 구조화하는데, 관습적인 '구조' 분석에서는 이를 축소하곤 한다.

셋째, 사회과학은 인간 주체가 직접 상호작용하는 패턴에 주로 초점을 맞추기 때문에, 이러한 경제적·정치적·사회적 패턴을 조직하고 그 기저를 이루는 하부의 물리적·물질적 인프라를 무시한다. 대다수 모빌리티는 일상적 사회생활을 가능하게 하는 대규모의 부동 인프라를 기반으로 한다. 이러한 부동 인프라는 보행로, 철로, 공용도로, 전신선, 송수관, 전화교환국, 송신탑, 하수 시설, 가스관, 공항, 라디오 안테나, 텔레비전 안테나, 이동전화 기지국, 위성, 지하 케이블 등을 망라한다(Graham, Marvin 2001; Sheller, Urry 2006a). 계급, 젠더, 민족, 국민, 연령에 따른 사회적 결속이 이러한 인프라와 만나서 강요된 정착과 강제적 이동까지 포함하는 다양한 모빌리티를 편성한다(Ray 2002 참조).

교통시스템과 통신시스템에 관한 연구는 주로 사회과학의 다른 부문과 거의 교류하지 않고 격리된 분과학문의 요새 안에서 이루어진다. 대개 교통 연구는 변화하는 교통시스템의 본성에 집중하면서 일종의 기술결정론을 펼쳤다. 이러한 교통 이용의 기반이면서 그것을 조직하는 복잡한 사회과정은 거의 검토하지 않았다. 여행 연구에서는 교통에 지나치게 무게를 두면서도 사회는 충분히 탐구하지 않으며, 하물며 교통이 내포하는 상호교차적이고 복합적인 과정을 충분히 사유하지 않는다(이와 결이 사뭇 다른 연구는 Kaufmann 2002; 그리고 Ashgete의 《교통과 사회Transport and Society》 시리즈를 참조할 것). 오랜 시간에 걸친 이러한 연결을 탐구하려면, '사회 우선' 접근 방식이나 '교통기술 우선' 접근 방식을 피하고 이러한 분리를 넘어설 새 모빌리티 패러다임을 정식화할 필요가 있다.

다음 절에서는 일반적으로 사회적 삶에서의 모빌리티 조직과 그 결과를 가장 깊이 궁구한 사회과학 저술가 게오르크 짐멜에 주목할 것이다. 짐멜은 현대 도시에서의 근접성, 거리, 이동을 분석하여 일종의 모빌리티 패러다임을 전개하려 한 첫 번째 인물이다[Jensen 2006: 146].

짐멜과 모빌리티

짐멜은 모빌리티 인프라의 중요성을 다소 하이데거Heidegger식으로 해석한다. 인간이 두 장소를 연결하는 '길'을 창조하는 데에서 유별난 성취를 이루었음에 주목하는 것이다. 사람이 얼마나 자주 여러 장소를 오가면서 마음속에서 '주관적으로' 이 장소들을 연결하든지 간에, "지표면에 길을 시각적으로 **각인**하는 데서만 장소들은 객관적으로 연결된다"[Simmel 1997: 171, 필자의 강조]. 길을 놓는 이러한 시각적 각인은 장소 사이의 영구적 "연결"을 창조한다. 짐멜이 갈파하는 바에 따르면, 그러한 인간의 성취는 "연결에 대한 의지"에서 연유한다. 그리고 이 의지는 사물과 관계의 모양을 만든다. 이에 반해 동물은 그와 같은 "길의 기적"을 성취할 수 없다. 짐멜은 이처럼 "지표면의 … 각인"을 더욱 진전시킨 "길의 기적" 덕분에, "이동이 어떤 단단한 구조로 동결된다"라고 밝힌다[Simmel 1997: 171]. 나중에 우리는 '이동'이 어떻게 단단한 구조로 '동결'되는지, 또한 일반적으로는 니체적인 '연결에 대한 의지'가 어떤 결과를 낳는지, 수많은 사례를 통해 살펴볼 것이다.

이러한 동결은 새로운 '이동공간'[Thrift 2004b]을 통한 연결의 성취다. 그 정점은 다리橋인데, 다리는 "우리의 의지 영역을 공간으로 확장함을 상징한다"[Simmel 1997: 171]. 오직 인간에게만 강의 양안兩岸이 단순히 떨어져 있는 것이 아니라 나뉘어 있는 것이며, 그래서 잠재적으로 다리로 연결될 수 있는 것이다. 곤충 벌과 인간 '건축가'에 대한 마르크스의 분석처럼, 인간은 심안心眼을 사용해 여러 연결이 나뉘어 있고 **그래서** 연결이 필요한 것으로 '볼' 수 있다. 짐멜은 인간의 상상력과 '개념'이 지닌 효능을 다음과 같이 요약한다. "만약 우리가 실천적 사유나 필요나 상상을 통해 먼저 연결하지 않는다면 분리라는 개념은 아무 의미가 없다"(Simmel 1997: 171).

더욱이 장소를 연결하는 다리는 종종 '자연'의 일부, 즉 픽처레스크'가 되기도 한다. 인간의 눈으로 보기에 다리는 양쪽 기슭과 밀접하면서도 우연한 관계를 맺는다. 이와 같은 이동의 동결은 양안을 '자연스럽게' 연결하기 때문에 마치 심미적 가치가 높은 천연 '단일체'처럼 거의 '자연'을 개량한 것같이 보인다.

그렇다면 이동 자체는 어떤가? 짐멜은 다양한 사회-공간 패턴의 모빌리티를 구별한다. 여기에는 유목, 유랑, 왕국 순행巡幸, 디아스포라 이동, 궁정 여행, 이주, 모험, 여가 여행이 포함된다. 각 사례에서 독특한 것은 그 사회적 형태, 즉 "사회형성 형태"²인데, 이때 "유랑 집단의 사회형성 형태는 공간적으로 정착한 집단과 대조적이다"(Simmel 1997: 160). 이러한 대조를 낳는 것은 '떠나 있는' 기간의 '시간적 지속'이다. 시간은 "어떤 회합 과정의 미묘한 차이"를 조직하지만, 그 관계는 단순하고 직접적이지 않다. 때로는 일시적 '이방인'이 하는 역할 때문에, 잠깐 마주치더라도 감춰진

---

1   18세기 영국 풍경화의 특징인 픽처레스크picturesque는 "마치 그림을 보는 것 같은"이라는 의미다. 인위적인 프랑스식 정원에 반대하여 나온 자연 그대로 두는 영국식 정원 조경 방법에서 유래했다. 자연스럽고 불규칙하며 곡선적인 예술 작품, 특히 회화작품의 특성을 가리키는 말이 되었다.

2   짐멜의 sociation(독일어 Vergesellschaftung)은 (두 사람, 가족, 종족, 도시, 국가 등) 특정 사회형태에서 일어나는 특유의 사회적 상호작용 형태를 뜻한다. socialization의 번역어인 "사회화"(사회규범의 내면화) 혹은 "사교"(사람들 사이의 사회적 교제)와 구분하고자 "사회형성"으로 옮긴다.

것이 누설될 수 있다. 어떤 경우에는 긴 시간을 함께 보내어 상호적응을 거쳐야만 관계된 사람들의 신뢰를 다질 수 있다.

또한 짐멜은 물리적·신체적 이동이 여타의 모빌리티와 어떻게 연결되는지를 강조한다. 그는 학자나 상인이 20세기 초보다 중세에 더 자주 이동했다고 (잘못) 추정한다. 20세기 초에는 "편지와 책, 은행 계좌와 지점, 동일 견본의 기계적 복제와 사진"이 있기 때문이라는 것이다(Simmel 1997: 165). 이에 비해 중세에는 이런 온갖 정보를 이리저리 "여행하는 사람이 가져올 수밖에 없었다." 관념, 정보, 특히 돈을 이동시키는 다른 '시스템'이 거의 없었기 때문이다. 그러나 중세의 이동은 대부분 '위험과 곤경'으로 점철되어 있었다. 특히 물리적 이동의 위험을 완화할 '전문가 시스템'이 상대적으로 적었다(Simmel 1997: 167).

실제로 중세에는 방랑 빈민, 떠돌이도 많았다. 그들 삶의 기초는 '동요와 이동'이었고, 이는 다양한 '유동적 연합'을 유발했다. 가령 떠돌이 '음유시인' 무리가 그랬다. 음유시인의 특징은 바로 "끊임없는 장소 변경의 충동, '사라짐'의 능력과 욕망"이다(Simmel 1997: 168). 중세에 대한 짐멜의 도식적 설명은 흥미롭다. 이동과 유동에 무게를 두고, 정보·돈·물건을 교환하려면 대다수 사람들에게 이동이 꼭 필요했다고 보기 때문이다. 현대에는 이러한 이동의 필요성이 어느 정도 **감소**했다. 편지, 책, 돈, 사진의 대량 이동 시스템이 물리적 이동을 대체했기 때문이다. 여러 모빌리티 시스템 간의 복잡한 교차에 관해서는 이 책의 여러 대목에서 거듭 이야기할 것이다.

짐멜은 새로운 방식의 이동과 동요가 널리 퍼져 있는 현대 도시에 대해서도 자주 언급한다. 〈대도시와 정신적 삶Die Großstädte und das

Geistesleben〉(1903)[3]에는 대도시적 성격이 "외부 자극과 내부 자극의 **빠르고 잇따른 변화에서 비롯된 신경과민**"이라는 유명한 대목이 있다[Simmel 1997: 175]. 현대 도시에서는 "예상치 않은 인상이 쇄도해 온다. … 길을 건널 때마다, 빠르고 다양한 경제적 삶, 직업적 삶, 사회적 삶에 … 심리적 삶의 감각적 토대라는 측면에서, 도시는 작은 마을이나 시골의 삶과 극명한 대조를 보인다"[Simmel 1997: 175; 그리고 Simmel 1990 참조].

대도시에서는 쇄도해 오는 자극이 풍부하고 다양하여 사람들이 이런 느낌에 대해 무감각하고 유보적인 태도를 취할 수밖에 없다. 그렇지 않으면 높은 인구밀도와 이들의 이동이 초래하는 압도적인 경험에 제대로 대처할 수 없을 것이다. 그러므로 도시적 성격은 유보적이고 초연하며 심드렁하다. 쇄도하는 자극 탓에, 새로운 심리 구조와 감각 구조, 심드렁한 태도, 새로운 감각에 적절한 에너지로 반응할 수 없는 무능력이 형성된다. 도시의 이동뿐 아니라 돈의 빠른 이동도 유보와 무심함을 낳는다 [Jensen 2006: 148-149].

따라서 짐멜은 도시의 삶을 도시의 공간적 형태 측면에서 설명하지 않는다. 그의 고찰은 오히려 '근대적' 모빌리티 패턴이 도처에서 사회적 삶에 미치는 영향에 주목하는 초기 형태의 고찰이다. 이는 19세기 중엽 마르크스와 엥겔스가 《공산당선언》에서 보여 준 근대적 고찰에 필적한다 [Marx and Engels 1952; Berman 1983]. 짐멜은 근대적 삶의 파편화와 다양성을 분석하면서 움직임, 다양한 자극, 장소의 시각적 전유가 새로운 근대적 도

---

3 어리의 원문에 'Metropolis and the City'로 되어 있으나 'The Metropolis and Mental Life'의 오기로 보인다. 짐멜의 대표작 중 하나인 《짐멜의 문화론Simmel on Culture》에 수록되어 있다.

시 경험의 중대한 특징임을 보여 준다.

"무색無色이고 무심한"(Simmel 1997: 178; 그리고 Simmel 1990 참조) 돈의 영향 때문에, 돈의 쌍둥이인 근대 도시 때문에, 사회적 삶에는 또 다른 정밀성이 필요하다. 합의나 조율할 때에는 시기 및 위치가 명확해야 한다. 이동적이고 쇄도하는 도시에서의 삶은 시간 엄수를 전제로 하는데, 이는 "회중시계의 보편적 확산"으로 나타난다(Simmel 1997: 177). 오늘날 어디에나 있는 이동전화가 그렇듯이, 한 세기 전에는 휴대용 시계가 '근대'의 중요한 상징이었다. 짐멜에 따르면 "전형적인 대도시의 관계와 업무는 보통 너무 다양하고 복잡하다. 그래서 약속과 서비스에서 시간을 철두철미 지키지 않는다면 그 구조 전체가 무너질 테고 헤어나올 수 없는 혼돈이 일어날 것이다"(Simmel 1997: 177). 이러한 정시성의 필요는 "다양한 이해관계를 가진 수많은 사람이 집단을 이루기 때문에 생겨났는데, 사람들은 자신의 관계와 활동을 고도로 복합적인 하나의 유기체로 통합해야 했던 것이다"(Simmel 1997: 177).

이처럼 관계의 복잡계를 이루기 위해서는 만남과 활동에서 시간을 엄수하고 시간표를 지켜야 하며 합리적이어야 한다. 이러한 복잡계는 때로 서로 상당한 거리를 유지하며 예의를 지키는 어떤 체계 또는 "고도로 익명적인 구조"이다(Simmel 1997: 178; Toiskallio 2002: 171). 여기서 결정적인 것은 이러한 모빌리티의 '체계성'이며, 그 결과 개인은 "사물과 권력으로 이루어진 거대 조직의 한낱 톱니"로 전락한다. 그로 인해 "이런 〔도시적〕 개인에게 삶은 무한정 안락해지는데, 온갖 방면에서 자극, 흥미, 시간 활용, 생각이 주어지기 때문이다"(Simmel 1997: 184). 짐멜은 "이런 것들이 마치 강물처럼 사람을 실어 나르므로 스스로 헤엄칠 필요가 거의 없다"고 단언한다(Simmel 1997: 184).

그러나 이와 동시에 근대의 도시 생활이 만들어 내는 사람들은 제각각 "매우 개인적인 주체성"을 가지며, "달라지려는" 경향, 인상적인 방식으로 눈에 띄고 관심을 끌려는 성향을 갖게 된다(Simmel 1997: 178). 도시 생활로 인해 현저한 "나르시시즘 문화"가 생겨난다(Lasch 1980). 짐멜에 따르면, 사람들은 타인에게 특별하게 인식됨을 의식함으로써 자존감을 얻는다. 그러나 대도시에서는 대규모 모빌리티 때문에 "사람들 사이의 접촉이 덧없고 희소하다"(Simmel 1997: 183). 소규모 공동체와 비교해 근대 도시의 개인은 운신의 폭이 넓고, 내적으로나 외적으로 독특하게 발달한다. 근대 도시 생활의 공간 형태 때문에, 타인과 매우 광범위하게 접촉하고 사회적으로 상호작용하기 때문이다. 사람은 스스로를 구별 지으려 한다. 짧은 순간 가깝게 마주칠 때 장식이나 패션을 통해 타인과 달라지고 싶어 한다. 그래서 번잡하고 파편화된 대도시 생활로 인해 (부분적으로는 거리두기나 격식상 규칙 준수와 관련된) 강력한 객관적 시스템이 나타날 뿐 아니라, **이와 동시에** 개인의 주체성도 매우 다양하게 나타난다. 이런 괴팍한 조합이 새롭고 다양한 21세기 모빌리티의 맥락에서 어떻게 나타나는지는 아래에서 고찰할 것이다.

짐멜은 공동현전 순간을 분석하며, 감각에 대한 일반 사회학[4] 그리고 시각·청각·후각이 각각 지닌 의미에 대한 일반 사회학을 전개한다. 그

---

[4] 짐멜은 일반 사회학general sociology을 "지금까지 사회적 형태로 나타난 인간의 역사적 삶 전체"를 탐구하는 학문으로 규정한다. 이에 비해 순수 사회학pure sociology은 "살아 있는 인간의 단순 총합으로부터 사회를 생산하는 사회적 형식 자체"를 탐구하며, 철학적 사회학philosophical sociology은 "사회현상이 시사하는 실재의 본질"을 탐구한다. Simmel, Georg. *The Sociology of Georg Simmel*, trans. and ed. by K. H. Wolff, Glencoe, Ⅲ.: Free Press (1950), pp. 16–25.

는 "독특한 사회적 성취"로서의 눈을 특별히 중시한다[Simmel 1997: 111]. 눈은 개인의 연결과 상호작용에 영향을 미치며, "가장 직접적이고 순수한 상호작용"이다[Simmel 1997: 111]. 눈길을 받으려면 동시에 눈길을 주어야 한다. 눈은 사람 대 사람, 얼굴 대 얼굴의 "가장 온전한 상호성"을 만들어 낸다. 대면의 공동현전이 이동의 의무와 결과에 얼마나 긴요한지는 이후에 서술할 것이다. 이에 대해 보든Boden과 몰로치Molotch는 "오래전 게오르크 짐멜이 관찰한 것처럼, 공동현전의 상호작용은 여전히 인간의 교류와 사회화의 근본 양식, '사회성이 나타나는 원초적 장소'"라고 요약한다[Boden, Molotch 1994: 258].

짐멜이 보기에 얼굴의 표현적 의미는 특별한 지식을 제공한다. 여타 신체 부분과 달리 얼굴은 행동하지 않아도 유난히 무언가를 누설하는 기능을 수행한다. 우리는 타자의 얼굴이 '어떤지' 봄으로써 그 사람이 '어떤지' 알게 되고 예전에 어땠는지까지 알게 된다. 짐멜은 "변하지 않는 타고난 됨됨이가 얼굴에서 누설된다"고 말한다[Simmel 1997:115]. 얼굴은 그 얼굴을 지닌 사람의 삶에 대해 타인에게 말해 준다. 얼굴은 평생을 사는 동안, 다시 말해 죽을 때까지 어쩔 수 없이 이동하는 동안 그 얼굴 표면에, 심지어 얼굴 내부에 축적된 바를 누설한다.

짐멜은 이동에 관해 중요한 두 가지 점을 언급한다. 첫째, 사람이 서로 끌리는 것은 어떤 은밀한 이유 때문만이 아니라, "자유롭게 유희하는 사교"의 즐거움, 즉 내용, 본질, 숨은 목적에서 벗어난 사회적 상호작용 형태 때문이기도 하다. 공동현전의 대화는 그 자체를 위해 저절로 일어나는, 그 자체가 목적인 일종의 "순수한 상호작용"이다[Simmel 1997: 9-10]. 사회적 삶의 많은 부분은, 특히 우리가 의식하는 이동의 필요나 의무는 얼굴과 얼굴을 맞대고 때로는 몸과 몸을 맞대어 대화하는 즐거움과 매력에서 나온다.

둘째, 짐멜은 알프스의 철도 건설에서 비롯된 "사회주의적인 대규모 자연 개방과 향유"에 대해 기술한다(Simmel 1997: 219). 이 철도로 인해 자연 속으로, 그리고 자연 여기저기에서 새로운 대중 여행이 이루어졌다. 그는 못마땅해하지는 않지만, 이런 이동이 이동하는 대다수에게 어떤 "교육적 가치"가 있을지 의심한다. "순간의 환희"는 있지만, 곧 "일상으로 복귀"해야 한다(Simmel 1997: 220). 짐멜이 특히 비판하는 사람은 생명을 위협하는 난관을 극복하는 것이 도덕적으로 상찬할 만하다고 믿는 사람이다. 그는 "위험을 희롱하고 파노라마 풍광의 정서를 희롱하는" 산악 스포츠의 이기적 즐거움에 의구심을 보낸다(Simmel 1997: 220). 짐멜은 다른 장소에 있고 싶다는 욕망을 형성하는 '모험'의 매력도 고찰한다. 즉, 그러한 '모험'은 "우리 삶의 범속한 연속성의 바깥에서" 벌어진다(Simmel 1997: 222). 그가 말하는 모험은 과거로 결정되지 않으며 미래도 없는 그런 현재에 존재한다. 도시에서의 삶이 "안락해졌기" 때문에 몸이 **살아나는** 곳은 모험의 장소인 외부이다. 이때 몸은 길을 찾아내는 '움직이는 몸'이고, 자연스러워지고 자연을 알아 가고 '자연스럽게' 자신을 구해 내는 몸이다. 그러므로 모험은 몸이 심드렁한 태도에서 벗어나게 한다. 신체적으로 움직이면서 흥분할 때 몸은 원기를 회복한다. 짐멜은 "우리는 이 지구의 모험가"라고 요약한다. 하지만 모험이 생겨나는 것은 긴장이 "매우 격렬해져 그 긴장을 실현할 물질을 지배하는" 경우이다(Simmel 1997: 232).

더 일반적으로 말해, 짐멜은 '복잡성 이론'의 초기 접근 방식을 보여 준다. 그는 사회현상을 개인의 행위를 통해 설명하는 데에 반대한다. 중요한 사회현상은 그보다 낮은 층위의 현상들을 단순히 조합한 결과가 아니다. 래쉬Lash에 따르면 짐멜은 반ᄊ환원주의자로서 창발적 사회형태들을 사회적 삶의 기본 실체로 본다(Lash 2005:11). 짐멜의 접근 방식은 자기생산 이론의 말투를 보인다. "사물의 의미는 사물들의 관계에서 생긴다. 이 관계의 상호성이야말로 사물들의 본질과 속성을 구성한다"는 것이다 (Simmel 1990: 128-129; Staubman 1997; 짐멜의 생기론에 관해서는 Lash 2005 참조).

특히 대표작《돈의 철학Philosophie Des Geldes》에서 짐멜은 돈을 경제적 교환의 자기조직화 매체로 여기며, 경제적 교환이 낳는 창발적 효과는 개별 교환 행위로 환원할 수 없다고 본다(Simmel 1990). 지금은 공진화와 적응이라고 불리는 '상호인과'를 탐구할 수 있다는 것이다. 얼마 전 래쉬는 매체와 통신이 생명과 유사하게 자기조직화하는 형태이며, 사회적인 것의 힘을 변화시키고 위협한다고 말한 바 있다(Lash 2005: 8-10). 이와 유사하게 나는 '모빌리티' 혹은 '순환'을 돈과 유사한 것, 다시 말해서 개별 패턴이나 선호로 환원되지 않으며 자기조직화하는 또 다른 교환 매체로 간주해야 한다고 주장할 것이다.

최근 들어, 짐멜이 흐름flow이 아니라 유동flux의 본질을 상술하고 있으며, 이에 따라 모빌리티를 단순한 흐름으로 개념화하는 것을 바로잡아야 한다는 주장이 있다(Lash 2005). 유동은 긴장, 투쟁, 갈등을 포함하고, 기술과 사회적 삶의 변증법, 혹은 아래에서 이야기할 임모빌리티와 모빌리티의 복잡한 교차를 포함한다. 짐멜에 따르면, 단순하거나 순수한 흐름이 아니라 생기론적 유동이다.

임모빌리티와 모빌리티의 유동적 변증법을 따라가면, 특히 짐멜에게 영감을 받아 체계화와 개인화의 변증법을 살펴보면, 사회적 삶이 (생기적이라기보다는) 복잡하다는 것이 드러난다. 전반적으로 짐멜은 이 책의 틀을 제공한다. 우리가 검토할 대부분의 쟁점과 주제를 시사하기 때문이다. 이 책의 여러 장에서 전개하는 시론試論은 100여 년 전 그의 여러 저작을 상술하고 심화한다. 짐멜의 저작은 다양한 유동적 모빌리티를 다루는 과정이론, 생기론, 복잡성 이론 계열의 사회과학의 기초를 놓았다.

시카고학파에서는 짐멜의 사상 중 일부 요소를 더욱 발전시켰다. 20세기 전반기에 시카고학파는 특히 부랑자, 갱단, 매춘부, 이주자 등의 떠돌이 생활에 관한 후기 짐멜주의적 모빌리티 연구를 광범위하게 선보였다[예를 들어 Park 1970 참조]. 그러나 구조기능주의, '변수'의 실증주의적 분석, 구조주의적 마르크스주의 등을 포함하여 다양한 구조적 이론과 정태적 이론이 사회학의 주도권을 잡으면서 이 발전이 중도에 끊기고 말았다. 모빌리티 연구도 '교통', 그리고 이보다 협소하게 '관광'에 대한 전문적 탐구로 변질되었다. 짐멜의 비평과 분석이 던진 도발적 자극에 거리를 두고 연구해야 할 어떤 분화되고 전문화된 영역으로 이 연구를 간주하게 된 것이다.

이어지는 절들에서는 모빌리티 패러다임에 대한 짐멜의 간략한 개요를 상술하고, 이를 발전시킬 더 최신 이론과 연구 프로그램을 다방면에 걸쳐 다룰 것이다. 짐멜이 거의 한 세기 전에 그 원형을 처음 개괄한 이후로 100년이 지나서야 이 패러다임이 세상에 나온 것이다. 우선 복잡성을 다룰 것이고, 그다음 절에서는 또 다른 다양한 이론을 고찰할 것이다.

복잡성

뛰어난 물리학자인 러플린Laughlin과 파인즈Pines에 따르면, 물리학은 예전에는 만물이 그리로 환원되는 어떤 근본 법칙을 연구했지만, 이제는 다양한 창발적 조직화를 연구한다.

> 중점 과제는 … 더는 궁극적인 방정식을 찾는 것이 아니라, 오히려 창발적 행위의 목록을 작성하고 이해하는 것이다. … 이것을 복잡적응물질 연구라고 부른다. … 우리는 환원주의로부터 복잡적응물질 연구로의 전환을 목도하고 있다(Buchanan 2002: 207 재인용).

굴벤키안 사회과학 개혁위원회Gulbenkian Commission on the Restructuring of the Social Sciences[5]는 '자연'과학과 '사회'과학 모두 '복잡성'을 지니므로 그 경계를 허물어야 한다고 주장한다(이 위원회에는 노벨상 수상자인 비선형과학 연구자 일리야 프리고진Ilya Prigogine이 속해 있다). "다중적 미래, 분기 및 선택, 역사적 의존성, 그리고 … 본질적이고 내재적인 불확실성을 강조하는 비평형 동역학 기반 분석"이 "**모든** 과학의 모델"이어야 한다(Wallerstein 1996: 61).

스리프트에 따르면, 창발적 복잡성이라는 '느낌의 구조'가 도래하고 있다(Thrift 1999; Byrne 1998; Capra 2002; Urry 2004; Urry 2005). 이러한 창발적인 느낌의 구조는 복잡적응계 개념을 모빌리티 분석에 도입하는 과정에서 유래하며, 그래서 이 둘 사이에는 선택적 친화성[6]이 증가한다. 이러한 지적인 지도

---

5 미래의 사회과학 연구 방향과 구조개혁을 토의하고자 굴벤키안 재단의 후원으로 1994~1995년에 열린 사회과학자 · 자연과학자 · 인문학자 모임.

6 선택적 친화성elective affinity은 물리학에서 특정 물질과 결합하는 경향을 지닌 물질의 특성을 뜻한다. 사회과학에서는 가령 막스 베버가 프로테스탄티즘 윤리와 자본주의 정신 간에 선택적 친화성

에 복잡성 개념을 적용하는 몇 가지 과정은 다음과 같다.

① 돈, 이미지, 사람, 자본, 정보가 전 지구적으로 예상치 못하게 빠르게 이동한다는 의식(시공간 압축과 관련하여 Harvey 1989 참조). 이는 질서를 우발적인 것이자 도달해야 하는 어떤 것으로 여긴다. 그리고 단순히 혼돈이나 질서가 아니라, 물리학에서 준안전성[7]이라 부르는 것을 만들어 낸다(Ball 2004).

② 마이크로 전자기술 기반의 통신 기술 성장. 이로 인해 이제 위계질서가 아니라, 전 세계에서 자기생산적으로 스스로를 재생산하는 전산화된 네트워크가 지배적 조직화 양상이 된다(Castells 1996; Castells 2001). '스마트몹' 현상이 여기 포함된다(Rheingold 2002).

③ 반세계화 운동, 금융시장, 테러리스트 네트워크와 같은 '지구적 미시 구조[8]'의 출현, 그리고 "자기조직화 원리와 패턴을 드러내는 미시 구조적 기제들을 통해 지구적 범위를 결합하는 연결 및 조율 형식"의 출현(Knorr Cetina 2005).

④ 제품 및 기술의 초복잡성 증대. 1800년 엘리 휘트니Eli Whitney[9] 소총의 부품은 51개였지만, 우주왕복선의 부품은 1천만 개이다.

이 존재한다고 주장했다.

[7] 준안전성metastability은 바닥 상태보다 에너지가 높은 채로 오래 변하지 않고 유지되는 상태. 이 상태의 물질은 안정된 상태에 있는 것도 아니지만 불안정한 상태에 있는 것도 아니다.

[8] 크노르 세티나Karin Knorr Cetina와 브루거Urs Bruegger가 제안한 용어인 '지구적 미시 구조global microstructures'는 상대적으로 작은 구조가 지구적 연결을 통해 전 지구적으로 광범위하고 긴요한 잠재적 능력을 획득하는 것을 뜻한다.

[9] 미국의 기계 발명가로서, 1800년에 새로운 소총 제조 방식을 활용하여 대량생산의 기초를 마련했다.

1970년대 말까지만 해도 세계 무역에서 거래되는 제품 대부분은 단순한 공정으로 생산된 단순한 제품이었지만, 25년 후에는 가장 값비싼 제품의 3분의 2가 복잡한 공정을 거친 복잡한 제품이 되었다. 여기에는 무진장 많은 부품, 사이버네틱스 아키텍처 및 사회 기술적 혼종 시스템이 포함된다(Rycroft, Nash 1999).

⑤ 더 일반적으로 물리적 사물과 사회적 관계의 혼종 시스템이 갖는 중요성. 가령 보건, 테러리즘, 지구온난화 등은 물리 세계 및 생물 세계, **그리고** 사회 세계의 중첩과 유사성을 전제하는 동시에 발생시킨다. 카프라Capra는 이러한 '물질-그리고-사회' 구조를 이해할 통합적 개념 틀을 주장한다(Capra 2002).

⑥ 시공간에서 사건과 결과의 완전한 예측 불가능성. 특히 사건이 외견상 그 과정을 개시한 사건으로 되돌아오는 복잡한 방식. 이는 부메랑이 돌아와서 그 과정이 시작된 곳에 있는 사람의 머리를 베는 역설적인 '부메랑' 효과를 보여 준다(Beck 2001).

⑦ 전 세계적으로 관계, 가족, 사회의 다양한 비선형적 변화. '원인'과 '결과' 사이에 뚜렷한 관계가 없어 보이며, 여기에서 일어나는 일은 통제는 고사하고 예측조차 할 수 없는 갑작스러운 불균형을 수반한다(Nicolis 1995).

⑧ 분기점의 중요성. 소련 제국이 거의 하룻밤 사이에 무너진 것, 거의 전무했던 인터넷 사용자가 10년 동안 10억 명으로 급증할 만큼 인터넷이 퍼진 것, 특정 문화에서 전무하다시피 했던 문자메시지 사용자가 거의 100퍼센트가 된 것 등이 그렇다(Gladwell 2000).

⑨ 지구의 모든 유기체와 물질 환경의 결합을 단일한 자기조절 체계

로 보는 일, 혹은 (러브록Lovelock이 수십 년 동안 그렇게 부른 것처럼) 가이아Gaia로 보는 일의 설득력이 높아짐(Lovelock 2006: 23-25). '지구온난화'에 대한 그의 최근 연구는 예전에는 자기조절이 가능했던 이 단일 시스템을 변형시키는 비가역 과정을 밝혀냈다.

⑩ 전 지구 차원에서 과학 자체의 조직화 증대. 그 안에서 과학의 성장, 상업화, 기금 및 지원 체계 패턴에 자기조직적 네트워크가 개입하는데, 이 네트워크는 환원주의적인 자연의 거울[10]을 제공하지 않는다. 실제로 과학 네트워크의 성장은 다양한 영역을 평형상태에서 멀어지게 한다(Wynne 2005).

20세기 과학은 뉴턴 과학의 구성 요소를 해체하고 복잡성으로 전환하는 길을 닦았다(Urry 2003; 자세한 사항은 학술지 《이론, 문화, 사회Theory, Culture and Society》의 [복잡성에 관한] 2005년 특집호 참조). 20세기 이전의 과학은 뉴턴적 시간의 관점에서 작동했다. 그 시간은 불변적이고, 공간과 유사한 단위로 분해하고 계측하고 수량화할 수 있으며, 가역적이었다. 또한, 앞으로 **그리고** 뒤로도 이동하는 측량 가능 불변량들을 담은 직교 좌표공간으로 여겨졌다. 20세기 과학은 이 개념을 해체했다(Capra 1996). 아인슈타인은 시간이 적용되는 체계로부터 독립된 시간, 고정되거나 절대적인 시간은 존재하지 않음을 보여 주었다. 시간은 어떤 관찰 및 측정 체계의 지역적이고 내재적인 특성이다. 시간과 공간은 서로 분리된 것이 아니라, 질량의 작용으로 굽은 4

---

10 자연의 거울mirror of nature은 미국 철학자 리처드 로티Richard McKay Rorty가 서양철학에서 지식은 자연을 비추는 단순한 거울에 불과하다는 관념이 만연해 있다고 비판하면서 사용한 개념.

차원 시공간으로 융합된다. 따라서 시간과 공간은 물리 세계와 사회 세계가 작동하는 과정에 '내재'하며 이 과정의 힘을 구성하는 데에 이바지한다(Coveney, Highfield 1990).

실제로 우주는 선재하는 원인 없이 시작되었고, 우주의 생성 자체가 바로 그 순간 공간과 시간을 창조했다. 공간과 시간은 자생적으로 창조되었고, 우주의 체계적 본성의 일부이다(Davies 2001). 나아가, 양자이론이 서술하는 어떤 가상상태에서는 전자가 특정 패턴으로 고착되기 전에 모든 가능한 미래에 대한 실현을 순간적으로 시도한다(Zohar, Marshall 1994). 양자 행동은 순간적이고 동시적이며 예측 불가능하다. 부분들 자체보다는 부분들의 상호작용이 훨씬 근본적이다. 열역학은 시간 흐름이 비가역적임을 보여 준다. 시간의 화살로 말미암아 열린 체계 내에서는 시간이 흐르면서 조직화는 줄어들고 무작위성과 무질서가 늘어난다. 이러한 무질서의 축적 혹은 양의 엔트로피는 열역학 제2법칙의 결과이다. 그러나 무질서의 증가만 일어나는 것은 아니다. 프리고진은 어떻게 평형이 아닌 신질서가 생겨나는지 보여 준다. 무질서의 바다 안에는 신질서의 섬, 즉 산일 구조[11]가 존재한다. 전체 엔트로피는 증가하더라도, 이 구조의 질서는 유지되거나 심지어 확대된다(Prigogine 1997).

시간의 비가역성은 약 150억 년 전의 '빅뱅'이라는 특이 사건 이후 우

---

[11] 일리야 프리고진이 창안한 산일 구조dissipative structure 이론은 자연계가 항상 엔트로피가 작은 쪽에서 큰 쪽으로 나아간다는, 즉 질서에서 무질서로 진행한다는 엔트로피 법칙(열역학 제2법칙)과 반대되는 현상, 즉 신질서를 만드는 현상을 다룬다. 이처럼 국지 규모의 신질서가 주변에 파급되기 시작하여 일정 조건 아래에서 전체가 이러한 미소한 변화를 강화하는 쪽으로 진행되면, 이것이 양의 되먹임에 의한 자기조직화이다. 그 대표적인 예가 생명체이다.

주가 팽창하는 데에서 볼 수 있다. 시간의 화살표 또는 시간 흐름이 낳는 미래는 불안정하고 비교적 예측 불가능하며 가능성이 다양하다. 시간은 복합적일뿐더러 예측 불가능하다. 복잡성 과학이 결정론적 세계 이미지와 순전히 우연적이고 임의적인 세계 이미지의 충돌을 극복함에 따라, 프리고진은 "확실성의 종말"을 공언한다. 질서와 혼돈은 일종의 균형을 이루는데, 여기에서는 구성 요소가 완전히 제자리에 고정되지도 않지만, 완전히 무질서로 해체되지도 않는다.

이러한 동역학계의 중심이 창발 개념이다. 부분을 넘어서는 시스템 효과가 있다(Nicolis 1995).[12] 복잡성〔이론〕은 시스템 구성 요소들의 상호작용을 통해 집단적 속성과 패턴, 심지어 색깔 같은 단순 속성까지 '자생적으로' 전개되는 것을 탐구한다. 이러한 속성 및 패턴은 개별 구성 요소 내에 들어 있지 않은 것이다. 혹은 적어도 같은 방식으로 들어 있지는 않은 것이다. 이러한 대규모 패턴 및 특성은 해당 현상의 미시 동역학에서 창발하지만, 이 미시 동역학으로 환원할 수는 없다. 따라서 기체는 균일한 실체가 아니라 양자역학 법칙을 따르는 원자의 격렬한 혼란으로 이루어진다. 기체를 지배하는 법칙은 개별 원자의 행동이 아니라 이 원자들의 통계 패턴에서 나온다. 게다가 시스템이 변수 제어상의 가벼운 변화로 특정 역치를 넘으면, 가령 액체가 기체로 전화한다. 또는 지구 온도의 소폭 상승으로도 제어가 불가능한 심대한 지구온난화가 일어난다(Lovelock 2006). 이러한

---

[12] 시스템 효과system effect는 창발적인 복잡계|complexity system에서 전체 시스템이 부분들의 효과를 단순히 합친 것 이상의 효과를 가져오는 것을 뜻한다.

'전복점'[13]은 예기치 않은 구조 및 사건을 초래하는데, 이런 구조 및 사건은 그 기저에 있는 기본 법칙의 구조 및 사건과 전혀 다르다(Gladwell 2000).

따라서 복잡성[이론]이 연구하는 다중적인 혼종 시스템들은 시간이 흐름에 따라, 그리고 각 시스템이 구조화하는 적합도 지형 내에서 자기조직화하면서 적응하고 진화한다(Mitleton-Kelly 2003 참조). 시스템들의 이러한 복잡한 상호작용은 미로를 걸어갈 때 미로 벽이 스스로 재정렬되는 것과 같다. 미로를 통과하는 사람의 움직임에 반응하는 벽에 적응하려면 다시 걸음을 옮겨야 한다(Gleick 1988: 24). 따라서 복잡성[이론]은 창발적이고 동적이며 자기조직적이고 상호의존적인 시스템들을 연구하는데, 이 시스템들의 상호작용이 이후의 개연성에 영향을 미치기 때문이다(Prigogine 1997: 35).

이러한 시스템은 시시각각 발전하는 듯하다. 그래서 행위자는 비교적 소규모의 초기 사건이 일으킨, 얼핏 보기에는 안정적인 '경로의존적' 실천안에 잠겨 버리게 된다(석유를 연료로 하는 철제 자동차를 출발시킨 실천이 그렇다[본서 6장 참조]. 그러나 시스템은 더러 '전복점'에 도달하여 급변한다 (Gladwell 2002). 전복점의 최근 사례는 1990년대 사무실 간 통신수단으로 별안간 팩스가 출현한 것이다. 팩스 없는 사무실은 다른 '사무실'과 통신할 수 없었으므로 진정한 '사무실'이 아니었다. 이 복잡계로 이루어진 세계는 사태沙汰, 창시자 효과, 자기복원 패턴, 겉으로는 안정적인 체제의 느닷없는 붕괴, 단속평형斷續平衡,[14] '나비효과', 시스템이 한 상태에서 다른 상태

---

13 노벨경제학상 수상자 토머스 셸링Thomas Schelling이 사용한 개념인 전복점tipping point은 "갑자기 뒤집히는(tip) 점", 즉 어떤 현상이 진행되다가 작은 요인으로 엄청난 변화가 생기는 지점을 의미한다.

14 점진적 진화이론을 비판하는 진화생물학자 스티븐 제이 굴드Stephen Jay Gould가 주창한 단속평

로 돌연 뒤집히는 역치 등으로 이루어진다(Axelrod, Cohen 1999).

이러한 분석에서 특히 중요한 것은 비선형적인 **양의** 되먹임 고리 positive feedback loop이다. 이는 시스템의 초기 스트레스를 악화시켜 충격을 흡수할 수 없게 만들고 초기 평형을 새로 확립한다. 이에 대해서는 얼마 전 러브록이 지구 시스템의 '지구온난화'를 사례로 고찰한 바 있다(Lovelock 2006: 33-35). 음의 되먹임에서는 변화 경향이 약화되지만, 양의 되먹임에서는 변화 경향이 강화된다. 이러한 양의 되먹임은 수확 체증[15] 분석과 관련이 있는데, 이것이 발생시키는 경로의존성은 (기술적으로 우수한 베타맥스를 대체한 VHS 비디오 시스템 같은) 다양한 경제-기술 시스템의 역사에서 일어났다. 이러한 비가역적 경로의존성이 일어나는 것은, 우발적 사건이 시간이 흐르면서 관례적 패턴이나 사건 연쇄를 동요시키고 아서Arthur가 "잠금"이라고 명명한 것에 의해 결정론적 속성을 가지게 될 때이다(Arthur 1994a; Arthur 1994b; Waldrop 1994).

그 밖의 이론 자원

정주주의

정주주의sedentarism는 경계가 있고 진정성이 있는 장소, 지역, 국가를

형punctuated equilibrium 이론은 진화가 단기간에 급격한 변화로 야기되고 이런 변화들의 사이사이에(단속) 오래동안 변화가 일어나지 않음(평형)을 뜻한다.

[15] 수확 체증increasing returns은 투입 생산요소가 늘면 산출 생산량이 기하급수적으로 증가하는 기 현상을 가리키는 경제학 개념.

인간 경험의 근본 기초로 상정한다(Cresswell 2002: 12-15; Cresswell 2006; Relph 1976). 이 정주주의 사고는 보통 하이데거적 관념에서 파생된다. 하이데거에게 거주한다는 것은 어떤 장소에 살거나 머무는 것, 평화롭게 기거하면서 만족해하거나 편안해하는 것을 말한다. 건축함bauen은 아끼고 보호하고 땅을 경작하고 포도나무를 재배하는 것을 포함한다. 그러한 건축은 보살 핌과 연계된 것으로서 습관적이다. 하이데거는 이를 "거주하게 함"이라 고 부르면서, 건축함과 거주함의 결합을 재차 확인한다(Heidegger 1993: 361; Zimmerman 1990: 151).

이러한 거주는 용재적用在的인 사물[16]과 신체적으로 **더불어** 머무는 것이 다. 그러므로 하이데거는 인간과 공간이 마치 서로 대립하는 양 분리하 는 데에 반대한다. 오히려 인간에 관해 말하는 것 자체가 이미 공간을 가 로질러 움직이며 거주하는 사람에 관해 말하는 것이다. "필멸자必滅者가 **존재한다**는 것은 **거주하면서** 사물과 장소에 둘러싸여 머무는 덕분에 공간 을 가로질러 존립한다는 것이다. 그리고 필멸자는 오로지 바로 그 본질 에 의거해 공간에 스며들고 공간을 가로질러 존립하기 때문에 공간을 가 로질러 이동할 수 있다"(Heidegger 1993: 359). 그러나 "멀거나 가까운 장소 및 사물과의" 관계 설정을 통해 공간을 유지할 때에만 공간을 가로질러 이 동할 수 있다(Heidegger 1993: 359). 방문을 열러 가는 사람은 이미 그 방의 일 부이다. 그는 분리된 "교갑膠匣 속 몸"이 아니다. 들어가려는 방의 공간에

---

16 하이데거에게서 ready-to-hand(독일어 zuhanden)는 "손안에 있는" 도구 존재를 가리키고, present-to-hand(독일어 vorhanden)는 "손 앞에 있는" 혹은 "눈앞에 있는" 대상 존재를 가리킨다. ready-to-hand는 용재用在로, present-to-hand는 전재前在로 옮긴다.

이미 스며들어 있기 때문이다. 오로지 이러한 거주라는 형식 덕분에 바로 그 문을 통과할 수 있다. 거주한다는 것은 언제나 안에서 그리고 너머로 이동하고 감각한다는 것이다.

하이데거도 짐멜처럼 다리의 중요성을 논한다. 어떤 의미에서 양안이 이미 '거기' 있고 그다음에 다리가 둘을 연결하는 것이 아니다. 다리가 강을 가로지를 때 비로소 양안이 출현한다. 다리는 양안을 마주 보게 한다. 이것은 강 양쪽 기슭의 땅을 더욱 가깝게 병치하는 효과를 낸다. 하이데거는 다리의 기능이 요즘 행위소[17]라고 부르는 것과 같다고 주장한다. 다리는 "강과 기슭과 땅을 이웃하게 한다. 다리는 경관으로서의 땅을 강 주변으로 **모은다**"(Heidegger 1993: 354).

나아가 새로운 다리는 사람들이 그 지역에서 거주하고 이동하는 방식을 재조직한다. 다리는 장소를 형성하거나 도시의 여러 부분을 연결하거나 도시와 국가를 연결하거나 도시와 "최고 속도를 내기 위해 조절되고 계산된 장거리 교통 네트워크"를 연결함으로써 새로운 사회적 패턴을 산출한다(Heidegger 1993: 354). 다리는 그것을 건너는 느린 이동을 기다리면서, 즉 다리를 오가며 양쪽 기슭을 '느릿느릿하게' 이동하기를 기다리면서, 언제나 대기하고 있다. 관광지도 휴가산업이 불러온 관광객 집단의 순시를 준비된 상태로 기다린다(Heidegger 1993).

최근에 잉골드Ingold는 어느 정도 이와 비슷하게, "경관은 지난 세대의

---

17 행위소actant는 행위자—연결망 이론에서 행위능력을 인정받는 존재인 행위자actor를 기호학 맥락 (가령 언중이 인식하는 소리의 최소 단위인 '음소'나 의미작용의 최소 단위인 '의미소' 등)에서 행위의 최소 단위로 이해하는 명칭. 이 이론에서는 인간뿐 아니라 비인간 동물이나 기계, 장치 등도 모두 행위소이다.

삶과 일에 관한 불후의 기록과 증거인데, 지난 세대는 거기 거주함으로써 스스로에 대해 무엇인가를 남긴 것"이라고 서술했다(Ingold 1993: 152). 따라서 경관은 자연도 아니고 문화도 아니며, 마음도 아니고 물질도 아니다. 경관은 그곳에 거주했던 사람들, 그곳에 거주하고 있는 사람들, 그곳에 거주할 사람들에게 알려지는 바대로의 세계이다. 그리고 실천적으로 활동하며 여러 장소를 가로지르고 여러 길을 따라 이동하는 사람들에게 알려지는 바대로의 세계이다. 잉골드는 경관의 사회적 성격을 만드는 것은 어떤 환경의 '행위경관taskscape'이라고 주장한다.

게다가 길은 사람들이 일상적인 일을 처리하기 위해서 다니는 무수한 이동이 축적된 자국을 보여 준다. 길의 네트워크는 한 공동체의 여러 세대에 걸쳐 침전된 활동을 보여 준다. 그것은 행위경관이 가시화된 것이다(Ingold 1993: 167). 길이 땅에 각인되었기에 사람들은 이전 세대와 같은 길을 걷고 있다고 상상한다. 따라서 길을 돌리거나 옛길을 없애고 신작로를 내는 것은 종종 반달리즘으로 간주될 것이다. 공동체와 그 공동체의 집단기억을 파괴하고, 장소 안의, 그리고 장소를 가로지르는 거주와 이동의 형태를 파괴하기 때문이다.

유동성과 유목주의

유동성fluidity과 유목주의nomadism 같은 은유나 이론은 모빌리티에 대한 생각들의 〔정주주의를 대신하는〕 대안적 자원이다(Cresswell 2002: 15-18; Urry 2000: 2장; Bauman 2000). 많은 저술가들이 바다, 강, 유동, 파도, 액체성, 떠돌이, 순례자, 유목의 은유를 발전시켰다. 이러한 은유는 종종 데리다Derrida에 의존한다. 데리다는 "**차연différance**은 **구조** 개념에 내포된 정태적 · 공시적 · 분류학적 · 비역사적 모티브와 양립할 수 없다"라고 말한 바 있다(Derrida 1987: 27).

들뢰즈와 가타리Guattari는 국가 바깥 유목민의 함의를 상술한다(Deleuze, Guattari 1986: 49-53). 유목민은 점 혹은 교점이 아니라 탈주선으로 이루어진 탈영토화 사회의 특징이다. "유목민에게는 점도 없고 길이나 땅도 없다…. 유목민이 탁월하게 탈영토화된 사람이라면, 그것은 바로 이주자와 달리 **사후에** 재영토화가 이루어지지 않기 때문이다"(Deleuze, Guattari 1986:52). 일반적으로 이러한 신新생기론은 과정과 변화가 사회적 삶의 핵심이라고 강조한다(Lash 2005 참조). 정체停滯는 없고 오직 창조와 변형의 과정만 존재한다. 이동에 앞서는 것은 없다. 이동은 사물이 어떻게 존재하는지를 표현한다.

또 다른 이동적 은유는 떠돌이와 관광객이다(Bauman 1993). 떠돌이는 행선지 없는 순례자이고 여정 없는 유목민이다. 이에 비해 관광객은 "자유를 위해 돈을 내고, 모국의 관심과 감정을 무시할 권리와 나름의 의미의 거미줄을 칠 권리를 위해 돈을 낸다…. 세계는 관광객이 마음껏 누릴 수 있는 어떤 것이다…. 그렇게 즐겁게 살 수 있고 그래서 의미가 주어진다"(Bauman 1993: 241). 떠돌이와 관광객 모두 타인의 공간을 가로질러 이동하고, 물리적 가까움과 도덕적 가까움을 분리하며, 행복의 기준을 스스로 설정한다(Bauman 1993: 243). 일반적으로 바우만은 무거운 고체 근대가 가벼운 액체 근대로 전환하였으며, 이러한 전환에서 사람, 돈, 이미지, 정보의 이동 속도가 가장 중요하다고 주장한다(Bauman 2000)(콩코드기의 기이한 종말이 어느 정도는 이런 주장의 한계를 보여 준다).[18]

---

[18] 1976년 상업비행을 시작한 초음속 항공기인 콩코드는 2000년 에어프랑스 소속 콩코드기가 이륙

또 다른 유목 은유는 '모텔'이다[Morris 1988]. 모텔은 진정한 로비가 없고, 고속도로 네트워크에 연결되어 있으며, 응집적인 인간 주체를 위한 환경을 제공하기보다는 사람을 중계하는 기능을 한다. 또 순환과 이동에 이용되고, 장소와 현장의 감각을 파괴한다. 모텔은 "오직 이동, 속도, 영구적 순환만 기념한다"[Morris 1988: 3]. 그곳은 "결코 진정한 **장소**가 될 수 없으며", 모텔들은 그저 "**경험주의적인** 고속의 섬광"[19] 속에서 서로 구별될 뿐이다[Morris 1988: 5]. 모텔은 공항의 환승라운지와 마찬가지로 도착도 아니고 출발도 아닌 '잠시 멈춤'을 나타낸다[Morris 1988: 41; Auge 1995].

볼프Wolff를 위시하여 여러 사람은 이러한 유목과 여행의 은유 중 다수가 남성우월주의의 흔적을 지닌다고 비판한다. 뿌리 없고 속박 없는 이동을 암시한다는 것이다[Wolff 1993; Skeggs 2004]. 그러나 다른 사회적 범주를 매개로 한다면, '길 위에 있음'에 축자적으로나 은유적으로나 매우 다르게 접근할 수 있다. 요킨넨Jokinen과 베이올라Veijola는 남성적 은유를 다시 쓰거나 다르게 코드화할 수 있음을 보여 준다[Jokinen, Veijola 1997]. 이러한 남성적 은유는 예컨대 파파라치, 주정뱅이 노숙자, 섹스 관광객, 바람둥이로 다시 쓰여지면 긍정적 가치를 상실한다. 요킨넨과 베이올라는 매춘부, 베이비시터, 오페어[20] 등 이동의 여성적 은유도 제안한다[Jokinen, Veijola 1997].

중 엔진 화재로 추락해 탑승자 109명 전원이 사망한 사고 이후 2003년 운항을 종료했다.

[19] 감각 경험을 관념 및 지식의 원천으로 간주하는 경험주의 철학에 빗대어, 지속하는 실체보다는 돌발적이고 찰나적인 감각만 중시함을 말하고 있다.

[20] AU pair. 외국인 가정에서 일정 시간 돌봄을 제공하고 그 대가로 숙식과 급여를 받는 것.

이동 중인 물질

1980년대 사회과학에는 '공간적 전환'이 일어났다. 사회관계가 공간적으로 조직되고 그러한 공간 구조화가 사회관계에 중차대한 차이를 만든다는 것을 입증하는 여러 이론 및 연구가 여기 포함된다(Gregory, Urry 1995 참조). 매시Massey는 사회적 삶에 "공간이 중요하다"라고 선언했다(Massey 1994b). 이제 갈수록 공간은 다양한 '권력 기하학'이 개입하는, 이동하는 요소들로 이루어지는 것으로 간주된다. 우리 논의와 가장 관련이 깊은 것은 공간이 주기적으로 움직이는 다양한 물질, 즉 사물과 환경으로 이루어져 있다는 것이다. 이 물질은 배치 변화와 의미 재절합을 통해 조합되고 재조합된다(Cresswell 2001; Verstraete, Cresswell 2002; Cresswell 2002).

여행, 이주, 귀속에 관한 여러 연구에 따르면, 문화적 사물은 일정치 않게 움직이며, 이리저리 움직이고 움직여지면서 의미를 유지한다. 다양한 사물은 여기저기 이동하면서 일정치 않게 가치를 유지하거나 상실한다. 사물은 일정치 않게 장소를 이동시키고, 귀속과 기억의 재구성에 관여한다(Luri 1997; Fortier 2000; Molotch 2003).

여기에서 많은 분석이 과학기술학[21]을 활용한다. 과학기술학은 흔히 '수송'에 관심을 기울인다. 그리고 과학 절차, 방법, 결과가 효과적으로 이동함에 따라 과학 법칙이 때때로 특정 조건에서 전 세계적으로 비슷하게 작동하는 방식을 연구한다. 기계machine와 책략machination이 어떻게 이동하는지 이해하는 것은 필수이다(Law, Mol 2001: 611). 과학기술학은 인

---

[21] 과학기술학Science and Technology Studies(STS)은 과학기술에 대한 인문학 및 사회과학적 접근을 통해 과학기술과 사회의 상호작용을 분석하는 학제적 학문 분야이다.

간이 어떻게 기계와 **더불어** 복잡한 네트워크를 이루고, 소프트웨어, 텍스트, 사물, 데이터베이스 등과도 복잡한 네트워크를 이루는지를 보여 준다. 로Law는 개괄적으로 다음과 같이 주장한다. "사회질서가 그저 사회적이라는 관념은 사라진다 … 우리가 사회적이라고 부르는 것은 구체적으로 여러 이질적인 것들로 이루어져 있다. 대화, 신체, 텍스트, 기계, 건축, 이 모든 것 그리고 그 이상의 많은 것이 사회적인 것에 함축되어 있고 사회적인 것을 수행한다"[Law 1994: 2]. 이러한 혼종은 간혹 사람, 사물, 기술 사이의 복잡하고 지속적이며 예측 가능한 연결과 밀접히 연동되며, 과학의 연구 결과를 서로 동떨어진 다양한 공간과 시간을 가로질러 이동시킨다[Law 1994: 24]. 특정 과학 이론과 연구 결과는 '불변의 이동체[22]'를 구성할 수도 있는데, 여기서 행위자-연결망을 이루는 이질적 요소들 간의 상대적 거리는 이 관계들이 이루는 하나의 함수이다[Law, Hassard 1999]. 어떤 네트워크의 불변의 결과는 지역 경계를 넘어 전달된다. 네트워크화된 관계는 사물을 서로 **가까워지게** 한다.

모빌리티는 인간-그리고-기계가 이루는 이질적인 '혼종 지리'와 관련된다. 혼종 지리는 특정 조건에서는 사람이나 물질이 이동하게 하며, 다양한 네트워크를 가로질러 이동하면서 형태를 유지하게 한다[Whatmore 2002]. 댄트Dant는 자동차도 운전자도 아닌 특정한 혼종 혹은 주기적으로 이동하는 조합인 '운전자-자동차driver-car' 혼종을 고찰한다[Dant 2004]. 우

---

[22] 불변의 이동체immutable mobile는 다양한 맥락과 장소에서 그 형태와 기능이 안정적으로 머무는 어떤 현상을 뜻하는 과학기술학의 용어로, 특히 브루노 라투르Bruno Latour는 형태를 유지하면서 이동하는 것을 "불변의 이동체"라고 불렀다.

리가 이제 살펴볼 이동적 혼종에는 이외에도 '여가-보행자', '기차-승객', '자전거-자전거 타는 사람' 등 다양한 것이 있다.

이주와 디아스포라

다양한 모빌리티는 단순히 '새로운' 것이 아니라 수많은 역사적 발전에서 중심적인 것이었다. 가령 지중해 세계를 구성하는 복잡한 무역 경로와 여행 경로는 수세기 이상 존속했다(Braudel 1992). 노예무역과 후기 노예무역 선박, 항로, 상호연결성은 길로이Gilroy가 말하는 "검은 대서양"을 태동시켰다(Gilroy 1993). 그리고 디아스포라와 초국적 이민자로 이루어진 복잡한 모빌리티는 현대의 수많은 탈식민 관계를 밝히는 데에 핵심이 된다. 현대에는 공동체의 '디아스포라화'가 나타난다(Cohen 1997; Paperstergiadis 2000: 89).

이렇듯 이주와 디아스포라는 새로운 것이 아니다. 그러나 이러한 과정의 이동적 특성은 한결 뚜렷해졌다. 이주, 디아스포라, 유동적 시민권에 대한 여러 분석은 많은 사회과학에 잔존하는 국민, 민족, 공동체, 국가의 경계적이고 정태적인 범주를 비판하는 데에 요긴하다(Brah 1996; Joseph 1999; Ong 1999; Ong and Nonini 1997; Van Der Veer 1995). 다양한 연구가 이주, 탈구, 퇴거, 분리, 대화주의[23]의 다중적이고 중첩되며 격변하는 과정을 이론화한다. 현대의 대규모 이주는 종종 예상치 못한 장소 사이에서 진동하는 흐름을 수반한다. 이러한 이주는 격변하는 물결로 묘사되어 왔다. 여기에는 회오리와 소용돌이들로 이루어진 위계질서, 저항을 불러일으키는 바이러

---

[23] 미하일 바흐친Mikhail M. Bakhtin이 주장한 대화주의dialogism는 독백주의monologism와 달리, 타자와의 관계를 통해서만 존재하는, 열려 있는 미완성된 의식을 역설한다.

스로서의 세계화, 평형상태에서 벗어난 이주 시스템의 '연쇄' 이동이 있다(Paperstergiadis 2000: 102-104, 121).

가령 현재 미국의 3,200만 명 남짓의 라틴계 주민으로 이루어진 유동적 디아스포라는 로스앤젤레스에서는 최대 민족 집단이다. 이들은 도시 내의 도시를 이루고 있으며, 바야흐로 캘리포니아에 사는 백인보다 많아질 것이다(Davis 2000). 미국이 라틴화되면서 "전체 사회 변형의 본보기인 문화 융합" 과정이 폭넓게 진행되고 있다(Davis 2000: 15). 이 융합의 상당 부분은 특히 '유목적' 국가가 된 멕시코와 미국 사이에서 "마치 동시에 두 곳에 존재하는 양자 입자처럼" 이동하는 "초국적 공동체"에서 유래한다(Davis 2000: 77).

전 세계 이곳저곳에서 벌어지는 격변을 고찰하는 이러한 연구에서 지구적 차원의 분석은 일상적 교통이나 물질적 문화에 관한 '지역적' 관심과 밀접하게 관련되고, 더 나아가 정보통신 기술의 '테크놀로지'나 새로운 모빌리티 및 감시 인프라와도 밀접하게 연결된다(Clifford 1997; Miller, Slater 2000; Sheller 2003 참조). 또한, 원격 공동체에 관한 연구는 디아스포라 공동체 구성원이 점차 인터넷과 이동전화를 사용하면서도 때로 대면 만남을 가지는 이유와 그 방식을 밝혀낸다. 친목 및 사업 네트워크나 멀리 흩어져 사는 가정생활을 재구성하는 데에 여행과 만남이 필요해진 것이다.

또한, 현대 세계에서는 여러 형태의 강요된 이주가 점점 중요해진다(Marfleet 2006 참조). 그러한 이주자는 극히 취약한 개발도상국의 경제적·정치적 위기 지역에서 온다. 이 모빌리티는 경제적·사회적·환경적 구조가 불안정하고, 특히 현지 국가가 허약하기 때문에 생겨난다. 이주자는 주로 세계화가 만들어 내는 '야생 지역', 특히 '테러 문화'가 지배하는 지역에서 온다. 애서슨Ascherson은 "한때 정착한 농민이나 시민이었던 역사의 주체가 이제는 이주자, 난민, 외국인 노동자, 망명 신청자, 도시 노숙자가 되었다"고 쓴다(Paperstergiadis 2000: 1 재인용). 일단 이주를 강요받은 사람들은 이주 및 체류 능력에 제한과 한계가 많은 선진국의 법률 및 사회 시스템에 직면한다. 그들의 여정은 흔히 꽤 길고 복잡하며, 보통 착취적인 다양한 관계와 관련되어 있다. 특히 주요 도시의 다양한 통과 지점 및 다양한 수송 방식과 관련이 있는데, 그중 일부는 위험하기로 악명이 높다 ('이주의 회로'에 대해서는 Marfleet 2006: 10장 참조).

즐거움

그러나 여행에는 비인지적 작용에서 비롯되는 다양한 즐거움도 있다. 다양한 패턴의 이동을 통해 우리는 다른 사람(친구, 친척, 동료, 직장 동료, 네트워크), 다른 장소(해변, 도시, 하곡, 산, 호수) 및 사건(컨퍼런스, 회의, 올림픽, 축제, 전시회)과 간간이 대면 관계를 맺게 된다(Urry 2002b; Goffman 2003b). 이러한 대면 근접성 때문에 사람·장소·사건을 경험하고, 이상의 것들과 같이 있으려면 이동해야 한다는 강한 의무가 생긴다(이와 반대되는 방구석 여행[24]의 즐거움에 대해서는 De Botton 2002 참조).

특히 의미 있는 것은, 기회가 닿을 때 간간이 대면으로 만나고 대화하는 일에 관한 분석이다. 이에 따르면, 이런 일은 특정 순간에 특정 장소에서 일어나야 한다. 이런 주기적 만남은 가족, 친교, 작업집단, 사업 및 여가 조직의 존속에 필수적으로 여겨진다(Goffman 1963; Goffman 1971a; Goffman

---

[24] armchair travel은 실제로 이동하지 않으면서 '안락의자armchair'에 앉아 텔레비전으로 여행 프로그램을 시청하거나 여행기를 읽는 등의 여행을 뜻하는데, 여기서는 '방구석 여행'으로 옮긴다.

1971b; Goffman 1972; Amin, Reducft 2002; Urry 2003b). 이와 동시에 이 주기적인 공동현전의 순간 사이사이에 거리두기와 고독의 기간이 있다.

이러한 모빌리티로 인해 철도역, 호텔, 자동차도로, 휴양지, 공항, 길모퉁이, 쇼핑몰, 지하철역, 버스, 공공 광장, 휴양단지, 국제도시, 해변, 갤러리, 도로변 공원 등 대면 마주침이 발생하는 독특한 사회 공간이나 교점이 생겨난다(Hajer, Reijndorp 2002). 이 주기적 이동 장소에 모이는 어떤 집단은 흔히 '이동 중'에 이런저런 일을 처리한다. 요즘에는 일반적으로 이동전화, 노트북, 문자메시지, 무선통신 등을 활용한다. 이러한 '만남' 중 일부는 '지하의' 사회적 회합이거나 '스마트폽'이다(Rheingold 2002). 반면에 다른 집단은 여러 교점을 연결하는 비교적 매끄러운 통로로 이동한다. 가령 비즈니스석 항공 여행, 신속 통로와 급행 입국 서비스, 비즈니스 라운지 등이 이러한 통로이다(항공 모빌리티의 매끄러운 경로에 대해서는 Lassen 2006 참조).

특히 장소는 다양한 감각으로 경험된다(Urry 2000 참조). 어떤 집단이 왜 특정 호반, 산정, 해안에 있고 싶다는 강렬한 욕망을 느끼는지 해명하려면, 다양한 낭만주의 이론, 숭고,[25] 픽처레스크, 수행성 등을 참고해야 한다. 이는 틀림없이 본능적 욕망으로서, 수많은 사람을 이동시키고 자주 여행하고 특정 장소로 옮기도록 한다(Urry 2002c; Toiskallio 2002).

다양한 이동양식에 따라 체화된 수행[26]도 다양하게 이루어진다. 이러한 방식으로 물질적이거나 사회적인 이동-중-거주가 이루어지며, 이 장

---

25 낭만주의의 미학 개념 중 '숭고the sublime'는 자연 앞에서 압도당하면서 감상자의 존재에 위협을 느끼는 감흥을 말한다.

26 performance는 주로 "수행"으로 옮기되, 문맥에 따라 "공연"으로도 옮긴다.

소에서 기회가 생길 때마다 다양한 활동이 일어난다. 교통수단이 다르면 경험, 수행, 유도성도 현저하게 다르다(Gibson 1986). 그래서 19세기 후반에는 철도로 인해 이동, 교제, 그리고 빠르게 지나치는 경관 감상의 새로운 방식이 생겨났다(Schivelbusch 1986). 최근의 분석은 어떻게 자동차 '내부에 거주'하는지, 또는 어떻게 자동차에 신체적으로 머물며 감각들의 조합을 통해 자동차를 경험하는지 보여 준다(Featherstone, Thrift, Urry 2004). 이 같은 자동차의 감각적 지리는 개별 신체에 머물기보다는 다양한 감각적 배치를 통해 집안, 동네, 지역, 국민문화로 확장된다(Sheller 2004a; Bijsterveld 2001).

다양한 기술은 이동 곳곳에 조직되어 있으며, 이동의 일부이다. 한 시대를 풍미한 소니 워크맨은 사실상 피부의 확장으로 묘사되었고, 현대 소비문화의 수많은 물건과 마찬가지로 신체에 맞게 성형되고 이동을 위해 디자인되었다(Du Gay et al. 1997: 23-24). 이동 중에는 실로 많은 활동을 할 수 있다. 그중 일부는 모바일 신기술에 의존한다. 대면이나 이동전화로 대화하는 것, 풍경을 보는 것, 문자를 주고받는 것, 업무를 보는 것, 음악을 듣는 것(워크맨, 아이팟), 컴퓨터를 사용하는 것, 정보를 모으는 것, 이동 중에도 딴사람과 연결되어 함께 있는 것이 그렇다(Lyons, Jain, Holley 2007). 이 중 다수는 전前인지 능력에 의지하는데, 이 당연시되는 능력은 배경에 있어 일부만 뚜렷하게 나타난다(Thrift 2004c). 사람들은 자신이 어떻게 이런 행동을 하는지 명확하게 표현하기는 어렵더라도, '이동 중'에 어떻게 행동해야 하는지를 안다. 이동 중의 삶을 이루는 요소인 이 기술은 '용재적'이다.

모틸리티

카우프만Kaufmann은 물리적 이동이란 공허한 범주라고 주장하면서,

특히 유동성과 유목주의를 강조하는 이론에 반대한다(Kaufmann 2002). 이러한 이론을 해체하여야 교통시스템의 가속과 사회적 삶에서 이동의 중요성 증대를 혼동하지 않게 된다. 더 나아가, 실제 이동과 이동 잠재력을 구분해야 한다. 이동 잠재력, 즉 모틸리티motility는 "개인이 모빌리티 영역에서 가능한 것을 자기 것으로 전유하고 이러한 잠재력을 활동에 활용하는 방식"으로 정의된다(Kaufmann 2002: 37; 원문에서는 모든 단어가 강조됨). 모틸리티를 결정하는 요인에는 신체 능력, 열망, 교통 및 통신 접근성, 시공간 제약, 지식, 면허 등이 있다. '접근', '능력', '전유'의 견지에서 분류되는 이러한 모틸리티 결정요인은 다양한 시스템 논리에 의거하여 구조화된다.

이에 비해 모빌리티는 관찰 가능한 이동으로 이루어진다. 그러나 카우프만은 이사, 이주, 여행, 일상 모빌리티와 같은 다양한 모빌리티 형태를 구별할 것을 주장한다. 하지만 이제 사회의 특정 부분에서 다양한 모틸리티 결정요인들이 이 네 가지 모빌리티 형태 사이에 있는 어떤 혼종 형태를 생산하고 있다. 두 곳의 거주, 초장거리 통근과 일부 재택근무의 조합, 흩어져 사는 가정, 단기 관광 등이 이에 해당한다(Kaufmann 2002: 40-42). 카우프만이 경험적 연구로써 보여 주듯이, 그저 사람이 빠르고 멀리 이동할 수 있다고 반드시 이동적인 것은 아니다. 그리고 온갖 모틸리티 잠재력이 있다고 해서 어김없이 자유가 증진되는 것도 아니다.

카우프만은 또한 현대의 일부 사회에서는 새로운 자본이 중요하다고 주장한다. 그것은 [부르디외가 말하는] 경제자본·사회자본·문화자본으로부터 상대적으로 자율적인 모틸리티 자본이다. 현대사회에는 전반적으로 시간적이고 공간적인 제약이 폭넓게 존재한다. 그렇다면 모틸리티 자본 수준은 "사람을 속박하는 수많은 공간 제약에서 벗어나는 필수

자원이 된다. 흔히 삶의 질은 어떤 독창적 해결책을 창안하고 적용할 수 있는가에 달려 있다"[Kaufmann 2002:103]. 그렇다면 부족한 다른〔경제적·사회적·문화적〕자본을 보완하기 위해 높은 수준의 모틸리티 자본이 필요할 수도 있다. 아니면, 높은 모틸리티 자본이 다른 자본을 불릴 수도 있다. 나는 이러한 모틸리티 자본 개념을 이와 결부된 '네트워크 자본' 개념으로 심화할 것이다. 그리고 이를 통해 모빌리티 패러다임을 사회−공간 불평등 문제와 연결할 것이다.

이제까지 약술한 다방면에 걸친 이론 자원을 다음의 여러 장들에서 활용하고 발전시킴으로써 다양한 모빌리티가 어떻게 지역, 국가, 지구의 사회관계의 일부이면서 이런 관계를 구성하는지를 살필 것이다.

이동적 방법

이 절에서는 모빌리티 패러다임의 참신한 방법과 사례를 고찰한다(여기에서도 패러다임 전환에 관한 쿤의 설명을 느슨하게 따른다)[Kuhn 1970]. 연구 방법도 '이동 중'이어야 사람·이미지·정보·사물의 주기적 이동에서 나타나는 무수한 상호의존적 형태를 다양한 방식으로 모의실험할 수 있다[이와 같은 주장의 다른 형태에 대해서는 Bærenholdt, Haldrup, Larsen, Urry 2004; Sheller, Urry 2006b 참조]. 여기에서는 다양한 '이동적 방법'을 간략하게 소개하고, 각 방법의 사례를 특정 연구 맥락에서 제시하고 발전시킬 것이다.

첫째, 사람의 이동을 '관찰'하는 방법이 있다. 걷고 운전하고 기대고 달리고 등산하고 땅에 눕고 사진 찍는 등의 행동을 하는 신체를 '관찰'하는

(특히 고프만이 시도한) 방법이다. 여기에는 이동하는 신체를 직접 관찰하는 것뿐 아니라 디지털 증강한 형태로 관찰하는 것도 포함된다. 이렇게 관찰되는 신체는 이동, 일, 놀이를 다양하게 수행하는 신체이다(Bærenholdt, Haldrup, Larsen, Urry 2004). 특히 중요한 것은 사람이 장소·사건·사람과의 대면 관계를 어떻게 만드는지 관찰하는 것이다. 모빌리티에는 특정 순간에 특정 장소에서 기회가 닿을 때마다 대면 대화나 대면 만남을 갖는 것이 포함된다. 이런 일은 일부 참여자나 모든 참여자에게 의무로 보인다. 직접 관찰을 강화할 수도 있다. 사람들이 어떻게 다른 사람의 얼굴을, 일반적으로는 다른 사람의 몸을 읽어 내고 이해하는지를 상호작용적·대화적·생물학적 연구를 통해 밝히는 것이다(Hutchby 2001).

둘째, 여러 방식의 이동에 직접 참여하면서 이와 동시에 민족지 연구를 수행하는 몇 가지 방식이 있다. 예를 들어 '함께 걷기'나 함께 여행하기가 있다. 이는 함께하는 사람들의 세계관에 지속적으로 참여하는 방식이다(페루 및 요크셔데일스에서 농부들과 '함께 걷기'를 수행한 연구 방법에 대해서는 Morris 2004 참조; Cass, Shove, Urry 2003). 연구자는 이러한 '공동현전 몰입'을 통해 특정 방식으로 이동하면서 다양한 관찰 및 기록 기법을 활용한다(Laurier 2002). '면담하면서 참여하기'도 포함된다(Bærenholdt, Haldrup, Larsen, Urry 2004). 민족지학자는 우선 특정 이동 방식에 참여하고, 그다음 다양한 모빌리티가 일상생활 패턴을 구성하는 방식에 관해 개인이나 포커스그룹focus group[27]을 면담한다.

또 다른 방법은 응답자의 시공간 일지다. 응답자가 어디에서 무엇을 하고 있는지, 해당 시간 동안 어떤 이동 방식으로 어떻게 이동하는지를

---

[27] 5~10명의 사람들을 동시에 인터뷰하는 대표적인 질적 연구 방법.

기록한다(Kenyon 2006). 이 일지를 통해 연구자는 가령 어느 가족이, 나아가 가족의 어느 구성원이 어떻게 시공간을 가로질러 이동하면서 간헐적으로 이동 중 활동을 수행하는지를 그려 볼 수 있다(Bærenholdt, Haldrup, Larsen, Urry 2004: 4장 참조). 일지는 텍스트나 그림이나 디지털로 기록하거나, 몇 가지를 조합해 기록할 수도 있다. 또한, 연구자 스스로 성찰적으로 이동하면서 자신의 이동 궤적과 유도성을 탐문하고, 이동 중에 이런 것이 어떻게 발생하는지 조사할 수도 있다(Watts 2006).

그다음으로 문자메시지, 웹사이트, 멀티유저 토론그룹, 블로그, 이메일, 메일링리스트를 분석하여 상상 모빌리티와 가상 모빌리티를 탐구하는 다양한 방법이 있다(Wellman, Haythornwaite 2002). 몰츠Molz는 세계 일주 여행자의 웹사이트와 블로그 **그리고** 그들의 신체 이동 간의 상호작용을 탐구했다. 이 연구는 웹서핑, 대면 인터뷰와 이메일 인터뷰, 상호작용형 사이트와 토론그룹의 소통을 망라했다(Molz 2006).

적지 않은 이동에서 사람들은 다른 장소의 '진정성 있는 분위기'를 상상 속에서 체험하거나 예상한다. 이때 분위기란 물질적 인프라나 재현적 담론으로 환원해 버릴 수 없다. 어떤 장소의 분위기가 지닌 본질을 재창조하고, 상상 이동에서 해당 장소의 매력이나 반감을 재창조하려면, 다양한 질적 방법을 활용해야 한다. 여기에는 특히 문학적·예술적·상상적 연구가 있다(De Botton 2002; Halgreen 2004; Basrenholdt, Haldrup, Larsen, Urry 2004). 견고한 지리적 경계를 넘나드는 이주, 망명, 추방에 관한 (종종 문학을 매개로 한) 상상 이동은 이러한 특정 이동이 지닌 분위기나 '느낌'을 충분히 이해한다.

다수의 모빌리티에서는 다른 사람이나 장소에 대한 '기억', 특히 만남에 대한 '기억'을 적극 전개하고 수행한다. 연구에서 이런 기억을 재발견하려면, 대규모 사회집단 혹은 가족이나 교유 집단에서 사진, 편지, 이미지, 기념품, 사물의 효율적 활용 방식을 질적으로 재현하는 방법이 필요하다(Larsen 2005). 여기에는 휴대하는 사진과 사물에 관한 연구가 있다. 이는 다양한 거주지에서의 기억, 실천, 심지어 경관을 재조합하는 데에 활용된다. 그러나 이 중 대다수가 가족적 물건이거나 사적 물건이기 때문에, 그러한 사적 세계로 진입하는 것, 특히 상실이나 욕망의 장소에 얽힌 '가족 비밀'을 발굴하는 것은 커다란 난관이다.

방법은 사물을 따라다니는 것이다. 사물이 점점 복잡한 제품을 거래하는 국제무역의 일부를 이루면서 이동하기 때문이다. 즉, (달 탐사를 따라 이동하는 컴퓨터 부품처럼) 사물은 다른 사물에 결합되고자 이동한다. (값싼 기념품 같은) 일부 사물은 이동하면서 가치를 잃지만, 어떤 사물은 이동을 통해 가치가 상승한다('거장의 그림'이 그렇다(Luri 1997)). 사물이 이동하면서 자신의 물질적 요소나 상징적 요소를 불려 나감에 따라 그 문화적 중요성도 커진다. 래쉬, 루리Lury, 보든은 사물의 문화적 전기傳記를 작성하는 방법론이 적합하다고 말한다(Lash, Lury, Boden 2006). 현대 통신의 경우, GPS를 비롯한 여러 기술을 활용하여 메시지와 사람의 지리적 흐름을 추적할 수도 있다(Licope 2004). 향후 여러 해에 걸쳐 사회적 위치추적 방법이 계속 개발되면 거리, 건물, 동네 여기저기에서 사람들의 시공간 이동을 디지털로 지도화하고 계측하게 될 것이다. 이는 13장에서 기술하는 '디지털 파놉티콘'의 일부이다(Ahas, Mark 2005).

또 다른 장소는 그 자체가 고정되어 있지는 않지만, 우리가 검토할 복잡한 네트워크에 내포되어 있다(이에 대한 연구는 Barenholdt, Haldrup, Larsen, Urry 2004). 이런 장소는 역동적 장소, 즉 '이동의 장소'이다(Hetherington 1997; 19세기 싱가포르와 관련해서는 Wong 2006 참조). 그래서 장소란 한곳에 붙박이지 않고 여기 저기 이동하는 배와 같다고 말할 수 있다. 장소는 인간 행위자 및 비인간 행위자의 네트워크 내에서 느리거나 빠르게, 멀리나 가까이 이동한다. 이 혼종 시스템이 부수적으로 독특한 장소를 생산한다. 이동 중인 장소를 표시 · 기록 · 관찰 · 병치하는 방법을 활용하면 이 시스템을 조사할 수 있다('이동하는 장소'의 다양한 사례는 Sheller, Urry 2004 참조).

마지막으로, 사람들의 다양한 궤적이 사이의 장소인 다양한 '통과 지점'을 어떻게 지나가는지 조사하는 연구가 있다. 이런 곳에서 이동적 '인구'는 그 영토를 내치內治하는 여러 기관의 감찰을 받는다. 이와 동시에 이동적 '인구'는 라운지, 대기실, 카페, 오락실, 공원, 호텔, 공항, 역, 모텔, 항구 등에서 일시 부동 상태이기 때문에 연구가 가능하다. 이런 통과 지점이 있으려면 거대한 부동 네트워크가 필요한데, 이는 부분적으로는 주기적으로 이동하는 인구를 감시하는 네트워크이다. 통과 지점을 통과하여 이동하는 사물도 그런 〔통과〕 순간에 추적(그리고 연구)할 수 있다. 이런 순간에 사람들이 느려지면서 사물도 느려지기 때문이다(Kesselring 2006b).

결론

이 장에서는 이른바 새 모빌리티 패러다임의 광범위한 자원을 제시하였다. 특히 중요한 것은 이 패러다임의 윤곽을 설정하는 데에 크게 기여한 짐멜의 여러 저술이다. 하지만 20세기가 다 지나도록 이에 대한 발전이 없다시피 했다. 그러다가 지난 10여 년 동안 이론과 방법 양자에서 제기된 새로운 기획들 덕에 모빌리티 패러다임이 가능해졌다. 내가 특별히 언급한 것은 복잡성, 정주주의, 유동성과 유목주의, 이동 중인 물질, 이주와 디아스포라, 이동의 즐거움, 사회적 네트워크 분석, 모틸리티를 포함하여 다양한 이론 혁신이 지닌 이론적 중요성이다. 또한 사람, 교통, 사물, 정보, 이미지의 이동을 다양한 방식으로 모의실험하는 다양한 방법론 혁신에 관해서도 약술하였다.

다음 장에서 자세히 설명하겠지만, 모빌리티 패러다임이 실질적으로 새로운 점은 사람, 사물, 정보, 관념의 다양한 이동에 대한 학문적 소홀함을 바로잡는 것만이 아니다. 모빌리티 패러다임은 이론이나 방법론의 대안적 배치를 정당화함으로써 사회과학 자체를 변형한다. 모빌리티 패러다임은 '사회 세계'를 광범위한 경제적·사회적·정치적 실천이나 인프라 또는 이데올로기로 이론화하는데, 이 이론화는 모두 사람, 관념, 정보, 사물의 다채로운 이동을 포함·수반·축소한다. 그렇게 함으로써 이 패러다임은 지금까지 거의 시야에 드러나지 않던 연구 이론, 방법, 범례를 전면에 드러낸다. '모빌리티'라는 용어가 지칭하는 이 광범위한 기획은 '이동이 추동하는' 사회과학을 확립하고자 한다. 이동, 잠재 이동, 차단된 이동을 모두 경제적·사회적·정치적 관계를 구성하는 성분으로 개념화하는 것이다.

제3장

모빌리티 패러다임

시속 100마일로 장소를 옮기는 것이 우리를 강하고 행복하고 현명하게 만들지는 않을 것이다. … 진정 소중한 것은 생각하는 것과 보는 것이지 빠른 것이 아니다.

(존 러스킨John Ruskin, de Botton 2002: 222에서 재인용)

앞에서는 사회과학에서 모빌리티 패러다임을 발전시키는 데에 두드러진 이론적이고 방법론적인 자원을 몇 가지 상술하였다. 그리고 절충적 이론과 방법들도 개괄하였다. 이 장에서는 이 책의 주요 주장을 제시한다. 이 주장은 이어지는 여러 장에서 상세히 서술할 것이다. 출발점은 모빌리티 분석이 사회과학을 변형한다는 것이다. 모빌리티는 사회과학을 변화시킨다. 모빌리티는 정태적 분석이나 구조적 분석에 단지 추가되는 것이 아니라, 사회현상을 고찰해 온 과거 방식의 전면적 수정을 촉구한다. 앞서 언급한 것처럼, 모든 사회과학은 다양한 거리를 가로지르는 이동을 반영, 포착, 모의실험, 탐문해야 한다. 이러한 이동은 사회적 관계들을 수행하고 조직하고 동원하는 방식이기 때문이다. 이러한 이동은 지역, 국가, 지구 수준에서 다양한 '거리의 마찰friction of distance'을 극복한다. 특히 새롭게 등장하는 여러 지구적인 과정 때문에 이 주제는 근래의 분석에서 훨씬 중요한 위치를 차지하게 되었다.

이를 고찰하기 전에, 요사이 사회과학을 휩쓸고 있는 '포스트휴먼'[1] 관념을 둘러싼 논쟁(Hayles 1999 참조)과 관련해 나의 주장이 갖는 함의를 간략히 검토하고자 한다. 간단히 말해, 모빌리티 분석은 포스트휴먼 분석의 한 사례이다. 서로 교차하는 다중 모빌리티 시스템들의 분석이 특히 그렇다. 여기에서 각 시스템은 서로 적응하면서 더불어 진화한다. 그런데 휴먼에서 포스트휴먼으로 실질적으로 전환해야 한다는 주장의 전제는, 이전 시대에는 이 세계가 정말로 '휴먼'의 세계였고 그래서 대체로 탈-

---

[1] 과학기술 등을 통해 현생인류보다 능력이 확장된 존재를 실현하려는 시도 혹은 이러한 존재에 대한 이론적 탐구를 뜻한다. 전통적 인간중심주의를 탈피한다는 비판적 함의도 있다.

체화되고 탈-물질화된 인지를 통해 구성되었다는 것이다. 이러한 인지는 계몽주의적 관점으로서, 발보다 머리가 선차적이고, 신체보다 정신이 선차적이며, 사회와 문화에서 분리된 채 사회와 문화를 산출하는 인간이 선차적이라고 가정한다(Ingold 2004).

이러한 의미에서 모빌리티 전환은 인간중심주의 비판의 일부이다. 인간중심주의는 탈체화된 코기토[2]를 상정하고 특히 어떤 식으로든 물질세계와 독립적으로 사고하고 행동하는 인간 주체를 상정하기 때문이다 (Latour 1993; Latour 2004). 이에 반해 이 책은 '인간'의 힘이 언제나 의복, 도구, 사물, 길, 건물 등으로 이루어진 다양한 물질세계에 의해 증강되어 왔다고 가정한다.

따라서 우리는 [자연과 분리되어] 순수 사회적이기는커녕 그저 '인간적'이었던 적조차 없었다(Latour 1993). 인간의 삶은 결코 단순한 인간의 삶이 아니다. 마르크스 풍으로 말하자면, 실로 삶의 관계뿐 아니라 삶의 힘이 있다.[3] 즉, 단순히 '전재'가 아니라 '용재'인 사물이 다양하게 존재한다. 하이데거에 따르면, 사물이 용재인 것은 우리가 무언가 성취하기 위해서 그것으로 어떤 일을 하기 때문이다(Heidegger 1962). 망치는 용재여서 어떤 이론 없이도 사용할 수 있다. 우리는 망치가 망가지는 등 무언가 탈이 나야 그것을 전재로 둔중하게 저기 놓여 있는 것으로 여긴다. 또한 모빌리티 패러다임이 강조하는 바는, 다양한 유도성을 지닌 꽤 다양한 용재적

---

[2] 코기토cogito는 '나는 생각한다, 고로 나는 존재한다cogito, ergo sum'라는 자아의 사고 작용을 뜻하며, 나아가 이러한 사고 작용의 근본적 우위를 암시한다. 탈체화disembodiment는 신체로부터 분리된 정신을 상정하고 이러한 정신의 우위를 주장하는 사고방식을 뜻한다.

[3] 마르크스의 생산의 관계(생산관계)와 그 토대인 생산의 힘(생산력)의 도식을 염두에 둔 표현.

사물이 꽤 다양한 방식으로 이동의 전제이거나 거꾸로 이동을 전제한다는 것이다.

따라서 사물은 장소에 **고정되어 있는지**(철도, 호텔), 잠시 **멈추어 있는지**(차고의 자동차, 엔진실의 엔진), **이동시킬 수 있는지**(책, 차량 탁송차), **신체와 결합하는지**(워크맨, 시계), **인공기관인지**(심박조율기, 이동전화), 모빌리티 시스템의 **구성 요소인지**(자동차, 비행기), **코드로 구성되어 있는지**(세탁기, 스프레드시트 프로그램) 등의 견지에서 식별될 수 있다. 이러한 '사물' 분류에 따라 용재성의 특성도 꽤 가지각색이다. 그러나 어떤 경우라도 이런 사물들이 조직되어 다양한 시스템을 이루지 않는다면 인간은 아무것도 아니다. 아래에서 상술하겠지만, 이러한 시스템이야말로 선차적이고 개별 인간 주체의 힘을 증강하는 데에 이바지한다. 그런 시스템이 없다면 개별 인간 주체의 힘은 보잘것없을 것이다. 이러한 주체가 모여서 경이로운 힘을 발휘할 수 있는 것은 오로지 이들을 포함하는 시스템, 특히 이들을 이동시키거나 이들의 관념이나 정보를 이동시키거나 다양한 사물을 이동시키는 시스템 덕이다.

따라서 이 책에서는 스리프트의 '이동공간', 즉 "주체"와 '객체'를 이동시키는 지극히 일상적인 얼개"[Thrift 2004b: 583]를 광범위하게 고찰하고자 한다. 이 책에서는 최신 소프트웨어를 이용한 최근의 "질 계산"[4] 과정을 비

---

4   프랑스 사회학자 프랑크 코초이Franck Cochoy가 고안한 신조어인 '질 계산qualculation'은 단순히 양을 계측하고 계산하는 것을 넘어 질을 정량화하고 계산하여 합리적 판단을 내리는 것을 뜻한다. 한편 스리프트에 따르면, 새로운 마이크로 세계들의 구성에 힘입어 이동공간의 배경에서 무수한 질 계산이 지속적으로 이루어지고 있으며, 이러한 질 계산의 특징은 모든 사물에 내장된 연결성에서 나오는 정보에 지속적으로 접근할 수 있다는 감각이다. 이것이 스리프트가 말하는 이동공간의 전제 조건이다.

롯하여, 다양한 이동공간에 관련된 이러한 일상적 얼개를 다수 검토할 것이다. 또한 하나의 일상적 얼개에서 다른 일상적 얼개로 전환할 때 일어나는 극적 변화를 밝히고 복잡적응계의 용어로 검토할 것이다. 하지만 이러한 이동공간은 스리프트의 "기술적 무의식"에 점점 더 의존한다. 이 때 "기술적 무의식"은 인지적 입력 없는 행동을 유발하면서 환경-내-신체를 변형하고 조직한다(Thrift 2004b: 585). 이런 식으로 일이 처리되므로 대개는 이에 대해 생각하지 않는다.

현대 세계에서 또 눈에 띄는 것은 인간의 완성이라는 관념이다. 크노르 세티나Knorr Cetina에 따르면, 생명과학은 계몽주의의 이상을 개인의 완성과 증강이라는 관념으로 이동시킨다. 이것은 인간으로부터 완전한 생명으로의 전환이다(Knorr Cetina 2005). 그런데 생명이 이런 식으로 증강되면 멋지게 보이는 것뿐 아니라, 영리함, 사회성, 온전성, 즐거움, 특히 이동성을 가지게 되는 것이 중요하다. 현재도 그렇지만 이동통신은 그 자체가 급변하고 있어 이 변화를 가장 극적으로 상징한다. 사람들은 이 조그만 기계를 통해 자기 삶을 손에 들고 다닌다(그래서 여러 유럽 국가에서 '핸디'로 불린다). 따라서 사람의 삶은 개인정보, 주소록, 수첩, 전화, 메시지, 사진, 개인 네트워크를 통해 '용재적'이게 된다. 삶은 '손안에 있다〔핸디〕.' 이는 분명 새로운 배치다. 배터리가 남아 있고 시스템이 다운되지 않는 한, 기계를 도둑맞지 않는 한, 이 '용재성'은 사람과 함께 이동한다(즉, 이것 자체도 이동적이다!). 그리고 핸디 자체도 정보와 메시지가 충만하고, 점차 감각도 충만한 환경에 의존한다(Thrift 2004b: 591).

이런 점을 강조하면서 이제 모빌리티 패러다임의 주요 특징을 제시할 것이다(이 특징은 Sheller, Urry 2006b에서 원용한다).

새로운 패러다임

첫째, 모든 사회관계에는 다양한 '연결'이 있다. 이러한 연결은 다소간 '거리를 두고 있고', 다소간 빠르며, 다소간 촘촘하고, 신체 이동을 다소간 수반한다. 사회관계는 단순히 장소에 고정되거나 위치하는 것이 아니다. 그 정도는 꽤 다양하지만 "순환하는 실체"에 의해 구성되는 것이다(Latour 1987; Latour 1993; Latour 1999). 그러한 많은 순환하는 실체는 중층적이면서 다양한 거리를 두고 사회 내 관계와 사회 간 관계를 야기한다.

역사적으로 보아 사회과학은 지리적으로 가까운 공동체에 지나치게 초점을 두었다. 이 공동체는 현전하는 사람과의 면대면 사회적 상호작용을 기반으로 한다. 사회과학은 어떤 '현전의 형이상학'[5]을 상정한다. 타인과 더불어 직접 현전하는 것이 사회적 존재의 기초라는 것이다. 이러한 형이상학 때문에 정도 차이는 있으나 직접 공동현전하는 사회적 상호작용 패턴에 초점을 두는 분석이 이루어진다(Chayko 2002: 5에서 이 점을 여실히 보여 주고 있다).

그러나 사람과 사회집단에서 상당수의 연결은 근접성에 기반하지 않는다. 이동하는 사물, 사람, 정보, 이미지를 통해 일어나는 다양한 '상상된 현전'도 다양한 사회적 공간을 지나거나 그리 들어가는 연결을 담고 있다(Chayko 2002). 사회적 삶에서는 타인과 함께하기(직장, 집, 여가 등)와 타인에게서 멀리 떨어져 있기가 끊임없이 교체된다. 하지만 어떤 사람이

---

5 현전의 형이상학metaphysics of presence(Metaphysik der Anwesenheit)은 하이데거와 데리다 등이 서양철학 전통이 '지금 여기 있는 것(현전)'의 우위를 전제하는 형이상학에 기초한다고 비판하면서 사용하는 개념이다.

나 장소가 지금 여기 부재하더라도, 그 사람이나 장소와의 다양한 연결에 의지하는 상상된 현전이 있을 수 있다. 직장, 가족, 교육, 정치 등의 모든 사회적 삶에는 주기적인 현전과 부재가 전제된다. 그리고 이는 어느 정도는 사물, 사람, 관념, 이미지를 다양한 거리만큼 이동시키는 수많은 이동 및 통신 기술에 의존한다. 그러므로 주기적으로 성취하고 수행하는 현전은 항상 다른 연결 과정이나 통신 과정과 상호의존적이다. 모든 사회는 거리 문제에 대처하는데, 이렇게 대처하기 위한 상호의존적 과정들은 서로 다르다. 그리고 이 과정에 다양한 담론이 개입한다.

둘째, 이러한 과정은 다섯 가지 상호의존적 '모빌리티'를 통해 일어난다. 거리를 넘어서 사회적 삶을 조직하고 그 윤곽을 형성(그리고 재형성)한다. 이 모빌리티는 다음과 같다.

- 사람의 **신체** 이동. 직업, 여가, 가정생활, 유흥, 이주, 탈출을 위한 이런 이동은 (매일 하는 통근에서 일생일대의 망명에 이르기까지) 서로 다른 시공간 양상으로 조직된다.
- **사물**의 물리적 이동. 사물이 생산자, 판매자, 소비자에게 이동하는 것뿐 아니라, 선물이나 기념품을 주고받는 것도 포함한다.
- 장소나 사람의 이미지가 야기하는 **상상** 이동. 이미지는 다양한 인쇄매체나 시각매체에 나타나고 이런 매체를 가로질러 이동한다.
- **가상** 이동. 종종 실시간으로 이루어지므로 지리적 거리와 사회적 거리를 초월한다.
- **통신** 이동. 메시지, 문자, 편지, 전신, 전화, 팩스, 이동전화를 통한, 개인 대 개인의 전언傳言에 의한 이동.

사회 연구는 일반적으로 이러한 독립적 모빌리티 중 하나와 그 토대인 인프라에 초점을 맞추고 그 특성을 일반화한다. 그에 반해 새로운 패러다임은 상이한 모빌리티들로 구성된 복합적 아상블라주assemblage〔집합〕를 강조한다. 이 복합적 아상블라주가 다양하고 중층적인 거리를 가로질러 사회적 연결을 생산하고 때로는 유지하는 것이다(Urry 2004a). 새로운 패러다임은 이 다섯 가지 모빌리티의 상호연결을 다룰 뿐 아니라, (비즈니스는 '대면으로' 이루어져야 한다는 믿음과 같이) 이 중 하나의 모빌리티를 우선시하는 담론도 다룬다. 간헐적 신체 이동에 기초한 약한 유대weak tie 덕분에 사람은 외부 세계와 연결된다. 이 약한 유대는 가까운 친구와 가족들이 밀착한 '덩어리'를 넘어 이어지는 어떤 다리를 놓는다. 이 광범위한 약한 유대로 말미암아 간헐적인 만남과 통신으로 유지되는 사회적 네트워크들이 생겨난다. 이 네트워크들은 점점 전 지구적으로 널리 퍼져 있기 때문에, 이것들을 재생산하려면 다양한 모빌리티가 필요하다.

　셋째, 물리적으로 이동하는 신체들은 굼뜨고 취약하며, 연령, 젠더, 인종에서 차이가 난다. 이런 신체는 다른 신체, 사물, 물리 세계를 다중 감각으로 만난다. 이 이동은 늘 **물리적** 이동이므로 다양한 즐거움이나 괴로움을 수반한다. 이러한 신체는 '다른 신체'나 다양한 감각경관sensescape을 직접 감수하면서 스스로를 수행한다. 신체는 미리 주어지는 어떤 고정된 것이 아니라 어떤 수행을 필요로 하는 것이다. 특히 이동, 자연, 취향, 욕망 등을 몸 안으로 또 몸을 가로질러 접어 넣는 수행 말이다. 신체는 (그 안에서나 그것을 넘어서 이동하면서 행하는) 외부 세계의 직접 감각과 (사회적 취향과 구별, 이데올로기와 의미를 나타내는) 담론으로 매개되는 감각경관 사이를 오간다. 특히 신체는 **이동**하므로 감지한다. 신체에는 키네스테시스kinaesthetics가 있는데, 이 제6감은 관절, 근육, 힘줄 등을 통해 등록되는 신체 운동감각을 통해 자기 신체가 공간에서 무엇을 하고 있는지를 알려 준다. 이 움직임의 감각과 '공간의 역학'에서 특히 중요한 것은 촉감, 즉 보도나 산길을 걷는 발의 촉감, 바위 표면이나 자동차 핸들에 놓인 손의 촉감이다. 다양한 사물이나 일상적 기술은 외부 세계 안으로, 또 외부 세계를 넘어 인간 능력을 감각적으로 확장함으로써 키네스테시스 감각을 촉진할 수 있다. 따라서 인간, 사물, 기술, 문서가 결합한 다양한 아상블라주는 경우에 따라 모빌리티가 지속하고 안정되게 만든다. 전원과 도시를 배회하는 그러한 혼종적 아상블라주는 이러한 이동을 통해 전원 경관과 도시경관을 새로 만든다. 한 가지 효과는 시각 본성의 변화이다. 마치 '발코니 시점'에서 보는 듯 방문자의 '정태적' 응시는 조망의 2차원적인 모양, 색깔, 세부에 초점을 맞추고, 이 조망은 눈앞에 펼쳐진 채 시선을 따라 이동한다(Pratt 1992: 222). 이런 정태적 응시를 포착하는 전형적 도구가 스틸카메라이다. 근대 세계에서는 풍경을 지나치면서 포착하는 다양한 방식이 출현한다. 가령 철도 객차, 자동차 앞유리, 증기선 현창舷窓, 캠코더 뷰파인더, 이동전화가 그것이다(Urry 2002c).

넷째, 이따금 특정 기간에 이루어지는 대면 연결은 이동을 통해, 때로는 광범위한 이동을 통해 일어난다. 예나 지금이나 마찬가지다(짐멜의 주장은 본서 2장 참조). 사람은 대면 연결을 위해 이따금 이동하지만, 이 대면성 자체도 설명이 필요하다. 대면 만남에 대해서는 다양한 담론이 있으며, 이러한 대면 만남을 만들어 내는 방식도 다섯 가지가 있다(Urry 2003b). ① 비교적 공식적인 만남에 참석할 법률적 · 경제적 · 가족적 의무가 있다. ② 만나서 대화할 사회적 의무가 있다. 이때는 참여자가 현전하고 주의를 기울일 것을 강하게 기대한다. ③ 계약을 체결하기 위해, 혹은 물건, 문자 텍스트, 시각 텍스트를 다루거나 이것을 가지고 일하기 위해 다른 사람과 공동현전할 의무가 있다. ④ 때때로 어떤 장소를 가로지르는 이동과 접촉을 통해 그 장소에 '직접' 있으면서 그 장소를 경험할 의무가 있다. ⑤ 특정 순간 특정 장소에서 일어나는 '생생한' 사건을 경험할 의무도 있다. 이 의무는 매우 강하여 뒤르켐Durkheim의 "비등^{沸騰}effervescence"을 유발하곤 한다(Durkheim 1915). 차이코Chayko는 이를 "사람이 함께 있는 여건에서 이따금 자신 안에 느끼는 세찬 힘 혹은 '에너지 분출'"이라고 묘사한다(Chayko 2002: 69-70). 그러한 강렬한 정서적 느낌은 종종 특정 시점에 특정 경로를 따라 이동하려는 강박을 자아낸다. 아래에서는 대부분 시간 동안 타인(들)과 거리를 둔 채 이루어지는 사회적 삶의 형태들을 유지하는 데에 필요한 것을 분석할 것이다. 간헐적 대면의 중요성은 이러한 분석에서 중심이 된다.

다섯째, 거리라는 엄연한 사실은 18세기 이후 줄곧 인구에게 '통치성'을 행사하려는 근대국가의 주권에 심각한 문제를 야기한다. 푸코는 권력의 대상이 '영토'와 '신민^{臣民}' 그리고 그 둘의 관계임을 보여 준다. 국가 주권은 영토와 인구에 행사되고, 나아가 영토 곳곳에서 인구의 이동에 행사된다. '인구의 총체'를 규율한다는 관념이 핵심이다(푸코의 이러한 주장은 Gordon 1991: 20에서 재인용). 근대사회가 '인구'를 상상 가능한 하나의 실체로 이해하는 것은 효과적 통치의 핵심이다. 푸코에 따르면, 통치는 "가장이 가정과 물건에 대해 그러는 것처럼, 주의 깊게 감시하고 통제하는 것"이다(Foucault 1991: 92). 19세기 초부터 통치성은 단지 붙박이 인구가 머무는 어떤 영토뿐 아니라 '영토' 안에서나 '영토'를 가로질러서나 '영토'를 넘어서 움직이는 이동적 인구에도 행사되었다. '안전장치apparatus of security'는 '인구'를 다루지만, 그러한 인구는 얼마간 떨어진 채 이동 중이므로 통계적으로 측량하고 위치를 기입하고 추적해야 한다. 들뢰즈에 따르면, 이런 사회는 권력이 유동적이고 탈중심적으로 작동하는 통제사회이다[Deleuze 1995]. 이 '이동적 인구'는 감찰하고 통치하기가 대단히 까다롭다. 국가의 안전을 위해서는 주기적으로 이동하는 인구를 기록, 측량, 평가하는 복잡한 통제 시스템이 점점 더 필요해진다. '서양'에서 이런 일은 변변찮은 여권 시스템으로 시작됐지만[Torpey 2000], 현재는 '디지털 질서'의 무수한 요소를 활용하고 있다[Deleuze 1995]. 특히 역사적으로 근대에는 이동 담론이 큰 비중을 차지하기 때문에, 빠르게 이동하고 쉴 새 없이 움직이는 수상쩍은 자들에게 이성의 체계를 덮어씌우는 일은 상당한 어려움을 안겨 준다[Law, Urry 2004 참조].

여섯째, 전형적인 사회과학은 사회적 삶을 순수한 것으로, 즉 '자연' 세계나 '사물' 세계와 동떨어진 사회 영역으로 다룬다. 그러나 가령 통치의 대상이 '인간'과 '사물'임을 강조하는 푸코는 이런 관점에 도전한다. 과학기술학은 그와 같은 순수한 **사회적** 정식화가 사회과학의 그릇된 환영임을 보여 준다[Latour 1993]. 사회적 삶을 구성하는 것은 근본적으로 이질적인 것들이다. 그리고 이질적인 것들 가운데 일부는 사물, 사람, 정보의 이동을 직간접적으로 기동하거나 차단하는 ('자연'과 '기술'을 포함하는) 다양한 물질적 사물이다. 사회과학은 사물 세계를 통합하는 방향으로 선회해야 하는데, 그렇게 하려면 시공간을 가로질러 사물과 사람을 조합하고 재조합하는 무수한 방식을 검토해야 한다. 사물 자체도 거리를 가로질러 이동한다. 또, 어떤 사물은 사람과 복잡한 혼종을 이루면서 사람이 이동할 수 있게 한다. 사물을 이동시키는 사물도 있다. 어떤 사물이 이동하면 사람은 이동하지 않게도 된다. 어떤 사물과 사람은 같이 이동한다. 예전의 이동을 환기하는 사물도 있다. 그리고 사람이 종종 먼 길을 가서 몸소 볼 만한 가치가 있는 사물도 있다. 따라서 서로 결합하여 사회적 실천을 생산하고 수행하는 실체들은 몹시 이질적이다. 이 실체들은 간헐적으로 이동하면서, 자신과 단단하거나 느슨하게 연동된 다른 실체의 이동을 방해하거나 유도한다.

일곱째, 이러한 관계를 분석하는 데는 '유도성' 개념이 중요하다. 보이거나 보이지 않는 객관적 '사물'이 환경에 먼저 있고, 그다음에 사람이 그 '사물'과 마주치는 것이 아니다(Gibson 1986: 8장). 오히려 다양한 표면과 다양한 대상이 특정한 인간 신체 및 기술에 상관적으로 유도성을 제공한다. 이 유도성은 객관적**이면서도** 주관적이고, 환경의 일부이면서도 신체의 일부이다. 사람이 자신의 특수한 세계에서 키네스테시스적으로 움직이면 객관과 주관, 환경과 신체의 상호관계가 생기고 여기서 유도성이 나타난다. 또한, 유도성은 신체의 특정 능력에 의거하여 신체의 행동을 제약한다. "물리 환경에는 … 여러 선택지가 내포되어 있다. 그리고 여기 내포되어 있는 것들은 유기체의 신체 능력 및 한계에 직결되어 있다"(Michael 1996: 149). 인간이란 감각하는 존재, 몸을 지닌 존재, 기술에 의해 확장되는 존재, **이동하는** 존재이기 때문에, 과거와 현재의 특정한 사회관계에서 환경에 있는 특정 '사물'은 가능성과 저항을 유도한다. 이러한 유도성의 예시로서 걷도록 이끄는 보도, 피부를 태우도록 유혹하는 해변, 등반로를 또렷하게 드러내는 산, 어린 시절 모험의 보고인 나무, 시각장애인이 이동하면서 전시품을 '만질 수' 있는 박물관을 꼽을 수 있다.

여덟째, 인간과 결합하여 다양한 연동 관계를 이루는 사물에 초점을 맞춘다는 것은 시공간 안에서나 시공간을 가로질러 사람, 활동, 사물을 분배하는 시스템이 중요함을 의미한다. 이러한 시스템은 인간 사회가 자연과 맺는 물질대사 관계의 핵심이다. 인간이 자연을 가장 효과적으로 '지배'한 것은 자연 위, 자연 아래, 그리고 자연을 가로지르는 이동을 통해서다. 현대 세계에서 자동차 모빌리티는 그러한 모빌리티 시스템 중 가장 강력하지만, 그 외에도 보행 시스템, 철도 시스템, 항공 모빌리티 등의 모빌리티 시스템이 있다. 역사상 이전 단계의 모빌리티 시스템에는 로마제국의 도로 시스템, 등자 발명 이후 중세의 말 시스템, 20세기 중국의 자전거 시스템이 있다. 역사상 대부분 사회에는 주요 모빌리티 시스템이 하나씩 있었다. 이 시스템은 상품과 서비스의 생산 및 소비, 그리고 노동자와 소비자의 유인 및 순환을 매개로 그 사회의 경제와 진화적이고 적응적인 관계를 맺는다. 이 모빌리티 시스템은 서로 간에도 적응하고 공진화하기 때문에, 일부 시스템은 확장하고 증식하는 반면에 다른 시스템은 시간이 흐르면서 그 범위와 영향력이 축소된다. 이러한 시스템이 모여서 이루는 환경에서 각 시스템은 자기생산적으로 작동한다.

아홉째, 사회가 풍요로울수록 모빌리티 시스템은 광범위하고 시스템 간의 상호교차는 복잡하다. 이런 모빌리티 시스템은 장소 간이나 사람 간에 상당한 불평등을 초래하는데, 특히 위치나 모빌리티 시스템 접근성에서 그렇다. 모든 사회에는 사람들이 효과적으로 사회에 참여하기 위한 모빌리티가 여럿 있지만, 이에 대한 접근성은 불평등하게 분포한다. 이러한 불평등의 구조화는 특히 모빌리티와 관련된 사물의 생산 및 소비의 경제, 시민사회의 특성, 사람과 활동의 지리적 분포, 작동 중인 여러 모빌리티 시스템들과 이것들의 상호의존 방식에 좌우된다. 강요받지 않는 "이동"은 권력이다. 즉, 개인과 집단이 이동할 수 있다는 것(또는 자진하여 가만히 있을 수 있다는 것)은 우위를 점하는 중요한 원천으로서, 경제적 우위나 문화적 우위와는 개념상 별개이다. 강력한 여러 모빌리티 시스템에 접근할 수 있고, 이 모빌리티 시스템의 규모나 의미를 축소하는 제약이 없다면 모빌리티 접근성이 높은 것이다.

열째, 모빌리티 시스템은 사람, 사물, 정보를 다양한 공간 범위에서 다양한 속도로 순환시키는 과정을 중심에 두고 조직된다. 어떤 사회에든 지배적인 한 가지 순환 과정이 존재하는 경향이 있다. 핵심 쟁점은 이동과 관련된 (차량, 전화, 컴퓨터 같은) 사물이 아니라, 사람, 사물, 정보가 순환하는 구조화된 경로이다. 사회의 이러한 경로에는 말이 다니는 길, 보행로, 자전거 길, 철로, 전화선, 공공도로, 네트워크 컴퓨터, 허브공항이 있다(Graham, Marvin 2001). 경로마다 순환 양식도, 모빌리티 자본의 형태도 각각 다르다. 그리고 어떤 사회가 '순환'이라는 가치를 중심에 두고 조직될수록, 그 사회에 주어지는 다양한 자본 중에서 네트워크 자본의 비중이 커진다. 일반적으로 현대사회는 순환을 가치 있다고 평가하지만, 그런 가치가 모든 사회에서 동등하지는 않다. 싱가포르 같은 사회는 좀 더 순환을 위해 조직된 사회이며, 다중적이고 중첩적인 순환 양식을 가진다(Hanley 2004 참조). 다른 사회, 특히 사하라 이남 아프리카 사회에는 순환 양식이 부족하다. 더 나아가, 사회마다 순환 양식의 지역화, 국가화, 국제화 정도가 가지각색이다.

더욱이 경로의 범위, 복잡도, 선택지에 의해 이동 잠재력, 즉 모틸리티가 나타난다. 모틸리티가 높으면 순환 기회가 생긴다. 이에 따라 모틸리티가 높은 사람의 자본은 확장되고 다른 사람의 자본은 축소된다. 또한 모틸리티는 의무를 조직한다. 기회에는 의무가 따르는데, 전화, 방문, 회의 참석, 이메일 회신 등이 그렇다. 모틸리티와 모빌리티 부담은 동전의 양면이다(Shove 2002). 순환의 규모와 영향이 클수록 네트워크 자본의 중요성이 부각될 뿐 아니라, 무수한 모빌리티 부담도 무거워지고 여러 가지 이동이 강요될 여지도 크다.

열하나째, 이러한 다양한 모빌리티 시스템과 경로는 오래 지속한다. 공간적으로 강하게 고착되기 때문이다. 새로운 시스템은 적합도 지형 안에서 나름의 물리적·사회적·경제적·담론적 장소를 차지해야 한다. 이 적합도 지형 안에는 거리를 극복하고 모빌리티를 구조화하는 물리적 구조, 사회적 실천, 경제적 실체가 이미 침전되거나 잠긴 형태로 견고하게 버티고 있기 때문이다. 이 침전된 시스템 중 어떤 것은 광대한 공간 규모로 조직되는데, 이러한 공간적 고착은 국가적으로나 국제적으로 이루어진다. 시스템은 시간이 흐르면서 조직되는 동시에 경로의존성 혹은 잠금을 수반한다(Arthur 1994a; Arthur 1994b). 지난 10여 년간 '네트워크 컴퓨터'와 '이동전화'라는 두 가지 새로운 모빌리티 시스템이 정착했다. 그리고 이 시스템이 끌어들이는 새로운 환경, 사회적 실천, 경제적 실체, 담론은 경로의존 패턴을 깔아 놓고 있다. 이 패턴은 결과적으로 금세기 상당 기간 동안에 모빌리티 패턴 및 모틸리티 패턴을 변화시킬 것이다.

열두째, 모빌리티 시스템은 점차 전문 지식을 기반으로 작동한다. 신체 이동이 보행이나 자전거같이 느린 방식에서 빠른 방식으로 전환되기 때문이다. 그 방식은 특수한 기술적 전문성을 요하는 난해한 기술에 기초한다. 이러한 모빌리티 시스템은 점점 컴퓨터 소프트웨어에 기반하는 경향이 있다. 이때 컴퓨터 소프트웨어는 시스템을 작동하고 감시하고 조절하고 말썽이 일어나면 수리한다. 자동차에 컴퓨터를 도입한 것은 시스템의 혁신적 '전문화'의 좋은 사례인데, 이 때문에 일반 운전자는 간단한 수리는 고사하고 자동차를 이해하기조차 버거워졌다. 부품을 복합적으로 재활용하여 자동차를 수리하는 여러 개발도상국 사회를 제외하면 그렇다(Miller 2000a; Miller 2000b). 이처럼 사용자는 시스템으로부터 소외되지만, 이와 동시에 시스템에 더욱 의지하게 된다. 시스템은 늘 그렇듯이, 어딘가 탈이 나면 대개는 수리가 불가능하다. 그래서 최소한 다시 프로그래밍해야 한다. 게다가 이 시스템은 상호의존적이어서 한 시스템이 고장 나면 으레 특히 밀접하게 연동된 다른 시스템에 영향을 미친다. 그런데 모빌리티가 고도화된 사회의 사회적·경제적 실천은 시스템의 순조로운 작동에 더욱 의존하게 된다. 시스템이 제대로 작동해야 개인적이고 유연하며 일정표에 따른 배치가 원활하게 이루어진다. 사람들은 시스템이 '용재적'이기를 요구하지만, 이러한 시스템은 왕왕 붕괴할뿐더러 사람들을 소외시키기까지 한다.

또한 사람들은 개인적 삶의 기획을 펼쳐 나가며 이리저리 이동하면서, 개인 네트워크를 확장하고 '행위성'을 강화하는 듯 보인다. 특히 '북반구'에서 그렇다. 그러나 이렇게 '행위성'을 행사함에 따라 그들에 관한 것들이 무수한 흔적으로 컴퓨터에 남는다. 컴퓨터는 대다수 모빌리티 시스템의 요체이기 때문이다. 컴퓨터는 인간을 여기저기 흩어진 흔적의 조각으로 변환하고, 이 정보의 흔적은 대부분 의식조차 못 하는 다양한 '시스템'에 남는다. 따라서 개인은 점차 사적인 몸을 넘어 존재하고, 정보의 공간에 흔적을 남기며, 자아는 흔적들로 널리 유포되고 이동한다.

마지막으로, ‘부동적인’ 여러 물질세계, 특히 매우 부동적인 여러 플랫폼(송신기, 도로, 차고, 역, 안테나, 공항, 부두)의 상호의존적 시스템이 모빌리티 경험을 구조화한다. 그러한 시스템의 **복잡한** 성격은 많은 경우 다양한 고정과 정박 형태가 어마어마한 물리적 규모를 갖는 데에서 유래한다. 따라서 이동전화, 자동차, 항공기, 기차, 컴퓨터 접속 같은 ‘이동적 기계’는 다양한 시공간에 있으며 상호중첩하는 다양한 여러 임모빌리티에 기반한다[Graham, Marvin 2001; Adey 2006b]. 광대한 부동 시스템이 없으면 유동성이 선형적으로 증가하는 일도 일어나지 않는다. 이런 시스템에는 전선 및 동축同軸 케이블 시스템, 라디오나 텔레비전 위성 배치, 전화 · 텔레비전 · 컴퓨터 신호를 전달하는 광섬유 케이블, 극초단파 채널로 이동전화 메시지를 전달하는 이동전화 기지국, 사람과 상품의 물리적 이동을 조직하는 대규모 인프라 등이 있다. 현대의 지구적 경험의 중심인 항공기는 가장 거대하고 광범위한 임모빌리티를 필요로 한다. 매일 수백만 건의 항공 여행을 조율하는 수만 명의 노동자가 일하는 공항도시가 그것이다.

　이런 시스템 중 몇몇은 서로 공진화하고 상호의존하면서 현대의 모빌리티를 확장하고 재조직한다. 이를 통해 시간과 공간이 굴절하고 동역학 시스템 특성이 생성된다. 물질세계의 시스템은 의도하지 않은 공동현전이 일어나는 **새로운** 순간을 만들어 낸다. 네트워크 충돌을 막도록 설계된 “게이트gate”는 그리 지속적이지 않다. 네트워크들을 서로 떼어 놓는 이 비가시적인 것들은 제거할 수 있기 때문이다. 이 새로운 물질세계 중 어떤 것들은 예전에는 가로지를 수 없었던 거리를 가로지르는 흐름을 만들어 내는데, 그 흐름은 흥미롭지만 그만큼 위험하기도 하다.

거리 다루기

앞서 새로운 패러다임의 주요 특징을 제시하였다. 이 패러다임에 따르면, 사회관계는 사람, 사물, 정보, 이미지가 주기적이고 상호교차하면서 거리를 가로지르는 이동을 필요로 한다. 이 패러다임은 사회과학이 다양한 거리를 가로지르는 이러한 이동을 반영하고 포착하고 모의실험하고 탐문해야 함을 보여 준다. 이 패러다임은 이동의 물리적 측면뿐 아니라 거리의 경제적·사회적·문화적 조직화에도 주의를 기울인다. 그런데 (교통 연구와 교통지리학을 제외한) 대다수 사회과학은 거리를 문제 삼기는커녕 흥미롭게 여기지도 않았다. 모빌리티 패러다임은 거리를 매우 중시한다. 현전과 부재가 복잡하게 혼합된 사회적 삶이 처리해야 하는 거의 핵심적인 문제가 바로 거리라고 본다. 이 점을 설명하고자, 이 새로운 패러다임의 여러 요소를 보여 주는 최근 연구들을 요약하고자 한다. 이를 통해 이 패러다임을 탄생시킨 이론과 방법, 범형에 대한 이해를 가질 수 있다.

먼저 '교통'으로 시작할텐데, 다소 의외겠지만 반복 작업을 하는 공장노동자의 몸을 묘사한 카를 마르크스에게서 그 단초를 얻을 수 있다. 마르크스의 말에 따르면, 공장노동자의 작업은 노동자의 "몸 전체를 그 작업의 자동적이고 전문적인 도구로 바꾼다"(Marx 1965: 339). 이 작업을 통해 노동자는 "파편화된 작업의 자동 모터"가 되고, 그 결과 "불구의 괴물"로 변한다(Marx 1965: 360). 이와 유사하게 "객관적 이동 시스템" 중심으로 조직된 현대 도시는 교통에 속박된 몸을 만들어 낸다(Scanlan 2004). 교통은 패턴화되고 구체화된 이동, 대개는 효율적인 이동이다. 교통을 통해 이동하는 몸, 즉 불구의 괴물은 (적어도 몇몇 두드러진 도시에서는) 대개 무질서를 최소화하며 돌아다니는 방법을 찾아낸다. 어려움은 있더라도 일시적이다. 도시는 친숙하다. 이 친숙함은 택시 기사, 보행자, 거리 지도, 표지판 등에 분산된 다양한 지식에서 나타난다. 현대의 이동은 직각과 직선으로 이루어진 합리적 질서를 지닌다. 스캔랜Scanlan은 이를 시사하는 해리 백 Harry Beck의 1933년 런던 교통 지도에 관해 논의한다. 시스템이 무너지지 않는 한, 교통에서 길 찾기는 아무 고민 없이 이루어진다. 무수한 시스템 덕분에 다음과 같은 일이 가능해진다. "이처럼 이동이 수월한 적은 이전의 어떤 도시 문명에도 없었다. … 우리는 개인의 제약 없는 이동을 절대적 권리로 여긴다. 자가용은 이 권리를 행사하는 적절한 도구이다. 그 결과, 공적 공간, 특히 도시의 길거리 공간은 자유로운 이동에 이바지하지 않으면 무의미하다"(Sennett 1977: 14).

게다가 교통은 신뢰에 기반한 '대중'을 요구한다. 그래야 모르는 사람들이 공통의 규칙을 따르고, 공통의 시각 및 청각신호로 소통할 수 있다. 또, 모든 "도로 시민"이 이용하는 일종의 제3의 공간에서 눈을 마주치지 않고도 상호작용할 수 있다(Lynch 1993). 교통 속에 있는 운전자의 몸은 눈, 귀, 손, 발이 분열된 채 기계의 규율을 따르면서 각각이 모두 즉각 반응하도록 훈련된다. 몸을 뻗거나 자세를 바꾸거나 주위를 두리번거리는 욕망은 억압된다. 자동차는 운전자의 신체를 확장하여 새로운 도시 주체를 창조한다(Freund 1993). 6장에서는 교통이 어디에나 존재하게 된 이후로 승용차가 근대의 쇠우리,[6] 동력화되어 이동하고 사사화私事化된 쇠우리가 되

---

6 쇠우리iron cage는 합리주의와 관료제 등에 감금된 근대인을 비판하는 막스 베버의 일반적인 표현

었음을 살펴볼 것이다. 교통은 가차 없이 이동하면서 대개 자기 길을 찾아낸다. 이 교통은 어떤 시스템 세계를 가로지르면서 그 세계에 의해 움직인다. 이 세계는 보통 정체 때문에 멈출 때에만 모습을 드러낸다.

둘째, 모빌리티와 거리에 대한 다양한 분석을 고찰하는 과정에서 어린이와 어린이 보호(여기서는 어린이의 주요 사망 원인인 교통으로부터의 어린이 보호가 아니다)를 살펴볼 것이다. 퍼거슨Ferguson은 어린이 보호가 "철두철미 모빌리티 경험"이라고 주장한다. "어린이에게 빨리 손을 내미는 경험, 감정적이고 감각적인 경험, 타인의 생활과 가정의 광경, 소리, 냄새에 대한 내밀한 개입"이다(Ferguson 2004; 1). 어린이 보호의 발전은 기본적으로 근대적 현상이다. 특정 집단에 속한 사람을 보호하기 위해 타인의 가정과 생활에 깊이 개입하는 것이기 때문이다. 이는 '황급히' 행하는 다양한 실천이다. 이동이 없으면 어린이 보호는 있을 수 없다. 1890년대의 보잘것없는 자전거조차 영국의 전국아동학대방지협회NSPCC 활동가가 하는 일을 바꾸어 놓았다. 활동가가 자전거를 타고 다니면서 아이들을 직접 빠르게 볼 수 있게 되었기 때문이다. 이는 어린이 보호의 시선에서 아무도 벗어날 수 없고 벗어나도 안 된다는 일반적인 사고방식으로 이어졌다.

이후 모빌리티의 발달, 가령 1940년대 오토바이, 1950년대 자동차, 그다음 전화, 컴퓨터, 이동전화 등의 발달 덕분에, 〔보호단체〕 사무실에서 거리가 먼 가정에서 위험에 처한 어린이도 쉽게 찾아가 볼 수 있게 되었다. 이 모든 것은 어린이 보호 담당자가 즉각 행동하게 만든다. 동시에

이지만, 여기에서는 문자 그대로 금속으로 만든 자동차를 가리킨다.

승용차는 담당자가 사무실이나 위험한 의뢰인에게서 벗어나는 피신처이다(Ferguson 2004: 187). 전반적으로, 어린이 보호는 일종의 '이동 중 거주'이다. 출근, 의뢰인 가정방문, 사례 발표 회의 목적의 만남, 정보통신 기술·유선전화·이동전화를 활용한 정보 수집, 사무실 외부 체류처럼 말이다.

또한, 특정 범주에 속하는 '어린이'는 문제가 많고 '보호'가 필요하다고 여겨지는 점에 주목해야 한다. 움직이지 않거나 제자리에서 서성대는 아이가 그러한데, 요즈음에는 특히 CCTV 카메라로 이를 포착할 수 있다. 여기서는 아이가 미심쩍을 만큼 부동적일 때 의심을 갖는다(Neyland 2005).

새 모빌리티 패러다임을 뚜렷하게 보여 주는 세 번째 사례는 잠재적인 주전자 구매와 관련된 다양한 수행이다(Zukin 2003)(실제로는 닭 모양의 물병이다). 이는 간단한 '구매'이지만, 다양한 '모빌리티'를 활용한 특유의 수행을 통해 매우 다양하게 이루어진다. 이와 관련된 다양한 '구매'의 차이는 다양한 모빌리티에 기인한다. 이 다양한 모빌리티를 검토해야만 외관상 동일한 소비 과정의 의미가 다양하다는 것을 이해할 수 있다. 우선 주킨Zukin은 맨해튼에서 '유럽풍' 고급 상점가를 거닐다가 좋아하는 주전자를 발견한다. 이때의 모빌리티 유형은 고급스러움의 기표인 어느 지역을 거니는 한가로운 **산보자**이다. 그녀는 특정 스타일의 주전자를 눈으로 소비할 뿐 실제로 사지는 않는다. 얼마 있다가 주킨은 이탈리아의 토스카나에 가서 '똑같은' 주전자를 수십 개 보게 되는데, 그 주전자들은 관광객을 위한 키치다. 이것도 걷는 모빌리티지만, 그녀는 추억하고 싶은 방문지의 기념품을 찾는 **관광객** 소비자의 역할을 수행한다. 주전자를 사는 것이다. 이후에 주킨은 이런 유의 주전자에 대한 식견을 가지게 된다. 그래서 여행하면서 특정 사물을 찾아 사들이는 데에서 오는 흥분을 즐기는 **감식가** 역할을 수행하기 시작한다. 특정 유형 주전자의 다양한 모양을 비교하고 대조하는 것이다. 그리고 다양한 행선지에서 걸으면서 주전자를 두어 개 산다.

산보자, 관광객, 감식가 역할에 이어 네 번째로 주킨은 가상공간인 이베이로 이동한다. 이베이를 능숙하게 이용하게 되면서 이런 주전자의 **상업적** 구매자이자 판매자가 된다. 이제 주전자는 더 이상 취향의 기호도 아니고, 추억하고 싶은 방문지의 기념품도 아니며, 감식가의 수집품도 아니다. 이 주전자들은 금전적 이득을 얻는 물건이다. 따라서 주전자 구매라는 단순한 행위는 '모빌리티'의 네 가지 양식인 한가로운 산보, 관광객의 소비, 감식, 상업적 가상 이동에서 현저하게 다른 방식으로 수행되며 수행될 수 있다. 그 다양한 의미는 오직 다양한 모빌리티 방식만이 드러낼 수 있다.

새 모빌리티 패러다임을 분명히 드러내는 네 번째 예시는 '카리브해'와 관련이 있다. 언뜻 보기에 변하지 않는 이 낙원 같은 장소에서는 다양한 모빌리티가 일어난다[Sheller 2003; Sheller 2004b]. 카리브해는 수세기에 걸친 식물, 사람, 선박, 물적 자원, 식료품, 기술, 노하우, 벤처 자본의 도도한 흐름으로 생겨났다. 초창기 유럽의 방문객은 카리브해로 열대 여행을 떠나 이국적 과일을 맛보고 꽃향기를 맡고 태양의 열기를 느끼며 습하고 푸른 열대우림에 안겨 새로운 광경을 보았다[Sheller 2003; Sheller 2004b 참조].

유명한 청록색 바다와 선로船路, 항공망, 무선통신, 케이블, 위성 인프라로 느슨하게 연결된 현대의 카리브해는 다중적이고 상호교차하는 모빌리티의 산물이다. 이곳은 사실 세계의 어느 지역보다도 심층적·지속적으로 이주의 영향을 받았다. 카리브해의 삶의 본질은 이동이다. 어떤 장소의 '지역' 주민도 완전히 부동적이지 않으며, 자신만의 경로, 이주, 인터넷 사이트를 갖는다. 따라서 이러한 이동의 장소는 곧 거주의 장소로서 노예제, 노동 이주, 초국가적 거주의 패턴을 반영한다(Miller, Slater 2000).

더 나아가 셀러에 따르면, 카리브해의 각 사회는 다양한 혈통 혼합, 언어적 혁신, 종교 융합, 복잡한 요리와 음악문화를 구현하고 포괄한다. 그뿐 아니라, 이 섬들은 새로운 디아스포라 유형과 장소를 재결합한 역동적 다문화를 역외로 수출한다. '카리브해'라는 관념은 고정적이고 미리 주어진 것이 아니라 이동 중이다. 그것은 미디어, 인터넷, 월드와이드웹을 통해 전 세계를 이동하거나, 보따리상, 음악 불법복제업자, 마약상의 여행 가방에 꾸려져 옮겨진다. 이 낙원의 여러 섬에는 원형적 낙원이 주어져 있는 것이 아니다. 카리브해는 다중적이고 중첩적이며 엄청나게 복잡한 모빌리티를 통해야 이해할 수 있다.

새로운 모빌리티 분석의 마지막 예시는 돼지와 양의 썩는 사체에 관한 것이다. 2001년 영국에서 돼지, 양, 소에게 구제역이 발병했을 때 다양한 이동이 있었다(Law 2006). 특정 구제역 변종은 1990년 인도 중부에서 처음 발생하여 1995년 인도 방방곡곡으로 번졌으며, 1998년에는 축산물 국제무역에 스며들어 더 급속도로 이동했다. 그 결과, 말레이시아, 동아프리카의 여러 빈국, 이란, 이라크, 터키에도 나타났고, 2001년에는 한국, 일본, 영국을 비롯하여 구제역이 없던 나라에도 출현하였다. 구제역은 공간을 가로질러 매우 신속하게 이동한다. 감염된 동물의 이동, 동물 간의 직접 접촉, 무역을 통한 육류나 식육 가공품의 이동, 감염된 동물과 인간의 접촉 때문이다.

국제수역사무국OIE은 구제역과 관련하여 전 세계 국가를 세 범주로 분류한다. (정기적으로) 백신을 접종하지 않아도 병이 없는 국가, 백신을 접종해서 병이 없는 국가, 병이 만연한 국가가 그것이다. 이 분류는 무역을 규제함으로써 동물 및 식육 가공품의 흐름을 규제하는 데에 이바지하여 중대한 결과를 가져왔다. 정기적으로 백신을 접종하지 않아도 병이 없는 국가는 어디로든 동물을 수출할 수 있다. 국제수역사무국과 세계무역기구WTO의 무역 규정은 이런 특권 지역을 보호하는 방벽 역할을 한다. 유럽연합EU은 백신접종을 하지 않는 정책으로 상당한 이익을 얻었지만, 이 방벽이 뚫릴 경우 바이러스가 유럽 지역으로 퍼질 가능성이 커졌다.

특히 영국에서는 다음 세 가지 과정 때문에 가축 이동 규모가 커져 구제역이 확산했다. 첫째, 영국은 식료품을 엄청나게 수입하는데, 특히 연간 반입하는 250만 개의 컨테이너 대부분은 검역을 받지 않는다. 둘째, 1980년대 광우병 발병 이후 도살장마다 수의사가 상주해야 한다는 규정 때문에 영국 도살장의 약 5분의 4가 폐쇄되었다. 그래서 승인된 도축장을 이용하려면 가축을 멀리 이동시켜야 한다. 셋째, 〔유럽연합의〕 공동농업정책Common Agricultural Policy은 동물 한 마리당 연간 보조금을 지급하는데, 기한 내에 할당량을 채우지 못한 농가는 불이익을 받는다. 2001년 1월과 2월 영국에서는 양이 2백만 마리 거래되었는데, 농부들이 할당량을 채워 유럽연합 보조금을 받고자 했기 때문이다. 이러한 이례적인 이동이 구제역 바이러스가 영국 국경 내에 '안착'한 후 급속히 퍼지는 효과를 가져왔다(Law 2006).

더욱이 '정상 사고normal accident'에 대한 사회과학적 분석에 따르면, 물질 흐름이 빠르고 복잡한 시스템에서는 한번 일을 그르치면 그 결과는 예측할 수 없고 통제하기 어려우며 시스템 전체에 걸쳐 예측 불가능하게 분기할 가능성이 크다(Perrow 1999; Law 2006). 무언가 잘못될 때에는 아주 빠르게 잘못된다. 급속한 흐름이 있는 복잡계에서는 항상 정상 사고가 발생할 가능성이 있다. 정상 사고가 일어나면 동물, 미생물, 사람, 돈, 트럭, 사료가 너무 빠르고 복잡하게 이리저리 이동하기 때문에 개입하기가 어렵다. 흐름을 막는 방벽은 미덥지 않다. 2001년 당국이 그 도래 사실을 눈치채기도 전에 바이러스는 이미 영국 전역으로 퍼져 나갔다. 빠른 모빌리티이자 정상 사고이다.

결론

1부에서는 모빌리티 패러다임의 여러 특징을 보여 주었다. 모빌리티의 '느낌의 구조'가 기반한 전제 조건인 실제 현상 몇 가지를 개략하고, 이 패러다임에 사용된 이론적이고 방법론적인 자원을 일부 제시하였다. 마지막으로, 비이동적 사회과학이 은닉하는 바가 무엇인지 밝혀내고자, 이 패러다임의 위력을 보여 주는 다섯 가지 사례를 간략히 논의하였다.

2부에서는 신체 이동, 가상 이동, 통신 이동을 비롯한 다섯 가지 이동 양상을 분석할 것이다(춤을 포함하여 여기서 살피지 않는 다양한 여타 이동 형태에 대해서는 Cresswell 2006 참조). 각 이동 사례가 사회적으로나 물질적으로 조직되는 방식을 보여 주고, 이동이 A로부터 B로 최대한 빠르게 가는 방식에 불과한 경우는 예외적이고 드물다는 것을 보여 줄 것이다. 또한, 이러한 이동이 시간과 공간에서 어마어마한 결과를 초래하는 사회적 실천에 얽혀 있음을 보여 줄 것이다. 이 이동 형태들은 자아 너머의 세계를 감각하고 경험하는 주요 방식이자, 세계를 보고 느끼고 경험하고 인식하며 '정동情動'의 대상으로 삼는 주요 방식이다. 따라서 모빌리티는 의미심장하게 존재론적이고 인식론적이다. 게다가 이 앎의 대부분이 그러한 이동 형태가 얽혀 있는 다양한 대상을 매개로 이루어진다. 2부의 첫 장은 보행, 그리고 (신발, 의복, 지도뿐 아니라) 보도와 작고 좁은 길 같은 중요한 객체들이 제공하는 유도성으로 시작한다. 그런 객체들이 없었다면 현대 세계는 완전히 다른 세계가 되었을 것이다.

제2부

이동과 통신

제4장

보도와 소로小路

사진만 가져가고 발자국만 남기세요.

(시에라클럽[1] 표어)

걷기와 사회 세계

어떻게 보면 모든 이동은 간헐적 걷기를 수반한다. 걷기는 어디에나 있으며, 심지어 다음 여러 장에서 기술할 저 거대한 모빌리티 기계를 이용할 때도 그렇다. 이동의 역사에서 걷기는 필시 가장 중요한 이동 형태이고, 여전히 대다수 다른 이동 방식을 구성하는 한 요소이다. 따라서 이 장에서는 대부분의 모빌리티를 뒷받침하는 이동 형태인 걷기에 관해 논한다.

걷기는 1부에서도 이미 여러 차례 등장했다. 걷기란 땅의 표면을 각인하며, 이러한 이동은 시간이 흐르면서 길이라는 견고한 구조로 동결된다는 짐멜의 설명을 언급했다(Simmel 1997: 171). 길은 사람들이 일상적인 일을 할 때 축적된 여정의 각인을 보여 준다. 잉골드는 길의 그물이 어떻게 해서 과거 여러 세대에 걸쳐 침전된 공동체 활동을 보여 주는지를 서술한다(Ingold 1993: 167). 주어진 길이 지면에 반복해서 각인되기 때문에 우리는 이전 세대와 같은 길을 밟고 간다.

나는 또한 '이동적'이라는 용어의 원천 중 하나가 '폭민mob'이고 이것이 '통치성'과 연관된다고 말했다. 18세기 말 유럽에서는 보행자가 부랑자나 잠재적 폭민처럼 위험천만한 '타자'였다. 걸어서 돌아다니는 것을 금하는 법령과 제도도 있었다. 걷는 사람은 군인이 아니라면 '타자'였다. 꼭 걸어야 하는 것이 아니라면 아무도 걸으려고 하지 않았다. 그리고 걷는

---

1 시에라클럽Sierra Club은 1892년 미국 환경운동가 겸 산악인 존 뮤어John Muir가 창설한 현존하는 최초의 환경운동 NGO이다.

사람 대다수는 (베이징의 자금성 같은) 수많은 장소에 입장하는 것이 금지되었다.[2] 무단출입을 엄금하는 법률도 종종 있었다. 자주 이용하여 길이 만들어지고 유지되는 곳에서는 관례적 경로가 없지는 않았지만, 그래도 배회할 권리는 거의 없었다.

또한, 나는 사회마다 어떤 모빌리티 시스템이 지배한다는 데에도 주목했다. 발의 힘이 "퇴화하는 긴 내리막길"은 1830년 상징적으로 시작됐다. 당시 영국인 백만 명이 최초의 장거리 여객 철도인 리버풀과 맨체스터 노선의 의미심장한 개통을 지켜보았다(Solnit 2000: 256). 발의 힘에 더 거세게 도전한 것은 자전거와 자동차 모빌리티라는 모빌리티 시스템이었다. 이런 시스템은 계급, 젠더, 민족, 연령, (비)장애에 따라 불균등하게 분포되었다.

이 장에서는 걷기 역사의 여러 순간을 살펴볼 것이다. 이 순간들은 크게 네 가지 특징을 드러낸다. 첫째, 걷는 몸이 사회적 삶을 생산하고 재생산하는 방법은 매우 다양하다. 발걸음을 내딛고 다시 내딛는 몸의 리듬은 놀라운 생물-사회적 실천을 생산한다. 솔닛Solnit이 주장하는 바와 같이, "걷기 때문에 오솔길, 도로, 교역로가 생겨났고, 지역적이고 대륙횡단적인 장소감이 생겨났다. 또 도시와 공원이 생기고, 지도, 안내서, 장비가 생겼다. 나아가 걷기를 다룬 소설이나 시, 그리고 순례, 등반, 만보漫步, 여름 소풍을 다룬 문헌으로 가득한 방대한 장서가 생겨났다"(Solnit 2000: 4). 걷기는 느리더라도 거리의 마찰을 극복하는 가장 공통된 수단이고, 그래서 전원, 교외, 도시 등지에서 성취되는 다양한 사회성의 본질이다. 지난

2　자금성紫禁城의 영어 번역어 Forbidden City를 빗댄 표현.

200~300년 동안 발달한 '좌식 사회' 이전에는 걷기와 쭈그려 앉기를 통해 삶의 기본 형태가 체험되었다(Ingold 2004: 323).

둘째, 다른 모빌리티들을 뒷받침하는 보행은 인간을 다른 종과 구별짓는 요소이지만, 걷기에는 '자연적'인 것이 전혀 없다(Ingold 2004). 모스Mauss는 걷기에 개입하는 특수한 신체 기술이 사회마다 다르다는 것을 보여준다(Mauss 1979). 걷기는 사회마다 다양할 뿐 아니라, 한 사회 내에서도 저마다 다르다. 모스에 따르면, 이는 "'아비투스'의 본성이 사회적"이기 때문이다(Mauss 1979: 101). 다양한 환경을 가로질러 직립 이동하는 스타일과 방식은 매우 다채롭다. 따라서 걷는 몸도 다르다. 일본인의 걷는 몸과 유럽인의 걷는 몸은 다르다(Kawada 1996). 걸음 방식은 저마다의 신체 기술을 포함한다. 각각의 신체 기술은 각 개인을 둘러싸고 구성하는 세계 내의 존재 방식을 예기하는 다양한 전前인지 방식에 좌우된다.

셋째, 걷는 방식은 꽤 많다. 걷기는 때로는 일상적이고 때로는 (강제로 행진할 때처럼) 형언할 수 없는 고통을 야기하며, 때로는 (많은 사람이 애호하는 등산처럼) 성취의 환희를 주는 활동이다. 이것은 유구한 서구 사상사에 일반적이었던 "발에 대한 머리"의 우위, 접지接地에 대한 인식의 우위에 이의를 제기한다(Ingold 2004). 우리는 걷기의 인식론적이고 존재론적 의의를 다시 써야 한다. 걷기는 도처에 있으면서 손과 결합한다. 이를 통해 인간은 물리 세계와 사회 세계에 착근하고 삽입된다. 걸으면서 환경을 지각하고 인지하며 그 안에서 살 수 있다. 특히 기이한 '근대적' 걷기는 걷기 위해 걷는 것이다. 자유롭게 선택하여 걸으면서, 때로는 맨몸을 위태롭고 불길한 환경에 들여보낸다. 몸을 극단으로 몰아넣는 그런 절정의 순간은 "대지와 접촉하고 '자연'과 합일하는 수단이며, 심지어 치유 효과가 있다고 여겨진다. 그것은 평정하게 가다듬는 수단이다"(Thrift 2001: 46).

마지막으로, 걷기는 다양한 테크놀로지와 상호 의존한다. 테크놀로지는 걷기의 다양한 가능성, 특히 '걷기 위한 걷기'의 다양한 가능성을 유도한다. 걷는 사람은 일반적 테크놀로지 및 특수한 테크놀로지와 결합함으로써 다른 장소에서 다른 속도와 다른 방식으로 걷는다. 테크놀로지에는 신발, 복장, 휴식 장소, 보도와 소로小路, 여타 이동 수단, 걸어갈 장소, 이동 및 접근에 대한 규칙이나 규정, 신호 등이 포함된다. 이러한 테크놀로지는 인간의 육체, 체력, 신장, 체중, 시력, 균형, 촉각 등과 만난다. 이것들을 조합함으로써 다양한 역능力能을 산출하는데, '걷기를 실행하기',[3] 세상을 만지기, 장소가 어떠하며 어떠할 수 있는지 알기, 다채로운 걷는 몸 만들기가 그런 힘과 능력이다(Ingold 2004; 일반적으로 신체와 테크놀로지에 관해서는 Shilling 2005 참조).

다음 절에서는 소요逍遙와 산보, 전략과 전술이라는 관념과 교직하는 실천인 근대 도시의 길거리 걷기가 지닌 특징들을 살핀다. 세 번째 절에서는 전원에서 느긋하게 걷는 일이 어떻게 발전했는지 분석한다. 이를 통해 걷기가 지닌 여타 이동 테크놀로지와의 연관성, 혼종적 특성, 다양한 '전원' 생산 역량을 보여 줄 것이다. 결론에서는 걷기가 지니는 사회적 삶과의 연관, 그리고 원거리 네트워크 및 사회관계와의 연관이 어떻게 변화하는지를 간략히 서술한다. 이러한 연관은 걷기가 여가와 신체적 즐거움의 현장으로 창발하게 된다는 것을 보여 준다.

----

[3] to walk the walk는 "실제 행동으로 보여 주다"는 의미의 관용어인데, 여기에서는 문맥에 따라 "걷기를 실행하다"로 옮긴다.

길거리 걷기

도시의 거리는 황금으로는 아니더라도[4] 점점 많이 포장되었다. 포장은 신체의 걷기 기술을 변형시켰다. 18세기 중반 런던을 시작으로 근대사회는 통행로를 포장하는 법을 익혔고, 도시 공간을 연병장 비슷하게 만들었다. 이로써 걷기의 성질이 크게 변형되었다. 이전에는 보행자는 "길가의 무수한 여염집과 가게에서 나온 켜켜이 쌓인 오물과 배설물이 어질러진, 움푹 파이고 자갈이 깔리거나 바퀴 자국이 난 여러 길 중에서" 어느 길로 갈지 골라야 했기 때문이다(Ingold 2004: 326).

보행자는 온갖 계급 출신이었다. 유일한 예외는 이처럼 움푹 파이고 자갈이 깔리거나 바퀴 자국이 난 길을 따라, 걷는 사람더러 자신을 실어 나르게 한 상류층이었다. 중국 한나라 상류층은 자신을 실어 나르는 사람의 등에 올려진 가벼운 대나무 좌석에 앉아 여행했다. 이후 왕조시대 걸쳐 장대에 실린 목재 운반대 기록이 수많은 족자에 남아 있다. 특히 상류층 노인과 여성은 서양에 가마sedan chair로 알려진 것을 탔다. 이는 16~18세기 런던과 바스에서도 널리 이용되었다. 가마는 대저택 복도에 보관되었다. 그래야 '귀부인'이 길거리 어디에나 있는 오물과 배설물을 밟지 않고 목적지까지 행차할 수 있었다. 17세기 중반이 되면 돈을 주고 빌리는 가마가 런던에서 널리 이용되었다. 이렇게 인기가 높았던 가장 큰 이유는, 가마가 마차보다는 도로 공간을 덜 차지했기 때문이다. 스

---

4 19세기의 《딕 휘팅턴과 고양이Dick Whittington and His Cat》에 나오는 "런던 거리는 황금으로 포장되었다"는 말을 빗댄 표현.

코틀랜드, 중남미, 북미에도 보행자가 '수송자' 역할을 한 사례가 있었다.

1761년 제정된 법령은 걷기의 새로운 가능성을 유도해 냈다. 법령의 내용은 런던의 부유한 동네 노면을 매끄럽고 균일하게 만들고, 간간이 청소하며, 오수와 쓰레기를 없애고, 밤에는 등을 켜며, 개방적이고 곧게 만들어서 사람들이 볼 수 있고 보일 수 있게끔 하는 것이었다(Rendell 1998: 78-79). 이것은 잉골드가 "탈대지화groundlessness"라고 부르는 것으로 가는 일종의 전환점이었다. 현대사회에서 더욱 증대되고 있는 "탈대지화"는 "보행 경험을 걷기 기계stepping machine의 사용으로 축소하는 것"(Ingold 2004: 329)도 포함한다. 이런 '걷기 기계'는 점차 각처에 등장했고, 포장도로 표면에 아무런 자취도 남기지 않으면서 더 빠르고 더 멀리 걷는 새로운 걷기를 유도했다. 이는 엘리아스Elias가 분석한 바와 같이, 손과 발의 촉감이 장기적으로 소멸해 가는 "문명화 과정"의 특정 국면이다(Elias 1978; Lewis 2001: 67 참조). 우리는 발자국을 남기지 않는다. 길이 이미 포장되어 있기 때문이다.

포장은 모든 '보행자'에게 새로운 유도성을 발휘하지만, 이 유도성은 보행자의 계급과 젠더, 연령, 민족에 따라 차이가 크게 나타났다. 초기 단계부터 포장된 런던 거리는 도시 남성이 쏘다니는 장소가 되었다(Rendell 1998 참조). 독신자, 상류층, 이성애자, 젊은 남성의 소요逍遙는 모험과 오락, 성적 쾌락을 좇아 일정한 경로 없이 어수선하게 걷는 것이었다. 이 소요를 통해 도시는 흐름의 공간이 되었다. 거리의 여인은 잘 보이게 전시된 채 '소비'되기를 기다렸다. 클럽, 오페라하우스, 극장, 아케이드가 늘어나면서 어슬렁거리는 남자가 '문란하게 소요하며' 오가는, 서로 연계된 장소들이 생겨났다. 특히 런던 이스트엔드[5]와 같은 '타자'의 장소에 흔했다(Rendell 1998: 85). 일반적으로, 이 고독한 남성 보행자들의 경험이 새로운 근대 도시 거리의 특성을 규정하게 되었다(런던에서는 특히 블레이크 Blake, 워즈워스Wordsworth, 드 퀸시de Quincey, 디킨스Dickens의 문학에 나타났다(Solnit 2000: 183-185)). 19세기 초 내쉬Nash가 설계한 런던 피카딜리 권역 도시계획은 상류층의 쇼핑과 오락 구역 건설을 포함했다. 이 구역은 걸어서 오가는 사람들에게 '스펙터클 도시'의 광경을 제공했다.

19세기 중반 오스만Haussmann[6]의 파리 재건은 이 스펙터클을 모방했다. 광대한 그물을 이루는 신작로들이 파리라는 유서 깊은 중세 도시의 심장부를 뚫고 지나갔다. 이 재건사업으로 35만 명이 살던 곳에서 쫓겨났다. 1870년쯤에는 파리 중심부의 5분의 1이 오스만의 창작품이 되었다. 이 재건축이 한창이던 무렵, 파리 노동자 5분의 1이 건설 현장에서 일했다(Berman 1983: 3장; Clark 1984: 37; Edholm 1993).

파리는 걸어다니는 현지인이나 방문자에게 원거리 조망을 유도한 최초의 도시였다. 새로 포장된 대로를 따라 걸으며 불빛이 환한 아케이드, 상점, 백화점, 카페를 지나치거나 들어가 소비할 능력이 있는 사람들이 파리를 차지하게 되었다. 1846년 살보 후작Marquis de Salvo은 이 수도를 이렇게 묘사했다. "소란스럽다. 산더미같이 쌓인 물건이 매일매일 어제의 감각을 다시 생산한다. 아름다운 상점, 화려하게 장식한 카페, 우아한

---

5   런던의 템스강 북안의 특정 구역을 가리키는 이스트엔드는 산업혁명 후 극빈층 노동자들이 거주하는 빈민가였다.
6   Georges-Eugène Haussmann(1809~1891). 파리의 도시 미화 · 도로 계획 · 공익사업을 추진한 프랑스 행정관.

마차, 매력적인 의상, 사랑스러운 여성 … 변화하고 동요하며 혼을 쏙 빼놓는 오만가지 만화경萬華鏡"(Green 1990: 75 재인용; Berman 1983; Benjamin 1999).

포장된 대로는 이 계획적 재건사업의 백미였다. 거대 순환계의 동맥 같은 포장 대로는 신속한 병력 이동에도 효율적이었다(Benjamin 1999). 그뿐만 아니라 도시를 걷는 사람이 바라보고 응시하는 것을 새롭게 구성했다. 오스만의 계획에는 시장, 다리, 공원, 오페라하우스 및 여타 문화 전당 건설이 들어 있었다. 이것들은 주로 대로 끝에 위치했다. 대도시에서 사람들은 처음으로 멀리까지 잘 볼 수 있었고, 그런 풍광에 현혹되었다. 그리고 자신이 어디서 왔고 어디로 가고 있는지 마음에 그릴 수 있었다. 이 대로는 멀리까지 훑어보며 조망하도록 유도했기에, 이 대로를 따라 쭉 걸으면 어떤 극적인 절정에 이르게 된다. 버먼Berman은 이렇게 말한다. "이 모든 특질은 파리를 색다르게 매혹적인 스펙터클이자 시각적이고 관능적인 향연으로 만드는 데에 기여했다. … 파리는 고립된 세포들의 군집으로서 여러 세기를 살아 낸 뒤, 물리적으로나 인간적으로나 단일 공간이 되어 가고 있었다"(Berman 1983: 151).

이 대로에서 사람들은 새로운 방식으로 조우했다. 버먼은 대로와 카페가 어떻게 새로운 공간을 창출했는지를 전한다. 특히 벗이나 연인이 "공공장소에서 사사롭게" 있는 공간, 즉 물리적으로는 군중 속에 있으면서도 자기들끼리 내밀하게 함께 있는 공간을 창출했다(Berman 1983: 152). 1860~70년대 현대적 파리에서의 이동에 매료된 연인들은 짙은 정서적 결합을 경험했다. 이 현대적 도시의 사회적 경험을 바꾸어 놓은 것은 사람의 통행, 더 나아가 말의 통행이었다. 부유층에게 도시의 삶은 각별히 풍요롭고 온갖 가능성으로 가득하며 아슬아슬하고 아찔한 것이었다. 보들레르Baudelaire는 이렇게 썼다. "나는 자못 서둘러 대로를 건너고 있었다. 어떤 움직이는 혼돈의 한가운데, 사방으로부터 죽음이 내게 질주하고 있었다"(Berman 1983: 159 재인용). 새로운 순환 시스템은 파리의 신작로를 따라 더 많은 말과 보행자가 더 빨리 이동하게 했다. 파리는 보행을 (적어도 부자에게는) '공고화'[7]한 최초의 현대적 도시였다. 이 도시는 걸어가면서 도시를 소비할 수 있는 사람에게 속했다(Edholm 1993: 149).

위험과 혼돈 속에서도 연인들이 사사롭게 있을 수 있는, 완벽하게 로맨틱한 현대적 무대가 설치된 셈이다. 수백만 명의 방문객은 대로를 걷고 카페를 드나들면서 이러한 특질을 경험했다. 지나치는 무수한 보행자는 새로운 현대적 도시 경험 중 일부였다. 이 보행자들은 연인들의 자기 응시를 강화하는 동시에, 거꾸로 연인들의 호기심을 불러일으키는 끝없는 매혹의 원천이었다. 이처럼 다른 사람을 보고 다른 사람에게 자신을 보여 주는 사람들은 모두 커다란 "시선의 가족family of eyes"에 적극 동참하게 되었고, 그러면서 이들의 자기응시는 더 풍부해졌다(Berman 1983: 152).

파리는 점점 범죄, 진열, 패션, 소비의 도시가 되어 갔다(Clark 1984: 46-47 참조). 파리는 특히 새로운 도시형 인간, 즉 현대적 주인공인 산보자flâneur의 도시였다(Frisby 1994). "단단한 것은 모두 녹아 공기 중으로 사라지는"[8] (따라서 다른 많은 것도 녹아 공기 중으로 사라지는(Berman 1983)) 사회를 상징하는 것이 이처럼 보행자의 한 범주였다는 사실은 매우 흥미롭다. 군중의 익

---

7 concretize는 여기에서 보행의 실천을 용이하게 하고 구체화했다는 의미와 동시에, 콘크리트 도로 포장을 빗대어 표현하고 있다.
8 "단단한 것은 모두 공기 중으로 녹아 사라진다All that is solid melts into air"는 마르크스의 《공산당 선언》에 나오는 경구이며, 여기에서 인용하는 마샬 버먼Marshall Berman의 저서명이기도 하다.

명성은 사회 변두리 사람들에게 망명지를 제공했다. 이들은 관찰하고 관찰되면서, 걷더라도 주목받지 않았다. 이들은 걸으면서 만나는 사람들과 진정으로 교류하지는 않았다. 산보자는 이동하고 도착하고 응시하고 다시 이동하며 익명으로 머무는, 어떤 경계 지역에 있는 현대적 주인공이었다. 다시 말해, 낯선 사람들이 있는 곳으로 외출하여 그 틈에 끼여 도시의 포장된 공공장소에서 왕래했다(Tester 1994a: 5; Tester 1994b; Benjamin 1999).

파리는 어떤 새로운 도시형 인간, 어떤 도시의 신화를 창조했다. 바로 고독하게 도시를 거니는, 관찰력이 일품인 사람이다. 이 사람은 어느 정도는 다른 보행자들을 탐구하면서 이들 속으로 사라지는 사람으로 상상되었다. 포장로와 대로에서 새로운 기회에 이끌리며 길을 거니는 산보자는 타인에게 보여지지만, 마찬가지로 이리저리 거니는 다른 군중 덕에 시선에서 감춰진다(Benjamin 1999: 420). 벤야민은 이런 사람을 특히 새로운 유형의 지면地面과 연결한다. 그는 "아스팔트 위에서 식물채집을 하면서" "군중 속에서 피난처를 찾는 … 산보자의 시선"을 묘사한다(Benjamin 1999: 21). 산보자는 어떤 장소의 본질을 추구하는 동시에 그 장소를 소비한다. 특히 나중에 등장하는 백화점이 "돈벌이를 위해 산보자를 활용"하면서, 산보자는 장소의 소비자가 된다(Benjamin 1999: 21). 이러한 걷기는 시각적 즐거움(환등幻燈), 군중에 대한 몰입, 새로운 상품과 서비스 소비, 여가의 전반적 확산과 관련된다. 마치 "세상의 모든 시간"을 가진 듯 이런 식으로 걷는 것은 "꼼꼼히 살피기, 정탐하기, 꿈꾸기이고, 산보자는 이로써 번잡한 군중으로부터 분리된다"(Game 1991: 150). 이처럼 특정한 유형의 보행자, 즉 산보자는 특히 보들레르와 발자크Balzac(그리고 나중에는 무질Musil과 사르트르Sartre(Tester 1994a: 8-12 참조))를 비롯한 당대의 수많은 문학에 등장한다.

하지만 걷기는 사회집단에 따라 편차가 있다. 산보자는 부유한 남성이었다. 이러한 산보자의 가시성은 "사적 가부장제"[9]로 "정숙한" 여성을 가정이라는 영역에 가둔 대가였다(Walby 1990). 여성은 19세기에 생겨나던 몇몇 공공영역을 식민지로 삼았다. 특히 여성 산보자가 들어가도 주제넘지 않은 장소가 적어도 하나 있었으니, 바로 백화점이었다(Wolff 1993). 어떤 사회집단이 언제, 어디에서 걸을 수 있는지는 권력관계로 결정되었다. 19세기 대도시는 걷기의 정치학을 누설했다. 이는 걷기가 지배적 모빌리티 시스템일 때 특히 중요한 문제이다.

19세기에 군중 속에서 걷는 노동자계급 여성에게 파리의 공간은 위험천만한 곳이었다. 특히 남성 산보자의 응시는 위험했다. 이런 여성은 길거리에 살았고, 성적 소비를 위한 매춘부로서 성적으로 이용 가능한 존재로 여겨졌다. 실제로 도보로만 다닐 수 있는 사람에게는 압도적으로 거대하고 웅장한 도시인 19세기 파리에는 매춘부가 수두룩했다(Palmer 2000: 149; Edholm 1993).

전반적으로 아케이드, 이동용 신작로, 널찍한 보도, 가스등, 신축 기념비, 방문할 카페와 상점, 그리고 우후죽순 생겨나던 백화점 등은 부유한 남성 보행자에게 새로운 유도성을 제공했다. 보들레르는 젊은 시절에 저녁 내내 대로를 따라 투일레리 지역을 쏘다녔다고 한다(Solnit 2000: 201). 파

---

9 실비아 월비Sylvia Walby가 제안한 개념인 '사적 가부장제private patriarchy'는 가부장 남성이 군림하는 가정 내 가부장제를 뜻한다. '공적 가부장제public patriarchy'는 여성이 권력, 부, 영향력에서 불이익을 받는 직장을 비롯한 공적 세계의 가부장제를 뜻한다.

리는 걷는 도시, 보행 모빌리티 시스템이 지배하는 도시가 되었고, 이 패턴은 거의 한 세기 동안 유지되었다[1970년대경 자동차 시스템의 지배에 관해서는 Solnit 2000: 211 참조]. 파리에는 걷게 하는 자극이 항상 있었다. 몸의 움직임, 몽상, 기억, 도시 생활의 질감들이 서로 관계를 맺으면서 온갖 욕망과 목적이 넘쳐났다. 파리는 그곳을 거닐고 가지라고 초대하는 장소였다. 사람들은 파리 구석구석까지 초대 받았다. 그들의 시선은 저 멀리까지 웅장한 풍광을 조망하도록 유도 받았다.

19세기 빈에 대한 연구도 이와 비슷한 점을 보여 준다. 다양한 인프라 개량, 새로운 사회적 통제, 참신한 관광 여행이 19세기 빈에 "직선"의 지각을 야기했다[Spring 2006]. 초기 안내서들은 이처럼 풍경에서 풍경으로 이동하는 법에 대해 말하지 않는다. 그러다가 19세기가 지나면서 도시의 연속적인 선과 서사를 추적하기 시작했다. 빈의 경우에는 이러한 특징이 교통에 개방하려는 노력, 갈수록 빠르고 광범위해지는 이동에 개방되려는 노력에서 나왔다. 이로써 빈이 직선의 도시라는 관념이 생겨났고, 그 핵심 요소는 방문자들의 도보 관광이었다.

일반적으로, 19세기의 어슬렁거리는 산보자는 가히 20세기 관광객의 선구자였다. 세계 전역의 도시나 시골을 거닐며 사진을 찍는, 오늘날 관광객을 상징하는 활동의 선구자였다[Urry 2002c]. 손택Sontag은 소유하지는 않되 응시하며 돌아다니는 사진작가에 대해 이렇게 묘사한다.

〔사진작가가〕 진가를 발휘하는 것은 우선 중산층 산보자 시선의 연장이기 때문이다. … 도시의 지옥을 염탐하고 몰래 접근하고 느릿느릿 돌아다니는 사진작가는 고독한 보행자가 〔사진기로〕 무장한 격이다. 이 관음적인 산보자

는 이 도시가 극단적 관능들이 펼쳐진 경관임을 발견한다. 주시하는 쾌락의 명수이자 공감하는 감식자인 산보자는 이 세상을 '그림 같다'고 여긴다(Sontag 1979: 55).

배회하는 '보행자-사진작가'라는 독특한 혼종은 어슬렁거리면서 보이고 기록되는 동시에 타인을 보고 기록한다. 이 혼종은 어떠한 피사체라도 주목받게 만든다는 의미에서 매우 의미심장하다. 그래서 카메라와 필름이라는 물건은 한가한 '방문자'가 도시를 걷는 방식을 만든다. 그리고 걸으면서 '풍경-보기sight-see(관광)'를 할 값어치가 있는 것들을 감지해 내는 20세기적 감각을 산출했다. 혼종적인 '보행자-사진작가'에게 걷기는 (앞서 언급한 직선적 도시에서) 하나의 '좋은 장면'에서 또 다른 장면으로 배회하는 것이다. 또한 한시도 경계를 늦추지 않으면서, 놓쳐서는 안 될 장면을 탐지하고 포착할 태세를 갖추는 것이다(탐정으로서의 산보자에 대해서는 Tester 1994b 참조).

지금까지 어느 정도 일반적인 관점에서 걷기를 서술했다. 이제 현대 도시를 걷는 일의 조직화된 성격에 관한 좀 더 특수한 설명들을 살펴볼 차례다. 이 주제는 그동안 상황주의, 상징적 상호작용주의, 민속방법론, 도시민족지, '장애인' 운동을 포함한 다양한 연구들에서 다루어졌다.

드보르Debord와 드 세르토는 걷기가 저항의 정치라는 관념을 발전시켰다. 드보르는 '데리브dérive', 즉 표류 이론을 전개했다. 그는 도시를 걷는 자는 이동하거나 행동할 때 상투적인 이유나 토대를 버려야 한다고 주장한다. 그보다는 그 지역의 매력이나 자신이 겪을 온갖 사회적 조우에 즉흥적으로 이끌려야 한다는 것이다(Debord 1981: 5). 이러한 상황주의자가 걷는 이유는, 걷기를 통해 도시의 정형화된 패턴에 혁명적으로 저항할 수 있다는 믿음에 있다. 일상생활의 틀에 박힌 실천이 규정하는 도시가 아니라, 어떤 상상의 도시를 세울 수 있다는 것이다.

드 세르토의 분석은 데리브를 계승한다. 그에 따르면, 보행 행위가 도시를 구성하는 것은 언어 행위가 언어를 구성하는 것과 비슷하다(de Certeau 1984). 얄궂게도 그의 분석은 뉴욕의 옛 세계무역센터 옥상에서 아래를 내려다보면서 시작된다. 드 세르토는 걷기의 전략과 전술을 대비시킨다. 걷기 전략은 공간이 시간을 이기는 것이다. 전략에는 훈련과 편제가 필요하다. 전략은 무엇이 적절한 활동인가, 그리고 특정 공간 안에서나 그 공간을 가로질러 어떻게 걸어야 하는가에 관한 관념의 토대이다. 이와 달리 전술은 도시에서 곧잘 일어나는 기회를 창의적으로 포착한다. 체험되는 공간을 구성하는 전술은 즉흥적이고 예측 불가능하며, 그래서 억눌리고 숨겨진 감정이나 관계를 끄집어낸다. 걷는 사람과 걷는 행위는 장소 안에 어떻게 거주하고 있으며 어떻게 거주해야 하는지, 그리고 장소를 어떻게 사용해야 하는지를 그려 낸다. 드 세르토에게 길거리와 같은 장소는 질서 있고 안정적인 반면, 공간은 이동과 속도를 통해서만 존재한다. 이동과 속도는 공간에서 일어나는 일상적 움직임들의 합주로 활성화된다. 이러한 수행은 사회집단의 공간 이용을 둘러싼 갈등 전술과 항쟁을 포함한다. 일반적으로 시간 속에서 즉흥적으로 일어나는 것들이다. 드 세르토는 여기서 평범하고 일상적인 보행자의 낭만성을 드러낸다. 잠재적으로, 걷기는 창의적이고 저항적이다. 그리고 뜻깊은 조우를 유발하고 사회관계를 확장하며 간혹 도시의 구조 안에 새로운 길을 각인한다(드 세르토의 영향을 받은 '도시를 운전하기'에 대한 분석은 Thrift 2004a 참조).

걷기를 이렇게 개념화하면, 동일 공간에서 일어나는 다양한 보행 실천을 분석할 수 있다. 에덴서Edensor는 세계적으로 유명한 장소인 타지마할을 분석하며, "고립지로서의 관광 공간"에서 매끄럽고 질서정연하게 이루어지는 걷기는 각각 뚜렷한 기능을 지닌 여러 지대를 신속하게 이동하는 것이다(Edensor 1998). 직원들은 휴가철에 패키지여행을 온 방문객의 걷기를 통제한다. 이에 따라 방문객은 **적절한** 걷기 방식을 내면화한다. 공간이 시간을 지배하며, 여기에 전술적 전복이나 혁신을 일으킬 몽상, 기억, 욕망이 들어설 자리는 없다.

　　이와 달리 '조직되지 않은 관광 공간'에서 이루어지는 배낭여행자의 걷기는 덜 계획적이다. 이들은 다양하고 혁신적인 요소가 있는 생생한 조우에 즉흥적으로 대처한다. 현지인은 특정 공간을 가로지르는 여행자의 이동을 종종 방해한다. 여행자는 '타자'와의 접촉을 모면하기 어렵다. 탈 것이나 동물과의 접촉도 피할 수 없다. 방문자의 궤적은 현지의 소로小路들과 공존하고 교차한다. 그래서 신체의 자세도 덜 경직된다. 태평하게 헤매고 빈둥거리는 일이 잦다. 심지어 길을 잃거나 드보르풍의 표류가 전개되기 십상인 위태로운 환경을 일부러 찾아가기도 한다. 이처럼 늘 번잡한 길거리에는 전술적 가능성이 즐비하다. 가령 인도 콜카타에서 걷기는 "갈지자에다 구불구불하며 가다 서다를 되풀이하고 게걸음으로 일어나는 사건"이다(Hutnyk 1996: 135). 고르지 않은 보도는 돌무더기가 가득하고 물에 잠기기 일쑤이며 길거리에 나앉은 행상과 식구로 넘쳐난다. 사실, 걸을 장소는 별로 없고 대부분이 주거 장소라서 관광객은 노변을 걸어야 할 수도 있다. 그 옆은 무척 혼잡하고 시끄러우며, 비포장 보도에서 갖가지 활동이 이루어진다. 그러나 이러한 인도 길거리의 온갖 '혼돈'에는 규칙과 관습도 많다. 혼돈에서 나오는 질서이다[Hutnyk 1996: 135-136].

어떤 규칙은 신체의 안전 문제와 직결된다. 여러 사회집단에서 안전은 다양한 환경에서 걷는 데에 꽤 중요한 문제이다. 보통은 눈에 띄게 걸어 다니는 사람이 많은 장소일수록 신체적 안전이 보장된다. 제인 제이콥스Jane Jacobs가 말하는 "길거리의 눈"이 있는 환경은, 거기에서 신체적으로 현전하고 모르는 사람들과 공동현전하는 데에 비교적 안전할 것이다[Jacobs 1961]. 모르는 사람들, 특히 타인들의 폭넓은 뒤섞임이야말로 장소의 '분위기'를 걷기 좋게 만든다. 거기에서 어슬렁거리고 한참 머물면서 푹 쉬고 다시 이동하도록 초대하는 것이다. 물론 유념할 점은 이러한 다른 신체에는 언제나 젠더, 계급, 나이, 민족, 장소, (비)장애 등의 표식이 있다는 것이다.

이런 분위기는 사람들이 특정 장소에 '조현調絃'되는 방식에서 비롯된다[Heidegger 1962]. 예컨대 덴마크 보른홀름섬에 관한 연구에 따르면, 언뜻 보기에 볼거리가 없는 이 어촌은 "'명소 아닌' 장소 주변에서 거닐고 표류하고 서성거리고 장 보고 먹고 수다 떨도록" 유인한다[Bærenholdt, Haldrup, Larsen, Urry 2004: 45]. 이런 장소들이 대개 그렇듯이, 이 장소의 분위기는 걸어서 돌아다니는 사람에게 즐거움과 신체적 안전을 제공한다. 분위기는 사람과 사물의 관계에서 나온다. 종종 이동으로 감지하고 촉각으로 경험하는 이 분위기가 스리프트가 말하는 "비재현적" 실천이다[Thrift 1996].

1960~70년대 전 세계 수많은 도시에 건설된 공공 주택단지의 분위기는 이와 퍽 다르다. 이런 곳의 분위기는 대개 걷기의 가능성을 유도하지 않는다. 주변 환경이 모더니즘적이고 아파트가 밀집해 있어 공공장소에서 나들이하거나 돌아다니는 사람이 드물다. 이런 땅은 부재의 장소이

다. 할그린Halgreen은 이런 장소란 실상 텅 비어 있는 장소임을 생생하게 묘사한다. "놀도록 만든 널찍한 잔디밭, 걷도록 만든 너른 보도, 모이도록 만든 광대한 광장에는 공허만 가득하다. … 사람이 없기 때문에, 무언가 잘못되었다는, 꼭 집어 말할 수 없는 거북함이 생기고" 수수께끼같이 텅 비어 있어서 위태로움과 불안함을 발산한다(Halgreen 2004: 150). 무언가 금지하는 듯한 그 분위기를 방문객은 다음과 같이 묘사한다. "차갑고 무정한 콘크리트만 있더군요. 아무도 보이지 않았습니다. 웅장한 건물들 사이를 걷는데도 생명체가 없다니 정말 이상했어요. 만일 어떤 생명체가 나타난다면, 그건 난폭한 생명체일 것이라고 상상했지요"(Halgreen 2004: 151 재인용).

방문객은 ('방문'용 지도, 통행로, 명소, 여흥 따위가 하나도 없어서) 느긋한 보행자를 거의 유도하지 못하는 이 빈 공간을 가로질러 지나치고자 드세르토식 전술을 다양하게 활용한다. 첫째, 마치 현지인인 양 무심히 걸으며 사진을 찍기는커녕 두리번거리지도 않고 콘크리트 사막을 서둘러 이동하여 재빨리 통과한다. 둘째, 스스로 현지인이라고 상상하며 모더니즘과 유토피아 분위기를 풍기는 건물들을 감상하는 척하면서 엘리베이터처럼 당시로는 흥미롭던 새로운 부분을 잠시 경험해 본다. 셋째, 관광객(더 낮게 표현하면 포스트-관광객)이 된다. 고적한 콘크리트 사막을 가로질러 걸으면서, 카메라를 들고 잠시 멈추고 호기심이 생긴 것처럼 주위를 둘러본다. 비록 매력적인 찻집 하나 보이지 않는다 해도 말이다(이러한 전술에 대해서는 Halgreen 2004: 152-153 참조).

이러한 부재의 장소는 다른 사람과의 공동현전이 중요하다는 것을 보여준다. 신체적 안전과 편안한 보행을 보장해 주는 공동현전은, 장소 유형에 따라 여성, 특정 민족, 노인 등을 노리는 '상호작용적 반달리즘'을 피할 수 있게 하기 때문이다. 개괄하자면, 서로 다른 사람들이 다채로운 방식으로 돌아다닐수록 안전한 환경이다. 장소의 복합성이 중요하다. 환경이 이질적일수록, 낯선 사람들 틈에서 걷는 사람에게는 흥미롭고 안전하다.

따라서 다른 사람들이 느릿느릿 걷는 장소일수록, (비장애) 보행자가 느릿느릿 걸으며 어수선하고 복잡한 것들을 발견하게끔 유도한다. 반면에 서둘러 걷거나 차를 타고 지나가도록 설계된 환경은 비장애 보행자에 대한 유도성이 낮다. 그리고 천천히 걷기에 좋은 환경은 자동차 운전자에게는 나쁘다(Demerath, Leveringer 2003: 223). 전반적으로 길거리에서 하는 활동이 다양할수록 잠재적 상호작용이 실현되기 쉽다. 상호작용의 내용이나 의미는 (따라서 '원치 않은 관심'의 문제도) 퍽 다양하다. 의자, 벤치, 거리 공연자, 행상, 노점상, 카페, 노천 시장, 가게, 다른 보행자 등이 거기 있다면, 잠시 쉬면서 대화의 실마리를 풀 공통 주제를 찾아내어 담소를 나눌 가능성이 더 크게 유도된다(Demerath, Leveringer 2003: 221-222). 핵심은 '멈출 수 있음pausability'이다. 잠시 걸음을 멈췄다가 재개하기가 쉽다는 의미다. 모더니즘풍 구역에서는, 어떤 상황에서도 적절한 유도성을 찾아내는 10대 보행자를 제외하면, 멈춤의 가능성은 효과적으로 유도되지 않는다(Demerath, Leveringer 2003: 230).

1995년 시카고 폭염에 대한 연구는 걷다가 멈춰서 대화할 가능성이 얼마나 절실한 것인지를 보여 준다(Klinenberg 2002). 당시 폭염으로 수천 명이 졸지에 목숨을 잃었지만, 비슷한 빈민가더라도 의외로 사망 패턴이 다양했다. 집 밖에 나가 돌아다니고 (다양한 사회적 상호작용 분위기가 있는) 상점이나 지역복지관에 들를 가능성을 유도하는 지역에서는 폭염 사망자가 훨씬 적었다. 각 가정이 서로 교류하고, 머물 길거리, 접근하기 쉬운 공원, 상점, 카페, 이웃 등이 거기 있으면 매일 걷도록 유도된다. 이러한 유도성이 풍부하고 다양하다면 덥더라도 밖으로 나가 돌아다닌다. 사람들이 걸으면서 이야기하는 이런 지역의 주민은 폭염에도 살아남았다. 반면에 동네를 걷거나 이야기하도록 유도하지 못하는 곳에서는 사망자가 많았다.

보행 유도성에는 도로, 보도, 경사로, 연석, 표지판, 잠재적 피난처 등의 물리적 배치와 현재 상태, 그리고 이것들이 사람들의 신체 능력과 맺는 관계 등이 포함된다(Hodgson 2002 참조). 1백 만명에 달하는 영국의 시각장애인들에게 도시환경, 도로, 보도, 경사로, 연석, 표지판, 피신처는 일상적 걷기를 방해하고, 그래서 시공간을 가로질러 이동하고 활동하도록 유도하지 못한다. 지팡이, 안내견, 경사로, 유도블록의 도움도 소용없다. 최근 들어 재정이 풍부한 일부 도시들이 무선주파수 통신을 활용하여 다양한 '길 찾기'를 돕는 첨단 테크놀로지를 개발 중이다. 시각장애인에게 여러 정보를 제공하여 장소가 가진 여러 장애를 극복하도록 하려는 것이다(Hine, Swan, Scott, Binnie, Sharp 2000). 한 마디로, '걷는 것은 좋다'는 식의 단순한 주장을 탈피하여 각각의 걷기가 지닌 특수성에 주목해야 한다(Oliver 1996).

비시각장애인의 걷기는 대개 시간적으로나 공간적으로 고도로 조직적이다. 엥겔스는 19세기 런던에서 어떻게 "아무 공통점도 없는 듯한 … 온갖 계급과 지위에 속한 수십만 명이 서로를 지나쳐 몰려 다니는지" 묘사한 바 있다(Benjamin 1999: 427 재인용). 엥겔스에 따르면, 이 군중에게는 암묵적 합의가 있었다. "마주 오는 군중의 흐름을 지연시키지 않으려 자기 쪽 보도를 따라 걷는다. 이때 다른 사람을 흘낏 보는 것 이상의 예우는 없다"(Benjamin 1999: 427-428 재인용).

고프만은 이 주장을 한층 밀고 나간다. 충돌을 피하려는 보행자의 온갖 기술을 "보행 실천"이라고 명명한 것이다. 보행자는 특히 자신이 처한 상황을 온몸으로 전달한다. 자기가 다가가고 있음을 다른 사람이 알아차리도록 수행한다. 이와 동시에 자기에게 다가오는 사람을 살피고 피한다. 충돌 직전에 일어나는 이런 일을 할 때 아무런 표정도 짓지 않을 수 있다. 이처럼 포장된 길의 군중 **속에서** 걷는 것은 사회-공간적으로 잘 조직되므로 근접하여 지나치면서도 부딪히는 일은 드물다. 고프만은 대도시 중심가에서 몸들이 밀집하여 혼잡한 상황에서 이동하는 다른 사람들에 대해 "예의 바른 무관심"[10]을 유지해야 하고, 그러려면 타인을 흘깃 보는 것 이상으로 예우하지 않아야 한다고 분석한다. 보행자의 충돌 회피는 특히 이 점을 잘 보여 주는 지표이다(Goffman 1971: 322).

화이트Whyte가 저작《도시City》에서 수행한 방대한 연구는 이러한 걷기의 조직화를 잘 보여 준다. 군중은 걸어가면서 속도, 걸음걸이, 방향을 미세하고 미묘하게 수없이 조정한다. 그리하여 비교적 매끄럽고 효율적이며 신속하게 이동하는 잘 조율된 군중이 생겨난다(Whyte 1988; Surowiecki 2004: 84-85). 민속방법론에서는 이를 충돌을 피하려 "공동체 구성원들이 합심하여 만들어 내는 걷기 행위"라고 부른다(Ryave, Schenkein 1974: 265).

이 실천이 이루어지려면 보행자들이 다양한 감각을 활용해 서로 비슷한 속도로 움직여야 한다. 그런데 이런 연구는 주로 몸이 건강하고 시각장애나 여타 장애가 없는 사람들이 낮 동안에 움직이는 경우를 상정

---

10 "예의 바른 무관심civil inattention"은 공공장소에서 마주치는 대중이 서로의 익명성과 사생활을 존중하여 짐짓 서로 모른 척하는 것이다.

한다. 그러나 이제는 밤에 외출하여 다른 사람들과 같이 걷는 사람이 많아졌다. 가로등도 늘어났고, "밤 문화night life"라는 관념까지 생겼다(Thrift 1996: 267-270 참조). 각각의 몸은 길거리를 걷는 움직이는 몸들의 덩어리와 서로 조율하면서 움직인다. 군중 속에서 걸을 때는 촉각적 쾌감도 있다(Shields 1997: 25 참조). 특히 도시의 밤 풍경에서는 집단적으로 쾌락을 추구하는 젊은이들이 도심 거리를 지배한다. 밤나들이를 하는 다양한 청년들의 시공간적 여정은 다른 잠재적 보행자를 배제한다(Chatterton, Hollands 2003).

접근과 이동이 불평등한 이 보행 시스템은 20세기 내내 자동차 시스템이라는 사나운 적과 마주쳤다. 이로 인해 도시 걷기의 가능성은 돌이킬 수 없을 만큼 변했다. 이제 도시를 걷는 것은 쇼핑몰 같은 보행자 전용 고립지(혹은 수용소)에서나 가능하다. 이 모빌리티 시스템의 경쟁에서 핵심 인물은 제인 제이콥스와 르 코르뷔지에Le Corbusier이다. 제이콥스가 정밀하게 기술한 뉴욕 그리니치빌리지 보행자의 리듬과 일상은 바쁘고 안전한 갖가지 활동으로 넘치고 여러 기능을 하는 길거리 덕분에 가능했다(Jacobs 1961; Berman 1983: 170-172). 이동, 사용, 활동의 복잡한 뒤섞임은 혼돈이 아니라 "고도로 발달한 복합적 질서 형태이다"(Jacobs 1961: 222). 제이콥스는 특히 코르뷔지에가 주장하고, 나중에는 뉴욕에서 로버트 모제스Robert Moses도 주장한 단일 기능의 도시고속도로를 비판했다. 코르뷔지에가 구상한 새로운 형태의 거리는 그 이전의 '거리'를 죽이는 '교통기계'였다(Berman 1983: 167, 317 재인용). 이제 거리는 사람이 아니라 차를 위한 것이다. 코르뷔지에는 이렇게 주장했다. "카페와 유흥지는 이제 곰팡이처럼 파리의 포장도로를 먹어 치우지 못할 것이다"(Berman 1983: 167 재인용). 그와 같은 이동을 위한 거리는 특히 1960년 완공된 모더니즘 도시 브라질리아에서 볼 수 있다. 이 도시는 자동차 시스템의 지배를 말 그대로 '공고화'했다. 제이콥스가 대변한 19세기 도시의 '길모퉁이 사회'를 종식시켰고, 보행 군중과 근접성도 종식시켰다[Fyfe 1998: 3].

소니 워크맨, 아이팟, 이동전화 같은 또 다른 테크놀로지나 물건 덕분에 새로운 고독하고 '쿨한 보행자'가 등장했다. 이들은 특히 도시 생활의 소리경관soundscape을 다시 조직했다[du Gay et al. 1997; Bull 2005]. 불Bull에 따르면, 아이팟 사용자는 자신이 욕망하는 대로 도시의 소리를 다시 조직한다. 이동전화가 사회적 네트워크를 개인화한 것처럼, 아이팟(그리고 여타 MP3 플레이어)은 도시의 소리를 개인화한다. 시민의 귀에 권능을 부여하여 귀를 무방비한 감각기관 이상으로 만든다. "도시는 개인화된 시청각 환경이 되고 … 권능을 느끼며 길거리를 오가는 아이팟 사용자는 행복해졌다"[Bull 2005: 352].

다음 절에서는 시골 지역에서의 보행으로 눈을 돌린다. 시골 지역은 원래 '자유로운 이동'과 동떨어진 장소였다. 그러나 빠르게 이동하는 쇠우리 때문에 이 지역도 변화를 겪었다. 이 쇠우리를 타고 온 사람들은 도시와 동떨어진 시골길을 느긋하게 걷는다. 시골길이 일종의 보도가 되는 셈이다.

전원에서의 여가 보행

이른바 전원에서의 여가 보행은 역사적으로 이례적인 행동이다. 14세기 이래로 열성적인 "보행성 동물"이던 몇몇 괴짜 영국인들은 심지어 초보적인 안내 책자도 집필했다(Marples 1949: 1장). 그러나 일반적으로 거의 모든 사회에서 시골 지역은 등골 휘는 노동, 헤어나올 수 없는 가난, 억지로 하는 이동의 장소였다. 이런 이동에는 장터까지 걸어가기, 일터로 걸어가기, 구금이나 노예나 농노 상태에서 탈출하기 등이 있었다.

게다가 시골 지역을 걷는 사람들은 쓸모없고, 보통 위험해서 배제되는 자였다. 그러므로 궁전을 떠나 황야를 헤매던 리어왕이 "만난 사람은 실용적인 반장화를 신고 털실 모자를 쓴 채 상쾌하게 황야를 떠돌며 즐기는 도보 여행자가 아니었다. 리어왕은 이 무정한 황무지에서 벌거벗은 자, 굶주린 자, 미친 자, 사회에서 배제된 자들 가운데 있었다"(Hewison 1993). 시골에서 야외를 걷는 자는 거의 가난한 자, 미친 자, 범죄자로 여겨졌다(그래서 '노상강도footpad'라는 말이 생겼다(Jarvis 1997: 22-24)).

그래서 이 절에서는 시골에서 걷는 것이 어떻게 빈곤, 강요, 위험, 광기가 아니라 문화, 여가, 취향, 분별력의 표식이 되었는지를 돌아본다. 처음에는 유럽 북부에서, 그다음에는 북미에서 일어난 일이지만, "실용적인 반장화를 신고 털실 모자를 쓴"다는 것이 어떻게 분별력, 문화, 취향의 전형으로 여겨지게 되었던가? 반장화와 모자를 비롯하여 어떤 물건과 어떤 환경이 시골의 들판, 숲, 황무지, 농장을 가로질러 순조롭고 우아하게 이동하는 한가로운 보행자라는 혼종을 이루게 되었는가?

우선 영국의 전원에서 출발한다. 이곳은 상류층 대지주가 소유하고 통제하던 땅에 대한 '접근권'을 중산계급이 쟁취하고자 싸운 거의 최초의 장소이다(장거리 여가 보행이 시작된 최초의 장소는 아니다(Marples 1949: 1-2장). 18세기부터 계속 성장해 온 중산계급은 지주가 군림하는 시골 지역을 걸어서 이동하고자 이러한 접근권을 쟁취하는 투쟁을 내내 벌였다.

이런 지역의 일부는 상류층이 사냥, 낚시, 기타 야외 스포츠로 여가를 보내는 곳이었다(Macnaghten, Urry 1998: 6장). 이것은 보행권을 둘러싼 계급투쟁이었다. 중산계급이 맞서 싸운 지주계급은 일반적으로는 토지의 권리를, 특수하게는 승마, 사냥, 낚시, 채석, 임업, 농업의 권리를 유지하려 했다. 이러한 격렬한 계급투쟁이 일어난 것은 18세기 후반 주로 중산계급 남성 사이에 '여가 보행'과 '경치 관광'이라는 관념이 생기면서부터다(Ousby 1990; Marples 1949: 3장). 1815년 제정된 법령으로 지주계급이 다양한 전통적 통행권을 폐쇄하면서 이런 중산계급의 이해관계는 악화되었다(Solnit 2000: 161).

지주와 중산계급 보행자의 이 '계급투쟁'에는 여러 가지 핵심적인 요소가 있었다(상세한 내용은 Marples 1949 참조). 18세기에는 여행의 본질이 과학적 탐험에서 시각적 장소 소비로 옮겨 갔다(Adler 1989; Urry 2002). 보행자는 점차 폐허와 풍경을 '발견'하고 '그림 같다'고 평가했다(Ousby 1990). 이전에는 사람이 지닐 수 없던 풍경이 낭만주의 운동의 출현으로 (디포Defoe가 잉글랜드 북서부 호수지방[11]을 묘사한 것처럼(Nicholson 1978: 25 재인용)) "너무 거칠고 황량하며 살벌한" 경관이 아니라 걷기 좋은 곳으로 재평가되었다. 스코틀랜드의 하이랜드, 이탈리아의 에트나 화산이나 베수비오 화산, 그리고 알프스산맥 등 유럽의 다른 지역도 모두 걷고 오를 가치가 충분하고 몸과 마음이 젊어지는, 자연이 지닌 위력의 상징으로 변모했다(Ring 2000). '야외' 보행에 관한 담론은 평소 '비자연적인' 공업도시에 갇힌 사람들에게 강렬한 흥분제였다. 이런 도시는 저 비자연적인 악취, 죽음과 광기와 가난의

---

[11] 노스웨스트잉글랜드에 위치한 산과 호수가 많은 호수지방Lake District은 유네스코 세계유산으로 인기 있는 휴가지다.

냄새가 몸에 난 모든 구멍으로 파고드는 장소로 여겨졌다(Classen et al. 1994; Elizabeth Gaskell, North and South: 1998 참조).

19세기 중반 철도는 도시에서 오는 방문객에게 새롭게 상상되는 '전원'을 활짝 열어 놓았다. 이는 걷기가 강제, 가난, 부랑의 관념에서 벗어났음을 의미한다. 철도 덕분에 평범한 사람도 이제 줄곧 걸어다닐 필요가 없어졌고, 그래서 걷는 것이 꼭 가난하거나 꼴사나운 일로 낙인찍히지 않게 되었다(Wallace 1993; Jarvis 1997). 또한 이동 방식이 다양해지면서 다양한 모빌리티를 비교하고 대조하게 되었고, '거리의 마찰'을 극복하는〔걷기라는〕느린 방식의 장점을 깨닫기 시작했다. 도로와 보행로의 '자유'를 추구하는 것은 사회적 위계질서와 지주계급의 권력에 대한 반항이기도 했다(급진적 걷기에 대해서는 Jarvis 1997: 1-2장 참조). 이를 잘 보여 주는 사례가, 1790년 워즈워스가 대학 시험을 치를 나이에 경이롭게도 잉글랜드에서 스위스와 이탈리아 북부까지 걸어간 일이다. 도보 여행은 정치적 급진주의자의 행동이었다. 그것은 인습에서의 탈피를 표현하고, 소로와 도로를 따라 걸을 **수밖에 없는** 가난한 사람들과 자신을 동일시하는 것이었다(Solnit 2000: 107-109).

19세기를 거치면서 보행, 그리고 그다음에는 등반이 중산계급 남성의 온당하고 바람직한 여가 활동으로 부상한다(Urry 1995 참조). 이 계급투쟁, 사회적 위계에 대한 반항에서 특히 중요한 조직이 세계 최초의 보행로 보호단체인 오랜 오솔길 보호 협회(1824), 스코틀랜드 길의 권리 협회(1845), 그리고 공유지·공공장소·보행로 보존 협회(1865)(이 조직은 1895년 내셔널트러스트로 발전했다(Solnit 2000: 161-162))이다. 이들 조직은 특히 보행로 유지에 관심이 많았다. 보행로를 유지한다는 것은 지주계급이 소유하고 통제하던 땅에 들어가서 이 땅을 가로질러 이동할 수 있는 권리를 뜻했기 때문이다. 수십 년에 걸쳐 계급 간에 타협이 이루어지고, 전원 지역은 '조용한 여흥', 특히 걷기에 적합하다고 여겨지기 시작했다〔'전원' 개념의 역사에 대해서는 Bunce 1994 참조〕. 중산계급은 토지에 들어가서 그곳을 가로지를 수 있는 권리를 얻어 냈으나, 그것은 기본적으로 기존 토지 소유권이 정한 조건 안에서 가능했다〔Solnit 2000: 115〕.

이에 따라 새롭게 부상하던 (남성) 전문직과 관리직 계급이 대지에 각인된 길을 따라 걷기 시작했다(그리고 나중에는 오르기 시작했다)〔Milner 1984〕. 걷기는 이제 단순한 이동 방식이 아니라 하나의 존재 방식이 되었다. 워즈워스, 코울리지Coleridge, 사우디Southey는 잉글랜드 호수지방 그래스미어와 케직에 살았는데, 정기적으로 12마일에서 13마일씩〔약 20킬로미터〕 걸어서 서로의 집을 방문했다. 나막신을 신은 채, 가로등도 없는 비포장 길을 그렇게 걸은 것이다〔Jones 1997; Solnit 2000: ch.7〕. 드 퀸시De Quincey에 따르면, 워즈워스는 평생 최소한 17만 5천 마일〔280킬로미터〕을 걸었다〔Solnit 2000: 104〕. 이런 사례는 동년배들이, 그리고 나중에는 다른 연배의 부유한 남성들의 걷기를 자극했다〔걷기의 젠더화에 대해서는 Jones 1997 참조〕. 윌리엄 해즐릿 William Hazlitt은 하루에 40마일에서 50마일을 걷는다고 했고, 드 퀸시는 일주일에 70마일에서 100마일을 걸었으며, 키츠Keats는 1818년 잉글랜드 호수지방과 스코틀랜드를 여행하는 동안 642마일을 걸은 것으로 보인다 〔Wallace 1993: 166-167〕. 마플스Marples에 따르면, 그 당시 시와 걷기는 뗄 수 없는 관계였다〔Marples 1949: 67〕.

19세기 중반 "영국 사회 최상류층은 도보 여행을 가치 있는 교육적 경험으로 여겼고" 꽤 멀리까지 걷기, 특히 도보 여행이 유행했다〔Wallace

1993: 168). 그리고 중산계급의 젊은 여성도 걷기를 바람직한 여가 활동으로 여기게 된 것이 거의 확실하다. 어느 정도는 도로시 워즈워스Dorothy Wordsworth가 본보기였는데, 그녀는 홀로 걷거나 오빠인 워즈워스나 코울리지와 함께 꽤 먼 길을 걸었다(Marples 1949: 8-9장; Jones 1997). 제인 오스틴 Jane Austen의 소설에 등장하는 인물은 여성이든 남성이든 노상 걸어다닌다. 걷기는 《오만과 편견Pride and Prejudice》 도처에서 나타난다. 여주인공은 기회만 닿으면 온갖 장소를 걷는다. 결정적 만남과 대화 가운데 상당수는 … 등장인물 둘이 나란히 걷는 동안에 일어난다. … 걷는 동안에는 중요한 대화를 나누기에 적당한 호젓한 시간을 누릴 수 있다"(Solnit 2000: 97, 99). 종종 친구나 친척이 못마땅하게 여기면, 여성 등장인물은 이런 지적에 맞서 걸을 권리를 내세운다(워즈워스는 〈시골에서 오래 산보한다고 책잡힌 젊은 숙녀에게To a Young Lady who has been Reproached for taking Long Walks in the Country〉라는 시를 썼다).

이러한 '한가한' 걷기의 본성을 둘러싸고 복잡한 담론이 펼쳐지는데, 이 담론은 "모험 같은 보행"(Marples 1949: 43)을 정당화하는 것이었다. 월리스 Wallace는 보행자가 자연에서 걷기를 통해 다시 태어난다는 "소요 이론"의 발전을 이야기한다. 워즈워스는 그러한 '도보 여행'의 규율을 언급했다(Wallace 1993: 3장). 걷는 사람은 목표 없이, 또는 사회적으로 폐를 끼치면서 배회하면 안 된다. 방랑자는 걸어온 길을 되짚어 돌아가야 한다. 돌아간다는 의도가 분명하고 목표와 방향 없이 방황하지 않는 한 자연과의 결속과 안정이 보장된다.

소요 이론의 주요 문헌에는 해즐릿의 《여행을 떠나며On Going a Journey》(1821), 코울리지의 여러 도보 일지, 소로Thoreau의 《걷기Walking》

(1862), 로버트 루이스 스티븐슨Robert Louis Stevensons의《도보 여행 Walking Tours》(1881), 레슬리 스티븐Leslie Stephen의《걷기 예찬In Praise of Walking》(1901), G.M. 트레블리언G. M. Trevelyan의《걷기Walking》(1913) 등이 있다(Marples 1949: 4, 14, 17장; Wallace 1993: 172-173; Jarvis 1997). 이런 글 대부분은 걷기에 대한 워즈워스의 정당화를 탐구한다. 그러나 이 글들은 '소요하는 사람'이 지역공동체에 다시 접속하는지, 아니면 걷기가 사적이고 정서적인 활동에 머무는지를 판단하는 관점에 따라 차이를 드러낸다.

이 여가 활동이 계급(그리고 젠더) 특유의 성격을 지님을 명심해야 한다. 19세기의 전원 보행을 서술한 글들에는 두 가지 사회계급이 누락되어 있다. 첫째, 당시 통계에서 인구 면에서 압도적인 비중을 차지한 계급은 농업 노동자와 그 가족이었다. 이들은 소달구지를 탈 수 없다면 걸었고, 그래서 그들에게는 걷는 것 외에는 선택의 여지가 없거나 거의 없었다. 이들은 보행 담론에서 배제되었다. 시골의 고달픈 삶을 다룬 토머스 하디Thomas Hardy의 소설에서는 시골 지역을 지나는 수많은 가슴 저미는 여행을 묘사하는데, 여기서 농민들은 순전히 억지로 걸을 따름이었다.

둘째, 19세기 말에는 도시 노동자계급이 영국에서 가장 큰 사회적 계급이 된다. 이 계급은 전원에 접근할 수 있는 방법이 거의 없었기 때문에, 체화된 여가 장소로서의 전원에 등장할 수 없었다. 그러나 노동계급의 투쟁에서도 휴가(영국에서 1938년 법령으로 보장된 유급휴가)를 누릴 권리와 북부 공업도시 주변 지역에 접근할 권리의 확보 문제가 점점 중요해졌다. 역사적으로 접근권을 둘러싼 투쟁은 특히 이러한 권리를 저지하는 지주를 겨냥했다. 19세기 후반 이후 발전한 여러 단체는 걷기, 방랑하기, 자전거 타기 등을 위해 황량한 고지대 전원 여행을 시작하고 조직화하려 했다. 이것은 강력한 사회적 운동이 되어, 이후 '집단 무단침입'이라는 핵심 전술을 동반하게 되었다[Solnit 2000: 164]. 영국에서 가장 유명한 무단침입은 이보다 조금 후인 1932년 (맨체스터와 셰필드 사이에 위치한) 피크 지역의 킨더스카우트에서 벌어졌다. 19세기 내내 지주들은 예전부터 내려오던 접근권을 빼앗고 이 지역 전역과 몇몇 각인된 길을 '금단의 영토'로 만들었는데, 무단침입으로 거기에 맞선 것이다.

20세기 초 전간기戰間期에 일어난 자전거와 도보 여행에 대한 광범위한 집단적 열광의 중심에는 '야외' 관념이 있었다. 개방적이고 전경을 드러내며 막힌 데에 없는 풍경을 체험하면서 (거의 혹은 전혀 전용 복장 없이) 오래 걸으면 건강해진다는 것이다. 휴일의 걷기는 휴식이라기보다는 심신을 단련하는 방법이었다. 특히 날씨가 험할 때 그랬다. 북부의 젊은이들에게 "전원은 활력소로 여겨졌다. 그들의 목적은 풍경을 보는 것이 아니라, 풍경을 걷고 오르고 그것을 가로질러 자전거를 타는 등 물리적으로 체험하는 것이었다"[Samuel 1998: 146]. 이 시기 시골 마을은 대개 시각적인 매력은 없었다. 오히려 "벽에 습기가 차고 지붕이 새며 창문은 작고 실내는 누추한 집들이 즐비한 시골 빈민가"였다[Samuel 1998: 146]. 방랑, 등산, 자전거 타기, 야영 등의 관행은 마지못해 걷는 것이 여전히 주요 이동 수단이던 촌사람들의 생활과 거주지를 무시했다.

19세기 후반 유럽에서 두드러진 현상은 전원에서 걷기를 택한 보행자를 미치거나 위험하다기보다 불쌍하다고 여겼다. 프랑스에서 시작된 이 현상에서 전원에서는 걷는 여행자는 '배회증'이나 보행·여행강박증 등 신종 정신질환자로 간주되었다[Hacking 1998; O'Dell 2004]. 1886년 보르도 출신 알베르 다다Albert Dadas는 배회증에 걸린 것으로 간주된 최초의 인물이다. 다다는 며칠간 두통과 불면, 그리고 번지는 불안에 시달리다가 길을 떠나서 하루 70킬로미터씩 걸었다. 그는 걷기와 여행에 **내몰렸다**. 건강에 백해무익한 강박이었다. 이 사람만 그런 것이 아니다. 배회 행동이라는 유행병은 전 유럽에서 일어났다. 배회증은 제법 큰 고통을 안겨 주었다. 그래서 마침내 퇴치되었다고 여겨지기 전까지 이 주제를 두고 수많은 의학 학술대회가 개최되었다.

배회증이라는 유행병은 1885년 프랑스의 가혹한 부랑방지법, 징병제, 시골길을 걷는 '탈영병'의 색출과 체포, 전 유럽에서 중산계급 관광 인프라의 성장, 정신병을 앓는 배회자와 정신이 온전한 관광객을 구별할 수 있다고 자처하는 전문가의 등장 등과 관련이 있어 보인다(O'Dell 2004: 5). 특히 프랑스 사회에서는 정신병에 걸린 부적절한 보행자와 적절한 보행자 간의 구별이 점점 더 심해졌다. 어느 저명한 정신과 의사는 다다가 '병적 관광'에 시달리고 있다고 진단했다. 물론 이 시기는 관광과 여가가 크게 발달하고, 쥘 베른Jules Verne의 《80일간의 세계일주Le Tour du monde en quatre-vingts jours》 같은 다양한 여행 판타지가 대중화되던 시기였다(Hacking 1998: 27 참조). 20세기가 되면 거꾸로 여행 욕구가 없는 사람이 병적인 것으로, 이동 욕구가 부족한 사람으로 치부되었다.

북미에서 보행은 국립공원, 공공 소유 황무지, 그리고 경제활동을 금하는 여타 장소에서 행해지던 활동이었다. '황야'란 요즘 같으면 '출입통제되는 황야'라고 부를 수 있겠다. 북미의 이런 공원은 다른 곳과 선명하게 구별되는 공간으로, 경계가 그어지거나 '손대지 않은' 환경에서 이루어지는 여가 보행과 등산에 오롯이 바쳐진 공간이다. 말하자면 황야의 '수용소'이다(Diken, Laustsen 2005). 이 공간의 발전에는 시에라 클럽Sierra Club

이 특히 중요한 역할을 했다. 이 클럽은 1892년 존 뮤어John Muir를 비롯한 여러 사람이 요세미티 국립공원을 잠재적 개발업자로부터 방어할 목적으로 설립했다(Solnit 2000: 148-155). 시에라 클럽은 어지간히 혼종적이다. 보행 조직과 등산 조직 **그리고** 보존협회의 혼합체였다. 요세미티를 가로지르는 최초의 중요한 여행은 1901년에 있었다. 남녀에게 두루 열려 있던 이 클럽은 세계 최초의 환경단체라고 할 수도 있겠지만, 정확히는 '황야'라는 특수하고 경계 그어진 영역 **내부에서** 특정 형태의 신체적 현전을 옹호한 단체이다. 시에라 클럽은 공원 안에서나 공원을 가로질러 걷고 오르는 것이 세상을 살아가는 하나의 이상적 방법이며, 발자국만 남기고 '자연'을 보존하는 데에 기여하는 방법이라고 정당화되었다.

여가 보행에 적합한 장소는 이런 곳만이 아니다. 교통, 숙박, 의류, 오락, 판매 관련 테크놀로지도 보행 같은 여가 활동에 적합한 장소를 만드는 데에 이바지한다. 사실 2세기 전 워즈워스와 그 친구들에게로 돌아가면 흥미로운 사실을 깨닫게 된다. 당시에는 보행자에게 적절한 유도성을 제공하는 것, 요즘 말로 하면 여가산업이랄 게 없었다. '여가산업'이 거의 없었으므로 지도, 안내 책자(물론 워즈워스는 자체 제작했다), 표지판, 반장화, 경량 소재, 포장 음식과 포장 음료 등도 없었다. 그런데도 그처럼 굉장한 걷기 위업을 달성한 것이다. 워즈워스와 그 친구들은 요즘 '여가 보행자'라고 부르는 그런 사람들이 아니었다. 21세기는 말할 것도 없고 20세기의 여가 보행자도 이미 '레저용' 물건, 테크놀로지, 도로와 소로 정비 등의 혜택을 받았다. 그러나 워즈워스와 그 친구들은 아직 이런 것들과 혼종을 이루지 않았다(초기 안내 책자 활용에 관해서는 Marples 1959 참조).

워즈워스의 소지품에는 보행자와 함께 이동하는 지도라는 중요한 물건이 빠져 있었다. 지도는 원래 상인, 공무원, 특히 군대를 위한 실용적 도구였다(Harley 1992). 지도는 풍경 속에서 걷거나 길을 찾는 인간 주체의 시선이기보다는 세계에 대한 상상적 조감鳥瞰이다. 지도는 사실주의적으로 정확하게 풍경을 묘사하는 것이 아니라 지극히 상징적으로 수치, 선, 도형, 음영 등의 임의적 기표를 사용한다.

이 지도가 점차 '민주화'되어 일반인도 이용할 수 있게 되었다. 보행자와 등산가, 그리고 누구나 여가 여행을 떠날 때 소지할 수 있게 되었다. 적어도 풍요로운 '북반구'의 여러 사회에서 지도는 배경에 잠겨 있어서 여간해서는 주목받지 못하는 용재적 장비가 되었다. 인쇄하고 포장하는 여러 신기술 덕분에 지도는 여가 보행자와 등산가의 휴대품이 되었다(Rodaway 1994: 133-134; Pinkney 1991: 43-45; GPS와 디지털화로 더욱 진보했다). 이제 인쇄된 휴대용 지도를 통해 보는 풍경은 "눈앞에 쫙 펼쳐진 어떤 것"으로 여겨졌다. 지도가 사람과 함께 이동함에 따라, 특히 능선, 산정, 전망대에 오르는 사람과 함께 이동함에 따라, 이런 풍경이 어떤 소유물처럼 여겨졌다(Ong 1982: 73). 20세기 영국에서는 여전히 다른 목적으로 이용되고 있던 땅을 가로지르는 통행권을 둘러싸고 상당한 논쟁이 벌어졌다. 이 논쟁은 결정적으로 이 땅의 지도화, 접근의 제도화, 새로운 입법 등과 관련이 있었다.

더 일반적으로 말해서, 20세기에는 여가 보행에 반장화, 지도, 양말, 파카, 반바지, 모자, 나침반, 승용차와 승합차 같은 여러 상품이 얽히게 되었다. 사무엘Samuel에 따르면, 1930~40년대 영국에서 여가 보행은 "체력과 원기, '실용적' 복장, '기능적' 신발을 필요로 했다"(Samuel 1998: 133). 이제 보행자는 일할 때 입는 옷을 입고 걷지 않았다. 걸을 때 입는 '제복'은 남녀 차이가 없었다. 남녀를 불문하고 모두 이런 제품이 형성하는 같은 '도보 여행자'였다. 물론 이런 제품 대부분은 전후에 생겨난 여가산업 기업들이 개발한 것이었다.

보행은 특히 다양한 물질적·담론적 맥락에 따라 다양한 방식으로 수행되고 실천되었다. 이를 간략히 요약해 보자. 첫째, 제2차 세계대전 이후 다양한 '일상적 테크놀로지'가 널리 보급되었다. 이것들은 여러 사회에서, 그리고 일부는 마니아 집단에서 생겨나서 퍼져 나갔다. 전문적 여가 상품을 생산하고 판매하는 완전한 신산업이 발전하였다. 이 신상품은 '(여가) 보행자'라는 혼성체를 만드는 데에 이바지했다(등산화의 유도성에 대해서는 Michael 2001 참조). 이러한 테크놀로지는 기술적으로 급변했고, 그 덕분에 보행자에 대한 유도성도 변화했다.

신소재 양말은 보행용 반장화의 유도성을 변화시키고, 이는 다시 여러 물건에 영향을 끼쳤다. 따라서 실로 무수한 유도성이 **연쇄적으로 일어났다**(Michael 2001: 112). 요즘 에베레스트산 지역을 걷고 오르는 사람이 급증한 것은 이 기술혁신이 제공한 연쇄적 유도성 덕분이다. 기술혁신 덕분에 이전에는 실현할 수 없던 육체적 야심을 추구하게 된 것이다. 여기서 놀라운 점은, 그 수많은 혁신이 '비가시적' 혹은 '일상적'으로 일어나서 땅과의 접촉을 아무렇지도 않은 일로 만들었다는 점이다(Parsons and Rose 2003에 따르면 에베레스트에서도 그렇다). 물론 어떤 물건은 '비가시적'이지 않다. 기생충처럼 끼어드는 탓에 아프거나 불편하거나 길을 잃거나 두려움을 느끼게 된다.

여행의 고통, 불편, 트라우마를 영웅적으로 극복하는 서사는 이 가시성을 상쇄한다. 보행(그리고 등산, 암벽 등반, 자전거 타기 등)의 실천에는 종종 격렬한 육체적 고투가 필요하다. 세넷Sennett은 "어려움을 이겨 낼 때 몸은 살아난다"고 한다[Sennett 1994: 310; travel이라는 말의 어원이 travail, 즉 '노동'임을 유념하자. Buzard 1993]. 스코틀랜드의 '먼로 정복'[12] 개념에 관한 최근 연구에서 드러나는 것처럼, 봉우리와 능선, 정상에 도달하려는 각고의 노력과 고통이 수반되어야만 보행은 제대로 인정받는다[Lorimer, Ingold 2004].

《청색 안내서Guide Bleu》[13]에 대한 바르트Barthes의 분석에는 신체적 노력의 중요성이 잘 서술되어 있다. 이에 따르면, 신체적 노력은 자연숭배, 청교도주의, 개인주의 이데올로기를 결합한다. 상당한 신체적 노력에는 도덕성이 결부된다. 울퉁불퉁한 땅을 극복하고 산을 오르고 협곡을 건너고 급류를 넘는 신체적 성취를 수반하는 여가 실천만이 자연을 '아는' 데에 적합한 활동이다. 《안내서》는 "신선한 공기를 통한 갱생, 산 정상에서 바라볼 때의 도덕적 관념, 시민의 미덕으로서의 정상 등정 등"을 강조한다[Bartes 1972: 74]. 자연을 알기 위해서는 각 개인이 어떤 지역 안에서나 지역을 가로질러 신체적으로 이동해야 한다. 인간의 노력이 하나도 필요 없을 만큼 완벽한 유도성은 없다. 오랫동안, 종종 아주 느리게 걸어야 한다. 갈라진 틈이 있다면 바로 그 틈이 성취를 안겨 준다[북극으로 느리게 '걸어간' 스콧Scott에 대해서는 Spufford: 1996 참조].[14] 루이스Lewis는 영국의 등반가가 모험적 암벽등반에서 이러한 틈을 어떻게 여기는지를 보여 준다. 이런 등반은

---

12 스코틀랜드에 있는 3천 피트(914미터) 이상의 산 282개. 이를 목록으로 만든 휴 먼로 경Sir Hugh Munro의 이름을 따서 '먼로'라고 하고, 여기에 오르는 것을 '먼로 정복Munro Bagging'이라고 부른다. 많은 등산가들이 이 산들의 완등을 목표로 한다.
13 프랑스의 유명한 여행안내서 시리즈.
14 참고문헌에는 없는 이 책은 Francis Spufford, *I May Be Some Time: Ice and the English Imagination*, Faber & Faber, 1996.

볼트 등 장비를 침습적으로 사용하여 틈을 채우는 인공암벽등반보다 우월하다고 여겨졌다(Lewis 2001).

이러한 다양한 혼성체는 여가를 위한 장소에는 어울리지만, 다른 곳에서는 기묘하게 '부적절하다'(물론 어떤 특수한 테크놀로지가 나중에 주류가 되어 일상적인 여가용 복장이 될 수도 있다). 여가를 위한 장소인 잉글랜드 호수지방 외곽에는 왕년의 공업도시가 많다. 이런 도시에서는 여가 '보행'과 그 장비가 잘 어울리지 않는다. 한 연구자가 반바지, 반장화, 밝은 색 양말, 주황색 방수복, 배낭 등 호수지방을 걷는 데에 어울리는 복장을 하고 왕년의 공업도시인 클리터무어에 걸어 들어간 일을 묘사한 바 있다(Chapman 1993). 이 연구자는 스스로 용감하다고 느끼기는커녕 자신이 부적절하다고 절실하게 느꼈다. 클리터무어의 황량한 거리에서 가장무도회 의상 같은 것을 입었기 때문이다. 그는 시골에서의 여가 보행 실천이 있는, 그리고 '(여가) 보행자'라는 혼성체가 있는 호수지방을 넘어 걸어 나온 것이다.

마지막으로, 우리는 라이어브Ryave와 셴킨Schenkein이 고전적 민속방법론에 의거해 서술한 것과 같이, 보행 방식이 여러 가지임을 유념해야 한다(Ryave, Schenkein 1974; Edensor 2001 참조). 중요한 네 가지 특징을 분별해야 한다. 보행이 모험인가, 단독으로 이루어지는가, 건강이나 체력 관념과 연계되는가, 그 실천이 그것이 행해지는 물질적 조건을 변화시키는가.

첫째, 어떤 걷기는 '모험'이다. 모험은 삶의 바다 한가운데 떠 있는 섬과 같다. 그것은 키네스테시스를 느끼며 이동하고 시간과 공간을 가로지르는 길을 찾는 신체에서 비롯된다(Simmel 1997; Lewis 2001; 그리고 본서 2장 참조). 모험을 감행하는 몸은 어떤 공간적 상황에 처해 있으며, 세계 내에 존재하고 세계를 돌아다님으로써 그 세계를 경험하고 알아 나간다. 이는 하나의 세계 **내에서** 이동하는 '길 찾기'다. 이 '길 찾기'는 지표면을 위에서 내려다보듯 상상하면서 이 지표면을 가로지르는 이동인 '지도 읽기'가 아니라 환경에 줄기차게 개입하고 재조정하는 과정이다(Ingold 2000: 227; Szerszynski, Urry 2006). 코울리지가 20대에 쓴 도보 일지가 이에 대한 고전적 서술이다(Lewis 2001: 69, Marples 1949: 4). 그 반대는 표지판이 잘 되어 있고 잘 조직되어 있으며 꽤 예측 가능한 공간, 혹은 리처Ritzer와 리스카Liska가 일반적으로 규정하는 맥도날드화된 공간에서 걷는 것이다(Ritzer, Liska: 1997). 패키지여행자가 타지마할에서 수행하는 보행이 그 사례이다(Edensor 1998: 2004). 이러한 '고립된 관광 공간'에서 지역은 각기 뚜렷한 기능이 있으며, 거기에서 걷는 것은 매끄럽고 질서정연하며 빠르다. **적절한** 보행 방식을 내면화한 방문객의 걷기를 '가이드', 때로는 '안내 책자'가 통제한다. 모험 없이 걷기는 일반적으로 산책로, 선창, 공원, 테마공간, 국립공원 같은 특정 지대 또는 '수용소' 안에서 이루어진다(Diken, Lautsten 2005).

두 번째 구별은 걷기를 혼자 해야 하는지의 여부와 관련된다. 어떤 사람은 로버트 루이스 스티븐슨의 표현대로, "바로 옆에서 잡담 소리"가 나지 않도록 혼자 걷는 일의 미덕을 강조한다. 홀로 성찰하면서 고독하게 걷는 것이다(Marples 1949: 151 재인용, 4장 참조; Solnit 2000: 107). 이와 달리 어떤 사람은 걷기가 사회성을 포함해야 한다고 강조한다. 이는 타인과 더불어 있으면서, '걷기'를 공동으로 성취함으로써 타인과 결속하는 일이다. 걷기 동아리나 단체가 늘어난 배후에는 이러한 집단적 관념이 있다(Edensor 2001: 90-91).

세 번째 구별은 걷기와 건강의 관계에 관한 것이다. 한편으로, 걷기는 건강이나 체력 관념과 무관하다. 가령 낭만주의 운동은 걷기를 사유하거나 정당화하는 데에 건강 담론을 개입시키지 않았다(걷기가 때로는 역효과를 낳는다고 여기기도 했다). 다른 한편으로, 걷기는 건강이나 체력 담론과 연결된다. 최근 노르딕 워킹[15] 혹은 피트니스 워킹의 발전이 좋은 사례이다. 여기에서는 기존 물건(보통 '피트니스'와 무관하다고 여기는 워킹스틱), 기존 능력(가르치고 배워야 하는 걷는 법), 기존 이미지(자연, 건강, 웰빙의 이미지)를 다시 구성한다. 핀란드에서는 인구의 20퍼센트가 이러한 피트니스 워킹을 실천한다. 이것을 지지하는 사람들은 피트니스 워킹이 일반적인 걷기보다 훨씬 힘들다고 말한다. '스트레스에 찌든 노동자의 양계장'인 헬스클럽에서 러닝머신이 중요하다는 점도 주목할 만하다(이 점을 일깨워 준 메리 로즈Mary Rose에게 감사 드린다).

마지막으로, 기존 '여가산업'의 재래식 제품을 활용한 걷기와 그것이 행해지는 경제적 조건이나 물질적 조건을 변화시키는 걷기를 구별할 수 있다. 후자의 경우, 고난도 알파인 워킹[16]이나 노르딕 워킹과 같이 걷기 실천에 파급되는 혁신은 기존 '수요'에 대응하는 기업의 해법에서 나타나기보다는 마니아 또는 소위 아마추어들의 실천 공동체에서 나타난다(후자에 대해서는 Shove, Patzar 2005 참조). 실제로 (보행자처럼) "혁신적이고 헌신적이며 네트워크화된 아마추어"의 활동은 때때로 "경제와 사회를 변화시키고" 새로운 실천, 제품, 지식을 창출한다(Leadbeater, Miller 2004: 9).

---

15 스틱을 이용해 걷는 것으로, 핀란드 스키 선수들이 여름에 컨디션 유지를 개발한 운동법.
16 알프스산맥처럼 높은 산지의 까다로운 지역을 걷는 운동.

결론

이 장에서는 걷기와 정교하게 얽혀 있는 여러 사회적 실천을 드러냈다. 걷기는 전원, 교외, 공원, 산책로, 도시에서 다양한 경제와 사회성의 요체이다. 영국 정부에 따르면, 걷기는 "연중 어느 때나 할 수 있고 손쉽게 되풀이할 수 있으며 자신을 강화하고 습관을 형성하는 활동이며, 좌식 생활을 하는 사람의 신체 활동을 늘릴 주요 선택지다"(Edensor 2001: 81). 또한 걷기는 자연스레 도처에서 일어나지만 전혀 '자연적'이지 않다. 즐기기 위한 걷기는 근대에 등장한 독특하고 별난 실천이다. 이는 물리 세계와 사회 세계 내에서 이를 가로질러 이동하는 다채로운 가능성을 제공하는 일상적 테크놀로지 덕분이다. 이러한 테크놀로지와 교차하는 다양한 '걷기 실행' 역량은 다양한 생명-사회적 배치를 반영한다. 어떤 걷기에는 모험의 순간이 있다. 신체 능력을 극도로 짜내고 천신만고 끝에 맨몸이 외부 세계와 물리적 관계를 맺을 때, 이런 순간이 나타난다.

이 장의 배후에는 여러 가지 전제가 숨어 있다. 첫째, 보행자를 위한 유도성이 광범위한 것이 바람직하며, 걷기가 널리 퍼져 있는 사회가 좋은 사회라는 전제이다. 이제 사람들은 덜 걷고, 나아가 덜 걷기를 바란다. 이에 대한 증거는 수두룩하다. 만약 사람들이 더 걷는다면, 아니 최소한 덜 걷는 추세가 중단되기만 하더라도, 건강 증진, 사회자본 증대, 무질서 감소 등 이점이 많을 것이다. 걷기는 위험에 직면하고 물리 세계에 맞서 홀로 서는 "벌거벗은 생명의 해방정치"를 제공한다(Thrift 2001: 48).

실제로 걷기가 헬스클럽 **안으로**, 그리고 러닝머신 위로 철수하는 것을 보면, 헬스클럽 바깥에서 보행자에 대한 유도성이 크게 줄었음을 알 수 있다. 16세기 유럽에 널리 보급되기 시작한 푹신한 의자의 책임이 크다! 이로 인해 "거의 눕는 듯한 좌정坐定"은 높은 지위나 권위와 결부되었다(Ingold 2004: 323; 이동하는 안락의자로서의 승용차에 대해서는 본서 6장 참조). 이 장이 전제하는 것은 일상적 걷기부터 즐기기 위한 걷기까지 다양한 보행자를 한껏 유도하는 장소가 전체적으로 더 나은 장소라는 점이다. 근대에는 가마부터 고급 승용차의 안락한 좌석에 이르기까지 걷기가 앉기로 대체되었다.

또한 걷기는 가장 '평등주의적'인 모빌리티 시스템이다. 물론 보행자마다 계급, 젠더, 민족, 나이, (비)장애 등의 표식이 있고, 걷기를 강화하는 테크놀로지도 불평등하게 분배되어 있다. 그래도 걷기가 다른 모빌리티 시스템보다 사회적 불평등이 훨씬 적다. 만약 여타 조건이 같다면, 걷기 시스템이 강력할수록 그 장소나 사회의 사회적 불평등은 줄어들 것이다. 보도와 소로가 의자나 승용차보다 '사회'에 월등히 좋다. 그러나 걷기가 반드시 예측 가능한 장소에서만 일어난다고 가정해서는 안 된다. 솔닛은 현대의 라스베이거스에서 걷기가 놀라운 규모로 행해지고 있음을 묘사한다(Solnit 2000: 285-287)!

이어지는 장들에서는 직장, 사교, 가정 전반에 걸쳐 확장되는 사회 네트워크의 특성을 서술할 것이다. 여기에는 다양한 이동 및 통신시스템, 접근 방식, 능력, 새로운 시간이 나타난다. 이 네트워킹이 지구적 소비의 주요 요소이다. 적어도 전 세계에서 부유한 3분의 1에게는 배우자, 가족, 친구가 선택의 문제이고, 선택지는 갈수록 전 세계로 퍼져 나가고 있다. 친구나 지인을 고르는 '슈퍼마켓'이 생겨났는데, 이것은 성장하는 거대한 상호의존적 모빌리티 시스템들에 의존한다. 그래서 친구나 가족을 만나러 걸어가는 것은 대개 선택지 축에도 들지 못한다. 오늘날 우리는 19

세기 초 영국에서 살았던 워즈워스의 가족이나 친구처럼 (비록 그들의 친교 패턴은 전국적이었지만) '좁은 상자' 안에서 살아가지 않는다. 친구나 배우자의 선택 범위가 걸어가서 만날 수 있는 사람에 국한되지 않는다. 보행 시스템이 이제부터 살펴볼 여러 모빌리티 시스템에 종속되기 때문이다. 워즈워스는 《서곡The Prelude》에서 "나는 공로公路가 좋다"고 말한다 (Wordsworth Book XII. Solnit 2000: 111 재인용). 그의 시대에 이러한 공공 대로는 **대중이** 끊임없이 걸으면서 상상력을 발휘할 수 있는 이상적 장소였다. 대중이 저항을 이겨 내며 몸을 움직일 장소인 공공로는 여전히 남아 있다. 공공의 보도와 소로는 여기저기 남아 있고, 적어도 비장애인에게 기쁨과 놀라움, 노력과 인내의 순간을 선사한다.

제5장

'끙끙' 기차

철도 여행은 민중을 위한 여행이다. 가난한 사람
도 부자도 이용할 수 있다. … 기차로 여행한다는
것은 공화정의 자유와 군주정의 안전을 누리는
것이다.

[토머스 쿡Thomas Cook, Brendon 1991: 16 재인용]

공적 이동

앞 장에서 발의 중요성, 그리고 움직이는 발과 정교하게 얽혀 있는 사회적 실천을 설명했다. 걷기가 전원, 교외, 도시에서 다양한 사회성의 근간임이 드러났다. 물리 세계와 사회 세계 안에서 이 세계를 넘어, 즐거움을 얻기 위한 걷기는 근대사회 특유의 실천, 즉 다양한 일상적 테크놀로지 덕분에 가능해진 실천이다.

이 장에서는 더 커다란 테크놀로지로 눈을 돌린다. 이것은 발로 이동하기(또 말을 이용해 이동하기)로부터 기차, 버스, 시외버스로 이동하기로의 엄청난 역사적 전환이다. 나는 이에 대해 부분적으로 사적 영역과 공적 영역이라는 프리즘을 통해 이야기하려고 한다. 그런데 이 관념들은 내가 다른 곳에서 언급한 것처럼 엄청나게 복잡해서 서로 분리하기가 어렵다(Sheller, Urry 2003). 걷기의 역사는 주로 사적이고 자기주도적이며 내생적인 행동의 역사이다. 이 행동은 특히 키네스테시스적 감각을 통해 자아를 구성하는 데에 이바지한다. 한편, 이러한 보행은 다양한 공공시설에 의지한다. 특히 보도와 소로는 걷기를 새로운 방식으로 행하도록 유도한다. 그중에서도 공공 재정으로 건설한 보도는 '사적인' 걷기 이동의 잠재적 형태와 양식을 변화시킨다.

대체로 19세기에는 새로운 공공공간들이 속속 출현하여 이러한 이동의 형태와 능력을 다양하게 만들어 냈다. 우리는 4장에서 런던과 파리의 도로포장에 주목했다. 여기에 '공공' 정원, 광장, 기념비, 다리, 탑, 산책로, 박물관, 미술관, 그리고 **철도역**을 추가할 수 있다. 자본주의적 기업가정신의 전성기는 공공공간을 엄청나게 확장하고 '공적' 이동화를 통해 사적 모빌리티를 구조화하는 일의 전성기이기도 했다. 19세기 유럽(그다음에는 북미)에서는 사생활의 극적인 '공적 이동화'가 일어났다. 새로운 공공공간들이 대대적으로 개발되며 대부분의 이동이 참신한 방식 또는 확장된 방식으로 일어나도록 유도했다. 직접적으로는 새로운 보행 장소를 통해, 간접적으로는 사람들이 '볼' 수 있는 대상, 관광객의 시선을 끌 수 있는 대상을 창출함으로써 이 이동을 유도했다(Urry 2002c). 따라서 19세기는 공적 이동의 새로운 시공간, 그리고 공적 이동으로 가능해진 새로운 사교를 관통하는 '공적 이동화public mobilization'의 세기라고 할 만하다.

이 장에서는 특히 철도, 그리고 철도가 가져온 근대적 삶의 변형에 초점을 맞추겠지만, 사실 철도가 최초의 '공공' 교통수단은 아니다. 유럽의 초기 주요한 '공공' 교통수단 형태는 역마차였다. 좀바르트Sombart는 17세기 말 "마침내 역마차 여행이 승마 여행과 동등하게 받아들여졌다"고 말한다(Schivelbusch 1986: 73 재인용). 역마차를 타면서 맞은편 승객들과 활발히 대화를 나누게 되었다. 18세기 후반이 되자, 영국에는 정규 운행되는 역마차가 많아졌다. 1830년 런던과 브라이턴 사이를 오가는 역마차 대수는 하루 48대였고, 이동 시간은 4시간 30분까지 단축되었다(Walvin 1978: 34; Thrift 1996: 264). 북미에서 철도는 자연 수로로 여객과 화물을 운송하는 하천 증기선의 대중교통적 특성을 물려받았다. 유럽에서 역마차 시스템을 발전시킨 기존 도로망이 북미에는 없었기 때문이다. 그래서 북미의 철로는 자연 수로의 경로를 따랐다. **더 나아가** 열차 객실도 하천 증기선 설계를 반영하여 승객이 객차 안을 돌아다니기 쉽게 제작되었다(Schivelbusch 1986: 6장).

철도 모빌리티 시스템은 기계화된 새로운 이동 경로를 통해 다른 장소에 있는 사람들을 연결한다. 이 공적 이동화는 새로운 **연결성**을 낳는다. 수많은 사람들이 이 경로를 따라 새롭고 광범위하게 이동하기 때문이다. 이 경로는 사람들이 확장된 시간과 공간을 가로질러 이동하고 또 그런 이동을 상상하게 했다. 공공공간은 이동적이 되고 서로 연결되었다. 이 순환 과정은 '공적 영역'과 '사적 영역'의 공간 분리를 약화시켰다 (Sheller, Urry 2003). 장소들은 새롭게 연결되었다. 그 바탕에는 사람들이 적어도 가끔은 여러 장소를 이동할 수 있는 능력과 권리를 가질 수 있고 또 가져야 한다는 생각이 깔려 있었다. 일상생활의 사적 공간은 한 사회를 가로지르는 공적 순환 이동으로 연결되었다. 이 연결은 피터스가 "통행로 passage"라고 명명한 것을 통해 이루어진다(Peters 2006).

이처럼 연결성을 지닌 공공공간이 늘 공공기관의 **소유**인 것은 아니다. 그런 공간은 다른 의미에서 공공적이다. 첫째, 그 공간은 새로운 형태의 공공적 **규제**를 받는다. 이것은 주로 공간의 이용, 안전, 접근 등을 규제하는 법령으로 이루어진다. 둘째, 이런 공간은 돈을 지불할 여력이 있는 모든 **공공의** 일원에게 개방된다. 어떤 고유의 기준에 따라 각 구성원의 접근을 제한하지는 않는 것이다. 셋째, 이러한 이동을 위한 공공적 **조직화** 가 이루어진다. 이는 특히 공개적으로 이용 가능한 이동 시간표를 통해서 성취된다. 마지막으로, 적절한 '**공공적**' **행동**의 새로운 방식이 발전하게 된다. 특히 철도역과 기차 객실이라는 공공장소에서 그렇다.

이 장에서는 이런 공적 이동의 몇 가지 요소를 탐구한다. 우선 이동의 기계화와 관련된 새로운 양상으로 시작할 것이다. 그런 다음에 철도 시스템 확장의 전제 조건으로서, 이 시스템이 야기한 시간, 공간, 사교의 재배치를 살펴본다. 논의를 마무리하면서, 공적 이동 개념에 근대의 기계

시스템이 시사하는 바를 몇 가지 검토하고, 철도의 시스템적 특성을 고찰한다.

이동의 기계화

이 장에서는 철도 시스템이 시간, 공간, 일상생활의 윤곽을 재배치하면서 어떤 급진적인 혁신을 이루었는지를 보여 줄 것이다. 철도 시스템으로 인해 인간의 삶이 기계에 의존하고 기계와 촘촘하게 얽히게 되는 장기지속'이 시작되었다. 갖가지 일을 하는 기계는 공장뿐 아니라 일반적으로 사회적 삶 전반에 걸쳐 이동을 수월하게 한다. 인간은 점차 기계에 체류inhabit하는 '삶'을 산다. 특히 다양한 이동 기계와 더불어 주기적으로 이동하는 삶을 살게 된다.

이 절에서는 지배적 '기계 양식'이라는 관점에서 지난 2~3세기를 간략히 시대적으로 구분하자고 제안한다. 19세기는 (서유럽에서 시작된) 돌이킬 수 없는 거대한 분기점이었다. 증기 동력에 의지하는 수많은 기계 시스템이 돌아가기 시작했다. '산업기계'라고 할 만한 이것은 기계나 물건을 만드는 기계이거나 멀리 운반하는 기계였다. 이런 산업기계들은 서로 의존적이다. 인간의 삶이 기계와 비가역적으로 연결되고 기계에 의존하도록 탈바꿈하는 긴 과정을 촉발한 것은 증기기관이다. 바로 '근대'라고

---

1 장기지속long durée · longue durée은 프랑스 아날학파의 역사학 개념으로서, 민중의 일상생활사가 수백 년 이상 오래 지속하는 것을 뜻한다.

말할 때 염두에 두는 이 순간은 막강한 기계가 인간의 경험에 끼어든 순간이다. 그때부터 기계는 '인간적' 삶에 그저 곁들여지는 것이 아니라 그것을 구성하는 데에 일조하게 된다. 바야흐로 '인간적' 삶이 기계 없이는 **살** 수 없게 된 것이다. 이러한 인간과 기계의 관계는 파우스트적 거래이다. 기계는 인간이 할 수 있는 일의 범위를 상상할 수 없을 만큼 확장하지만, 여러 가지 일을 할 수 있는 인간의 능력을 앗아 간다. 걷기, 생각하기, 읽기, 알기, 몸소 체험하기 같은 인간 고유의 능력이 상실되는 것이다.

이런 산업기계에 체류하는 것은 주로 그 기계에 정통한 전문가이다. 기관사, 역직기力織機 기사, 용광로 기술자, 크레인 기사 등이 그렇다. 이 기계들은 일반적으로 공장, 작업장, 철도 선로, 선거船渠 등 일상생활이 아닌 규제가 심한 특수한 장소에 갇혀 있다. 이런 기계는 가동되지 않을 때에는 대중이 출입하지 않는 전문화된 통제구역에 보관된다. 이것을 조직하는 원칙은, (오드리 목사Revd Awdry[2]의 증기기관차가 기관차 차고에 정렬한 채 선택을 기다리듯이(Awdry 2002)) 적합한 기계가 필요한 '경우를 대비하여' 있어야 한다는 것이다.

이 모든 점에서 특출한 기계는 철도기계이다. 이 기계는 경로와 차량을 하나로 묶어서 불가분의 통일체로 만든다(Schivelbusch 1986: 16-17). 기계는 사람들을 가득 태운 많은 객차를 (처음에는 석탄 화차와 더불어) 끌고, 사람들이 거주하면서 일하는 도시와 마을을 가로질러 빠르게 지나간다. 여객철도 시스템은 일상생활의 외부인 산업, 노동, 보안의 장소 안에만 머물지 않고 이런 장소에서 벗어난다. 철도기계는 특히 일정한 속도로 전원

---

[2] 증기기관차를 주인공으로 하는 영국의 애니메이션 시리즈 《토마스와 친구들》의 원작자.

지역을 가로질러 이동함으로써, 실로 경이로운 방식으로 일상적인 사회적 삶에 **진입**하고 이를 개조한다. 믿을 수 없을 정도로 강하고 **빠른** 이 기계장치는 비교적 친숙한 일상생활의 부분으로 전면에 등장한다. 심지어 푸르고 쾌적한 초원에까지. 유럽에서는 19세기, 북미에서는 19세기 후반, 인도·아프리카·중남미의 대부분 지역에서는 20세기 초반에 일어난 현상이다(Vaughan 1997; Richards, Mackenzie 1986: 9장).

말과 달리 철도기계는 장시간 계속 달릴 수 있고, 간간이 정차하여 연료와 물만 보충하면 된다(150마일에서 200마일마다 정차해야 했다)(Richards, Mackenzie 1986: 121). 빠르게 이동하는 이 기계는 때로는 풍경을 절단하며 날아가는 포탄으로 묘사됐다. 기차가 달리는 곧게 뻗은 수평의 선로는 다수의 개착로開鑿路, 철로둑, 교량, 터널 같은 첨단 건축 기술로 건설되었다. 철도는 전원 지대를 평탄화하고 개간하여 구조물을 설치함으로써 자연, 시간, 공간이 맺고 있던 기존의 관계를 재구성했다. 이는 북미보다 유럽과 일본에서 두드러졌다.

더 나아가, 철도 시스템은 승객이 마치 소포인 양 공간을 뚫고 지나가게 한다. 인간의 몸은 살로 이루어진 익명적 소포가 되어, 시스템을 따라 옮겨지는 다른 상품과 마찬가지로 장소에서 장소로 '전철轉轍'된다(Thrift 1996: 266). 선로와 열차는 대지를 덮는 하나의 거대한 기계를 이룬다. 영국에서는 특히 1842년부터 그랬다. 이 해에 여러 철도회사들이 각자 소유한 선로들을 가로지르는 교통을 조율할 조직을 창설한 것이다(Schivelbusch 1986: 29). 그때부터 서로 밀접하게 연동된 복합 시스템이 발전한다. 그러나 기계는 간혹 충돌한다. 그러면 사람이 죽고, 전체 시스템이 크게 흔들리고 삐걱거리다가 멈춘다. 복합적 기계 시스템은 오작동할 경우 대형 사고를 일으키는데, 이런 사고는 보행자가 넘어지거나 말이 죽거나 역마차가 뒤집히는 소소한 사고와 다르다. 이 강력한 시스템은 하찮은 부품 하나만 오작동해도 사고를 일으킨다. 철도 시스템은 서로 긴밀히 연동된 시스템들을 출현시켰다. 여기에서는 사고가 '정상'이 되어, 자잘한 부품 하나만 고장 나도 이 시스템들이 더 이상 작동하지 않게 된다(Perrow 1999; "영국을 멈추게 한 충돌" 에 관해서는 Jack 2001 참조).

나는 보행 모빌리티 시스템 및 마차 모빌리티 시스템을 **연속** 시스템 **series** system이라고 부르는데, 여기에서 각 구성 요소는 다른 구성 요소들과 얼추 비슷하다. 이 요소들은 서로를 거울처럼 반영하거나 모방하면서 하나의 연속을 이룬다. 이와 달리, 철도는 **결속** 시스템**nexus** system이다. 링Laing은 결속을 다음과 같이 정의한다. "각자가 각자를 서로 내부화함으로써 통일을 이루는 하나의 집단. … 이러한 결속은 도처에 있다"(Laing 1962: 12). 철도에는 확연한 분업이 작동하는데, (선로, 기차, 역, 신호 등) 다양한 부분이 하나의 긴밀한 결속을 이루어 작동**해야 한다**. 이러한 결속 없이 분리된 구성 요소는 존재할 수 없다. 전체는 각 요소가 작동해야만 작동한다. 연속 시스템에서처럼 구성 요소들이 단순히 서로를 반영하는 차원을 넘어, 여러 구성 요소가 각각 복합적으로 전문화되고 **더 나아가** 통합되는 것이다. 철도는 모빌리티에 최초의 주요 결속 시스템을 만들어 낸다.

20세기에는 두 가지 기계 범주가 새로이 등장해 산업기계와 경쟁한다. 첫째로 가정용 기계이다. 4인승 가족용 승용차, 전화, 백색가전, 라디오, 가정용 텔레비전과 VCR, PC, 난방 기구, 카메라와 캠코더 등이 이에 해당한다. 이런 가정용 기계는 대다수가 서유럽과 북미에서 생산되고 유통되는 전기에 의지했는데, 이는 전기를 생산지에서 멀리 떨어진 곳까지 송전하는 배전망의 발전에 힘입은 것이다. 전기는 공간과 시간의 마찰을 가장 성공적으로 극복했다(Thrift 1996: 270-272). 가정용 기계의 확산은 특히 미국에서 두드러졌고 유럽에서는 훨씬 더뎠다(Thrift 1996: 275-276). 집 안이나 차고에 보관하는 이런 기계는 특히 북미에서 20세기 가정의 전형을 형성했다(이런 가정용 기계 중 일부에 대해서는 Shove 2003 참조). 가정용 기계를 다루는 데에는 딱히 전문성이 필요하지 않아 대부분의 가족이 기계를 작동시킬 수 있다. 흔히 집 안에 보관되기 때문에 접근이 쉽고, 전문가의 자문 없이 가족이 필요할 때 작동시킨다. 가정용 기계는 적시에 활용되며, 결속 시스템이라기보다는 연속 시스템에 가깝다. 그중 가장 중요한 것이 승용차인데, 이 기계는 (이때까지만 해도) 전기로 구동되지 않는다는 점이 특이하다(본서 6장 참조).

산업기계와 경쟁한 두 번째 기계 유형은, 가정용이 아닌 '전쟁 기계'이다. 이는 주로 국가나 국가와 밀접한 기업이 보유하고 개발한다. 전쟁 기계로는 대량살상 기계, 제트기, 원자력, 과학 발전용 우주탐사, 그리고 업무·오락·과학용 시뮬레이션 가상현실 등이 있다. 이러한 기계는 대중의 접근이 금지되고, 감시 시스템이 특히 엄중한 고도로 전문화된 진지나 기지에 보관된다. 전쟁 기계는 다양한 모빌리티 간의 격렬한 경쟁을 수반하는데, 특히 공군력은 가장 빠르고 가장 높고 가장 오래 비행할 수 있는 항공기와 무기를 사용하는 사람에게 월등한 권능을 안겨 준다(Kaplan 2006 참조).

이제부터는 이동을 기계화한 초유의 시스템인 철도 시스템을 살펴보자. H. G 웰즈H.G Wells는 미래의 역사가가 "철로를 달리는 증기기관"을

19세기의 핵심적 상징으로 여길 것이라고 전망했다[Carter 2001: 8 재인용]. 이제 철로를 달리는 증기기관이 어떻게 시간·공간·사교를 극적으로 재편했는지, 그에 수반하여 인간과 기계가 어떻게 격정적이고 지속적으로 서로 관계 맺는 길을 닦아 놓았는지를 살펴볼 것이다.

시간표

1장에서 1840년 전후가 모빌리티 발전에서 이례적으로 중요한 시기였음에 주목했다. 이 시기는 근대가 여러 새로운 모빌리티 시스템과 통신 시스템의 상호의존성에 힘입어 전진한 시기다. 철도 시스템은 근대의 출현에 근간을 이루었다. 카터Carter의 말처럼 "근대적 철도와 더불어 질적 단절이 시작되었다. 질주하는 말보다 빠르게 이동하는 초유의 사건이 일어난 것이다"[Carter 2001: 11]. 철도로 말미암아 "속도, 빛, 힘"이 서로 상호침투한 결과, 시간과 공간에 놀라운 효과가 나타났다[Thrift 1996: 7장의 "비인간 지리학" 참조].

1839년 영국의 어느 비평가는 새로운 철도가 시간과 공간을 "압축"한다고 말했다. 만약 철도가 영국 전역에 건설된다면, 전 국민이 "현재 그들 사이를 오가는 데에 걸리는 시간의 3분의 2 정도 가까와질 것이다. … 따라서 거리는 사라지고 국토는 말하자면 하나의 거대한 도시만 해질 때까지 쪼그라들 것이다"[Schivelbusch 1986: 34]. 시인 하이네Heine도 파리와 루앙을 잇는 철도가 개통되었을 때 이루 말할 수 없이 불길한 예감을 발설한다. "시간과 공간의 기본 개념이 흔들리기 시작했다. 철도는 공간을 죽인다"(Schivelbusch 1986: 37 재인용). 철도가 "인류를 새로운 방향으로 돌려 놓고 삶의 색채와 모양을 바꾸어 놓은" 어떤 섭리와 같은 사건(어떤 전복점?)이 라는 것이다(Schivelbusch 1986: 37 재인용). 터너J. W. Turner의 유명한 그림 〈비, 증기, 속도Rain, Steam, Speed〉는 1844년(이 연도를 유념하라) 왕립미술원에 처음 전시되었다. 이 그림은 아마도 이 섭리와 같은 사건, 즉 시커먼 속 도기계가 산업화 이전의 수많은 시공적 질서를 절단한 데에 따른 삶의 색채와 모양의 변화를 가장 잘 포착한 작품일 것이다(Carter 2001: 2장 참조). 카 를 마르크스 역시 새로운 형태의 교통과 통신(열차, 우편, 전신)을 통한 상 품 유통이 "시간에 의한 공간의 소멸"을 수반하는 가운데 자본주의적 산 업화의 어떤 상향 전환을 대변한다고 보았다. 이것은 어떤 '필연'이다. 생 산이 점점 교환가치에 의존하고, 따라서 기계화된 이동을 통한 교환 조 건의 가속화에 의존하기 때문이다(Marx 1973: 524; Carter 2001: 8-9).

산업화 이전에는 대부분의 마을이 고유한 현지 시간, 가령 레딩에 있 으면 레딩 시간, 엑서터에 있으면 엑서터 시간을 따랐다. 역마차 관리인, 나중에는 철도 관리인은 차량이 통과하는 마을들의 상이한 시간에 맞춰 시계를 맞춰야 했다. 그러다가 고정식 시계나 휴대용 시계가 널리 보급 되면서 일상생활에 시간표가 도입되었다(Thompson 1967; Glennie, Thrift 1996). 지 역마다 다른 때 울리는 교회나 수도원의 종에 비해, 시계는 공통적이고 균일한 시간 기준을 마련했다(Nowotny 1994). 더 나아가, 시계는 여러 활동을 동기화하는 일반적인 방법을 제공하고, 지속시간도 정확하게 측정했다. 시간의 아주 작은 차이들에 대한 관심, 그리고 그런 순간들을 생산적으 로 활용해야 할 필요성에 대한 관심이 점차 높아졌다(Thrift 1996: 265). 특히 "시간은 돈이다"라는 격언이 점차 널리 받아들여지면서 '시계시간'의 동등하고 '텅 빈' 단위가 중시되었다[Adam 1995]. 그럼에도 불구하고, 앞서 언급한 것처럼 기차가 지나가는 여러 마을은 여전히 서로 다른 시간을 사용했다. 1841년의 그레이트웨스턴 철도 시간표에는 다음과 같은 실용적 정보가 포함되어 있었다. "런던 시간이 모든 기차역에서 지켜집니다. 런던 시간은 레딩보다 약 4분 빠르고, 시렌세스터보다 5분, 치펜햄보다 8분, 브리지워터보다 14분 빠릅니다"[Thrift 1990: 122 재인용].

다수의 '노동계급'뿐만 아니라 부유한 계층도 업무를 위해, 그리고 점점 여가를 위해 꽤 먼 거리를 이동하기 시작했다[Thrift 1996: 264; Urry 2002c: 2장]. 그래서 전국적 계시計時가 없는 상태는 오래 계속될 수 없었고, 1847년 경 철도회사, 우체국, 그리고 다수의 마을과 도시는 그리니치 표준시(속칭 '철도시간')[Mackenzie, Richards 1986: 94-95]를 채택하게 되었다. 표준 시계시간이 국가적 수준에서 확립되었고, 그에 힘입어 빅토리아 시대에 걸쳐 대중적 모빌리티가 성장했다. 적지 않은 마을들이 나라에서 강요하는 전국적 시간에 저항하기도 했지만, 그리니치에 기초한 표준화된 시계시간이 서로 다른 지역 시간들의 모자이크를 대체했다[Mackenzy, Richards 1986: 94-95]. 19세기 후반에는 유럽국 사이에, 그다음에는 유럽과 북미 사이에서도 시간 조율이 이루어졌다[시간의 표준화에 관해서는 Zerubavel 1982 참조].

사회적 삶이 공간적으로 넓게 펼쳐지면서 여러 마을이나 도시를 오가는 사람들의 약속에서 시간 엄수, 정확성, 신용이 중요해졌다[2장의 짐멜에 관한 부분 참조]. 특히 중요한 것은 철도 시간표의 발전이었다. 언뜻 보기엔 소소해 보여도 대중교통시스템을 가능하게 한 혁신이었다. 근대적 시계시간, 특히 철도역 시계가 발전한 기반은 모든 여행자가 따르는 시간표였다. 이것이 사건이나 여정의 일정을 조율했다. 근대적 철도 시간표에 담긴 객관적 시계시간은 대중을 이동화했다. 널리 유통되는 주어진 시간표에 기차와 사람을 짜 넣었기 때문이다. 색스Sachs에 따르면, 철도역 시계는 "시간 엄수 숭배가 전 사회를 점령했음을 뜻한다"(Sachs 1992: 162).

1838~39년에 첫 출판된 영국의 상징적인 브래드쇼 철도 안내 책자는 최초의 시간표이다(Mackenzie, Richards 1986: 96-99). 이후 운영자와 승객을 모두 규제하는 공개적 시간표가 철도기계와 나란히 놓이는 테크놀로지로 발전한다. 이것은 어디에서나 볼 수 있고 손쉽게 이용할 수 있어 미리 여행을 계획할 수 있게 되었다. 그리고 언제 철도역에 도착해야 하는지, 언제 만나야 하는지, 시간이 얼마나 걸릴지 알 수 있었다. 시간표는 어떤 의미로는 19세기를 **대표하는** 혁신이다. 그것은 하나의 **전국적** 시스템을 가로질러 철도기계, 정확한 시계시간, 대량 출판, 일정 관리를 결합했다.

어디에나 편재하는 시간표는 철도의 근무 관행도 조직했다. 감스트 Gamst는 시간 관념이 미국의 철도 근무를 어떻게 조율하는지 보여 준다. 열차의 '정시' 운행, '일정표 시간', '시간의존적' 열차, 그리고 엄격한 위계에 따라 계획한 특정 순간과 장소에서 거의 언제나 작업이 이루어지는 보편적 규율 등이 그런 관념이다(Gamst 1993). 시간표는 열차, 사람, 활동을 특정 장소와 순간에 규범적으로 배치하는 강력한 통치성 시스템이다.

철도와 그 정밀한 시간표로 인해 시계시간 권력을 기반으로 하는 새로운 시간 체제가 시작되었다. 시계가 몇 시를 가리키든지 간에 **지금이야말로** 어떤 일을 할 때라는 의미의 시간인 카이로스 시간은 배제되었다.[3] 카

---

[3] 고대 그리스에서 시간을 가리키는 '크로노스kronos'와 '카이로스kairos'는 다른 의미를 갖는다. 전자는 자연의 운행에 기초한 물리적 · 객관적 시간의 의미가 강하다면, 후자는 기회, 적기, 때라는

이로스 시간의 토대는 과거 경험을 활용하여 특정 사건이 앞으로 언제 일어나야 하는지, 즉 어떤 일이 일어날 적기가 언제인지를 감지하는 감각을 계발하는 데에 있다(Gault 1995: 155).

더 일반적으로, 르페브르는 자연 안에서나 자연을 통해서 체험되는 시간은 점차 사라진다고 주장한다. 그에 따르면 체험되는 시간은 "사회에 살해되었다"(Lefebvre 1991: 96). 시간은 더 이상 가시적이거나 공간에 새겨지는 것이 아니다. 시간은 자연적·사회적 공간과 분리된 계측기기, 즉 시계로 대체되었다. 자원이 된 시간은 사회적 공간에서 분리된 채 소비되고 사용되고 고갈된다. '시계시간'이 지배하게 되면서 체험되는 시간(그리고 카이로스 시간)은 축출된다. 시계시간의 주요 특성은 단순히 고정식 시계와 휴대용 시계를 광범위하게 사용한다고 해서 생겨난 것이 아니다. 사실 이미 몇 천 년 전부터 일종의 시계가 존재했다. 오히려 시계시간은 "그것의 자연적 원천으로부터 추상된 시간이다. 즉, 독자적이고 탈맥락적이고 합리화된 시간이다. 그것은 균일한 공간적 단위들로 거의 무한 분할되는 시간이다. … 그것은 시간 자체라고 말하는 시간이다"(Adam 1995: 27; Adam 1998; Glennie, Threeft 1996; Urry 2000).

시간표 시간인 시계시간은 철도의 확산으로 근대사회를 변형시키기 시작했다. 사회는 갈수록 시계시간 체제에 투항했다. 이 체제의 특징은 다음과 같다. 시간을 정밀 계측되고 불변하는 미소 단위로 무한 분할하는 것, 시간을 의미 있는 사회적 실천 및 밤낮이나 계절 구분에서 뿌리뽑는 것, 고정식 시계·휴대용 시계·시간표·달력·사이렌·일정표·출

의미다.

근 시간 기록장치·종·마감일·다이어리·알람시계 등 시간 경과를 재고 보여 주는 온갖 수단을 널리 사용하는 것, 대부분의 노동 및 여가 시간을 정밀하게 관리하는 것, 시간을 소비·사용·고갈하는 독립적 자원으로 광범위하게 활용하는 것, 활동이나 의미로서의 시간보다는 관리되는 자원으로서의 시간을 지향하는 것, 과학에서 시간을 수학적으로 정밀하고 양화 가능한 척도로 변형하여 가역적이고 방향 없는 시간으로 만드는 것, 여행자·학생·직원·수감자·휴가자 등의 시간 규율을 동기화하는 것, 시간을 절약·조직·감독·규제하고 특히 **시간표로 만들어야 한다**는 담론이 침투하는 것(Urry 2000: 5장).

그리고 시계시간은 여행에서, 그리고 훨씬 일반적으로 사회 전반에 걸쳐 속도를 꿈꾸게 했다. 철도와 이를 통한 이동의 기계화 이전에는 속도가 큰 관심사가 아니었다. 도보 여행이나 말을 이용한 여행이나 큰 차이가 없었다. 육체적 한계가 엄연했기에 가장 빠른 자와 가장 느린 자의 차이는 비교적 적었다. 말을 탄 사람과 걷는 사람의 이동 속도 차이로 인한 사회적 불평등은 그리 현저하지 않았다.

철도를 통한 이동의 기계화는 속도의 가치 평가, 특히 빠른 기차가 느린 기차보다 낫다는 가치 평가를 낳았다(더 일반적으로 질주학dromology에 대해서는 Virilio 1986; Virilio 1997 참조). 이에 따라 이동 시간만 빨라진다면, 새로운 철도를 비롯해 교통을 건설하는 것이 정당화되었다. 속도를 향상하는 기술은 높게 평가되고, 교통의 가속은 경제적 경쟁력에 이바지하고, 빠른 속도와 최신 기술은 높은 지위를 의미하게 되었다(증기기관에 대한 영국의 향수 어린 사랑은 예외일 것이다(Adam 1998; Auge 1995: 98-99; Harris, Lewis, Adam 2004 참조)).

그 이면에는 이동 시간은 죽은 시간이고, 이동 시간을 줄이는 신기술이나 인프라는 시간 낭비를 최소화하므로 무조건 개발해야 한다는 관념이 자리하고 있다. '무슨 수를 써서라도 속도를 높인다'는 것을 강조하는 것은, '이동 시간'의 즐거움과 그 활용 및 '이동 중'에 생산적으로 하는 일에 무관심하다는 뜻이다(이에 관한 연구는 Lyons, Urry 2005; Lyons, Jain, Holley 2007 참조). 해리스Harris, 루이스Lewis, 애덤Adam은 이러한 속도 선호를 다음과 같이 요약한다. "빠를수록 낫다고 여긴다. 주어진 시간 테두리 안에서 더 많이 성취하기 때문이다. 빠른 속도는 시간 낭비를 줄여서 비용을 감소시키므로 더 효율적이며 이윤을 창출하거나 증대시킨다고 여긴다(Harris, Lewis, Adam 2004: 6; 상세한 내용은 Whitelegg, Hulten, Flink 1993 참조).

따라서 19세기 철도가 가져온 이동의 기계화는 시간표 및 속도에 대한 관심을 불러일으켰다. 이는 장래 교통 발전의 본성, 점차 시간표로 조직되는 사회적 삶의 특성, 통치성 변용, 경제적 진보, 인간이 기계와 공존하는 전반적 방식에 심대한 여파를 남겼다. 이러한 관심이 창출한 비가역적 과정은 새로운 모빌리티 시스템이 등장할 때마다 다시 재연되고 확산된다. 나중에 우리는 자동차 시스템이 더 빠를 뿐 아니라 더욱 편리해졌다는 것을 살펴볼 것이다. 자동차는 공적 시간표의 제약을 덜 받기 때문이다. 따라서 철도는 20세기 동안 어느 정도는 이 신형 속도기계에 추월당한다. 19세기 철도는 속도 및 시간표에 대한 욕망을 풀어놓았고, 이 욕망은 다음 세기에 출현하는 이동 방식에도 긴 그림자를 드리웠다.

공간

철도가 가져온 강렬한 공간적 효과는 두 가지로, 이 효과는 여러 후속 모빌리티 시스템으로 더욱 증폭된다. 첫째, 철도는 공간을 축소한다. 일부 장소들을 서로 가깝게 만들되, 그 사이의 수많은 공간을 제거한다. 둘째, 철도는 공간을 확장한다. 그렇지 않았다면 결코 연결되지 않았을 여러 장소를 연결한다(Schivelbusch 1986: 37). 이 절에서는 철도 시스템이 유발한 이 상호모순되는 두 가지 공간적 과정을 검토한다.

18세기까지는 다른 장소를 방문하는 사람, 특히 그랜드투어[4]를 떠난 부유층 청년은 특별한 모습의 장소를 공간적으로 개성적이고 독특한 장소로 인식했다. 장소를 이렇게 아는 데에는 신체적 노력과 지성적 노력이 필요했다. 당대의 여행을 다루는 책자들은 이러한 순회여행이 쉬벨부쉬가 말하는 "공간적 개성"을 이야기하고 알아 가는, 귀를 통한 담론의 장이었음을 강조했다(Schivelbusch 1986년: 197). 이 장소는 벤야민의 표현처럼 또렷한 "아우라"를 지녔다(Benjamin 1992).

그러나 18세기 후반부터 여행은 점차 관찰을 수반하는 것으로 발전했다. 과학이 아니라 "잘 훈련된 눈"을 통한 감식안이 이 관찰을 정당화했다(Adler 1989: 22). 19세기에 들어서면서 건물, 예술품, 풍경에 대한 감식안은 다양한 시각적 재생 테크놀로지를 바탕으로 발전했다. 이런 테크놀로지

---

[4] Grand Tour. 17세기 중반부터 유럽의 귀족 자제가 사회에 나가기 전에 여러 명소를 둘러보며 문물을 익히던 여행.

에는 카메라 옵스쿠라,[5] 클로드 거울,[6] 안내서, 노선도, 스케치북, 사진, 엽서, 가스등이나 전기등이 비추는 아케이드, 카페, 디오라마,[7] 특히 기차와 그 차창이 포함된다(Ousby 1990). 쉬벨부쉬에 따르면, 이를 통해 장소는 독특성이나 아우라를 잃기 시작했다(Schivelbusch 1986년: 41-43).

그리하여 한때 공포와 불안의 근원이던 황량하고 척박한 자연 지역이 변모했다. 이런 지역은 이제 "어두운 악마의 맷돌"[8]과 같은 크고 작은 도시로부터 기차를 타고 방문하는 사람이 **시각적으로** 소비하도록 저 멀리서 기다리는 것이 되었다. 19세기 중반 프랑스에서 기차를 타고 파리를 벗어나는 사람에게 "자연은 주로 여가와 재미, 즉 관광, 호화로운 오락, 시각적 상쾌함을 뜻했다"(Green 1990: 6).

이후 철도는 외부인이 방문하는 환경과 사람들의 관계를 변화시켰다. 철도로 인해 장소가 관계 속으로 들어왔다. 장소는 어떤 장소로부터 오는 길이나 어떤 장소로 가는 길에 있는 장소가 되고, 감식이나 소비의 가치라는 측면에서 낫거나 못한 장소가 된다. 장소는 아우라를 잃기 시작한다. 1844년 잉글랜드 호수지방의 케스윅행 철도 건설 계획을 접한 위

5　라틴어로 '어두운 방'을 뜻하는 카메라 옵스쿠라는 어두운 방이나 상자의 작은 구멍으로 빛을 통과시켜 반대쪽 벽에 외부 풍경이나 형태가 거꾸로 투사되게 만든 장치로, 많은 화가가 활용했으며 이후 사진술의 원리가 되었다.

6　영국의 풍경화가 클로드 로랭Claude Lorrain이 고안한 휴대용 볼록거울로서, 풍경을 그림같이 보이게 하는 효과를 냈다.

7　풍경을 빛에 투과시켜 벽에 비추는 이동식 극장 장치. 현재는 작은 입체 모형으로 만든 실경實景을 의미한다.

8　윌리엄 블레이크William Blake의 시 〈아득한 옛날 저들의 발길은And did those feet in ancient time〉에 등장한 이후 널리 퍼진 표현으로, 초기 산업혁명과 그로 인한 자연 및 인간관계의 파괴를 시사한다.

즈워스의 탄식은 익히 알려져 있다(Schivelbusch 1986: 42). 특정 장소는 아우라를 지닌 "아름다움, 그리고 호젓하고 외딴 곳이라는 특성"(Wordsworth 1876: 326)보다는, 다른 장소와 같거나 다른 것으로 알려지거나 다른 곳으로 가는 길이나 다른 곳에서 오는 길에 있는 것으로 알려지게 되었다. 따라서 "장소는 더는 공간적으로 개성적이거나 자율적이지 않게 되었다. 그리로 접근하게 하는 교통순환상의 어떤 지점이 된 것이다"(Schivelbusch 1986: 1978). 장소는 어떤 확장하는 시스템, 혹은 앞서 결속이라고 부른 것의 요소가 된다. 사실 철도의 출중한 기계력이 열어젖힌 공간은 수많은 장소를 연결하여(물론 그 외의 장소는 배제하여) 갈수록 복잡하고 확장되고 가속되는 순환 시스템으로 만든다. 따라서 철도 여행은 "속도가 빨라짐에 따라 그 자체로 가치있는 것이 되었고, 나름의 독특한 관행과 문화를 지닌 또 하나의 나라"가 되었다(Thrift 1996: 267).

이러한 여행은 19세기 산업화로 도입된 상품이나 서비스의 일반적 순환을 반영할 뿐 아니라 거기에 기여한다. 쉬벨부쉬는 이렇게 주장한다. "상품 순환의 물리적 발현이 교통이다. 그때부터 여행자가 방문하는 장소는 차츰 동일한 순환 시스템의 일부인 상품과 비슷해졌다"(Schivelbusch 1986: 197). 교통, 그리고 공간 정복은 무엇이 어디에 속하는지를 결정했다. 철도는 여러 장소를 하나의 순환 시스템으로 바꾸고, 독특한 장소를 상품으로 바꾸었다. 20세기에 이르러 세상은 시골과 도시가 즐비하게 늘어선 으리으리한 백화점이 되었고, 이 시골과 도시들은 소비할 수 있는 장소로서 잠재적 방문객의 즐거움을 위해 진열되었다(Schivelbusch 1986: 197; Urry 1995). 철도는 순환이라는 관념을 통해 근대 세계를 창출한다. 사람과 상품과 장소, 그리고 점차 사진 이미지가 순환한다(Larsen 2004).

자연적 환경에 '거주'하던 사람들이 점차 이 환경을 어떤 분리된 실체로 바라보게 됨으로써 "시선과 경관의 허구적 관계"가 조성되는데, 이 과정에 철도가 핵심적 역할을 했다[Augé 1995: 98]. 나는 이것을 "대지land로부터 경관landscape으로의 전환"이라고 부른다. **대지**는 쟁기질하고 파종하고 방목하고 건축하는 물리적 자원이며 기능적 노동의 장소이다. 대지는 사고팔며 아이에게 물려주고 아이가 물려받는다. 거주한다는 것은 어떤 삶에 참여하는 것이다. 이 삶에서는 다양한 생산적 활동이나 비생산적 활동이 서로 공명하고 그 역사와 지리가 세세히 알려진 대지와 공명한다. 여기에는 사람과 사물 사이에 거리가 없다[Ingold 2000]. 그러다가 **경관**과 더불어 "인류가 스스로를 흙에서 해방시킨 결정"이 내려진다[Williams 1990: 2]. 경관은 겉모습 혹은 외관이 핵심인 무형의 자원이다. 18세기 이래로 서유럽에서 인류가 흙에서 점차 해방되어 갔다. 이는 일반적으로 보아, **시각**에 특화된 감각이 출현하는 과정의 일부이다. 경관 관념은 다른 장소를 경험하려는 욕망의 시각적 구조를 규정한다. 《전망 좋은 방A Room with a View》[9]의 등장인물 바틀렛 양이 하는 말은 전형적이다. "전망? 아, 전망! 전망은 정말 기분 좋지!"[Forster 1955: 8; 본서 12장 참조].

　　특히 경관을 쏜살같이 **가로지르는** 이동 궤적은 수많은 새로운 전망, 빠르게 움직이는 새로운 경관의 파노라마를 산출했다. 쉬벨부쉬는 빅토리아 시대의 열차 승객이 감각적 지각에 대한 통제력을 잃었다고 말한다. 빠른 이동과 제한된 시야 탓에 여행객이 '대지'로부터 탈체화되었기 때문

9　영국의 작가 에드워드 포스터Edward Morgan Forster가 1908년 발표한 장편소설로, 이탈리아와 영국을 배경으로 여성의 로맨스뿐 아니라 20세기 초반 영국사회에 대한 비평도 담고 있다.

이다. '경관'은 거기 머물면서 소묘나 회화로 그려지는 것이 아니라, '파노라마 지각'을 통해 액자 안에서 빠르게 지나치는 파노라마로 보이는 것이다(Schivelbusch 1986: 58; Kern 1983). 철도가 연출하는, 한눈에 들어오는 새로운 경관에서는 무수한 인상이 빠르게 포착된다. '전망 좋은 방'이 아니라 액자 같은 창문에 의해 급변하는 파노라마 인상이 생긴다. 빅토르 위고Victor Hugo는 1837년 "지평선 위에서 마을, 첨탑, 나무가 미친 듯이 뒤섞여 춤을 춘다"고 썼다(Schivelbusch 1986: 55 재인용; "관광객의 흘낏 보는 시선"에 대해서는 Larsen 2001 참조).

이제 사람의 정체성은 그 사람이 여러 장소와 맺는 장기적 **관계**를 통해 형성되게 되었다. 19세기 중반 월든 호수가에서 '자연'과 더불어 사는 삶으로 돌아온 헨리 소로Henry Thoreau는 기차 소리에 불평하지 않는다. "화물열차가 덜컹거리며 내 옆을 지나가면 상쾌하고 호방해졌다. 롱워프에서 샴플레인 호수로 가는 내내 향기를 풍기는 상점 냄새를 맡으며 외국의 지방을 떠올리고 … 지구의 크기를 떠올린다. 나는 세계의 시민처럼 느낀다"(Thoreau 1927: 103)(레이먼드 윌리엄스Raymond Williams의 여러 소설도 비슷한 정서를 담고 있다).

실제로 이러한 연결성은 미국의 '철도 부설'에서 각별히 중요하다. 베르스트라에테Verstraete는 토크빌de Tocqueville이 미국의 국가적 특성으로 모빌리티를 강조하는 데에 주목한다(Verstraete 2002). 미국인이라는 것은 어딘가로 간다는 것, 특히 서부로 간다는 것이다. 그래서 1862년 남북전쟁 와중에 의회는 대서양과 태평양을 대륙횡단철도로 연결하기로 결정했다(Verstraete 2002). 이 거대 프로젝트는 내전 중에 국가 정체성을 확인하기 위한 것이었다. 또 아메리카 원주민과의 교전에 필요한 군수물자를 수송하고, 상품을 서부로, 나아가 아시아로 운송하기 위한 것이었다. 중국인 노동자 수천 명을 고용하여, 캘리포니아주 새크라멘토와 네브래스카주 오마하를 잇는 노선이 놀랍게도 7년 만에 완성되었다. 이 노선의 완공은 사진기로 기록됐다. 서부라는 미지의 국토를 담은 사진이 동부로 전달되어, 이 공유지에 대한 미국 국민의 믿음과 흥분을 불러일으켰다. 철도 부설 사진은 태동하는 미국이라는 상상의 공동체에 필수적이었다. "영웅적인 상상의 국가 공간"를 창조하고 재생한 것이다. 물론 이렇게 확립된 국가는 철도를 건설한 중국인을 포함하여 수많은 사람을 배제한 국가였다 (Verstraete 2002). 사진으로 국가 공동체에 대한 공동의 상상을 유발한 것인데, 이는 앤더슨Anderson이 유럽에서 인쇄자본주의로 유발되었다고 지적한 과정과 닮아 있다(Anderson 1991).

철도 부설은 서부 개척지의 초기 관광에 특별한 결과를 낳았다. 여행자는 철도가 유례없는 속도로 말미암아 공간을 무화한다는 점을 각별히 언급했다. 물론 객차가 꽤 안락해서 이 속도를 온전히 느끼기는 힘들었다. 기차 여행은 광대한 파노라마, 열차가 휩쓸고 지나가는 거대한 규모와 크기와 지배력의 경관에 대한 압도적 감각을 불러일으켰다(Retzinger 1998: 221-224).

다음 절에서는 19세기의 새로운 공간이 유도한 사교성을 살펴보면서, 철도가 열어젖힌 참신한 두 개의 미시 공간에 주목할 것이다.

사교

19세기 철도로 인해 새로운 중요한 사교 장소로서 객실과 역이 탄생했다. 이것들이 중요한 것은 새로운 철도 승객이 이 새롭고 밀폐된 공간에 던져 넣어져 많은 '낯선 사람'과 함께 있게 되었기 때문이다. 객실과 철도역 때문에 대부분의 초기 비평가들은 낯선 사람과 함께하는 철도 여행이 민주적이라고 믿었다. 예를 들어, 토머스 쿡은 다른 사람과 같이 기차로 여행하는 것이 민주적이고 진보적인 영향을 미친다고 생각했다. "철도 여행은 민중을 위한 여행이다. 가난한 사람도 부자도 이용할 수 있다"(Brendon 1991: 16 재인용; Schivelbusch 1986: 5장). "관광의 황제" 쿡은 여행이 "보편적 우애를 증진한다"고 했다(Brendon 1991: 31-32 재인용). 이러한 대중적 여행은 특히 1851년 런던 대박람회 당시 두드러졌다. (당시 인구는 1,800만 명에 불과했는데) 6백만 명이라는 어마어마한 인파가 런던을 방문했고, 그중 다수가 특히 잉글랜드 북부에서 기차를 타고 왔다.

흥미로운 것은, 철도회사가 처음에는 저소득층 승객으로 이루어진 대규모 시장의 경제적 잠재력을 전혀 깨닫지 못했다는 사실이다. 철도는 애당초 상품이나 상류층 승객 수송을 위해 기획되었기 때문이다(Richards, Mackenzie 1986:167). 이제 철도 여행을 **사회적**으로 조직화할 전문가가 필요했는데, 그가 바로 토머스 쿡이었다. 그는 여행을 단순하고 대중적이고 저렴하게 만듦으로써 철도의 기술혁신을 사회 혁신으로 이끌었다. 그는 다양한 노선의 차표 사전 발권, 요금이 저렴한 일괄 예약 협상, 철도 쿠폰 개발, 수화물 사전 발송, 호텔 쿠폰 및 일주여행 차표 발행을 시작했다(Lash, Urry 1994: 263-264). 그는 "세상이 다 움직이고 있는 이 변화의 시대에 제자리에 있는 것은 범죄"라고 역설했다(Brendon 1991: 65 재인용).

새로운 철도로 대중적 여행이 급증했지만, 여행자 사이에는 사회적 구별이 뚜렷해졌다(물론 여행할 수 있는 사람과 없는 사람 사이에도 그랬다)(영국의 이런 현상에 대해서는 Richards, Mackenzie 1986: 6, 7장 참조). 유럽에서는 부유한 사람과 가난한 사람이 차츰 서로 다른 객실(그리고 사실 서로 다른 유형의 객차)에 타게 되었다. 철도는 산업자본주의와 더불어 출현하던 층층의 계급제도를 반영할 뿐 아니라, 이를 제도화하는 데에 큰 역할을 했다. 근대의 질주는 서로 다른 객실과 기차에서 일어났다. 계급에 따라 들어갈 수 있는 객실이 달랐다. 사교는 점차 계급 간이 아니라 계급 내에서 이루어졌다.

이러한 패턴은 영국에서 만들어졌다. 영국에서는 여행객을 세 등급으로 분류하고 여기에 연계하여 기차와 역 시설도 등급을 나누었다(자세한 내용은 Richards, Mackenzie 1986: 6장 참조). 객실과 열차 등급, 목적지의 '사회적 분위기', 역으로 짐을 옮기거나 차표 구매를 할 때 사람을 쓸 수 있는지 여부를 둘러싸고 구별이 생겼다(고용인과 여행에 대해서는 Richards, Mackenzie 1986: 141 참조). 남녀가 같이 여행하는 것과 여성이 희롱을 당하는 것도 크게 쟁점이 되었다. 1840년대 영국의 일부 열차회사는 동행 없이 여행하는 '숙녀'를 위한 전용 대기실과 객차를 선보였다. 그러나 1880년대에는 이런 일이 줄어들었다. 그리고 제1차 세계대전 중에는 여성이 철도와 관련한 다양한 직종에서 일했다(그러나 일본에는 여전히 여성 전용 객차가 남아 있다).

미국에서는 기차가 계급에 따라 특화되지는 않았지만, 요금에 따라 시설 차이가 컸다. 그뿐 아니라 기차, 그리고 실은 대기실에도 등급이 있었다(Richards, Mackenzie 1986: 146-147; Carter 2001: 1장). 등급 구별은 공적 지위보다는 구매력 차이에서 비롯되었다.

전반적으로 보아, 철도로 장거리 모빌리티가 급증함에 따라 사회계급이 다양한 형태의 '네트워크 자본'을 통해 재생산되기에 이르렀다(본서 9장 참조). 유럽 부유층에게 온천마을을 복잡하게 순회하는 것은 국제적 네트워크 자본의 주요 형태이기도 했다. 이런 온천마을에 가려면, 제한된 수의 고가 콘도나 호텔 객실을 이용할 여유가 있어야 했기 때문이다. 온천마을은 사교계의 세계시민적 상류층이 유럽 각지에서 몰려드는 장소였는데, 이들이 이제는 기차를 이용했다. 이런 장소들이 철도를 통해 '더 가까워짐'에 따라, 인기 있는 장소들을 순회하는 여행이 증가하면서 새로운 사교 방식이 출현했다. 온천을 통해 문화자본이 조성되었고, 유행을 선도하는 사람들은 이런 장소에서 새로운 소비에 탐닉했다(Blackbourn 2002: 15).

　비슷한 계급 출신이더라도 서로 잘 모르는 상태에서 남녀가 함께 철도 여행을 하면서 새로운 사교 방식이 나타났다. 1860년대까지 유럽의 기차 객실은 대부분 역마차처럼 기차 외부에서 객실로 곧장 들어가는 구조였다. 이로 인해 다른 승객과 함께 말 그대로 객실에 갇힌 승객을 노린 악명 높은 범죄가 심심치 않게 일어났다(Schivelbusch 1986: 79-84). 반면에 미국식 객차는 처음부터 하천 증기선과 비슷하게 중앙 복도가 있는 구조라서 승객(및 열차 강도)이 기차 안을 쉽게 오갈 수 있었다(Schivelbusch 1986: 6장).

　이러한 새로운 환경에서 모르는 사람끼리 어떻게 적절한 사회적 거리를 유지하는지를 두고 많은 논의가 있었다. 레이먼드 윌리엄스는 20세기 철도역 승강장에 대해 "이런 거리두기는 혼잡한 사회의 관행이었지만, 철도역 고유의 관행이기도 했다"고 썼다(Williams 1988: 315). 서로 모르는 승객끼리 스스럼없이 대화를 나누는 역마차와 비교할 때, 기차 승객은 새로운 방식의 사회적 거리두기를 실천했다(Schivelbusch 1986: 74-75 참조). 짐멜의 다음과 같은 대조는 이 점을 이해하는 데에 도움이 된다. "19세기에 버스나 기차나 전차가 발달하기 전에는 … 서로 말을 건네지 않으면서 … 몇 분이나 몇 시간 동안 줄곧 마주보는 것은 난처한 일이었다. 현대의 교통은 점차 인간의 감각적 관계 대부분을 시선으로 축소한다"(Schivelbusch 1986: 75 재인용). 이러한 사회적 거리두기는 널리 퍼져 나가 바로 옆 동승자의 몸조차 최대한 보지 않으려 하는 정도에까지 이르렀다. 고프만에 따르면, 공공장소에 있으면서도 타인을 주시하기를 최소화하는 "예의 바른 무관심"의 계발이 중요했다. 특히 기차 객실에서는 이것이 꼭 필요하지만 실천하기는 쉽지 않다. "주시하지 않으려면 다른 방향을 뚫어지게 바라보거나" "스스로 할 일"을 찾아야 한다(Goffman 1963: 137). 고프만은 우리가 신문이나 잡지라는 "어떤 막screen을 항상 들고 다니면서, 그것을 펼쳐 들고는 낯선 사람과 교류하지 않아도 되는 구실로 삼는다"고 강조한다(Goffman 1963: 139).

기차 여행은 초기부터 독서와 연계되어 있었다. 실제로 빅토리아 시대에 독서 습관이 크게 발전한 것은 대다수 철도역에 책 가판이 생겨서 기차에서 읽을거리가 크게 늘었기 때문이기도 하다(Richards and Mackenzie 1986: 298-303). 현대에는 컴퓨터나 이동전화 화면screen을 이용해 다른 사람의 관심으로부터 자신을 가리고 자기가 침묵하는 이유를 변명한다(여성은 남성의 희롱을 피하는 데에 활용할 수 있다). 고프만은 또한 낯선 사람 사이의 대화가 '익명적'이게 되는 경향이나 이름(또는 이메일 주소나 이동전화 번호) 밝히기를 사양함으로써 "앞으로도 영영 알아보지 못하게" 하는 경향에 주목한다(Goffman 1963: 139). 그가 특히 강조하는 것은, 객실과 철도역에서 통상 이루어지는 낯선 사람끼리 나누는 대화의 "빈약한" 성질이다.

최근 영국 철도 이용객 2만 5천 명을 대상으로 벌인 조사에서, 절반 이상이 **일부** 여행 시간에, 3분의 1 이상은 **대부분** 여행 시간에 심심풀이 독서를 하는 것으로 나타났다. 전체적으로 심심풀이 독서가 시간을 보내는 가장 인기 있는 방법이었다[Lyons, Jain, Holley 2007]. 업무나 공부는 출장자가 가장 많이 하는 활동이다. 여행 시간을 이렇게 쓰는 비율은 출장자가 통근자보다 두 배 이상 높다. 이와 대조적으로, 여가 여행자는 창밖을 내다보거나 다른 사람들을 보는 데에 쓸 가능성이 두 배 높다. 스쳐 지나가는 풍경은 실로 '관광객의 시선'이 드러나는 여가 체험의 일부이다[Urry 2002c]. 통신을 보면, 전체 승객의 1퍼센트가 대부분의 시간을 전화나 문자메시지에 소비하는 반면, 19퍼센트는 **일부** 시간을 개인적 전화나 문자메시지에, 8퍼센트는 **일부** 시간을 업무상 전화나 문자메시지에 쓴다. 전체적으로 승객들은 이동 시간을 죽은 시간이라고 느끼지 않지만, 젊은 사람일수록 이 시간을 낭비로 간주하는 비율이 높다. 최근 영국 철도운영사 버진트레인이 런던 지하철을 운행하는 자사 기차에 "소중한 사색의 시간"을 제공한다는 식으로 광고하는 것은 흥미로운 일이다.

승객이 여행을 계획하는지도 따져 볼 수 있다. 승객 중 13퍼센트는 '많이' 계획했고, 41퍼센트는 '조금' 계획했으며, 47퍼센트는 '전혀' 계획하지 않았다[Lyons, Jain, Holley 2007]. 일등석 승객은 다른 승객(12퍼센트)보다 사전 계획을 훨씬 많이 세운다(24퍼센트). 이동 시간을 낭비라고 생각하는 승객 중 사전 계획을 세우지 않는 비율(70퍼센트)은 이동 시간을 매우 소중히 여기는 승객(31퍼센트)보다 두 배 이상 높았다. 승객의 3분의 1 이상이 책, 4분의 3 이상은 신문, 3분의 1은 서류, 3분의 2 이상은 이동전화를 소지한다["대기 중 소지품"에 관한 조사는 Gasparini 1995 참조]. 출장자는 노트북, PDA, 휴대용 컴퓨터, 서류를 소지하는 비율이 월등히 높다. 이에 비해 통근자는 책이나 개인용 스테레오라디오 소지 비율이 더 높다. 여가 여행자는 잡지 소지 비율이 높고, 신문 소지 비율은 낮다.

또 다른 연구에 따르면, 이동 중에는 이동전화가 가장 유용한 장치다. 이동전화는 동료 및 고객과의 중요한 연결 고리를 제공한다. 철도 승객의 5분의 1 이상이 이런 기기 덕분에 기차에서 보내는 시간이 훨씬 좋아진다고 생각했다(물론 전체 승객의 절반에 가까운 46퍼센트는 이러한 전자기기가 있다고 해서 이동 시간이 나아지지는 않는다고 생각한다). 그 비율은 일반적으로 출장자가 좀 더 높고, 여행자는 다소 낮았다. 일등석으로 여행하는 사람은 전자기기로 시간을 효율적으로 사용한다고 여기는 비율이 높다(Lyons, Jain, Holley 2007).

열차 시간의 경험과 경과에 관한 연구는 몇 가지 흥미로운 특징을 보여 주는데, 특히 여행 중 시간의 확장이나 압축이 그렇다(Watts 2006 참조). 별다른 일이 일어나지 않을 때에는 시간이 느릿느릿 지나가거나 멈춰 서있는 것 같지만, 여러 가지 일을 한꺼번에 처리해야 하는 긴장된 시간도 있다.

마지막으로, 19세기 유럽과 북미에 등장한 새로운 공공공간으로서의 철도역(그리고 철도호텔)을 살펴보자. 에드워즈Edwards는 철도 건축에 대해 이렇게 말한다. "19세기에 가장 중요한 신식 건축 중 하나는 웅장한 철도역이었다. 공학 기술 솜씨, 인간 이동 규모, 기능 복잡성 측면에서 여기에 버금가는 것은 없었다"(Edwards 1997: ix; Sachs 1992: 162에서는 철도역을 "성당"이라고 표현한다). 19세기 중후반에 이처럼 강철, 벽돌, 유리로 지은 대건축물이 얼마나 놀라운 것이었는지는 상상하기 어렵다. 그 인상적인 규모나 웅장함에서 중세의 교회나 성당에 필적할 만했다.

그러나 철도역이 근대 세계를 상징한다는 것은 건축양식만 그런 것이 아니다(물론 철도역은 많은 경우에 유서 깊은 고전양식이나 고딕양식을 차용했다). 철도역이 공간의 재편에 큰 역할을 한 것이다. 철도역은 흔히 허브가 되었다. 수많은 장소에서 온 여행객이 통과하는 이런 장소는 큰 마을이나 도시를 형성했다. 19세기 후반 시카고의 급성장은 스물일곱 개 철도 노선이 교차하는 장소였기 때문이다(이 노선들은 모두 시카고가 종착역이었다)(Richards, Mackenzie 1986: 219). 영국의 크루와 스윈던은 여러 철도 노선이 만나기 때문에 생겨난 곳이다. 케냐의 나이로비와 시베리아의 블라디보스토크도 비슷한 사례이다. 19세기에 성장한 철도호텔도 이러한 사회적 혼합을 야기했다. 특히 여성 여행객을 포함하여 일반 대중도 이 호텔에 출입할 수 있었다(Mennell 1985: 158). 19세기에 이런 호화로운 호텔은 과거와 같은 배타적 클럽이 아니라, 누구나 다른 사람을 볼 수 있고 자신을 보일 수 있는 장소가 되었다.

도시의 철도역은 대부분 건물이 빽빽이 들어찬 도심 주변에 위치했다. 그래서 (그로닝겐에서처럼) 상업 발달을 촉진했을 뿐 아니라, (런던의 킹스크로스에서처럼) 범죄와 매춘으로 지역 주민들 사이에 악명을 떨치기도 했다. 19세기 철도회사 간의 경쟁으로 주요 도시에는 종착역이 여럿 생겨나기도 했다(런던 15개, 모스크바 9개, 파리 8개). 그래서 종착역에서 종착역으로 승객을 실어 나르는 철도, 지하철, 도로가 연결되면서 이동이 더욱 활발해졌다. 새로운 역들을 연결하는 대로는 프랑스 제2제국 시대에 파리의 동맥을 재건하려 한 오스만의 사업에서 핵심이었다(본서 4장 참조).

게다가 철도역의 유형은 매우 다양해졌고, 그래서 거기서 일어나는 다양한 사회적 교류를 반영했다. 개인 전용 역,[10] 경마장역, 항만역, 차량

---

[10]   개인 전용 역은 부유층이 자기 가족이나 손님만 사용하도록 설치하는 간이역을 말한다.

기지역, 공장역, 병원역, 학교역, 집유소集乳所역, 공항역, 왕립역, 철광산역, 석탄 광산역, 통근역, 순례역, 온천역, 해변역, 시골역 등이 그것이다(Richards, Mackenzie 1986: 8장).

그리고 철도역은 그 어떤 이동 장소보다도 판타지, 소설, 영화에서 자주 다루어진 장소일 것이다. 그중에서도 에밀 졸라, 토마스 만, 마르셀 프루스트, 로렌스 더럴, 아서 코난 도일, 아널드 베넷, 노엘 코워드, 찰스 디킨스, 그리고 《안나 카레니나》를 쓴 레오 톨스토이는 이제 고전이 된 소설을 철도역과 기차 내부나 주변을 배경으로 펼쳐 나갔다. 이런 곳들은 먼 곳에서 온 사람들의 삶이 우연히 합류하여 예기치 않은 사회적 교류가 일어나는 장소이다. 여기에서 등장인물은 흔히 단지 '잠깐 만나고 brief encounter' 다시 멀리(아니면 집으로) 이동한다(Richards, Mackenzie 1986: 360-364 참조, 기차역에서의 조우를 배경으로 하는 영화 〈밀회Brief Encounter〉에 대해서는 Carter 2001 참조).

결론

다음 장에서는 철도에 재앙을 초래한 자동차 시스템의 성장을 살펴볼 것이다. 19세기에 철도는 (앞서 살펴본 것처럼) 속도, 시간표, 새로운 사회적 공간에 방점을 찍기 시작했다. 그러나 자동차 시스템은 속도 관념에서 편의성 관념으로 넘어갔다. 자동차 시스템 덕분에 운전자는 공적 시간표를 뛰어넘어 자기 시간표대로 사회적 삶을 영위하는 법을 익혔다. 나아가 자동차 시스템은 철도 객차와 역을 넘어서 (거주 장소로서의 승용차 내부를 포함하여) 또 다른 공간을 폭넓게 창출하고 재생산했다. 20세기 동안 북미와 서유럽에서 철도는 동생인 자동차의 그늘에 가려졌는데, 이 동생은 한때 꼬마였지만 이제 덩치가 아주 커졌다(그리고 불량해졌다).

자동차 시스템이 이렇게 성장하는 동안 철도 시스템에는 어떤 일이 일어났는가? 그것은 왜 성장하는 경쟁자에 적응하거나 계속 반항하지 않았는가? 철도가 전형적으로 위계질서에 따라 조직되어 있다는 점이 중요하다. 군사적 위계질서 모델에 따라, 종종 제복, 호칭, 엄격한 노동 분업, 접대 차별화가 나타난다(Richards, Mackenzie 1986: 10장 참조). 이러한 위계질서는 일반적으로 철도를 건설한 민간기업과 20세기 '조직자본주의'에서 보편화된 국영 철도 모두의 특징이었다(Lash, Urry 1987). 본질적으로 철도 시스템은 매우 특수한 철도 서비스 제공에 초점을 맞춘 군사기계였다. 따라서 성장하는 자동차 시스템에 맞서 거기에 적응하고 공진화하는 능력은 거의 없었다(Featherstone, Reducft, Urry 2004 참조).

앞으로 우리는 자동차가 얼마나 복잡하고 적응적인 시스템인지 살펴볼 것이다(Urry 2004 참조). 자동차 시스템에서는 사람을 장소에서 장소로 옮기는 것이 전부가 아니다. 자동차 시스템은 오히려 삶의 방식, 즉 경제적·사회적·문화적 삶을 조직하는 방식이다. 앞으로 살펴보겠지만, 그것은 자기생산 시스템으로서 매우 적응적이고 확장적이다. 그리고 여타 시스템들이 작동하는 환경을 지속적으로 변형함으로써 그 시스템들을 지배한다. 반면 철도는 (설령 민간 소유일지라도) 어떤 공공적 위계질서에 따라 A에서 B로 주기적으로 이동하는 열차를 제공할 따름이다. 그것은 복잡적응계가 아니라 하나의 위계질서이다.

그러나 철도 시스템도 제한적이나마 세 가지 방식으로 응전했다. 속도, 신자유주의, 통합운송이 그것이다. 자동차 시스템에 대한 철도 시스템의 첫 번째 응전은, 초고속열차 운행이 가능한 새로운 노선의 부설이다. 초고속열차는 노선에 있는 많은 장소를 건너뛰어 드문드문 정차한다 (Whitelegg, Hulten, Flink 1993). 이러한 고속 시스템의 효시인 신칸센 고속철도는 1964년 도쿄올림픽을 위해 건설되었지만, 이제 이 시스템은 속도 경쟁에서 자동차를 이길 야심찬 시도이다. 프랑스의 TGV와 독일의 ICE는 유럽 횡단 교통망을 기반으로 유럽 대륙에 고속 공간을 구축하는 선도적인 시도이다(Richardson, Jensen 2003 참조).

공공 철도 쇠퇴에 맞서는 두 번째 응전은, 신자유주의적 해법 혹은 시장적 해법을 옹호하는 것이다. 이는 소비자 지향에 더욱 방점을 찍는다. 영국에서 열차 승객은 이제 '고객'으로 불린다. 철도 시스템은 다양한 소비자층에 맞춰 신식 매표 시스템과 소비자 패키지를 제공한다. 특히 그레이엄Graham이 말하듯이 일반 '대중'과 분리된 돈 많은 이용자를 위한 "프리미엄 네트워크 공간"이 증가했다(Graham 2004). 철도역도 그 안에 쇼핑 시설과 사교 및 문화 시설을 포함하는 장소로 재탄생했다. 역은 예전에는 여행자가 기차의 경로를 따라 지나가는 과도적 공간이었지만, 이제는 또 다른 도시 공간이 되었다. 이제 역사驛舍는 유동적인 기능에 혼성적인 의미를 띤, 후기산업 시대의 소비 장소이다(Edwards 1997: 173).

세 번째 응전은 통합적 이동 시스템이다. 기차와 역은 재통합된 이동 시스템의 일부가 된다. 버스, 기차, 경전철, 자전거는 모두 새롭게 활성화된 공공 시스템으로 재통합되었다. 바이거Vigar가 말하듯 교통계획의 "새로운 현실주의"가 이를 뒷받침했다(Vigar 2002). 철도역은 모든 이가 자유롭게 통행하는 공공 구조물로 변하면서 도시의 여러 부분을 잇는 '다리'가 되었다. 브라질의 쿠리치바시의 버스 시스템은 이 새로운 대중적 이동을 구현한 하나의 모델이다"".

공공 철도 시스템은 자동차 시스템이 변형시킨 환경에서 살아남고자 고투했다. 그러나 앞서 언급한 세 가지 응전으로는 공공 재원으로 건설하고 유지되는 도로를 달리는 자동차의 지배력을 전 지구적 차원에서 약화시키기 어려웠다. 다음 장에서는 거듭 확장하고 자기조직화하는 자동차 시스템의 특성을 살펴볼 것이다.

---

11 쿠리치바의 버스교통시스템은 생태 디자인과 저탄소 시스템 외에 승하차 시간을 획기적으로 줄인 튜브 정류장과 중앙버스차로로 세계 최고 수준의 대중교통시스템으로 평가받는다. 지하철 없이 대중교통 문제를 해결한 이 도시의 시내버스는 '땅 위를 달리는 지하철'로 불릴 만큼 신속함과 연계성 등 지하철의 장점을 구현했다. 일반 버스의 운행이 끝나는 자정부터 새벽까지는 간선교통축을 중심으로 심야버스를 매 시간마다 운행하여 24시간 내내 버스를 이용할 수 있고, 노인과 장애인 등 교통약자가 전화를 걸면 버스가 즉시 달려가는 수용응답형 시스템을 갖췄다.

제6장

자동차와 도로의 체류

우리는 주구장창 자동차에 관해서만 이야기한다.

(버지니아 울프Virginia Woolf, 《일기Diary》, vol. 3, p. 146)

간략한 역사

이 장에서는 오솔길, 보도, 철도 승객에게는 치명적인 자동차 시스템의 성장을 살펴본다. 앞 장에서는 19세기에 철도가 기계 속도, 시간표, 정시성, 시계시간, 공공공간을 새롭게 강조했음을 살펴보았다. 하지만 자동차 시스템의 출현은 속도 개념 대신에 편의성 개념을 도입했다. 자동차 시스템 덕분에 운전자는 공적 시간표를 뛰어넘어 자기 시간표대로 사회적 삶을 영위하는 법을 익혔다. 더 나아가, 자동차 시스템은 철도 객차와 역을 넘어 (거주를 위한 장소로서의 승용차 내부를 포함하여) 또 다른 공간을 폭넓게 창출하고 재생산했다. 길로이Gilroy에 따르면, 자동차의 세기인 20세기 내내 북미와 서유럽의 철도 시스템은 동생의 그늘에 가려진 형과 같은 존재였다. 동생은 한때 꼬마였지만 이제 덩치가 아주 커졌다(그리고 불량해졌다)(Gilroy 2000: 81). 이 장에서는 자동차가 자기생산 시스템으로 구성되면서 유발한 변화들을 살펴본다. 이 장의 다른 제목은 '자기생산적 자동차 모빌리티'다.

이제 초라한 자전거가 어떻게 자동차를 위해, 그리고 자동차의 소로, 보도, 도로, 고속도로 점령을 위해 길을 닦았는지부터 살펴야 한다. 자전거는 "자유로운 모빌리티의 쾌락"을 열어젖혔다. 자전거 타는 사람은 기차, 지역성, 시간표에서 풀려나 자율적으로 이동하고 속도를 낼 수 있었다. 에밀 졸라는《파리Paris》에서 자전거가 "공간을 가로질러, 억압적인 모든 속박으로부터의 해방을 무한히 희구하도록" 만들었다고 썼다(Sachs 1992: 103 재인용). 자전거가 구현한 새로운 이동은 특히 19세기 유럽 여성에게 속도감, 자율성, 해방감을 안겨 주었다(자전거가 여성 의복에 미친 여파에 대해서는

Sachs 1992: 104 참조). 자전거는 예전에 말을 이용한 이동과 마찬가지로, 시간표에서 벗어나는 자율성을 제공했다. 자전거가 불러일으킨 속도와 자유로운 이동에 대한 열망을 계승한 것이 자동차 경주의 성장과 신기록 수립이었다.

자전거가 지닌 문제를 점차 극복해 나간 것은 바로 자동차라는 신형 속도기계였다. 가령, 자전거와 달리 자동차는 따뜻한 실내가 있는 "동력화된 객차"로서 악천후를 어느 정도 막아 줄 수 있었다(Sachs 1992:9; Setright 2003). 그러나 19세기 말 초기의 자동차 개발자는 자신이 만들어 내는 것이 무엇인지 실감하지 못했다. 카를 벤츠Karl Benz의 부인 베르타 벤츠Bertha Benz는 자동차 발전에 중요한 역할을 했다. 1885년 남편 차를 작업장에서 꺼내 80킬로미터 떨어진 친정까지 몰고 간 것이다. 일각에서는 이를 자동차를 **사회적으로** 활용한 최초의 사건이라고 말한다. 당시 남성들은 대부분 자동차를 '속도기계'로 이해했기 때문이다. 초기 자동차는 일상적 이동 수단이기보다는 사회적 우월성을 입증하는 수단이었다. 이는 특히 유럽의 초기 자동차 디자인에 잘 나타나 있다(Sachs 1992: 10-11).

특히 미국에서는 초기부터 자동차를 전문 운전기사 없이 스스로 운전하는 것으로 여겼고, 그래서 차차 여성도 운전대를 잡게 되었다. 자동차는 금세 개인이 소유하고 운전하는 소비재로 자리 잡았다. 개인은 A에서 B까지 차를 몰 수 있는 능력을 통해 점차 기술적 전문성을 과시하게 되었다. 이처럼 새로이 태동한 현대적 기술문화에서 특히 중요한 것은 자동차 애호가였다. 이들은 신식 기계를 '땜질'하여 이 대량생산 기계가 자신의 욕망에 잘 어우러지도록 만들었다(Franz 2005: 10). 신식 기계에 램프, 전기시동장치, 차체, 루프랙, 트렁크, 화물칸, 히터 등을 추가한 것이다. 자기 차를 다루는 법을 아는 것은 곧 중요한 전문성이 되었다. 수많은 중산층 여성도 이런 일에 매력을 느끼면서 '수동적 소비자'라는 관념이 흔들리게 되었다. 기술의 기업화로 전통적 젠더 역할이 다시 공고해진 것은 1920년대 후반과 1930년대 들어서다(영국에서 자동차의 초기 젠더화에 대해서는 O'Connell 1998 참조).

1890년대 초에 이 말 없는 마차를 굴리는 방식은 주로 세 가지였다. 휘발유, 증기, 전지가 그것인데, 당시에는 증기와 전지가 더 "효율적"이었다(Motavalli 2000: 1장; Miller 2000b: 7). 휘발유 자동차의 최종 승리는 미미하고 다소 우발적인 몇 가지 이유 때문이었다. 그중 하나는 1896년 시카고에서 열린 '말 없는 마차 경주'를 완주한 자동차 두 대 중 한 대가 휘발유 자동차였다는 사실이다. 휘발유 시스템이 구축되어 '잠금' 상태가 된 것은 1908년 포드의 첫 번째 T 모델이 등장하면서다. 얼추 미래주의자 마리네티Marinetti가 새로운 "속도의 미"를 선언할 무렵이다(Platt 2000: 39). 20세기의 첫 10년 동안 미국의 등록 자동차 대수는 8천 대에서 50만 대로 급증했다. 포드주의 생산 및 소비 시스템은 역사적으로 보면 꽤 초창기에 확립된 것이다.

아서Arthur가 기술한 바와 같이, 19세기 말에 차례로 일어난 소소한 일들이 20세기에 돌이킬 수 없는 결과를 가져왔다(Arthur 1994a). 본질적으로 세기말에 시작된 자동차 시스템은 당시 더 나은 대안일 수 있었던 것들을 압도하게 되었다(Motavalli 2000; 다양한 동력원의 젠더화에 대해서는 Scharff 1991 참조). 휘발유 자동차의 '경로의존성'은 '잠금' 상태가 되었고, 이 '잠금'은 기업 정책이 되어 대대적으로 촉진되었다. 1932년 제너럴모터스가 미국의 노면 전차를 사들인 다음에 폐쇄해 버린 사건이 그렇다.

포장도로 건설이라는 대대적인 정부 정책도 휘발유 동력 철제 자동차의 경로의존성에 일조했는데, 초기에는 주로 북미와 북유럽에서 그랬다. 자동차가 1900년대 초반까지 계속 발전하기는 했지만, 1932년부터 광범위한 포장도로가 나타나기 전까지는 미국에서 자동차로 갈 만한 장소가 마땅치 않았다(주간州間 고속도로 건설은 1956년에야 시작되었다). 전간기 독일의 도로 건설은 특히 나치가 자동차 전용도로 모델을 개발했다는 점에서 큰 의미가 있다(Sachs 1992: 12-15; 48-54). 따라서 각 국민국가는 도로 건설 및 기타 인프라 지출을 통해 "사회적 관계 및 개인적 관계의 가능성과 잠재적 한계를 만들어 낸다"(Cerny 1990: 194)고 말할 수 있다.

　교통량 증가를 예측하고 신도로 건설로 이를 뒷받침하는 것은 특히 20세기 중엽에 두드러졌다(Cerny 1990: 190-194). 자동차는 유토피아적 진보 관념과 맞물렸다. 자동차가 끊임없이 확장하고 다른 모빌리티 시스템을 압도하는 것은 자연스럽고 필연적인 일로 간주되었다. 자동차를 통한 현대화, 그리고 시공의 제약을 제거하는 자동차의 능력에 걸림돌이 있어서는 안 된다고들 생각했다(Sachs 1992: 26-28). 한 세기를 거치면서 자동차는 자연화되었고, 그 확장에 필요한 다양한 조직과 맞물려 점차 대규모로 자리 잡았다. 이 과정이 비교적 쉽게 가능했던 데에는 새로운 담론이 일조했다. 운전사는 적절한 훈련을 받고 자격을 갖추어야 한다는 것, 그리고 갈수록 자동차가 독점하는 길을 안전하게 건너려면 보행자가 올바르게 행동해야 한다는 것이었다.

　다음 절에서는 20세기와 21세기 초에 걸쳐 전 세계에 긴 그림자를 드리우게 된 자동차 모빌리티 시스템의 몇 가지 특징을 살펴볼 것이다. 전 세계에서 자동차를 이용한 이동이 1990년에서 2050년 사이에 3배 증가하고, 2030년에는 자동차 대수가 10억 대에 이를 것이라고 전망되는 상황에서, 자동차 모빌리티 시스템의 의미는 여전히 중차대하다[Hawken, Lovins, Lovins 2000; Motavalli 2000: 20-21]. 1974년 호바스Horvath는 "자동차는 20세기 미국문화에서 가장 중요한 혁신으로 입증될 것"(우리는 '전 세계 문화에서도' 그럴 것이라고 덧붙일 수 있겠다)이라고 주장한 바 있다[Horvath 1974: 168; 이와 관련한 비교 연구는 Kenworthy, Laube 2002 참조].

자동차 모빌리티의 자기확장

자동차 모빌리티 시스템은 수많은 구성 요소를 **조합**하여 '특정한 성격의 지배'를 생성하고 또 재생산하는데, 이는 20세기 내내 그러했다[이와 관련한 독창적 주장은 Seller, Urry 2000 참조; Cerny 1990: 189-195]. 자동차는 단지 한 장소에서 다른 장소로 이동하는 교통시스템이 아니라 하나의 삶의 방식이다. 자동차는 그 여러 뚜렷한 특징 덕에 이전의 어떤 모빌리티 시스템과도 다른 것이 되었다. 첫째, 자동차는 20세기 자본주의의 선도적 산업부문과 (포드, 제너럴모터스, 볼보, 롤스로이스, 벤츠, 도요타, 푸조-시트로엥, 폴크스바겐 등) 상징적 기업이 생산하는 핵심 공산품이다. 20세기에 10억 대의 자동차가 생산되었고, 현재 5~6억 대의 자동차가 세계 곳곳을 굴러다닌다. 여러 나라가 차례로 자동차산업을 발전시켜 왔는데, 현재는 중국이 가장 중요하다. 자동차산업에서 포드주의와 포스트포드주의 같은 사회과학의 결정적 개념이 출현했고, 자동차산업은 조직자본주의 사회의 본질에 관한 다양한 이론 및 연구의 틀을 만들었다[Lash, Urry 1987; Lash, Urry 1994 참조].

많은 사회과학자에게 자동차산업은 자본주의 **그 자체이다**. 물론 기이하
게도 자동차의 소비나 사용 측면이 아니라 생산에만 초점을 맞추기는 했
지만(이와 다른 연구는 Featherstone, Thrift, Urry 2004 참조).

둘째, 자동차는 대부분 가정에서 주거비에 버금가는 주요 소비 품목
이며, 새로운 청년 세대가 등장할 때마다 더 인기가 높아져 온 품목이다.
자동차는 어른이 되었다는 상징이고 시민권의 표식이며, 사교와 네트워
킹의 기초이다(Carabine, Longhurst 2002 참조). 전체적으로 보아 자동차는 매우
값비싼 이동 수단인데, 자동차 자체 가격뿐 아니라 수리, 서비스, 연료,
세금, 액세서리, 보험 등의 비용을 고려해야 한다. 그럼에도 불구하고, 많
은 사회에서 꽤 가난한 집조차 자동차를 소유하거나 대여하거나 렌트해
서 이용한다(Miller 2000; Raje 2004; Froud, Johal, Leaver, Williams 2005). 자동차는 형사
사법제도를 과점한다. 자동차 안의 물건이나 자동차를 훔치는 일, 그리
고 자동차 시스템이 야기하는 수많은 신종 '범죄' 때문이다. 자동차는 다
양한 기호가치로 소유자에게 지위를 부여한다. 이러한 기호가치는 속도,
가정, 안전, 성적性的 성공, 직업적 성취, 자유, 가족, 남성성, 심지어 유전
적 번식까지 망라한다. 개별 자동차는 의인화되기도 한다. 그래서 이름
을 부여하거나, 반항적이라고 여기거나, 우아하거나 초라하게 '나이 든
다'고 여긴다(이와 관련한 다양한 문화의 차이는 Miller 2001 참조). 전반적으로 자동차의 소
유나 점유와 관련된 '자동차 정서'는 가지각색이다. 이 리비도 경제'에서
는 "특정 모델이 수집, 애장, 세차, 숭배," 욕구, 운전이라는 "욕망의 대상
이 된다"(Sheller 2004a: 225).

---

1   프로이트Freud가 욕망 혹은 리비도의 일반적 생산 · 분배 · 소비 원리를 지칭하고자 사용한 표현.

셋째, 자동차 모빌리티는 다른 제도와 산업, 관련 직종과 기술적·사회적으로 자못 다양하게 상호연결되면서 구성되는 막강한 복합체이다 (Freund 1993). '자동차' 자체가 중요한 것이 아니라 자동차의 상호연결 시스템이 중요하다. 슬레이터Slater는 이렇게 주장한다. "자동차가 자동차인 것은 물리적 특성 때문이 아니다. 〔재화와 서비스의〕 공급 체계와 사물 범주가 어떤 안정된 형식으로 '물질화'된 것이기 때문이다." 이로 인해 자동차는 자동차-운전자 혼성체에 독특한 유도성을 행사한다(Slater 2001; Dant 2004). 자동차는 인허가 당국, 교통경찰, 석유정제 및 유통, 도로 건설 및 정비, 호텔, 도로변 서비스 지역 및 모텔, 자동차 판매 및 수리업체와 상호연결되고(Dant, Bowles 2003), 교외 및 녹지의 주택 지대, 소매 및 레저 단지, 광고 및 마케팅, 도시설계 및 계획과도 상호연결되어 매끄러운 이동을 보장한다(영국에서 고속도로 발전이 가져온 이러한 상호연결에 대해서는 Merriman 2004 참조). 이러한 상호연결은 '잠금' 상태를 이루어 자동차 시스템이 세계 전역으로 확산하는 데에 이바지한다. 자동차를 생산하거나 판매하는 사람과 이와 연계된 인프라, 제품, 서비스의 수익은 엄청나게 증대했다(수익 증대에 대해서는 Arthur 1994a; Arthur 1994b 참조). '잠금'이란 특정 제도가 시스템의 발전 방식을 구조화하는 것을 뜻한다. 노스North에 따르면, 이러한 제도들은 예측은 쉽고 되돌리기는 어려운 장기적 비가역성을 만들어 냈다(North 1990). 자동차 모빌리티 시스템이 새롭게 만들어져 전 세계에 바이러스처럼 퍼지는 가운데, 수십억 명의 행위자와 수천 개의 조직이 공진화하고 그에 적응해 왔다.

넷째, 자동차 시스템은 여가, 통근, 휴가를 위한 모빌리티의 지배적 형태이고, 그래서 걷기, 자전거, 철도 여행 등 그 밖의 모빌리티 시스템을 여기에 예속시킨다(물론 대륙마다 차이는 있지만)(이에 대해서는 Kenworthy, Laube

2002 참조). 자동차의 영토가 "점차 배타적"이 되는 것은 장기적 추세이다 (Horvath 1974: 175). 특히 보행자의 느슨한 상호작용과 모빌리티는 빡빡하게 통제되는 기계 모빌리티에 자리를 내주었다. (바라건대!) 매우 복잡한 기호 시스템 등을 준수하면서 도로 한쪽에서 차선과 속도를 지키며 달리는 그런 기계의 모빌리티 말이다. 전체적으로 자동차 시스템은 시간과 공간을 재조직하고, 따라서 사람들이 직장, 가정, 자녀, 여가, 쾌락과 관련한 기회와 제약에 대처하는 방식을 재조직한다(Horvath 1974; Whitelegg 1997). 이처럼 자유와 강제의 변증법을 통해 공적 생활과 사적 생활, 시간과 공간을 새롭게 형성하는 자동차 모빌리티의 역능에 관해서는 다음 절에서 검토할 것이다.

다섯째, 지배적 문화로 발돋움한 자동차문화는 20세기에 무엇이 좋은 삶인지, 이동적 현대인이 되려면 무엇이 필요한지에 관한 지배적 담론을 형성했다. 바르트는 자동차가 중세의 고딕양식 대성당에 필적한다고 했다. 그것은 "이름 없는 예술가가 열정적으로 고안해 낸 한 시대 최고의 창조물로서, 모든 사람이 사용하지는 않더라도 이미지로 소비하면서 순전히 마술적인 대상으로 전유하는 어떤 것"이다(Barthes 1972: 88). 이러한 마술적 대상(롤스로이스, 미니, 재규어, 페라리, 무스탕, 벤츠, BMW)은 특히 모더니즘 문학과 예술에서 이미지와 상징으로 탐구되어 왔다. E. M. 포스터, 버지니아 울프, 스콧 피츠제럴드, 대프니 듀 모리에, 잭 케루악, 존 스타인벡, J. G. 발라드의 소설이 그렇고(Bachmair 1991; Graves-Brown 1997; Pearce 2000; Enevold 2000 참조) 〈이지라이더Easy Rider〉, 〈롤링스톤Rolling Stone〉, 〈앨리스는 이제 여기에 살지 않는다Alice Doesn't Live Here Anymore〉, 〈보니와 클라이드Bonnie and Clyde〉, 〈배니싱 포인트Vanishing Point〉, 〈황무지

Badlands〉, 〈델마와 루이스Thelma and Louise〉, 〈파리, 텍사스Paris, Texas〉 같은 영화, 특히 〈이탈리안 잡The Italian Job〉, 〈블리트Bullitt〉, 〈크래시 Crash〉와 같이 자동차 추격전이나 자동차 충돌을 그린 전설적인 영화가 그렇다(Eyerman, Lofgren 1995). 자동차는 현대과학의 기호와도 연계될 수 있는 데, "신세대를 위한 자동차 DNA"로 묘사되는 BMW 자동차가 바로 그렇 다(Sheller 2004a: 232). 교외, 도심, 이동적 모텔문화를 포함하여 미국 사회에 관한 온갖 관념은 자동차에 기반한 남성주의적 근대성과 불가분하게 얽 혀 있다. 쿠바에서조차 그렇다. 쿠바에 남아 있는 1950년대 미국 자동차 의 놀라운 유산은 냉전이 끝난 1989년 이후 쿠바 관광 전략의 중심을 이 루었다(자동차와 국가 정체성에 대해서는 Edensor 2004 참조, 그리고 남성 정체성 기획으로서의 자동차 여 행에 대해서는 Enevold 2000 참조).

여섯째, 자동차 시스템은 엄청난 환경자원 사용과 놀라운 규모의 사상 자를 야기한다. 운송은 이산화탄소 배출량의 3분의 1을 차지한다. 자동 차의 제조 및 이동에 사용하는 재료, 공간, 에너지 규모는 어마어마하다. 자동차 시스템은 공기 질·의료·사회·오존층·시각·청각·공간·시 간과 관련하여 심대한 오염을 유발하고, 수많은 전쟁이 일어나는 데에 중 요한 역할을 한다(Whiteleggg 1997; Adams 1999). 또한 그 자체가 '부정성'을 생산 하기도 하는데, 이전의 어떤 모빌리티 시스템보다도 몇 배나 많은 사상자 를 낳고 있는 것이다. 영화화된 소설 《크래시Crash》는 자동차 시스템이 어쩔 수 없이 생산해 내는 극적으로 빠른 사망과 부상을 조명한다. 이 시 스템은 전 세계적으로 매년 120만 명의 사망자와 2천만~5천만 명에 이르 는 부상자를 양산한다. 이러한 엄청난 규모의 충돌 탓에 전 세계적으로 소모되는 비용은 5,180억 달러에 달하는 것으로 추산된다. 자동차 충돌은 자동차 시스템이 유발하는 예측 가능한 정상적 결과이다. 이처럼 자동차 충돌은 베크만Beckmann의 "자동차 위험 사회"[2]에서 "정상"임에도 불구하고 일탈적 "사고"로 치부된다(Beckmann 2001; Featherstone 2004: 3-4; Perrow 1999).

일곱째, '자동차 모빌리티automobility'에서는 (자서전autobiography 개념에 나타나는) 인간의 자기주도적 자아와 (자동적automatic 이동 능력을 보유한 자동제어 기계인) 사물 또는 기계가 융합한다. 이처럼 '자동auto'이라는 말의 이중적 공명은 '자동차-운전자'가 인간의 역량과 의지, 기계, 도로, 건물, 표지판의 혼종적 아상블라주임을 보여 준다(Thrift 1996: 282-284; Dant 2004). 그러므로 '자동(차)' 모빌리티는 자율적 인간이 각 사회의 길, 차선, 길거리, 경로를 따라 자율적으로 움직이는 능력을 가진 기계와 강력하게 결합하는 것을 뜻한다. 자동차 모빌리티는 자기조직하는 자기생산적이고 비선형적인 시스템으로서, 전 세계에 자동차, 자동차-운전자, 도로, 석유 공급망, 기타 수많은 새로운 사물, 기술, 기호를 퍼뜨린다(Capra 1996; Capra 2002; Prigogine 1997; Urry 2003). 이 시스템은 확장을 위한 전제 조건을 스스로 생성하는 것이다(Luhmann 1995).

다음 절에서는 바로 자동차 시스템이 자신이 사용하는 장치를 자기생산 능력을 통해 생산하는 방식을 드러내고자 한다. 자동차 모빌리티는 특히 유연성과 강제성의 독특한 조합을 통해 시공간을 재생산한다. 자동차 모빌리티가 시공간을 다시 구조화함에 따라, 자동차는 계속 증가해야 하고 시스템으로서 자동차 모빌리티는 더욱 확장돼야 한다. 자동차 시스

---

2 베크만의 '자동차 위험auto-risk 사회' 개념은 교통에서 이전의 단순한 위험danger들이 자동차 모빌리티에 대한 포섭automobilisation를 통해 위험risk들로 변형된 사회를 뜻한다.

템의 자기확장을 보장하는 것이 바로 이러한 시공간의 재생산이다. 사회적 삶은 이러한 모빌리티 양식에 비가역적으로 잠기게 되었다. 이 모빌리티 양식은 자동차 모빌리티로 만들어지고, 그래서 자동차 모빌리티의 지속적 확장과 시공간의 재구조화를 통해 어느 정도 다룰 수 있을 뿐이다.

모빌리티와 시공간

자동차 모빌리티가 사회적으로 꼭 필요하다거나 불가피하게 발전했다고 할 수는 없다. 그러나 일단 정착되고 난 뒤부터는 여기서 탈피하는 것이 불가능해 보인다. 이것은 자동차가 엄청나게 유연하고 **또한** 완전히 강제적이기 때문이다.

자동차 모빌리티는 자유, 즉 '도로의 자유'의 원천이다. 그 유연성은 어느 정도는 하이데거가 활주로의 여객기에 대해 말한 것처럼, 자동차가 "예비품"[3]으로서, 즉 바로 용재적인 것으로서 대기하고 있다는 데에서 나온다(Heidegger 1993: 322). 그런데 자동차가 여객기보다 훨씬 유연하다. 대부분의 자동차-운전자는 어떤 허가나 탑승권이나 다른 전문가 없이도 탑승해서 시동을 걸 수 있기 때문이다. 그것은 손쉽게 움직일 준비가 되어 있다. 서구 사회에서 대부분의 집, 직장, 여가 장소를 연결하는 (그리고 공공 재정으로 건설되는) 복잡한 도로 시스템을 따라 우리는 언제 어디로도

---

3 하이데거의 용어인 standing-reserve(독일어 Bestand)는 한국어로 '부품'으로 많이 번역하지만, 여기에서는 문맥상 '예비품'으로 옮긴다.

이동할 수 있다. 영국의 한 조사에 따르면, 응답자의 95퍼센트가 "운전은 원할 때 원하는 곳으로 갈 자유를 준다"는 데에 동의했다(Stradling, Meadows, Beatty 2002: 5). 자동차는 우리가 갈 수 있는 곳을 확장하고, 따라서 할 수 있는 일도 확장한다. 자동차의 유연성과 24시간 가용성이 없다면 많은 '사회적 삶'을 누릴 수 없을 것이다. 자동차가 있으면 느지막이 출발할 수도 있고, 연결편을 놓쳐도 무방하며, 비교적 시간에 구애받지 않고 이동할 수 있다. 그래서 자동차 모빌리티는 통근, 가정생활, 공동체, 여가, 즐거운 이동 등 새롭고 유연한 사회성을 비가역적으로 출범시켰다. 자동차 모빌리티의 성장은 역사적으로 보아 단지 승용차가 대중교통을 대체했다는 것보다는, 기본적으로 이동 형태가 새로워졌다는 것과 관계가 있다(Vigar 2002: 12; Adams 1999). 영국의 통합교통센터 베그Begg 소장은 이렇게 결론 내린다. "대부분의 승용차 이동은 승용차가 없었다면 대중교통으로는 하지 않았을 이동이다. 승용차는 유연하기 때문에 추가로 이동하도록 부추겼다"(Stradling, Meadows, Beaty 2002: 2 재인용).

승용차 여행은 이음매 없이 매끄럽다. 여타 교통수단은 여기에 비하면 유연하지 못하고 파편화되어 있다. 이른바 대중교통에는 이런 유의 매끄러움이 거의 없다(예외는 리무진 서비스를 이용해 공항을 오가고 항공기 일등석을 이용하는 승객이다). 여러 기계화된 대중교통수단들 사이에는 틈새들이 있다. 이러한 반半공공공간의 '구멍'은 불편하고 위험하며 불확실하다. 특히 여성, 아동, 노인, 인종차별을 당하기 쉬운 사람, 장애인 등에게 그렇다(Raje 2004).

승용차의 유연성은 사실 자동차 모빌리티가 **필요로 하는 것**이다. "자동차 공간의 구조"(Freund 1993; Kunstler 1994) 또는 "자동차 영토"의 "기계 공간"(Horvath 1974) 때문에, 사람들은 자못 먼 거리를 가로질러 복잡하고 이질적인 방식으로 자신의 모빌리티와 사회성을 조율하도록 강제된다. 자동차 시스템은 시간과 공간을 재조직하였고, 역사적으로 서로 밀접하게 통합되었던 가정, 직장, 사업, 여가의 영토를 '떼어 놓았다.' 자동차 모빌리티는 직장을 가정으로부터 떨어뜨려 놓았고, 도시 안팎에 걸친 장거리 통근을 만들어 냈다. 또한 주택 지대와 상업 지대를 분리하고, 걷거나 자전거로 갈 수 있는 동네 가게를 잠식하며, 도심, 자동차 없는 길, 공공공간을 침식한다. 가정과 여가 장소도 떨어뜨렸기 때문에, 여가 장소도 많은 경우 동력화된 교통수단으로만 갈 수 있게 되었다. 식구도 멀리 떨어져 살기 때문에, 가끔 만나려면 번거롭게 이동해야 한다. 승용차는 복잡하고 골치 아픈 사회적 삶의 패턴을 그럭저럭 유지하게 해 주는 현대사회의 주요한 '편의장치'다. 물론 적어도 승용차를 가진 사람에게 그렇다. 이것은 승용차 자체가 만들어 내는 복잡성이다.

그러므로 자동차 모빌리티는 사람들더러 유연해지라고 채근한다. 사람들은 자동차 모빌리티 자체가 만들어 낸 시간적·공간적 제약을 극복하기 위해 시간의 미세한 여러 조각을 저글링해야 한다. 자동차 모빌리티는 프랑켄슈타인 박사가 만들어 낸 괴물 같은 것이다. 승용차에 체류하는 것은 개인을 자유롭고 유연한 영역으로 확장시킨다는 점에서 긍정적이지만, 자동차 '이용자'가 공간 확장과 시간 압축 방식으로 살아가도록 제약한다. 승용차는 진정 베버가 말하는 근대의 '쇠우리'라고 할 만하다. 동력화되어 움직이는 사사화된 쇠우리 말이다. 승용차는 각 가정의 고치나 이동하는 교갑이나 철제 비누방울과 같다. 사람들은 그 안에 고립된 채로 혼잡, 정체, 시간적 불확실성, 건강에 해로운 도시환경에 체류한다.

여기서 핵심적 사건은 '시계'시간에서 '순간'시간으로의 전환이다. 앞 장에서 시계시간의 성격을 설명했다. 이 패턴은 크게 줄지는 않았지만, 시간을 순간으로 보는 관념으로 점차 대체된다(또는 카스텔이 말하는 "시간 없는 시간"으로 대체된다)(Castells 1996). 이 시간 체제는 어떤 면에서는 다음과 같은 과정에서 비롯된다. 나노초 단위 시간에 기반한 정보와 통신의 변화, 밤/낮, 주중/주말, 가정/직장, 여가/업무 구별을 무너뜨리는 기술과 조직의 변화, '일회용 사회'에서 쓰고 버리는 상품·장소·이미지의 증가, 패션·상품·노동과정·아이디어·이미지의 휘발성과 단명성 증대, 상품·일자리·경력·자연·가치·사적 관계의 '일시성' 증가, 24시간 거래 증가, 여러 사회에서 수입하는 상품의 가용성 급증에 따른 다수의 스타일 및 패션의 즉각적 소비 가능성, 그리고 '생활 속도'의 가속이 그것이다(Urry 2000: 5장).

순간시간은 또한 시공간 경로의 탈동기화도 수반한다. 사람들의 서로 다른 시간들은 급격히 차이를 드러내고, 24시간 내내는 아니더라도 꽤 긴 시간에 걸쳐 흩어진다. 과거의 대량소비 패턴이 바야흐로 더 다양하고 세분화된 소비 패턴으로 변화하면서, 사람들의 활동은 집합적으로 조직되거나 구조화되지 않는다. 시공간의 탈동기화는 다음과 같은 일에서 잘 나타난다. 식구나 직장 동료와 어울려 지정된 시간에 같은 장소에서 밥을 먹는 것이 아니라 조금씩 자주 먹고, 따라서 패스트푸드를 먹는 비중이 커진다(Ritzer 1992). 특정 시간에 공동 활동에 다 함께 참여해야 하는 단체여행을 특히 싫어하는 '자유롭고 독립적인 여행자'가 늘어난다. 자율근무제가 보급되면서 노동자 집단이 동시에 일을 시작하고 끝마치지 않는다. VCR과 디지털 텔레비전의 보급으로 텔레비전 프로그램을 저장,

재생, 시청 중단할 수 있으므로 가족이 다 같이 시청하는 일이 없어진다. 그뿐 아니라 지배적인 대중적 이동 수단이 철도나 버스에서 승용차로 바뀐다. 수많은 순간 혹은 시간조각들을 개인 시간표로 조직하는 이런 전환에서 가장 중요한 것이 자동차 모빌리티다. 오늘날 자동차-운전자는 공공 시간표, 철도역 시계, 근대적 시계시간에 기반한 공식적인 시계시간 시간표가 아니라 순간시간 속에 존재한다.

1902년에 이미 어느 자동차-운전자는 승용차가 도입한 새로운 시간성에 주목했다. "여행은 가장 자유로운 활동이지만, 기차를 타면 수동적일 수밖에 없다. … 철도는 우리를 시간표에 억지로 끼워 넣는다(Morse 1998: 117 재인용]. 근대적 철도 시간표의 시계시간은 "우리를 우리에 가두기 때문이다"(Sachs 1992: 93]. 반면 자동차 시스템은 이러한 제약에서 풀려나게 한다. 1974년 독일 자동차산업협회 회장은 "자동차는 또 하나의 자유"라고 단언했다(Sachs 1992: 97 재인용]. 온 세상 사람이 승용차를 통해, 그리고 승용차의 유연한 자유를 통해 자신의 삶을 살게 되었다. 가령 미국에서 사막을 가로질러 어마어마하게 먼 거리를 운전하면서 경험하는 사막의 텅 빈 풍경, 그 '탈주선'이 그러하다(Baudrillard 1988]. 사막이 은유하는 것은 무한한 미래, 과거를 소거하는 미래의 어떤 원초적 사회, 순간시간의 승리다(Baudrillard 1988: 6].

따라서 자동차는 개인화된 주관적 시간성의 점증하는 중요성, 덜 구조화된 자아의 성찰적 추적과 관련된다. 기든스Giddens를 비롯하여 여러 사람이 이에 대해 상술한 바 있다. 기든스에 따르면 사람들은 "추상적 시스템들으로 여과된 다양한 선택이라는 맥락에 처하여 … 일관되면서도 끊임없이 수정되는 전기傳記 서사"를 유지하고자 한다(Giddens 1991: 6]. 그 추상적 시스템들 가운데 가장 중요한 것이 자동차 모빌리티 시스템일 것이다. 그렇게 사람들은 복잡하고 불확실하며 손상되기 쉬운 사회적 삶의 패턴들을 조합하여 성찰적 자아의 자기창조적 서사를 구성한다. 그러므로 자동차는 사람들로 하여금 수많은 시간 조각 및 활동 조각으로 저글링하도록 독촉하고 강권한다. 실제로 자동차는 우연성에 대한 욕망을 만들어 내고, 종종 멀리 떨어진 친구, 가족, 직장 동료와 함께 다양한 활동을 하려는 욕망을 만들어 낸다. 그리고 역설적이게도, 지금까지 대부분의 전 세계 사회에서 유독 자동차만 이런 욕망을 충족시킨다(Miller 2000는 개발도상국들에서도 그렇다는 것을 보여 준다). 이러한 유연성으로 인해 각 개인의 시간은 더 이상 공적 시간표를 따르지 않고 서로 탈동기화된다. 공간적 이동은 차라리 도로 리듬과 동기화된다.

일반적으로 보면, "근대적 도시 경관은 자동차 모빌리티는 용이하게 하고 다른 형태의 이동은 억제하는 식으로 건설되었다. … 사적 세계[사이의 이동]는 죽은 공공공간을 지나가는 자동차를 통해 이루어진다"(Freund 1993: 119). 실제로 지구상의 광활한 지역이 이러한 자동차 전용의 죽은 환경, 오제Augé에 따르면 초근대적인 비장소non-place이다(Augé 1995. 그러나 이에 대한 비판은 Merriman 2004 참조).[4] 런던 땅의 약 4분의 1과 로스앤젤레스 땅의 거의 절반이 자동차 전용 환경이고, 개발도상국 도시들의 광활한 땅

4　원문의 참고문헌 목록에는 빠져 있는 이 논문의 서지 사항은 Peter Merriman, "Driving Places: Marc Augé, Non-places, and the Geographies of England's M1 Motorway," *Theory, Culture & Society 21*(4/5), 2004, pp. 145~167이다. 여기에서 메리만은 오제의 논의가 "비장소 경험의 새로움과 차이를 과장"한다고 비판한다. "동시대 변화를 해독하기 어렵다는 걱정은 다양한 (새로운) 기술, 가령 승합마차, 철도, 전신, 전화, 자동차 탓에 지난 수백 년 동안 있어 왔던 것"이기 때문이다.

도 마찬가지다. 가수 조니 미첼Joni Mitchell은 "그들은 낙원에 포장도로를 깔고 주차장을 세웠네"라고 노래했다(1970년 5월 발매된 조니 미첼의 음반 《골짜기의 여인들Ladies of the Canyon》에 실린 〈크고 노란 택시Big Yellow Taxi〉). 자동차는 대부분의 시간 동안 정차해 있기 때문에, 수많은 차가 탐욕스럽게도 두 개 혹은 그 이상의 주차 공간을 필요로 한다. 집과 직장에 하나씩(어쩌면 여가를 보내는 곳에 하나 더) 필요하기 때문이다. 이러한 땅의 점유는 지독한 낭비가 아닐 수 없다. 오로지 차(그리고 물론 차 도둑)만 주차장을 차지하기 때문이다.

이처럼 자동차 전용 시공간은 주변 환경을 공간적으로나 시간적으로 지배하면서, 보고 듣고 냄새 맡고 맛보는 대상을 변형시킨다(이와 관련해 유익한 설명은 플랫Platt의 《리드빌Leadville》(2000) 참조). 다음 절에서 논하겠지만, 자동차-운전자는 점차 이러한 모빌리티의 장소로부터 격리된다. 호바스에 따르면, 이런 곳은 "생태적으로 죽어 가거나 이미 죽은" 장소이다(Horvath 1974: 184). 이는 현대적 액체성이 '도시적' 삶에 관한 케케묵은 관념을 제압했음을 나타내는데, 아마도 미국의 모텔이 이를 가장 잘 포착하고 대표할 것이다. 클리포드Clifford의 지적에 의하면, "모텔은 실제 로비가 없고, 고속도로 네트워크에 연결되어 있으며, 그래서 일관성 있는 문화적 주체 간의 만남의 장소라기보다는 어떤 중계 지점 또는 교점"이다(Clifford 1997: 32)(호텔은 이와 달리 이러한 만남의 장소로 암시된다). 앞서 언급한 것처럼, 모텔은 이동, 속도, 영구적 순환만 기린다(Morris 1988: 3, 5). 이러한 "단조로움 및 무장소성의 감각"과 연계되는 "공간의 사회적 조직"은 "자동차 의존성을 더욱 높이고 자동차 모빌리티에 대한 현실적 대안을 은폐한다"(Freund 1993: 11). 모스Morse는 고속도로를 장소가 아니라 궤도이자 방향, 그리고

'사이'라고 서술하고는, 그 크기를 마일이 아니라 분으로 계측한다고 말한다(Morse 1998). 《리드빌》에서 잘 보여 주듯이, 런던 서부 A40 도로[5]의 자동차 환경은 운 나쁘게 자기 집 옆을 지나가는 고속의 교통 흐름을 감내해야 하는 사람에게 파괴적 영향을 미친다(Platt 2000). 이런 집은 무자비한 자동차 시스템이 지배하게 되면서 점점 팔리지 않게 되었다. 이는 코르뷔지에가 교통 이동의 필연적 효과로 예측한, 자동차의 점증적 도로 독점을 보여 준다(Platt 2000: 183 참조).

자동차가 만드는 사회적 질서는 놀라울 만큼 선형적이다. 민속방법론 학자 린치Lynch에 따르면, 교통은 현저하게 "표준화되고 예측 가능하며 반복적인 사물의 질서로서, 이 질서를 이루는 행동을 하는 운전자라는 특수 집단으로부터 독립되어 있다"(Lynch 1993: 155; Laurie 2004도 참조). 이 질서는 신뢰에 기반한 '대중'을 필요로 하는데, 그 신뢰 덕에 서로 모르는 사람들이 공동의 규칙을 따르고, 각자 공유하는 여러 시각신호와 청각신호로 소통하며, 동력화된 '도로의 시민'이 모두 이용하는 일종의 기초 공간에서 눈을 마주치지 않고도 상호작용할 수 있는 것이다(Lynch 1993). 이는 시선에 기초한 초점 없는 상호작용[6]이라는 고프만 개념의 사례이다(Goffman 1963).

이러한 선형 시스템에서 자동차-운전자는 통상적인 예의범절이나 도로에 체류하는 다른 사람과의 면대면 상호작용에서 면제된다. 르페브르의 주장에 따르면, 운전자는 "운전해서 목적지까지 가는 데에만 관심

---

5   런던과 웨일스의 굿윅을 잇는 영국의 주요 국도.
6   초점 없는 상호작용unfocused interaction은 혼잡한 거리 등에서 사람들이 상대의 말이나 행동에 직접 주의를 기울이지 않으면서도 표정이나 몸짓과 같이 비언어적 표현으로 서로의 존재를 상호인식하고 있음을 내비치면서 상호작용함을 뜻한다.

이 있고, 여기저기 두리번거릴 때도 이 목적을 위해 보아야 하는 것만 본다"(Lefebvre 1991: 313). 자동차 이동의 이러한 외곬의 추구는 타자(보행자, 등하교하는 어린이, 집배원, 청소부, 농부, 동물 등)의 행위공간을 방해한다. 느리게 움직이는 보행로나 거주지역을 무자비하게 자르는 고속의 교통에 이런 타자의 일상은 장애물에 불과하다. 실제로 아도르노Adorno는 1942년에 다음과 같이 썼다. "엔진의 위력만으로 길거리의 해충, 즉 보행자, 어린이, 자전거 타는 사람을 쓸어 버리려는 유혹을 받지 않는 운전자가 있을까?"(Adorno 1974: 40). 교차로, 회전교차로, 경사로에서 여러 자동차가 세심한 대본[7]에 따라 상호작용하는 이 혼종적인 자동차-운전자에게는 자동차를 타지 않은 채 도로에 있는 사람은 장애물이다. 자동차-운전자는 그날의 많은 과업을 제시간에 마치는 데에 필요한 통상적 주행속도를 회복하고 싶어 하기 때문이다. 전 세계 대부분 지역에서 도로에 체류한다는 것은 곧 익명의 기계들로 이루어진 세계에 진입하는 것이다. 그런데 이 유령 같은 존재들은 너무 빨리 움직여서 즉각 알아차리기 어렵고, 눈으로 보기는 더 어렵다(이와 다른 인도의 도로에 대해서는 Edensor 2004 참조).

철도의 공공 시간표와 달리, 자동차 시스템은 사적 유연성을 향한 개인화된 욕구 때문에 만들어졌고, 광범위한 시공간 탈동기화를 야기했다. 이러한 탈동기화를 다루는 방법으로는 자동차를 더욱 늘리고, 특히 자동차가 점차 독점적으로 접근하는 공간을 늘리는 것이 있다. 일리치Illich

---

7   대본script은 어빙 고프만의 상징적 상호작용주의에서, 특정 사회적 상황에서 특정 역할에 따라 기대되는 행동을 뜻한다. 영화나 연극 대본과 마찬가지로, 우리는 다양한 사회적 상황에서 어떤 것이 기대되는지를 알고 있다.

는 1974년 초에 이미 이를 "근본적 독점"이라고 일컬었다[Illich 1974: 45 [8]; Sachs 1992: 192]. 이 시스템은 자동차가 집단적으로 만들어 낸 바로 그 문제에 대해 지금까지 나온 유일한 해결책이다. 게다가 도로는 더 이상 부자의 특권이 아니다. 적어도 부유한 사회에서는 수백만 명의 저소득층도 차를 몰고 다니므로 도로는 점점 붐비게 되었고, 지구상에서 가장 위험한 장소가 되었다. 도로는 후기 근대사회의 '킬링필드'이다. 그리고 자동차-운전자와 동승자는 이러한 위험과 죽음의 장소에서 스스로를 보호하기 위해 자동차 자체를 보안화된 거주 공간으로 변모시킨다. 그곳은 편안함과 즐거움이 있는 장소여서 오랜 여행이나 지루한 지연 또는 혼잡을 상쇄해 준다. 다음 절에서는 안전, 정서, 거주의 장소로서 자동차를 탐구할 것이다.

거주

거주라는 용어를 사용할 때 나의 주장은 고속도로에 체류하는 트럭 운전사와 자기 집에 거주하는 사람을 구별하는 하이데거의 주장[Heidegger 1993: 347-363]과 느슨하게 연결되어 있다. 나는 역사적 유형을 간략하게 살펴보면서 도로, 특히 자동차가 현대적인 거주 장소가 되고 있으며, 점점 하이데거가 말하는 집의 거주 특성을 적어도 몇 가지 공유하게 되었다고

---

[8] 참고문헌 목록에 빠져 있는 이 책은 이반 일리치Ivan Illich의 《에너지와 공정성Energy and equity》(1974)이다. 국역본 제목은 '행복은 자전거를 타고 온다'.

주장할 것이다[이와 관련한 논변은 Urry 2000 참조]. 나는 자동차와 관련한 거주의 특유한 형태가 네 가지 있음을 제안한다. 이것을 '비포장도로 체류', '포장도로 체류', '자동차 체류', '지능형 자동차 체류'라고 부를 것이다. 앞의 세 가지를 먼저 간략히 검토한 뒤, 미래의 대안 모빌리티를 논하는 13장에서 네 번째 형태를 고찰하고자 한다. 이 형태들은 모두 4장에서 논한 좌식 사회 혹은 좌식 거주로의 전환이 확장되고 정교화된 것이다.

첫째, 20세기 초의 비포장도로 체류가 있다. 앞서 자동차를 땜질하는 방식이 갖는 함의에 관해 말했는데, 이는 자동차를 울퉁불퉁한 진흙투성이 비포장 공간에 대처하기 좋게 만드는 일이었다[Franz 2005]. 대부분의 차는 외부로 열려 있어서 도로의 풍경, 냄새, 소리로부터 격리되지 않았다. 운전자와 동승자는 자신이 지나가는 비포장도로와 장소에 체류했다. 자동차를 만드는 일, 특히 땜질하는 일을 하이데거를 따라서 일종의 **건축함**으로 볼 수 있다[Heidegger 1993: 348]. 많은 남성들은 이러한 건축과 거주에서 자동차를 통근, 혹은 심지어 사회적 삶을 위한 일상적 토대로 보기보다는 속도기계로 보았다. 그들은 속도 기록을 세우는 자동차를 설계하고 제작하는 데에 몰두했는데, 차츰 정밀해지는 시계로 기록을 남길 수 있었기 때문이다. 좀바르트는 이 시기를 "기록의 시대"라고 불렀다[Sachs 1992: 119]. 부유층 남성은 속도기계가 된 자동차로 신속하게 이동했다. 당시 많은 운전자는 이런 경험이 마치 자연의 내밀한 힘을 누설하기라도 하는 것처럼 신비주의적으로 표현했다. 작가 필슨 영Filson Young은 경주용 자동차에 탑승한 감각적 경험을 이렇게 서술했다. "강렬한 속도에 더해서, 당신이 탄 이 물건이 작고 가볍고 잘 반응함을 느끼고, 몸으로 몰려오는 대기, 그리고 시야로 몰려오는 대지를 느낀다"[Liniado 1996: 7 재인용]. 대기가 몰려오는 것은 차와 환경이 분리되지 않았기 때문이다. 지금도 오픈카나 오토바이를 타는 사람은 이렇게 느낀다. 피르식Pirsig은 오토바이에 대해 이렇게 썼다. "당신은 이 모든 것과 완벽하게 접촉한다. 장면을 보는 것이 아니라 장면 **안에** 있다. 현전의 감각이 압도한다"(Pirsig 1974: 4).

두 번째 단계는 '포장도로 체류'이다. 여기에서도 자동차-운전자는 이동 환경의 일부이고, 그를 환경으로부터 차단하는 기술은 완전하지 않다. 포장도로-위에-거주하는 자동차-운전자는 도로의 다양한 감각에서 분리되지 않는다. 특히 전간기 영국에서 '탁 트인 도로'와 느긋한 자동차 유람이라는 관념은 중요했다. 자동차 유람은 그 땅의 삶과 역사를 가로지르는 항해였다. 자동차를 소유하는 일이 점차 확산하자, 느린 즐거움이 더욱 강조되었다. 유람하다가 멈추는 일, 천천히 운전하는 일, 일부러 먼 길을 택하는 일, 목적지보다 과정을 강조하는 일이 모두 자동차 유람이라는 예술의 일부가 되었다. 필슨 영은 "길은 우리를 자유롭게 한다. … 그래서 우리는 얼마나 빠르게 갈지, 얼마나 멀리까지 갈지, 언제 어디에 머물지 스스로 선택할 수 있다"고 썼다(Liniado 1996: 10 재인용). 그러한 새로운 공간 실천이 수월해진 것은 어느 정도는 자전거 동호회로부터 물려받은 조직 혁신 덕분이었다. 전간기에 자동차는 더 이상 시골 풍경을 외부로부터 위협하는 것이 아니라 그 풍경의 '자연스러운' 일부로 변화했는데, 그 길을 '닦은' 것이 바로 자전거 동호회였던 것이다. 라이트Light는 전간기에 "미래주의의 상징으로서 빠르고 에로틱하고 역동적인 자동차가 모리스 마이너[9]로 변화"한 데에 주목한다(Light 1991: 214; O'Connell 1998). 이 기간

---

9 모리스 마이너Morris Minor는 1948년 출시된 소형 4인승 승용차로, 영국 자동차로는 처음으로 1백

에는 자동차를 타고 여가를 즐기는 일이 전원을 가로질러 이동하면서 경험하는, 보기에 "자연스러우나" 지극히 숙명적인 방식이 되었다[독일의 여가 문화에 대해서는 Koshar 2002: 216-217 참조].

미국에서는 자동차 소유가 '민주화'되었다. 그래서 대공황으로 빈털터리가 된 사람들마저 승용차나 트럭으로 움직였다[Graves-Brown 1997: 68; Wilson 1992: 1장]. 이동 자체가 희망의 척도였다. 길 자체가 노동, 모험, 로맨스의 새로운 가능성을 제공하는 것처럼 보였다. 《분노의 포도The Grapes of Wrath》는 가장 의미심장한 길인 66번 도로로 이동하는 희망과 기회의 서사이다. 이 길은 이동과 (남성적) 자유의 강렬한 상징이었다[Envold 2000: 410, Eyerman and Lofgren 1995: 57]. 제2차 세계대전까지 자동차 모빌리티는 대개 '도로에 체류하는 남성', 때로는 그 남성 가족과 관련이 있었다.

세 번째 단계는 전간기에, 그리고 특히 전후에 이루어진 북미와 서유럽의 대규모 교외 주택 건설과 더불어 시작된다. 제법 넓은 정원을 갖춘 가족주택이 듬성듬성 들어선 이러한 교외에서 '아내'는 여러 가정용 공산품을 사용했고, '남편'은 승용차를 이용해 장거리를 통근했다. 이는 '자동차 유발 도시확장 증후군'[10]을 초래했고, 나아가 이런 지역에 사는 사람이 승용차에 의존하도록 만들었다. 1952년 미국에서 시작된 대대적인 도로 건설 계획은 꽤나 민주적이게 여겨졌다. 이 단계에서 서구의 자동차-운전자는 도로보다는 차-**안에**-거주하게 된다. 자동차에 체류하면, 도로의

만 대가 넘게 팔린 차이다.

[10] '자동자 유발 도시확장 증후군auto sprawl syndrome'은 승용차로 인해 도시의 교외 확장이 일어나고, 이로 인해 다시 승용차가 증가하는 순환적 과정을 뜻한다.

냄새나 소리가 대부분 차단된다. 따라서 "차창 너머 보이는 것은 모두 텔레비전 같다. 우리는 수동적 관찰자가 된다"(Pirsig 1974: 4). 자동차-운전자는 가정 환경을 모방하는 제어 시스템에 둘러싸인다. 이러한 집 아닌 집의 이동은 낯설고 위태로운 환경을 가로질러 위험을 무릅쓰고 유연하게 이동하는 것이다. 한 연구에서 어느 응답자는 이렇게 토로한다. "차는 어느 정도는 피난처입니다. … 물론 사람들이 차 안을 볼 수 있지만요. 저만의 작은 세상 같습니다"(Bull 2004: 247). 아무리 조그만 차라도 출발지와 도착지 사이에서 운전자를 다른 차들이 있는 위험한 세계에서 막아 주는 피난처이자 보호구역이다. 덴마크의 종단 연구에 따르면, 그래서 자동차는 오히려 재미가 덜하다(Beckmann 2001: 204).

운전자는 편안하지만 신체를 제약하는 안락의자에 묶여 있다. 그리고 전자장치와 제어장치를 비롯해 정보와 즐거움을 주는 온갖 물건에 둘러싸인다. 레이먼드 윌리엄스는 이를 "이동적 사사화mobile privatization"라고 명명했다(Pinkney 1991: 55 재인용). 포드 자동차의 1949년 책자는 "Ford 49는 바퀴 달린 거실입니다"라고 선언하고(Marsh, Collett 1986 : 11), 폭스바겐 캠핑카는 "전망 있는 방"으로 차를 묘사하며, 렉서스 IS200 광고는 "이것은 내부를 느끼는 것"이라고 말한다(Sheller 2004a: 224). 자동차는 특정한 감각이나 정서를 자극하는 방이다. 일단 차에 타면 키네스테시스를 느끼는 운전자의 움직임은 없다시피 하다. 따라서 자동차 모빌리티는 비록 하나의 모빌리티 시스템이지만, 일단 ('좌식 사회'의 궁극적 형태인) 운전석 안에 묶이면 움직임은 최소화된다. 눈은 위험을 피하기 위해 줄곧 주시해야 하고, 손과 발은 다음 기동을 준비한다. 몸은 고정된 위치에 붙박여 있으며, 각종 표시등이나 음향은 자동차-운전자가 즉각 조정해야 함을 알린다. 다른 자동차들은 각 자동차의 주행 방식, 속도, 방향, 차선 등을 제약한다. 운전자의 몸 전체가 기계에 의존하여 파편화되고 규율화되며, 눈·귀·손·발은 각각 즉각적이고 일관되게 반응하도록 훈련된다. 반면에 몸을 쭉 뻗거나 자세를 바꾸거나 졸거나 한눈 팔고 싶은 욕구는 억제해야 한다[1960년대 영국에서 고속도로를 주행하는 운전자의 신체가 어떻게 교육되고 억압되었는지에 대해서는 Merriman 2004 참조].

따라서 운전자 몸의 연장인 자동차는 이 규율 바른 "운전하는 신체"를 중심으로 조직되는 새로운 주체성을 창조한다[Freund 1993: 99, Hawkins 1986; Morse 1998 참조]. 1930년 이미 캘리포니아의 도시계획가는 "남부 캘리포니아 주민은 자기 몸의 해부학적 구조에 바퀴를 추가했다"고 선언했다[Flink 1988: 143 재인용]. 자동차는 감각의 연장이다. 따라서 자동차−운전자는 바로 자신의 윤곽이나 모양을 느끼고, 그 금속 피부 외부와의 관계를 느낀다. 아이디Ihde는 이렇게 묘사한다. "능숙한 운전자는 평행주차하려고 좁은 공간으로 후진할 때 시각적 단서가 거의 필요 없다. 그는 차를 통해 확장되었다고 '느낀다'. 차는 체화된 운전자의 공생적 확장이다"[Ihde 1974: 272]. BMW 733i 광고는 "인간과 기계의 통합, … 자동차와의 거의 온전한 합일"을 약속한다[Hawkins 1986: 67 재인용].

자동차−운전자의 기계적 혼종화는 정동적 심리의 가장 깊은 곳까지 뻗친다. 여기에서 펼쳐지는 리비도 경제에서 주체는 엄청나게 막강하고 이동적인 대상인 자동차에 투자된다. 셸러에 따르면, 이것은 이동과 정서의 공동구성이다[Sheller 2004a: 226]. 운전자 정서의 확장으로서 자동차의 성애화性愛化가 나타나는데, 그 한 극단은 초고속 스포츠카이고 다른 극단은 과하게 지배적인 허머Hummer이다. (광고주가 뻔뻔스럽게 이용해 먹는 것처럼) 자동차는 특히 남성 운전자의 자아 형성에서 유능함, 강력함, 능수능란함을 암시한다. 자동차를 둘러싸고 다양한 '성년' 의례가 벌어지는데, 가령 카섹스는 뮤직비디오부터 '자동차 충돌 문화'에 이르는 모든 곳에서 판타지의 요소가 되었다(Balard 1995 참조). 자동차는 전능할 뿐 아니라, **나아가** 심층의 불안을 자극한다. 여기에는 사고와 죽음에 대한 공포, 그리고 엉금엉금 기어가는 앞 차 뒤에서 아주 짧은 시간을 허비할 때마다 일어나는 극도의 좌절감 등이 있다.

자동차 차체는 인간의 몸을 확장한다. 연약하고 부드럽고 취약한 사람의 피부를 새로운 강철 피부로 감싼다. 그러나 이 강철 피부는 다른 차와 충돌하면 긁히거나 구겨지거나 부서진다('자동차 충돌 문화' 에 대해서는 Brottman 2001 참조). 유리와 금속으로 이루어진 개인 고치 안에서 때때로 격렬한 감정이 일반적으로는 용납되지 않는 방식으로 분출된다. 자동차 모빌리티는 늘 다의적이지만, 즉 신중함과 사려와 교양을 북돋는 **동시에** 속도와 위험과 흥분을 자극하지만, '도로 위의 분노'라는 공격과 경쟁과 속도의 감정이 전면에 대두된다(Michael 1998: 133). 강철 피부 뒤에 도사리고 있는 혼종적인 자동차-운전자에게는 대본이 여러 개다. 이 다양한 요소는 언뜻 보기에 제법 견실하지만 쉽사리 허물어진다. 자동차 관련 단체는 도로 위에서 분노를 느끼는 운전자를 순화하려면, 인간-기계 혼종을 바꾸는 것이 아니라 '도로 위에서 분노하는' 병리적인 인간을 바꿔야 한다고 본다(이른바 병리적인 '음주운전자'와 비슷하다)(Hawkins 1986 : 70-71). 이러한 단체는 그 혼종을 바꾸자는 제안은 하지 않는다. 가령 운전자의 심장을 겨냥하도록 운전대 중앙에 길고 날카로운 대못을 설치하자는 제안 따위 하지 않는다. 이처럼 변형된 혼종이라면 '분노'하거나 '주취 상태'에 빠지지 않을 텐

데!(Adams 1995: 155 참조)

더 나아가, 이런 강철 피부가 제공하는 환경은 사교 가능성을 유도한다. 자동차-운전자는 자기 차 안에서 사회적 교제를 통제하는데, 이는 주택 소유자가 대개 방문자를 통제하는 것과 같다. 승용차는 '집 아닌 집', 즉 업무, 휴가, 연애, 가족, 우정, 범죄, 판타지 등을 수행하는 정서적 장소이다(물론 대부분 승용차를 홀로 타고 가기는 하지만). 승용차는 특히 여가를 보낼 때 특정 방식의 사교성을 강화한다는 주장도 있다(Lofgren 1999 참조). '대중'교통과는 달리 승용차에서는 가정적 거주 방식이 수월하다. 이런 거주 방식의 사례로는 다른 사람을 차에 태워 주거나 다른 사람의 차를 얻어 타는 일 등이 있다. 월터Walter는 승용차 이용의 핵심이 가족이나 친구의 차 태워 주기에 있음을 강조한다(Walter 1981). 또한, 자동차와 이동통신이 연계되면서 자동차는 점점 사무실이나 멀티태스킹 장소가 되고 있다. 로리어는 고속도로에서 업무 보기를 묘사한다. 문서 작업, 편지 구술, 약속 잡기, 연락하기, 서류 정리, 모임 재조율 등이 이에 해당한다(Laurier 2004 : 264).

자동차의 소리경관도 자동차 안에 거주하는 데에 핵심이다. 라디오, 카세트 플레이어, CD 플레이어 기술 덕에 이 이동하는 집은 점차 소리로 가득 차게 된다. 20세기는 자동차의 세기일 뿐 아니라 기계음의 시대였다(Bull 2004: 247). 자동차 라디오는 자동차라는 '집'과 그 너머 세계를 연결하는데, 이는 이동 중 연결된 현전mobile connected presence이다. 이러한 소리에 온전히 몰입하는 데에는 자동차가 '집'보다 나을 수도 있다. 라디오 (그리고 핸즈프리 전화기)의 음성이나 음악이 바로 자동차 안에서 누군가와 함께 이동하기 때문이다. 지상에서 가장 위험한 곳을 지나면서 말이다. 불의 연구에서 여러 응답자들은 이렇게 말한다. "차에서는 외로워서 음악 듣는 걸 좋아합니다", "마음이 느긋해지면 시동을 걸고 라디오를 켠 채 떠납니다", "잘 밀폐된 좁은 공간에 있습니다. … 소리를 크게 듣는 게 좋습니다. 소리는 주위를 온통 채웁니다"(Bull 2004: 246-247). 자동차 공간을 채우는 음악과 음성은 다른 방식의 사교와 삶을 갈음한다. 특히 요즘 미국에서는 승용차 이동의 75퍼센트가 홀로 승차이다(US Census 2000). 차 안에서는 소리의 장소에 체류한다. 이 장소에서 사람들은 자신을 그 너머 세계뿐 아니라 기억이나 꿈과도 연결해 주는 테크놀로지와 혼성체를 이룬다(긴 자동차 여정 중에 느끼는 집, 가족, 국민의 징동에 대해서는 Pearce: 2000 참조).

따라서 이것은 강렬한 방식의 현대적 거주이다. 빠르게 이동하는 자동차-운전자는 낯선 사람과 대화하거나 현지 생활 방식을 알게 되거나 장소를 감지하는 것은 고사하고, 자동차 너머 현지의 세부 사항을 지각하는 능력조차 잃는다. 시각, 소리, 맛, 온도, 냄새는 자동차 앞유리와 백미러로 보이는 2차원 장면으로 축소된다. 이 같은 화면을 통한 세계 지각은 현대 세계의 지배적 거주 양식이다. 앞유리 너머 보이는 정서적으로 낯선 것들은 자동차 안의 사사화 기술에 저지당한다. 원칙적으로 이런 기술은 일관된 정보, 비교적 안전한 환경, 고품질 사운드, 점점 정교해지는 모니터링 시스템을 보장한다. 이를 통해 자동차-운전자라는 혼종은 고속주행로의 극히 위험한(이제 개별 자동차마다 주어지는 도로 공간이 줄었기 때문에 더욱 위험한) 여건을 극복한다. 그리고 거의 모든 환경을 자동차가 점점 압도함에 따라, 모든 사람은 이런 외부 환경을 보호용 화면을 통해 경험하고 거리와 광장을 전능한 금속 쇠우리에 넘겨준다.

자동차의 정치학

자동차 모빌리티는 하나의 시스템으로서 그렇게 총괄적인 것이다. 따라서 이제 대부분 국가의 시민사회는 '자동차-운전자'와 '자동차-탑승자'의 시민사회로 개념화되어야 한다. 서니Cerny는 "자동차에서 공적인 것과 사적인 것의 결합은 어떤 예외가 아니다. 그것은 현대 시민사회의 역설을 특징짓는다"라고 쓴다[Cerny 1990]. 그러므로 이처럼 만물을 정복하는 기계에서 벗어나 자율성을 고수하는 인간 주체들의 시민사회란 존재하지 않는다. 자동차-운전자 혼종은 통상적 여건에서는 눈에 뜨이지 않는다. 시민사회가 바로 그러한 혼종적 실체를 중심으로 조직되기 때문이다. 공적 삶과 사적 삶에 관한 관념은 자동차 모빌리티에 포섭된 인간에 기초하여 재편되고, 인간은 바퀴가 없으면 시민사회에서 거의 역할을 하지 못한다. 그래서 자동차 모빌리티에 포섭된 시민사회가 적어도 지금까지는 가장 불평등한 시민사회라는 점은 거의 확실하다[Sheller, Urry 2003].

이 시민사회는 지난 40년 동안 격렬한 논쟁의 대상이었다[Böhm, Jones, Land, Paterson 2006 참조]. 소비자 보호의 관점에서 시민사회가 자동차 모빌리티를 중심으로 움직이기 시작했다. 미국에서는 랠프 네이더Ralph Nader와 같은 소비자의 대변자가 '공익'을 대표하여 자동차 안전과 도로 안전, 비양심적 자동차 판매자로부터 소비자를 보호하는 '레몬법', 결함 있는 모델의 리콜과 공정한 가격을 위한 전산업적 표준을 요구했다[Nader 1965]. 1970년대 석유파동 이후 대중은 에너지 사용에 관심을 가지게 되었고, 연료 효율이 좋은 '친환경' 자동차 수요가 늘었으며, 자동차를 만드는 금속, 플라스틱, 고무의 재활용에 대한 관심도 높아졌다. 1970년대에는 도시에서의 삶의 질이 중요한 정치 현안이 되었다. 도시가 매연과 스모그로 질식하고 교통체증과 주차 문제에 시달리게 되었기 때문이다. 이 시기에 자동차가 기차보다 오염이 심하다는 인식이 생겨났다(Liniado 1996: 28). 암스테르담, 스톡홀름, 오리건주 포틀랜드 같은 도시는 자동차 시스템에 도전하여 자전거도로나 대중교통을 개선하고 우대하는 정책을 내놓았다(Peters 2006: 6장 참조). 이후에 아테네 같은 도시는 자가용의 도심 출입을 규제했고, 어떤 도시는 승용차 통근 제한, 환승주차장 제도 같은 유인책, 차량당 탑승자 4명이 필요한 강제적 카풀 차선, 혼잡통행료를 도입했다. 좀 더 상징적으로 일부 유럽 도시는 연례적인 '승용차 안 타는' 날을 제정했다. 더 나은 대중교통(과 전체 도시 디자인) 공급을 위한 논의가 많은 사회에서 전면에 대두되었다. 국가는 교통을 통제하고자 고심하고 일부 운전자는 대체 교통수단을 모색하게 되었다. 더 나은 대중교통을 도시 디자인에 통합하는 일은 싱가포르나 홍콩 같은 일부 신흥 대도시에서 매우 중요하게 다루어졌다(Owen 1987).

환경운동이 발전함에 따라 석유산업에 대한 저항이 거세졌다. 석유 채굴을 알래스카 등 황무지나 여러 근해 지역으로 확대하는 데에 반대하는 캠페인, (엑손발데즈 원유 유출 사고 등) 석유의 채굴·가공·운송이 야기하는 오염에 항의하는 시위, 특히 1990년대 셸오일에 반대하는 그린피스 캠페인과 같이 초국적 석유기업에 대한 항의시위가 일어났다. 자동차 시스템을 비판하는 많은 사람들은 미국과 유럽의 외교정책이 노골적으로 석유를 둘러싼 전 세계적 이해관계에 좌우된다는 것을 걸프전과 이라크전에서 확인했다. 미국에서는 1971년 이후 자국 석유의 감산으로 인해 해외 석유 공급지에 접근하려는 열망이 더욱 강해졌다. 따라서 하나의 시스템으로서 자동차를 둘러싼 정치가 공적 토론에서 점차 중심 위치를 차지하게 되었다. 바야흐로 "피크오일"[11]의 중요성을 인식함에 따라 이러한 토론이 전 지구적으로 벌어지고 있다.

또한 혼잡통행료, 자동차나 휘발유에 대한 과세 등의 사안은 미국 캘리포니아부터 영국에 이르기까지 정부 교통정책의 근간이 되었다. 우리는 사람들을 승용차에서 내리게 하는 방안을 고민하면서, 자동차 모빌리티가 시간, 공간, 사회생활의 사회적 조직화를 얼마나 엄청나게 변형시켰는지 알아차리게 되었다. 물론 많은 사람이 자기 차를 '사랑'하지만, 전반적으로 보아 이 시스템은 혐오, 반항, 격분을 불러일으킨다. 시민사회는 자동차 모빌리티 시스템의 세력, 범위, 여파를 둘러싼 격론을 거치며 다시 만들어진다. 같은 사람이 열광적인 자동차-운전자인 동시에 신도로 건설 계획에 극력 반대하는 시위자일 수도 있다(자동차가 이러한 극적인 양가성을 야기하는 문제에 관해서는 Macnaghten, Urry 1998: 6장 참조).

1990년대 중반까지 영국에서는 신도로 건설에 반대하는 풀뿌리 시위가 꽤 큰 규모로 성장하여 "영국 환경운동에서 가장 활기찬 신흥 세력"으로 불렸다(Lean 1994). 당시에는 도로반대 단체가 적어도 250개 있었고, 이 단체들로 이루어진 운동이 시민사회에 중요한 영향을 끼쳤다. 시위자들이 전문적이 되면서 직접행동의 양상도 다양해졌는데, 집단 무단침입, 건물 점거, 도로건설 계획으로 위협받는 나무에 올라가 살기, 터널 파기 등이 그랬다. "거리 되찾기" 행사처럼 교통 방해는 그 자체가 상징적 직접행동의 주요 방식이었다. 시위자들은 이동전화, 비디오카메라, 인터

---

[11] Peak Oil. 국제 석유 생산 속도가 정점에 이르는 시기.

넷을 포함한 다양한 테크놀로지를 활용하면서 더욱 정교해졌다. 미디어를 통한 거의 실시간 선전이 가능해진 것이다(Macnaghten, Urry 1998: 2장). 도시 여러 지역을 드나드는 모빌리티의 규제가 국가의 주요 관심사가 되면서, "모빌리티 전술"이 잠재적 저항 방식으로 부상했다(Thrift 1996).

　실제로 자동차 없는 삶을 라이프스타일로 택하는 것은 환경운동가만이 아니다. 젠트리피케이션이 일어난 값비싼 도심에 거주하는 소수의 세계시민적 엘리트들도 이런 라이프스타일을 택하고 있다. 요즘에는 도시에서 자동차 이용을 제한하는 실험도 급증하고 있다. 유럽 전역에서 차없는 날이 제정되었는데, 특히 이탈리아가 주도적인 역할을 했다. 많은 소도시의 도심은 보행자 전용이 되거나 (예를 들어 옥스퍼드처럼) 도로에서 자동차를 추방하려 했다. 자진하여 자동차 이용을 제한하는 대안적 라이프스타일의 선택은 중간 규모의 지방 소도시에서 실현 가능성이 가장 크다. 이런 곳에서는 자전거, 보행, 대중교통의 결합이 발전할 수 있는 것이다(영국의 케임브리지도 그렇지만, 특히 네덜란드가 그렇다)(Peters 2006: 6장). 그렇지만 여전히 이러한 소도시들은 보행자에게 정중하게 넘겨진 협소한 '보행자 구역'을 제외하면, 이동 중이거나 정차 중인 차로 꽉 막혀 있다. 자전거 인력거를 도입하고 자전거도로를 확장하려는 시도는 여전히 이것들과 경쟁하는 자동차-운전자 시스템의 강제로 인해 제약이 크다(이와 다른 네덜란드의 사정에 대해서는 Peters 2006 참조). 자동차의 정치학은 새로운 형태의 대중 시위를 낳고, 시민사회의 논쟁 목록을 바꾸고 있다.

　더 나아가, 이 자동차 모빌리티에 포섭된 시민사회 내에서의 젠더 차이에 주목할 수 있다. 자동차 모빌리티에 포섭된 가정생활은 남성 '가장'에게 최신형의 고가 승용차를 선사하는 반면, 여성은 중고차나 소형차에

만족해야 한다. 그뿐 아니라 이로 인해 시공간이 불균등하게 젠더화된다. 일을 하는 남성은 매일 통근 교통에서 헤어날 수 없게 된 반면, 교외의 '주부'는 자녀와 관련된 다양한 일정을 중심에 두고 가족의 시간들을 저글링한다. 일단 이동하는 승용차를 중심으로 가족의 삶을 꾸릴 경우, 이미 급증한 여성 운전자들은 사회적 책임 때문에라도 근자의 SUV처럼 "안전한" "가족용" 모델의 자동차를 타도록 강권된다[Sheller 2004a: 231]. 이와 대조적으로, 남성은 스포츠카나 비실용적 '클래식카'를 타면서 개인주의적 판타지에 탐닉한다. 이 판타지는 여성을 성적 대상화하고 어린애 취급하는 미국 로드무비에서 나와 유통된다[Enevold 2000: 407]. 남성 운전자는 과속하는 경향이 훨씬 크기 때문에 위험을 타인에게 외재화하고 타인을 불구로 만들거나 죽일 확률도 높다[Meadows, Stradling 2000; 도로를 직장처럼 여기는 여성의 빠른 운전에 대해서는 Laurier 2004 참조]. 원래 자동차는 평균적으로 남자 신체에 맞춰 설계되다가 최근에야 키와 팔길이가 가지각색인 여러 운전자를 고려하기 시작했다. 법인 차의 보급도 여성보다는 남성에게 혜택을 주었다. 노동시장의 성별 격차가 지속되어 여성이 법인 차를 타기는 여전히 어렵다.

그러므로 많은 여성에게 자동차 모빌리티로부터의 배제는 핵심 현안이다. 자동차 모빌리티가 여성이 집 밖에서 일하는 능력을 제한하고, 공공공간을 통한 이동을 어렵게 만들기 때문이다. 여성은 대부분의 국가에서 남성보다 늦게 운전면허를 따고, 일부 국가에서는 아직도 운전 자격에 심각한 제약을 받는다(사우디아라비아에서는 여성의 운전이 금지된다). 가내 서비스 직종에서 일하는 여성은 도시와 교외를 오가는 미덥지 않은 대중교통으로 힘겹게 이동해야 한다. 차가 없는 독신모는 대중교통에 가장 많이 의존하므로, "행위경관"이 격차, 위험, 불편으로 점철될 확률이 가장 높은 집단에 속한다(Cass, Shove, Urry 2005). 남성 운전자의 공공공간 장악은 도시의 "커브 크롤링"[12]에서 나타나는데, 이러한 매매춘은 "여성 산보자"를 더욱 곤경에 빠뜨린다(Wilson 1995).

다른 한편, 여성의 "해방"은 어느 정도는 승용차에 대한 "접근"에 달려 있다. 이것이 개인적인 자유 감각과 비교적 안전한 이동을 유도하기 때문이다. 승용차로 이동한다면 가족이나 물건을 안전하게 나르고 조각난 시간들의 일정을 훌륭하게 조율할 수 있다. 또한 승용차 접근성은 여성이 노동시장에 편입되는 데에 기여했다. 승용차 덕에 유급노동과 무급노동의 상충하는 시간 규율을 잘 저글링할 수 있게 되었기 때문이다(Wajcman 1991). 그러므로 여성은 자동차 모빌리티에 대한 권리를 주장하고자 고군분투했고, 이를 통해 어느 정도는 승용차 시스템을 재편하면서도 역설적으로 강화했다.

결론

자동차의 위력은 그 시스템이 지닌 특성에서 나온다. 버스나 기차 시스템과 달리, 그것은 하나의 삶의 방식이자 온전한 문화이다(Miller 2000). 또한 그것은 현대 세계의 이동, 정동, 감정을 다시 정의했다. 이런 맥락에서 셸러Sheller는 "우리의 몸, 집, 나라를 형성하는 자동차 정서의 막강

---

[12] 도로 가장자리 연석kerb을 따라 서행crawling한다는 의미의 이 말은 매매춘 구역을 천천히 운전하며 매춘 여성을 물색하는 행위를 뜻한다.

한 위력"을 강조한다(Sheller 2004a: 237; Gilroy 2000).

　이러한 자동차 시스템에는 뚜렷한 특징이 있다. 그것은 각 사회의 길과 도로를 따라 퍼지면서 변화하고 적응하며, 사치품에서 가정용품으로, 나아가 개인용품으로 바뀐다. 또한, 환경의 수많은 측면에 진입하여 이 측면을 자동차 시스템의 요소로 재구성한다. 나아가 자동차 시스템은 20세기 자본주의의 여러 선도적 경제 부문과 사회적 패턴의 핵심이 되었고, 이들과 함께 잠금되었다. 자동차 시스템은 다른 모든 시스템을 위한 환경 혹은 적합도 지형도 변화시킨다. 그것은 속도 관념보다 편의성 관념을 촉진한다. 자동차 시스템은 시계시간에서 순간시간으로의 전환에서도 요체에 해당한다. 그리고 이 시스템은 자신이 유발한 혼잡 문제에 대한 해법을 제공한다. 또한, '시스템 내부' 보안을 강화하면서 이 시스템 밖으로 위험을 외재화한다. 그것은 현대 자본주의의 개인주의적이고 소비주의적인 체화된 정동문화에서 중심적이다. 그뿐 아니라 자동차 시스템은 보행의 미로로부터 동력화된 매끄러운 통로로의 전환을 가져온다('자동차 사랑The Love of the Automobile'에 대해서는 동명의 저서인 Sachs 1992 참조).

　13장에서 이 자동차 시스템으로 돌아와서 네 번째 단계의 자동차 체류, 즉 지능형 자동차 체류가 어떤 함의를 지니는지 살펴볼 것이다. 20세기 내내 통신 기술의 혁명은 물리적 교통수단과는 별도로 일어났다. 그러나 현재는 정보통신 기술ICT이 움직이는 물체에 내장되는 추세이다. 디지털 정보는 특정 장소로부터 풀려났다. 이와 동시에 자동차, 도로, 건물은 디지털 정보를 교환하도록 다시 연결되었다(지능형 교통체계ITS). 따라서 ICT와 ITS의 융합이 도시에 어떻게 파급되는지를 고찰할 것이다. 특히 이로 인해 자동차들이 서로 분리된 '쇠우리'가 아니라 하나의 네트워크화된 시스템으로, 서로 평행적인 **연속** 시스템이 아니라 잠재적으로 통합되는 **결속** 시스템으로 다시 구성되는 획기적 전환이 일어날 가능성을 고찰할 것이다. 이는 근대의 분리된 교통 흐름으로부터 유기적 흐름으로의 전환을 유발할 것이다. 이러한 유기적 흐름에서는 시스템 전반을 하나의 전체로 규제하는 첨단 통신의 도움으로 모든 교통 참여자가 생존하고 공존할 수 있다(Peters 2006). 이 네트워크화된 시스템은 지금까지 전능하게 세계를 장악하여 모든 도전을 몰아낸 자동차 모빌리티를 길들이거나 최소한 다시 조직할 수 있을지 모른다.

제7장

비행

저는 우리 모두가 비행선으로 여행하리라고 생각합니다. 해양 여행이 아니라 항공 여행을 할 것입니다. 또, 장기적으로는 거기 공기가 부족하더라도 달로 가는 길을 찾아야 합니다.

[1822년 바이런 경Lord Byron, Caves 2002 재인용]

이 장에서는 항공 여행과 항공 시스템의 출현으로 눈을 돌린다. 비행은 20세기 초 라이트Wright 형제의 첫 비행(1903) 이래(누가 실제로 최초로 '비행' 했는지를 둘러싼 많은 논란에 대해서는 http://en.wikipedia.org/wiki/Wright_brothers 참조, 2006.03.18. 검색), 20세기가 끝난 직후인 2001년 9월 11일 상징적인 의미에서 절정에 달했다. 전 세계가 지켜본 이날의 스펙터클한 파괴를 일으킨 치명적 네트워크에서 비행기는 핵심 '행위소'였다. 항공 여행은 노스캐롤라이나의 모래 언덕에서 소소하게 시작되어 세계의 신질서를 상징하고 대표하는 산업이 되었다. 비행의 역사는 2차원 공간의 제약을 뛰어넘으려는 갖가지 기발한 방법으로 점철된 경이로운 역사이다. 이로 인해 각 국가와 전 세계는 인구를 특수한 방식으로 분류하고 재분류하게 되었다. 카스텔이 지적하듯이, 대부분 국가에서 지리적 근접성은 더 이상 사회적 관계를 형성하지 못하게 되었다(Castells 2001: 126). 일부 사람들은 이런 공간적 근접성에서 날아올라 그 너머로 빠르게 날아가고, 이로써 새로운 시간거리에 입각한' 근접성을 형성하기 때문이다.

이 장에서는 '항공 모빌리티'의 성장과 그 의의의 다양한 측면을 살펴본다. 우선, 20세기 동안 항공 공간의 성격에 나타난 현저한 변화를 토대로 간략한 시대 구분을 할 것이다.

둘째, 항공 여행에 존재하는 위험의 변화와 이러한 공중 이동을 가능하게 하는 상호교차적 전문가 시스템을 검토할 것이다. 이를 통해 시스템이 비행기 자체보다 중요함을 보여 줄 것이다. 이 시스템 덕분에 수많

---

1 '시간거리에 입각한time-distanciated'이라는 표현은 가령 '걸어서 30분 거리'처럼, 거리를 이동소요 시간으로 표시하는 것을 말한다.

은 여행자가 대지 **위의** 공간을 안전하고 예측 가능하게 이동한다. 그리고 공항과 항공 여행 내부 '코드공간' 시스템과 관련한 오늘날의 발전상을 개괄할 것이다.

셋째, 항공 공간의 특성을 탐구한다. 이 공간은 일각의 주장처럼 '비장소'인 것은 아니지만, 그렇다고 전통적으로 뿌리 깊은 거주 장소도 아니다. 항공 공간은 지구적 질서가 도입한 '장소'의 전형으로서, 많은 점에서 전 세계의 다양한 장소들과 겹치고 닮아 있다. 따라서 항공 여행 시스템은 원래 있던 장소에서 나와서 점차 다른 장소들을 차지하게 된다.

마지막으로, 비행, 항공기, 공항, 공항도시가 현대 세계질서의 핵심임을 살펴보고, 복합적인 대중 항공 여행 시스템이 없다면 요즘 '세계화'라고 부르는 것이 지금과는 완전히 달랐으리라는 점을 보여 줄 것이다. 실제로 갈수록 많은 승객이 국경을 넘어 비행하면서 새로운 사회적 시간거리에 입각한 사회적 네트워크를 형성한다. 그뿐 아니라, 이들의 여행을 가능하게 하는 시스템도 '항공 공간 개조' 대상인 숱한 도시와 마을 주변을 날아다니고 또 거기에 착륙한다. 물론 전 세계인 중에서 항공 여행을 하는 사람은 여전히 소수에 불과하다. 그러나 지구적 위험이 도사리고 있는 이 세계에서, 항공 여행은 이동하는 인구를 재정렬하고 때로는 안전하게 함으로써 지구적 장소를 재형성하고 있다.

간략한 시대 구분

항공기는 항공 공간이 없다면 아무것도 아니다. 그리고 항공 공간은

"그 멋진 광활함을 활용할 완벽한 기계"가 없다면 아무것도 아니다(Pascoe 2001: 21). 항공기와 항공 공간은 서로 복잡한 관계를 맺으며 불가분하게 연결되어 있다(Adey 2006b: 87-88 참조). 그리고 비행의 역사는 20세기 내내 이러한 항공 공간, 즉 비행장, 활주로, 터미널이라는 "멋진 광활함"을 대폭 변형해 온 역사이다. 항공 공간은 비행장으로부터 수송 허브로, 그다음에는 글로벌 허브로 변모한다.

첫째, 20세기 초의 초기 비행장은 스펙터클, 신기록 달성, 훔쳐보기의 장소였다. 그리고 비행하는 사람이나 땅에서 구경하는 사람에게 잦은 충돌과 위험을 유발했다(Pascoe 2001: 1장; Perrow 1999: 5장). 초기에는 여러 발명가가 개인용 비행기계를 개발했는데, 이런 기계가 신기록을 세우는 것은 마치 자동차가 개인 속도기계로 발전한 양상과 비슷했다(본서 6장 참조). 얼마 지나지 않아 이 신형 비행기계는 경이로울 정도로 순조롭게 비행장을 이륙하여, 대지에 기반한 2차원적 이동의 물리적 한계를 뛰어넘었다. 처음에는 비행장에 이러한 현대성이 나타나지 않았다. 르 코르뷔지에에 따르면, 항공기는 20세기 최대 진보의 표지였다(Pascoe 2001: 127). 이와 동시에 비행기계는 전쟁의 특징을 일신했다. 특히 공중에서 폭격하는 기계의 혁신을 포함하여, 공군력이라는 새로운 분야가 발전했다(Pascoe 2001: 127; Kaplan 2006). 그러나 이 모든 일에도 불구하고, 항공 여행의 발전은 필연적이지 않았다. 심지어 제1차 세계대전 종전 당시에도 《맨체스터가디언》 지는 비행을 "결코 유행할 수 없는 일시적 현상"이라고 썼다(Thomas 2002: 3 재인용). 항공 여행의 발전에서 결정적인 것은, 애디가 말하듯이 "비행기 애호 airmindedness"의 출현이었다(Adey 2006a).

이 비행장 1세대는 1914년 최초의 상업비행으로 이미 시작되었다. 승객은 미국의 세인트피터스버그와 탬파를 오가는 에어보트 라인으로 8마일 비행에 5달러를 지불했다(Morrison, Winston 1995: 3). 한편 최초의 정기 국제선은 1919년 런던 서쪽의 하운슬로우에서 출발했는데, 이곳은 오늘날 히드로공항 근처이다(Pascoe 2001: 81). 초기 공항의 중심은 비행기계였다. 공항은 단일 교통수단을 위한 것으로, 항공편으로 사람이나 물건을 한 장소에서 다른 장소로 운송하는 일을 했다. 이러한 항공 공간의 의미를 규정한 것은 항공과 관련한 활동들이었고 여타 활동의 비중은 미미했다. 현대적 '터미널'은 없었고, 다양한 터미널 건물이나 복잡한 상호교차적 활동도 거의 없었다.

두 번째 시기에는 다양한 교통수단(비행기, 기차, 지하철, 자동차)의 상호연결이 증가함에 따라 공항이 교통허브로 발전하였다. 르 코르뷔지에는 특히 공항을 비행기 중심의 공터에서 여행객을 위한 기계로 승격시켰다(Pascoe 2001: 120-121). 전간기에 비행기 애호가 늘어난 데에 따른 이러한 약진으로, 항공 공간은 복잡하고 통합된 인프라로 바뀌고 종종 미래주의풍으로 설계되었다(Jarach 2001: 121; Adey 2006a). 공항은 이제 고립된 전문적 공간이 아니라 다양한 교통수단의 허브가 되었다. 따라서 승객은 "공항 경계 안에서 하늘로부터 지상으로 내려와 철도 · 해상 페리로 매끄럽게 갈아탄다"(Jarach 2001: 121). 그러나 항공 공간의 핵심 업무는 여전히 사람이나 물건을 싣고 내리는 복합물류서비스를 관리하는 것이었다. 이 절차를 점차 지배하게 된 것이 '회항' 시간[2] 개념, 그리고 이 시간을 최소화하는 시스

----

[2] 회항turnaround 시간은 항공기가 도착해서 승객과 화물을 내리고 새로 적재한 후 다시 비행하기까지 지상에서 체류하는 시간.

템의 필요성이었다[Pascoe 2001: 125]. 이러한 다중 교통수단의 허브는 일반 적으로 공공기관이 소유했다. 이런 조직과 흔히 국가 소유인 국적항공은 긴밀한 관계를 맺고 있었다. 조직자본주의 시대에 이러한 공항과 항공사 는 군사시설로부터 생겨났다. 이 시대에는 국민국가가 교통을 둘러싼 국 가적 이해관계와 그 다중적 교통수단을 기획하고 실행했다[조직자본주의에 대 해서는 Lash, Urry 1987 참조].

세 번째 단계에는 자라치Jarach가 묘사한 것처럼 전통적 공항에서 "상 업공항"으로, 그리고 내 식으로 말하면 글로벌 허브로 거듭 도약한다 [Jarach 2001: 123; Kesselring 2006b 참조]. 주로 교통 허브이던 공항은 대중적 이동 장소로 변모한다. 대부분의 공항이 도시 가장자리에 유배지나 수용소처 럼 건설되었음에도 말이다[Serres 1995: 19]. 국제항공운송협회IATA에 따르면, 전 세계 국제공항은 1,195개이며, 그중 225개가 현재 확장 중이다[Fuller, Harley 2005: 35 재인용]. 연간 발생하는 항공 여행 건수는 19억 건이다[Economist 2005; Fuller, Harley 2005: 9]. 2001년 기준 영국 성인의 절반이 비행기를 탔으며, 이 50퍼센트 중 약 절반은 한 번, 4분의 1은 두 번, 4분의 1은 세 번 이상 비행기로 여행했다[Lethbridge 2002](영국의 성인은 **평균적으로** 연 1.3회 항공 여 행을 한다[DfT 2002: 12]). 영국에서 항공기 승객의 연간 비행거리는 1962년 10억 킬로미터에서 1996년 70억 킬로미터로 7배 늘었다[DfT 2002](영국은 미 국, 일본, 독일에 이어 4위의 최다 비행 국가이다). 공항 자체가 조그만 글로 벌 도시로 발전한다. 이곳은 사람을 만나고 사업을 하며 가정생활이나 친목을 유지하는 장소이고, 소정의 가계수입 및 지출 패턴에 제약을 덜 받는 경계적 소비 장소이다. 공항이 만남의 장소인 것은 공항이 그 자체 로 '목적지'이기 때문이고, 나아가 다양한 교통, 상업, 오락, 경험, 모임,

행사가 일어나는 양가적 장소이기 때문이다. 공항은 다양하게 조직된다. 곧, (뮌헨처럼) 수직적 공공경영, (맨체스터처럼) 수평적 공공경영, (뒤셀도르프처럼) 민간 협동경영, (히드로처럼) 민간 경영으로 조직된다. 이 모든 경우에 공항은 장소, 도시, 지역이 벌이는 글로벌 경쟁에서 전략적으로 중요한 역할을 한다(Kesselring 2006b 참조). 네덜란드의 스히폴 그룹, 독일의 프라포르트, 영국의 BAA와 같은 일부 공항사는 전 세계에 신공항과 공항 서비스를 설립하고 경영하는 등 지구적 차원에서 활동한다.

이렇게 항공 공간은 두 차례 '도약'했다. 먼저 단일 교통수단의 '비행장'에서 다중 교통수단 허브로 도약하고, 최근에는 다목적 상업용 글로벌허브로 도약했다. 물론 아직도 많은 항공 공간은 앞의 두 단계에 머물러 있다. 이제 이러한 전환의 다른 차원들을 탐구할 것인데, 우선 위험과 시스템 개념에서 시작해 보자.

위험과 시스템

공항이나 지구적 항공산업과 같은 대규모 기술 시스템에는 위험이 상존한다. 초창기 비행기가 하늘로 날아오르기를 시도했던 100년 전부터 그랬다. 비행은 비행하는 사람, 비행을 조직하고 관리하는 사람, 지상의 구경꾼이나 무고한 행인에게 다 위험하다. 물론 항공 여행의 위험성은 아서 헤일리Arthur Hailey의 《공항Airport》과 마이클 크라이튼Michael Crichton의 《에어프레임Airframe》 같은 소설, 혹은 조디 포스터가 주연한 〈플라이트플랜Flightplan〉 같은 영화의 소재였다. 이런 작품들은 있을 수 있는 온갖 위험을 속속들이 들여다보듯이 묘사했다. 항공 여행의 위험 성과 우발성에 대처하기 위해 다양한 소프트웨어 기반 '전문가 시스템'이 개발되어 왔다. 이 시스템들은 이륙, 순항, 착륙에 도사리는 물질적 특성과 위험성을 눈에 띄게 바꾸어 놓았다. 대중적 항공 여행은 대부분 일종의 "움직임 없는 움직임"인데, 이때 우리 몸은 가볍고 미미해져 마치 "천사"처럼 날아갈 수 있다(Serres 1995: 262).

다양한 비인간 행위자, 특히 무수한 컴퓨터 코드가 규칙을 따르는 인간과 결합하여 비교적 안전한 대중적 항공 여행이라는 경이로운 일을 가능하게 한다. 항공교통의 관제시스템 덕분에 상당히 안전한 이착륙이 이루어진다. 보잉 777 항공기에는 다양한 컴퓨터 시스템 79개가 내장되어 있는데 그 코드 길이만 총 4백만 줄이 된다(Dodge, Kitchin 2004: 201). 스리프트와 프렌치French의 주장처럼, 소프트웨어가 도시의 실존 조건이라면, 항공 공간에서는 더욱 깊고 광범위한 형태로 그러하다(Thrift, French 2002; Adey, Bevan 2006). 어마어마한 양의 컴퓨터 코드가 없다면 항공 공간도 없고 매끄럽게 날아가는 시민도 없다. 어디에나 편재하고 일관되며 일상적인 '코드/공간'의 발전이 "항공 여행의 현실적 실재"를 산출한 것이다(Dodge, Kitch 2004). 이 다양한 코드/공간에서 공간 작동의 필수 조건인 코드는 극히 중요하다. 코드를 대체할 수 있는 것은 없다. 그러나 코드는 물론이고 컴퓨터는 고장 나기 전에는 배경으로만 머물기 때문에 눈에 띄지 않는다(Adey 2006b: 80 참조). 비행기 탑승권은 이 코드/공간이 물질적으로 구현된 것이다. 여기 인쇄된 몇 가지 데이터 코드는 승객이 하고 있는 행동을 기술할 뿐 아니라 승객이 시도할 수 있는 다른 행동까지 모의실험하고 예측한다(Dodge, Kitchin 2004).

공항에서 이루어지는 다양한 이동에 대한 지극히 복잡한 관리에는 다양한 전문가 시스템이 활용된다. 따로따로 개발된 컴퓨터 소프트웨어 시스템은 이륙, 착륙, 발권, 예약, 수하물 처리, 일정, 청소, 기상 예측, 기내 서비스 제공, 보안, 여러 유형의 고용, 수하물 X선, 폐기물 관리, 환경영향 등을 조정한다(스히폴 공항에는 이러한 시스템이 12가지 있다)[Peters 2006: 115].

이 시스템에는 비행 지연, 승무원 질병, 비행기 손상, 악천후, 컴퓨터 고장, 폭탄테러 같은 사건의 위험평가가 내장되어 있다. 비행을 관리하는 핵심 자원은 시간, 비용, 능력이다. 피터스는 이러한 각종 자원의 지속적 수정과 조정을 통해 시스템이 움직이고, 특히 비행기가 정시에 뜬다는 것을 보여 준다[Peter 2006: 122-124].

이 모든 시스템의 중심에 있는 것이 시간 관념, 특히 전 세계에 걸쳐 사람들의 행동과 무수히 많은 조직들을 동기화하는 세계시 관념이다[아래 서술하는 내용에 대해서는 Peters 2006 참조]. 각양각색의 범주에 속하는 사람이나 사물의 분산되고 이질적인 흐름이 모두 동기화되는데, 그 기초가 보편적 시간 척도이다. 각 항공구역에 있는 각 공항의 각 비행기가 '정시 출발'하기 위해(또는 얼추 정시 출발하기 위해)[Peters 2006 참조] 동기화는 지구적이어야 하며, 보편적인 지구적 시간 계산 시스템에 기초해야 한다.

페로우Perrow는 《정상 사고Normal Accidents》에서 항공 안전을 고찰하면서, 항공 여행은 "매우 복잡하고" (물론 핵발전소 등에서 작동하는 시스템보다는 덜 연동되어 있지만) "밀접하게 상호연동되어 있는" 비선형 시스템을 수반한다고 말한다[Perrow 1999: 128]. 시간이 흐르면서 항공 여행 사망자가 크게 줄었는데, 기술 개선 덕분이기도 하고 (엔진을 2대가 아니라 4대 설치하는 등) 어떤 중복되는 장치를 시스템에 도입한 덕분이기도 하다. 이러한 발전으로 항공 안전은 기술적으로 향상되었지만, 역사적으로 사상자 수 감소는 더디게 진행되었다. 페로우에 따르면, 다양한 상업적 요구와 군사적 요구가 크게 늘었기 때문이다. 항공 운영사는 속도 증대, '배치인원' 감소, 비행고도 상승, 연료 사용 감소, 교통밀도 증대, 항공 운항 간격 축소, 모든 기상 조건에서의 운항 증가를 추구해 왔다. 이처럼 요구 사항들이 증가하면서 시스템은 더욱 긴밀하게 연동되었고, 승무원 업무와 항공교통관제 업무의 부하가 특히 시스템을 한계까지 몰고 가는 특정 순간에 증가했다[Perrow 1999: 128-131, 146]. 혹실드Hochchild는 승무원 업무에서 이런 일과 관련한 몇몇 차원을 분석한다. 승무원은 업무 강화에 대한 반작용으로 굼떠졌고, 특히 미소가 줄고 마음에서 덜 우러나오게 되었으며, "감정노동"을 줄이는 경향을 보였다[Hochchild 1983]. 혹실드가 묘사하듯이, "노동자는 가속에 대응하여 감속한다. 활짝 웃지 않고 빨리 그 자리에서 벗어나며 눈에서 총기를 잃는다. 그러면 회사가 사람들에게 보내는 메시지가 흐릿해진다. 미소의 전쟁이다"[Hochchild 1983: 127].

실제로 세 번째 시기에 항공 여행은 세계적 경쟁이 치열한 산업(혹은 산업군)이 되었다. 국적항공사를 보호하던 과거의 조직자본주의가 대부분 해체되었기 때문이다. 내가 다른 곳에서 명명한바 "비조직자본주의"[3] 안에서 세계적 경쟁이 일어난다[Lash, Urry 1987; Lash, Urry 1994]. 이로 인해 특히

---

3 래쉬와 어리는 첫 번째 공저인 《조직자본주의의 종언The End of Organized Capitalism》(1987)에서 국가개입으로 가능했던 조직자본주의가 1970년대부터 서서히 해체되기 시작하면서 서비스업 중심으로 재조직화되는 비조직자본주의가 태동하고 있음을 공언했다. 두 번째 공저인 《기호와 공간의 경제Economies of Signs and Space》(1994)에서는 이러한 신자본주의의 특징이 기호와 공간으로 규정되는 경제라고 주장하였다.

비행기와 승무원의 회항 시간을 최소화하려는 압력이 엄청나게 커졌다. 상호관련된 수많은 사건을 동기화해야, 비행기와 승무원이 지상에 있는 비생산적 시간을 최소화할 수 있다. 특히 지난 10~20년 사이에 북미와 서유럽의 저가항공사, 그리고 지금은 인도와 중국의 저가항공사가 중대한 변화를 주도하고 있다. 이들은 회항 시간 단축으로 승객당 수익률을 줄였다. 또 독점적 인터넷 예약, 수요 대응 가격, 저렴한 공항, 체크인 절차 간소화, 인건비 절감을 단행한다. 이들 항공사는 대부분 포인트 투 포인트 비행[4]을 하므로, (연결 항공편을 기다려야 하는 비행기와 같이) 동기화되어야 하는 시스템의 수효도 다소 줄었다.

일반적으로 이처럼 복잡하게 상호작용하는 시스템들의 긴밀한 연동 탓에 항공사와 공항은 사소한 혼란에도 상당히 취약해진다. 상황이 조금만 어긋나도 연쇄적인 양의 되먹임 효과를 생성하기 때문이다. 페로우는 많은 경우 '관리' 오류로 작은 사건이 여러 항공기 충돌을 유발했음을 분석하면서 이와 관련된 양의 되먹임 고리도 분석한다. 이는 '인간'이나 '시스템'이 항공기의 이상, 이 항공기가 편입된 순서의 이상, 디스플레이 정보의 해석 오류 등에 반응하여 일어난다(Perrow 1999: 141,160). 글릭Gleick은 이처럼 밀접하게 연동된 시스템을 더 일반화하여 이렇게 요약한다. "모든 것은 다른 모든 것에 의존한다. 어디서나 진동을 느낄 수 있다"(Gleick 1999: 223-224).

또한, 공항은 엄청난 위험을 동반하는 거대 건설 프로젝트 중에서도

---

[4] 항공기 운항 전략 중 출발지와 목적지를 단순히 왕복하는 데에 초점을 맞추는 전략. 이와 대비되는 허브앤스포크Hub & Spoke는 자전거 바퀴통(허브)에 해당하는 공항을 중심으로 여러 공항들이 바퀴살(스포크)들처럼 펼쳐지도록 운항노선을 구성한다.

가장 규모가 크고 논란도 많은 사례이다. 공항은 각 도시나 사회가 세계 질서에 진입하거나 그 질서 안에서 지위를 개선하는 주요 방법이다. 따라서 갈수록 많은 도시가 최대이거나 최신이거나 고급이거나 세련된 공항을 건설하여 다른 도시와 경쟁하려고 한다. 예를 들어, 베이징공항은 2008년 올림픽에 맞춰 세계 최대 공항으로 탈바꿈하고 있다. 그러나 플루비야Flyvbjerg, 브루젤리우스Bruzelius, 로텐가터Rothengatter는 이러한 거대 프로젝트에는 예상보다 지출은 크고 수익은 적은 "초과 비용으로 인한 재앙의 역사"가 있음을 보여 준다(Flyvbjerg, Bruzelius, Rothengatter 2003: 11). 이런 일이 일어나는 이유는, 거대 프로젝트는 거의 모든 측면이 매우 장기간에 걸쳐 동시에 변화하는데도 그 위험평가가 어느 정도는 복잡계 관점이 아니라 단순한 인과관계 관점에서 수행된다는 데에 있다(Flyvbjerg, Bruzelius, Rothengatter 2003: 7장 참조). 특히 공항은 대부분 격렬한 논쟁이 일어나는 장소이다. 신활주로, 신공항, 저가 비행의 환경적·경제적·사회적 파급효과를 둘러싸고, 수백만 승객이나 수화물의 복잡한 흐름을 관리하는 보안 문제를 둘러싸고 논쟁이 일어난다.

항공산업은 장소·민간기업·국가 행위자로 이루어진, 부서지기 쉬우면서도 긴밀하게 연결된 하나의 시스템으로서, 거의 모든 경제 부문과 상호연결되어 있다. 세계 항공과 연계되어 있는 다양한 구조적·경제적·정치적·사회적 위험이 존재하는데, 이는 '항공 모빌리티'를 만드는 일 역시 정치적 사안임을 보여 준다. 푸코가 주장했듯이, 인구의 분류와 재분류는 근본적으로 정치적이며, '사회' 안에서 또는 점차 '사회'를 가로지르며 권력과 지식이라는 핵심 사안과 결부된다(Foucault 1991). 다른 모빌리티와 비교했을 때, 항공 여행에는 국경을 넘나드는 이질적 인구의 분류와 재분류가 깊이 개입한다.

모든 모빌리티에는 어느 정도 양가성이 있지만, 국제 항공 여행이 특히 그러하다. 즉, 국제 항공 여행은 근대 세계가 체계적 배열 형식과 관련되는 방식, 다른 한편으로 그런 배열 형식들이 불가능해지는 지점을 잘 보여 주는 최고의 사례이다. 항공기 승객은 잠재적으로 60억 명이 넘지만, 어떤 시스템도 이 가운데 살의를 가진 두세 사람을 색출할 수 없기 때문이다(Bauman 2002). 여객기를 어마어마한 위력의 폭탄으로 악용한 사례는 2001년 9월 11일까지는 도무지 예상할 수 없었던 위험이다. 이 사건은 현재 '테러와의 전쟁'에 노출된 정권이나 사회뿐 아니라 공항, 항공사, 항공기 승객에게도 긴 그림자를 드리운다. 살아 있는 승객들을 태운 비행기가 세계 최고층급 건물 두 채로 날아와 무너뜨리는 초현실적 장면을 전 세계가 지켜보았다. 공중도시인 세계무역센터는 두 차례 폭격으로 스러져 버렸다. 이 '으스스한' 순간, 할리우드가 만든 모든 장면을 무색하게 하는 이 믿기 어려운 이미지 안에서 환상과 현실의 구분이 지워졌다(Urry 2002a). 쌍둥이빌딩이 화염 속에 무너져 내리면서 다중적 모빌리티 시스템이 파괴되었고, 무제한 모빌리티라는 지구적 담론은 붕괴했다(Little 2006). 세계 금융시스템의 거대 교점이 폐쇄되고, 대도시 교통시스템의 주요 역이 사라졌으며, 전화 및 전자통신시스템의 주요 허브에 적막이 찾아왔다. 이동전화 네트워크는 전복되고, 다리나 터널 통행도 폐쇄되었다. 걸어서 맨해튼을 탈출하는 군중은 사랑하는 사람들과 연락할 수 없었다. 가장 놀라운 일은 한동안 미국 영공 내 항공교통이 말 그대로 멈춘 것이다(Hannam, Sheller, Urry 2006; Aaltola 2005: 273 참조. 9월 11일 동안 미국 영공 지도의 변화에 대해서는 Fuller, Harley 2005: 47 참조). 이 공격은 '제국'으로서의 미국, '세계도시'로서의 뉴욕, 그리고 예측 가능하고 안전한 실천으로서의 대중적 모빌리티를 겨냥했다고 여겨졌다(본서 12장 참조).

역설적으로, 테러리스트가 저지른 행위의 무시무시한 위력은 사람, 사물, 기술을 치명적일 만큼 견고한 네트워크로 묶어 내는 데에서 나온다. 광범위한 네트워크의 지원을 받은 남성 20명이 보잘것없는 통신장치를 이용해 유례없는 '전쟁'을 일으켰다. 주동자들은 칼 몇 자루와 수상한 자살 테러범 20명, 비행기 몇 대를 적절한 장소와 시간에 배치했다. 특히 단도를 무기로 쓰는 등 한물간 테크놀로지가 개입한 이 사건은 세계경제와 돈, 물건, 사람의 흐름에, 특히 '공항 거닐기'처럼 이전에는 신뢰하던 근대적 삶에, 전 지구적으로 광범위한 부수 효과를 낳았다(Aaltola 2005:273; Urry 2003a). 민항기가 무기로 돌변하자, 시공간은 '휘어져' 새로운 복잡한 배치로 돌입하고 '온 세상'이 극적으로 가까워졌다. 테러 공격과 이에 대한 공포는 특히 항공 시스템이 이런 위험에 취약함을 보여 준다(공포의 정동 정치에 대해서는 Urry 2002a; Hannam, Sheller, Urry 2006; Ahmed 2004: 73 참조). 여러 물질세계가 상호연결된 시스템은 의도치 않게 위험한 공동현전의 순간을 새롭게 창출한다. 여러 네트워크의 충돌을 막으려고 고안된 "게이트"와 이러한 게이트키핑 절차를 승인하는 보안 담론은 유지되지 못할 수도 있다. 다양한 경계 아래나 위로, 그리고 이를 가로질러 미끄러지듯 지나가는 테러리스트의 흐름이 여러 네트워크를 따로 떼어 놓는 비가시성과 장막들을 제거하기 때문이다.

따라서 9·11일 이후 "비행의 공포가 고조되고 보안 조치가 강화됨에 따라 여행자에게는 상당한 시간적 지연이 발생하게 되었고, 그에 따라 필요와 능력의 불균형"이 악화되었다(Golaszewski 2003: 58; Kesselring 2006b). 항공사와 공항은 "교통의 미미한 변화가 수익에 미치는 막심한 영향"으로 고심한다(Golaszewski 2003: 57). 지구적 위험사회에서 테러, 사스를 비롯한 세계적 전염병, 전쟁 등의 예측 불가능한 위험은 양의 되먹임을 일으킨다. 그리고 이로 인해 '비행공포', 위험 증대 감각, 이동적 인구에 대한 보안 강화 등이 나타난다. 특히 '테러와의 전쟁'이 벌어지는데, 알톨라Aaltola의 말에 따르면 비행기를 폭탄으로 쓰는 스펙터클한 사건이 딱히 재발하지 않았는데도 "테러와의 전쟁은 여러 면에서 항공기와 공항에 집착한다"(Aaltola 2005: 262).

9월 11일의 사건이 특히 '공중에서의' 보안과 관련한 현대적 담론 및 실천에 깊은 흔적을 남기면서, 새로운 조치들은 '비상사태' 혹은 '예외'를 '규칙'으로 바꾸고 있다(Benjamin 1992: 248; Agamben 1998; Dicken 2005). 미국에서 놀랍게도 승객과 수하물의 보안시스템 표준화를 위해 공항 보안을 국토안보부로 '국유화'한 것이 이런 조치에 포함된다. 미국 정부는 다양한 공적 데이터와 사적 데이터를 통합하고 조율할 목적으로 (나중에 '테러 정보인지'로 개명한) 종합 정보인지 프로그램까지 개발 중이다. 여기에는 사람을 멀리서 알아보는 생체인식 기술이나 사회적 네트워크상 사람들의 다양한 관계를 지도화하는 것도 포함된다(Dillon 2003: 552-553). 영국 정부도 갖가지 개인정보 49종을 통합하는 ID카드 시스템을 개발해 왔다. EU는 출국 승객과 입국 승객을 분리하는 공항 구조의 대대적 개조를 압박하고 있다.

테러리스트적 삶의 평범성, 즉 노블Noble이 명명한바 《교외의 빈 라덴 Bin Laden in the Suburbs》(Noble 2004)이 의미하는 것은 의혹이 모든 사람에게 향한다는 점이다(Dicken 2005: 139). 따라서 공항 환경에서 볼 수 있는 첨단 보안 기법이 더 넓은 사회에서 일반적 보안화로 확대된다. 누구나 차세대

빈 라덴이 될 수 있으므로 예외가 규칙이 된다[Adey 2004]. "너의 적을 알라"는 격언은 9월 11일 이후 열차, 길거리, 버스, 특히 비행기 옆자리의 거의 모든 사람이 실로 미지의 '적'일 수 있음을 의미한다[대체 이런 조치가 실제로 '공항 보안'을 개선하는지에 대해서는 Watson 2001의 비판을 참조하라].

또 중요한 것은, 어떤 사람이나 물건이 더 이동적이게 되면 다른 사람이나 물건은 상대적으로 덜 이동적이게 된다는 점이다. 전반적으로 전 세계에 걸친 모빌리티의 규모, 범위, 중요성이 커질수록 그로 인한 부동화 패턴도 더욱 정교하고 복잡해진다[이런 일의 상대성에 대한 토론은 Adey 2006b 참조]. 고정적이고 부동적인 거대 인프라는 안내, 점검, 감독, 보안, 환대, 여흥, 지상 교통, 공학, 항공관제 등을 통해 사람과 사물의 모빌리티를 유도한다. 모빌리티의 규모와 중요성이 커지고 모빌리티가 지구적이 되면서, 사람 또는 물건의 부동성도 그 규모와 조직화, 복잡성 면에서 증가했다. 사센Sassen은 "엄청난 지리적 분산이나 모빌리티 능력"이 나타나는 것과 더불어, "이러한 분산이나 모빌리티를 관리하고 서비스하는 자원이 영토적으로 확연하게 집중된다"고 지적한다[Sassen 2002: 2]. 이러한 영토적 집중을 위해서는 사회적 관계와 물리적 관계를 상당 정도 다시 구성하고, 그런 장소에 존재하던 온갖 종류의 생명을 없애고 지워야 한다[나리타공항에 관해서는 Pascoe 2001 참조; Adey 2006b: 81]. 공항은 '테라포머'[5]로서 "지구적 자본의 시공간 리듬 및 모든 자본 형태를 포괄하는 표준"에 의거하여 지리를 재구성한다[Fuller, Hally 2005: 102-103]. 특히 아시아의 거대 공항이 눈에 띈다. 유명 건

---

5 terraformer. 지구와 비슷한 행성을 사람이 살 수 있는 환경으로 변형하거나 이와 비슷한 일(테라포밍)을 하는 주체.

축가가 설계하는 어마어마한 규모의 공항은 때로 바다에 새로 만든 섬에 자리 잡고서 세계시간에 맞춰 연중무휴로 운영된다(간사이, 첵랍콕, 푸동공항에 대해서는 Fuller, Harley 2005 참조). 그러나 애디가 강조하듯이, 공항은 항상 움직이고 있다. 한없이 증식하고 확장하고 새 활주로를 깔고 테마를 수정하고 다시 단장하며, 따라서 문자 그대로 이동 중인 장소이다(Adey 2006b: 81-82). 풀러Fuller와 할리Harley가 사진 에세이집 《항공도시Aviopolis》에서 연구한 15개 공항은 모두 연구 직전이나 연구 도중에 개축되었다(Fuller, Harley 2005: 114).

　이러한 항공 공간에서는 다양한 이동 제한을 중심으로 부동성이 조직된다. 말하자면, 비행기 · 연료 · 수화물 · 승객 · 직원 · 사물 · 서비스 · 카트 · 소비재 등은 **대부분** 규정된 경로를 따라 공항도시를 가로질러 주기적으로 이동한다. 이런 사물은 공항이라는 장소를 돌아다니면서 때로는 (카트를 찾는 승객처럼) 서로 결합해야 하고, 때로는 (보안점검을 미처 받지 않은 수화물이 비행기 근처에 갈 수 없듯이) 서로 분리된 채 있어야 하지만, 어느 경우라도 상당 시간 대기해야 한다. 이처럼 상호교차하는 복잡한 시스템들을 다루려면, 어떤 부동적인 사람이나 물건이 (특정 사람이나 물건을 비행기에 들이지 않도록) 상당히 경직되면서도 동시에 상당히 유연해야 한다. 비행기를 '공중에 띄우는 데' 필요한 엄청난 흐름을 짧은 시간에 결합하려면, 시간과 공간을 극도로 압축하여 사람과 물건의 밀집된 흐름을 처리할 수 있어야 한다(Peters 2006: 5장 참조).

　이러한 변증법적 과정이 사회적 현상으로서의 세계성을 실현하는 데에 공헌한다. 다른 말로 하자면, 어떤 사람이나 물건이 유연성과 경직성의 특정 관계를 유지해야만 다른 사람이나 물건이 경우에 따라 이동할 수 있는 것이다. 모빌리티, 변환, 근대성을 창출하려면, 사람과 물질의 유연한 시스템이 그 특수한 모빌리티 잠재성(모틸리티)을 서비스, 인프라, 테크놀로지, 인력의 형태로 제공해야 한다. 따라서 모빌리티에는 어떤 **결속binding**의 성격이 있다(Sheller 2003).

다음 절에서는 항공 공간 자체의 본질을 살펴보겠다. 이 공간은 항공 여행의 여러 복잡성 내부에 병치되는 다양한 시간 양상을 조직하도록 설계된다.

공항 공간

이와 관련해 널리 알려진 관념에 따르면, 공항은 '비장소'의 손꼽히는 사례이다. 비장소가 특히 '초현대'의 사회적 관계를 표시한다는 것이다(Augé 1995: 75-79; Kirn 2001). 초현대에서는 "비장소의 출현 및 확산과 직결되어 새로운 고독의 경험과 시련"이 나타난다(Augé 1995: 93). 특히 공항은 쇼핑몰, 비즈니스호텔, 주유소, 슈퍼마켓 등을 닮은 특유의 새로운 공간이다. 이런 공간은 모두 무장소성이라는 특징이 있다. 비장소는 사람들이 더불어 살지는 않으면서도 어떤 식으로든 공존하거나 공동거주하는 공간으로서 "고독한 계약관계를 창출한다"(Augé 1995: 94). 공항들은 차별성이 없다. 공항들을 구별할 어떤 특성이 없기 때문이다. 이 비장소에 있는 사람들은 항공 공간을 지나가면서도 상호작용할 필요가 거의 없다. 서로 지나치지만 만나지는 않는다. 존 버거John Berger는 "공항이란 지나치게 예의 바르다. 공항에서 현실은 늘 한 발짝 떨어져 있다"고 말한다(Pascoe 2001: 229 재인용). 항공 공간에 대한 이러한 접근 방식은 전 세계에 널리 퍼진 디자인 미학을 강조한다. 공항에 온 사람이 손쉽게 '길을 찾게' 해 주는 그런 미학 말이다[이러한 설계의 역사에 대해서는 Pascoe 2001 참조]. 공항 표지판의 언어는 대부분 국제어(특히 '영어')이고, 여러 나라 공항이 제공하는 경험도 대개 그만그만하다. 특정 기업들이 공항 디자인과 경영에서 관리의 전문성을 갖추게 된 것도 전 세계 국제공항을 비장소로 전환시키고 동질화하는 데에 이바지한다[Loyd 2003; Fuller, Harley 2005에 실린 사진을 참조할 것].

항공 공간을 비공간으로 이해하는 이 주장은 최근 두 방향에서 비판받고 있다. 첫째, 항공 공간들은 장소로서 잘 구별되지 않고 수많은 특성을 공유하지만 그래도 여러 면에서 다르다. 여기에 '고독한 계약관계'라는 특징만 있는 것도 아니다. 둘째, 공항이 비장소라는 주장은 과도하게 정주주의적 장소 관념에 기초해 있다. '장소'란 미리 주어지고 불변하며, 그래서 항공 공간과는 전혀 공통점이 없는 것처럼 여기기 때문이다. 오히려 두드러지는 것은 장소들이 점차 공항**처럼** 되는 것이다.

우선, 항공 공간은 물질적 조직화와 사회적 복잡성이 높은 장소이다. 그것은 그저 '비장소'가 아니다. 항공 공간의 특징은 "지루하고 일상적이고 정례적이지만 필수적이기도 한 조작, 절차, 시스템, 테크놀로지인데, 그 덕분에 지구적 모빌리티가 일어날 수 있는 것이다"[Parker 2002: 16; Baskas 2001의 흥미로운 서술 참조]. 항공 공간은 특유의 다양한 시스템 특성으로 하나의 장소로 구성된다. 설계 및 물질적 배치, 기호 시스템, 다양한 코드공간, 다양한 사회적 패턴으로 만들어지는 이 시스템 특성에는 다음과 같은 것들이 있다. 승객은 한 방향으로만 지나가고 거의 절대로 돌아갈 수 없다. 승객은 계획과 시간에 의거한 여러 단계를 지나가며 변형을 겪는데, 물론 이 단계는 '클래스'에 따라 다르다. 또, 모든 공항이 똑같지 않은데도 아무도 승객을 인도해 주지 않기 때문에, 승객은 공항 입구부터 비행기까지 가는 길을 자기 힘으로 찾아내야 한다. 때로는 오래 걷고 터미널도 옮겨 가야 한다. 때로는 승객과 결합하고 때로는 분리되는 수화물은 승객과 나란히 이동하는데, 이와 관련된 규칙은 엄격하다. 그리고 중앙통제실이 있다. 이 말은 승객과 직접 대면하는 직원의 재량은 자기 화면에 나타나는 정보의 일부를 바꾸는 정도로 제한된다는 뜻이다. 그뿐 아니라, 직원은 늘 '상황 속의 행동'에 대처해야 한다. 즉, 급변하고 종종 예측 불가한 외부 사건에 직면하여 행동이나 시간을 감독하고 조정해야 한다(Peters 2006: 5장; Cresswell 2006: 9장 참조).

게다가, 이러한 물질과 기호의 복잡한 조직화 내외에서 다양한 사회적 관계가 전개될 가능성이 유도된다. 고트디너Gottdiener는 다음과 같이 주장한다. "마치 거대한 중심 도시의 번화한 도심에서처럼, 갖가지 목적으로 걷는 군중이 내는 파열음은 사회적 밀도에서 어떤 임계질량을 창출한다. 그리하여 상호작용하는 사람이 충분하면, 현장 자체가 특유한 성질을 지닌 장소로 창발한다"(Gottdiener 2001: 21-22). 그리고 많은 공항은 마치 어떤 행선지처럼 보이도록 새로 설계되고 있다. 어떤 항공 공간은 수천 명의 노동자가 일하는 장소이기도 하고, 그래서 공항 터미널은 조그만 도시처럼 되어 가고 있다(Gottdiener 2001; Pascoe 2001). 사람들은 이런 장소에서 상당한 "거주 시간"을 소비하기 때문에, "도시 이동자는 … 기다리는 시간을 버리는 시간으로 느끼기보다는 … 이런 통행시간을 활용하여 여가나 노동의 유용한 경험을 축적하도록 유도된다"(Loyd 2003: 94; Lyons, Urry 2005; 또한 본서 다음 장 참조). 이 세 번째 단계의 항공 공간은 승객, 방문자 그리고 수백 명이나 수천 명의 직원이 일하는 상점이나 관광 서비스로 가득하다.

여기에는 바, 카페, 레스토랑, 호텔, 비즈니스 센터, 예배당 및 교회, 쇼핑 센터, 디스코텍(뮌헨, 프랑크푸르트), 마사지 센터(창이), 컨퍼런스 센터(뮌헨), 미술관(스히폴), 체육관(로스앤젤레스), 카지노(스히폴) 등도 포함된다. 가장 중요한 것은, 여기에 수많은 지점 사무실과 공항호텔이 있어 공항에 도착한 여행자가 숙박하면서 면대면 '비즈니스'를 하고 이내 다시 떠난다는 것이다. 이럴 수 있는 것은 수많은 공항이 현재 허브앤스포크 모델로 조직되어 있기 때문이다(Doyle and Nathan 2001). 항공 공간은 이렇게 회의 장소들로 가득하고, 그래서 지구적 질서를 구축하는 전략적 계기들로 변모되는 '만남meetingness'의 장소가 된다. 항공 공간은 "지구적 미시 구조"를 형성하고 유지하는 여러 장소를 제공한다(Knorr Cetina 2005).

그래서 어떤 저자는 항공 공간을 유별나기는 해도 새로운 형태의 공공 공간이라고 간주한다. 수직Sudjic은 이렇게 쓴다.

박물관, 쇼핑몰과 더불어 공항은 현대 도시를 정의하는 데에 이바지하는 핵심적 공공공간이다. … 공론장의 대용물인 그것은 적어도 다음과 같은 환상을 자아낸다. 경제적 분리가 심화되는 이 세계의 대다수 장소에서보다 부자와 빈자가 가까워지는 만남의 장소라는 환상이다(Sudjic 1999).

따라서 항공 공간은 일반적으로 허브에서 이동과 모빌리티, 상업, 체험, 이벤트로 이루어진 모호한 장소로 변모하는 경향이 있다. 항공 공간은 "이동 중 거주"의 장소이며, 전 세계의 많은 장소와 마찬가지로 휴식, 활동, 만남, 소비의 터가 된다. 그것은 이제 예외가 아닌 규칙이 된다.

둘째, 도시는 점점 공항을 닮아 간다. 곧 특수한 거주의 장소가 아니라,

다양한 모빌리티와 그 모빌리티를 통제하여 조직되는 장소가 된다. 실제로 '국제적' 장소일수록 더 다양한 모빌리티를 통해 생산되고 소비되는데, 이는 공항의 다양한 기능 및 조직 방식과 똑같다. 또한, 그 자체가 차츰 거대한 도시가 되는 공항은 미래의 도시 형태에 대한 특정 관념을 미리 보여준다(Fuller, Harley 2005). 그리고 세계적인 '테러와의 전쟁'의 일환으로 온갖 형태의 감시 · 감독 · 규제가 은밀하게 구현되는 방식과 관련하여, 모든 도시가 점차 공항을 닮아 간다. '몸수색 사회frisk society'에서 수용소, CCTV, GPS 시스템, 홍채인식 보안, 교통수단 환승 등은 일단 공항에서 시범적으로 시행된 후 외부로 나간다. 그래서 새로운 세계질서에서 공포의 장소이자 이에 상응하는 질서의 장소인 마을이나 도시의 일상적 특징이 된다. 그 때문에 마르티노티Martinotti는 공항 등이 "오늘날 우리가 사는 도시의 장소이며, 비장소는 우리 시대 도시의 전형적 장소"라고 쓴다(Martinotti 1999: 170). 항공 공간은 말 그대로 《저 위 공중에Up in the Air》(Kirn 2001) 있는 사람에게만 미래상인 것이 아니다. 디켄Diken과 라우스트센Laustsen은 현 사회의 본질을 이렇게 묘사한다. 이 사회는 "예외가 규칙이고 수용소의 논리가 보편화된 사회이다"(Diken, Laustsen 2005: 147). 여기서 나의 주장은, 예외 공간(항공 공간)을 전 세계의 일반화된 규칙으로 바꾸는 것이 글로벌 항공 여행과 그것 특유의 "모빌리티 및 물질성"이라는 점이다(Sheller, Urry 2006b).

지구화된 항공

유명 건축가가 설계하고 유리와 강철로 지은 기념비적 터미널, 거대한 비행기, 논란 많은 활주로 개발, 지상 이동보다 훨씬 저렴한 비행, 신식 '보안' 시스템, 끝없는 대기 줄, 이 모든 것은 새로운 지구적 질서이다. 그리고 명백한 과잉모빌리티, 시공간의 압축 및 원격화가 지배하는 세계로 진입하는 지점이며, 사람·도시·사회를 세계지도에 배치하는 문제적 방식이다(이러한 공항 설계에 대해서는 Edwards 1998 참조). 비행, 비행기, 공항, 공항 도시가 창발적 세계질서의 핵심이 되는 방식은 여러 가지다. 대중적 항공 여행이라는 복잡하게 확장된 시스템이 발전하지 않았다면 요즘 '세계화'라고 불리는 것은 아주 다른 모습이었을 테고, 어쩌면 존재하지도 않았을 것이다(Urry 2003a).

　정기적이고 안전한 항공 여행은 지구적 배열을 생산하는 가장 중요한 요소이다. 이때 지구적 배열은 과정으로서 그리고 다중적 수행들을 통해서 실행되고, 그래서 '원인'보다는 결과로 이해해야 한다(Franklin, Lury, Stacey 2000: 1-17). 지구적 공간은 만들어지는 것이다(Law, Hetherington 1999). 이 지구적 공간은 다양한 과정을 통해 제 영역을 구축하는데, 여기에는 비교적 위험이 없는 장거리 항공 여행을 유도하는 테크놀로지나 시스템이 포함된다. 비행은 지구적 질서를 성취하는 데에 가장 중심이 된다. 공항은 '지구적 환승 지점'으로서 전 세계에 걸쳐 엄청난 사람, 상품, 정보의 흐름을 촉진하고 보장하며, 원거리에 있거나 부재하는 사람들과 연결해 준다(Kesselring 2006b 참조).

　항공 여행과 지구성을 잇는 이 탯줄은 여러 독특한 방식으로 이해할 수 있다. 첫째, 항공 여행 산업이나 국제 여행 흐름의 엄청한 규모, 공항의 기념비적 규모는 창발하는 지구적 경제의 주요 구성 요소이다. 점차 거대하고 상징적이 되는 공항에서는 매년 19억 건의 항공 여행이 이루어진다. 따라서 유명 건축가 노먼 포스터Norman Foster가 설계한 베이징공항 3터미널에서 "하늘로 치솟은 공기역학적 지붕은 비행의 시詩poetry of flight를 비춰 줄 것이다. 승객은 온통 유리로 된, 단일하고 고결한 공간을 즐길 것이다. 당신은 낮에 지붕 채광을 통해 햇빛을 받는 이 공간을 지날 때 빨간색에서 노란색으로 변하는 색채에 휩싸일 것이다⟨힌두The Hindu⟩ 재인용). 터미널이 완공되면 베이징 서우두 국제공항은 현재 세계 최대 국제공항인 홍콩의 첵랍콕공항과 영국의 히드로공항을 능가하는 세계 최대 공항으로 발돋움할 것이다. 그러나 히드로공항의 5터미널 건설은 항공 공간, 도시, 사회를 둘러싼 부단한 세계적 경쟁을 다시 한 번 출렁이게 할지도 모른다.

둘째, 항공 여행은 어떤 지구적 시간 혹은 세계시 관념을 전제로 한다. 이 시간은 항공 여행에 관련된 전 세계의 모든 조직이나 사람의 행동을 동기화한다. 그러므로 어떤 지구적 질서를 전제하는 이 '산업'의 시간관념은 무수한 비행들을 동기화한다. 그것은 비행기, 승객, 승무원, 수하물, 연료, 화물, 기내식 등의 이질적 질서를 조합하여 비행기가 "제시간에 뜨도록" 한다(Peters 2006: 5장). 이러한 비행의 동기화는 다중적 전산 예약시스템의 보편적 상호연결, 그리고 항공 공간 언어로서 영어의 일반적 사용에서도 영향을 받는다(Peter 2006: 105).

셋째, 항공 여행은 지구화된 현대 세계의 정수를 이루는 거주 양식이다. 이 세계는 도착과 출발, 라운지, 면세점, 영어 표지판, 포장 음식, 잦은 항공편, 그리고 앤디 워홀의 "공항 분위기"로 이루어진 세계이다(Warhol 1976: 145). 지구적 질서와 관련된 수많은 상징적 기호나 실천은 국제적 항공 여행에서 비롯되고, 영화와 텔레비전을 통해 널리 친숙해진다(이러한 "지구적 정신" 에 대해서는 Iyer 2000 참조, "유목 충동" 에 대해서는 Makimoto, Manners 1997 참조). J. G. 발라드는 지구적 면모를 보이는 공항 중앙홀의 상징적 측면에 대해 "미래 도시의 거리이자 광장, 세계의 모든 시계가 전시되는 무시간적 구역, 영원히 업데이트되는 도착지와 목적지의 지도책, 우리가 잠시나마 진정한 세계시민이 되는 곳"이라고 말한다(Pascoe 2001: 34 재인용). 또한, 항공 공간은 현대판 '도덕극'을 통해 현대 세계의 갈등이나 궁지를 처리하는 데에 적절한 여러 범주를 가르친다. 이 범주에는 비즈니스 클래스 승객, 테러리스트, 제3세계 국민, 수상쩍은 아랍인, 서양인, 궁색한 여행자, 불법이민자 등이 포함된다. 알톨라에 따르면, "공항은 계층적 세계질서를 상상하고 배우는 데에 안성맞춤인 장소로서 … 공항에 있는 사람은 사람들의 유형을 인식하고 그들 사이에서 자신의 지위를 기억한다"(Aaltola 2005: 275). 잘 훈련된 이런 안목이 "공항 시선"이다. 2001년 이래로 이러한 경계 강화가 정당화되고 있다. 항공 여행객이 새로운 세계질서에 대한 위협으로 간주되는 정도가 유형별로 크게 다르기 때문이고, 보안 강화가 세계화 시대의 삶에 필수적이라고 여기기 때문이다.

넷째, 항공 여행은 고트디너가 명명한 "환승 공간"을 통해 사람들을 지구적 관계 안으로 들여보낸다(Gottdiener 2001: 10-11). 항공 여행은 특히 주요 '세계' 도시에 소재한 여러 허브공항을 연결함으로써 전 세계인을 움직이게 하는 핵심적 "흐름 공간"이다(Castells 1996; Urry 2000; Aaltola 2005: 267). 이처럼 공항들로 이루어진 시스템은 여러 지구적 과정을 구성하는 데에 핵심이다. 이로써 이동이 가능해지고 사람들이 전 세계의 다른 사람이나 장소와 '면대면'으로 만난다. 지구적 질서와 관련된 수행에서 비행은 핵심적으로 중요한 미시 구조이다. 이 **시스템**은 장소들을 연결하여 네트워크를 형성하고,

서로 연결된 장소들을 더 가깝게 만든다. 두 개의 허브공항은 수천 마일 떨어져 있어도 항공 여행 네트워크에서는 '가까이' 있다. 국제항공운송협회IATA의 2003년도 〈세계공항보고서〉에 따르면, 전 세계 허브공항은 총 51개소이다. 유럽 25개소, 미국 14개소, 아시아 태평양 지역 9개소, 아프리카 3개소이다(Aaltola 2005: 267). 이와 동시에 허브공항 네트워크는 다른 장소, 즉 연결이 빈약하고 헌팅턴Huntington의 표현에 따르면 "허브 문명"에 속하지 않는 스포크로부터 거리를 둔다(Huntington 1993). 어느 논평자는 이렇게 말한다. "점보제트기 덕분에 한국의 컴퓨터 전문가는 마치 옆집에 마실 가듯이 실리콘밸리로 날아가고, 싱가포르의 기업가는 하루 사이에 시애틀에 도착하게 되었다. … 하지만 날아가는 점보제트기 아래에 있는 사람, 그 5마일 아래 섬에 사는 사람은 어떨까? 항공 여행 덕분에 사업가는 대양을 가로질러 부산스럽게 날아가지만, 이로 인해 해상운송이 쇠퇴하면서 수많은 섬 공동체가 한층 고립되었다"(Massey 1994b: 148 재인용). 따라서 (최소 300개에 달하는 전 세계 IATA 회원 항공사를 포함하여) 복잡한 항공 여행 네트워크의 발전은 (허브들 사이의) 꽤 조밀한 항공교통구역을 만드는 동시에 이와 다른 구역(스포크)들도 만들었다. 이 다른 구역의 네트워크는 듬성듬성하기 때문에 이곳의 사람이나 장소는 지구적 질서의 허브로부터 괴리되어 주변화된다(Graham, Marvin 2001). 따라서 공항은 장소를 전 세계를 가로질러 매우 두드러지게 **이동시키는** 기계라고 할 만하다.

다섯째, 이와 관련하여 항공 여행과 그것의 완연한 불평등이 상징하는 지구적인 불평등 패턴은 네트워크 자본의 커다란 차이에서 비롯된다. 이러한 반⁺공공의 항공 공간을 통해 이동하는 여행자 유형은 세계화 시스템을 크게 분화시킨다. 특히 지구적 엘리트 또는 이동 엘리트는 "흐름 공간의 연결선을 따라 세계 곳곳에서 (상대적으로) 격리된 공간을 구축한다"(Castells 1996: 417). 일등석 승객에게 항공 여행은 리무진, 택시, 에어컨 딸린 출장 사무소, 신속한 체크인과 출입국심사, 비즈니스 클래스 호텔, 레스토랑과 통합적으로 연결된다. 지구적 질서를 만드는 유목적 임원은 그로 인해 형성된 매끄러운 경관을 따라 별 수고 없이 이동한다. 그러나 숱한 사람들에게 여행은 길고 불확실하고 위험하다. 네트워크 자본에 대한 접근이 극히 중요해진 이 세계에서, 이 여정은 새롭게 출현하는 지구적 계층화 체계 안에서 전 지구적으로 열등한 그들의 지위를 시사한다. 자동감시 시스템을 통과하는 여행자를 자동 분류하는 소프트웨어는 '이동 엘리트'에게 힘을 더 실어 준다. 가령 스히폴공항의 프리비움 회원[6] 승객은 홍채 인식으로 인증된다. 모빌리티가 용이한 사람들은 느리고 덜 이동적인 대중과 차별화된다(Wood, Graham 2006). 프리비움은 "극상의 여행 방식"이자 "우선순위, 속도, 편안함의 가치를 알고 여행을 품위 있게 시작하려는 단골 여행객을 위한 독점 회원제"라고 홍보한다(이제는 모든 영국 승객도 홍채인증 출입국 시스템 등록을 신청할 수 있다). 이런 엘리트의 모빌리티 강화에는 어떤 반대급부가 따른다. 프리비움 엘리트가 아닌 사람들을 심사하는 속도는 느려지고 시간도 더 소요되는 것이다(Adey 2006b: 89).

여섯째, 공항은 복합적 장소이다. 새로운 승객들이 복잡하게 뒤얽혀 교차하면서 전 세계 사람과 문화가 여기서 중첩된다. 그들은 특히 공항의 탑승 라운지에 모인다. 탑승 라운지는 항공산업 시스템이 산출하는

---

6 스히폴공항의 독점 여행자 프로그램. 프리비움Privium 회원은 전용 라운지 사용, 우선주차, 보안 시설 우선통과 등의 특전을 받는다.

동질적 장소인 **동시에**, 이동적인 사람이나 문화가 다양한 '이동 중 거주' 양식을 통해 예측 불가능하게 상호교차하는 혼종적 장소이다. 세르는 다음과 같이 쓴다. "출발 안내 전광판에는 행선지 목록이 전 세계의 지명사전처럼 적힌다. … 이 특수한 메시지 전달 시스템의 작동에 따라, 남자와 여자는 헤어지고 만나며 일정을 조정하고 사람들과 새롭게 섞인다. 여기서 이들이 쉬고 있는 것이 보인다. 지금 나란히 있는 사람들은 잠시 후면 천 리나 떨어져 있을 것이고, 이방인이 모여 이웃이 될 것이다"[Serres 1995: 258]. 매일 공항을 지나는 흐름은 현대적 도시를 만드는 데에 일조한다. 디아스포라 문화 공동체, '에스닉' 식당과 지역, 멀리 떨어진 가족, 세계시민 정체성, 급행로를 이용하는 이동 엘리트의 독점 구역이나 연결 통로 등이 여기 포함된다.

일곱째, 국제적 항공교통 덕분에 꽤 다양한 모빌리티가 가능해졌다. 휴가여행, 돈세탁, 출장, 마약 거래, 감염, 국제범죄, 망명, 여가 여행, 무기 거래, 밀입국, 노예무역 등이 그렇다[Hannam, Sheller, Urry 2006: 5-9]. 이러한 모빌리티로 인해 드러나는 사실은 항공 여행이 유도하는 다양한 공간이나 네트워크가 뒤죽박죽 병존한다는 것이다. 예를 들어, 전 지구적 질병이 빠르게 퍼지기 때문에 "세계는 급격히 취약해졌다. 신종 전염병이나 오래된 전염병의 발생, 더 결정적으로는 이러한 전염병의 지구적 확산 때문이다. … 제트기 자체와 그것이 실은 화물은 곤충을 비롯하여 전염 행위자를 새로운 생태 배경으로 옮겨 놓는다"[만Mann의 이 말은 Buchanan 2002: 172 에서 재인용]. 소수의 무작위 장거리 교통편만으로도 팬데믹을 야기할 수 있다. 2003년 사스는 특히 중국 남부, 홍콩, 토론토를 자주 오가는 중국인들을 통해 번져 나갔다[Sum 2004; Little 2006; Urry 2004; Hannam, Sheller, Urry 2006: 7].

여덟째, 비행은 신의 시선에서 지상을 내려다보도록 유도한다. 장소, 마을, 도시는 마치 그것이 자연스러운 모습인 양 내려다보는 시선 아래 펼쳐진다. 잉골드의 표현에 따르면, 항공 여행은 "길 찾는 사람"이 아니라 "지도 읽는 사람"을 만든다(Ingold 2000). 길 찾는 사람은 세계 **안에서** 이동하지만, 지도 읽는 사람은 지상을 가로질러 이동하면서 마치 공중에서 내려다보는 양 상상한다. 그리고 항공 여행은 추상적 모빌리티 및 비교의 언어를 생산하고 강화하는 데에 가담하는데, 이런 언어는 이동적이고 추상화된 이동적 세계-내-존재 방식을 표현한다. 그리고 이러한 존재 방식으로 인해 장소들은 이동적 세계 안에서 어떤 추상적 특성들의 더미로 탈바꿈한다. 장소를 위로부터 시찰·평가·비교하기는 점점 쉬워지지만, 진정 그 내부까지 알 수는 없다(위에서 내려다보는 시각이 우주에서 찍은 유명한 지구 사진으로 만들어지는 양태는 Szerszynski, Urry 2006 참조).

따라서 항공 여행은 제국의 새로운 관계들과 뗄 수 없을 만큼 결속되어 있다. 여러 저자에 따르면, 국민국가의 주권이나 '사회'는 점차 이러한 관계들로 대체된다(Hardt and Negri 2000; 제국과 항공 여행에 대해서는 Aaltola 2005 참조). '제국'은 전 세계에 걸쳐 수평적으로 절합되는 역동적이고 유연한 체계적 구조의 창발을 가리킨다. 그것은 전체 질서 내부에서 모든 행위자를 휩쓰는 "정부 없는 거버넌스"이다(Hardt, Negri 2000: 13-14). 제국이 내포하는 교점 및 연결선 시스템이 세계지도를 사실상 대체한다. 그러나 나는 다른 지면에서 복잡성 이론의 프리즘으로 보아, '제국'이 완벽한 시스템보다는 기이한 끌개[7]처럼 작동한다고 지적했다(Urry 2003a). 따라서 여러 사회는 시

7   복잡성 이론에서 끌개attractor는 특정 운동이 수렴하는 점, 선, 면 등을 뜻한다. 복잡계의 카오스 운

간이 지남에 따라 제국의 '유역'으로 끌려 들어간다. 이때의 제국은 강한 공동현전의 영토성을 필요로 하지 않는 "네트워크 기반의 제국적 위계질서"이다(Aaltola 2005: 268). 현대사회에는 제국의 가시적 **중심**이 늘어난다. 상징적 건물, 세계유산 경관, 유명인이 설계한 공항, 글로벌 브랜드 등이 이에 해당한다. '무대로서의 세계' 위에서 제국이라는 끌개로 이끌리는 여러 사회는 최상의 스카이라인, 공항, 호화 건물, 갤러리, 경기장, 인프라, 게임, 스포츠 영웅, 숙련 인력, 대학, 보안을 둘러싸고 경쟁을 벌인다. 제국의 대리인이 제국의 허브로부터 스포크로 날아감에 따라, 그 여파는 그 중심 너머 명목상 뚜렷한 국경을 횡단하여 퍼져 나간다. 알톨라는 이렇게 요약한다. "네트워크 기반의 제국적 위계질서는 항공 여행 시스템에 의해 전체적으로 짜여진다. … 그것은 생동하는 경제적·정치적 권력 허브의 지리학을 창출한다. 이는 건전하고 안정적이며 예측 가능한 세계질서를 뜻한다"(Aaltola 2005: 268).

이런 의미에서 미국은 현재 '무대로서의 세계'에서 단연 최강의 제국이다. 여러 특출난 중심지(뉴욕, 로스엔젤레스, 워싱턴), 수많은 권력의 아이콘(펜타곤, 월스트리트, 할리우드, 아이비리그 대학, 텍사스 유정, 실리콘밸리, 뉴욕 현대미술관), 대규모 교통 인프라, 어느 정도 다공적多孔的인 국경, '제국적인' 심대한 경제적·사회적 불평등, 이동과 통신을 통해 거의 모든 사회와 연결되는 네트워크를 보유하고 있다. 그러나 제국으로서의 각 사회는 그에 맞서 공진화하는 타자로서 반항적 다중을 생산해 낸다. 미국 제국은 매우 강력한 다중이라는 '타자'를 산출하고 있다. 자금세탁, 마약

동에서 나타나는 모호한 형상의 끌개는 '기이한 끌개strange attractor'로 불린다.

거래, 도시 범죄, 망명 신청, 밀입국, 노예무역, 도시 테러 같은 지구적 유동체를 통해 '제국과 다중'의 생산이 크게 변화한다. 이것들을 비롯한 무수한 유동체는 모두 승객의 공항 통과에 기반해 있다. 그 결과 다중의 공간과 제국의 공간이 때로 병치되는데, 2001년 9월 11일이 그랬다[지구적 유동체에 관해서는 Urry 2003a 참조].

따라서 창발하는 지구적 질서의 핵심인 항공 여행과 그 시스템은 대규모 이동, 새로운 거주 양식, 상호연결성, 새로운 불평등, 새로운 지구적 만남 장소, 현저하게 양가적인 병치, 새로운 시각 양식, '제국'이라는 끌개들의 관계 강화를 유발한다. 또 다른 측면들은 이어지는 여러 장에서 검토할 것이다. 다음 장에서는 물리적 모빌리티와 가상적 모빌리티의 상호연결을, 13장에서는 기후변화에서 항공 이동이 갖는 함의를 다룰 것이다.

결론

이 장에서는 '항공 모빌리티' 성장의 다양한 측면을 고찰했다. 먼저 20세기 항공 공간의 두드러진 변화들과 관련하여 간략하게 시대 구분을 했다. 13장에서는 이와 다른 방향으로 발전할 가능성들을 고찰할 텐데, 여기에는 ("차고마다 비행기"라고 묘사하는) 개인 항공교통의 발전과 대중적 우주여행 시스템의 혁신도 포함된다. 이 장에서는 또한 항공 여행이 지닌 위험성, 그리고 현재 항공 여행의 기반으로서 상호교차하는 전문가 소프트웨어 시스템들이 지닌 위험성의 또 다른 측면도 탐구했다. 특히 테러 공격이라는 유례없는 위험이 이처럼 취약한 비행기계를 노린다는 맥락에 주목했다.

또한 비행, 비행기, 공항, 공항도시가 현대의 지구적 질서에서 핵심임을 분석했다. 그리고 대중적 항공 여행의 복잡한 시스템이 없었다면 현재의 '세계화'도 불가능했을 것이라고 주장했다. 항공 공간은 부동적이고 고정적인 정박들이 상호의존적으로 작동하는 여러 시스템들을 수반하고, 그에 기반하여 멀고 빠른 지구적 모빌리티가 가능해지는 것이다(Adey 2006b: 87).

나는 항공 공간의 특성을 탐구하면서 이것이 비장소도 아니고 전통적 주거 장소도 아니라고 주장했다. 가장 중요한 점은, 항공 공간이 오히려 지구적 질서로 생겨나는 '장소'의 전형이라는 것이다. 항공 공간은 전 세계의 마을이나 도시와 여러 면에서 겹치고 또 유사하다. 하나의 지구적 질서 안에서 항공 공간과 나머지 장소를 구별하기는 점점 어려워진다. 항공 여행 시스템이 점차 제자리를 벗어나 다양한 장소를 차지하면서 차별성이 사라지고, 항공 공간이라는 수용소가 규칙이 되기 때문이다(Diken, Laustsen 2005: 147). 그래서 승객만 점점 더 전 세계를 날아다니게 된 것이 아니라, 이런 여행의 기반인 이동과 보안 시스템도 이러저리 날아다닌다. 이 시스템은 수많은 마을이나 도시에 착륙하여 그곳을 항공 공간으로 바꾸어 놓는다(물론 개인정보도 종종 제자리를 벗어나서 신원도용범 등에게 빨려 들어간다). 풀러와 할리가 《항공도시》에서 말하듯이, "수직과 비릴리오가 옳다. 공항은 미래의 도시다"(Fuller, Harley 2005: 48). 그리고 이런 도시에서 자동화되고 때때로 오작동하는 감시 형태도 우리의 미래이다.

제8장

연결과 상상

〔런던의〕 완즈워스에서 태어나서 50년 넘게 투팅에 있는 자택에 사는 73세의 그레이스 엔젤을 예로 들어 보자. … 그녀는 완즈워스를 거의 벗어나지 않는다. 공동체의 감각을 즐긴다. … 그러나 그 삶은 지역성에 얽매이지 않는다. 그녀는 프랑스와 미국에 편지를 쓰곤 한다고 말한다.

(Fennell 1997: 45)

앞의 여러 장에 걸쳐 다양한 모빌리티 시스템을 고찰했다. 특정 시스템이 역사적으로 뒤늦게 발달하는 시스템의 적합도 지형을 규정한다는 점도 일부 살펴보았다. 또한, 모빌리티 시스템을 칸막이가 있는 자율적 시스템으로 보아서는 안 된다고 말했다. 이동 방식은 통신 방식이나 새로운 원거리 조직화 형태를 전제하기도 하고 산출하기도 한다. 모빌리티 시스템은 어느 정도는 이런 데에 의존한다. 1장에서는 근대가 이동화되던 1840년경 유럽에서 일어난 교통 **그리고** 통신의 유례없는 변화를 언급했다. 이 파격적인 시기에 시작된 운송 시스템으로는 최초의 철도와 최초의 대양 증기선이 있다. 한편 통신의 발전은 국영 우편 시스템, 상업 전신 서비스 개발, 사진의 발명, 인쇄물 안내서의 성장을 포함한다. 그러나 앞의 여러 장에서 지적했듯이, 학계에서 이동과 교통에 대한 연구는 대개 통신에 대한 분석과 별개로 수행되었다. 마치 서로 다르고 무관한 시스템인 것처럼.

이 장에서는 통신을 이동과 교통 연구 **안에** 집어넣어서, 이 세 가지가 줄곧 서로 얽혀 있는 몇 가지 양태를 검토한다. 이는 두 가지 측면에서 살펴볼 수 있다. 첫째, 수많은 통신은 실제로 이동·준비·일정과 관련하여, 그리고 장소에 도착하고 다른 사람을 만나는 그때그때의 과정과 관련하여 이루어진다. 이런 통신 중 어떤 것은 친구에게 전화를 걸어 만남을 조율하는 경우처럼 '개인적'이다. 또 다른 통신은 토머스 쿡이 1841년부터 개발한 여행 패키지 시스템처럼 비개인적이고 '사회화'된 것이다. 둘째, 통신과 이동은 어느 정도는 서로를 대신한다. 가령 통신은 때로 이동을 대신하고, 어떤 이동은 통신을 불필요하게 만든다. 나는 통신이 신체 이동을 대체하거나 보완하는 여러 방식을 살펴볼 것이다.

통신은 점차 고정된 위치에서 풀려나고 있다. 나는 이 때문에 새로운 긴밀한 결합들이 현대 세계에 도래하고 있음도 보여 줄 것이다. 통신 자체가 이동한다. 통신은 이렇게 이동하면서 이동 **그리고** 통신의 본질을 변화시키고, 집에 머묾과 정지의 본질도 변화시킨다. 이와 관련하여 인터넷과 이동전화의 여러 측면을 검토할 것이다. 이는 고정된 장소를 벗어나 움직이는 통신이다. 그리고 '이동 중'에 사이 공간이나 시간 안에서 작동하고, 이러한 사이의 공간이나 시간을 생성하는 데에 이바지한다.

우선 통신의 종류가 다양하다는 점을 유념해야 한다[Thrift 1996: 264-267 참조]. 통신의 범위는 개인적 전령, 비둘기, 편지, 전보, 책, 라디오, 엽서, 특별 이벤트 카드, 신문, 전화, 텔레비전, 이메일, 문자메시지, 인터넷, 화상회의 등 다양하다. 이 각양각색의 통신을 간단히 분류하면 일대일 통신(사신私信), 일대다 통신(텔레비전), 다대다 통신(이메일 전자게시판) 등이 있다. 어떤 통신은 전화 통화처럼 쌍방향이지만, 어떤 통신은 상호작용적이지 않은 텔레비전처럼 일방향이다. 이러한 각 통신 형태의 기반은 사물이나 사람을 추적하고 조회하는 다양한 시스템이다. 이미 언급한 것처럼, 이 시스템이 유발하는 "기술적 무의식"은 별다른 인지적 입력 없이도 환경 속 신체들을 특정 주소로 바꾼다[Thrift 2004c: 177]. 이러한 주소, 사람, 사물의 형식 덕분에 대개 아무 생각 없이도 어떤 일을 반복할 수 있다. 이러한 시스템에는 주소록, 시간표, 집 번지, 일정표, 전화번호와 전화번호부, 예약시스템, 우편번호, 이메일 주소, 바코드 등이 있다.

다음 절에서는 가상 통신이나 가상 이동의 몇 가지 요소를 살펴보려 한다. 여기에서는 새로운 개체들이 많은 사람의 삶과 연결을 가능하게 하는 배경이 된다. 새로운 종류의 주소와 연결이 나타난 1990년 무렵의 여러 변화가 특히 중요하다. 그다음 절에서는 특히 텔레비전을 통한 '상상 이동'을 간략히 살펴본 후, '이동전화'의 발전으로 옮겨 갈 것이다. 이동전화 덕분에 통신은 고정된 지점에서 극적으로 풀려나고, 신체와의 보철적 합체를 통해 신체를 증폭시켰다. 이렇게 이동전화를 분석하면 '기거하는 기계'를 분석하는 유용한 방법들이 드러난다. 이동전화는 이런 기계 중에서 초창기의 사례로 드러날 것이다. 그다음에 간략한 결론을 제시하겠다.

여기서 나의 설명은 주로 이런 통신 채널들이 물리적 이동 양식과 상호결합되는 양상을 검토하는 것이다. 특히 물리적 이동 요소와 통신 양상을 결합하는 시스템이 어떻게 조합되는지에 주목한다. 시대적 허세는 피할 것이다. 즉, 우리의 시대가 어떤 전환의 순간이어서, 지금 여기에서 일어나는 변화가 다른 때에 다른 곳에서 일어나는 변화보다 중요하다고 전제하지는 않을 것이다(미래에 대해서는 본서 13장 참조).

가상 이동

그럼에도 불구하고 일단은 현대의 강력하고 상호의존적인 지식 기반 시스템들의 출현에 주목하고자 한다. 이 시스템들은 새로운 소프트웨어를 통해 전 세계적으로 생산, 소비, 이동, 통신을 점차 조직화한다.

언뜻 보기에 "자연 질서"는 인간 삶의 배경, 그저 있으니까 있을 뿐인 배경을 이룬다. 여기서는 스리프트가 구별한 "자연 질서"의 여러 양태를 발전시키고자 한다[Thrift 2004b]. 내가 보기에, 이 배경은 세 가지다. 첫째,

강, 언덕, 호수, 폭풍, 토양, 눈, 대지 등의 '자연 세계'가 있다. 대부분의 인류 역사에서 당연시된 배경이다. 둘째, 기차, 파이프, 증기, 나사, 시계, 종이, 라디오, 자동차 같은 산업혁명의 '인공' 사물들로 이루어진 배경이 있다. 셋째, '가상' 사물의 창발적 세계로 이루어지는 배경이 있다. 이런 사물은 화면, 케이블, 마우스, 신호, 위성, 벨소리같이 컴퓨터 하드웨어나 소프트웨어의 혁명에서 비롯했다.

이 장에서는 그중에서도 세 번째 자연인 가상 자연을 탐구한다. 이것은 '이동' 세계에 커다란 함의를 지닌다. 어디에나 있는 일상적 가상 사물은 "덧없는 물질성"을 지니는데, 이는 해당 사물이 고장날 때에만 관찰된다. 이런 사물은 그것을 수행할 때 비로소 실현되는 경향이 있어서 살펴보기가 녹록하지 않다. 그 각각은 주소 시스템을 필요로 하고, 각 사람이나 사물은 이 시스템 내부에서 다른 사람이나 사물에게 알려진다. 하드웨어나 소프트웨어의 조그만 조각들은 서로 떨어져서 예상하기 어려운 무수한 위치에서 작동하며, 종종 스스로 이동한다. 전 세계의 수많은 사물이나 사람은 가상의 흔적을 남기므로, GIS와 GPS는 모의실험 같은 은밀한 방식으로 이 흔적을 "추적 조회"할 잠재적 능력이 있다[Thrift 2004b 참조].

이렇게 21세기 삶의 배경에는 가상 사물들이 있다. 우리 주위를 계속 맴돌면서 대개 당연시되는 이것들은 흐름, 혹은 크노르 세티나의 "흐름 구조"[Knor Cetina 2003]를 표현하고 포착한다. 이 배경은 행동을 위한 단순하고 고정된 환경이 아니다. 그것은 점차 유정有情한' 환경이 되면서, 눈에

---

1 sentient는 어떤 존재(사람, 동식물, 사물 등)가 감각, 지각, 감정 등을 지닌다는 의미로서 "유정有情하다"고 옮긴다. 여기서는 주로 어떤 사물이 주어진 상황을 스스로 지각하고 판단하며 그에 기반해

띄거나 꼭 언급되지 않으면서도 삶에 적응하고 삶을 변화시킨다. 이 유정한 환경은 향후 운전자의 정서 상태와 잠재적 스트레스 수준을 감지하는 감성 컴퓨팅을 포함할 것이다. 이러한 삶의 중심은 숫자와 계산인데, 스리프트는 이를 "질 계산"이라고 부른다. 질 계산이 기반하는 시스템들 덕분에, 사람이 이러한 계산을 모르더라도, 혹은 이러한 계산 중 많은 것을(혹은 아무것도) 스스로 하지 못하더라도, 신속한 계산과 측정, 순위, 아카이빙이 가능하다(Thrift 2004b).

대개 민간 부문에서 개발되고 민간 부문에 내장되는 이 시스템은 소프트웨어를 기반으로 한다. 그리고 대부분 특정 행위를 예외도 아니고 문제도 아닌 것처럼 보이게 한다. 이런 소프트웨어를 활용하여, 제품을 구매하고 모임을 열고 부품을 공장에 보내고 비행기를 대기시키며 메시지를 전달하고 돈을 보내는 일이 정도 차이는 있어도 틀림없게 이루어진다(Thrift, French 2002). 반복적 행동을 되풀이할 수 있게 하는 이 소프트웨어 기반 시스템은 대부분 인지적 사고나 개입 없이 작동한다.

이 시스템은 경제, 사람, 활동을 전 세계에 분산시킨다. 카스텔은 이로부터 "네트워크 사회"의 패턴이 나타난다고 묘사한다. 이 사회의 구조를 이루는 네크워크들은 마이크로 전자공학 기반 정보통신 기술로 구동된다(Castells 2004). 카스텔에 따르면, 역사상 네트워크는 언제나 있었지만 수직적-위계적 조직에 비해 조직화가 부족했다. 마이크로 전자공학 혁명 이전까지는 그랬다. 네트워크라는 조직화 방식은 유연성, 적응성, 자기 조직성에서 강점이 있지만, 특정 크기를 넘어서면 효율성이 크게 떨어졌

행동할 수 있다는 의미로 쓰인다.

다. 문제의 네트워크를 가로지르는 통신에서 시간 지연을 수반했기 때문이다. 카스텔에 따르면, 이러한 네트워크의 잠재력을 변화시킨 것은 마이크로 전자공학 기반 통신 기술의 성장이다. 유연성, 확장성, 생존성, 그리고 휴대성이라는 새로운 장점을 선사하기 때문이다. 네트워크의 강점은, 합리적이고 합법적인 구식 관료주의처럼 중앙집중적이고 위계적인 통솔이 아니라 자기조직적이고 종종 단기적인 성격에서 나온다. 역사적으로 보아, **개인** 컴퓨터는 복사기 사용을 비롯해 모든 정보 흐름을 통제했던 소련의 **국가** 관료 체제에 "카오스 같은" 전복적인 영향을 끼쳤다(Castells 1996: 36-37; Castells 2001). 물론 카스텔은 네트워크 개념을 모든 것을 포괄하는 용어로 과도하게 사용한다. 그러나 경제나 사회의 조직화가 위계적 양태로부터 네트워크 양태로 전환되고 있으며, 이 전환이 특히 일대다 및 다대다의 새로운 고속 통신을 가능하게 하는 마이크로 전자공학 기반 통신 기술의 발전에 힘입었다는 데에는 의심의 여지가 없다(Castells 1996; Castells 2001).

마이크로 전자공학과 새로운 소프트웨어가 추동하는 네트워크 양태의 이러한 고속 성장을 어떻게 설명할 수 있는가? 1989~1990년은 이러한 발전에 결정적인 순간이다(1장에서 이야기한 1840~1841년만큼 중요하다). 이 순간에 도대체 무슨 일이 일어났는가? 첫째, 카스텔에 따르면 소련 공산주의는 새로운 정보기술을 개발하지 못하고 미국 컴퓨터 기술에 점점 의존하는 바람에 거의 하룻밤 사이에 붕괴했다(Castells 1996). 소련 제국의 붕괴는 미국 '제국'을 공고히 하고 거의 전 세계가 새로운 가상 통신시스템에 문호를 개방하게 만들었다(남아프리카공화국의 아파르트헤이트도 사라지면서 아프리카도 '개방'했다).

둘째로, 그리고 더 구체적으로, 팀 버너스리Tim Berners-Lee는 URL, HTTP, HTML 같은 개념을 통해 월드와이드웹을 '발명'했다. 이것 덕분에 국가, 언어, 주체, 규율의 전통적 경계를 무시하면서 링크에서 링크로 (대개는) 매끄럽게 도약하는 일이 가능해졌다. 이 새로운 언어와 구조는 놀라운 새 프로젝트, 서비스, 사교를 산출했다.

셋째, 이동전화의 초기 발전이 시작되었다. 이는 특히 화장지 제조업체에서 세계를 선도하는 이동전화 제조업체로 탈바꿈한 노키아에서, 그리고 이제 매출액 기준 세계 최대 이동통신 네트워크 회사인 보다폰에서 이루어졌다.

넷째, 모든 주요 금융시장은 하루 24시간 어딘가에서 접속하는 온라인 실시간 거래로 변화했다. 이러한 가상 통신의 초기 활용은 대부분의 금융 형태와 다수의 금융 서비스와 관련하여 수많은 일국적 시장과 일국적 공급자를 해체했다.

다섯째, 1991년 걸프전 동안 새로운 가상통신 기술을 활용한 24시간 실시간 보도 시스템이 개발되어 특히 주목을 받았다. 이것은 상호교차하는 다양한 텔레비전 채널이나 인터넷 채널의 24시간 실시간 뉴스 보도로 신속하게 확산했다.

1990년경 시작된 이러한 다양한 상호의존적 시스템들은 다양한 결과를 낳았다. 첫째, 가상 연결이 대규모로 확산했고 **이와 더불어** 가상 사물들이 다량으로 사회적 삶의 배경에 들어왔다. 이를 잘 보여 주는 것은, 모든 연구자들이 점유하고 있던 정태적인 고정식 목재 '데스크'로부터 누구나 점유하는 일시적이고 이동적이며 교체 가능한 '데스크탑 컴퓨터'로의 변화를 들 수 있다(종교적 '아이콘〔성상〕'에서 컴퓨터 '아이콘'으로의 변화와 유사하다). 디지털 정보는 물질적 형태나 존재와는 전혀 다른 모빌리티 양상을 지니게 되었다[Hayles 1999: 18-20; Urry 2003]. 정보는 유동 네트워크를 따라 (정도의 차이는 있지만) 어디에서나 즉각 이동한다. 정보 저장소는 중세 도서관처럼 불타지 않는다. 이러한 인간 경험에서 중요한 것은 깜박이는 저 "화면", 그리고 그 화면에 삶이 편재遍在한다는 사실이다[Turkle 1996]. 게다가 직장, 가정, 공항, 쇼핑센터, 우체국, 상점, 차고, 기차, 비행기, 심지어 자동차까지, 어디에나 있는 이 화면에는 십중팔구 '모르는 사람들'이 있다. 이들은 이렇게 잠복한 채 다른 세계와 대안적 가능성을 표시한다["주위를 둘러싸는 텔레비전ambient television"에 대해서는 McCarthy 2001 참조].

둘째, 이 시스템에 의해 나타날 세계는 예측 가능하고 미리 주어진 공동현전, 즉 다음에서 살펴볼 근접 공동체에 거의 기반하지 않는다. 어떤 구체적 타자는 그냥 '거기' 있는 것이 아니라, 대개는 내가 "가상 자연"이라고 부르는 것을 매개로 거기 있거나 있을 수 있다. 이 "가상 자연"은 비교적 멀리 퍼진 네트워크에 분산된 무수한 가상 사물들이다. 직장, 가족, 사회적 삶 같은 외관상 서로 다른 영역들은 갈수록 네트워크화되면서 서로 비슷해지고 의존하게 된다. 9장과 10장에서는 어떻게 이러한 통신 기술을 통해 각 영역들 사이에 약한 유대가 퍼져 나가는지 살펴볼 것이다. 이것은 특히 네트워크 자본의 성장과 더불어 일어나는데, 이 과정에서 어떤 교점의 권력은 강화되고 다른 지점은 상대적으로 약화된다. 카스텔은 이렇게 요약한다.

우리의 세계에 특유한 것은 상호작용 네트워크에서 인간 주체의 몸과 마음이 확장되고 증강된다는 것이다. 마이크로 전자공학 기반 소프트웨어로 작동하는 통신 기술이 이 네트워크를 구동한다. 이 기술은 점차 소형화되어 〔그리고 휴대성이 높아져〕 인간 활동의 전 영역에 점차 확산한다(Castells 2004: 7).

이 책에서는 이러한 정보통신 기술과 특히 신종 소프트웨어가 실로 네트워크와 사회적 삶을 변형시키고 있다고 역설한다. 이런 일은 인간의 이동이 일어나는 배경을 변형함으로써 가능해진다. 그리고 "기술적 무의식"을 재구성하는 새로운 일상적 가상 사물들을 통해 일어난다.

이러한 신체 증강 덕분에 사회적 네트워크도 확산한다. 사교나 가정에서조차 사회적 네트워크는 배경에 잠복하여 인지되지 않는 가상 사물들에 갈수록 의존한다. 여기서 중요한 것은 간헐적 신체 이동, 특히 매우 다양한 만남이다. 새로운 "이동 공간"은 그런 만남을 가능하게 하고, 사실 그 한 부분이기도 하다. 카스텔의 설명은 전반적으로 인지주의적이다. "정보주의"[2]의 렌즈를 통해 보면서, 이런 새로운 "네트워크 사회"를 장소, 경계, 위치로부터의 해방('데스크'에서 '데스크탑'으로의 변화)으로 이해하기 때문이다.

카스텔의 주장은 이런 점에서는 지나친 인지주의(따라서 일종의 유목주의)이지만, 이와 동시에 가상 사물에 대한 분석은 과도한 향수에 젖기도 한다. 즉, 가상화 이전의 '공동체'를 그리워하면서, 새로운 통신 탓에 공동체의 특징이 나쁘게 변했고 회복할 수 없게 되었다는 것이다(따라서 일종의 정주주의이다)[이에 대해서는 Putnam 2000; Urry 2004a; 그리고 본서 1장 참조]. 유목주의

---

2 카스텔의 정보주의informationalism는 새로운 정보통신 기술이라는 물질적 기반의 변화로 정보처리 능력이 확대되고 네트워크 특성이 변화하는 것을 의미한다.

그리고 정주주의 입장을 모두 넘어서려면, 그리고 이른바 변형되었다고 하는 '가상화 이전' 세계의 본성을 규명하려면 "공동체"의 세 가지 의미를 분별해야 한다(Bell, Newby 1976). 첫째, 지형학적 의미의 공동체이다. 이 공동체는 지리적 **근접**에 토대한 정주를 가리키지만, 강렬하게 공동현전하는 정주에서 볼 수 있는 사회적 관계의 특질을 내포하지는 않는다. 이처럼 근접한 공동현전의 "공동체"는 이제 통계적으로는 드물어졌다.

둘째, **지역**사회 시스템으로서의 공동체라는 의미가 있다.[3] 어느 정도 경계가 있는 한 지역 안에서 사회집단과 지역 제도의 체계적 상호관계가 일어나는 것이다.

셋째, **교감체**[4]가 있다. 구성원 간의 친밀한 개인적 유대, 소속감, 정서적 온기로 성격화되는 인간 연합체이다. 전통적으로 "공동체" 관계라는 관념은 이 세 번째 의미였는데, 이 관계는 어느 정도는 새로운 통신 기술 탓에 쇠퇴하고 있거나 쇠퇴할 위험에 처해 있다(Putnam 2000 참조). 이것은 "정동"으로서의 공동체이다.

그뿐 아니라 가상 사물이나 가상 통신과 관련하여, 가상공동체는 현실 공동체(또는 정동 공동체)가 아니라는 주장이 있다(Jones 1995: 24; Sardar 1996). 인터넷 개발 초기에는 가상공동체에 아무리 연결(약한 유대)이 많아도 그 연결은 "점점 약하고 공허하고 덧없어진다"는 견해가 흔했다. 전자 공간이 기존 사회 공간의 풍부하고 복잡한 다양성을 대체해 버린다는 것이

---

3 이런 의미의 community는 흔히 "지역사회"로 옮기지만, 이 책에서는 번역의 일관성을 위해 계속 "공동체"로 옮긴다.

4 여기에서 communion은 정신적 · 정서적 교감이 강한 공동체를 뜻하므로 "교감체"로 옮긴다.

다(Heim 1991: 74). 정서적이고 정동적인 "교감"이 아니라 "화면의 삶"만 제공하는 가상공동체는 "현실 공동체"의 핵심을 결여한 것으로 간주되었다(Turkle 1996).

그러나 몇 가지 점을 들어 이러한 주장을 반박해야겠다. 첫째, (이미 30년 전에!) 벨Bell과 뉴비Newby는 공동체의 감정인 교감이 특정 정주 형태에서만 생기는 것이 아니라, "구성원"이 물리적으로 가까이 살지 않는 곳에서도 생긴다고 주장했다. 정동적 교감을 확인하는 방식은 여러 가지인데, 그중 일부는 정주가 아니라 물리적 이동에서 일어난다. 이러한 이동은 으레 다니는 보도나 도로로 왕래하는 것처럼 어떤 경계 안에서 일어날 수도 있지만, 경계를 넘어 일어날 수도 있다. 여행, 통신, 상상 여행을 통해 수많은 장소로 이동하는 것이 그렇다. 레이먼드 윌리엄스는 소설《국경 고장Border Country》에서 "남자와 여자가 만드는 네트워크, 그들이 어느 지역을 가로질러 가면서 만드는 길이나 영토 구조, 그리고 그들이 상호작용하거나 상호간섭하는 방식"을 포착한다(Pinkney 1991: 49; Williams 1988). 매시는 장소의 정체성이 상당 부분 다른 장소와의 교류에서 비롯된다고 주장한다. 매시에 따르면, 그런 교류는 때때로 "진보적"이다(Massey 1994b: 180). 따라서 이동과 통신은 정동에서 매우 중요하다고 할 수 있다.

둘째, 가상공간에서조차 간헐적 공동현전이 중요하다(Baym 1995: 157). 만남은 "매체를 통해 구축한, 마술적이고 매우 개인적이며 깊은 정서적 유대"를 더욱 강화한다(Rheingold 1994: 237). 가상공간은 신뢰 있는 관계를 발전시키는 데에서 대면 공동현전의 순간에 의존하는 듯하다. 사람들은 가끔 만나서 어떤 공동의 장소에서 함께 지낸다. 어떤 식으로든 채워야 할 이동의 총량이 정해져 있는 것도 아니고, 가상 이동이 신체 이동을 말 그대로 '대체'할 수 있는 것도 아니다. 가상적 이동과 물리적 이동은 공동현전의 본성과 필요 자체를 바꾸어 놓는 듯하다. 코쿠Koku, 네이저Nazer, 웰먼Wellman은 연구자들을 대상으로 한 연구에서 주장한다. "인터넷에서의 빈번한 접촉은 빈번한 대면접촉을 보완하는 것이지 대체하는 것이 아니다"(Putnam 2000: 179 재인용). 또 다른 연구에 따르면, 온라인에서 활동하는 사람들이 오히려 동네 자원봉사나 정치활동에 더 적극적이다(Wellman 2001: 10). 이들의 접촉 범위는 주로 지역적일 수 있으나 온라인에 접속하지 않는 사람들보다 훨씬 광범위하다. 요컨대 가상 연결은 지역적 연결을 확장시키며, 따라서 신체 이동을 억제하기보다는 촉진한다.

잉글랜드 북서부 지역 청년층의 사회적 네트워크 지리학에 관한 연구에 따르면, 이메일 덕분에 네트워크의 모든 사람이 동일한 정보를 공유하고 이 정보에 동등하게 접근할 수 있다(Larsen, Urry, Axhausen 2006: 8장 참조). 그 때문에 행사를 조직하는 책임이 더욱 균등하게 분배된다. 게다가 모든 사람이 자기 메일함에 저장된 날짜나 장소 기록에 접근하고 나중에 참고할 수 있다. 따라서 이메일은 만남을 줄이는 것이 아니라 오히려 늘리는 것으로 보인다.

그러면 사람들을 만나는 게 쉬워지죠. 왜냐하면 사람을 조율하고 모으려고 소소한 메시지를 쓰고 여러 사람에게 보내는 일이 덜 힘들거든요. … 예를 들어 몇 년 전 모임을 열었을 때 친구가 이메일로 다 했어요. 아주 잘 진행됐죠. 왜냐하면 언제 모일 수 있고 언제 모일 수 없는지 날짜를 조율할 수 있었거든요. … 그러니까 한 사람에게 묻고 또 다른 사람에게 물었다가 다시 그 사람에게 물을 때처럼 혼란스럽지 않아요. … 모든 일을 한군데에서 모두에게 전달하면 이런 상황을 잘 처리할 수 있어요.(30대 초반 남성 건축가)(Larsen, Urry, Axhausen 2006: 115)

더 나아가, 특정 정보가 몇 초 만에 전 세계를 돌기 때문에 대면 만남이 변화하고 있다는 주장도 있다. 베버Weber와 천Chon은 이렇게 말한다.

이제 테크놀로지를 통해 다량의 정보를 교환하기 때문에, 대면 만남에서는 관계를 형성할 필요가 더 커졌다. 결과적으로, 미래에 비즈니스는 주로 테크놀로지를 통해 이루어질 것이고, 만남은 비즈니스보다 사교적 측면에 집중할 것이다(Weber, Chon 2003: 206).

따라서 대면 만남은 (일방향적) 정보 프레젠테이션과 수동적 청취보다는 네트워크 구축과 유지, 그리고 사회적 재화 교환에 관심을 기울일 것이다. 향후 비즈니스 미팅은 네트워킹, 양방향 커뮤니케이션, 직접 경험, 작업 집단을 통해 더욱 참여적이고 정동적이게 될 것이다(Davidson, Cope 2003: 139).

콜리스Collis에 따르면, 그 이유는 "실제" 만남에서

사교를 위한 술자리, 즉흥적 모임이야말로 진짜 소중한 것이기 때문이다. 값을 매길 수 없다. 직관적이고 본능적이다. 그리고 우연에 의지해 신뢰를 쌓는 것이다. 예를 들어 대체 누가 프레젠테이션을 듣겠다고 회의에 참석하겠는가? 중요한 것은 네트워킹이다. 달리 말해, 회의가 끝난 후 상사나 동료와

유대를 맺을 기회이다(Collis 2000: 64).

더 일반화하자면, 민츠버그Mintzberg는 이를 공동현전의 **의례적** 측면으로서 묘사한다.

업계 동료에 대한 소문이 오간다. 여기 참가한 사람들은 요즘 만난 사람이나 읽은 책을 평한다. 중요한 정치적 사건을 토론하고 배경 정보를 주고받는다. 결론적으로 경영자는 이런 대화에서 많은 정보를 수집한다. 그래서 공식적인 대면 만남이 강력한 매개체로 작용한다는 것은 일리가 있다(Schwartzman 1989: 75 재인용, Lodge 1983도 참조).

전 세계에 흩어져 활동하는 가상공간팀을 대상으로 한 민족지 연구는 이러한 정서적 특성 몇 가지를 강조한다. 가상공간팀 관리자는 이렇게 말한다.

2주 후에 글로벌 팀 미팅을 가질 예정입니다. … 한심한 말은 '가상공간에서는 이걸 할 수 없나요?'라는 거지요. … 안 되거든요. 가상으로는 못 해요. 이제까지는 가상으로 해 왔지만, 진짜 괜찮은 술 한 잔 마시고 밥 한 끼 먹고 즐거운 담소를 오래 나누지 않으면 '진짜 팀'이 될 수 없거든요. … 그렇게 한 다음에야 테크놀로지를 이용하여 이런 팀을 유지하는 거지요(Nandhakumar 1999: 53 재인용).

보든Boden이나 난다쿠마르Nandhakumar는 가상공간의 팀워크에는 개인적 신뢰가 필수적이라고 주장한다. 가상공간에서 이런 신뢰 관계를 유지할 수는 있지만, 애초에 신뢰를 구축하려면 대면 사교가 필요하다(Nandhakumar 1999: 55; Boden 1994; 본서 10장 참조).

네트워킹, 그리고 얼굴을 직접 비치는 것은 특히 정보통신 분야의 비즈니스 미팅에서 중요하다. 그러한 다면적 네트워킹을 하기에 이상적인 공간은 문화적으로 활기찬 장소이다. 업무 장소는 오전 9시부터 오후 5시까지 일하는 공식 사무실로부터 비공식 대화, 브레인스토밍, 소문으로 가득 찬 '클럽'으로 옮겨 간다. 실제로 새로운 사무실 건물이 점차 '클럽 공간'을 중심으로 설계되기도 한다. 이런 공간은 공동현전 시간에 동료들을 만나는 곳이다(Thrift 2000; Laurier, Buckner 2004). 런던의 로이드 보험사는 커피 전문점에서 시작한 후 나중에 사무실 건물을 얻었지만, 그로부터 약 2세기가 지난 지금은 공동현전적이고 정동적인 대화가 새삼 카페라는 무대로 돌아가고 있다. 로리어Laurier와 버크너Buckner는 스타일리시한 카페가 어떻게 "부산한 만남의 장"이 되는지 분석한다. 이런 곳에서 사업가나 전문직 종사자가 동료를 만나 어울리기도 하고, 고객이나 사업 파트너와 비공식적으로 만나기도 한다. 이때에도 다양한 가상 사물은 배경에 잠복하여 '용재적'으로 있을 것이다(Laurier, Buckner 2004; Witel 2001). 네트워킹 장소에서는 사회생활과 직업생활의 구별, 그리고 친구와 직장 동료와 고객의 구별이 다소간 흐릿해진다. 쿨하고 창조적인 사교와 공동체를 위한 도시적 장소가 급증하고 있다. 이런 곳에서는 사회적 네트워크들이 움직이면서 서로 만나 비즈니스를 하고 함께 즐긴다. 중요한 것은 이러한 대면적 사교와 만남의 장소가 보통 익명적인 '큰 세상'에서 정동적 교감체라는 작은 세상을 형성한다는 점이다. 위텔Wittel의 연구에 참여한

면접 대상자는 이렇게 말한다.

　　그러니까 제게 이런 만남과 회의는 다른 사람들을 다시 보고 그들에게 다시 보여지고 서로 인사를 나누는 기회입니다. 말하자면 그들 마음 한구석에 있어야 하는 거지요. 보통은 어떻게 지내는지, 사업은 어떤지 한 2분 동안 담소를 나누는 정도인데, 그걸로 충분하지요(Wittel 2001: 67; Amin, Thrift 2002; Florida 2002).

　　신체언어·사회성·정동의 측면에서 볼 때, 화상회의도 여전히 얄팍한 형태의 신체적 만남일 뿐이다. **아직까지는** 대면 만남에 미치지 못한다. 어느 가상 프로젝트팀은 이렇게 생각한다. "시선 교환이 없어서 사람들이 언제 우리를 보는지 알 수 없어요. … 텔레비전을 보는 것처럼 느껴져요"(Sarker, Sahay 2004: 11). 따라서 가상 회의가 일부 대면 이동을 대체할 수는 있겠지만, 그래도 가상 만남은 전통적 만남, 강연, 본회의, 학회를 주로 **보충**할 것이다(Cairns et al. 2004: 290). 일각에서는 "화상회의는 먼저 악수를 나눈 다음에야 완벽해지는 두 번째 도구"라고 주장한다(Standage 2004). 화상회의는 전 세계에 걸친 팀 작업에서 좀 더 중요하다. 이동해야 하는 경우에 참석하지 않을 사람을 회의에 참석시킬 수 있기 때문이다(Collis 2000: 68).

　　재택근무의 발전도 이와 관련이 있다. 영국에서는 취업자의 7.4퍼센트가 일주일 내내 혹은 일부 기간에 '재택근무자'로 일한다고 밝혔다. 이는 최근 몇 년간 연평균 13퍼센트씩 증가하고 있다(Hotop 2002: 315). 다른 연구에 따르면, 직원에게 원격접속 기능을 제공하는 영국 기업이 놀랄 만큼 증가했다. 2000년까지 거의 두 배 늘어난 약 60퍼센트에 달하는데, 다른 주요 선진국보다 높은 증가율이다(PIU 2002: 16). 재택근무는 '진짜' 직장에 '사무실'이 있거나 적어도 거기에 접근할 수 있는 사람들 사이에서 가장 빠르게 늘고 있다(Reeves 2002; PIU 2002: 16). 다시 말해, 재택근무자가 이론 상 직장에서 멀리 떨어져 있어도 괜찮지만, 그래도 간간이 직장에 들러야 함을 뜻한다. 앞서 언급한 바와 같이, 사실 "직장 동료와 교제하는 기회는 업무 만족도의 핵심 요소이다. 일에는 보상뿐 아니라 동료애도 중요하다"(Reeves 2002; Gillespie, Richardson 2004). 주기적 재택근무로 인해 직장은 오전 9시부터 오후 5시까지 '일하는' 공식적 '사무실'이 아니라, 직원들이 들러서 주로 비공식적 담소, 브레인스토밍, 소문을 나누는 '클럽'으로 바뀌기도 한다. 따라서 일부 사무실은 "클럽처럼 변해서 직원들이 이야기를 나누고 브레인스토밍을 하고 사람을 만나고 소문을 따라잡는 곳이 되었다"(Cairncross 1997: 41).

여기에 더해, 디아스포라 '공동체'가 급증하면서 멀리 떨어져 사는 가족이나 가구에게는 온갖 이동의 범위, 규모, 의의가 커지고 있다. 현재 전 세계적으로 매년 2억 명이 이주를 하는데, 이는 1980년에 비해 두 배에 달하는 수치다.

예를 들어, 트리니다드에서 진짜 '멋쟁이'가 되는 데에는 인터넷이 중요하다. 트리니다드에서 인터넷은 "사회의 전 분야에 스며들었고" 인터넷 사용자는 인기 있고 멋지며 유행에 민감하다고 여겨진다(Miller, Slater 2000: 27; Hiller, Franz 2004도 참조). 이처럼 가상 이동이 일상이 되면서, 누가 가까이 있고 누가 멀리 있는지, 누가 현전하고 누가 부재하는지에 대한 감각도 변한다. 공동현전의 성격이 바뀌는 것이다. 따라서 "여타 사회적 공간과 연속적이면서 그 공간에 내장되는 인터넷 매체"를 눈여겨봐야 한다. "일상적 사회구조나 사회관계를 변형시키는 이러한 매체는 그 구조나 관계 안에서 작동하는 것이지, 거기서 벗어나 어떤 자폐적이고 분리된 사이버공간으로 들어갈 수 있는 것이 아니다"(Miller, Slater 2000: 5). 여기서는 온라인과 오프라인의 구분 자체가 점차 해소된다. "많은 공동체의 유대는 복잡한 춤과 같다. 그것은 대면 만남, 예정된 모임, 일대일 전화 수업, 한 명이나 여러 명에게 보내는 이메일, 관심사가 같은 사람들의 폭넓은 온라인 토론이 어우러지는 복잡한 춤이다"(Wellman 2001: 11).

가상의 채널 및 통신 기술과 여타 채널 및 통신 기술 간의 이러한 '차이 해소'는 특히 비보, 마이스페이스, 프렌드스터, 페이스파티 같은 '소셜 네트워크' 인터넷 사이트에서 두드러진다. 이들은 거대한 '공동체'로, 가령 2005년 마이프렌드 회원은 4천만 명에 달한다. 이런 사이트는 온라인과 오프라인의 차이를 지운다. 주로 청소년과 대학생으로 이루어진 마이스페이스 세대는 "두 세계 모두에서 편안하게 살아간다." 이들은 수많은 매체를 동시에 사용하고 그 사이를 오가며 멀티태스킹한다. 미국에서는 청소년의 컴퓨터 이용 비율에서 소셜네트워크 이용이 가장 빠르게 늘고 있다. 소셜 네트워크는 비교적 새로운 정동적 장소이다.

지금까지 우리의 배경에 존재하는 수많은 가상 사물을 살펴보았고, 9~11장에서도 더 살펴볼 것이다. 이런 사물은 사무실, 가정, 공공장소 구석에 잠복한 부동의 상자 안에 정지해 있다. 그러므로 이동적인 사람(그리고 사물)과 이처럼 비교적 부동적인 기계 사이에는 어떤 구분이 존재한다. 하지만 이 둘은 조건이 맞으면 조합되어서 어떤 식으로든 이동 중인 다양한 사회적 실천을 유발할 수 있다.

상상 이동

역사상 가장 영향력 있는 '정태적' 기계는 텔레비전이었다. 전 세계 약 10억 개의 방구석에 도사리면서, 다른 장소나 문화나 사람으로의 접근성을 어마어마하게 높였다. 하이데거는 1950년대에 이미 사회적 삶의 가속을 예견했다. 이러한 가속을 일으키는 것은 시간적 거리와 공간적 거리의 '수축', 라디오가 제공하는 '즉각적 정보'의 중요성, 텔레비전이 원격성을 폐지하고 인간과 사물의 '거리를 제거'하는 방식이다(Zimmerman 1990: 151, 209). 텔레비전은 상호작용과 대화의 가능성 자체를 변화시킨다. 텔레비전은 매체를 통한 유사 상호작용을 통해 공론장을 재형성하고, 자아와 정체성에 대한 새로운 사고방식을 만들어 내기 때문이다(Gitlin 1980; Meyrowitz 1985; Thompson 1995).

하지만 상상 이동에는 다른 많은 형식들이 있다. 우리는 기억, 텍스트, 안내서, 소책자, 기행문, 사진, 엽서, 라디오, 영화를 통해 다른 곳으로 '이동'한다. 이러한 상상 이동이 간혹 신체 이동을 대체하는 경우도 있다(de Botton 2002 참조). 하지만 그보다는 이동하고 싶다는 욕망, 그리고 다른 장소에 직접 있고 싶다는 욕망을 부채질하는 일이 더 잦은 듯하다. 19세기의 상상 이동에 중요한 것은 주로 안내서를 포함한 문자 텍스트였다. 그러나 20세기 전반에는 사진과 라디오가 중심이 되었고, 20세기 후반에는 영화와 텔레비전이 주요 매체가 되었다(영화와 이동에 대해서는 Tzanelli 2004; Beton 2005 참조). 이제 텔레비전에 대해 더 상세히 살펴보자.

텔레비전은 물건이자 매체이자 문화로 기능한다(Urry 2000: 3장 참조). 첫째, 텔레비전은 구매해야 할 물건이고, 어떤 방의 배치에서 특정한 곳에 놓아 두는 **물건**이다. 이렇게 엄선된 위치에 놓이는 텔레비전은 가정이란 어떤 것이고 가정에서 가족은 어떻게 거주해야 하는지를 규정한다(텔레비전은 점차 다른 공간들까지 규정한다(McCarthy 2001 참조)). 텔레비전 세트와 나머지 가구는 서로를 규정하면서 일상생활의 배경이 된다. 곧, 눈에 띄지 않으면서 '용재적'인 것이다. 그래서 그것이 어떤 일을 하고 그것을 어떻게 사용하는지는 누구나 다 안다(Scannell 1996: 7장).

둘째, 텔레비전은 다수의 특출난 **매체들**, 다양한 서비스, 정보의 원천, 오락의 방식 등을 제공한다. 이러한 매체들은 줄기차게 무차별적으로 흐르면서 원격시각televisual 흐름을 구성한다(Meyrowitz 1985: 81-82). 이 매체들은 개별적으로 또는 함께 작용하면서 소비된다. 이로부터 나오는 출력들은 하루의 시간에 따라 코딩된다(그리고 다른 시각마다 시간은 다르게 처리된다). 이러한 시간적 코딩 중 일부는 특정 사건을 '실황'으로 보여 준다. 우리는 사건을 실시간으로 소비함으로써 두 장소에 동시에 있을 수 있다. 상상 이동을 통해, 월드컵이나 '쌍둥이빌딩'이 무너지는 뉴욕이나 쓰나미가 일어나는 아시아에 있을 수 있다(Scannell 1996: 172).

셋째, 라디오와 텔레비전은 가정과 그 너머 세계가 소통하는 가장 유력한 방식이다. 텔레비전은 **문화**이다. 텔레비전이 그토록 강렬하면서도 차별화된 문화라는 관념은 라디오에 대한 하이데거의 언급과 흡사하다.

> 나는 따분하고 칙칙한 탄광 마을에 산다. … 버스만 타면 삼류 오락을 즐기러 갈 수 있다. 그러나 최상의 교육, 음악, 사교의 특전을 누리려면 제법 멀리 나가야 한다. 이런 분위기에서 삶은 녹슬고 무뎌진다. 이 단조로운 생활로 쓸 만한 라디오가 들어오니 나의 작은 세상은 변모했다(Scannell 1996: 161 재인용).

하이데거의 서술에 따르면, 라디오는 "일상의 환경을 확장하여 '세계'의 거리 제거를 성취했다"[Scannell 1996: 167 재인용]. '거리 제거'라는 말은 사건, 장소, 사람과의 거리 혹은 멂을 소거하여 이것들을 어떤 범위 안으로 가까이 가져온다는 것이다. "하이데거의 해석에 따르면, 라디오의 가능성은 공간성을 변화시키는 것, 사물을 가까이 가져와서 관심 범위 안으로 들이는 것, 내 팔이 닿지 않는 광대한 세계를 나를 비롯해 만인이 접근하고 활용하게 만드는 것이다"[Scannell 1996: 167]. 이런 맥락에서 텔레비전은 사건, 사람, 장소로 이루어진 공공의 세계를 **드러낸다**. 사람들은 라디오, 텔레비전, 그리고 이제 인터넷에 드러나서 공공의 세계에 던져진다. 이 공공의 세계는 우리만의 '작은 세상' 안으로 들어와서 이런 작은 세상들을 한데 모은다[Morley 2000 참조]. 그러므로 텔레비전은 사적 영역과 공적 영역, 무대 앞과 무대 뒤, 가까운 것과 먼 것의 경계를 흐리면서, 일종의 지구촌을 짓는다. 텔레비전은 특히 거의 모든 것을 공개하고 전시하며 거의 모든 곳으로 상상 이동하게 한다. 따라서 이런 눈길에서 숨을 수 있는 것은 거의 없다["준사회적 상호작용"[5]에 대해서는 Meyrowitz 1985; Thompson 1995 참조]. 특히 세계적 이벤트에서는 세계가 스스로를 멀리서 본다. 이런 특별한 이벤트는 세계의 무대에 올려진다. 특히 1990년 이래로 이러한 이벤트뿐 아니라, 죽음, 영웅적 행위, 명성, 비극, 과잉 등의 충격적 이미지가 전 지구적으로 유통되고 인지되고 소비되었다. 이런 이미지들은 '지구'를 오가면서 '지구' 자체를 소비하는 지구 시민의 도상학에서 핵심이 되었다[Szerszynski, Urry 2006].

---

5 준사회적 상호작용parasocial interaction은 대중매체(특히 텔레비전)을 매개로 연예인 등을 만나는 시청자가 경험하는 일종의 심리적 친숙함을 뜻한다.

그러나 최근 영국에서 실시된 연구에 따르면, 청년들은 텔레비전보다 이동전화가 더 중요하다고 생각한다(Carphone Warehouse 2006: 8). 이제 이 절에서는 통신 자체가 이동 중임을 고찰할 것이다. 통신은 종종 사람 몸에 얽혀서 이동한다(그리고 이러한 이동적 기계에서 텔레비전 프로그램도 시청할 수 있다).

초창기의 '이동적 기계'인 소니 워크맨은 사용자 혹은 착용자와 더불어 이동했다.

> 사실상 피부의 확장이다. 현대의 다른 소비문화와 마찬가지로, 신체 자체에 맞추고 재단되었다. … 움직임을 위해, 이동을 위해, 줄곧 돌아다니는 사람을 위해, 경쾌한 여행을 위해 설계되었다. 현대판 '유목민'의 필수 장비다. … 이것은 후기 근대의 문화가 모빌리티에 높은 가치를 둔다는 것을 증언한다(du Gay et al. 1997: 23-24).

초기의 소니 워크맨에는 헤드폰을 꽂는 곳이 두 군데 있어서 실내에서나 정지 상태에서 두 사람이 함께 들을 수 있었다. 그러나 금세 드러났듯이, 사람들은 이것을 걷거나 기차, 비행기, 자동차로 이동하면서 사용했고, 특히 실외에서 개인적으로 사용하게 되었다. 따라서 여기에서 살펴본 여러 진화 현상들과 마찬가지로, 워크맨도

> 애초에 그저 개인적 청취 장치를 염두에 두고 출시된 것은 아니다. 이것이 개인적 청취 장치가 된 것은 생산과 소비가 절합하는 어떤 과정을 통해서다. … 소비자의 활동이 이 제품의 도입, 개선, 후속 개조, 마케팅에 결정적 역할

을 했다(du Gay et al. 1997: 59).

아이팟, 노트북, DVD 플레이어, 그리고 텔레비전을 볼 수 있는 이동전화는 모두 움직이는 몸의 '사적' 증강에 의존하면서 이를 더욱 발전시키기도 했다. 여기서 유념할 점은, 초창기 소통 수단으로 개발된 책, 잡지, 신문도 마찬가지로 휴대할 수 있었다는 것이다.

이동전화는 이러한 개인적 휴대성을 새로운 한계까지 밀고 나갔다. 현재 전 세계에는 이 새로운 이동전화가 유선전화보다 더 많다. 20억 명이 이동전화를 사용한다고 추정된다(2004년에는 10억 명이었다). 노키아는 2015년까지 세계 인구의 약 3분의 2가 이동전화를 사용할 것으로 예측한다. 이동통신은 다음과 같은 새로운 유도성을 행사한다. 이동 중인 사람에게도 '용재적'인, 최신 유행의 물건들을 생산한다. 늘 이동통신 장치로 증강되는 신체 이동을 만들어 낸다. 관계를 개인 대 개인 연결로 전환한다. '네트워크 자본'에서 중요한 새로운 요소들을 산출한다. 이동 중에 새로운 사교성을 형성한다. 가정, 직장, 여가 장소 사이에서 '중간공간'을 계발한다. 시간 시스템을 '정시' 시스템에서 조율을 통해 작동하는 비공식적 '유동' 시스템으로 전환한다. 이제 이런 다양하고 새로운 사회적 패턴들을 검토하기에 앞서, 마지막에 언급한 시간 시스템부터 살펴자.

2장에서 짐멜이 시계를 중시했다고 말한 바 있다. 그는 이렇게 말한다.

만약 베를린의 모든 고정식 시계나 휴대용 시계가 딱 한 시간이라도 어떤 식으로든 다짜고짜 오작동한다면, 도시의 모든 경제생활과 의사소통은 한동안 중단될 것이다. 그러므로, 모든 활동과 상호관계를 시간적으로 매우 정밀하게 통합하여 안정적이고 익명적인 시간표로 만들지 않는다면, 대도시에서 살아가는 법은 상상조차 할 수 없다(Simmel 1997: 177).

따라서 수많은 관계로 이루어진 복잡한 시스템이 가능하려면, 만남이나 활동이 정시에 시간표대로 일어나며 합리적이어야 한다. 이러한 시스템 혹은 "꽤 익명적인 구조"에는 종종 예의 바른 거리두기가 필요하다(Simmel 1997: 178; Toiskallio 2002: 171). 이러한 모빌리티의 "체계성"은 지극히 중요하고, 그래서 개인을 "사물과 권력으로 이루어진 거대 조직의 한낱 톱니"로 만든다. 결과적으로 "각 개인에게 삶은 한없이 쉬워진다. 온갖 방면으로부터 자극, 흥미, 시간 활용, 생각이 제공되기 때문이다"(Simmel 1997: 184).

그런데 이동전화로 이런 것이 변화한다. 내가 다른 지면에 발표한 연구에 따르면, 시간은 "정시성"으로부터 "유동성과 교섭 가능성"으로 전환하고 있다(Larsen, Urry, Axhausen 2006). 일반적으로 통신 기술은 공동현전 만남을 촉진하는 데에 중요한 역할을 한다. 대부분의 전화 통화는 대면 만남을 조율하고자, 일반적으로 말하자면 탈동기화된 사회적 삶을 조율하고자 짧게 이루어진다(Ling, Ytrri 2002; Ling 2004). 최근 연구에 따르면, 이런 조율은 사람들이 이미 만나고 있는 상태에서도 일어난다(Larsen, Urry, Axhausen 2006: 8장). 일부 응답자는 한 집단이 아니라 방대한 네트워크와 더불어 '외출한다.' 이동전화로 연결되는 이런 네트워크의 유대는 강할 수도 있고 약할 수도 있다. 사람들은 '사건이 일어나는' 장소, '사적인' 파티, 흥미로운 인물에 대해 문자를 주고받으며, 애초에 어울리지 않던 사람과 만날 가능성도 크다. 어느 응답자는 이렇게 묘사한다.

제가 어느 술집에 있고 다른 사람들은 다른 술집에 있다고 해 보지요. 아마 저는 문자를 보내서 여기가 그저 그렇다거나, 정말 조용하다거나 너무 시끄럽다거나, 어디로 가겠다고 말할 겁니다. … 넌 어디 있어? 어디로 갈 거야? 아! 나는 버시티에 있는데 꽤 괜찮네. 그럼 나도 그리로 갈게. 그래서 우리는 다 끊임없이 네트워크를 이루고 있는 것 같습니다(20대 초반 남성 경비원)(Larsen, Urry, Axhausen 2006: 121).

이런 '외출'에는 지금 여기 있는 사람이나 없는 사람과의 끊임없는 조율과 교섭, 그리고 이동이 개입한다. 그래서 새로운 사람을 만나고 '사건이 일어나는' 장소에 들를 기회가 생긴다. 흔히 문자메시지는 즉흥적이고 비공식적이며, 때로는 텍스트 하나를 여럿에게 보내기도 한다. 이 또한 '합류'하라는 권유를 반복하여 순환시킴으로써 유동적 만남 문화를 유도한다(Hulme, Truch 2005 참조).

가령 리버풀의 사무실 대여섯 군데에 흩어져 있는 우리가 술 한 잔 하러 갈 건데 너도 올 거냐고 물을 수 있지요. 이런 일은 즉흥적으로 일어나요. 즉석에서 소통하기 때문에 쉽게 이루어집니다(30대 초반 남성 건축가)(Larsen, Urry, Axhausen 2006: 122).

이동전화로 연결되기 때문에 약속을 잡으려고 사람들이 '귀가'할 때까지 기다릴 필요가 없다. 이 연구의 응답자들은 종종 친구에게 전화해서 동네에 있으니까 잠깐 맥주나 커피를 한 잔 하자고 말한다. 따라서 이동통신으로 교섭하는 '네트워크' 시간 또는 유동적 시간이 회중시계나 손

목시계의 시계시간을 보완한다. 이제 시간에 맞춰 올 수도 있고 일찍 오거나 늦게 올 수도 있다. 그뿐 아니라 가령 문자메시지를 보내어 늦는다고 말하거나 다른 곳에서 만나거나 나중에 만나자고 제안할 수도 있다. 이는 시계시간을 아예 '거부'하는 것이다. 물론 어떤 응답자는 제시간에 도착하는 일에 신경 쓰지 않는 사람이 많다고 짜증을 냈다. 하지만 응답자 대부분은 전화나 문자메시지로 늦는다고 전하기만 한다면 좀 늦게 오더라도 느긋하게 기다릴 수 있다고 했다. "제 생각에 누구나 휴대전화를 가지고 다니니까 늦더라도 괜찮아요"(30대 초반 피트니스 트레이너)(Larsen, Urry, Axhausen 2006: 119). 따라서 제시간에 오는 의무보다 중요한 것은 늦는다고 알리는 의무이다. 예전에는 출발 전에 조율을 마무리했지만, 오늘날에는 종종 이동 중에 교섭하고 실행한다. 이처럼 시계시간은 이동통신을 통해 교섭되는 '네트워크' 시간 또는 유동적 시간으로 점점 보완된다. 사람들은 이제 정시에 와도 좋고 일찍 오거나 늦게 와도 좋다. 그리고 시계시간을 '거부'해 버려도 좋다. 이메일이나 문자메시지로 늦는다고 말하거나 다른 장소에서 만나거나 나중에 만나자고 하면 되는 것이다. 최근 설문조사에 따르면, 응답자의 3분의 2는 사람을 만날 때 자주 지각한다. 특히 이동전화 탓이다. 이동전화 때문에 엄격한 사전 조율이 불필요하다. 물리적으로 어디 있더라도 "지속적 연락"을 취할 수 있기 때문이다(Katz, Aakhus 2002). 이동적인 "전화공간"은 유동적이고 즉각적인 만남의 문화를 유도하는데, 이런 문화에서는 다음번 전화 통화나 문자메시지로 장소, 시간, 집단, 의제를 교섭한다.

이 연구에 따르면, 사람들은 다른 사람을 행사에 초대하는 데에 과감해진다. 이메일이나 문자메시지가 지닌 비공식적이고 집단적인 성격 뒤로 숨을 수 있기 때문이다. 단체 문자, 다양한 연고, 비공식성을 구비한 이동전화는 '합류'하라는 가벼운 권유와 '사건이 일어나는' 장소에 대한 정보를 약한 유대로 연결된 수많은 사람에게 효과적으로 퍼뜨린다. 어느 젊은 건축가는 자신이 근무하는 대학 사람들의 폭넓은 네트워크에 매주 영화 보러 가자는 문자메시지를 보내고, '합류'를 원하는 사람은 곧바로 답문을 보낸다고 한다(이 덕분에 '약한 유대'로 연결된 사람과 일대일 통화를 하는 어색함을 모면할 수도 있다)(Larsen, Urry, Axhausen 2006: 123). '약한 유대', 비공식적 공동현전, '새 얼굴'은 문자메시지와 이메일의 시대에 매우 중요하다(Wittel 2001).

이런 일은 "유연한 승용차 시스템" 덕에 더 용이해졌다. 기차와 회중시계가 초기 근대의 쌍둥이라면, 후기 근대의 쌍둥이는 승용차와 이동전화다. 이 시대에는 사회적 네트워크가 분산되어 있고, 조율 및 이동이 사회적 삶에 필수적이다(Larsen, Urry, Axhausen 2006: 7장).

이동전화는 유동적이고 이동적인 만남의 문화를 유도함으로써 "개인 대 개인" 공동체와 "네트워크화된 개인주의"를 강화한다. 여기에서는 개인이 곧 포털이다(Wellman 2001: 238; 일본에 대해서는 Ito, Okabe, Matsuda 2005 참조). 한곳에 고정된 유선전화가 "장소 대 장소" 연결을 상징하는 기술이었다면, 이동전화는 "개인 대 개인" 네트워크의 상징이다. "이동전화는 장소로부터의 근본적 해방을 유도한다"(Wellman 2001: 238). 유선전화에서는 사람들이 서로 물리적으로 가까이 있을 필요는 없어도, 전화가 있는 특정 장소에 있어야 할 필요는 오히려 커진다. 이에 비해 개인화된 무선 세계는 "네트워크화된 개인주의"를 유도한다. 말하자면 각 개인은 자신의 유대와 네트워크를 스스로 설계하는 엔지니어로서 어디에 가고 어디에 머물든 (배터리와 안테나가 허용하는 한) 늘 연결되어 있다. 리코페Licoppe에 의하면, "이동전화는 휴대할 수 있어서, 그것을 가진 사람의 확장으로 보일 정도이다. 항상 손 안에 있는 개인적 물건이다. … 사람들은 어디로 가든 연결 네트워크를 손에 들고 다니며, 이 네트워크는 언제라도 전화를 통해 활성화된다"(Licoppe 2004: 139). 공간적 고정성에서 해방시키는 이동전화는 각 개인의 사회적 네트워크 교점이다. 그리고 기차를 탈 때 가장 애용하는 물건 중 하나이다(Lyons, Jain, Holley 2007; Geser 2004: 4). 이처럼 네트워크화된 개인주의 패턴은 "이동적 라이프스타일이나 물리적으로 분산된 관계에 잘 어울릴 뿐 아니라 그것을 강화하기도 한다"(Wellman 2001: 239). 이동전화를 연구하는 타운센드Townsend는 이렇게 말한다.

예전에는 분 단위, 시간 단위, 하루 단위, 일주일 단위로 일정을 짰다. 그러나 이제 이런 일정은 교섭, 재배치, 조정의 끊임없는 흐름 안으로 흩어져 버린다. 사람은 언제라도 전화로 방해를 받거나 친구나 동료를 방해한다. 개인은 자신이 사는 이런 전화공간을 결코 버리지 못한다. 그것은 시간적으로도 공간적으로도 파편화된 친구나 동료 네트워크에 닿는 주요 연결 고리이기 때문이다(Townsend 2004).

이처럼 널리 보급된 이동전화 문화는 광범위한 부재, 거리, 단절의 한가운데에서 통신을 통한 공동현전의 작은 세상을 유도한다. 어떤 사람이 지금 여기 없더라도 전화를 걸거나 문자메시지를 보낼 수 있으므로, 사람들은 모르는 사람들의 바다를 항해하면서도 '중요한 타자'들과 소통한다(Roos 2001). 셀넷 통신사가 지원한 연구에 따르면, 이동전화로 통화하거나 문자메시지를 보내는 것은 '어느 때든 어느 장소에서는 어느 곳에서든' 네트워크화된 수다 떨기다. 다소간 분산된 사회적 네트워크와 "연결된 현전"에서 살아가는 것이다(Fox 2001). 약한 유대를 맺은 사람들과 자주 만날 수 없는 이 파편화된 세상에서 어느 정도 버틸 수 있는 것은, 멀리 있는 사람과 줄기차게 수다를 떨 수 있기 때문이다. 폭스는 다음과 같이 강조한다.

> 이제 우리는 사회적 네트워크의 구성원들과 매일 자연스럽게 접촉하는 아담하고 친밀한 부족이나 공동체에 살지 않는다. … 가족과 친구는 뿔뿔이 흩어졌다. … 우리는 늘상 이동하고 있다. 직장을 오가는 기차나 버스의 모르는 사람들 사이에서, 또는 승용차에 외롭게 고립되어, 긴 시간을 보낸다. … 마을이나 조그만 공동체에서는 자주 지나치면서 교류하므로 누구나 사회적 네트워크나 지원 네트워크에 연결된다고 느꼈다. 〔이동전화가 나오기 전까지는〕 이런 곳에서 일상적으로 잠깐잠깐 가볍게 조우하는 일을 전화가 대신할 수는 없었다. … 그러나 이제 이동전화가 산업화 이전의 자연스럽고 인간적인 소통 패턴을 재창조한다. 우리는 우주 시대의 테크놀로지를 사용하여 석기시대의 수다로 돌아가고 있다(Fox 2001).

이동전화의 광범위한 보급은 부재, 거리, 단절의 한가운데에서 통신을 통한 작은 세상을 가능하게 한다. 개인화되어 있으면서도 서로 연결되어 있는 그런 세계들 말이다. 다만, 앞서 언급한 바와 같이 개인화가 심화되는 것과 **동시에**, 다른 사람이나 통신시스템에 대한 의존 역시 심해진다. 이제 이 시스템에서 벗어나기란 힘들다. 중요한 타자와의 만남을 포함하여 사회적 삶을 유연하게 조율하려면 통신이 중요하기 때문이다. 이와 같이 인간 행위자와 사회적 네트워크는 이동전화, 이메일, 신체적 이동 수단과 얼키설키 착종되어 있다.

사람들은 특히 이동하고 통행할 때 전화 통화를 하거나 문자를 주고 받기 바쁘다. 현대 도시의 특징은 '고립'이 아니라 원격 대화를 통한 사적 세계의 연결이다. 기차, 버스, 자동차, 길거리, 대기 라운지에서는 통신을 많이 하고, 따라서 이동 시간이 '생산적'이게 된다(Lyons, Urry 2005). 이동전화 는 이동하면서 일하는 사람에게 가장 유용하다. 동료나 고객과의 중요한 통신을 가능하게 해 주기 때문이다(Laurier 2004). 철도 승객의 5분의 1 이상 이 이런 도구가 있으면 열차 여행이 훨씬 낫다고 생각했다. 특히 일등석 승객들은 통신장치 덕분에 시간을 선용한다고 생각하는 비율이 높았다 (Lyons, Jain, Holly 2007). 이동전화는 '길동무'가 되어 버려서, 그것 없이 여행을 떠나면 무언가 허전하다고 느낄 정도이다.

> 이게 없으면 곧 알게 됩니다. 이게 없으면 집을 떠날 수가 없지요. 무언가 빠트린 것 같으니까요. 당연히 제 곁에 있어야 해요. 꼭 함께 있어야 합니다 (20대 후반 남성 영업 사원)(Larsen, Urry, Axhausen 2006: 113).

젊은 사람들은 이동전화를 자기 몸과 물리적으로 합쳐진 보철물인 양 묘사한다. 이동전화 덕분에 그들은 '제대로 된' 사회적 존재가 된다. 이 시스템에 의존하는 그들은 이동전화가 없으면 '어쩔 줄 몰라 한다.'

> 한번은 잃어버린 적이 있어요. 정말 딱한 상황이지요. 사실 생애 최악의 한

주일이었습니다. 제가 대체 뭘 하고 있는지도 모르겠더라고요. … 최악은 전화번호가 몽땅 거기 있었다는 거죠(20대 초반 경비원)(Larsen, Urry, Axhausen 2006: 113).

이런 연구에서 내가 주목하는 것은 새로운 사회적 실천으로 말미암아 어떤 '중간공간'이 나타난다는 것이다. 그것은 가정, 직장, 사회생활 '사이'의 새로운 공간이다. 서로 다른 '부문' 혹은 '영역'이 이런 장소에서 겹쳐진다. 이 중간공간은 '생활'을 재조직하는 데에, 또는 우리가 사회적 네트워크 유지를 위한 '간접비'라고 부르는 것을 재조직하는 데에 중요하다. 이렇게 여러 부문이 융합하고 중첩하면서 선형성보다는 동시성이 나타나고, 정체성은 장소에 토대를 두기보다는 오히려 이동 중에 형성되고 유지되는 관계들을 통해 경계적인 '중간공간'에서 생겨난다(Huhne, Truch 2005: 141). 이동전화, 노트북, 문자메시지, 무선통신 사용은 사회적 삶을 위한 여러 준비와 업무를 '이동 중'에 수행하는 데에 꼭 필요하다(Hulme, Truch 2005: 142-143의 데이터 참조). 그러므로 특히 중요한 것은 이제 '인상관리'[6]가 다양한 채널을 통해 이루어진다는 점, 그리고 '다른 사람'이 여기에 물리적으로 있지 않더라도 이루어진다는 점이다. 그리하여 '공안公顔 작업'[7]에는 텍스트 작업, 이메일 작업, 전화 작업이 필요하다(Hulme, Truch 2005: 144-145)(마르크스의 방대한 편지 같은 과거의 서한 작업도 여기에 해당한다).

이동적 기술은 사람들이 '대면'하는 사회적 상호작용에까지 여파를 남

---

[6] impression management. 어떤 목표를 달성하고자 타인에게 보이는 자신의 이미지를 의도적으로 관리하는 행위.

[7] 고프만의 개념인 공안 작업face-work은 개인이 타인에게 내보이는 "공적인" 얼굴을 유지하고 관리하는 노력을 뜻한다.

긴다. 공동현전과 원격통신은 점점 뒤섞인다. 용재적인 기계, 이미지, 통신장치가 그득한 현대사회에서 아무 매개 없이 몸과 몸이 만나서 대화를 나누는 일은 줄어든다(Fortunati 2005; Reduckt 2004b). 사교적으로 만날 때조차 이동전화를 들고 오기 때문에, 점점 "얼굴 대 얼굴 대 이동전화"로 만난다(Katz, Aakhus 2002a: 2). 컴퓨터 문서를 만들 때, 파워포인트 프레젠테이션을 시작할 때, 이동전화가 울릴 때, 얼굴 대 얼굴은 얼굴 대 인터페이스 상호작용으로 변한다. 면대면 만남은 다른 만남으로 중개되고 연결된다. 이런 만남의 특징은 "부재중 현전"이다(Gergen 2002; Callon, Law, Urry 2004). 위텔은 이렇게 말한다.

> 면대면 상호작용과 원격 상호작용을 분리하는 것은 불가능하다. 도시 공간에서 기술적 장치로부터 풀려나 아무것도 개입되지 않는 면대면 사회성이라는 관념은 미신이 되고 있다. 원격통신은 점점 면대면 상호작용 영역에 통합된다. … 예컨대 사업가 네 명이 함께 저녁을 먹는데 이동전화가 울리지 않는 것은 상상하기 어렵다(Wittel 2001: 70).

사람들은 갈수록 "얼굴 대 얼굴 대 이동전화"로 상호작용한다. 이동전화는 '순전히' 사회적인 행사에도 동반된다(Katz, Aakhus 2002a: 2). 플랜트Plant 는 다음과 같이 지적한다.

> 버밍엄의 몇몇 기업가는 의도적으로 현재의 주변 환경에서 벗어나 타인의 접근을 차단하기 위해 이동전화를 이용한다고 말한다. "아는 사람이 없는 모임에 가면 휴대전화로 이것저것 하면서 시간을 보내고 평정을 찾습니다." 이

는 그 방에 다른 메시지를 보낸다. 바쁘니까 방해하지 말라는 것이다. 이를 통해 일시적으로 자신의 개인적 공간을 연장한다(Plant 2000: 62).

면대면 만남은 더 이상 단순한 면대면 만남이 아니라 가상 만남이 된다. 면대면 만남은 다른 만남으로 중개되고 연결된다. 이런 만남의 특징은 "부재중 현전"이다. 칼롱Callon과 로Law가 더 일반적으로 주장하듯이, "모든 현전이 공동현전은 아니다. … 공동현전은 어떤 위치에 있으면서 동시에 어떤 관계를 맺는 것이다"(Callon, Law 2004: 6, 9). 오늘날 만남이 특정 물리적 공간에서의 순수한 면대면 조우인 경우는 드물다(Katz, Aakhus 2002b; Licoppe 2004; Ling 2004).

이동적 기기의 유도성을 통해 또 다른 특별한 창발적 관계가 형성된다. 그것은 '지하'의 사회적 모임, 혹은 라인골드의 "스마트몹"이다(Rheingold 2002). 어떤 면에서 새 떼와 비슷한 창발적 현상이 나타나는 것이다. "새들은 마치 무용단의 잘 짜인 안무처럼 일제히 왼쪽으로 휙 튼다. … 새 떼는 조직자 없이 조직되고 조정자 없이 조정된다"(Resnick 1997: 3). 이동전화는 현대의 정치에서 중요한 역할을 하는 새로운 유형의 군중을 낳는다. 1999년 시애틀 전투,[8] 2001년 필리핀 정권교체, 2000년 영국 석유시위,[9] 수많은 크리티컬매스 자전거 집회,[10] 반세계화 운동 등이 그렇다

---

[8] 1999년 미국 시애틀에서 개최된 세계무역기구WTO 각료회의를 계기로 일어난 반세계화 시위.
[9] 2000년 자동차 휘발유와 경유 가격 인상에 반대하여 영국의 농민, 트럭 기사, 택시 기사가 벌인 대규모 시위.
[10] 도로에 대한 권리를 주장하는 자전거 운동. '임계질량Critical Mass'이라는 물리학 용어에서 차용한 이 명칭은 충분한 수의 자전거들이 모이는 순간, 자동차가 독점한 도로를 점령할 수 있다는 의미다.

(Rheingold 2002: 7장; Chesters, Welsh 2005). 따라서 라인골드의 "이동적 다수의 힘"은 "즉석에서 이동적인 사회적 네트워크"를 생성한다(Rheingold 2002: 169). 이동하면서 통신한다면 즉각 반응할 수 있으므로, 이런 이동적인 사회적 네트워크가 매우 빠르게 형성될 수 있는 것이다. 즉, 어떤 전복점에 이르면 수많은 사람들이 스마트몹으로 전화轉化할 수 있다. 걷거나 달리거나 자전거를 타거나 자동차를 운전하거나 비행기를 타고 움직이는 무리로 전회하는 것이다.

이러한 다양한 발전의 결과로 이동전화(그리고 점차 블랙베리나 커뮤니케이터[11])는 이제 기발하거나 하찮은 것이 아니라 어떤 '필요악'이다. 이동전화는 사람의 몸과 자연스럽게 결합하고 언제나 손안에 있기 때문에 이동적이고 소통하는 삶을 (비로소) 가능하게 해 준다. 그래서 이동기기를 잃어버리면 갈피를 잡지 못하고 신체적 장애까지 겪는다. 여기 없는 사람들과 대화를 할 수 있는 '자연적' 능력을 상실하고, 사회적으로는 네트워크로부터 단절되기 때문이다. 젊은 층에서 이동전화는 네트워크 구성원들 사이에 있는 '생명줄'이다. 대부분 전화번호를 몇 개밖에 못 외우기 때문이다. 유선전화를 통한 연결은 이 '잃어버린' 이동전화를 충분히 대체하지 못한다. 사람들은 연결이 끊긴 무인지경에서 어쩔 줄 모르게 된다. 이처럼 서로 조율하는 도구가 없으면, 신체 이동이나 대면 만남도 줄어든다.

이동적 유도성은 '이동 사무실'에서도 나타난다. 예전에는 주로 사무실에서 하던 활동을 이제 때때로 자동차에서도 한다. 자동차는 이동전화와

---

[11] 블랙베리와 커뮤니케이터는 초창기 스마트폰 모델이다.

결합하여 사무실로 재조립되면서 상당한 유도성을 행사한다(Laurier 2005). '이동 중'에 업무 자료를 회사 동료와 동기화하고 공유한다. 이동전화와 자동차에 기반한 텔레매틱스[12]는 (특히 다양한 자동차 기반 이동통신들이 융합함에 따라) 행위소로 기능하면서, 음성메일로 메시지를 수신하고, 전화를 선별 수신하며, 교통정체와 대체 경로에 대한 정보를 제공한다. '이동 사무실'은 다중적이고 중첩하는 모빌리티들로 이루어진 시스템으로서 유동적이고 유연한 일처리를 가능하게 해 준다. 가끔 교통 상황 탓에 모임이나 만남 계획을 매끄럽게 실행할 수 없을 때, 이동전화는 하루 일정을 재조정하는 데에 사용된다. 여기에는 이른바 "경쾌한 편의주의"가 있다. 심지어 교통체증을 선용하여 전화 통화를 여러 통 하거나 곧 있을 만남을 준비할 수도 있다. 팀 작업을 잘하려면 이동전화를 능수능란하게 활용해야 한다. 그래야 (만남을 조율하거나 편지를 받아 적는 사람을 포함하여) 사무실에 남아 있는 사람과 계속 연락하고, 길 위에 있는 사람과도 계속 연락을 취할 수 있다.

이처럼 교통기술 **그리고** 통신 기술은 '길동무'이자 '네트워크 자본'의 요소이다. 우리는 이를 새로운 형태의 사회적 네트워킹과 광범위한 물리적 이동 간의 공진화로 볼 수 있다. 이제 물리적 이동은 대개 새로운 통신에 힘입어 더욱 강화된다. 이 과정들은 서로를 강화하고 확장하며, 그래서 되돌리기 어렵다. 이는 또한 현대사회의 성격에서 가장 중요한 것이 '네트워크 자본'의 성격임을 의미한다. 이때 '네트워크 자본'은 통신 기술 접

---

[12] 원격통신Telecommunication과 정보과학Informatics의 합성어인 텔레매틱스telematics는 주로 자동차와 이동통신이 결합한 지능형 기술을 뜻한다.

근성, 적당한 비용의 잘 연결된 교통수단, 안전한 만남 장소를 포함한다. 많은 사회적 네트워크들은 멀리 떨어져 있기 때문에, 네트워크 자본이 충분하지 않은 사람들은 사회적으로 배제된다(본서 9장 참조).

이동전화는 13장에서 상세히 논의할 수많은 소형 기계들의 초기 선구자이다. 여기에서는 13장에서 상술할 논쟁의 한 측면을 간략히 제시하고자 한다. 21세기는 '기거하는 기계inhabited machine'의 세기가 될 것이다. 개인들 또는 개인들로 구성된 소규모 집단들이 체류하는 기계 말이다. 워크맨, 이동전화, PDA, 개인용 텔레비전, 네트워크 컴퓨터/인터넷, 개인용 지능형 자동차/자전거, 가상현실 '이동', 원격몰입 사이트, 헬리콥터, 지능형 소형 항공기, 그 외에 아직 출현하지 않은 마이크로 이동기기가 그것이다. 이런 기계는 스타일이 좋고 작고 가벼워서 인기를 누린다. 그리고 그 물리적 형태는 대개 몸와 긴밀하게 교직된다. 인간은 이러한 체류하는 기계를 통해 '살아 움직이게' 될 것이다. 나아가 기계가 기능하는 것은 오직 인간이 그렇게 체류하기 때문이다. 즉, 그런 기계는 사람이 체류할 때 비로소 '살아 움직인다'. 이런 기계는 소형화, 사사화, 디지털화, 이동화된다.

이런 기계는 **디지털**의 힘에 의지한다. 디지털의 힘은 물질적 형태나 현전으로부터 실질적으로 분리되어 있고 엄청난 소형화와 휴대성을 수반한다. 이러한 기계는 시공간을 구부리고 늘리고 압축함으로써 유클리드적 시공간의 관계들을 재배치한다. 이러한 기계가 의미하는 바는, 거기에 체류하면 전 세계 '사이트'와 연결되고 전 세계 '사이트'에서 편안함을 느끼게 된다는 점이다. 그러나 이 사이트들이 체류하는 각 기계를 감독, 관찰, 추적하기도 한다. 이런 기계가 텍스트, 메시지, 사람, 정보, 이미지의 상호의존적 흐름들로 이루어진 "액체 근대"를 생산하고 있다(Bauman 2000).

영화, 자가용, 기차, 비행기 같은 19세기와 20세기의 수많은 기계는 21세기에도 살아남겠지만, 그 일부는 체류하는 기계로 변형될 것이다(예컨대 영화는 인터넷 매체가 되고, 이메일은 자동차 내부에 자리잡을 것이다). 이런 기계가 전 세계로 뻗어 나가면서, 거기에 체류하면 전 세계 '사이트'와 연결되고 전 세계 '사이트'에서 편안함을 느끼게 된다. 그리고 한 기계의 혁신이 다른 기계로 무질서하게 흘러 들어가면서, 이런 모든 기계 사이에 고도의 융합이 일어난다.

이러한 이동적 기계는 인간을 물리적으로 이동하는 신체로 재구성할 뿐 아니라, 이동적인 정보 조각 및 이미지 조각으로 재구성하기도 한다. 개인은 이동하는 신체를 통해 존재할 뿐 아니라 이동하는 신체를 넘어서 존재하기 때문이다. 체류하는 기계 덕분에 사람들은 더욱 순조롭게 공간을 가로질러 이동하기도 하지만 한 장소에 머물기도 한다. 다른 시간이나 공간에서도 개인정보를 '자가인출'할 수 있기 때문이다. 이런 기계에 체류하는 것은 정보, 이미지, 이동의 네트워크에 체류하는 것이다. 따라서 개인은 이 체류하고 이동하는 다중적 기계들의 다양한 교점으로 생성된다. 이런 기계는 그저 사용하는 기계이거나 능력을 주거나 제한하는 기계가 아니라, 체류하는 기계이다. 이런 기계는 거기 체류하고 이동할 때에만 작동한다. 이러한 기계를 사용하는 것은 사실상 그 내부에 물리적으로 합병되는 것이다.

결론

　이제 실재/비실재, 대면/화면의 삶, 부동성/이동성, 공동체/가상, 현전/부재 같은 쓸모없는 이분법은 제거되어야 한다. 노키아는 "연결은 좋다"고 말한다. 하지만 연결하는 방식은 무수히 많고 상호의존적이며, 그 결과 역시 무수히 많고 상호의존적이다. 강력한 상호의존적 지식 기반 시스템들이 출현하고 있음은 이미 살펴보았는데, 이 시스템들은 신형 소프트웨어를 통해 전 세계의 생산, 소비, 이동, 통신을 더 조직하고 있다. 앞서 인간 삶의 배경이 되는 외관상 자연 질서에 여러 양상이 있음을 살펴보았다. 그리고 그 자연 질서가 외관상 네트워크화된 지구적 질서와 결부되어 있음도 살펴보았다. 또한 업무, 친구, 가족의 네트워크적 성격 때문에 특히 만남이 중요하다는 것, 그리고 가상 통신이 아직은 이런 만남을 크게 대체하지 못했다는 것을 보여 주었다. 특히 텔레비전을 통한 상상 이동을 검토하고, 전 세계의 '거리 제거'에서 상상 이동의 중요성을 검토했다.

　그다음에는 이동통신을 살펴보면서, 이런 유행하는 물건들이 '용재적'이라는 점, 특히 신체 이동을 증강하는 데에서 그렇다는 점을 지적했다. 나아가 이 물건들은 관계를 개인 대 개인의 연결로 전환하고, 이동 중의 새로운 사교성을 형성한다. 이것들은 '중간공간'을 발전시키고, 시간 시스템을 '정시성'에서 비공식적인 '유동적' 조율 시스템으로 전환한다. 이러한 이동적 통신수단은 갈수록 인간과 결합하여 새로운 물질세계를 형성하고 인간이 기계에 체류하게 만든다. 이러한 기계적 혼종은 "근거리와 원거리의 모순 혹은 이동성과 고정성의 모순을 수반한다. ⋯ 단추 하나를 누르면 영토가 해체되고 가까움과 멂, 운동과 정체, 안과 밖의 대립이 무너진다. 정체성은 주변화되고 모의실험되며 집단은 경계를 상실한다"(Bogard 2000: 28). 보가드Bogard는 이러한 거리의 붕괴로 인해 순수하지도 않고 확정적이지도 않은 어떤 관계, 하나도 아니고 둘도 아닌 어떤 것, 어떤 프랙탈 공간이 나타난다고 본다. "하나임monad과 둘임dyad의 경계가 흐려지는 것은 신체와 컴퓨터, 집단과 통신 네트워크, 사회와 사이버네틱 시스템 간의 공생이 급속히 진화하는 것을 보여 주는 탁월한 이미지다"(Bogard 2000: 40). 연결과 공동체는 사적인 동시에 공적이고, 친밀한 동시에 멀리 있다. 이들은 새로운 프랙탈 사회 공간이다. 이처럼 놀랍도록 새로운 사회 지형에서, 각 영역이 다른 영역의 위에서, 아래에서, 가로지르며, 넘어서며, 서로에게 접혀 들어가기 때문이다. 이들은 진동하고 깜박이며 여기와 저기에 동시에 있고, 마치 뫼비우스 띠처럼 내부이자 외부이다.

이 장으로 본서의 2부를 마치고자 한다. 2부에서는 다양한 이동을 고찰했고, 특히 이동들의 상호연관성을 검토했다. 3부에서는 모빌리티 패러다임이 다루는 또 다른 일반적인 문제들로 시선을 돌릴 것이다. 이를 통해 이러한 상호의존적이고 역동적인 여러 모빌리티 시스템이 현재와 미래의 다양한 사회적 실천, 새로운 사회적 배제와 공간적 배제, 사회적 네트워크, 만남, 장소의 판도에 심대한 결과를 가져옴을 살펴볼 것이다. 그리고 모빌리티의 미래 시나리오들을 검토할 것이다.

제3부

이동 중인 사회와 시스템

제9장

천당 문과 지옥 문

모빌리티는 자유의 양상이고, 그 자체가 여성에게 참신하고 흥미진진한 것이다. 자유롭게 이리저리 다닐 수 있고 원하는 곳으로 갈 수 있는 것은 여성이 막 쟁취하기 시작한 권리다.

[Rosi Braidotti 1994: 256]

2부에서는 다양한 모빌리티 시스템을 상술했고 이 시스템들 간의 상호연결을 간략히 검토했다. 광범위한 자료가 보여 준 것은, 모빌리티 시스템이 현대의 사회적 삶의 본질, 성격, 창발적 특성에 핵심이라는 사실이다. 이제 남은 장들에서는 이런 자료를 활용하여《사회를 넘어선 사회학》(Urry 2000)에서 처음 내세운 논지를 따라 사회과학을 '재구성'하고자 한다. 먼저 이 장에서는 사회적 불평등과 모빌리티의 관계를 일부 고찰할 것이다.

역사적으로 볼 때, 사회적 불평등에 대한 숱한 문헌은 '공간' 개념이 사회적 불평등을 생산·강화하는 경제적·정치적·문화적 과정을 이해하는 데에서 중대한 차이를 만들어 내는 복잡한 방식들을 무시했다(Massey 1994b의 고전적 비판 참조). 그러다가 지난 20년 동안 사회적 불평등에 대한 다양한 분석들이 등장하여 이런 결함을 다루기 시작했다. 국가 내부의 '사회적 모빌리티' 연구를 비판하면서, 다채로운 자료를 활용하여 국가 너머의 다양한 계급이나 여타 구조와 문화의 특유성을 드러내기 시작한 것이다(Devine, Savage, Scott, Crompton 2005 참조).

더 일반적으로는, 다양한 모빌리티가 국지적·지역적·하부국가적·네트워크적·디아스포라적·지구적 경제의 창발을 통해 일국적 사회를 해체하는 방식을 차츰 이해하게 되었다(Urry 2000 참조). 스콧Scott은 이렇게 결론 내린다. "정치적 국가 형태, 경제적 거래 흐름, 문화적·공동체적 '사회' 경계는 이제 영토와 일치하지 않는다"(Scott 1997: 253). 특히 중요한 것은 사람, 돈, 환경 위험, 세수稅收, 정보 등의 흐름이다. 이것들이 부분적으로 국민국가의 규제에서 빠져나가고 있다. 그리고 국민국가는 차츰 "정원사"가 아니라 "사냥터 관리인" 역할을 맡는다(Majone 1996; Bauman

2000; Urry 2000).[1]

　이런 변화로 인해 역사적으로 일국적 조직자본주의의 '황금시대'에서 이끌어 낸 자료와 논리에 뿌리내린 사회계급 분석이 이제 변모하고 있다 (Lash, Urry 1987; Lash, Urry 1994 참조). 1970년대 초까지는 북대서양 연안의 10여 개 국가에서 '일국적으로' 조직화되고 구조화된 사회계급에 천착하는 것이 온당했다. 또한 이러한 계급이 젠더, 연령, 민족에 따른 사회 분열을 통해 국가마다 굴절된다는 생각도 온당했다(Walby 2008). 그러나 래쉬Lash 와 내가 "비조직자본주의"라고 부르는 것은 그 조건이 이와는 판이하다. 국민국가는 초국가적 실체로 해소되거나 그리로 포섭되고, 따라서 "계급 구조와 국민국가의 (역사적) 연합에 대한 또 다른 잠재적 도전이 나타난 다"(Breen and Rottman 1998: 16). 스콧은 자본가계급에 대해 이렇게 주장한다. "일국의 자본가계급은 본인이 연루된 자본과 투자의 세계적 회로를 따라가면서 점차 파편화된다"(Scott 1997: 312). 혹자는 "초국적 자본가계급"이 등장했다고 말한다. 이 계급은 일국적 계급의 맥락에서 떨어져나와 고도로 이동적이게 되고, "이동적 아비투스"를 통해 지구적 연대와 응집을 발전시킨다(Skiair 1995; Scott 1997: 312-313). 그뿐 아니라, 영향력 있는 전문직들이 늘고 있다. 이들의 행위경관 일부는 지구적이다. 그리고 이들은 다양한 경로에 위치한 수많은 장소에 거주한다. 라이히Reich는 이렇게 주장한

---

[1] '정원사gardener 국가'는 영토 내의 질서 유지와 관리를 위해 세세하고 꼼꼼한 일까지 신경 쓴다면, '사냥터 관리인gamekeeper' 국가는 사회를 전체적으로 정돈하지 않으며 세세한 일에 무관심하다. 지그문트 바우만Zygmunt Bauman에 따르면, 과거에 국가는 사냥터 관리인 모델에서 정원사 모델로 전환했지만 이제 다시 사냥터 관리인 모델로 돌아가고 있다. 즉, 국가는 국경을 넘나드는 이동을 하나하나 관리할 수 없으며 다만 사냥꾼이 필요한 자원을 얻도록 자원의 조건을 조정할 따름이다.

다. "지식, 돈, 유형有形의 상품이 국경을 가로질러 흐르는 것을 막는 장벽은 부스러지고 있다. 모든 국가에서 여러 집단이 전 지구적 망에 합류한다"(Reich 1991: 172). 이로 인한 또 다른 귀결이 나타난다. 특정 '사회'에서의 지위를 결정하는 요인은 사회 내적인 결정 과정 못지않게 지구적 정보 흐름과 문화 흐름에서 비롯한다. 이러한 "비조직자본주의"는 강력한 "기호와 공간의 경제"에 의해 구조화된다(Lash, Urry 1987; Lash, Urry 1994).

특히 다중적 모빌리티들은 현대의 '비조직' 사회 내부에서 불평등을 구조화하는 핵심이 되었다. 바우만Bauman은 그 중요성을 이렇게 요약한다.

> 모빌리티는 탐나는 가치 중에서 최상 등급까지 올라갔다. 줄곧 희소하고 불균등 분배되는 재화인 이동의 자유는 우리의 후기 근대 혹은 탈근대 시대를 계층화하는 주요인으로 급부상했다(Bauman 1998: 2).

그러나 (특히 사회학의) 이런 분석에서 빠진 것은, 다중적 모빌리티가 사회계층화의 현대적 특징에 실제로 차이를 만들어 내는 방식, 말하자면 천당이나 지옥에 들어가는 데에 실제로 차이를 만들어 내는 방식이다. 이러한 모빌리티는 어떻게 이론화될 수 있는가? 이것은 사회계급의 불평등을 넘어서는 사회적 불평등에 어떤 영향을 미치는가? 이런 주장들을 뒷받침하는 증거는 무엇인가? 이 장은 현대사회에서 사회적 불평등을 유발하고 강화하는 이동적 과정들을 상세히 검토하고자 한다. 우선 다음 절에서는 다양한 시민권 관념과 불평등이 서로 연계되어 있음을 살펴볼 것이다. 그다음 절에서는 활동, 가치, 재화 등에 대한 '접근'이라는 관념을 통해 모빌리티가 이러한 논쟁에 끼어드는 주요 경로를 고찰한다.

이러한 접근에는 여러 차원이 있고, 그래서 이 관념을 발전시키려면 네트워크 자본 개념을 필히 활용해야 한다. 네 번째 절에서는 이 작업에 착수하면서, 네트워크 자본을 부르디외Bourdieu가 고안한 여타 자본 형태들과 나란히 위치시키고자 한다. 또한, 최근 들어 국가나 민간기업이 인구, 즉 사회적 불평등으로 구조화되어 있으면서도 이러한 불평등을 강화하는 인구 확보 방식에 약간의 변화가 나타나고 있다는 점에 주목한다. 결론에서는 이동에 대한 권리와 관련된 몇 가지 현안을 검토하고 이 권리가 실현될 수 있는지, 혹은 실현되어야 하는지, 그렇다면 어느 정도까지 그러한지를 검토한다. 특정 이동에 대한 권리는 배타적이며, 이 권리는 경제적 삶과 사회적 삶의 다양한 능력이라는 관점에서 새롭게 표현되어야 한다. 역설적이지만, 모빌리티의 경험적 중요성은 우리의 권리 이해가 탈-이동화되어야 함을 뜻한다. 19세기 마르크스가 비판한 상품의 물신숭배에 빗대어 말하자면, 나는 이동의 물신숭배에 반대한다.

시민권과 불평등

이 절에서는 '고전적' 시민권 관념, 즉 사회적 계층화를 틀짓는 관습적인 일국적 방식 배후에 있는 관념을 기록한다. T. H. 마샬T. H. Marshall은 시민권의 특성을 다음과 같이 보았다. "〔문명적 삶의〕 이러한 조건을 누리려는 만인의 요구는 사회적 유산의 몫을 인정받으려는 요구이다. 나아가 이러한 요구는 사회의 온전한 성원, 즉 시민으로 수용되고자 하는 요구이다"(Marshall, Bottomore 1992: 6; Urry 2000: 7장). 마샬에 의하면 이러한 시민권은 영국에서는 수세기에 걸쳐 확립되었다. 공민권은 18세기, 정치권은 19세기 동안, 사회권은 20세기 전반에 획득했다(Marshall, Bottomore 1992: 17; Bulmer and Rees 1996). 마샬에 따르면, "발전 도상에 있는 제도"인 시민권은 어떤 이미지를 창조하고, 사람들은 이 이미지에 견주어 성취를 가늠하고 장래 이익을 위해 이 이미지를 염원한다. 따라서 시민권은 어떤 면에서는 규범적이다. 즉, 시민권은 "[한 사회에서] 다수 인구를 이들을 지원하는 사회적 안전 시스템 안으로 수용해야" 한다(Turner 1993b).

이런 유의 시민권의 토대는 특정 영토에 사는 모든 이가 직면하는 국민적 위험, 온전한 성원권 보유자가 누려야 하는 국민적 권리, 그 사회의 모든 시민에게 부과되는 국민적 의무이다. 이 시민권 개념의 핵심은 단일하고 안정적이며 완전한 국민 정체성을 제공하는 국민국가, 그리고 이 단일한 국가 주변에 조직되는 하나의 시민사회이다. 이러한 특성들로 보장되는 국민국가는 국경 안의 인민 및 제도를 그 바깥의 인민 및 제도로부터 깔끔하게 구분함으로써 주변 공간에 선을 긋는다. 여기에서 특히 중요한 것은 빌리그Billig의 "평범한 민족주의banal nationalism", 즉 각 사회가 서로 간의 일상적 차이들에 의거하여 다양하게 정체성을 표현하는 실천과 담론의 집합이다. 이러한 차이를 표현하는 것은 기념식에서 국기 흔들기, 국가 제창, 공공건물의 국기 게양, 국가대표팀이나 국민영웅과의 동일시, 대중매체에서 특정 사회의 성원으로 호명되기, 독립기념일 축하하기 등이다(Billig 1995; Smith 1986: 228).

이 국가적인 조직자본주의 사회는 정체停滯의 시민권, 권리와 의무의 시민권을 상정한다. 이런 시민권은 장기적 성원권 덕분에 특정 영토 안에서 살고 일하는 사람들에게 귀속되고 활용된다. "시민권은 정착과 한 몸이 되어 나아간다"[Bauman 2000: 13]. 이를 뒷받침하는 것은 사회적 통치성 혹은 로즈Rose의 "'사회적 관점'에서의 정부"이다[Rose 1996: 328].

〔영국에서〕 베버리지Beveridge나 마샬Marshall 같은 입헌자들은 어떤 미래 상을 만들었다. 이 미래상에 따르면 곤궁이 사회적인 만큼, 곤궁을 면하는 안 전도 사회적이며, 그래서 수당이나 보험 같은 방책으로 이런 안전을 보장해 야 한다는 것이다. 이러한 방책은 통합된 '사회적 시민권' 내부에 만인을 포섭 함으로써 적어도 명목상으로는 "보편적"이라고 불릴 수 있었다[Rose 1996: 345].

마샬은 사회적 시민권이 사회의 궁극적 성취 단계라고 상정한다. 그렇 지만 "지구적 복잡성"이 늘어남에 따라 이러한 일국의 사회적 영역은 공 동화空洞化된다[Rose 1996; Urry 2000; Urry 2003a; Walby 2008]. 1장에서 지구적 질서에 서 일어나는 12가지 유형의 국제 이동을 적시한 바 있다. 이 유형들은 새 로운 이동 양상과 특히 새로운 통신 양상에 의존하고 이를 전제한다. 앞 서 상술한 이런 신체 이동 유형에는 망명자와 난민 이동, 사업가와 전문 가의 출장, 학생과 오페어 등 청년층의 탐색 여행, 의료 여행, 군사 모빌 리티, 퇴직 후 여행, "길을 내는 이동", 특정 디아스포라의 중심 교점 통 과 이동, 서비스 노동자 이동, 관광 여행, 친구나 친척 방문, 직장 관련 이 동 등이 있다. 이러한 국제 이동 유형은 국가를 크게 약화시키지는 않았 지만[Hirst, Thompson 1999 참조], 시민**사회**를 공동화했다. 나아가 시민사회가 그 '성원'의 삶의 기회, **나아가** 삶의 양식을 조직하는 역량을 공동화했다. 특 히 1990년 무렵부터 신체 이동, 통신 이동, 가상 이동, 상상 이동이 변화 함에 따라[본서 8장 참조], 사회관계들의 집합은 이제 일차적으로 **국민경제**, 국가, 특히 시민사회 내부에서나 이것들을 가로질러 흐르지 않게 되었다. 세계화 시대의 국제 이동 유형 때문에 시민사회의 일상적 실천이 **사회적으로** 구조화되는 일은 줄어든다. 이때 염두에 둘 점은 북대서양 연안 국가 외의 대부분 세계에서는 시민사회가 사회적으로 구성된 적이 없다는 것이다.

　이 같은 사회의 공동화는 숱한 결과를 양산했지만, 여기서는 두 가지를 지적하고자 한다('사회를 넘어선 사회학'이라는 이전의 표현에 대해서는 Urry 2000 참조). 첫째, 많은 시민권들과 정체성들이 급증하면서 하나의 국민 정체성이나 시민권과 경쟁하고 간혹 이것들을 약화시킨다. 여기에는 다음과 같은 것이 포함된다. 다른 사회에 진입하여 체류하면서 권리·의무를 부여받을 권리를 포함하는 소수집단 시민권, 민간·공공 조직으로부터 적절한 재화·서비스·정보를 공급받을 권리와 관련된 소비자 시민권, 다른 장소나 문화에서 온 방문자의 권리·책임과 관련한 모빌리티 시민권, 젠더·성적 지향·민족·세대 등의 다채로운 정체성 등이 그것이다(Urry 2000: 7장). 이것들은 모두 적어도 부분적으로는 다양한 경계를 가로지르는 모빌리티와 관련된 흐름의 시민권citizenships of flow이다. 말하자면 위험, 여행자, 소비재와 서비스, 문화, 이민자와 방문자, 그리고 이러한 이동적 시민이 향유하는 권리와 의무의 모빌리티와 관련된 흐름의 시민권인 것이다.

　둘째, 국가적 시민권이라는 관념은 개인의 보편적 권리라는 탈영토화된 관념 내부에 자리 잡고 있는 보편적 성원권 모델에 어느 정도 자리를 내준다(Soysal 1994: 3; Bauböck 1994; Walby 2005). 탈국가적 시민권이 느리게나마 서서히 출현하고 있는데, 여기에는 다음과 같은 이유가 있다. 전 지구적 상호의존성 증대, 다양한 시민권에 속하는 여러 성원권의 중첩, (이동권이나 지구 시민권과 관련한 생태적 시민권 권리를 포함하여) 인권과 관련한 보편주의적 규칙과 관념의 등장 및 (UN, UNESCO, ILO, EU, 유럽연합이사회, 제네바협정, 유럽인권조약 등 다양한 국제조직, 규약, 법률에 의한) 정식화 등이 그것이다. 그러나 여기서 분명히 해 둘 점이 있다. 나는 경험적으로 보아 전 세계의 모든 국가에서 무조건적 환대를 받을 권리가 있다고 주장하는 것은 아니다. 내 주장은 이러한 이동 관련 요구를 가능하게 하는 다양한 권리 · 제도 · 규칙이 존재한다는 것, 그리고 이러한 탈국가적 권리 · 제도 · 규칙은 '국가중심적'이지 않은 여러 실체를 내포한다는 것이다(Derrida 2001: 20-22).

이제 새로운 모빌리티와 시민권이 사회적 불평등에 미치는 영향을 분석할 것이다. 그리고 시민권을 정태적이고 사회중심적으로 정식화해서는 안 된다고 주장할 것이다. 우선 '접근' 개념에서 유발된 영국의 다양한 논쟁으로 시작하고자 한다.

'접근'

영국의 논쟁에서 정태적이고 사회중심적인 정식화는 모빌리티 렌즈를 통해 시민권과 불평등을 검토하게 했다(아래 내용에 대해서는 Cass, Shove, Urry 2003 참조). 시민권 결여 혹은 새로운 사회적 배제는 사회적 불평등 자체에서 나올 뿐 아니라, 거리, 부적절한 교통, 통신방식 제한 등의 조합에서도 유래한다는 것이다. 또한 이러한 사회-공간적 배제는 불공정하거나 차별적이므로, 지방정부나 중앙정부는 사회-공간적 불평등을 줄여야 한다는 것이다(SEU 2002; Ferguson 2004; Kenyon 2006). 영국의 사회적 배제 극복단[2]은 〈연결하기: 교통과 사회적 배제Making the Connections: Transport and Social Exclusion〉에서 이렇게 강조한다. "우리는 일자리, 교육, 보건, 기타 핵심 서비스 및 활동에 대한 접근을 가로막는 교통 장벽의 본성을 분석하고 이를 제거하는 정책을 개발하고자 한다"(SEU 2002; Cass, Shove, Urry 2005). 보고 서는 특히 다음과 같이 지적했다. 운전면허가 있는 청년의 취업 확률은 운전면허가 없는 청년의 두 배이다. 16~18세 젊은이의 거의 절반은 교육 받으러 가는 교통비 지출에 어려움을 겪는다. 자가용 없는 가정의 거의 3분의 1은 그 지역의 병원을 다니기 어렵다. 최하위 사회계층 아동의 교 통사고 사망률은 최상위 사회계층 아동의 다섯 배이다. 차가 없으면 친 구들에게 '접근'하기 힘들다고 느끼는 경우가 두 배나 많다. 보고서의 결 론은 두 가지다. "교통정책에 마땅한 정도로 사회적 비용이 투여되지 않 았다." 또, "지방정부는 사람들이 적정한 시간과 비용으로 일, 학습, 건 강 관리, 기타 활동 등을 하러 갈 수 있는지를 일상적으로 평가하지 않는 다"(SEU 2002: 4). 많은 보고서와 연구도 '접근 빈곤' 현상이 있음을 뒷받침하 는데, 그 현상은 사회적 배제에서 모빌리티와 관련된 여러 측면에 기인 한다(Church, Frost, Sullivan 2000; Kenyon, Lyons, Rafferty 2002; Kenyon 2006: 104-105).

나는 다른 지면에서 '접근' 개념에 네 가지 요소가 있음을 밝혔다. 그 것은 경제적 요소, 신체적 요소, 조직적 요소, 시간적 요소이다(Cass, Shove, Urry 2003 참조. 상세한 내용은 다음을 참조. Church, Frost, Sullivan 2000; Kenyon, Lyons, Rafferty 2001;

---

2 사회적 배제 극복단Social Exclusion Unit · SEU은 1997년 영국 노동당 정부 부총리실 직속기관으로 설치된 조직으로, 사회적 배제의 4개 영역으로 소득 · 실업 · 교육 · 건강을 제시하였다.

Kenyon 2006). 우선 모든 모빌리티는 **경제적** 자원이 필요하다. 경제적 자원은 사회적 평등을 약화시키는 가장 큰 요인이다(심지어 걷기 위해서도 제대로 된 신발이나 반장화가 필요하다)(Michael 2000 참조). 경제적 자원은 다음과 같은 여러 일에 필요하다. 우선 승용차 소유 혹은 택시 이용에 필요하다. 그러나 서구 사회에도 '자동차 빈곤층'이 존재한다(Froud, Johal, Leaver, Williams 2005). 경제적 자원은 전화, 이동전화, '〔온라인 가상〕 비서', 이메일을 소유하거나 이용하여 "접촉지점"에 접근하는 데에도 필요하다(Brown, Green, Harper 2002 참조). 나아가 승용차, 고속버스, 기차, 비행기, 배를 이용한 주기적인 장거리 여행에 필요하다. 그뿐 아니라, '집을 떠나' 일시 체류하면서 친구, 가족, 직장 동료와 만나는 데에도 필요하다(Larsen, Urry, Axhausen 2006). 거칠게 말하자면, 이동에 잘 접근하는 사람이라면 '원격'통신에도 잘 접근한다. 물론 이동전화, 문자메시지, 인터넷카페 등의 이용료가 저렴해져서 이런 상황이 어느 정도 변하고 있기는 하지만 말이다.

또한 접근에는 다양한 **신체적** 측면이 있다. 승용차를 이용하거나 운전하지 못하는 일, 어느 정도 멀리까지 걸을 때의 고충, 안전하지 않거나 조명이 없거나 땅이 고르지 않은 환경에서 걸을 때의 고충, 특정 장소에 입장하는 일과 관련한 신체적 어려움, 시간표 정보를 독해하는 능력의 부족, 크고 무거운 물체를 나르거나 움직일 때의 신체적 제약 등이 그것이다.

더구나 사람들이 서비스나 시설에 접근하는 능력은 그들이 어떻게 **조직되는지**에 따라 천차만별이다. 가령 다른 사람과 교섭해서 차를 얻어 타는 능력 같은 것이 있다(영국의 아시아 가정의 사례는 Raje 2004 참조). 대중교통의 경우는 버스 정류장이나 기차역 근처에 사는 것이 중요하다. 또한, 다양한 행선지, 안전하고 확실하며 생산적인 이동 경험, 좋은 대기 조건 및 환승장소, 촘촘한 배차 간격, 신뢰성, 정시성도 중요하다(Cass, Shove, Urry 2003). 그뿐 아니라, 대중교통의 '민영화'와 자본주의적 상업화는 "도시 분열"을 일으킨다. 도시가 소비자 대부분이 거주하고 자주 들르는 "뜨거운" 지대와 그 밖의 "차가운" 지대로 분열되는 것이다(Graham, Marvin 2001; Cass, Shove, Urry 2003; 브래드포드에서 이런 지대의 복합적 지도화에 대해서는 다음을 참조. Pennycook, Barrington-Craggs, Smith, Bullock 2001). 차가운 지대에 살면서 이동이 뜸하고 시간에 얽매이는 사람은 선택권이 없다시피 하다. 그래서 안전하지 않은 버스 정류장이나 직원 없는 역에서 기다려야 하고, 최고급 장소에 입장할 수 있는 스마트카드도 없다(이러한 지대가 어떻게 젠더화되는지에 대해서는 Hamilton, Jenkins, Hodgson, Turner 2005 참조).

접근은 시간 **가용성**에도 달려 있다. 많은 사람들에게는 근무시간 전후에 이용할 '대중'교통이 없다. 또 쇼핑할 시간이 났을 때 저렴한 쇼핑센터로 가는 대중교통 서비스도 이용할 수 없다. 아니면, 대중교통 서비스의 시간이나 빈도 때문에 여가 활동을 줄여야 한다. 또한 "시간 주권"의 문제가 있다. 이것은 시간 체제를 어느 정도 제어할 수 있는가, 그리고 시간 체제를 어느 정도 융통성 있게 만들 수 있는가의 문제이다. "사회적으로 배제되는 사람"에는 시간 자원이 아주 많은(따라서 유연성이 높은) 사람뿐 아니라 저임금 노동자도 포함될 수 있다. 저임금 노동자는 시간 엄수 압박 때문에 "시간 주권"은 줄고 시간 조율이 중요해진다(Breedveld 1998). 따라서 접근은 시간 조절, 시간 자원, 시간 관리의 문제이기도 하다. 특히 가정생활의 중심인 가족 일정의 패턴이나 조율 절차와 관련하여 그렇다.

사회적 배제를 일으키는 모빌리티 과정을 사유하게 된 것은 중대한 진전이다. 그러나 접근성 향상을 통해 사회적 배제를 줄인다는 생각은 다양한 문제에 부딪힌다. 첫째, 지리적으로 멀리 있는 타인, 장소, 서비스에 대한 '접근'은 고정되어 있지 않고 끊임없이 변화한다. '사회적' 포함에 무엇이 필요한지는 모빌리티 시스템 자체에 따라 다르고, 이 시스템의 발전에 따라 다르기 때문이다. 모빌리티 시스템의 변화는 온전한 사회적 포함에 무엇이 '필요'한지를 변화시킨다. 그리고 이러한 테크놀로지에 '뒤처지지 않기'는 만만치 않다.

이동과 소통에 대한 사람들의 선호가 정확히 무엇인지 확실하게 규정하기는 어렵다. 사람들이 어떤 조건을 충족하지 못하는 경우에는 아예 '욕망의 차단'이 일어나기 때문이다. 어느 정도 '수요 반응적'인 버스 서비스에 관한 연구를 살펴보면, 평소에는 눈에 잘 띄지 않는 수요의 패턴을 알 수 있다[다음에 서술하는 내용에 대해서는 Cass, Shove, Urry 2003 참조]. 노인 이용자는 '그저' 쇼핑하려고, 아니면 그저 '도심'에 '들르려고' 이동한다고 말하지만, 우리의 연구는 다른 '욕구'가 많다는 것을 확인했다. 요양원에 입소한 배우자 방문, 친구 방문, 카페 가기, 지역 문화센터 가기, 미술 수업 참석, 일하러 가기, 소풍 가기, 술집 가기 등이 그렇다. 따라서 평소 '배제되는 사람'이 접근하고자 하는 곳의 범위는 이 잠재 수요를 '실현'하는 새로운 인프라를 통해서야 비로소 드러난다.

나아가, 배제에는 중요한 시간적 차원과 공간적 차원이 있다. 예측 가능한 일정(규칙적 식사 시간, 사교적 상호작용을 위한 특정 시간, 근로시간)이 무너지면, 만남이나 사회적 대면을 교섭해야 할 의무가 는다. 심지어 각각의 일마다 따로 교섭해야 한다. 어떤 사람은 점차 '자기 힘으로' 사회생활 일정을 잡아야 한다. 유연 근무시간 전후에 만남을 배치하고, 마찬가지로 각자의 일정을 가진 사람들 사이에서 공통되게 빈 시간을 찾는 것이다(Shove 2002 참조. 그리고 이런 일을 이동전화로 하는 것에 대해서는 본서 8장 참조). 많은 사람들의 일정 관리 수첩이 점점 복잡해진다. 다른 사람의 시간이 갈수록 파편화되고 갈수록 비공식적으로 관리되기 때문이다.

마지막으로, 정부가 접근 문제를 고려할 때에는 일반적으로 특정 사회집단이 직장, 병원, 학교, 법원 등에 갈 수 있는가라는 관점을 중시한다(Cass, Shove, Urry 2003: 2장). SEU 보고서도 현대적 삶의 이러한 **공공적** 혹은 **공식적** 측면을 강조하면서, "직장, 교육, 보건이나 기타 주요 서비스"(SEU 2002: Summary NC)에 접근할 수 있어야 한다고 강조한다. 그러나 '접근'을 이렇게 한정하여 보면 친교, 가족 유대, 비공식 관계의 유지, 즉 일상생활을 이루는 교제들은 등한시된다.

케넌Kenyon이 잘 보여 주는 것처럼, 전반적으로 모빌리티와 관련한 사회적 배제에는 여러 요소가 있다(Kenyon 2006: 105). 이것들은 서로 이질적이다. 따라서 오히려 이런 접근 제한의 토대가 무엇인지를 고찰해야 한다. 다음 두 장(10장 "네트워크"와 11장 "만남")에서는 네트워크가 사회적 삶의 여러 측면에서 중핵을 이루고 있다는 점을 심도 있게 살펴볼 것이다. 중층 네트워크화된 복합적 사회에 참여하려면 네트워크에 '접근'해야 한다. 이 네트워크의 교점이 자신이 살거나 일하는 곳에서 지리적으로 멀리 있는 경우에는, 이 네트워크에 접근하기 위해 통신이나 간헐적 이동이 필요하다. 따라서 사회적 포함은 일, 여가, 친목, 가족의 비공식 네트워크에 접근하려 할 때 특정 시간에 공간적 제약을 극복하는 문제이다. 사회적 네트워크를 유지하려면 "모빌리티 부담"이 불가피하다(Shove 2002). 따라서 모빌리티 제약으로 인한 사회적 불평등을 밝히려면, 사람들이 무엇을 하기를 원하거나 원할 수 있는지, 어디로 가기를 원하는지, 네트워크를 구성하고 조직하며 다양한 '만남'을 지속하는 데에 어떤 제약이 있는 지를 알아내야 한다(Kenyon, Lyons, Rafferty 2002; Cass, Shove, Urry 2005). 나는 여가・가족・직장 생활이 (평균적으로) 얼마나 더 분산되고 확장되며 얼마나 덜 중첩되는지를 분석하고자 네트워크 사회라는 개념을 끌어오면서, 이것이 '접근' 개념이나 담론에 어떤 함의를 지니는지 주목했다. 그렇다면 '접근'이라는 관념이 제기하는 문제를 포착하되, 내가 제기한 문제들을 극복하려면 어떻게 해야 할까?

네트워크 자본

이 절에서는 특히 네트워크 자본 개념을 전개하고자 한다. 여기서 제안하는 바는 다음과 같다. 앞서 언급한 접근의 다양한 측면은 부르디외의 자본 유형 분석을 경유하여 (대략적으로나마) 다시 사유해야 한다. 그러나 부르디외는 주요 자본 형태 한 가지를 간과했는데, 바로 내가 네트워크 자본이라고 명명한 것이다. 나는 앞서 접근에 네 가지 측면이 있음을 밝혔다. 경제적 측면, 신체적 측면, 조직적 측면, 시간적 측면이 그것이다. 경제적 측면은 보통 사회적 계급, 젠더, 연령, 민족에 따른 구분으로 이해되는 것을 말한다. 이런 구분은 경제적으로 구조화되어 있기 때문이다. 이에 비해 다른 요소, 즉 신체적 요소, 조직적 요소, 시간적 요소는 모두 네트워크 자본의 구성 요소이다.

네트워크 자본으로 눈을 돌리기 전에, 부르디외의 접근 방식이 갖는 주요 특징 세 가지를 간략히 요약하겠다. 첫째, (계급이나 여타 구조에서)

구조화된 "지위 공간"을 "장場"으로 사유한다. 그리고 계급을 비롯한 사회 세력은 단순히 미리 주어진 "이해관계"를 단순히 실현하는 것으로 이해해서는 안 된다. 그러한 모든 세력은 다중적이고 유동적인 투쟁에 참여하고 있다(Devine, Savage, Scott, Crompton 2005: 13). 둘째, 이러한 투쟁에는 다양한 장소나 지형이 개입하는데, 특히 '문화'의 장소나 지형이 그렇다. 여기에서 취향은 결코 '순수'하지 않고, 사람들은 자신을 타인으로부터 상징적으로 구별하려 애쓴다. 자본의 형태는 매우 다양하지만 그것들 사이에 어떤 상동관계가 있는 것은 아니다. 경제자본과 문화자본 사이에는 특히 그렇다. 이런 여러 자본의 보유 사이에 보통 상관관계가 있기는 하지만 말이다(Bourdieu 1984: 186). 셋째, 이런 투쟁에서 가장 중요한 것은 각 사회 세력의 아비투스이다. 아비투스는 "분류 가능한 실천과 작품을 생산하는 능력이자, 이러한 실천과 작품을 구별하고 평가하는 능력(취향)이다. 이를 통해 재현되는 사회 세계, 즉 생활양식의 공간이 구성된다(Bourdieu 1984: 170). 이러한 아비투스는 취향의 신체적 표현에서 산출되고 이러한 표현을 산출한다. 부르디외는 몸이 "계급 취향의 가장 명백한 물질화"(Bourdieu 1984: 190)라고 말한다. 그리고 식사와 관련해서 보여 주는 것처럼, 몸은 '젠더 취향'을 비롯한 수많은 취향전쟁의 물질화라고 말한다.

그렇다면 장field, 문화, 아비투스 같은 개념은 내가 주장하는 다른 자본 유형[네트워크 자본]과는 어떠한 관련이 있는가? (이론의 여지 없이 전후 사회학의 최고 저서인) 부르디외의《구별짓기La distinction》는 사회적 투쟁을 이해하는 데에 너무 국가중심적이고 정태적이다. 물론 비즈니스 관광을 포함하여, 놀라운 취향의 구별짓기를 지나치듯이 다루기는 하지만 말이다(Bourdieu 1984: 306-308).《구별짓기》는 또한 윤리나 도덕과 무관하게 투쟁과 이해관계를 이해한다(이 점을 짚어 준 앤드류 세이어Andrew Sayer에게 감사한다). 그렇다면 내가 던지는 질문은 어떻게 부르디외의 논리를 '이동화'할 것인가, 그리고 어떻게 네트워크 자본의 중요성을 구체적으로 포착할 것인가이다.

물론 나는 모빌리티가 새로운 것이라는 생각에 끈질기게 반대해 왔다. 그렇지만 새로운 점도 있다. 전 세계를 오가는 이동의 규모, 현재 작동하는 모빌리티 시스템의 다양성, 스스로 확장하는 자동차 모빌리티 시스템의 각별한 중요성과 무시무시한 위험성, 물리적 이동과 통신의 정교한 상호연결, 일국적 사회를 우회하는 모빌리티 영역의 발전, 현대 통치성에서 이동의 중요성, 사회적 삶이나 정서적 삶에서 다중적 모빌리티의 중요성. 이러한 창발적 '모빌리티 복합체'로 인해 많은 사람들이 선택하기를 '강요'받고 계급, 가족, 연령, 경력, 특히 근접 공동체 같은 지배적인 **사회**구조에 거의 규정되지 않는다고 말할 수 있다(Giddens 1994; Beck 1999). 사람들은 이리저리 이동하며 개인화된 인생 프로젝트를 전개해야 하는데, 이는 **이러한** 구조들로부터 개인을 풀어놓는 '해방'에 말미암은 것이다. 따라서 사람들은 더 개인화되고 더 특수하며 덜 공유되는 사회적 네트워크를 확장하고 정교화한다(본서 10장과 11장 참조, 그리고 Beckmann 2001 참조).

이와 동시에 현대 자본주의는 점점 어떤 표현적 신체를 전제하고, 나아가 이런 신체를 생산한다. 이러한 신체 아비투스의 특성은 정서적이고 쾌락을 찾으며 참신함을 좇는 것이다. 이러한 신체는 새로운 장소에서 새로운 사람과의 새로운 경험을 구매하고 탐닉하면서 이동 중이다. 자본주의 사회는 (자기 신체를 소중히 보살필 여유가 있는 사람을 위해!) 신체의 많은 요소나 측면을 상품화하면서 새로운 쾌락과 간헐적 무절제를 유발한다. 이런 표현적 자본주의는 이동적이면서 이동화하는 자본주의로 발전하는데, 여기에는 변형되고 간혹 지나치게 탐닉하는 신체 아비투스가 결부된다(May, Thrift 2001).

자본주의에서 권력은 어떤 이동적 실체로서 새로운 것을 간단없이 생산하고 이용한다. 직장에서도 신종 관리 방식은 즐거움을 자아내고자 한다. 어느 정도는 집중적으로 일하면서 동시에 거기서 '재미'를 찾는 것이다(Thrift 2001). 신체를 상품화하는 여러 방식은 신체가 자신 안에서나 자신을 가로질러 이리저리 움직이고 움직여지는 데에 있다. 어떤 신체는 '새로움'에 종속되어 있고, 따라서 다른 데에 있고 이동 중이고, 집 안과 집 밖 사이 어딘가에 있다. 21세기에 새로움은 흔히 이동하는 상품화된 신체와 관련된다. 따라서 동시대 자본주의 질서 안에 있는 사람에게 삶이란 간헐적 이동을 전제한다. 그리고 이 간헐적 이동은 풍부한 면대면의 (그리고 체화된) 공동현전 속에서 새로운 방식으로 유동하고 간헐적으로 타인과 조우하는 신체를 수반한다.

다중적 모빌리티로 인해 취향의 새로운 구별짓기가 작동한다. 이동 양상, 이동하는 사람의 계급, 이동하여 가는 장소, 이동의 체화된 경험, 이동하는 사람의 성격 등에서 구별짓기가 이루어지는 것이다. 일반적으로 말한다면, 모빌리티는 특유한 투쟁, 취향, 아비투스를 품은 별개의 장으로 발전한다. 모빌리티는 여러 쟁점이 중층적으로 교차하는 장소이다. 이 장은 이제 경제적·정치적·문화적 과정에서 떨어져나와 스스로 확장하고 있고, 그래서 네트워크 자본이라는 창발적 자본을 낳는다. 네트워크 자본은 동시대 자본주의의 풍요로운 '북반구'에서 살아가는 데에 필수조건이다(Kaufmann 2002; Kaufmann, Manfred, Joye 2004).

내가 이것을 네트워크 자본이라고 부르는 이유는 이것을 뒷받침하는 모빌리티 자체는 아무 일도 하지 못한다는 것을 드러내려는 데에 있다. 핵심은 이러한 모빌리티가 낳는 사회적 결과이다. 물리적으로 멀리 있는 사람과 사회관계를 형성하고 유지할 수 있다는 것(그리고 특정 장소를 방문할 수 있다는 것), 즉 네트워크를 형성하고 유지할 수 있다는 것 말이다. 그래서 네트워크 자본은 모빌리티가 유도하는 현실적이거나 잠재적인 사회관계를 뜻한다. 이러한 정식화는 마르크스의 《자본론》과 다소 비슷하다. 마르크스는 여기에서 생산의 **힘**〔생산력〕 자체가 아니라 자본주의의 **사회적** 생산관계에 초점을 맞춘다. 이에 비견할 만한 나의 견해는, 모빌리티 힘의 변동하는 형태뿐 아니라 모빌리티 수단이 유도하는 사회관계도 검토해야 한다는 것이다.

또, 마르크스는 자본주의 사회의 겉모습이 그것의 "실제 관계"와 다르다는 점에 천착했다. 그래서 사회의 부는 "어마어마한 상품 더미로 현상하는 반면"(Marx 1976: 125), 실제로 중요한 것은 자본과 노동력의 사회적 관계가 된다. 이러한 관계야말로 상품 형식의 배후에서 이것을 구조화하며, 나아가 마르크스가 상품 물신숭배라고 부른 것을 유발한다(Marx 1976: 163-167). 이와 유사하게 내가 주장하는 것은, 새로운 모빌리티 시스템이 유발하는 모빌리티의 급증은 그 자체로서 중요한 것이 아니라 그와 같은 새로운 순환 수단 또는 순환력이 생산해 내는 새로운 사회관계나 사교성 때문에 중요하다는 것이다. 핵심은 모빌리티에서 비롯하는 사회적 관계이다. 모빌리티 수단에 초점을 맞추는 것은 '실제적 관계'가 아니라 상품 확산과 상품 물신숭배에 초점을 맞추는 것과 비슷하다(Marx 1976: 165). 따라서 마르크스의 상품 물신숭배 비판과 비슷하게, 우리는 "이동 물신숭배"

를 비판할 수 있다.

그렇다면 여기서 핵심적인 사회관계는 무엇인가? 새로운 자본 형태가 별도로 존재하는가? 웰먼은 우리 시대에 중요한 것은 "네트워크 컴퓨터를 유지하고, 인터넷 정보를 검색하여 이런 지식을 활용하며, 온라인으로 관계를 창출하고 유지하고, 친구의 친구와의 간접적 접속까지 포함하는 이런 관계를 활용해 자신에게 필요한 자원을 획득하는 법을 아는 것"이라고 주장한다(Wellman 2001: 248) 그러나 이러한 정식화는 네트워킹을 하는 컴퓨터에 대한 접근성을 지나치게 강조하면서 그 외의 '모빌리티' 요건을 간과한다(Axhausen 2002; Church, Frost, Sullivan 2000; Kenyon, Lyons, Rafferty 2001 참조).

'순환의 사회적 관계' 또는 네트워크 자본이야말로 핵심이다. 네트워크 자본은 멀리 있는 사람과도 사회관계를 형성하고 지속할 수 있는 능력이고, 그래서 (물론 여기에는 종종 다양한 물건, 테크놀로지, 네트워크 수단이 필요하지만) 정서적·금전적·실질적 혜택을 낳는다. 네트워크 자본이 풍부한 사회집단은 사회관계를 구성하고 재구성하는 데에 상당히 유리한데, 이로 인한 정서적·금전적·실질적 혜택은 부르디외의 경제자본과 문화자본(Bourdieu 1984)이 주는 혜택 위에 덧붙여지지만 이런 혜택으로 오롯이 환원되지는 않는다. 네트워크 자본은 여덟 가지 요소로 이루어진다. 이 요소들은 **서로 결합하여** 이제 사회계급, 사회적 지위, 파당 등과 나란히 자리하는 별도의 계층 질서를 생산한다(Weber 1948: 7장). 여덟 가지 요소는 다음과 같다.

① **적절한 문서, 비자, 돈, 자격의 집합**: 어느 장소, 도시, 국가에서 다른 장소, 도시, 국가로 신체를 안전하게 이동시킨다.

② **멀리 있는 타인(직장 동료, 친구, 가족)**: 초대, 환대, 만남을 제공하여, 장소와 네트워크가 주기적 방문과 통신을 통해 유지되도록 해 준다.

③ **이동 능력**: 다양한 환경에서 먼 거리를 걷고, 다양한 모빌리티 수단을 접하고 타며, 짐을 나르거나 움직이고, 시간표 정보를 읽고, 컴퓨터 정보에 접근하고, 연결이나 만남을 조율하고 재조율하고, 이동전화·문자메시지·이메일·인터넷·스카이프 등을 사용할 수 있는 능력, 권한, 관심.

④ **특정 위치에 구애받지 않는 정보 및 접촉지점**: 실물/전자수첩, 주소록, 자동응답기, (온라인 가상) 비서, 사무실, 자동응답 서비스, 이메일, 웹사이트, 이동전화를 포함하여 정보와 통신이 도달하고 저장되고 검색되는 고정적이거나 이동적인 장소.

⑤ **통신 장치** : 특히 이동하는 중에, 그리고 역시 이동 중일 수도 있는 타인과 약속을 잡거나 다시 잡을 수 있게 한다.

⑥ **적절하고 안전하며 확실한 만남 장소**: 사무실, 동호회 공간, 호텔, 집, 공공장소, 길모퉁이, 카페, 중간공간을 포함하여 이동 중에도 목적지에서도 신체가 물리적 폭력이나 정서적 폭력에 노출되지 않도록 한다.

⑦ **접근**: 승용차, 도로 공간, 연료, 엘리베이터, 항공기, 기차, 선박, 택시, 버스, 전차, 소형 버스, 이메일 계정, 인터넷, 전화 등에 대한 접근.

⑧ **1번부터 7번까지의 요소들을 관리하고 조율하는 데에 필요한 시간 등의 자원**: 특히 시스템 장애가 간헐적으로 발생하는 경우에 중요하다.

우리는 오늘날 새로운 모빌리티의 확산으로 인한 창발적 자본 형태,

즉 네트워크 자본을 상정했다. 네트워크 자본을 개별 주체의 속성으로 보아서는 안 된다. 이 자본은 각 개인이 타인들과 맺는 관계, 그리고 개인이 '환경'의 유도성과 맺는 관계에서 생기는 산물이다. 이 모두는 관계적 '아상블라주', 즉 시간과 공간을 가로질러 이동하고 특정한 시기 동안 특정 장소에서 공동현전하는 만남의 순간에 구체화되는 창발적 네트워크를 구성한다(Delanda 2002: 63-64 참조).

이제 나의 규정을 **사회적** 자본이라는 관련된 개념을 발전시킨 퍼트넘 Putnam의 규정과 연결하고자 한다. 퍼트넘의 사회적 자본은 "개인 간의 연결, 즉 사회 네트워크, 그리고 여기에서 발생하는 호혜성이나 신뢰성의 규범을 지칭한다"(Putnam 2000: 19, Urry 2002; Larsen, Urry, Axhausen 2006: 2장). 퍼트넘은 이러한 자본이 근린 공동체 내부에서 조성된다고 본다. 사회적 자본이 많은 공동체의 특징은 호혜적 사회관계의 촘촘한 네트워크, 잘 다듬어진 상호적 의무의 집합, 일반화된 호혜성, 이웃에 대한 높은 신뢰 수준, 서로 겹치는 대화 집단, 전통적인 사회적 분열을 연결하는 유대 등이다. 사회적 유대와 특히 동네 **안에서의** 시민 활동 참여가 사회적 자본을 창출한다(이탈리아의 여러 지역에서 충분한 사회적 자본이 높은 경제성장과 어떤 상관관계가 있는지에 관해서는 Putnam 1993 참조; Klinenberg 2002; Layard 2005: 179-180).

퍼트넘이 보기에 지난 수십 년 동안 미국에서는 지역의 대면 사교 활동, 교회 가기, 정치 집회, 자원봉사 활동, 자선 활동이 유감스럽게도 감소해 왔다. 이는 특히 텔레비전의 광범위한 확산, 도시 확장, 광범한 여행에 기인한다.

빈번하게 이동하는 사람은 공동체와의 유대가 약하고, 거주자 교체율이 높은 공동체는 통합이 어렵다. 이동적 공동체는 안정적 공동체보다 거주자에게 덜 우호적인 듯하다. … 따라서 모빌리티는 시민참여를 훼손하고 공동체 기반의 사회적 자본을 훼손한다(Putnam 2000: 204-205).

자동차 이동의 3분의 2는 혼자 운전하는 이동이며, 이 비율은 높아지고 있다. 일일 통근 시간이 1분 늘 때마다 통근자와 비통근자 모두 공동체 문제에 대한 참여도는 줄어든다. 그리고 역사적으로, 가정과 직장의 공간적 단절은 계급, 인종, 젠더의 분열이 뒤섞인 공동체 집단에 특히 해롭다(Putnam 2000: 212-4). 퍼트넘은 이에 대항하는 한 가지 방법을 제시한다. "지금보다 이동 시간을 줄이고 이웃과 보내는 시간을 늘리는 것이다. … 우리의 공동체를 잘 설계하고 공공공간의 가용성을 높이면 친구나 이웃과의 뜻하지 않은 친교가 늘 것"이라고 말한다(Putnam 2000: 407-408).

퍼트넘이 볼 때 사회적 자본은 주로 근린 "공동체" 안에서 조성된다. 여기서는 퍼트넘의 주장을 세 측면에서 비판하겠다. 첫째, 최근의 연구는 지역의 문화나 장소가 고정적이고 정주적이라는 관념을 해체했다(Albrow 1997; Durrschmidt 1997; Urry 2000; 본서의 1장과 2장). 클리포드Clifford가 지적하듯, 장소는 '길route'과 '뿌리root' 모두에 의해 구성된다(Clifford 1997; Massey 1994a; Massey 1994b). 이동은 공동체에서 매우 중요하고, 심지어 언뜻 보기에 비교적 거리가 아주 가깝고 교감이 강한 공동체에서도 매우 중요하다.

둘째, 플로리다Florida는 이동적 도시 거주민 중에서 가벼운 관계를 맺는 친구들의 사회적 네트워크가 사회적 자본을 창출한다는 것을 보여 준다. 플로리다의 "창조계층"에서 교육을 잘 받은 젊은 사람들은 기본적으로 유대 관계가 약하며 관용적이고 다채로운 공동체를 선호한다. 그래서 퍼트넘이 애호하는 유대가 긴밀한 소도시 공동체를 벗어나려 한다(Florida 2002: 269). 영국의 연구에 따르면, 이른바 자발적 회원 수의 감소는 남성에게는 대체로 맞는데, **남성** 노동자로 이루어진 동아리나 노동조합의 매력이 줄어들었기 때문에 특히 그렇다. 그러나 여성이 자발적 결사체에 소속되고 참여하는 일은 늘었다. 서비스 노동자계급이 자발적 결사체에 접속하고 참여하는 경향도 늘었다(Li, Savage, Tampubolon, Warde, Tomlinson 2002). 실제로 리Li 등의 결론에 따르면, 플로리다의 주장처럼 이동적인 서비스 노동자계급은 자발적 결사체에 참여할 확률이 높다. 따라서 그 부수 효과로서 약한 유대 관계를 확산시키고 사회적 자본을 잔뜩 보유할 확률도 높다(Li et al. 2002: 17).

셋째 비판은 지금 논의와 가장 관련이 깊다. 즉, 근린 공동체 내부에서만 신뢰와 호혜성이 나타난다는 주장이 가당찮다는 것이다. 퍼트넘은 본인의 학자로서의 실천이 잘 보여 주는 사실을 무시하고 있다. 그것은 특히 자동차나 비행기에 의한 장거리 모빌리티의 폭넓은 **성장**이다. 이는 회의, 휴가, 가족 유대, 디아스포라 관계, 직업 등이 점차 국제화되는 데에 기인한다. 사회자본의 특정 유형은 광범위한 장거리 이동이나 네트워크 자본에 의존한다. 특히 다양한 사회 네트워크 사이의 "구조적 공백"[3]이 제공하는 기회를 활용한다(Burt 1992). 사회자본은 모빌리티의 범위, 정도, 양상에 따라 달라진다. 물리적 이동이 특히 중요한 것은, 공동현전하는 대면 대화를 쉽게 만들고, 시간을 견디는 유대와 사회적 연결을 (물론

---

3 '구조적 공백structural hole'은 네트워크에서 직접 연결되지 않은 단위들의 중간에서 이것들을 매개적으로 연결하는 위치에 있는 것을 뜻한다.

균등하게는 아니라도) 형성한다는 데에 있다(본서의 다음 여러 장 참조). '공동체 교통community transport'이나 차 태워 주기에 관한 연구들이 보여 주듯이, 실로 이동 수단 자체가 대화와 사회자본의 장소이다. 지역의 사회 네트워크는 고정적으로 차를 태워 주는 것을 통해 특정 집단에게 모빌리티를 제공한다. 그리고 실제로 버스 노선이 잘 구비된 곳이더라도, 다른 사람 차를 얻어 타는 것은 여전히 사회 네트워크와 사회자본의 핵심 요소이다. 그레이Gray, 쇼Shaw, 패링턴Farrington은 지역의 상점이나 서비스에 접근하게 해 주는 차량이 사회적 상호작용의 무대로서 목적지 자체만큼 중요하다고 역설한다(Gray, Shaw, Farrington 2006). 11장에서는 이러한 이동 시간의 선용을 서술할 것이다. 그리고 이동 시간이 특히 어떤 사이 시간이자 공간으로 기능하여, 네트워크와 연결을 형성하거나 재형성하는 데에 매우 중요함을 주장할 것이다(Lyons, Urry 2005 참조).

따라서 퍼트넘의 사회적 자본 개념은 소규모 공동체만 대면적 근접성과 신뢰 관계를 생성한다고 가정한다는 점에서 불만족스럽다. 이와 대조적으로, 더 일반적인 네트워크 자본 개념은 어떻게 원거리에서 공동현전이나 신뢰가 생성되는지를 보여 준다. 이것은 광범위하고 예측 가능한 이동이나 통신뿐 아니라, 별개의 새로운 '모빌리티' 장의 창발을 전제로 한다. 네트워크 자본을 주요 자본의 새로운 유형으로 만드는 것은 바로 이 '모빌리티' 장이다. 하지만, 이 장의 결론 부분에서는 사람들이 계속 대화하도록 보증하는 이동의 역할을 논하면서 퍼트넘의 견해를 다시 살펴볼 것이다. 불평등은 어느 정도는 좋은 대화의 가능성에 존재하는 불평등이다.

여기서는 네트워크 자본의 차원이나 작동에 관해 몇 가지 사항을 부연하면서 마치고자 한다. 이미 앞의 여러 장에서 다양한 모빌리티 시스템들의 중요성과 이들 간의 관계에 주목했다. 이것은 시민사회에서 논쟁이 되고 있는 문제이다. 특히 최근 수십 년 동안 눈에 띄는 것은, 자동차 모빌리티 시스템에 저항하고 보행 시스템을 위해 길거리를 되찾으려는 투쟁이었다. 이는 시민사회 내에서 새로운 형태와 양식의 투쟁을 유발한다 (Figueroa 2005 참조). 7장에서는 항공 모빌리티 시스템의 성장이 네트워크 자본의 새로운 영역을 창출했다고 서술했다. 특히 이러한 반⁺공공 항공 공간으로 이동하는 여행자 유형은 분화된다. 일등석 승객에게 항공 여행은 세계질서를 만드는 유목적 경영진이 가로질러 이동하는 매끄러운 경관이다. 그러나 다른 수많은 사람에게는 그들의 전 지구적 열세를 직설적으로 보여 주는 여정이다. 이 세계의 새롭게 부상하는 계층화 체계 안에서는 네트워크 자본이 매우 중요한 것이다.

바우만도 이러한 계층화 질서의 핵심 요소 중 하나가 "퇴장exit"임을 눈여겨본다. 그가 말하는 권력의 주요 기술은 "탈출, 지연, 생략, 회피, 온갖 영토적 제한의 효과적 거부", 그리고 "온전한 접근 불가"로의 탈출 가능성이다(Baumann 2000: 11). 이동 엘리트의 이러한 "퇴장 가능성"의 사례는 많지만, 특히 중요한 것은 절세節稅 능력이다. 곧, 저세율 국가에 일시 거주하면서 모국을 뻔질나게 드나들면서 소통하는 능력이다. 네트워크 자본 수준이 높으면 책무를 강요하는 곳, 이 경우에는 높은 세 부담을 강요하는 곳으로부터 매끄럽고 손쉽게 퇴장할 수 있다. 이동 엘리트는 점차 "부재지주"처럼 되고 있다. 그들은 모빌리티가 높고, "사정이 여의치 않으면" 퇴장 모빌리티를 활용할 잠재력이 크다(Bauman 2000: 13)(영국에서는 정당 후원금을 낸 다수의 사람들이 '해외'에 사는 바람에 정치적 곤경에 빠지기도 했다). 이와 달리, 바우만의 떠돌이vagabond 개념은 정반대 유형의 '여행자'를 가리킨다. 이들은 책무를 벗어나거나 피할 수 없다. 이리저리 이동하도록 밀려나고 강권 받으며 감시당하고 때로는 속박당하기 때문이다(Baumann 1993; 또한 Beckmann 2001: 251도 참조).

7장에서 논의한 것처럼, 여행자를 분류하는 다양한 자동화된 소프트웨어는 실로 네트워크 자본 개념을 확장한다. 홍채 인식 시스템은 자주 여행하는 사람에게 독점적 회원 자격을 부여하기 위해 고안된 여행 방식이다(Wood, Graham 2006). 일반적으로는 항공 모빌리티와 관련하여 말한 것처럼, 인간에 대한 정보는 점점 더 기록으로 남는다. 오늘날 컴퓨터 기록으로 남지 않는 이동은 거의 없다. 이동전화 기록, ATM 사용, 신용등급, CCTV 영상, GIS 소프트웨어를 통해 차별화하는 보험료율, 호텔 예약, GPS 데이터, 지문, 여행 일정, 생체인식 데이터 등이 그렇다. '사적'이던 것 대부분이 이미 물리적 신체 외부와 '자아' 외부에 산재한다.

이처럼 신체가 이동하고 있으므로 세계는 개인 일정을 통제하고 규제하기 위해 갈수록 조직화된다. 인간의 삶은 상세한 감지 체계인 분류 시스템에 점차 의존하는데, 이런 시스템이 누가 또는 무엇이 들어오고 나가야 하는지를 결정하는 것이다. '낯선 자'와 '낯익은 자'를 나누는 사이버 영상화도 여기에 포함된다. 이런 시스템은 조지 오웰George Orwell을 무덤에서 돌아눕게 할 '빅브라더'로 변모하고 있다. 푸코Foucault가 묘사한, '감시탑'이 단 하나인 파놉티콘이 아니라, 일개 군주나 관료가 통제하지 못하는 편재하는 파놉티콘이다. 모든 사람은 '안전'에 필요한 다중 시스템을 갖춘 '지구적 파놉티콘' 안에 있다. 인구가 이동함에 따라 푸코가 말하는 안전사회는 유동적인 "이동적 안전" 시스템을 개발한다(Foucault 1991).

더 일반적으로, (마이크로소프트가 광고에서 "오늘은 어디 가고 싶나요?"라고 묻는 것처럼) 네트워크 자본 때문에 자유가 증대하는 것처럼 보이지만, 이와 동시에 어떤 인간적 역능, 자아 감각, 눈에 띄지 않게 이리저리 이동하는 능력을 앗아 가는 시스템에 대한 의존도 존재한다. '대면보안'에서 '전자보안'으로의 전환이 일어나고 있으며, '위협'을 식별하는 데에 첨차 사회적 네트워크를 활용함에 따라 '네트워크 보안'이라고 할 만한 그다음 단계가 등장하고 있다. 이 단계에서 사회적 네트워크 모델은 안전상 위협으로 치부되는 사람을 식별하는 데에 활용된다. 그리고 이를 위해 10장과 11장에서 살펴볼 네트워크 분석을 이용한다.

전반적으로 보아, 높은 수준의 네트워크 자본 배후에는 이를 유지하는 다양한 시스템이 있다. 그리고 이 다양한 시스템 **사이의** 변환은 갈수록 구석구석 스며들면서 증가한다. 이러한 시스템에는 대규모 검색엔진, 정보 저장·검색 데이터베이스, 전자화폐 흐름, 특히 '스프레드시트 문화'를 통한 회계 감사 및 여타 감사, 지능형 교통시스템, GIS/GPS 시스템, CCTV 및 기타 비전머신, 매일 바코드 50억 개를 감당하는 이동추적 시스템 등이 있다[Rheingold 2002: 100]. 근자에 사람들이 한탄하듯이, 이 다중적 상호교차 시스템의 상호연결성 때문에 네트워크 자본을 어느 정도 보유하고 있다면 '길을 잃는 것'조차 거의 불가능하다.

하지만 여기에는 두 가지 제약이 있다. 첫째, 네트워크 자본이 없는 사람은 실제로 길을 잃을 수 있다. '연결'에서 떨어져 나간 무수한 경제적 난민과 정치적 난민이 그렇다(네트워크 자본이 취약하고 부모에 의존하기 십상인 젊은 배낭여행자도 간혹 그렇다). 둘째, 네트워크 자본은 코드공간에 의존하며, 따라서 이러한 시스템의 본질이 무오류라는 데에 의존한다.

그러나 서로 밀접하게 연동되어 있는 시스템은 비교적 일상적 사건에서도 붕괴할 수 있다(Perrow 1999; Law 2006). 시스템이 붕괴하기 시작하면 그 결과는 2001년 세계무역센터 공격과 같이 파국적일 수 있다. 또한 그 결과는 삶의 방식으로서의 모빌리티에도 파국적일 수 있다. 2005년 미국 뉴올리언스를 강타한 허리케인 카트리나는 재난의 결과도 지극히 불균등하게 분포한다는 것을 보여 주었다. 네트워크 자본 수준이 불균등하기 때문이다. 주로 중산층인 백인은 자가용, 연줄, 통신수단을 가지고 있었기에 먼저 도망칠 수 있었다. 그러나 네트워크 자본 빈곤층은 허리케인에 내맡겨졌을 뿐 아니라, 특히 네트워크 자본이 취약한 연방정부, 주정부, 시정부의 자원에 내맡겨졌다(Hannam, Sheller, Urry 2006: 7-9 참조). 저공비행 헬기에서 찍은 텔레비전 사진이 전 세계 시청자에게 보여 준 것은 네트워크 자본이 무에 가깝게 '떨어질 때' 광대한 대도시에 사는 사람에게 어떤 일이 일어나는가였다.

결론: 모빌리티와 자유

결론에서는 이동에 대한 권리가 있는가, 이 권리는 (어떻게) 실현될 수 있고 (어떻게) 실현되어야 하는가에 관한 몇 가지 쟁점을 검토한다. 나는 이동에 대한 권리는 본질적으로 배타적이라고 주장할 것이다. 그리고 이 권리를 다양한 특질이나 차원을 지닌 공동현전에 참여하고 이를 누리는 능력이라는 관점에서 다시 구성해야 한다고 강조할 것이다.

우선 퍼트넘의 《나 홀로 볼링Bowling Alone》을 다시 들춰 보자. 이 책은 내가 이동의 주요 혜택이자 일반적으로는 사회적 삶의 주요 혜택이라고 보는 것을 다룬다. 퍼트넘은 일상생활에서 '대화'의 사회적 원인이나 결과에 관심을 가지는데, 거시적 사회과학을 연구하는 학자에게는 파격적인 주제이다(Putnam 2000; Miller 2006). 그는 특히 미국에서 대면 대화가 급감한 것은 사회적 자본 감소 때문이라고 개탄한다. 퍼트넘이 볼 때 공동현전의 양은 1960년대 이후 유지는커녕 꾸준히 감소했다. 그는 텔레비전과 대규모 모빌리티가 "여가를 사사화하며 … 텔레비전 시청의 대가로 가정 밖의 대다수 사회 활동, 특히 사교 모임과 **격의 없는 대화**가 줄었다"고 주장한다(Putnam 2000: 236-237. 나의 강조). 미국인이 얼굴을 맞대고 말하는 횟수는 줄었다. 행복의 요인에 관한 라야드Layard의 연구도 이를 뒷받침한다. 이에 따르면 텔레비전의 확산은 전체적인 행복 수준을 낮추었다(Layard 2005: 78). 그리고 밀러Miller는 다양한 "대화 회피 장치"의 개발이 사람들의 대화 기술에 부정적 여진을 남긴다고 말한다.

퍼트넘에 따르면, 얼굴을 맞대고 "말하는 것은 좋은 일이다." 이것은 사사화를 최소화하고 사회적 자본을 확충하며 수명을 늘리고 경제활동을 증진한다. 이런 일들은 서로를 촉진하기도 한다. "화면의" 삶은 좋은 대화를 충분히 대체할 수 없다(Turkle 1996). 화면에서 이루어지는 관계가 많아질수록 대화는 줄고 사회적 상호작용은 빈곤해지며 사회자본은 취약해진다. 퍼트넘이 보기에 사람들이 주로 "화면에서" 사는 것은 바람직하지 않다. 밀러의 최근 저작《대화: 어느 쇠퇴하는 기예의 역사 Conversation. A History of a Declining Art》에서 제공하는 많은 자료는 대화의 장기적 쇠퇴가 부정적 효과를 낳는다는 결론을 뒷받침한다(Miller 2006).

이 책 4장에서 소개한 1995년 시카고의 폭염에 관한 클리넨버그

Klinenberg의 연구도 이 주장을 뒷받침한다(Klinenberg 2002). 시카고에서도 사람들이 밖으로 나가 돌아다니고 가게나 지역복지관에 들를 여건이 되는 지역에서는 폭염 사망자가 한결 적었다. 집들이 머물 수 있는 거리, 들어가기 쉬운 공원, 가게, 카페, 이웃 등과 서로 연결되어 있다면, 일상적 걷기와 특히 이야기하기가 유도된다. 이러한 유도성이 풍부하고 다채로운 지역이라면 온도가 아무리 높아도 나가서 돌아다닐 것이고 살아남을 것이다. 사람들이 걷고 말하는 지역에서는 더위에 희생될 확률이 훨씬 낮았던 것이다.

하지만 여러 이유 때문에 적지 않은 사람에게는 '걷기와 이야기하기'가 그야말로 불가능하다. 다음 두 장에서는 바로 현대의 사회 세계가 (최소한 풍요로운 '지구 북반구'에서는) 네트워크화되어 있고, 사람들이 점차 서로 멀리 떨어져 살게 된다는 것을 보여 준다. 그래서 걷기는 종종 다른 모빌리티와 결합해야 한다. 그렇다면 현재에, 나아가 특히 점점 불안정하지만 이동적이게 될 미래에, 어떻게 좋은 사회를 만드는가를 둘러싼 논쟁에서, 다양한 모빌리티와 관련된 권리나 의무는 그 핵심에 있다. 좋은 대화의 가능성을 극대화하는 사회가 좋은 사회다! 그렇다면 사람들이 만나서 이야기를 나눌 "모빌리티 권리"가 있는가, 그리고 있어야 하는가? 이런 권리는 제한하지 않아야 하는가? 여기서 '권리'는 도대체 올바른 말인가?

칸트Kant는 만인에게 이동의 자유가 있어야 한다고 썼다. 교역을 위해서나 "모든 영토의 기존 거주민과 사회계약을 맺기" 위해서 말이다 (Bauböck 1994: 321-322 재인용; Cohen 2004). 이와 비슷하게 애덤 스미스Adam Smith도 상인이 "특정 국가의 시민일 필요는 없다"고 썼으며(Jordan, Diivell 2002: 242 재인용), 마르크스와 엥겔스가 전 세계의 노동자가 단결해야 하며 앞으로 한 층 더 단결하리라고 부르짖은 것은 유명하다(Marx, Engels 1952). 그리고 모빌리티의 '권리'를 제한하려는 시도는 대부분 피부색, 종교, 민족, 문화적 실천에 근거하여 특정 집단을 낙인찍는 국가의 개입 방식과 연계되어 있었다. 국가는 이동하는 사람 중에 좋은 사람과 나쁜 사람이 있다고, 그리고 나쁜 사람은 제한하고 처벌하고 송환하고 투옥해야 한다고 판에 박힌 듯 외친다. 벗과 적이라는 이런 구분은 종종 이동적인 사람들에 대한 공포에서 비롯되어 나아가 이러한 공포를 부추기는데, 이는 '폭민'에 대한 공포를 방불케 한다(본서 1장 참조). 그리고 전 지구적 위험이 산재한 이 세계에서 국가와 민간기업은 이동에 대한 권리를 감시하고 규제하고 제한하기를 도모하고 또 그에 성공하지만, 국가와 민간기업에 대한 제약은 점점 줄어든다. 심지어 '국경 없는' 유럽연합처럼 모든 시민이 유럽연합 영토 안에서나 이 영토를 가로질러 이동할 권리가 있다는 곳에서도 그렇다(Verstraete 2004; Cohen 2004; Stephenson 2006).(신규 가입국은 예외이다).

이처럼 이동의 자유에 대한 다양한 제약에 대응하여, 이동의 자유 또는 보편적 모빌리티 권리가 있어야 한다는 관념을 앞세워야 할 것 같다(자유와 모빌리티에 관해서는 Sager 2006 참조). 유명한 UN 세계인권선언 13조는 서로 독립적인 세 가지 권리에 의거해 이러한 이동의 자유를 인정했다. 자기 나라를 포함하여 어떤 나라로부터도 출국할 권리, 자기 나라로 다시 돌아올 권리, 각 국가의 국경 내에서 이동하고 거주할 자유가 그것이다(UDHR 1948). 이와 유사한 유럽연합의 목표는 마스트리히트조약의 8a(I)조에 명시되어 있으며, 1997년 암스테르담조약으로 강화되었다(Stephenson 2006).

그러나 셸러가 보여 주는 것처럼, 이동의 자유를 이동에 대한 권리, 제약으로부터의 소극적 자유로 표현하는 것은 한계가 있는 정식화이다 (Sheller 2006). 적극적 자유, 진보의 본질, 좋은 사회에 대한 최근 논쟁은 이러한 정식화에 무엇이 빠져 있는지 알려 준다(다음의 논의에 대해서는 Walby 2005 참조). 폭넓은 맥락에서 본다면, 1인당 GDP는 각 사회의 진보를 가늠하는 최적의 척도 중 하나라는 의견이 있다. 세계은행과 IMF가 채택하는 척도이다. 그리고 '이동의 자유'의 명분 중 일부는 경제성장이다. '이동성'에 대한 지출과 1인당 GDP 간에 꽤 상관관계가 있기 때문이다. 그리고 실제로 네 가지 이동의 자유를 누리는 유럽연합은 이러한 새로운 '정체政體' 수준에서도 개인의 모빌리티와 경제성장 사이에 밀접한 상관관계가 있음을 보여 준다.

　그러나 이른바 인간 역량 접근법의 새로운 정식화는 모빌리티와 자유를 연관지어 이와는 다른 사고방식을 제공한다. 센Sen이 처음 개발한 역량 접근법은 평균 수입이 아니라, 무엇을 할 수 있는지, 즉 어떤 역량을 가지는지에 초점을 맞춘다(Sen 1999). 이는 '적극적 자유', '~로의 자유', 사람들이 계발할 수 있는 다양한 기능의 대안적 기회라는 관념과 비슷하다 (Sager 2006: 466 참조). 역량 접근법이 기초하는 연구들에 따르면, 풍요롭더라도 사회적 불평등이 큰 사회의 역량이나 보편적 복지는 평등한 사회보다 낮은 수준일 수도 있다. 따라서 1인당 GDP가 최고 수준인 사회(미국)가 제일 수명이 길거나 제일 행복한 것은 아니다. 이는 좀 더 '평등'한 일부 사회보다 사람들의 역량이 덜 개발되었기 때문일 수 있다. 실제로 미국에서는 1인당 소득이 증가해도 행복 수준은 하락하고 있다. 이는 앞서 논의한, 미국에 대한 퍼트넘의 분석을 뒷받침한다(Walby 2008; Layard 2005: 30).

　누스바움Nussbaum은 이러한 역량이 구체적으로 무엇인지 상술한다

(Nussbaum 2006). 누스바움은 이질적인 여러 항목을 제안한다. 생명, 신체 건강, (여러 장소를 자유롭게 이동할 수 있다는 것을 포함하여) 신체 보전, 감각·상상·사고, 감정, 실천이성, 관계, 인간 이외 종, (취미 활동 향유를 포함하여) 놀이, 환경 통제가 그것이다.

이러한 역량 접근법을 검토하기 위해 이제 모빌리티 권리 또는 모빌리티 자유가 가장 진전된 부문, 즉 자동차와의 관계를 따져 보고자 한다(본서 6장 참조; Sager 2006: 467-469). 많은 사람이나 단체는 운전할 자유, 개방도로의 자유가 있어야 하며, 정부는 운전할 자유를 제한하기보다 강화해야 한다고 부르짖는다. 20세기 도로 건설이나 자동차 모빌리티가 확대되고 발달하는 데에는 상당 부분 이러한 담론이 배후에 있다. 그리고 자동차산업은 특히 자동차 기반의 미국을 1인당 소득이 최고 수준인 사회로 만든 변화와 발전의 거대한 '운전자'였다(본서 6장 참조).

그러나 이를 권리나 '~로부터의 자유'의 견지에서 정식화하는 것은 여러 가지 이유로 도움이 되지 않는다. (50년 전, 혹은 그보다 이전일 수도 있는) 과거 어느 때에 변변찮은 시험에 붙은 (16세나 17세나 18세 이상) '성인'이라면 **누구나** 자동차를 몰 수 있는데, (운전자거나 자전거 타는 사람이거나 보행자이거나) 모든 도로 이용자가 이런 자동차가 그득한 도로에 머물러야 한다는 것은 기묘한 '자유'가 아닐 수 없다. 또한 많은 사회에서 일부 '운전자' 혹은 모든 '운전자'는 무면허이다. 소위 운전의 자유는 우람하고 힘센 물체를 제어하는 자유이다. 이것은 고속으로 움직이지만 (선로 등) 특정 경로로 인도되지 않는 1톤짜리 물체인 것이다. 이 물체가 정기적으로 사람을 죽일 수 있고, 실제로 죽인다는 것은 예측 가능한 일이다.

이러한 '운전할 자유'에는 놀라운 불평등이 따른다. **매일** 자동차 사고로 3천 명이 죽고 3만 명이 다친다(WHO 2004; Featherstone 2004). 2020년경에는 도로에서의 충돌이 전 세계의 질병이나 부상 요인 3위가 될 테지만, 피해자 대부분은 사실 차도 없다. 우리가 유념해야 할 것은 이런 충돌이 돌발적인 것이 아니라 자동차 모빌리티 시스템의 특성이라는 점이다(Beckman 2001 참조). 전 세계의 사망률이나 부상률은 뒤르켐Durkheim의 "사회적 사실", 즉 일관되고 예측 가능한 사회적 과정에서 비롯된다(Durkheim 1964). 엘리아스의 서술에 따르면 도로에서의 자기통제에 관한 사회적 기준은 꽤 다양하다. 이는 "문명화 과정"의 편차가 낳은 결과이다(Elias 1995)(인구 10만 명당 연간 사망률은 40명에서 6명까지 다양하며, 중국은 보통 가장 높은 국가 중 하나로 추정된다(Featherstone 2004: 4-5 참조)). 그렇다면 운전할 자유는 죽을 자유라고 말할 수도 있겠다.

그뿐 아니라 (네트워크 자본이 많은) 자동차 소유자나 이용자와 (네트워크 자본이 한층 적은) 자전거 이용자나 보행자, 특히 어린이 사이에는 불평등이 심각한 수준이다. 이러한 자유는 이례적인 수준의 사회-공간적 불평등을 유발한다. 이러한 불평등을 유발하는 자동차 기반의 과잉모빌리티는 보행자나 자전거 이용자의 지극히 취약한 몸이 죽거나 다치는 일을 엄청난 규모로 일으킨다. 보행자와 자전거 이용자의 자유는 '벌거벗은 생명'의 자유이다. 이런 자유는 제2차 세계대전 이후 전쟁에서 살해된 사람보다도 많은 사람의 죽음을 초래하는 일종의 대량학살을 통해 이룬 것이다(Featherstone 2004). 따라서 운전할 자유는 헤아릴 수없이 많은 역량을 손상시킨다.

그렇다면 이동할 권리를 제한하지 않는 것과 자동차 시스템의 마구잡이 성장으로 인한 사망과 부상이라는 경악스러운 시스템 효과를 방지하는 것을 어떻게 조화시킬 것인가?(여기서는 자동차가 일으키는 지구온난화는 고려하지 않는다(여기에 대해서는 Lovelock 2006과 본서 13장 참조)) 이동에 대한 권리(~로부터의 자유)에 초점을 맞추는 것은 **이동**의 물신숭배인데, 이러한 비판은 자본주의가 만드는 **상품**의 물신숭배에 대한 마르크스의 비판과 닮은 꼴이다.

그래서 우리는 1인당 소득과 모빌리티 권리, **그리고** 역량 분배를 구별한다. 여기서 제언하는 것은, 역량의 집합은 다양한 네트워크에 있는 사람들과의 공동현전적 대화에 참여할 기회로 보아야 한다는 것이다. 모빌리티는 그런 대화를 가능하게 하여, 시간이 지나도 유지되는 유대와 사회적 연결을 창출한다. 전 세계의 모든 사회적 집단은 이러한 적극적 자유를 행사하기 위해 '만나고 이야기'할 수 있어야 한다. 이는 결정적으로 중요한 역량이지만, 누스바움의 역량 목록에는 특히 '관계' 역량에 다소 암묵적으로 포함되어 있을 뿐이다(Nussbaum 2006).

게다가 사회적 삶의 네트워크적 특성으로 인해 먼 거리의 통신과 이동은 '필수적'이다. 충분한 이동을 경험해야 사람들과 만나고 이야기하는 즐거움이 유지되고 발전한다. 이는 셸러가 "시민적 자유와 모빌리티"라고 묘사한 또 다른 유익한 효과를 낳을 것이다(Sheller 2006). 따라서 다른 조건이 동일하다면, '좋은 사회'는 이동, 공동현전, 그리고 이로부터 비롯하는 좋은 대화를 제한하지 않을 것이다. 이런 사회는 공동현전 역량을 모든 사회집단으로 확장할 것이고, 그래서 이에 대한 침해란 바람직하지 않다고 여길 것이다. 항공사 브리티시 에어라인의 표현처럼 "대면접촉을 대체할 것은 없다." 그렇다면 이 '접촉'은 현재 손쉽게 '대면'으로 만날 수 있는 사람들뿐 아니라, 적어도 때로는 모든 사회집단에 허용되어야 한다. 사회적 포함의 정도가 높은 사회라면 공동현전 역량을 공들여 만들고 모든 구성원에게 확장할 것이다. 이로써 "강제적 모빌리티"는 최소화될 것이다. 운송, 도시계획, 통신 분야에서 네트워크와 만남을 촉진하는 (그리고 결핍을 제한하는) 운동이 일어나야 한다. 이것은 '~로부터의 자유'보다는 '~로의 자유'를 중시하는 역동적인 시민권 관념이다. 이러한 관념은 마찰 소거, 거리 종언, 무절제한 이동 추구가 바람직하지 않은 목표임을 의미한다(Sager 2006: 471 참조).

물론 모빌리티에 관한 이러한 역량 의제는 구현하기가 퍽 까다롭다. 먼저, 그렇다고 해서 이러한 특정 역량이 사람들이 **매일** 장거리 이동을 할 수 있어야 한다는 의미가 아님은 명백하다. 시간 할당제가 필요하다. 그래서 **간헐적** 이동이나 공동현전이 하나의 역량이라고 제안하는 것이다. 또한, 대체 연료 개발 전에 석유 공급이 급감하거나 조만간 지구적 기후변화가 영향을 미치기 시작한다면, 이러한 '바람직한' 공동현전의 빈도는 크게 줄지도 모른다(Stern 2006; 본서 13장 참조). 전반적으로 보아, 역량 접근법에 따르면 '간헐적 공동현전'의 할당에서 일부 사회집단, 일부 지리적 영역의 거주민, 일부 유형의 조직에 우선순위를 두어야 하는지 여부를 결정해야 한다. 그러나 **모든** 사회집단의 공동현전 권리가 **엇비슷해야** 한다는 데에서 일단 출발할 수 있다. 그렇다면 어떤 집단은 업무나 친교나 가족의 공동현전을 이루는 역량이 급감할 것이다. 식품 이동거리[4] 개념과 비슷하게, '친교 이동거리'라는 것도 있어야 할지 모르겠다. 이를 통해 친교의 선택 범위를 국가나 지역의 경계 내로 제한하는 것이다. 청년

---

4 food miles. 어떤 식품이 생산자로부터 소비자에게 이동하는 데에 드는 거리와 에너지.

(학생이나 오페어나 '해외 경험' 중인 사람)의 이동이 증가하면서 친구의 선택 범위와 지리적 분포가 대폭 확장되고, 다음 장에서 보겠지만 이러한 친목 네트워크를 활발하게 유지하기 위한 미래의 여행 가능성도 꽤 높아진다. 일반적으로 말하면 여기에는 슈워츠Schwarz가 말하는 선택의 역설이 있다. "자유는 자존감, 공적 참여, 모빌리티, 영양 섭취에 본질적이지만, 모든 선택이 자유를 증진하는 것은 아니다"(Schwarz 2004: 4). 나는 친구의 선택도 그렇다고 본다.

일반적으로 말해, 공동현전, 가정생활, 직장, 교육, 종교, 친목, 오락, 쇼핑, 사업, 도박을 위한 다양한 이동의 가치를 평가할 (비용 지불의 의사 외에) 어떤 방법론이 필요하다. 탈탄소 경제와 사회를 발전시킬 절박한 필요성 때문에 이러한 방법론 개발은 우선순위의 과제이다.

인구 100만 라스베이거스에는 연간 3천만 명이 방문하며 이 중 3분의 2가 비행기로 온다(Gottdier 2001: 2). '공동현전'의 '필요성'을 어떤 식으로 주장하더라도, '온 김에 도박'이라는 이런 여행 비율이 온당하다고 여기기는 힘들다. 이것은 비교적 쉬운 예이다. 여기서 이 방법론은 현재의 공동현전 기회를 좀 더 '공정하게' 분배하도록 할 뿐 아니라, 다른 집단을 희생하여 일부 집단의 물리적 공동현전을 강화하는 신규 투자와 관련해 어떤 결정을 내리도록 해야 한다. 전체 이동은 필요에 따라 할당해야 한다. 이때 어떤 여행자는 빈도를 줄이고 어떤 여행자는 공동현전을 증대시켜야 한다. 또 이런 기회가 현재 사회에서 공정하게 분배될 뿐 아니라, 특히 현재 세대와 미래 세대 사이에도 공정하게 분배되도록 보장해야 한다. 미래 세대의 삶은 훨씬 네트워크화되고 '원거리'에서 살아갈 가능성이 크다. 역량 접근법은 시민권에 수반하는 책임은 언급하지 않는다. 따라서 여기서 고려할 주요 사항은 미래 세대의 공동현전 권리가 지금 세대와 적어도 동등하도록 보장할 책임이다. 마지막으로, 지금까지는 이동과 공동현전의 관계를 단순하게 상정해 왔지만, 이 관계는 위치 경쟁 때문에 사실 단순하지 않다. 이동이라는 가치의 의미나 매력은 어느 정도는 다른 사람이 얼마나 공동현전에 접근할 수 있는지에 달려 있다(Mishan 1969 참조). 따라서 여기에서 공동현전 역량이라는 개념은 절대적이 아니라 상대적이고 경쟁적이다.

다음 장에서는 이러한 공동현전 역량의 중요성을 심도 있게 논의하되, 특히 다양한 만남이 분산되어 있는 사회 네트워크에서의 중요성을 논할 것이다. 이제까지 적어도 이동과 만남을 통한 대화 역량이 '~로부터의 이동'이라는 협소한 개념화를 극복하는 길을 열어 준다는 점은 보여 주었기를 바란다. 또 이 장에서는 창발적인 지구적 질서에서 계층화, 불평등, 권력의 판세를 해독하는 데에 네트워크 자본이 이론적으로나 경험적으로 중요함을 보여 주었다. 천국으로 가는 문은 충분한 네트워크 자본에 대한 접근에 달려 있다. 그리고 지옥은 이 기이한 신세계의 (무)질서에서 네트워크를 박탈당한 사람들을 기다린다.

제10장

네트워크

이 행성의 모든 사람 사이에는 단 여섯 사람이 있다. 여섯 사람 건너. 우리와 이 행성의 모든 사람 사이.

(존 구아르John Guare 〈여섯 사람 건너Six Degrees of Separation〉; Watts 1999: 11 재인용)

앞 장에서는 네트워크 자본 개념을 전개했고, 다음 장에서는 다양한 만남의 중요성을 고찰할 것이다. 이 장에서는 네트워크에 대해 좀 더 명확하게 논하고자 한다. 나는 이 책의 여러 곳에서 나의 견해를 전개하고 강화하기 위해 복잡성 사상의 몇 가지 관념을 설명했다. 다음 절은 복잡성에서 영감을 얻은 '작은 세상' 관련 문헌들에 대한 논의로 시작한다. 이 문헌들이 전 세계의 네트워크 관계를 해독하는 데에 흥미로운 공헌을 했지만, 다른 사람을 "아는" 것이 무엇을 뜻하는지 충분히 다루지는 못했음을 보여 줄 것이다. 그다음 절에서는 이런 문제를 점점 '네트워크'되는 업무, 친구, 가족관계와 관련하여 논의할 것이다. 이러한 네트워크가 어떻게 공간을 가로질러 분배되는지, 그리고 그 네트워크가 어떻게 종종 꽤 먼 거리를 가로질러 유지되는지도 간략히 고찰할 것이다.

작은 세상

나는 21세기 초 다양한 이론가들이 복잡성 물리학을 발전시키고 이를 현대사회과학에 적용하는 데에 주목했다. 전 지구적 과정을 분석하는 사회학적 연구는 복잡한 비선형 적응계를 다루는 물리학이나 수학을 점점 더 자주 활용한다(Urry 2003a; Urry 2005). 그리고 네트워크를 분석하는 물리학자나 수학자는 이른바 작은 세상 현상을 탐구하면서 때로 사회적 네트워

---

1 작은 세상 네트워크small-world network는 인간관계에서 몇 단계의 무작위 연결만 거치면 모두 서로 연결되어 있다는 이론이다.

크의 사회학으로 눈길을 돌린다[Watts 1999 참조]. 따라서 이런 주장이 있다. "작은 세상과 관련된 관념이 5년이나 10년 후에 우리를 어디로 이끌어 갈 지는 지레짐작할 수밖에 없지만, 이것은 우리의 생각이 서로 결속하는 방식에 관한 무언가를 밝혀 줄 것이다. 즉, 생물학, 컴퓨터과학, 사회학, 물리학의 연구 결과가 내밀하게 연결되는 방식을 밝힐 것이다"[Buchanan 2002: 208].

네트워크의 규모는 일반적으로 어마어마하다. 전 세계적으로 사회적 관계 네트워크에는 60억~70억 명, 그리고 초국적기업 4만 4천 개가 참여한다. 날씨와 관련되는 네트워크는 상호의존적 변수 100만 개를 전제한다. 인간 뇌에서는 신경세포 100억 개와 시냅스 1조 개가 작동한다[Casti 1994: 3장]. 카프라Capra는 "생명의 거미줄"을 탐색하는 20세기 후반 과학의 발전에서 **네트워크**가 열쇠라고 강조한다. "생명을 보면 항상 네트워크가 있다"[Capra 1996: 82]. 그리고 8장에서 지적했듯이, 카스텔은 중심, 권력 집중, 수직적 위계, 조직을 뜻하는 "구조"의 경험적 중요성이 이제 덜하다고 주장한다. 오히려 네트워크가 "우리 사회의 새로운 사회적 형태를 이루며, 네트워킹 논리의 확산은 생산, 경험, 권력, 문화 과정의 운영이나 결과를 상당 부분 수정한다. … 네트워크 사회에서는 사회적 행동보다 사회적 형태가 두드러진다[Castells 1996: 469]. 카스텔에 따르면, "네트워크 사회"는 마이크로 전자공학 기반 정보통신 기술로 작동하는 여러 네트워크로 이루어진다[Castells 2004]. 1990년 무렵 시작된 이 다양한 상호의존적 시스템들은 전 세계에 가상연결을 확산시키고, 무수한 가상 객체를 일상적인 사회적 삶의 배경으로 들여왔다. 이런 일은 특히 저 깜박이는 '화면'을 통해서 일어난다. 그리고 삶은 점차 이 화면 위에서 영위된다[Turkle 1996; 본

가장 중요한 것은, 이러한 시스템이 여는 세계란 예측할 수 있는 이미 주어진 공동현전이나 근접 공동체에 그다지 기초하지 않는다는 점이다. 특정 타인은 그렇게 단지 '거기' 존재하는 것이 아니다. 그는 오직 무수한 가상 객체들의 매개를 통해 존재하거나 존재할 수 있다. 그리고 이런 가상 객체들은 대개 널리 퍼진 네트워크에 분산되어 있다. 이로부터 여러 가지 결과가 나타난다. 첫째, '연결된 현전'이 늘어난다. 여기에서는 타인이 멀리에서라도 거기 있음을 알리는 사소한 기미나 주의하고 있다는 신호가 중요하다. 둘째, 가족과 친구는 경제생활과 아주 유사하게 네트워크화되고, 그래서 네트워크 성원권이 매우 중요해진다. 얼핏 보기에 서로 다른 직장, 가족, 사회적 삶의 영역은 점점 네트워크화되면서 점점 닮아 가고 자기조직화되고 상호의존하게 된다(Larsen, Urry, Axhausen 2006 참조). 단체, 기업, 정부(유럽연합), 시민사회 조직도 갈수록 네트워크화된다. 셋째, 중요한 지구적 미시 구조, 즉 "범위는 지구적이지만 특성은 미시사회학적인 연결과 통합의 구조"가 늘어난다"(Knorr Cetina 2005: 215). 이러한 미시 구조는 알카에다나 지구적 무역망같이 가볍고 효율적이고 두텁고 풍부한 관계로 이루어진다. 넷째, 이러한 네트워크는 작은 세상 효과를 초래한다(Watts 1999). 바깥세상으로 연결되는 약한 유대의 다리는 가까운 친구나 가족으로 촘촘하게 짜인 '덩어리'가 제공하는 다리와 다르다. 다음에서 자세히 살펴보겠지만, 이런 덩어리와 덩어리 사이를 잇는 다리는 강한 유대보다는 약한 유대로 이루어진다.

세상은 작다

사회적 삶의 네트워크가 어떤 패턴과 의미를 지니는지는 아직 샅샅이 분석되지 않았다(사회적 네트워크의 기술적 모델링과 관련한 문헌은 Scott 2000 참조). 나는 복잡성 이론에서 큰 영향을 받은 새로운 네트워크 분석으로 눈을 돌린다. 1990년대 후반 등장한 이 분석은 전 세계로 뻗어 나가면서 '작은 세상'으로 귀결되는 사회적 네트워크를 수학적으로 다룬다(Watts 1999; Watts 2003; Barabási 2002; Gladwell 2002; Buchanan 2002; Capra 2002). 와츠Watts는 완전히 질서정연하거나 완전히 무작위적인 것이 아니라 질서와 무작위 사이에서 균형을 이루는 사회적 네트워크의 동역학적 복잡성을 탐구한다(Watts 1999). 네트워크는 시간에 걸쳐서 역동하고 진화하고 변화하며 자기구성한다(Watts 2003). 그가 설명하는 여러 연구자의 실증적 연구 결과에 따르면, 지구상의 모든 사람은 어떠한 사회-공간적 위치에 있더라도 서로 여섯 단계 떨어져 있을 뿐이다. 이것이 문자 그대로 옳은지는 의문이다. 그러나 전 세계인이 비교적 소수의 지인 연결을 매개로 서로 연계되어 있음은 거의 의심의 여지가 없다(이에 대한 경험적 검증의 난점에 대해서는 Watts 2003: 5장 참조). 따라서 사람들은 비교적 짧은 지인 사슬을 따라가다 보면 모르는 사람들과 서로 이어져 있음을 발견하곤 한다. 놀랍게도 "두 사람에게 공통된 친구가 **없어도** 이들 사이 중개자들의 사슬은 짧다"(Watts 1999: 4; Barabási 2002: 27-30). 따라서 송신자와 최종 수신자 사이에 연결이 없어 보이더라도 일대일 접촉을 통해 전 세계인에게 메시지를 신속하게 전달하는 것도 이론적으로는 가능하다. 이런 네트워크 연결은 어떻게 이처럼 조직되어서 우리가 사는 세상이 작아 보이게 만드는가?

여기서 핵심 관념은 '약한 유대의 힘'이다. 그래노베터Granovetter의 유명한 연구에 따르면, 놀랍게도 구직자의 84퍼센트는 잘 아는 사람이 아니라 그리 잘 알지 못하고 가끔 보는 사람을 통해서 직장을 얻었다(Granovetter 1983). 교제 범위와 정보 흐름에서의 광범위한 **약한** 유대는 직장을 구하는 데에서, 그리고 소문 퍼트리기 같은 여러 사회적 과정에 핵심이었다(다음도 참조. Burt 1992: 24-27; Barabási 2002: 43; Gladwell 2002). 이처럼 중요한 약한 유대는 사람들을 바깥 세계로 이어 주는 효과를 내기 때문에, 절친이나 가족으로 이루어진 촘촘한 '덩어리'가 제공하지 못하는 다리를 제공한다. 이러한 여러 덩어리 사이의 다리는 길게 이어진 약한 유대들로 이루어진다.

만약 사람들이 친한 친구와 가족으로 구성된 소집단에만 이어져 있다면, 60억 명 이상의 전 세계인은 사회-공간적으로 현격하게 분리될 것이다. 각자 가장 가까운 사람 50명(사실 이것도 과대평가겠지만)에만 이어진 질서정연한 네트워크라면, 세계 인구의 절반만 연결하려 해도 6천만 명을 건너야 한다(Buchanan 2002: 54-55; 우리가 실제로 아는 사람의 추정치는 Wellman et al. 2005 참조).

그러나 에르되시Erdös에 따르면, 이러한 분리 단계의 수를 크게 줄여 주는 것은 이웃하는 '덩어리'들을 이어 주는 소수의 장거리 무작위 연결 혹은 약한 유대이다. 랜덤 그래프에 대한 에르되시의 수학적 연구에 따르면, 소수의 무작위 연결들이 그래프에서 점들의 네트워크를 거의 완전히 연결된 하나의 전체로 묶는다(Buchanan 2002: 36-38, Watts 2003: 2장 참조). 그리고 네트워크가 커질수록, 이 네트워크를 하나로 묶는 데에 필요한 연결들의 비율은 줄어든다. 따라서 점들의 네트워크가 클수록, 무작위 유대를 통해 연결되어야 하는 점들의 비율은 낮다. 네트워크를 서로 묶는 데에 필요한 비율은 점차 극미해진다. 이곳이 결정적 전환점이다. 만약 1만 개당 3개만 무작위 연결이어도, 전 세계인을 잇는 분리 단계의 수는 6천만 명에서 5명으로 줄어든다. 이것이 바로 작은 세상 현상이다. 장거리 무작위 연결 몇 개가 촘촘하게 짜인 덩어리들과 결합하면, 전 세계인의 분리 단계 수는 줄어든다. 작은 **덩어리들**로부터 작은 **세상들**로 '상전이相轉移'[2]가 일어나는 것이다.

와츠는 에르되시에서 한 발 더 나아가 이렇게 주장한다. 전 세계인들의 정규분포에 따르면, 대다수는 비교적 약하게 연결되어 있고 소수는 중간 정도로 연결되어 있다. 그리고 이메일을 이용한 최근 연구에 따르면, 출발 지점에서 목표 지점까지 메시지를 전하려면 다섯 차례에서 일곱 차례 전달해야 한다. 이 패턴은 연결이 많은 사람에 의존한다는 것을 보여 준다. 즉, 연결은 모든 메시지가 흐르기 위해 거치는, 유달리 잘 연결된 허브들에만 의존하는 것이 아니다. 영화배우들부터 전력의 상호연결에 이르기까지 여타 네트워크 현상에서도, 촘촘한 덩어리들이 소수의 무작위 장거리 연결과 결합하는 비슷한 패턴으로 인해 '큰' 세상은 '작은' 세상으로 바뀐다[자세한 내용은 Urry 2004b 참조].

월드와이드웹의 조직도 **언뜻 보기에는** 이런 것 같다. '웹의 작은 세상'에서는 클릭 몇 번으로 전혀 모르는 사람과 함께 있게 된다[Buchanan 2002: 118-119]. 웹의 구조에 관한 연구에 따르면, 그 한 '쪽'과 다른 '쪽' 사이의 분리 단계는 4개에서 10개 사이다[Buchanan 2002: 81]. 이처럼 정보가 한 지점에

---

[2] 상전이phase transition는 균질한 물질이 어떤 조건에 의해 하나의 상에서 다른 상으로 변화하는 사건이다. 가령 물은 고체상(얼음), 물(액체상), 수증기(기체상) 사이에서 전이한다.

서 다른 지점으로 이동하는 사이에는 몇 단계만 있다. 그러나 이에 관한 연구는 웹사이트들이 정규분포를 이루지 않음을 보여 준다. 마이크로소 프트, CNN, 구글, 야후, BBC, AOL 등 소수의 교점들은 엄청나게 많은 링크를 가지고 웹을 장악한다(Buchanan 2002: 54-55, 82, 84-85). 이런 분포는 모든 사회의 전형적인 파레토 소득분포와 비슷한 '멱법칙power law' 분포이다 (Barabási 2002; Watts 2003: 4장). 이는 척도 없는scale-free 분포라고 불린다. 링크 수가 두 배가 될 때마다 해당 링크를 소유하는 교점은 약 5분의 1까지 감 소한다(Buchananan 2002: 83; Watts 2003: 4). 그러므로 웹은 귀족 네트워크이다. 여 기에서는 연결된 것은 점차 더 연결되고 덜 연결된 것은 점차 덜 연결된 다. 커넥터나 허브가 그러한 웹 네트워크를 지배한다. 바라바시Barabási 의 표현에 따르면, 무작위적일 것이라는 짐작에 반하는 "월드와이드웹의 떼 짓기 사회학" 때문이다(Buchananan 2002: 85). 게다가 이러한 주요 커넥터의 지배력은 갈수록 강해지는 듯하다.

그러므로 웹에는 은밀한 자기조직 특성이 있다. 비록 계획이나 관리 없이 비정형적으로 개발되었지만, 그것은 동역학적 체계의 자기생산 특 성을 가지게 되었다(Fox Keller 2005 참조). 실제로 바라바시는 풍부한 것은 더 풍부해지고 빈곤한 것은 더 빈곤해지는 이러한 귀족 네트워크가 상당수 네트워크의 특징이라고 주장한다. 이러한 척도 없는 상태는 복잡계의 일 반적 속성인데, 유전학, 신경과학, 전력 그리드, 교통시스템, 역학疫學, 그 리고 런던·뉴욕·도쿄라는 세 주요 허브를 통과하는 지구적 금융 흐름 등이 그렇다(Fox Keller 2005: 1060-1061). 따라서 여기서 복잡성 논리를 활용하 면, 역설적으로 모든 시스템이 멱법칙 모델로 이관되는 듯한 일종의 환 원주의로 귀결된다. 일부 저자는 이것이 새로운 '자연법칙'이라고 역설하기까지 한다.

그러나 폭스 켈러Fox Keller에 따르면, 물론 선호적 연결 원리[3]에 따라 성장하고 멱함수 분포로 자기조직하는 듯 보이는 시스템들이 있지만, 이것이 전적으로 새로운 것은 아니다. 더욱이 이로 인해 그럴싸한 보편성을 추구하면서 특정 시스템의 특수한 구조를 무시하는 일이 벌어진다(Fox Keller 2005: 1066). 우리의 논의에서는 사회적 네트워크가 어떻게 구성되는지가 중요하다. 여기에서 작은 세상 모델이나 멱법칙 모델은 타당한가? 나아가 그것들은 사회적 네트워크를 모델링하는 데에 유용한가? 사회 네트워크가 공간을 가로질러 퍼져 나갈 때 나타나는 구체적 특징은 무엇인가?

지금까지 이 문제를 다루는 작은 세상 이론의 주요 해설자는 배티Batty이다. "작은 세상 연구는 공간 차원을 다루는 것이 너무 까다롭다고 여기는 경향이 있었다. 하지만 이제 네트워크 성장 측면에서 이런 차원을 다루어야 한다는 사실이 명백해졌다. … 작은 세상은 언제나 존재하지만, 네트워크가 성장할수록 그 네트워크의 폭을 가로질러 장거리 유대를 실현할 기술을 마련해야 한다"(Batty 2001: 638; 이 밖에도 Batty가 편집한 Environment and Planning B 2001의 다른 글들도 참조할 것). 그러므로 교통과 통신 기술은 작은 세상 유형의 연결에 핵심적이다. 그러나 배티는 공간이란 단지 외연 규모의 문제라고 전제한다. 하지만 내가 다음 장에서 보여 주려는 것은, 네트워크의 핵심은 **강도 규모**, 특히 가까이 있는 사람과 멀리 있는 사람을 포괄하는 간헐적 모임, 일시적 '지역성' 수행이라는 점이다. 물론 모임은 공간적

---

[3] 선호적 연결preferential attachment은 어떤 네트워크에서 링크가 잔뜩 걸린 교점에 더 많은 링크가 몰리는 현상을 뜻한다.

확산의 기술로 가능해지지만, 단지 이런 기술로 환원되어서는 안 된다. 사람들의 이동이나 통신의 실천은 네트워크 안에서나 특히 네트워크를 가로질러, 짧고 약한 유대를 연장한다. 만남은 시간, 돈, 노력 면에서 비용이 많이 들지만, 네트워크 확대와 강화, 공동현전의 즐거움으로 이어진다. 이동과 통신은 자원을 제공하면서 특히 네트워크 자본을 강화하는데, 이로 인해 작은 세상의 평등주의에서 멀어지며 불평등이 커질 것이다. 또한 네트워크는 물질적 인프라에 의존하는데, 이런 인프라는 특히 잠재적 이동 혹은 모틸리티, 그리고 원거리 연결을 유도하는, 시시각각 변화하는 이동 및 통신 기술과 관련이 있다(Kaufman 2002). 모빌리티의 이런 관념들은 작은 세상과 멱법칙을 다루는 문헌(그리고 대다수 여타 네트워크 분석. Scott 2000; McCarthy, Miller, Skidmore 2004 참조)의 다소 형식적인 네트워크 개념에 생기를 불어넣는다.

만남의 이러한 중요성에 비추어, 바라바시에 대한 와츠의 비판을 이해할 수 있다. 와츠는 이렇게 말한다. "네트워크의 척도 없는 관점이 지닌 본질적 한계는 모두 공짜라고 가정하는 것이다. 네트워크 유대는 … 비용이 안 드는 것으로 치부되므로, 이를 형성하고 유지하는 데에 대한 어려움 없이 축적할 수 있는 만큼 잔뜩 가질 수 있다는 것이다"(Watts 2003: 113). 와츠는 이 논점을 활용하여 귀족적 모델의 실증적 의의를 의문시한다. 검색엔진이 공짜로 수십억 개의 페이지를 '이동'하는 웹의 경우에는 이 모델이 적절할 것이다. 하지만 와츠에 따르면, 사회집단이 유대를 형성하고 유지하는 일은 절대로 무료로 이루어지지 않는다. 사회적 네트워크 '수행'에 필요한 통신, 이동, 만남이라는 '작업'에는 비용이 많이 든다. 라르센Larsen, 어리, 악스하우젠Axhausen의 연구에서 나타나듯, 이러한 고비용의 작업이야말로 시간, 공간, 돈, 자원, 위험, 재미 등을 포함하는 사회적 삶을 채우는 바로 그 내용이다(Larsen, Urry, Axhausen 2006).

게다가 사회적 네트워크를 다루는 다수 연구는 연결을 형성하고 확장하는 핵심 자원이 정보라고 가정한다. 그러나 사회적 네트워크를 수행하는 요소는 사실 다양하다. 정보는 다른 사람을 '아는' 데에 부차적 요소일 뿐이다. 이제 이에 대해 논의해 보자.

알기

네트워크 클러스터들을 간단히 분류하면서 시작해 보자. 이들 각각은 사람들이 어떻게, 언제, 어디에서 서로를 '아는지'와 관련하여 의미가 각각 다르다. 첫째, 다수 교점이 어느 정도 선형적으로 펼쳐지는 직선형 네트워크 혹은 사슬형 네트워크가 있다. 메시지나 관계는 이처럼 서로 떨어지고 분산된 교점을 따라 한 교점에서 다른 교점으로 나아간다. 일부 업무 네트워크나 친목 네트워크는 이런 선형을 이루며, 이런 '선'에서 벗어나 있는 연결들은 비교적 적다(Laurier, Philo 2001). 사람들은 그 '선'에서 가까운 이들은 알 수 있지만 '그 이상' 떨어져 있는 사람에 대해서는 모를 수도 있다.

둘째, 중요한 관계가 하나의 핵심 허브나 극소수 허브를 통해 이동하는 성형星型 네트워크 혹은 허브형 네트워크가 있다. 이 경우 허브에 있거나 허브 근처에 있는 것은 가치가 크다. 한 가지 사례가 금융 서비스일 것이다. 여기서 메시지와 관계는 세 개의 허브 자리를 차지하는 런던, 뉴욕, 도쿄의 거래소를 통해 편중되게 흐른다. 일부 가족 네트워크도 가부장이나 가모장이 중심적인 '주역'의 역할 또는 승자독식의 역할을 차지하는 클러스터화된 성형 패턴이다(Barabási 2002: 103 참조). 중심인물을 안다면 그 네트워크의 다른 사람도 많이 알게 될 가능성이 크다.

셋째, 의사소통이 거의 모든 방향으로 동시적으로 진행되는 전체 경로형 네트워크 혹은 분산형 네트워크가 있다(Arquilla, Ronfeldt 2001: 7-8). 예를 들어 런던 도심의 문화산업 종사자 네트워크가 여기 해당한다(Wittel 2002). 여기에도 차이가 나타나는데, 대부분의 교점이 다른 대부분의 교점과 연결되어 네트워크 관계가 팽팽할 수도 있고, 아니면 요새 전형적이듯이 네트워크 관계가 느슨할 수도 있다(Ohnmacht 2005).

네트워크 클러스터는 네트워크 성원 간의 의무와 호혜가 일방적인지 아니면 쌍방적인지에 따라서도 달라진다. 이러한 패턴은 네트워크가 어떻게 만남을 가지게 되는가, 누가 '만남'의 장소, 시기, 지속시간, 그리고 특히 초대할 사람을 결정하는가에 반영될 것이다.

전반적으로 보아, 작은 세상과 멱법칙에 관한 연구들은 x가 y를 알거나 모른다는 이분법을 전제한다. 이런 연구에서는 이것이 특히 중요하다고 본다. 그러나 현대의 다양한 변화로 인해 이 이분법은 해체되고 있다. 즉, 문자 그대로 '밀폐된' 세계는 점점 줄어들기 때문에, 사람들은 점차 헤아릴 수 없이 많은 '타인'을 '어렴풋이' 의식하게 된다. 초대받은 손님이, 그리고 특히 초대받지 않은 손님이 한 사람의 세계 안으로 방문자로서, 그리고 다양한 화면에 등장하는 유명인으로서 들어오는 방식은 다양하다(McCarty 2001). 10억 대의 텔레비전, 10억 대의 전화, 그리고 10억 명이 이용하는 인터넷은 다른 곳의 사람, 행사, 사건을 어마어마한 규모로 드러낸다(대다수는 '어디에선지 모르게 들어오는 소식'이다). 따라서 통신은 (매우) 약한 유대를 엄청나게 확산함으로써 '사람을 아는 것'과 '사람에 관해 아는 것'의 특질을 다시 정렬한다. 그러므로 사람들은 이메일 주소록이나 휴대전화 주소록에 있는 사람, 인터넷 채팅방 회원, 가족 사이트에 실린 '가계家系'의 현 구성원은 전부 '안다'고 할 수 있다. 다른 사람을 어떤 제한적인 측면에서 어렴풋이 아는 **아주** 약한 유대가 크게 증가한 듯하다. 웰먼 등이 시사하는 바에 따르면, 사람들의 개인적 커뮤니티 네트워크의 중앙값은 23개이고, 아주 약한 유대는 200개에서 1,500개 사이다 (Wellman et al. 2005: 20).

또한, 작은 세상이라는 의미에서 누군가를 '안다'거나 누군가에 '관해 안다'는 것의 사회학적 의의는 확인하기 어렵다. 세 단계 떨어진 사람에 관한 '지식'은 사회적 삶의 패턴을 형성하거나 원거리 '상상의 공동체'를 만드는 데에 아무 의미가 없을 수도 있다. 누가 누구와 무엇을 언제 왜 하는가를 뜻하는 사회적 실천 개념과는 달리, '누가 누구를(누구에 관해) 아는가'에 기반한 사회 네트워크 개념은 너무 형식주의적 개념이다.

다음에서는 네트워크 연결이 (네트워크화된 '작은 세상'이 아니라) 웹과 유사한 귀족 네트워크 패턴을 보이는지를 고찰한다.

네트워크는 연결이 활발한 교점들을 통해 편중되게 흐른다. 우리가 주목할 점은 전 세계에서 가장 부유하고 가장 이동적인 사람 300명의 소득이 가장 가난하고 가장 덜 이동적인 사람 30억 명과 같으며, 이것만으로도 네트워크 연결이 귀족 모델임을 시사한다는 것이다. 따라서 전 지구적 연결은 무작위적이지 않고 고도로 구조화되어 있다. 중요한 점은, 이처럼 어마어마하게 연결이 활발한 교점들은 서로 엄청나게 촘촘하게 연결되어 있다는 것, 그리고 상대적으로 연결이 점점 감소하는 교점들은 서로 매우 빈약하게 연결되어 있는 것이다(UNDP 2004의 전반적 데이터는 이러한 패턴을 시사한다). 따라서 복잡계는 시스템들의 상호의존을 통해 어떤 귀족적 패턴을 생성한다.

이 패턴이 확인되는 것은, 매우 강력한 커넥터(개인이나 조직)가 시스템이 어떤 상태에서 다른 상태로 극적으로 전복하는 데에 중추 역할을 하는 경우이다(Gladwell 2002). 사회적 전염과 급격한 전복점이라는 개념은 네트워크화된 특정 관계 안의 핵심 지점에 있는 매우 강력한 소수 커넥터를 전제한다. 이 소수 커넥터는 편중되게 수많은 사회적 유대를 지닌다. 시스템은 이러한 커넥터의 집중으로 인해 홀연히 전복된다. 사회적 전염은 매우 강력한 소수 커넥터의 예외적 영향력으로 확산한다. 이러한 귀족적 패턴에서는 부자는 더 부유해지고 점점 더 편중된 영향력을 행사한다(Buchanan 2002: 7장; Watts 2003: 4장).

사회적 네트워크의 본성 변화, 특히 업무, 가족, 친목에서 이런 네트워크의 공간적·사회적 특성을 연구해야 한다. 작은 세상 관련 문헌들은 이런 문제를 탐구하지 않는다.

사회적 네트워크

이전의 여러 장에서 '좁은 상자'로부터 공간적으로 분산된 사회적 네트워크로의 전환에 주목했다. 20세기 전반기 적어도 유럽과 북미의 일부 지역에서, 가정생활은 대개 '좁은 상자' 안에서 이루어졌다. 가족은 한 동네에서 지척에 살면서 서로 만나는 것이 일반적이었다. 가족은 흔히 같은 동네에서 일하면서 허물없이 함께 만났다(Wellman 2001).

적어도 1950년대까지 거슬러 올라가는 이런 상황을 입증하는 고전적 연구들이 있다. 이 연구들은 여러 시골 지역(Frankenberg 1966 참조), 런던의 이스트엔드(Young, Wilmott 1962), 그리고 이탈리아계 미국인이 거주하는 여러 '도시 마을'[4](Gans 1962) 등을 대상으로 했다. 이러한 동네에서 마실을 다니면, 웰먼의 표현처럼 '문에서 문으로' 이어지는 연결을 통해 중요한 타자들과 마주칠 수 있었다(Wellman 2001: 231; Wellman 2002). 걸어서 서로 들렀고, 가정, 직장, 친교는 상당 부분 겹쳤다. 사람들은 동네 안에서 조우했다. 퍼트넘은 이러한 우연한 공동현전이 사라졌다고 탄식한다. 승용차 출퇴근, 텔레비전이나 전화를 비롯한 가정용 테크놀로지 탓에 변한 것이다(Putnam 2000; 본서 9장 참조).

수많은 연구가 삶의 패턴이 이처럼 대폭 변형되었음을 시사한다. 이러한 변형은 인터넷 때문이기도 하지만, 그전부터 상당 정도로 진척된 것이다(Wellman et al., 2005 참조). 사람들이 꼭 고향에서 멀리 이주한 것은 아닌데도 거주지, 직장, 여가 장소는 이제 서로 멀리 떨어져 있다. 고등교육을 받은 사람은 고향에서 멀리 떨어진 곳에 살고, 꽤 먼 거리에 친구가 있는 경향이 있다(PIU 2002; Larsen, Urry, Axhausen 2006). 또한 일종의 '분산된' 가정생활을 영위하면서 둘 이상의 장소에서 '살기도' 한다.

---

4 도시 마을urban village은 대도시의 적정 규모 지역 내에서 지속 가능한 공동체를 개발하려는 새로운 도시계획을 말한다. 토지의 복합적 이용, 다양한 주거 유형의 혼합, 공공시설 및 편의시설 배치, 보행자 우선 계획 등에 초점을 맞춘다.

그 결과, 네트워크들은 서로 덜 겹치고, 사전계획 없이 아는 사람과 우연히 마주칠 가능성도 줄어든다. 사회적 네트워크가 많이 중첩되고 걷기가 주요 이동 수단이던 때에는 흔하던 이런 빠르고 일상의 즉석 만남은 이제는 훨씬 적어졌다(Axhausen 2002). 현대의 사회 네트워크가 상대적으로 멀리까지 퍼져 있다는 것은 미국에서 달러화 지폐의 이동 패턴이 매우 광범위하다는 데에서도 나타난다(www.wheresgeorge.com/ 2006년 9월 14일 검색).

따라서 사람들은 소수의 '아는' 사람과의 만남을 계획하고 지속하고, '연락을 유지'하고 통신하며, 그다음에는 멀리 이동하기 위해 많은 시간을 할애해야 한다(Larsen, Urry, Axhausen 2006 참조). 계획된 만남은 많은 사람의 삶에서 핵심인데, 다양한 네트워크에서도 그렇다. 또한 내가 주장하는 것은, 사람들이 갈수록 많은 타인을 꽤 약한 의미에서 알게 되지만 이런 약한 유대 중 상당수에는 그다지 '유지' 노력을 기울이지 않는다는 점이다. 이런 유대는 주로 다양한 전자 주소록에 들어 있는 이름으로 남을 뿐이다(Axhausen 2002; Axhausen 2003).

런던 도심의 뉴미디어 종사자들에 관한 연구는 이런 네트워킹 패턴을 잘 그려 낸다. 이들은 지리적 모빌리티가 활발하고 사회적 접촉이 다양하다. 이들의 경력은 계획적이고 잘 가꾸어져 있다기보다는 비선형적인 자기주도적 활동으로 채워져 있다(Wittel 2001: 65-66; Beck 1999; Sennett 1998). 이런 '개인화'된 패턴으로 말미암아 사람들은 사회적 유대를 형성하도록 '강제'된다. 웰먼 등은 이렇게 주장한다.

이러한 연결의 개인화로 인해, 자원 획득은 대개 개인적 기량, 개인적 동기, 적절한 연결 유지에 달려 있게 된다. … 네트워크화된 개인주의로 인해, 성공하기 위해서는 적극적으로 네트워크를 돌보아야 한다(Wellman et al. 2005: 4).

게다가 유대는 비록 일시적일지언정 강하고 집중적이며 빠르고 과도해지는 경향이 있다. 이러한 유대가 퍼져 나가면서 약한 유대로 이루어진 네트워크도 확산한다. 어느 응답자는 이렇게 지적한다. "그러니까 제게는 이런 모임과 만남이 다른 사람에게 나를 다시 보이고 다른 사람을 다시 보기 위한 것이지요"(Wittel 2001: 67). 진정으로 '낯선 사람'이 있다기보다는, 계속 확장하는 네트워크의 잠재적 구성원만 있을 뿐이다. 세넷이 현대 세계의 "성격의 부식corrosion of character"을 한탄하는 것처럼, 모빌리티와 속도 때문에 네트워크 사회성은 사람들이 공유하는 공통의 역사나 서사에 갈수록 덜 의존하게 된다(Sennet 1998). 네트워크에서 열쇠는 오히려 정보이다. 그것은 각 개인이 신뢰를 빠르게 나누고 적극적으로 형성하면서, 특수한 정보들을 즉각 제공하는 것이다(Wittel 2001: 67-68). 이를 통해 특히 사회의 경계 너머로 확장되는 또 다른 '네트워크 자본'이 생긴다.

이러한 네트워킹 패턴에서는 일과 놀이가 어느 정도 동화된다. 실제로 일터는 점점 노는 곳이나 빈둥거리는 곳처럼 설계되지만, 이렇게 '스타벅스'처럼 설계된 장소에서 많은 일을 처리할 수 있다. 이런 중첩은 특히 '유목적 업무 스타일'이 발달한 곳에서 두드러진다. 이런 업무 스타일의 여파로 '사무실' 설계나 사용은 차차 분산되고 다양해진다(Harrison, Wheeler, Whitehead 2004 참조).

위텔은 노는 시간과 일하는 시간의 경계가 느슨해진다고 말한다. 특히 '파티'를 비롯한 '네트워킹 이벤트'가 '일'로 변형되고 일의 일부가 되기 때문이다(Wittel 2001: 68-69). 친구와 직장 동료라는 두 범주는 하나로 어우러

지면서 서로 넘나든다. 더구나 이러한 네트워크 사회성은 "승용차, 기차, 버스, 지하철, 비행기, 택시, 호텔 이용" 등의 네트워크 자본에 의존하고, "전화, 팩스, 자동응답기, 음성메일, 화상회의, 이동전화, 이메일, 채팅방, 토론포럼, 메일링리스트, 웹사이트에 기초한다"(구식 명함도 이런 교류의 핵심 수단이다)(Wittel 2001: 69 참조). 이러한 네트워크 사회성으로 인해, 지속적 유대를 유지하는 덩어리는 거의 소멸한다. 연결은 광범위하게 이루어지지만, 여기에는 간헐적 만남이라는 강한 의무가 있다. 이러한 연결이 확산함에 따라, 약한 유대의 네트워크와 '네트워크 자본'의 역량은 한결 확장한다.

이러한 네트워크 사회성은 고도로 세계화된 산업에서 특히 두드러진다. 건축설계사 직원은 점점 초국적이 되고 있고, 그래서 국적이 하나인 직원은 드물다(그리고 많은 직원이 다국적 연애를 한다). 이들은 대부분 직업 자체에 우선적으로 충성하기 때문에 자신을 '회사 사람'으로 여기지 않는다. 이들이 이런 회사를 선택하는 이유는 어느 정도는 그 회사의 "세계시민적 문화"에 있다(Kennedy 2004). 특히 네트워킹과 관련하여, 사회적 네트워크는 주로 다국적이어서 온전히 국외 네트워크이거나 국내 네트워크인 경우는 드물다. 이들의 성격은 '탈국가적'이다(Kennedy 2004: 176). 이 직원들은 강한 민족감정을 초월한 탈국가적 친구들 무리에 뒤얽혀 있다.

이처럼 이동적인 전문직 종사자에게는 여가 시간의 업무 기반 사교가 매우 중요하다. 이로 인해 업무 네트워크와 친목 네트워크가 상당히 겹친다. '프로젝트'팀이나 업무팀은 업무 네트워크 **그리고** 여가 네트워크를 조직하는 핵심 요소이다. 한번 맺어진 연줄은 계속 유지되는 경향이 있고, 사람들은 다양한 국적의 외국 친구들과 계속 연락한다. 네트워크는 방문이나 기타 통신을 통해 유지된다(Kennedy 2004: 175). 그리고 이 친구들이 이동하면서 비슷한 사람들로 이루어진 또 다른 네트워크를 형성하므로, 이러한 '탈국가적인' 사회적 삶의 순환 회로에는 더 많은 친구가 덧붙여진다. 이러한 사회적 삶의 특징은 밀도, 연결성, 다중성이다(Kennedy 2004: 172, 176). "친구들이 이동하면서 그다음 들르는 나라에서 뜻이 맞는 사람들과 또 다른 네트워크를 형성하거나 거기 참여하므로, 그리고 그러면서도 이전의 접촉은 계속 유지하므로, 결국 이러한 초국가적인 사회적 삶의 순환 회로에는 더 많은 친구가 추가된다"(Kennedy 2004: 176). 이런 유의 "유목적 네트워크 참여자"가 아직 전형적인 것은 아니지만, 경험적으로 보아 향후 훨씬 중요해질 가능성이 크다. 이들은 국제적으로 친교를 널리 퍼뜨리는 효과가 있다(Burawoy 2000에 수록된 연구들 참조).

이것은 일반적인 어떤 추세를 반영한다. 그 추세는 이런 네트워크 안에서는 아는 **사람**의 축적이 아는 **것**의 축적보다 한층 중요해진다는 것이다(Durbin 2006). 그 이유는 조직 내부나 조직 사이에서 새로운 지식 관리 방식이 중요하기 때문이다. 어떤 지식은 암묵지[5]이므로, 즉 특정한 경험을 통해서 비공식적이고 개인적으로 체화되는 지식이므로, 성공적 조직화는 이런 정보에 어떻게 접근할 수 있는지에 달려 있다. 사람들이 공식 네트워크나 특히 비공식 네트워크를 구축할수록, 이런 암묵지를 창출·순환·공유할 기회나 새로운 자본을 조성할 기회는 더 늘어난다. 더빈 Durbin은 "암묵지를 교환하고 계발 자원과 재정 자원을 배분하는 사회적 네트워크"가 중요하다고 말한다(Durbin 2006: 1). 더빈은 특히 이런 네트워킹

---

[5] tacit knowledge. 언어 등으로 명시적으로 표현하거나 전달할 수 없는 지식.

이 네트워크 구성원 자격을 획득하거나 유지할 수 없는 여성(및 다른 사람들)을 사회적으로 차별하는 데에 주목한다. 더 일반적으로, 라이히는 기업이 단일한 "합리적 행위자"가 아니라 어떤 사회적 존재라고 서술한다. "이 표면의 뒤에서 우글거리는 수많은 탈중심적 집단이나 하위집단은 전 세계에 분산된 그와 유사한 작업 단위와 끊임없이 계약을 맺는다"(Reich 1991: 81). 네트워크를 지식 생산에 통합하는 것은 서퍼트Suffert, 크로그 Krogh, 바흐Bach가 말하듯이 "지식 네트워킹"(Seufert, Krogh and Bach 1999)을 통해 새로운 지식을 생성하는 데에 유리하다.

이로 인해 많은 여행객은 '사무실' 탈출이 어려워졌다. 이제는 이동 중이라고 연락까지 두절되지는 않는다(Ling, Yttri 1999). 노트북, PDA, 블랙베리, 커뮤니케이터, 이동전화는 회사원의 표준 장비다. 공항, 호텔, 카페, 비행기, 기차 등은 정도 차이는 있어도 인터넷이나 노트북으로 접속이 가능한 업무 공간으로 설계된다. 그래서 많은 여행자에게는 "탈출" 기회가 줄어든다. 이동 중의 장소는 회사원이 고객이나 동료와 소통하는 "첨단 지휘센터"가 된다. 많은 여행자는 사무실에서 실시간으로 연락할 수 있고 전화, 문자메시지, 이메일, 팩스 등에 응답할 것이라는 기대를 받는다. "출장은 모든 것을 두고 떠나는 것이었다. 그러나 기업의 다운사이징[6]과 첨단 정보기술은 (항상 완전히 연결되어 있기를 허용하는 동시에 요구하며) 여행자가 떠나 있을 때 오히려 책임감과 생산성을 높이도록 채근한다"(Collis 2000: 112; Lyons, Urry 2005). "HP의 수많은 가상팀 구성원은 가정에서는 이동 중이

---

6 대형 중앙서버 컴퓨터로 수행하던 작업을 개인용 컴퓨터나 중소형 서버 등의 소규모 컴퓨터 여러 대를 근거리통신망 같은 네트워크로 연결하여 수행하도록 환경을 변경하는 작업.

든 계속 근무하기 때문에, 휴대전화나 무선 네트워크 같은 모바일 기술을 통해 (거의) 언제 어디서나 가상 회의를 할 수 있다"(Jones, Oyung, Pace 2002).

이동통신시스템과 '개인화된 네트워킹'은 양날의 검이다. 부재하는 타인과의 접촉뿐 아니라 부재하는 타인에 의한 감시도 가능하게 하기 때문이다. 이로써 "어떤 의미에서는 원격 현전이 가능해지는데, 여행자는 늘 연락이 가능해지고 따라서 늘 감시가 가능하게 된다"(Molz 2006). 이러한 기계에 체류한다는 것은 전 세계의 '장소들'에 연결된다는 것, 또는 자기 집에서 이 장소들과 더불어 있는 것이다. 타인은 기묘하게도 현전하는 **동시에** 부재한다. 여기와 저기에, 가까운 곳과 먼 곳에, 집과 집 아닌 곳에, 근접하거나 원격에서(Urry 2004b, 35).

많은 사람이 특히 여행(및 대기) 시간을 활용하여 '개인화된 네트워크'에 접속하고 신뢰를 복원하며 '부재중 현전'을 유지하고 행사를 재조정한다('항구적 접촉'에 대해서는 Katz, Aakhus 2002b 참조, '연결된 현전'에 대해서는 Licope 2004 참조). 따라서 이동전화는 대개 행사들 사이에 사용된다. 그래서 때로는 이러한 사이의 시간과 공간이 실제 행사 자체보다 중요하다. 앞서 언급했듯이, 이러한 '중간공간'과 여기서 행해지는 활동(특히 문자메시지를 통한 활동. Truch, Hulme 2004:2 참조)은 꽤 중요할 것이다. 다양한 사회집단이 이동에 많은 시간을 쓰면서, 사람들은 이동하는 동안 업무나 특히 친목을 위해서 문자를 보내고 전화를 한다. 이동전화 통화의 상당수는 이동 중에 '행사'를 계획하고 재조정하는 데에 소요된다. 그러므로 업무, 친교, 가정이라는 장이나 영역 사이에서 이런 중간공간이나 틈새에 있는 동안, 네트워크 자본은 확장될 수 있다. 빌헬름손Vilhelmson과 툴린Thulin에 따르면, 이것은 지정된 장소에서의 상근 업무가 소멸하기 시작했기 때문이기도 하다(Vilhelmson.

Thulin 2001).

네트워킹 실천은 가정생활에서도 이루어진다. 이는 가족이 계속 확장되는 통신 기술에 접속하기 때문이기도 하다. 이런 기술은 가족들을 서로 연결하고 나아가 외부 세계와 연결한다. 부유한 '북반구'에서 청소년 자녀가 둘 있는 전형적인 현대적 가정은 유선전화 몇 대, 이동전화 서너 대, 컴퓨터 몇 대, (디지털카메라를 포함해) 카메라와 비디오카메라, 이메일 계정, 적어도 승용차 한 대, 교통카드 여러 개, 텔레비전, DVD와 비디오, 잡지, 신문, 각종 신용카드를 사용한다. 가정은 통신의 허브이자 네트워크 자본의 중심지이다. "바야흐로 가정은 더 이상 가족을 외부 침입으로부터 비교적 안전하게 보호하는 보호구역이 아니라, 갈수록 전 세계 각지에서 들어오는 메시지가 스며드는 통신 허브이다"(Bachen 2001: 1). 이 '기계들'은 현지에서의 질서를 유지하는 기능도 한다. 업무, 학업, 오락, 가족 활동 등을 위한 끝없는 이동을 조정하는 일은 이메일, 문자메시지, 전화, 일정표 없이는 사실상 불가능하다. "가정들, 그리고 가정 내 기술들은 동일한 시스템의 요소들로서 서로 연결된다"(Bachen 2001: 2). 따라서 네트워크 자본이 많은 가정은 많은 원격 연결을 형성하고 유지함으로써 사회적 네트워크를 동원한다(Larsen, Urry, Axhausen 2006 참조).

그러나 이혼, 한부모 가정, 공동 양육권, 동거, 비혼, 재혼 가정, 동성 커플 등의 증가, 그리고 초혼 연령 상승에 따라 이런 '가족'도 변화한다(Allen, Crow 2001: 2장; '가족을 선택하는 일'에 대해서는 Weston 1991 참조). 가족은 네트워크화되고 핵nuclear가족보다는 '애매한unclear' 가족이 된다(Bauman 2003). 특히 자녀가 없는 커플 중에는 서로 멀리 떨어져 사는 경우가 흔한데, 이는 특히 여성이 어느 정도는 남성과 마찬가지로 직업적 성공을 추구하기 때문이다

(Holmes 2004: 190; Walby 1997). 많은 맞벌이 부부는 특정 기간에는 떨어져 산다. 따라서 '애매한' 가정은 사회적으로뿐 아니라 공간적으로도 조각나 있다. 이혼 후의 가정은 대부분 집을 옮긴다. 어머니와 아버지가 새로 살게 된 곳을 오가려면 자녀와 부모는 상당한 이동이 필요한데, 특히 한 사람이 다른 도시로 이사한 경우는 더욱 그렇다(Allen, Crow 2001: 132). 따라서 가정 생활은 점차 멀리 떨어져서 이루어진다. 여기에는 가족 중 누구를 얼마나 자주 '보는가'에 관한 '선택'과 이러한 '가족' 연결을 어떻게 할 것인가에 관한 '선택'이 개입한다(Finch, Mason 1993; Allen, Crow 2001). 이처럼 '가족'이 한층 다양해지고 개인화됨에 따라, 가정의 책임을 어떻게, 언제, 누가 이행하는지를 둘러싼 협상이나 숙려가 특히 필요해진다(Beck, Beck-Gernshim 1995; Beck-Gernshim 2002).

사람들이 생애주기의 여러 단계를 거치면서 네트워크 특성도 변한다. 연로한 사람들은 멀리 떨어진 '사회적 네트워크'를 유지하는 것보다, 가족이 매일 제공하는 '지원 네트워크'에 접근하는 것이 중요하다(Wenger 1997). 다양한 형태의 지원 네트워크는 정서적 지원, 왕래, 실질적 도움 및 정보를 거의 날마다 제공한다. 가정생활이 네트워크화되면서 이제 이런 지원 네트워크는 종종 국가나 시장의 공급도 포함하게 된다. 가까운 가족이나 친구가 멀리 있는 경우에도 대면 지원 네트워크를 활용하게 되는 것이다. 한편 가족들이 점점 전 세계로 흩어지기 때문에, 많은 가정생활이 상당한 이동과 통신을 통해서만 유지된다. 이와 관련된 공식적 서비스는 점차 시장에서 구매해야 하지만, 간혹 지방정부나 중앙정부가 제공하기도 한다.

이러한 가정생활의 네트워킹은 전 세계 가구수가 급증한 데에서 비롯된다. 1985년에서 2000년 사이에 세계 인구는 연평균 1.3퍼센트 증가한 데에 비해, 가구수는 연평균 2.3퍼센트 증가했다(Liu, Daily, Ehrlich, Luck 2003). 그리고 이러한 소규모 가구의 다수는 이동하고 있다. 1960년에서 2000년 사이에 국제적 이주민의 수는 두 배 이상 늘었다(UNDP 2004: 87). 현재 수많은 도시와 사회에는 거기에서 태어나지 않은 사람들이 적잖이 살고 있다 (마이애미 59퍼센트, 싱가포르 33퍼센트, 런던 28퍼센트, 이스라엘 37퍼센트, 스위스 25퍼센트, 뉴질랜드 22퍼센트(UNDP 2004: 87)). 이러한 이주가 개별 행위자의 독자적 결정인 경우는 드물다. 그것은 대개 가족, 친족, 기타 공동체의 연줄이 개입하는 집단적 행위다. 수용국의 기존 정착자 집단이 이주자가 준비하도록 초국적으로 돕고, 이주자는 이동하여 이 집단에 합류한다. 이주자는 이와 동시에 출신 국가와도 관계를 계속 유지하고, 다른 연쇄적 이주자들과도 관계를 유지한다(Goulborne 1999; Ryan 2004: 355).

　이주는 가족이나 친구를 넓은 지역으로 흩어 버리므로, 보살핌, 지원, 애정의 친밀한 네트워크도 지리적으로 먼 거리를 가로질러 뻗어 나간다(Chamberlin 1995). 전 세계적으로 2천 개가 넘는 '초국적 공동체'는 대부분 장거리 통신과 이동을 기반으로 조직된다(Cohen 1997 참조). 가장 확연하게 드러나는 곳이 '화교 사회'이다. 전 세계에 걸쳐 구성원이 2,200만 명에서 4,500만 명을 헤아리는데, 이는 대다수 국가의 인구보다 많은 것이다. 이 공동체가 만드는 차이나타운은 대규모 이동 패턴의 교점이다. 이곳은 화교 공동체와 친밀한 가정생활 패턴을 형성하며, "지구적 관광"의 핵심 요소가 된다(Ma, Cartier 2003). 수많은 고국 방문, 그리고 가족이 흩어져 사는 여러 차이나타운을 오가는 여행 덕분에 이러한 초국적 공동체는 번영을 구가했다(Ong, Nonini 1997). 쿠바 트리니다드에서 실시한 최근 연구에 따르면,

핵가족의 약 60퍼센트는 적어도 한 명의 구성원이 해외에 체류하고 있다 (Miller, Slater 2000: 12, 36). 트리니다드, 미국, 영국을 오가며 가정생활을 유지하는 데에 필요한 왕복 이동과 수많은 이메일 통신은 지구를 가로지르는 "두뇌 순환"을 유발한다. 영국의 파키스탄 공동체는 초국적이고 세계시민적이어서 영국과 파키스탄 여러 지역을 오가는 '사물-사람-장소-정서'의 복합적 왕래를 유발한다. 파키스탄인이 영국에서 귀국할 때에는 파키스탄에 있는 친척이나 친구에게 선물을 가져가야 한다(Werbner 1999: 26).

그러므로 교통의 형태, 그리고 특히 '가족 행사', 또 원거리 가정생활의 전반적 유지 사이에는 복합적 연관관계가 있다. 전화나 인터넷을 통한 전 세계 통신 규모는 어마어마하게 늘었다. 전체 국제전화 통화량은 1982년 초에서 2001년 사이에 적어도 10배 증가했다(Vertovec 2004: 219). 대다수 나라에서 나타나는 이런 현상은 어느 정도는 선불카드와 모바일 기술 같은 갖가지 혁신 덕이다. 따라서 오늘날의 세계에서 이주민과 그 친척에게는 "저렴한 통화를 통한 초국적 연결이 삶의 핵심이다"(Vertovec 2004: 223). 전화 통화에 대한 실증적 연구에 따르면, 통화하는 사람들이 서로 멀리 떨어져 있을수록 통화 시간은 길어지지만 통화 자체는 드물어진다 (Licope 2004: 142-143). 이런 통화는 종종 어떤 의례의 성격을 띤다. 진술한 대화는 아주 멀리 떨어져 사는 가족 간의 유대감의 표시다(Licope 2004: 143). 따라서 "지리적으로 가깝거나 멀다는 것은 정서적으로 친밀한 친척이 서로를 어떻게 느끼는지, 그리고 이 친척이 서로를 어디까지 지원하고 보살필지와 직접적 상관관계는 없다"(Mason 2004: 421). 친밀함과 보살핌은 편지, 소포, 사진, 이메일, 송금, 통화, 주기적 방문을 통해 먼 거리에서도 이루어질 수 있기 때문이다.

앞서 언급한 최근 연구에서도 이러한 여러 쟁점을 검토한 바 있다 (Larsen, Urry, Axhausen 2006: 6-8장). 응답자들에게 '다른 지역 친구'를 최대 10명까지 지목해 달라고 요청했다. 이런 친구는 널리 흩어져 있다. 잉글랜드 북서부 지역'에 있는 친구는 평균 1명뿐이고, '다른 지역 친구'와의 **평균** 거리는 1,402킬로미터이다. 응답자 전원에게는 '다른 지역 친구'가 있고 그 수는 평균 6.5명이다(Larsen, Urry, Axhausen 2006: 표 7, 부록 B). 응답자 중 세 사람은 이런 친구가 있는 장소를 열 군데 이상 열거할 수 있다고 했다. 응답자들은 평균적으로 외국 두 나라에 친구가 있고, 이 청년층 표본의 절반 이상은 비유럽 국가에 친구가 있었다. 몇몇 대학 졸업자는 유학생이나 교환학생일 때 이러한 친분을 쌓았고, 일부는 해외에서 일하거나 여행을 할 때 영국이나 외국 친구를 만났으며, 일부는 세계여행을 하거나 해외 근무를 하는 동안 그곳의 영국 친구를 사귀었다(Larsen, Urry, Axhausen 2006: 표 8, 부록 B).

또한 응답자들은 '가까운 가족'과 멀리 떨어져 산다. 실제로 해외에 있으면서 유대를 유지하는 가족이 응답자 근처에 사는 가족만큼이나 많다. 응답자 다수는 '가까운 가족'이 해외에 있다(Larsen, Urry, Axhausen 2006: 6장). 가족 네트워크가 가까이 있는 사람은 극소수이다. 따라서 가까운 가족 중 4분의 3 정도는 다른 도시나 마을로 가야 만날 수 있다. 가장 가까운 가족을 만나려면 십중팔구 먼 여행을 해야 한다.

우리는 또한 응답자에게 현재 삶에서 '가장 중요하다'고 여기는 (최대 10명의) 사람의 거주지와 응답자의 현재 거주지를 알려 달라고 요청했다.

---

7 이 연구는 맨체스터, 리버풀, 랭커스터 지역을 대상으로 이루어졌다.

응답자가 가장 가깝고 가장 의지하는 사람 중 일부는 실제로 해외에 살고 있다(Larsen, Urry, Axhausen 2006). 이와 같이 보살핌, 지원, 애정의 '강한 유대'는 지리적으로 상당히 흩어져 있다.

비록 친구가 널리 퍼져 있는 경우가 많고 이 관계를 유지하려면 만남과 만남 사이에 수많은 통신 이동이 필요하지만, 이런 우정이 주기적 공동현전 없이도 가능하다는 응답자는 거의 없다. 인터뷰 대상자는 대부분 다음과 같은 견해에 동의했다.

> 문자메시지와 이메일을 통해 사람과 연락을 유지하기는 쉽습니다. 친구가 널리 퍼져 있을 수도 있고, 이론적으로는 그들이 어디에 있든 상관없지요. 〔하지만〕 저는 메시지만으로 좋은 우정이 정말 좋을 수는 없다고 생각합니다. 진짜로 제대로 된 우정이 아니니까요. … 만약 메시지만 주고받고 좀처럼 보지 못한다면 정말 그 사람과 계속 친구로 지낼 수 없을 것입니다. 종종 실물로 보고 같이 무언가 해야 합니다(Larsen, Urry, Axhausen 2006: 79).

물론 강한 유대는 통신에 의존한다. 응답자 전원은 이메일, 전화, 문자메시지(꼭 셋 다일 필요는 없다)를 통해 그들이 지목한 '가장 중요한 사람들'과 정기적으로 소통한다. 응답자들은 '가장 중요한 사람들'과 평균적으로 이틀에 한 번씩 전화나 문자나 이메일로 대화를 나눈다. 대면보다 원격으로 상호작용하는 경우가 잦은 것이다. 그러나 거리는 이들을 활용하는 빈도 차이를 낳는다. 거리가 멀면 대면접촉이 줄고(본서 11장 참조) 문자메시지와 전화 통화 비율도 준다. 그러나 이메일 활용은 거리에 비례해 늘어난다(Larsen, Urry, Axhausen 2006: 그림 1, 2).

이 다양한 연구들은 사람들이 흩어져 살아도 여전히 관계적이고 연결되어 있으며, 어딘가에 내장되어 있음을 보여 준다. 이들의 삶은 개인화되었다. 각 개인의 네트워크나 관계가 바로 그 개인에게 특유하다는 점에서 그렇다. 그러나 이들의 삶은 사회적이기도 하다. 이러한 네트워크화된 삶이 사회적 드라마에서 서로 얽혀 있다는 점에서 그렇다. 또한 이런 드라마에서 하는 행동이 종종 멀리 있는 사람들과의 교섭, 이들의 승인, 그리고 이들의 감정에 의존하며, 이들이 멀리서도 사회적이고 정서적인 영향을 미친다는 점에서 그렇다. 사람들이 얽혀 있는 네트워크는 어떤 행동을 가능하게 하지만 때로는 제약하기도 한다. 그리고 흥미롭게도 워터스Watters에 따르면, 그런 사정은 어떤 관계나 가족 안에 있는 사람뿐 아니라 '독신자'도 마찬가지다. 독신자는 점차 유대가 긴밀한 친구집단을 형성하고, 이 집단에서는 가족과 유사한 형태의 보살핌이나 지원이 활발하게 이루어지기도 한다(Watters 2004).

결론

이 장에서는 작은 세상을 다루는 연구들을 살펴보는 것으로 시작했다. 이 연구들은 물론 전 세계를 가로지르는 네트워크화된 관계를 해독하는 데에 흥미진진한 공헌을 했지만, 다른 사람을 '안다'는 것이 의미하는 바를 충분히 다루지 못했다. 나는 이 점을 점점 '네트워크화'되는 업무, 친교, 가정의 관계와 관련지어 논의했다. 언뜻 보기에 서로 다른 영역인 업무, 가정, 친교는 각각 더욱 네트워크화되었고, 따라서 각 영역에는 거리,

통신, 간헐적 만남을 둘러싼 문제가 존재하게 된다. 게다가 이러한 영역들의 네트워크는 점차 서로 겹치므로, 이 네트워크들 사이를 오가거나 이것들을 가로지르는 이동은 매우 중요하다. 특히 '개인화된 네트워크' 패턴이 증가함에 따라, 네트워크 자본과 약한 유대는 영역에서 영역으로 확산하는 듯하다. 가장 중요한 것은, 여전히 만남이 매우 중요하기 때문에 이 영역들은 종종 멀리 떨어진 네트워크 구성원들이 서로 오가는 이동을 상당 정도로 유발한다는 점이다. 다음 장에서는 신체가 공동현전하는 만남의 중요성을 논하고자 한다.

제11장

만남

고독한 사람에 대해 행복하다고 여기는 것은 다소 특이한 일이다. 인간은 사회적 존재이고 본성상 다른 사람들과 함께 살게 되어 있기 때문이다.

[아리스토텔레스 《니코마코스 윤리학》 IX. 9]

앞 장에서는 작은 세상 관련 연구들을 살펴보았다. 그리고 이런 연구에서는 누군가를 '안다'는 것의 진정한 의미, 특히 이러한 앎의 과정에서 만남의 중요성을 검토하지 않는다는 데에 주목했다. 만남의 중요성은 바라바시에 대한 와츠의 비판에서 잘 나타난다. 와츠에 따르면, 네트워크에 대한 척도 없는 관점이 지닌 중요한 한계는 모든 것이 공짜라고 가정한다는 점이다. 네트워크 유대는 비용이 들지 않는 것으로 간주된다(Watts 2003: 113). 그러나 와츠에 따르면, 사회집단이 유대 관계를 수립하고 유지하는 데에는 비용이 든다. 와츠가 깨닫지 못한 점도 있다. 이런 일에 비용이 많이 드는 것은 사회적 네트워크를 '수행'하는 데에 필요한 통신, 이동, 만남의 '작업' 때문이라는 점이다. 이런 고비용 작업이야말로 시간, 공간, 돈, 자원, 위험, 재미 등을 수반하는 사회적 삶을 채우는 내용이다.

데이비드 로지David Lodge의 소설《작은 세상Small World》(Lodge 1983)은 이러한 다양한 과정을 조명한다. 이 소설은 전문가들의 네트워크가 만남을 위한 이동에 어떤 식으로 시간을 소비하는지 묘사한다. 실제로 약한 유대를 공고히 하기 위한 정기적 만남을 통해 네트워크는 스스로를 재생산한다. 이 소설은 특히 '회의'에 초점을 맞추는데, 여기에서 "세상은 참 작다"는 말이 후렴처럼 반복된다. 로지는 회의를 비롯한 '주기적 만남'이 복합적이고 다층적이며 수다스럽다고 묘사한다.《작은 세상》은 대화를 통한 집중적이고 역동적인 상호작용에서 풍요로운 사회적 재화가 교환되는 모습을 드러낸다. 이런 재화는 우정, 권력, 프로젝트, 시장, 정보, 소문, 일자리 거래, 성적 호의, 수다 등을 포함한다. 그렇다면 네트워크의 핵심은 시공을 넘나드는, 상당한 '고비용'의 만남, 통신, 이동이다. 이것들은 적어도 얼마간은 약한 유대를 '형성'하고 '공고화'하는 데에 필요하다.

네트워크를 다루는 문헌들에서 고찰하는 것처럼, 사람들 사이의 연결은 간헐적 만남을 전제로 한다. 그리고 이것은 공짜가 아니다. 비록 사람들은 지인들의 짧은 사슬을 통해 다른 사람을 '알고 있을' 수도 있지만, 이 사슬은 사람들이 간헐적으로 만나는 것보다 영향이 적다. 사실 어떤 의미에서는 간헐적으로 만나는 경우에만 서로 '알고 있다'고 할 수 있다. 그러나 가령 학생들이 그런 것처럼, 한번 집중적 만남이 이루어지면 이 특정 네트워크는 빈번한 추가적 만남이 없더라도 유지된다. 그만큼 정동은 시간과 공간을 가로질러 이동한다.

약한 유대가 풍부한 사람들은 이러한 만남에서 유리하다. 더 많은 약한 유대를 만들어 내는 선순환을 뜻하는 '마태효과' 때문이다("무릇 있는 자는 받아 풍족하게 되고 없는 자는 그 있는 것까지 빼앗기리라."[1][Watts 2003: 108]) 네트워크가 풍부한 사람은 더 풍부해지고 빈약한 사람은 더 빈약해지는 양의 되먹임 메커니즘 때문에 불평등은 심화된다. (9장에서 상술한) 네트워크 자본에 필수적인 만남은 양의 되먹임을 통해 네트워크 자본의 평등주의 패턴보다 귀족주의 패턴을 강화한다. 이동, 통신, 만남에 필요한 인프라 자원에 대한 구조화된 접근성은 전 세계에서 불평등한데, 이 점은 일단 평등주의 모델보다 귀족주의 모델을 시사한다[본서 10장 참조].

그리고 이것은 네트워킹 실천의 필수 요소이다. 네트워크는 때때로 공동현전에 의해 간헐적으로 '활성화'되어야 제대로 작동한다. 다른 조건이 같다면, 매주, 매월, 매년 정기 행사가 있어야 '네트워크 활성화'가 일어나

---

[1] 성경의 〈마태복음〉 25장 29절에 나오는 구절로서. 이 때문에 부익부 빈익빈을 뜻하는 '마태효과'라는 명칭을 얻게 되었다.

는데, 이런 행사에는 만남이 어느 정도 의무적이다. 이러한 의무적 만남의 예로는 10대 친구 집단의 매시간 만남, 연인의 매일 만남, 프로젝트팀의 주간 모임, 회사의 월간 전략 모임, 연례적 추수감사절의 가족 모임, 2년마다 열리는 전문적 국제기구 회의 등이 있다. 의무적이어서 놓치면 안 되는 이런 일들은 바로 해당 네트워크를 만들고 **수행**한다. 그리고 이러한 만남에는 일부 참가자나 모든 참가자의 신체적 이동이 필요하다. '모빌리티 부담'이 있는 것이다. 어떤 네트워크 안에 머물려면 이동하고 만나고 대화할 의무가 있다. 이러한 의무는 적어도 특정 기간에는 회피할 수 없다. 이처럼 만남은 다양한 복잡한 시스템 내에서 중요한 요소이다. 특히 앞 장에서 보았듯이, 이러한 시스템이 '네트워크화'되었기 때문에 더욱 그렇다. 업무, 가정생활, 친교, 여가 등의 네트워킹 때문에 대면 만남이 그렇게 중요한 것이다. 이러한 만남은 효율적이면서 정동적이다[Mina 2002의 논평 참조].

더 나아가, "현대적 만남 행동"과 다양한 "만남 체제"의 발달에 관한 반 브리Van Vree의 분석은 "권력, 지위, 재산이 유례없는 정도로 만남에 의해 분배된다"는 것을 보여 준다[Van Vree 1999: 278]. 20세기에는 다양한 네트워크에서 만남의 "전문화"가 특히 중요했는데, 이런 만남을 특징짓는 것은 격의 없는 행동양식이다. 이러한 행동양식은 가족이나 친목 네트워크에서의 만남 행동과 겹치고 상호작용한다. 전반적으로 "일국적 만남 체제"를 대신하여 "대륙적 혹은 세계적 만남 체제"가 나타나고 있다[Van Vree 1999: 332]. 반 브리에 따르면, 마르크스의 "계급투쟁은 상당 부분 만남 활동으로 바뀌었고, 애덤 스미스의 '보이지 않는 손'은 만남과 교섭의 예측 불가능하고 예기치 않은 결과들의 총체가 된다"[Van Vree 1999: 314].

여기서는 상당히 공식적인 만남 **그리고** 비공식적인 만남을 모두 가리키는 데에 '만남'이라는 단일한 용어를 사용한다. 공식 만남에는 '의제', 구조, 일정이 있다. 비공식 만남에서는 특정 장소나 시간이 사전에 계획되어도 그리로 가는 길에 다시 교섭되기도 한다. 또한 다양한 맥락에서 두 명 이상이 모여서 일정 시간 동안 서로 마주 본다. 반 브리, 고프만, 슈워츠먼Schwartzmann을 제외하면, 현대의 사회학과 사회과학에서는 이 주제를 간과해 왔다. 이 장에서는 '만남'을 사회학으로 다시 끌어들이고, 특히 만남이 어떻게 그리고 어떤 식으로 사회적 네트워크를 만드는지 살펴볼 것이다. 사회적 네트워크는 어떤 의미에서는 만남을 간헐적으로 수행해야 존재한다.

이 장에서는 네트워크를 생산하는 급증하고 있는 만남의 다양한 측면을 검토한다. 먼저 이동과 만남을 유발하는, 공동현전의 토대 다섯 가지를 분석할 것이다. 그다음 특히 이러한 만남을 유발하는 데에 대면성이 어떻게, 그리고 왜 중요한지 고찰할 것이다. 이 작업은 무엇보다 짐멜과 고프만에 의지하여 이루어진다. 그다음에는 일할 때의 만남, 가족끼리의 만남, 친구들 간의 만남에 관한 연구들을 검토하는데, 부분적으로는 최근 연구에 초점을 맞출 것이다. 이동 중에 일어나는 만남, 그리고 이러한 만남이 새로운 시간과 공간을 창출하는 방식을 논의하는 짤막한 절과 간략한 결론이 그 뒤에 이어진다.

왜 만나는가?

이제 이동, 만남, 그리고 대개 활발한 대화를 유발하는 사회적 네트워크 내부에서 전개되는 다섯 가지 과정을 설명하고자 한다(이 내용은 Urry 2002b; Urry 2003b에서 가져온 것이다). 물론 '집'은 특별한 공동현전의 장소이자 풍요롭고 복합적인 대화의 장소이다. 엘레가드Ellegård와 빌헬름손은 집이 "지역 질서에서 고립 지대"라고 주장한다(Ellegård, Vilhelmson 2004). 이 고립 지대 밖으로 나가려면, 간헐적 이동과 공동현전 만남을 유발하는 다섯 가지 과정을 분석적으로 구별하는 것이 중요하다.

첫째, 법률적 · 경제적 · 가족적 의무가 있다. 사람들은 때때로 이동하고 다른 곳에 있어야 한다. 이러한 공식적 의무에는 출근, 직장 면접 참석, 가족 행사(결혼기념일, 세례식, 추수감사절, 결혼식, 장례식, 크리스마스, 생일) 참석, 변호사 방문이나 법정 출두, 학교 · 병원 · 대학 · 관공서 방문 등이 있다. 이 같은 '모빌리티 부담'에는 종종 권력의 복합적 불평등이 개재한다. 권력이 약한 사람은 지정 시간에 지정 경로로 이동할 '의무'가 있다. 사무실이나 조직의 소재지가 바뀌면, 이동의 규모나 복잡성도 더 커진다. 특히 자신의 모빌리티를 타인의 모빌리티에 상당히 의존하는 사람이 그렇다.

둘째, 이보다 덜 공식적인 사회적 의무가 있다. 여기에서는 때때로 현전할 뿐 아니라 주의를 기울여야 한다는 규범적 기대가 강하다. 이러한 모빌리티 부담에는 '다른 사람'을 '얼굴 대 얼굴'로, 그리고 때로는 '신체 대 신체'로 보는 것이 포함된다. 이처럼 약한 유대를 맺은 사람들이 서로에게 현전함으로써, 네트워크 구성원은 때때로 다른 사람의 생각을 '읽고' 신체언어를 관찰하며 말을 '직접' 듣고 전반적 반응을 감지하며 감정작업[2]

---

2 감정작업emotional work은 주로 돌봄을 위해 상대의 감정을 살피고 반응하는 것을 뜻한다. 감정노

을 한다. "공동현전은 사람들이 서로 접근하고 서로 활용하며 서로 종속되게 하는 특출한 방식이다"(Goffman 1963: 22). 친교, 가족, 동료 네트워크의 사회적 의무는 서로에게 멀리 떨어져 있거나 혼자 있는 동안에도 신뢰와 헌신을 유지하는 데에 필요하다. 이러한 사회적 의무에 연계되는 또 다른 의무는 직장이나 가정의 일상적 패턴에서 벗어난 특정 장소에서 종종 '질 좋은' 정서적 시간을 보내는 것이다. 이런 순간의 독특한 시간적 느낌은 '평범한' 삶에서 떨어져 나오고 그런 삶과 달라진다(광고에서는 친밀한 관계를 회복하기 위해 '휴지기를 가지라'고 권고한다). 이러한 정서적 일체감의 경험에서는 때때로 일종의 집단 '비등effervescence'이 일어난다(Durkheim 1915; Chayko 2002: 69).

셋째, 다양한 사물들은 종종 사회적 네트워크의 중심이 되고, 일시적이고 간헐적인 만남을 가져온다. **계약서**에 서명하거나, 문자 **텍스트**나 시각 **텍스트**로 작업하거나, 멀리 있는 사람에게 **선물**을 보내거나, **사물의 오작동**을 해결하거나, 과학적 목적으로 새 도구를 고안하는 등의 일이 그렇다. 이러한 사물들은 특정 위치에 머물 수도 있고 이동할 수도 있다. 여기 관련된 사람들은 이런 일을 처리하기 위해 특정 장소(실험실, 집, 사무실, 작업장 등)에서 '만날' 것이다. 이런 경우에 '팔꿈치를 맞대고' 작업하는 일, 즉 하나의 컴퓨터나 연결된 컴퓨터 화면을 다른 사람과 함께 보는 일이 점점 는다. 이는 어떤 고정된 위치(서재, 인터넷카페, 사무실, 공항 라운지)에서 가능하거나, 아니면 소프트웨어와 문서에 접근할 수 있는 어

동emotional labour과 비슷한 의미로도 쓰이지만, 때로 감정노동은 돌봄보다는 주로 직업과 조직의 측면을 강조한다.

느 곳에서라도 가능하다(금융거래하는 사람들은 점차 물리적으로 멀리 떨어진 화면에서 자료를 공유한다(Knorr Cetina, Bruegger 2002 참조)). 과학기술학의 행위자-연결망 분석에 따르면, 과학계의 사회 네트워크에서는 '사물'이 핵심이다. 이런 사물은 일반적으로 어떤 장소에 있지만 때때로 모양을 유지한 채 여러 장소를 오갈 수도 있다(Law, Mol 2001).

넷째, 장소는 많은 경우에 네트워크화된 사회적 삶의 중심이다. 사회적 삶에는 어떤 장소에 '몸소' 있어야 하고, 어떤 도시를 걸어야 하며, 어떤 '해변'에 있어야 하고, 어떤 산에 올라야 하며, 어떤 석양을 보아야 한다는 등의 의무가 있다. 그러한 '여가 장소'는 '얼굴 대 장소'의 공동현전을 통해 '몸소' 경험할 수 있다. 이때 사람의 몸은 이 '다른' 장소에 몰입한다. 이처럼 장소와 대면하려면 보통 이동해야 한다. 저 먼 장소에 도달하기 위해 어떤 비장소를 통과하거나 넘어서 이동하며, 보통 중요한 타자와 더불어 이동한다. 이런 장소는 사회적 네트워크를 구성하는 데에 공헌한다. 휴일에 가족이 가는 곳, 여가 동아리에서 낚시하는 곳, 전문가 조직이 회의를 여는 곳, 암벽 등반가들이 특히 몰리는 곳 등이 그렇다(Macnaghten, Urry 2001, 그리고 본서 다음 장 참조).

마지막으로, 많은 네트워크는 특정 순간과 장소에서 일어나는 '실시간' 행사의 경험을 중심으로 구성된다. 여기에는 정치 집회, 콘서트, 연극, 모임, 경기, 축하 행사, 영화 시사회, 회의, 축제 등이 포함된다. 이러한 행사는 타인과 동시에 이동하고 공동현전하는 강렬한 순간을 만든다. '팬'이라고 알려진 특별한 사회적 네트워크의 경우, 이러한 '놓칠' 수 없는 순간 때문에 대규모 이동이 일어난다. 이 행사를 '실시간으로' '목도'하기 위해 특정 시간에 대대적으로 움직이는 것이다. 이것은 엄청난 '부담'이 될 수도 있다. 특정 장소는 이러한 행사를 위한 독특한 곳이다. 이런 곳은 "특정 스포츠, 예술, 축제와 같이 전 지구적으로 특별한 행사를 개최한다는 바로 그 사실 때문에 독특한 장소"이다[거대 행사에 대해서는 Roche 2000: 199, 204 참조].

사회적 삶의 다양한 의무에는 공동현전과 간헐적 이동이 필요하다. 네트워크들은 공식적인 의무와 비공식적인 의무의 혼합을 통해, 그리고 사물, 장소, 사건의 의미를 통해 서로 결합한다. 그리고 이는 보통 네트워크 구성원들의 공동현전 만남과 대화를 유발한다. '원격의' 약한 유대를 공고히 하려면 적어도 가끔은 이런 대화가 필요하다. 글래드웰Gladwell은 시스템이 하나의 상태에서 다른 상태로 전이하는 데에 이러한 '구전口傳'이 중요하다는 점에 주목한다. 가상 세계 관념과는 정반대의 일이 일어나는 것 같다. "우리는 곧 구전의 시대에 접어들고 … 꽤 원초적인 방식의 사회적 접촉에 점차 의존하게 될 것이다"[Gladwell 2002: 264-265]. 브리티시텔레콤은 "대화는 좋은 것"이라고 하지만, 왜 그렇다는 것인가? 특히 브리티시텔레콤의 주장과 **달리** 왜 유선전화나 이동전화가 아닌 면대면 대화가 여전히 좋다는 것인가?

면대면 대화

2장에서는 독특한 시선의 "사회적 성취"라는 짐멜의 분석에 주목했다[Simmel 1997: 111; Jensen 2006 참조]. "눈길을 주는 사람은 눈길을 받는 것을 피할 수 없으므로" 사람 사이의 눈길은 친밀한 순간을 만든다. 이것은 사람 대 사람, 얼굴 대 얼굴의 "가장 온전한 상호성"을 이룬다[Simmel 1997: 112]. 시선이 돌아오고 신뢰가 구축된다. 고프만에 따르면, 시선 교환은 서로에 대한 주의와 헌신을 드러내고, 타인에 대한 미더운 헌신이 결핍된 곳을 탐지해 냄으로써 만남을 발전시킨다(Goffman 1967: 169; Schutz 1963: 92). 고프만은 일반적으로 "면대면 상호작용이 만들고 상호결합 규범이 조직하는 활동 영역"의 중요성에 주목한다. 이는 "결혼식, 가족 식사, 의장이 있는 회의, 강제 행진, 서비스를 위한 만남, 대기열, 군중, 연인" 등이다(Goffman 1971: 13; Urry 2002b). 이러한 '대면 상호작용' 혹은 집중적 만남의 전제는 참여자 중 한 명 이상이 결혼식, 가족 식사, 의장이 있는 회의, 강제 행진, 서비스를 위한 만남, 대기열, 군중, 연인 등을 위해서 이동하는 것이다.

그렇다면 대화에서는 어떤 일이 일어나는가? 대화는 참여자들이 수행하고 성취해야 하는 어떤 것이다. 특히 참여자의 권력이 불평등할 경우에 그렇다. 종종 문제를 **샅샅이** 이야기하기 위해 대화가 필요한데, 특히 '문제점' 말하기 같은 대화가 그렇다. "눈이 마주치면" 대화는 일반적으로 한담에서 시작하여 흘러가기 시작한다(Goffman 1963: 92). 대면 대화가 시작되면, 화제를 주고받고 오해를 곧 시정하며 헌신과 진심을 곧바로 가늠한다. 참여자는 종종 상대가 당혹스러움을 느끼지 않도록 주의한다. 느슨한 한담은 대개 대화의 흐름을 만들고 잘 맞추어서 대화가 '굴러가도록' 이바지한다(Boden, Molotch 1994). 미세Mische와 화이트White는 사회적 담화의 특수한 형태로서 대화가 점점 중요해지고 있음을 지적한다. 이때 대화의 특징은 '대화 만들기'라는 용어가 가리키듯 자유롭게 흐르는 담화적 교류에 있다(Mische, White 1998: 696). 대화가 어떤 결과를 낳을지는 불확실하므로 다만 추정할 따름이다(Mische, White 1998: 700; Miller 2006).

대화에서 특히 중요한 것은 신뢰 형성이다(Boden 1994). 신뢰는 대화하는 사람들의 공동 수행으로 만들어져야 한다. '두터우면서' 간헐적인 공동 현전에서는 풍성하고 다층적이며 밀도 높은 대화가 일어난다. 또한 범죄 네트워크와 같은 일부 네트워크에서는 (문자 기록을 남기지 않고자) 정보를 글로 적지 않고 말로만 전달한다. 다시 말하지만, 이런 일에는 중대한 의무가 있다. 모두 거기 있어야 하고, 주의를 기울이고 있음을 나타내며, 계속 얼굴을 맞대고 이야기를 해야 한다. 이러한 신뢰 형성이 특히 중요한 이유는, 매일매일 정보를 제공하고 보강하는 것이 아니라 서로 멀리 떨어진 채로 이런 관계를 수행하기 때문이다(여기서 신뢰 형성의 다양한 메커니즘을 보유한 이베이는 흥미로운 반례이다).

대화는 단어뿐 아니라 지표적 표현,[3] 표정, 신체언어, 지위, 억양, 의미심장한 침묵, 과거사, 예상되는 대화나 행동, 교대로 말하기 등으로 이루어진다. 몽테뉴Montaigne는 대면 대화의 특별한 효과에 대해 이렇게 말한다. "몸짓과 동작은 말을 생동감 있게 한다. … 우리의 태도, 표정, 목소리, 옷, 서 있는 자세는 이 상황에 가치를 부여한다"[Miller 2006: 287 재인용].

이러한 대면의 '상호작용 질서'는 교대로 말하기를 전제로 한다. 고개를 끄덕이는 것은 어떤 말을 기꺼이 받아들이겠다는 의사를 드러낸다. 이러한 교대하기는 꽤 구조화되어 있다. 대화가 들고나는 흐름은 간단하면서도 매우 효과적인 시스템이다. 교대하기는 "회전문처럼 작동한다. 빨리 들어오고 나가는 것을 요구할 뿐 아니라 그것을 수월하게 하며, 말하는 사람들 사이에 간격을 두고 주제에 리듬을 부여함으로써 대화 흐름

---

3 지표적 표현indexical expression은 '나', '여기', '지금'과 같이 어떤 맥락에 특정적인 지칭 대상을 가리키는 표현을 뜻한다.

을 효과적으로 관리하기 때문이다"(Boden 1994: 66). 여기에서는 순번이 중요하다. 순번은 참가자 사이에 분배되며, 보통 한 번에 한 사람만 말한다. 순번은 미리 할당되지 않고 빠르게 전환되며, 전환 시 공백이나 중복이 거의 없다.

대화에는 종종 접촉이 수반된다. 접촉의 어휘는 풍부하고 복잡하며 문화에 따라 다르다. 따라서 대화의 체화된 성격은 "'뇌의 작용'일 뿐 아니라 몸의 세심한 행위다"(Boden, Molotch 1994: 262). 고프만은 대화 중 정보가 어떻게 '체화'되는지를 서술한다.

> 누군가가 맨몸의 감각으로 누군가를 경험한다는 것은 보통 체화된 메시지를 받는다는 것이다. 한쪽의 맨몸 감각과 다른 쪽의 체화된 메시지 전송이 이처럼 연결되는 것은 대면 상호작용의 중요한 소통 조건이다(Goffman 1963: 15).

공동현전하는 만남의 이 두 가지 주요 특징은, 참여자 사이의 정보 흐름이 풍성하다는 것과 상대방 얼굴을 보기 때문에 서로 간에 지속적 되먹임이 일어난다는 것이다. 스리프트에 따르면, 얼굴은 정동의 중심 장소이다. 따라서 얼굴을 봄으로써 다른 사람의 정동역情動域[4]에 직접 접근하게 된다(Thrift 2004d: 61). 이러한 정동은 행동을 위한 신체 배치를 조직한다. 그래서 관계에 좌우된다. 이러한 정동 관념은 개인주의적 정동 관념에 반하며, 정동이 심층적인 정서적 충동이라는 관념에도 반한다. 정동은 관계에서 생기므로, 그저 상대를 눈으로 보는 문제가 아니다. 정동을

---

4 정동역affective register는 개인이 경험하는 정동의 범위나 유형 등을 뜻한다.

일으키는 것은 어떤 관계를 맺느냐에 달려 있다[Thrift 2004d: 63]. 정동은 서로 관계를 맺는 몸들이 일으키는 창발적 효과이다. 이 효과는 특히 몸들이 시간적이고 공간적으로 어떻게 분포하는지에 따라 달라진다.

특히, 몸들이 정동적으로 가까워지는 시공간에서는 어떤 공동현전의 만남이 일어난다. 이것을 모임 혹은 '회합'이라고 부를 수도 있는데, 여기에서 사람들은 상대가 자신을 보고 자신이 상대를, 특히 상대 얼굴을 볼 수 있을 만큼 서로 가깝다고 느낀다[Goffman 1963: 17]. 참여자들은 서로 만나고, 상호작용이 이루어지는 동안 여기 머물기로 한다. 그리고 대화를 수행하기 위해, 각자 발언과 침묵의 타이밍을 활용하고 처리한다. 만남을 위해서는 거의 언제나 참가자의 일부나 전부가 이동해야 한다. 회의, 가족 모임, 파티, 심포지엄, 단합회, 야영, '밤마실' 등은 흔히 '중립지대'에서 벌어지기 때문이다. 보든은 이렇게 쓴다. "드럼들이 울리고,[5] 원근을 불문하고 모여든 엄선된 사람들은 빛나는 테이블을 사이에 두고 얼굴을 맞댄다"[Boden 1994: 82]. 모임에 참석하는 사람들은 자기 시간을 제공한다. 참석자는 이동 시간을 일종의 선물로 가져오는 셈인데 그 유형은 다양하다. 만남에서는 종종 핵심 자원인 '이동 시간'에 관해 중요한 의견 교환, 논쟁, 죄책감 표현 등이 일어난다[다양한 이동 시간이라는 '선물'에 대해서는 Jain, Lyons 2006 참조].

특히 장소는 "끊임없는 말의 소음"[Amin, Thrift 2002: 86] 혹은 "말, 말, 말, 또 말"[Boden 1994: 82]을 통해 생동한다. 여기서 말이라는 것은 단지 정보를 표현하거나 기능적으로 교환하는 수단이 아니다. 말은 종종 과제를 실행하거나 일을 처리하는 발화이다. 그러한 수행적 발화에는 계약 체결, 신뢰

---

5 인용된 저서에서 보든은 대화를 여러 드러머들 사이에서 조직적으로 일어나는 합주에 비유한다.

형성, 거래 성사, 관계 회복, 가정생활에서의 축하, 성혼成婚, 새 연줄 만들기 등이 있다.

대화할 때에는 서로 주의를 기울일 것을 기대한다. 이는 '모르는 사람'이 우연히 같은 공간에 있을 때 보통 취하는 "예의 바른 무관심"과 대조된다(Goffman 1963: 84-85). 만남은 복잡한 마주침이다. "의례적 행사나 부족적 회합에서 지지자들은 연대를 재확인하고 알력 중인 파벌은 설전을 벌인다. … 의심스러우면 모임을 소집하라. 한 번의 모임으로 충분하지 않으면 다음 모임 일정을 잡으라"(Boden 1994: 81). 이런 만남에는 결정을 내리는 것 외에도 다양한 기능이 있다. 사람들이 자신을 어떻게 여기는지 보는 일, 절차를 실행하는 일, 보상·지위·비난을 분배하는 일, 우정을 강화하는 일, 헌신을 가늠하는 일, 즐겁게 시간을 보내는 일 등이 이에 해당한다(Schwartzman 1989; Boden 1994). 만남은 특히 고프만이 상호작용하는 사람 사이의 "공안 작업face-work"이라고 부르는 것에서 중요하다. 따라서 "사람들은 서로 만나는 가운데 자신과 다른 참여자의 체면을 유지하는 처신을 한다"(Goffman 1972: 9). 그러나 만남에서는 종종 누군가의 "체면"이 위태로워지기도 한다. 이처럼 체면이 지적으로나 조직적으로나 감정적으로 위협을 받게 되면 이후에 체면을 회복하는 데에 상당한 시정 작업이 필요하다. 미셰와 화이트는 또한 대화 전환의 잠재력에 주목한다. 네트워크가 불시에 전환되어 언어사용역使用域[6]이 변화할 때가 그러하다(Mische, White

---

6 언어사용역speech register은 화자가 특정한 상황에 따라 언어를 적절히 바꾸어 사용하는 것 또는 그러한 영역을 말한다. 구체적으로는 계층, 젠더, 연령, 지역 등에 따라 다른 언어 사용 형태를 말한다. 일반어에 대해 전문어, 유아어, 지역 방언, 계층 방언, 속어 등이 있다.

1998). 동일한 대화에 서로 다른 네트워크가 개입할 수 있는 것이다. 다시 말해, 우연한 의견이나 언급으로 인해, 대화가 어느 한 네트워크에서 다른 네트워크로 옮겨 가기도 한다.

오랫동안 서로 멀리 떨어져 지내거나 홀로 지내는 기간이라도, 면대면 대화를 통해 통상적인 사회적 삶의 패턴을 유지할 수 있다. 지금까지도 대면 소통은 가장 풍부한 다중채널 매체이다. 모든 감각이 개입하기 때문이다. "브레인스토밍을 하거나 열정을 고취하거나 많은 종류의 운 좋은 발견을 가능하게 한다는 점에서, 이 세상의 어떤 기술도 대면접촉을 대체하지 못한다. 적어도 지금까지는 그러지 못했고 어쩌면 영영 그럴 수 없을 것이다"(Leonard, Swap 1999: 160; Amin, Thrift 2002: 38; 일반적인 논의는 Hutchby 2001 참조). 다만 부재 기간이 너무 길어지면 어떤 기술로도 그 기간을 지탱하기 어려우므로, (비록 멀리 있는 타인을 여전히 '알더라도') 약한 유대는 차츰 무너질 수 있다. 공동현전이 없어도 유지되는 기간은 다양한데, 그것은 어느 정도는 네트워크 구성원을 잠재적으로 연결하는 '물질세계'에 달려 있다. 그리고 이런 물질적 연결(실제 모빌리티보다는 모틸리티)이 있다면, 방문할 의무가 많아서 모빌리티 부담도 커진다.

10장에서 논의한 약한 유대 네트워크가 의존하는 간헐적 만남에는 두 가지 주요 형태가 있다. **특정한** 다른 사람(부모, 절친, 특정 동료 등)과의 만남과 **일반화된** 다른 사람과의 만남이 그것이다. 후자의 만남을 가지려면, 누가 있을지 정확히 모르는 상태로 약한 유대를 접하기 좋은 특별한 장소에 있어야 한다. 축제, 스포츠클럽, 취미 행사, 특별관심 휴가,[7] 뉴에이

---

[7] special interest holiday. 그림, 요리 등 특별한 관심을 가진 사람들을 대상으로 조직하는 여행 프로

지 캠프, 세미나, 리우데자네이루 해변, 시위자 캠프 같은 장소에는 다양한 네트워크가 모인다[Szerszynski 1997]. 이런 장소는 누가 실제로 거기 있을지 모르더라도, 특정 집단 내의 '네트워킹'에 유리하다. 이러한 공동현전은 그런 장소에서 종종 '자기 얼굴 보여 주기'를 수반한다. 그다음에 이 얼굴은 다른 사람들에게도 보고된다. 멀리 떨어진 네트워크들에서의 이동과 약한 유대 때문에 '현재주의'[8]가 나타나며, 이것은 다시 약한 유대를 더욱 확장한다.

업무상 만남

먼저 우리는 조직 내에서 대면 업무가 중요하다는 데에 주목한다. 미국의 연구에 따르면, 관리자는 자기 시간의 절반을 대면 만남에 쓴다. 이런 업무 대부분은 길고 집중적인 공동현전과 대화를 통해서 동료와 협업하고 동료를 평가하는 것이다[Boden, Molotch 1994: 272; Van Vre 1999: 279]. 대면 대화와 전화 통화는 임원 근무시간의 4분의 3을 차지하기도 한다[Boden 1994: 51]. 조직에서 지위가 높을수록, 많은 대면 회의를 통해 "복합적 대인관계 네트워크"를 구축하고 육성하는 것이 중요하다[Boden, Molotch 1994: 273]. 업무

그램.

8 현재주의presentism는 철학에서는 과거나 미래가 아니라 현재만 실존한다는 입장이고, 역사학에서는 과거를 현재의 시각으로 해석하는 태도 등을 뜻하지만, 여기에서는 현재의 가까운 만남을 중시하는 일상적 태도를 뜻한다. 이러한 태도에 의거하여 "멀리 떨어진 네트워크들에서의 이동과 약한 유대"는 현재 가까운 만남을 기반으로 생성되고 유지된다.

의 정서적·개인적·재정적 측면이 관련될 때 대면 만남은 빈번해진다.

그렇다면 왜 만나는가? 슈트라스만Strassmann은 이렇게 말한다. "모임이 있고 모임에 관한 모임이 있다. 보고서를 계획하는 모임이 있고 보고서를 검토하는 모임이 있다. 그리고 이런 모임에서 하는 일은 자신들이 하는 일이 무엇인지 알아내려고 노심초사하는 것이다"(Romano, Nunamaker 2001, 4에서 재인용). 그리고 모임의 흔한 도구인 '개인 수첩'을 가지고 이 모임이 끝나면 다음 모임을 준비한다.

> 현대적 업무의 무언의 의전은 모임 참석자들이 수첩을 가져와서 후속 모임 일정을 잡는 것이다. 사실 이것은 모임을 끝마치는 의례 중 일부이다. 바로 다음 모임을 수첩에 적는 것이다. 실제로 '수첩 쓰기diarize'라는 말은 이런 의례를 묘사한다(Symes 1999: 373).

슈워츠먼은 모임을 "시간, 격식, 대표성"이라는 견지에서 두 유형으로 나눈다. 예정된 모임과 예정되지 않은 모임이다. 예정된 모임은 특정 시간과 장소에 열리는 것으로, 미리 정해지고 미리 준비된다. 명시적 의제가 있고, 대개 종이 문서로 구체화되고 다소 공식적인 발언 순서 및 회의록이 있다. 이와 대조적으로, 계획되지 않은 모임에서 나누는 대화는 규제가 느슨하고 격식이 없으며 정리해서 다시 보고할 필요가 거의 없다. 흔히 계획되지 않은 모임은 우연한 조우가 발단이거나, 특히 직접 대면하여 해결할 문제와 질문이 있을 때 '방문을 두드려' 시작한다. 두 유형의 모임은 그 모두 발언이나 상호작용 규범, 수사적 장르나 스타일, 관심이나 참여에 특유한 규범이 있는 의사소통 사건이다(Schwartzman 1989). 조직의 모임이 어떤 것이고 어떤 일을 하는지에 대한 상식적 견해에는 오류가 있는데, 다음과 같은 이유 때문이다.

> 흔히 모임이란 결정, 위기, 알력 등과 관련된다는 과제 중심 가설을 주장하지만, 여기서는 정반대를 제안한다. 오히려 결정, 문제, 위기가 모임과 관련되는 것이다. 어떤 조직이 만드는 많은 결정, 위기 등으로 인해 모임은 다시 모임을 낳는다(Schwartzman 1989: 9-10).[9]

결정, 문제, 위기가 모임을 산출하고 모임이 조직을 산출하기 때문에, 다시 결정, 문제, 위기가 나타난다. 따라서 조직은 모임과 관련된다. 조직은 모임을 수행함으로써 만들어지고 다시 만들어진다(Schwartzman 1989: 40-41, 86). 슈워츠먼은 모임을 다음과 같이 정의한다.

> 모임은 표면적으로 조직이나 단체의 운영과 관련된 목적을 달성하기 위해 모이는 데에 동의하는 세 명 이상의 회합이다. 이 사건의 특징은 여러 진영이 말한다는 것, 본성상 드문드문 일어난다는 것, 참가자들이 이런 말을 조율하기 위해 특유의 규약을 개발하거나 활용한다는 것이다(Schwartzman 1989:63).

여기서 중요한 것은 같은 장소에 모인 세 명 이상의 신체적 조율과 조

---

9 모임이 과제를 해결하기보다 과제를 유발하는 측면을 강조하는 이 인용문에 이어지는 원문 문장은 다음과 같다. "상황에 대한 이해가 더 필요할수록 모임이 더 필요하고, 그에 따라 더욱 결정, 문제, 위기가 산출된다."

합, 이들의 역할과 발화 수행이다. 일반적으로, 조직이 작동하는 방식이 바뀌면서 모임은 더욱 중요해진다. 특히 "프로젝트 작업"의 발전에 따라, 조직의 강조점은 "개인적 직업윤리"에서 "집단적 팀 윤리"로 바뀐다 (Grabher 2004 참조). 대면으로 이루어지는 사교나 리더십의 기술은 이런 조직에서 매우 중요하다(Sennett 1998: 6장). 첨단 정보기술로 인해 구조가 "조각난" 조직에서는 특히 그렇다. 이러한 조직은 흩어져 있고, 기능이 광범위하게 아웃소싱되며, 핵심 인력이 배치된 "지휘" 사무실 또는 "주요" 사무실에서 멀리 떨어진 곳에서 활동이 이루어진다(Evans, Wurstler 2000; Harrison, Wheeler, Whitehead 2004). 프로젝트 작업이 중요한 이유는 네트워킹 신기술을 통해 조직이 "분해"되기 때문이다. 그래서 그래버Grabher는 "프로젝트는 쿨하다"고 말한다(Grabher 2004: 1491).

이 "분해된" 조직은 간헐적인 대면 공동현전을 위해 원격 네트워킹과 장거리 이동에 더욱 의존한다. 무엇보다 해당 지식 대부분이 암묵지인 경우에 그렇다(Evans, Wurstler 2000:217; Boden 1994:211). 분산된 조직 구조에서는 대면 상호작용이 필수적이며, "최고위 관리팀 구성원은 이처럼 중요한 대면 상호작용을 하는 곳으로 가고자 직접 이동해야 한다"(Doyle, Nathan 2001: 13). 이것은 특히 "프로젝트 기반 네트워크"에서 중요하다. 그러므로 아일랜드에서 소프트웨어 개발자들의 프로젝트 작업이 집중적 '팀' 작업에 의존하는 것은 그들 경험의 두 가지 특징을 상쇄하기 위해서다(Ó Riain 2000). 첫째, 아일랜드에서 소프트웨어 개발 종사자는 다문화적이어서 대면을 통한 유대감 형성이라는 형식이 필요하다. 다양한 국가나 민족을 배경으로 하는 사람들 사이에 존재하는, 보통 분열의 씨앗인 '차이'를 극복하기 위해서다. 둘째, 이러한 개발자의 이력은 매우 이동적이고, 서로에 대한 결속은 비교적 일시적이다. 그러므로 프로젝트에 필요한 것은 "응집력 있는 작업팀을 만들기 위해 공유하는 공간이나 문화를 집중적으로 경험하는 것"이다(Ó Riain 2000: 189). 그러한 집중적 경험이 일어나는 장소는 "점점 여러 장소 '사이에' 있다. 아일랜드라면 더블린 지역의 '혁신적 지역 환경'의 일부, 곧 만남의 장소이다"(Ó Riain 2000: 189).

이와 유사한 연구에서는 복사기 수리 업체의 조직관리와 지식관리 절차를 고찰했다. 여기서는 엔지니어들이 매일 작업 시작 전에 빠짐없이 모여 아침을 먹는 것이 매우 중요하다(Brown, Duguid 2000). 이 비공식적인 공동현전에서 일어나는 논의 덕분에 실천적이고 암묵적인 방대한 지식이 유통되고 교환된다. 아침 식사를 하면서 현안에 대해 지속적으로 비공식적인 대화를 나누지 않는다면 이런 일은 일어날 수 없다.

실제로 많은 업무 모임이 사무실 밖의 흥미로운 장소에서 일어난다. 회의, 컨벤션, 포상 여행, 기업 접대를 고찰한 데이비슨Davidson과 코프Cope에 따르면, 출장은 종종 관광의 특징을 지니며, 따라서 출장과 관광은 탈-분화되고 있다(Davidson, Cope 2003; Weber, Chon 2003; Larsen, Axhausen, Urry 2006). 데이비슨과 코프는 "일부 출장에는 여가와 재미라는 요소가 절대적으로 중요하다"라고 강조한다(Davidson, Cope 2003: 256). 어떻게 보면 그래서 이런 여행의 총량은 시간이 흘러도 꽤 일관되고 회복력 있게 유지된다(Davidson, Cope 2003: 13).

일반적으로 출장은 주말과 연계되면 관광이 된다(Davidson, Cope 2003: 257). 학술회의는 이국적인 장소에서 개최된다. 이런 장소에서 개최되는 학술회의는 권력을 과시하고 네트워크를 유지하며 흥미로운 장소를 면대면으로 보는 명백한 소비 형식으로서 기능한다(Hpyer, Naess 2001). 수많은 (장거리) 만남에는 '여가'의 요소가 있다. 데이비슨과 코프는 다른 장소를 보는 일이 이런 만남을 활기차게 만든다고 역설한다(Davidson, Cope 2003). 한편 콜리스는 이렇게 말한다.

> 인터넷이나 화상회의 테크놀로지가 회의를 대체할 위험이 있다는 견해를 반박하는 가장 유력한 반론은 아주 간단하다. … "참석자들은 회의를 좋아한다!" … 흔히 회의는 관광객의 흥미를 끄는 도시에서 열리고, 사교 프로그램이나 배우자 동반 프로그램 등 지엽적 즐거움을 제공하기 때문이다(Collis 2003: 139).

이러한 방식은 전 세계 컨퍼런스 센터, 회의실, 임시 사무실, 공항호텔에서 폭발적으로 늘었다. 특히 공항호텔 덕분에 여행객은 그 자리를 떠나지 않고 숙박하면서 '비즈니스'를 하다가 다시 먼 길을 돌아갈 수 있다(Doyle, Nathan 2001). 공항의 비즈니스 라운지도 비슷한 패턴을 보인다. 출장 기간이 짧기도 하지만, 시간 조정과 조율, 회의가 정확해야 하기 때문이다.

더 일반적으로, 앞서 살펴본 것처럼 폭넓은 "문화적 교류"(Hajer, Reijndorp 2002)가 일어나는 곳인 바, 카페, 레저 클럽, 레스토랑, 술집, 캠퍼스, 클럽 등의 새로운 공공공간과 반半공공공간, 즉 '중간공간'이 급증하고 있다. 정보와 사람이 모두 기민하게 순환하면서 정기적으로 어떤 모임에서 만난다. 이 "근접성의 전횡"은 이른바 신경제에서 지식 작업을 개발하고 유지하는 데에 이바지한다(Amin, Thrift 2002: 59, 73 참조). 사실 유대가 약할수록 만남이 중요하다. 그리고 더 중요한 것은 도심, 캠퍼스, 회의장, 캠프에서 공동현전하고 대화하는 교류의 장소이다. 집중적으로 네트워킹하는 사람은 일에 매달린 채 "공기가 희박한 곳에서 살고 있으며", 이들의 주요 자원은 무엇을 아는가가 아니라 누구를 아는가이기 때문이다(Leadbetter 1999; '어떻게'를 아는 것(노하우)이 아니라 '누구'를 아는 것이 중요하다는 주장에 대해서는 Grabher 2004 참조).

비즈니스를 대상으로 하는 조사들에 따르면, "도시의 사교"(좋은 만남을 위한 장소)가 비즈니스 서비스의 소재지나 지식산업의 소재지를 결정한다. 싱가포르의 금융 부문은 바, 레스토랑, 클럽, 스포츠클럽, 파티, 자선기금 모금 행사, 경제인 단체를 집중적으로 활용한다. 사교는 "접촉과 기회를 만들고, 믿음과 신뢰를 시험하고, 지식과 일자리를 교환하며, 비즈니스 거래를 시험하고 체결하고, 평판을 추적하고, 친목을 통해 비즈니스를 하는 기반"이다. "도시의 즐거운 장소는 비즈니스 제도로서 활기를 띤다"(Amin, Thrift 2002: 75; Amin, Cohendet 2004).

가상 팀들에 관한 전 세계적 종단 연구에 따르면, 여기서 신체적으로 이동하는 대면 만남은 유난히 중요했다. 가상 팀의 시간적 리듬은 "정기적이고 집중적인 대면 만남의 뚜렷한 맥박으로 구조화되고, 그다음에야 다양한 매체를 활용한 그보다 덜 집약적이고 더 짧은 상호작용들이 뒤따른다"(Maznevski, Chudoba 2000: 489). 이런 가상 비즈니스 공동체는 출장이나 만남이 아주 빈번하다(Doyle, Nathan 2002: 8-10). 지금까지 이메일이나 여타 가상 이동은 대면 상호작용을 대체하기보다는 오히려 그 "필요성"을 증대시켰다(Hampton, Wellman 2001; Castells 2001: 122).

전 세계를 상대하는 금융거래자의 패턴도 비슷하다. 세계의 금융시스템이 점점 특정 장소에 뿌리내리지 않게 되면서, 금융거래자에게는 적절한 정보, 지식, 신뢰를 교환할 풍부한 대면 관계가 필요해졌다(Boden 2000; Knorr Cetina, Bruegger 2002). 전자적 화폐-공간에서 형성된 기호의 공동체는 취약하다. 그래서 암묵지가 많은 곳에서는 신뢰를 쌓을 집약적인 만남의 장소가 필요하다. "복잡한 테크놀로지와 다양한 불확실성에 포위된 사회적 행위자는 거래를 하기 위해 서로를 찾아낸다. 이런 거래는 거래소에 걸린 전 세계 현황 전광판에 큼직하게 기록되면서 시장을 형성한다. 행위자는 촘촘한 사회 세계에 모여든다. 서로를 활용하고, '무슨 일이 일어나고 있는지'에 관한 이해를 공유하기 위해서다. 이를 통해 손을 뻗어 세상을 움직이는 레버를 작동한다"(Boden 2000: 194). 시티오브런던[10]은 '거래소' 기반의 거래 시스템이 사라지더라도 모임이 여전히 중요하다는 것을 보여 준다. 이 '스퀘어 마일'을 비롯해 여러 금융 중심지에서는 이동이 증가하면서 집중적 의사소통이 더 큰 역할을 한다. 따라서 시티는 "이야기를 유통하고 사람을 평가하고 거래를 진행하는 세계적 교점으로 자리잡았다. … 시티를 오가는 사람 대부분은 방문자이지만 우발적으로 거기 있는 것이 아니다. … 그들의 떠들썩한 의사소통 덕분에 시티는 세계 금융의 전자 공간에 자리 잡는다"(Thrift 1996: 252).

대학 캠퍼스는 현대 세계에서 점점 보편적이 되고 있는 '집중intensivity' 혹은 '비등'의 장소이다. 이 유별난 장소는 학생, 교직원, 방문자, 노동자가 '가는' 곳, 영국에서는 심지어 '올라가는'[11] 곳이다. 최근 **가상** 대학을 개발하는 시도는 난항을 겪고 있다. 물리적 캠퍼스가 수행하는 물리적 역할과 상징적 역할 때문이다. 더 나아가, 예비 대학생이 등록금을 내면 어떤 경험을 돌려받을지 입증해야 하기 때문이다(Cornford, Pollock 2001)(대학은

---

[10] 런던의 특별자치구역인 시티오브런던City of London은 뉴욕의 월가 등과 더불어 세계 금융시장의 중심지 중 하나이다. 넓이가 약 1평방마일squre mile(약 2.59㎢)이어서 '스퀘어 마일'이라는 별칭으로 불리거나 '시티'라는 약칭으로도 불린다.

[11] 영국에서 학기 초에 대학에 진학하는 것을 뜻하는 'to go up'은 여기에서 '올라가다'로 옮긴다.

"체험경제"[12]의 한 부분이다). 정보 흐름을 생산·조합·저장·전달·평가한다는 측면에서만 보면, 물리적 캠퍼스를 없애도 무방하다. 그러나 캠퍼스를 치열한 '만남'의 장으로 본다면, 제아무리 가상 연결이 많아도 캠퍼스를 대신할 수 없다. 그래서 가상 학습환경을 개발하려는 시도는 대개 실패하거나 실망스러운 것이다. 물리적 캠퍼스는 학생 간, 교수 간, 학생과 교수(그리고 다른 직원) 간의 수평적 관계와 만남이 이루어지는 장소이다. 따라서 아민Amin과 코헨데Cohendet는 다음과 같이 말한다. "만남, 그리고 거기에서의 웅성거림, 잡담, 사회적 과시 같은 일은 연구실의 작업만큼이나 지식 탐구와 깊은 관련이 있다"(Amin, Cohendet 2004: 81). 따라서 캠퍼스(및 거기서 이루어지는 만남)는 "실천 공동체(혹은 공동체들)"로 간주해야 한다. 이런 공동체의 특징은 집중적이고 무차별하게 열리는 모임을 통해 다중적이고 중첩적이며 수평적인 관계가 맺어진다는 점이다(Wenger 1998, 이러한 "집단 공명"에 관해서는 Chayko 2002: 72 참조).

영국의 헨리센터는 사람들이 네트워크상의 "연결경제"에서 일한다는 결론을 내리면서 이렇게 공언한다. "우리 중에 무언가를 실제로 만드는 사람은 소수입니다. 우리는 모임을 갖고 발표를 하고 사람들을 독려합니다." 따라서 "우리 작업은 네트워크에 미치는 우리의 영향력에 기초합니다"(헨리센터 부소장 저스틴 워슬리Justin Worsley, 헨리센터 공보실 보고서 〈레저 위크Leisure Week〉

---

12 파인 2세B. Joseph Pine II와 길모어James H. Gilmore가 논문 〈체험경제에 오신 것을 환영합니다 Welcome to the experience economy〉(harvard business review, 76(4), 1998, 96–105)와 저서 《체험 경제: 노동은 극장이고 모든 비즈니스는 무대이다The Experience Economy: Work Is Theater & Every Business a Stage》(Harvard Business School Press, 1999)에서 주창한 이 개념은 소비자가 상품 이나 서비스뿐 아니라 이것들을 통해 재미나 가치 있는 체험을 하는 것을 말한다.

2000년 6월 15일 자에서 인용). 근래에는 네트워크의 만남에 접근하는 것이 업무에, 그리고 네트워크 자본의 유지와 확장에 중요하다. 다음 절에서는 가족 모임과 친구 모임을 살펴보겠다.

가족 모임 및 친구 모임

앞서 사회적 삶의 네트워킹에 또 다른 전환이 일어나고 있다는 웰먼의 의견에 주목했다. 그것은 개인 대 개인 연결로의 전환이다(Wellman 2001). "개인화된 무선 세계"로의 전환은 "진정 개인적인 공동체를 초래하는데, 이런 공동체는 각 개인별로 사교, 정보, 소속감을 따로따로 제공한다"(Wellman 2001: 238). 네트워크의 구조화에서는 각 개인과 그가 속한 특정 네트워크가 핵심이고, 장소나 집, 환경은 그리 중요하지 않다. 개인화된 네트워크로의 전환과 관련하여, 여가 시간이 점차 "궁핍해져" 만남이 점점 어려워진다는 견해가 있다(Linder 1970; Southerton 2001). 원인은 여러 가지다. 먼저 노동시간이 늘고 있다(Layard 2005). 그뿐 아니라 노동시간이 극도로 분할되어서 사람들의 여가 시간이 일치하지 않는다. 여가 활동도 한층 다양하고 복잡해졌다. 나아가 멀리 떨어진 친구들을 유지하려면 여가 시간에 멀티태스킹을 할 필요성이 커진다. 이런 것들 때문에 "일정日程 사회"가 심화된다. 사람들의 일상적 시공간 패턴이 직장, 공동체, 장소로부터 어느 정도 탈동기화되고, 따라서 사람들도 서로 탈동기화되기 때문이다(Shove, Southernton, Warde 2001). 집단적 조율이 힘들어서 모임을 조직하기가 수월찮아진다. 일각에서는 특히 미국에서 두드러지는 이런 현상을 볼 때, "미국인에게 친구가 없는 것"은 같은 시간에 자유 시간을 가지지 못하기 때문이라고 한다(Jenkins, Osberg 2003; Putnam 2000). 같은 시간에 자유로운 시간을 갖지 못한다면 여가를 조직하는 것이 꽤 어렵다. 사람들은 "같이 놀 누군가"가 있어야 하는데, 그러려면 그 사람과 같은 시간에 자유 시간을 가져야 한다(Jenkins, Osberg 2003).

이처럼 성기게 짜인 유대와 흩어진 가족 네트워크를 유지하려면 적극적인 노력을 기울여야 한다. "적극적 네트워킹이 집단과 어울리는 것보다 중요하다"(Wellman 2001: 234). 가족들이 일상적으로 공동현전한다는 감각에 필요한 것은, 간헐적이더라도 좀 더 자주 이동하여 접촉을 유지하는 것이다. 스웨덴에서는 전체 이동의 약 절반이 친구나 가족을 만나러 간다(O'Dell 2004: 15). 한편 영국의 한 보고서에 따르면 "인구 대다수가 삶에서 매우 중요하다고 여기는 사회적 관습, 의무, 활동이 있다." 이러한 필수 행사에는 "크리스마스 같은 각별한 때를 기념하는 것"(83퍼센트), "결혼식이나 장례식 참석"(80퍼센트), "친구나 가족 방문"(84퍼센트), 특히 입원 중인 친구나 가족 방문(92퍼센트) 등이 포함된다(Gordon et al. 2000). 이 보고서는 일상생활의 사교성을 포착하면서, 가족관계를 유지하고 재생산하기 위해 이동과 통신이 필요함을 잘 보여 준다(아프리카계 카리브인들의 초국적 가정에서 일어나는 가족 상봉에 관해서는 Sutton 2004 참조).

이러한 친교는 갈수록 '외식'의 낙을 동반한다. "지리적 모빌리티, 소규모 가구, 작고 불안정한 가족, 전통적 노동 분업에 대한 불만"이 팽배한 이 세상에서 가정생활에서 특별한 역할을 하는 "흥과 협업의 풍부한 원천이 외식"이다(Warde, Martens 2000: 227). 영국의 연구에 따르면, 대개 즐거운 이 이벤트는 특히 가족의 축하 행사에서 중요하다. 여기에 참석하는 것은 이 네트워크에 속한다는 사회적 소속을 나타내는 주요 지표이다. 참석할 수 없으면 양해를 구해야 한다. 그러므로 "되도록 참석하는 것이 중요하다. 식사는 사회적으로 중요하고 시간적으로 특수한 어떤 행사를 상징하기 때문이다. 전날 똑같은 식사를 했거나 다음 날 똑같은 식사를 하더라도, 그리고 그런 식사에 똑같은 사람들이 많이 참석하더라도, 이날의 식사를 완전히 대체하지는 못한다"(Warde and Martens 2000: 217). 이것은 가족과 친구가 공동현전할 의무이다.

쇼핑에 관해서도 비슷한 주장이 있다. 밀러는 대다수 쇼핑이 그저 개인주의적인 것이 아니라, 다른 사람, 특히 가족이나 친구와 관련된다는 것을 보여 준다(Miller 1998). 쇼핑은 두 가지 의미에서 다른 사람과의 관계에 의존한다. 첫째, 우리는 종종 다른 사람과 함께 쇼핑한다. 그러므로 그것은 일종의 이동 중 만남이다. 둘째, 쇼핑은 사랑과 우정을 표현함으로써 다른 사람과 관련된다. 이런 쇼핑은 도덕적 정서에 의해 인도되고, 따라서 사회적으로 뿌리내린 중요한 가치를 표현한다.

앞 장에서 언급한 영국에서의 연구에 따르면, 네트워크 구성원 사이의 지리적 거리는 점점 멀어지고 있다. 특히 고등교육을 받은 사람의 거주지 이전, 해외를 포함하여 다른 곳의 친구 증가, 그리고 종종 "가족 파편화" 심화로 인한 가족과 가구의 복잡한 구조화 때문이다(Smart, Neale 2004; Larsen, Urry, Axhausen 2006: 6장). 그 결과, 전반적으로 친구나 가족과 대면접촉을 하는 횟수는 줄어든다. 응답자들은 같은 지역에 사는 매우 중요한 사람들과 이틀에 한 번꼴로 어울린다. 그리고 30킬로미터 떨어져 사는 사람과는 나흘에 한 번꼴로 어울리고, 30킬로미터에서 80킬로미터 떨어져 사는 사람과는 거의 일주일에 한 번꼴로 어울린다. 멀리 떨어져 유대 관계를 맺고 있는 사람과 만날 가능성은 이보다 적지만, 어떤 비용을 치르더라도 간헐적으로 그렇게 한다. 더구나 이 연구는 간헐적인 신체적 공동현전 없이는 '강한 유대'가 유지되지 않음을 생생하게 보여 주었다. 실제로 응답자들은 "가장 중요한 사람"이면 적어도 1년에 한 번은 만난다.

이러한 '만남'은 종종 '다른 곳'에서 이루어지므로, 다른 장소로 이동하는 일과 친구나 가족과 공동현전 만남을 갖는 일이 결합하게 된다. 영국에서는 바쁜 친구를 만나러 해외여행을 가는 일이 드물지 않다. 장시간 노동, 반려자에 대한 책무, 분산된 사회적 네트워크로 인해 여러 친구가 즉흥적으로 동시에 만나기는 어려우므로, 이런 만남은 사전에 조율된다. 이처럼 다른 곳으로 이동함으로써 네트워크는 하나로 모인다.

고향인 체스터의 친구들은 모두 나름대로 할 일이 있습니다. 모두 빠짐없이 동시에 만나기는 정말 어렵지요. 우리 모두 반려자가 있고 여타 할 일들이 있습니다. 또 반려자들은 우리와 같은 지역 출신이 아니기 때문에 서로 잘 몰라요. 우리는 만날 때면 종종 같이 어디론가 가거나 무언가 하려고 합니다(20대 후반 남성 영업 사원)(Larsen, Urry, Axhausen 2006: 100).

또 다른 영업 사원은 최근 주말이 긴 연휴에 암스테르담으로 여행한 일을 이야기한다.

느긋하게 관광하는 휴가에 가까웠습니다. 친구 넷과 함께 갔어요. 한동안 못 본 친구들이었지요. 모처럼 모이는 휴가였어요. 친구들은 주로 런던에서 왔습니다. 제가 바르셀로나에 있는 동안에 못 보던 친구들이지요. 제가 런던으로 돌아왔어도 이 친구들은 런던 반대쪽에 살아서 여전히 상당히 멀지요. 그래서 모여서 휴가를 가기로 한 겁니다(20대 후반 남성 영업 사원)(Larsen, Urry, Axhausen 2006: 100).

이런 여행은 가족에서도 일어난다. 어느 남성 건축가의 말을 들어 보자.

지난 휴일은 어머니의 60세 생신이었습니다. … 우리는 정말 여유가 없었지만 어머니 생신을 특별하게 만들고 싶어서 저가 항공편을 예약했어요. … 그래서 사나흘 로마로 갔습니다. … 같이 못 간 누나는 항공요금 같은 것을 보탰어요(30대 초반 남성 건축가)(Larsen, Urry, Axhausen 2006: 96).

또 다른 응답자는 반려자와 함께 부모님의 결혼 35주년에 부모님을 라스베이거스로 모셨다고 말한다. 가수 셀린 디옹을 보기 위해서다.

저희 어머니와 아버지는 셀린 디옹의 열렬한 팬이에요. … 사실 부모님의 35번째 결혼기념일이었는데, 크리스마스 선물과 결혼기념일 선물과 생일 선물을 다 합친 것이나 마찬가지였습니다. 더할 나위 없는 선물이었지요(30대 초반 여성 개인 트레이너)(Larsen, Urry, Axhausen 2006: 96).

이러한 '선물'은 부모와 함께 좋은 시간을 보내고, 장소와 이벤트를 가족과 **함께** 경험하고 싶다는 욕구를 드러낸다. 라스베이거스에서 열리는 콘서트는 유명 스타에게 가까이 갈 뿐 아니라 가족에게도 가까이 가게 한다. 다음은 어느 대가족의 이야기로, 이 가족은 모두 지척에 살면서도 함께 관광 여행을 떠난다. "몇 분이 돌아가시는" 일을 겪은 가족을 "좀 더 가깝게" 하려는 것이었다.

두 번째는 대규모 가족 휴가 같은 것이었지요. 19명 정도 갔거든요. 그래서 정말 모두를 위해 조직한 거예요. … 가족 중 몇 분이 돌아가시는 일이 벌어졌어요. 아주 짧은 기간에, 그러니까 겨우 몇 주 사이에 말입니다. 이 일로 가족은 좀 더 가까워졌지요(20대 중반 남성 영업 사원)(Larsen, Urry, Axhausen 2006: 97).

먼 곳에 연고가 있으면 소득이 적은 사람도 그 소득으로 보통 갈 수 있는 곳보다 더 멀리까지 간다. 수위로 일하는 한 남자는 샌프란시스코에 "부자" 삼촌이 있다.

저는 [최근 몇 년 동안] 샌프란시스코에 두 번 가 봤습니다. … 삼촌 댁에 머물렀는데 … 네, 삼촌은 늘 계획을 세워 두지요. 가령 야구나 농구 경기를 보러 가는 거요. 삼촌이 표를 미리 구해 놓고 기다리고 있어서, 제가 거기 가면 꽤 싸게 입장할 수 있어요(20대 중반 대학 수위)(Larsen, Urry, Axhausen 2006: 97).

특히 흥미로운 장소에 사는 사람들은 방문객을 맞이할 가능성이 크다. 방문자가 무료 숙박할 수 있기 때문이다. 이런 혜택을 보려는 한 응답자는 이렇게 말한다.

멕시코 여행을 준비하고 있어요. 거기에 걔[친구]가 앞으로 1년만 더 있을 거라니까 공짜로 잘 기회를 놓치면 안 되겠지요. … 그러니까 아제르바이잔 같은 곳이라면 그렇게까지 가고 싶지 않을 텐데 멕시코는 꼭 가 보고 싶네요 (20대 후반 남성 건축가)(Larsen, Urry, Axhausen 2006: 97).

이런 여행에서는 대부분 중요한 장소와 사람이 결합한다. 사람들은 고향에 있는 부모, 스페인으로 이주한 부모, 런던에 사는 절친, 베를린에서 일하는 오랜 대학 동창을 만나려고 반려자와 함께 여행하거나, 암스테르담에서 총각파티를 하려고 친구들과 여행한다. 그래서 친구나 친척에게 가는 사람은 이와 동시에 특정 장소로 가는 것이다. 그 장소는 특히 초청자의 사회적 네트워크를 매개로, 그리고 문화적 명소나 '자연'에 대한 초청자의 축적된 지식을 매개로 경험된다.

이러한 여행은 특히 멀리까지 뻗은 네트워크를 보유한 이주자 및 디아스포라 문화 구성원에게 중요하다. 메이슨Mason이 잉글랜드 북서부의 파키스탄 이주자에 관한 연구에서 언급했듯이, 모든 사람이 두 주에서 수개월간 파키스탄을 방문한다(Mason 2004). 거의 모든 응답자는 나이와 상관없이 파키스탄 방문에 꽤 흥분했다. 이런 방문은 즐겁게 계획하고, 기대에 부풀어 기다리며, 다음번 방문까지 소중한 추억으로 남는다. 정기적으로 일어나는 이런 방문은 함께하는 활동을 포함한다.

우리의 연구에서 아일랜드인 남성 건축가는 2004년에만 아일랜드에 세 번 갔다(Larsen, Urry, Axhausen 2006). 친구와 가족을 보기 위해, 그리고 럭비 국가대표팀의 중요한 경기를 보기 위해 여러 곳을 돌았다. 중요한 사람에 대한 의무와 실시간 이벤트를 결합한 것이다(Larsen, Urry, Axhausen 2006: 98). 남아프리카공화국에 25년간 살다가 영국으로 돌아온 경비원과 그 가족에게는 매년 남아프리카공화국에서 보내는 휴가가 지극히 중요하다

(Larsen, Urry, Axhausen 2006: 98). 그들이 그곳으로 "가야 하는" 이유는 집안 식구들과의 끈, 그리고 그곳의 독특한 풍광과의 끈을 계속 유지하고 딸에게 소개하기 위함이다. 이러한 방문으로 케이프타운에 사는 친구들이나 영국을 비롯한 유럽에 흩어져 사는 친구들이 재회한다. 여러 나라에 흩어져 사는 친구와 일가친척이 같은 시간에 케이프타운에서 휴가를 보내려고 일정을 조율한 덕분이다. 따라서 돌봄, 지원, 애정으로 이루어진 친밀한 네트워크는 지리적 거리를 가로질러 이동한다.

때로는 멀리 떨어져서 돌보는 것도 무방하지만, 가령 조부상을 당한 어느 러시아 건축가는 "정말 거기 가서" 다른 가족 곁에 있어야 한다. 전화나 이메일보다 체화된 사회적 방식으로 돌봄을 수행해야 하는 것이다 (Larsen, Urry, Axhausen 2006: 99). 타이밍이야말로 중요하다. 그녀는 장례식에 제시간에 도착하려고 서둘러 업무를 처리하고 여행을 준비한다. 이는 유연하고 효율적인 조율이나 이동이 네트워크 자본에 대한 접근 및 능수능란한 활용에 의존한다는 것을 보여 준다.

이동 중 만남

이제 어떤 의미로든 이동 중에 일어나는 만남의 패턴을 살펴보고자 한다. 이런 만남은 점차 중요해진다. 이동에 대한 많은 분석들이 이런 실천을 간과한다. 그 분석의 전제는 다음과 같다. 이동에 소비하는 시간은 비생산적인 낭비다. 활동 시간과 이동 시간은 서로 대립한다. 사람들은 늘 이동 시간을 줄이고자 하므로, 속도가 조금 빨라져서 시간이 조금만 단축되어도 높이 평가한다(Lyons, Urry 2005).

그러나 오늘날에는 이동에 소비하는 시간이 꼭 비생산적 낭비인 것만은 아닌 듯하다. 물론 어떤 활동은 목적지에 도착해서만 할 수 있지만, 느긋한 마음으로 생각에 잠기고 마음을 정리하는 등의 '반反활동'을 비롯하여 이동 중에 할 수 있는 활동도 있다. 그런가 하면 환경을 가로지르고 환경에 노출되면서 느끼는 속도나 이동 감각, 그리고 길의 아름다움을 비롯해 이동 자체의 즐거움도 있다(Mokhtarian, Salomon 2001: 701; 승용차에 대해서는 Featherstone, Thrift, Urry 2004 참조). 어떤 조사에서는 응답자의 3분의 2 이상이 "여행에서 유일하게 좋은 것은 목적지에 도착하는 것"이라는 견해에 반대했고, 절반 가까이는 "그리로 가는 길이 즐거움의 절반"이라는 데에 동의했다(Mokhtarian, Salomon 2001: 709). 따라서 이동 시간과 활동 시간은 서로 분리되거나 배타적이지 않다. 바야흐로 이런 시간들이 여러 방식으로 서로 겹치고 이 시간들 간의 차이가 사라지고 있는 것이다(Lyons, Urry 2005). (19세기 중반에 책이 그랬던 것처럼) 새로운 "이동적" 기술이 발전함에 따라, 이제 이동 중에도 할 수 있는 매력 있는 활동들이 새롭게 유도된다.

새로운 사회적 실천으로 인해 가정, 직장, 사회적 삶의 "사이"에 공간이 생겨난다. 앞서 언급한 "중간공간"이다(Hulme, Truch 2005). 집단들은 이 간헐적 이동 장소에 모이고자 전화, 이동통신, 노트북, 문자메시지, 무선통신 등을 활용하며, 이런 것들을 통해 흔히 '이동 중에' 이런저런 일을 처리한다. 두 개 이상 '이벤트' 사이의 공간이자 시간인 중간공간은 이동 시간과 활동 시간의 경계가 흐려진 결과로 나타났다. '중간공간'에서는 이동 시간이 곧 활동 시간이다. 그뿐 아니라 이동하는 데에 시간이 덜 들기 때문에 더 자주 이동하게 된다. 그리고 네트워크 자본을 형성하거나 유지하는 활동을 길 위에서 할 수 있게 만드는 방법을 더 활용하게 된다. 이러한 패턴은 여러 도심에서 일하는(그리고 노는) 비교적 부유하고 젊은 전문직 종사자에게서 점점 늘고 있다. 독일의 연구에 따르면, "젊은이들이 일상생활을 조직하는 방식에서 모빌리티와 통신의 역할은 두드러진다"(Tully 2002: 20).

이동 중 만남의 중요성은 새로운 이동적 노동자에게서도 감지된다. 이동적 노동자는 고객을 만나러 자주 이동한다(Laurer 2004). 대면 만남은 고속도로 휴게소, 노변 카페, 술집, 클럽, 레스토랑 등 '중간공간'에서 이루어진다. 따라서 휴게소, 공항 라운지, 호텔 로비 등은 직장 동료나 동업자가 모여서 종종 문서 작업을 하거나 대화를 나누는 '만남'으로 가득하다. 팀 작업을 잘 수행하려면 이동전화를 능수능란하게 활용해야 한다. 그래야 (모임을 준비하거나 편지를 받아 적는 사람을 포함하여) 사무실에 남아 있는 사람이나 길 위에 있는 또 다른 사람과 연락을 유지할 수 있고, '만남'을 조율하고 (가장 중요하게는) 다시 조율해야 하는 사람과도 연락을 유지할 수 있기 때문이다(Truch, Hulme 2004; Brown, Green, Harper 2002). 흔히 하루 일정을 재조정하는 데에 활용되는 이동전화는 "경쾌한 편의주의"를 드러낸다. 특정 사회집단에서 이동전화 소유가 보편화된 유럽과 동남아시아에서 특히 그렇다(이와 관련해서 Sherry, Salvador 2002도 참조). 그러므로 중간공간은 네트워크 자본의 발전과 확장에 매우 중요하다.

결론

10장과 11장에서는 일, 가족, 친교가 모두 점점 원격화되고 네트워크화되었음을 보여 주었다. 더 나아가, 이런 영역들의 네트워크는 점점 서로 겹치므로 이 영역들 사이나 이 영역들을 가로질러 이동하는 것이 중요하다. 이 모든 경우에 네트워크는 간헐적으로 만나야 한다. 앞에서는 이러한 만남의 다양한 측면과 기능을 상세히 설명했다. 특히 '개인 네트워킹'의 성장과 이로 말미암은 사회적 삶의 복잡한 일정 잡기(그리고 일정 다시 잡기)로 인해, 네트워크 자본과 약한 유대는 날로 확산한다. 다중적 모빌리티, 신기술, 확장된 네트워크 등이 증대함에 따라, 네트워크 자본을 주요 자원으로 하는 '중간공간'적 사회생활의 '장'이 발생하고 있다.

다음 장에서는 장소 문제를 직접 거론하면서, 장소의 모빌리티, 그리고 현대의 여행자가 그리로 가야 한다고 느끼는 특이한 몇몇 장소를 살펴볼 것이다. 이 장소들은 흔히 직장, 가족, 친교라는 사회적 네트워크 패턴의 일부이면서 이런 패턴을 만드는 데에 일조한다.

제12장

장소

아, 애석하도다! 나는 늙을 터이고 끔찍하고 고약
해질 터이다. 허나, 이 그림은 영원히 젊음을 유
지하겠지. … 그 반대였다면! 그럴 수 있다면 …
모든 걸 바치겠어! … 그럴 수 있다면 영혼까지 바
치겠어.

[오스카 와일드Oscar Wilde 1951: 31]¹

이 책의 많은 곳에서 장소 문제를 제기했다. 거칠게 말하자면, 거의 모든 모빌리티에는 특정 장소들을 오가는 이동이 있고, 이런 장소들에는 이동에 연루되는 무언가가 있다. 신체 이동, 상상 이동, 가상 이동의 중심에는 어떤 '장소 잡기'가 있다. 장소는 특히 특정 유형의 거주민이나 방문자를 끌어들이거나 쫓아내는 정동의 자리이기도 하다.

이 장에서는 특히 어떤 매력적인 장소들을 다룬다. 사람들은 각양각색의 이유로 어떤 장소로 이동하고 그리로 '이끌린다.' 앞에서는 이것을 '얼굴 대 장소'라고 불렀는데, 이는 '얼굴 대 얼굴'의 중요성으로부터 유추한 것이다. 그런 장소를 직접 보고 거기 몰입하고 그것의 정동역情動域을 느끼고 싶게 만드는 것은 무엇인가?(Thrift 2004d) 프로이트는 40대에 마침내 아테네에 갔을 때, 어린 시절부터 알고 있던 아크로폴리스를 보고 숨이 멎을 것 같다고 했다. 그것이 실존함을 믿지 않던 프로이트가 그 압도적 현전 앞에 실제로 서게 된 것이다(Rojek 1997: 56-57).[2] 어떤 장소를 방문하는 많은 사람은 종종 꿈에 그리던 바로 그 '세계의 불가사의', 특출한 도시, 상징적 경관 같은 정동적 현전 앞에 자신이 있다는 것을 믿기 어려워한다. 또 다른 장소들이 정동의 장소인 것은, 그곳을 특별한 사회적 만남이 일어나기 좋은 장소로 만드는 무언가가 있기 때문이다. 이런 장소는 만남의 장소이다. 이러한 만남은 늘 어떤 상황에 처한 상태에서 일어나

---

[1] 참고문헌 목록에 없는 이 책은 오스카 와일드의 장편 《도리안 그레이의 초상The Picture of Dorian Gray》이다.

[2] 프로이트는 이러한 실존에 대한 불신을, 가난해서 평생 아크로폴리스를 방문할 수 없을 것임을 잘 알기 때문에 나타나는 심리적 억압으로 설명한다. 다음을 참조. Freud, S. (1984) "A disturbance of memory on the Acropolis", in *On Metapsychology*, Harmondsworth: Penguin.

는데, 이 책에서는 바로 이 점이 중요하다는 것을 여러 사례를 들어 설명했다. 또 다른 장소들이 이동의 장소인 것은 사람들이 그리로 추방되거나 그리로 이주해야 하기 때문이다.

앞의 여러 장에서는 이런 모든 경우에 정동이 중요함을 강조했다. 장소와 이동은 정동과 깊숙이 얽혀 있다. 이제 이동의 역사에 대한 몇 가지 관찰로 시작하여, 이처럼 사람들이 방문하는 장소의 특징에 주목한다. 여기서 내가 취하는 관점의 핵심은 장소가 고정되거나 미리 주어지거나 불변하는 것이 아니라, 어느 정도는 그 안에서의 실천에 의존한다는 것이다. 이 관계는 정동적으로 수행해야 하는 어떤 것이다. 장소는 다양한 종류의 수행을 수반한다[Sheller, Urry 2004 참조]. 따라서 시간이 흘러 이런 수행이 사라지면 장소는 다른 장소로 탈바꿈할 것이다. 장소와 수행은 유난히 복잡하고 다양한 방식으로 서로 얽혀 있다. 특히 온천도시와 해변에서 펼쳐지는 기묘한 수행을 살펴보는 것으로 시작할 텐데, 이런 수행에서 특정 상황의 특정한 신체적 행동은 '느긋함leisured'이라는 양식을 확립한다.

그다음에는 장소의 정동적 향유에서 감각의 중요성을 고찰하고, 대지로부터 경관으로의 전환이 '세계 내 존재'의 특정 양식을 드러낸다는 점과 장소란 멀리서 비교하고 대조하고 수집하고 방문할 수 있다는 점을 강조할 것이다.

다음 절에서는 특정 유형의 정동을 살펴보고 특정 장소가 국민 정체성의 정서에서 핵심임을 살펴볼 것이다. 이런 장소는 국민적 정동의 장소이다.

그다음 절에서는 다중적 세계화로 인해, 장소 간의 이례적인 세계적 경쟁이 다양한 방식으로 격화되고 있음에 주목한다. 이런 장소들은 여러 가지 지분을 둘러싸고 경쟁하며, 특히 모든 유형은 아니더라도 다수 유형의 '방문객'을 끌어들이려고 경쟁한다. '이방인'에게 매력적이고자 하는 이 세계적 경쟁은 장소를 변화시킨다. 장소는 스펙터클로 개조된다. 이를 통해 망명 신청자나 테러리스트 같은 이방인은 쫓아내고, 이와 다른 다양한 이방인은 끌어들인다. 오늘날에는 전 세계인이 생전에 가까이 가서 직접 보고자 하는 세계적 아이콘들이 있다.

나는 이동 방식에 대해서는 2부에서 이미 자세히 다루었기 때문에 별로 이야기하지 않겠다. 그러나 흔히 이동 방식과 특정 장소는 결합한다. 그래서 어떤 장소는 특정 방식의 이동을 전제로 한다. 이 장소들은 말하자면 단짝과 같다. 예컨대, 잉글랜드 남서부 휴양지에는 기차로 가고, 호주에서 태국으로는 저가 항공을 이용하며, 그랜드캐니언으로는 자동차로 이동한다.

환자를 위한 정동의 장소

나는 유럽인의 여행의 역사를 다시 간략히 돌아보는 데서 시작한다. 순례나 부유한 젊은이를 위한 그랜드투어를 빼면, 유럽의 조직적 여행은 부유층 환자를 위한 서비스 제공으로 시작되었다(Urry 2004d). 18세기와 19세기에 유럽 전역에서 온천도시가 다수 개발되었는데, 독일의 비스바덴이나 바덴바덴, 프랑스의 비시, 영국의 해러거트나 바스, 헝가리의 부다페스트 등이 그런 곳이다(Blackbourn 2002). 물을 마시고 물에 잠기는 것은 환자와 죽어 가는 이들에게 치유를 약속했다. 이런 곳은 심각한 각종 질병에서 회복하는 장소였다. '물 받기'[3]는 다양한 의료 체제에서 유행하는 치료법이 되었다. 몸속으로 받든 몸 밖으로 받든, 물은 문명의 숱한 "질병"에 대한 해독제로 여겨졌다(Anderson, Tabb 2002).

이러한 온천도시는 상류사회의 장소였다. 방문객은 (제인 오스틴Jane Austen의 소설들에서 서술하듯이) 이런 도시의 집을 살 수 있는 사람, 이후에는 소수의 값비싼 호텔에 묵을 수 있는 사람이었다. 그리고 대부분 온천도시는 상류사회라는 장소 이미지를 유지하려고, 거기서 일하는 수많은 노동자를 종종 시야에서 가려 버렸다. 온천도시는 새롭게 형성되던 세계시민적 엘리트들이 유럽 전역에서 몰려드는 장소였다. 이 사람들은 점차 기차로 이동하게 되었고, 그에 따라 이 유행하는 장소들은 서로 '가까워지고' 이 장소를 오가는 이동과 만남의 일주 노선이 늘어났다. 이 온천은 문화자본을 선사했고, 유럽 부유층에게 서로 만나고 다양한 서비스를 받을 기회를 제공했다(Blackbourn 2002: 15). 온천은 점차 호화롭고 방자한 향락의 장소로 발달했다(부다페스트에 대해서는 Switzer 2002 참조).

초창기 해변 휴양지도 본래 의학적 치료를 위한 장소로 개발되었다. 쉴즈Shields가 브라이턴의 사례에서 묘사한 것처럼, 해변은 처음에는 의료 구역이었다(Shields 1991). 18세기와 19세기 초에는 바다가 건강에 좋다고 여겨져 환자와 병약자들이 해변으로 와서 바다에 "침수"했다. 키 크고 생김새가 무성적無性的이며 원숙한 여성들이 "침수 안내인"으로서 독특한 '서비스'를 제공했다. 해변은 종종 치유와 회복을 갈구하는 병약자

---

3 "물 받기Taking the waters"는 건강을 위해 특별한 물을 마시거나 그 물로 목욕하는 것을 뜻한다.

로 그득했다. 토마스 만Thomas Mann의 소설《베니스에서의 죽음Der Tod in Venedig》에서 주인공인 노작가 아셴바흐는 소아성애 대상자가 바다로 걸어 들어가는 동안 해변의 갑판 의자에 앉아 숨을 거둔다(Mann 1955; Visconti 1971; Urry 2004d). 카리브해조차 유럽에서 건너온 부유한 병약자를 위한 장소로 여겨졌다. 쿠바의 공기는 1830년대부터 결핵 치료에 강력히 권장되었고, 1903년 자메이카는 "진정한 병자의 메카"로 묘사되었다(Sheller 2003: 65). 수많은 해변 휴양지는 환자가 물을 받고 신선한 공기를 마시며 치료를 받고 건강을 회복하는 장소로 남았다. 이런 휴양지는 대개 기차로 방문했으며, 철도 노선 종착지에 휴양지를 만들곤 했다. 해변이 쾌락의 구역, 특히 쾌락을 수행하는 장소로 변한 것은 이후의 일이다. 다음에서 논하겠지만, 이런 곳은 지상낙원이다(그리고 세계여행은 이동하는 근대 전염병의 빠른 전파로 이어졌다)(Farmer 1999 참조).

시각의 정동

정동의 장소와 같은 "다른 곳"에 있으려는 것은 흔한 욕망이다. 이런 욕망은 일상생활의 물질적 실천에서 일어난 어떤 역사적 변화에서 비롯했다. 그것은 **대지**의 사회적 실천으로부터 **경관**의 사회적 실천으로의 변화이다(Milton 1993; Urry 2002c). 대지는 쟁기질하고 파종하고 방목하고 건축하는 유형의 물리적 자원이며 기능적 노동의 장소이다. 대지는 사고팔며 아이에게 물려주고 아이가 물려받는다. 거주한다는 것은 어떤 삶에 참여하는 것이다. 이 삶에서는 생산적이거나 비생산적인 활동들이 서로 공명하고,

나아가 그 역사와 지리가 샅샅이 알려진 대지와도 공명한다. 농업, 임업, 채석업, 광업 등에서는 사람과 사물 간의 거리가 없다. 정동은 장소와 긴밀하게 결부되어 있다[홀Hall의 《하웨스워터Haweswater》 참조.[4] Hall 2002; Ingold 2000].

이와 달리 **경관**은 어떤 무형의 자원이며, 겉모습 혹은 외관의 자원이다. 18세기부터 서유럽에서 발전한 경관 관념은 이보다 일반적인 어떤 현상의 한 부분이다. 그것은 감각들로부터 분화된 **시각**의 출현이라는 현상이다. 시각은 다른 감각들부터 분리되고 신기술의 지원을 받게 된다. 이처럼 시각의 조직화 권능이 반드시 불가피하거나 자연적인 것은 아니다. 사실 시각성은 시각과 얽혀 있던 다른 감각들에서 벗어나기 위해 수백 년 동안 투쟁해 왔다. 페브르Febvre의 주장에 따르면, 16세기 유럽에서 "당대인들은 물론 날카로운 청각과 예민한 후각과 더불어 예리한 시각도 가지고 있었다. 하지만 그것이 다였다. 이들은 아직 시각을 다른 감각들로부터 분리하지 않았다"[Febvre 1982: 437]. 그래서 사람들은 어떤 유동적 세계에서 살았다. 이 세계에서는 실체의 모양이나 크기가 급변했고, 이것들 간의 경계도 급변했다. 그래서 사회 세계나 물리 세계의 체계적 안정화란 없다시피 했다. 16세기 삶의 특징인 유동적이고 변화하는 지각 형태들은 "상호작용"이라는 표현으로 묘사된다[Cooper 1997].[5]

그다음 수백 년 동안 많은 변화가 일어났다. 중세 우주론의 선험적

---

4   영국 소설가 사라 홀Sarah Hall의 2002년 장편소설 《하웨스워터》는 잉글랜드 북서부 호수지방의 하웨스워터 지역의 조그만 마을에서 새로운 저수지 건설로 빚어지는 갈등, 그 와중에 일어나는 사랑과 비극을 다룬다.

5   참고문헌 목록에서 누락된 이 문헌은 Cooper, Robert. "The visibility of social systems", *The Sociological Review 45,1_suppl* (1998): 32–41이다.

지식이 아니라 시각적 관찰이 과학적 정당화의 기초로 여겨지게 되었다. 나중에 이것이 발전하여 서구의 과학적 방법의 토대 자체가 되었는데, 이는 시각이 생산하고 보장하는 감각적 자료에 기초했다. 특히 린네Linnaeus의 생물분류학을 위시하여, "가시적 자연"에 관한 제반 과학이 시각적 분류학을 중심으로 발전하였다(Gregory 1994: 20). 이러한 분류의 기초가 된 근대적 에피스테메는 개인 주체, 보는 눈, 그리고 눈으로 할 수 있는 관찰·구별·분류였다(Foucault 1976).[6]

그 결과, 여행에 관한 글들의 학문적 관심도 귀를 통한 담화의 기회인 유람으로부터 **목격자**의 관찰인 여행으로 전환했다. 그리고 과학적 탐사가 독자적으로 발전함에 따라(최초의 기록은 1735년이다(Pratt 1992: 1)), 보통의 여행자는 자기가 관찰한 것이 과학의 일부가 될 것으로 기대하지 않게 되었다. (부대 비용이 엄청나서 상당한 명분이 필요했던) 여행은 이제 과학이 아니라 감식안, 즉 "훈련이 잘된 눈"을 통해서 정당화되었다(Adler 1989: 22). 건축, 예술 작품, 경관에 대한 감식안은 특히 18세기 후반 영국에서, 그다음에는 유럽 전역에서 "명승지 관광"의 성장과 더불어 발달했다. 그러한 감식안은 보는 방식을 새롭게 만들었다. "고요한 휴식 시간에, 눈 앞에 펼쳐진 것을 무관심하고 초연하게 사색적으로 오래 응시하는 것"이다(Bryson 1983: 94; Taylor 1994: 13). 이러한 시각적 감각은 사람들이 대상이나 환경을 소유할 수 있게 했는데, 종종 멀리 떨어져서도 그렇게 하게 해 주었다(이와 관련

---

6 미셸 푸코는 《말과 사물Les mots et les choses》에서 에피스테메epistème를 각 시대의 지식을 형성하는 특유의 인식소素로 정의한다. 여기에서 인용한 《임상의학의 탄생Naissance de la clinique》에서는 특히 근대 의학이 가시성을 기초로 형성되는 상황을 추적한다.

된 짐멜의 견해는 본서 2장 참조). 적당한 "전망"을 얻으려면 번잡한 일상의 경험에서 벗어나 거리를 두어야 한다("제국의 시선"에 관한 프랫Pratt의 설명은 Pratt 1992 참조). 잉글랜드 호수지방, 알프스, 덴마크령 보른홀름섬과 같이 야생적이고 황량한 자연이 있는 지역은 원래는 공포, 두려움, 혐오를 자아내는 장소였다('덴마크의 스위스'로 불리는 보른홀름에 대해서는 Bærenholdt, Haldrup, Larsen, Urry 2004: 72 참조). 그러나 이런 곳은 "풍경, 경관, 이미지, 신선한 공기"가 있는 긍정적 정동의 장소로 바뀌었다. 숭고한 경관이나 그림 같은 경관이라는 새로운 관념 안에서, 그곳은 도시민이 장착한 "관광객의 시선"을 멀리서 기다리는 장소였다(Williams 1972: 160; Barrell 1972; Green 1990; Perkins, Thorns 2001).

그다음 세기에는 모든 자연이 풍경, 전망, 지각적 사건으로 널리 간주되었다(Urry 2002c: 8장). 1844년에 이르러 워즈워스는 최근에 경관 관념이 발전했다고 전한다. 그는 알프스산맥이나 잉글랜드 호수지방을 정동의 경관으로 승격시켰다. 예전에는 헛간과 별채가 집 앞에 배치되어 있었다. "그렇지 않다면 이 집 창문으로 얼마나 아름다운 경관을 볼 수 있으려나"(Wordsworth 1984: 188). 그러나 19세기 중반에 이르러 마치 일종의 '카메라'처럼 '조망'을 고려하여 집을 짓게 되었다(Abercrombie, Longhurst 1998: 79). 시선의 언어는 자연을 경험하는 특정한 시각적 구조를 지시했다. 잔교棧橋와 산책로를 만들고 해변을 길들임으로써 바다를 시각적으로 소비하게 되었다. 그렇지 않았으면 야생적이고 길들여지지 않고 "자연적"일 바다를 말이다(Corbin 1992). 4장에서는 파리가 오스만의 개조로 주요 도시 중 최초로 멀리까지 잘 보이는 도시가 되었음을 밝혔다. 눈은 이런 광경에 매료되었다. 사람들은 자신이 어디로 가고 있고 어디서 왔는지 마음에 그려 보게 되었고, 이로써 파리는 "독특하게 매혹적인 스펙터클"이 되었다

(Berman 1983: 151).

시선의 새로운 테크놀로지가 생산되고 유통되기 시작했는데, 엽서, 안내서, 상품, 아케이드, 카페, 디오라마, 거울, 유리창, 특히 사진이 그렇다. 특히 1840년부터는 관광과 사진이 하나로 결합하여 이 둘은 분리되지 않은 채 발전해 나갔다. 이 두 가지 실천은 모두 비가역적이고 중대한 이중나선을 이루며 서로를 새롭게 만든다(Osborne 2000). 그때부터 "관광객의 시선"이 들어오면서 이동적이고 현대적인 세계를 **만드는** 데에 일조한다(Urry 2002c; Löfgren 1999). 장소는 "코닥화kodakized"된다. 즉, 처음으로 "코닥 시스템"을 통해 카메라, 필름, 사진이라는 객체들에 의해 욕망되고 고정되었다(West 2000; Bærenholdt, Haldrup, Larsen, Urry 2004: 5, 6장; Larsen 2004). 새롭게 촬영된 정동의 장소로는 지중해(Pemble 1987), 알프스(Ring 2000), 카리브해(Sheller 2003), 그랜드캐니언(Newmann 2002), 이국적인 나일강(Gregory 1999), 악취 나는 어촌(Lübbren 2001), 그리고 일반적으로 물(Anderson, Tabb 2002) 등이 있다. 그리하여 19세기부터 "전시장으로서의 세계"가 확립되고, 이처럼 "세상을 그림으로 보는 것"은 이후 무수한 장소와 사람에게 긴 그림자를 드리웠다(Larsen 2004). 이를 통해 가벼운 종이에 인화된 사진의 모빌리티가 새롭게 등장한다. 사진은 손에서 손으로 전달될 수 있고 전 세계로 발송될 수 있으며 선물로 주고받을 수도 있다.

그래서 워즈워스의 시 〈형제The Brother〉는 신시대의 도래를 알렸다고 말할 수 있다. 이 시대에 사람들은 하나의 문화에 속하는 것이 아니라 하나의 문화를 유람할 따름이다. 그러면서 문화를 비교하고 대조하고 수집한다. 가령 베니스는 보고 죽어야 하는 것이다(Buzard 1993: 27; Szerszynski, Urry 2006). 분화된 시각은 현대 세계의 특징이다. 포스터E. M. Forster에 따르면

"세계시민주의 하에서 … 나무와 목초지와 산은 단지 스펙터클이 될 것이다"(Forster 1931: 243). 즉, 대지가 아닌 경관이 되는 것이다. 우리는 장소에 관해 알고 장소를 비교하고 평가하고 소유한다. 따라서 이제 장소는 거주하는 사람, 심지어 방문하는 사람에게 고유한 연상과 의미를 지니는 어떤 곳이 아니다. 장소는 오히려 그 장소가 다른 장소보다 경치가 좋거나 세계시민적이거나 쿨하거나 이국적이거나 지구적이거나 환경이 열악하다고 하는, 어떤 추상적 특성의 **조합**이다. 이러한 추상적 특성의 언어는 모빌리티의 언어, 즉 이동적 관광객, 회의 여행자, 사업가, 환경주의자 집단의 생활세계의 표현이다. 이것은 이동의 소비이고, 신체·이미지·정보의 소비다. 이처럼 지구 위로나 아래로나 지구를 가로질러 이동하면서 지구를 추상적 특성에 예속시킨다(Szerszynski, Urry 2006 참조).

이런 소비의 장소 중 가장 상징적인 곳은 해변일 것이다. 레이첼 카슨 Rachel Carson은 "바다의 가장자리는 신기하고 멋진 장소"라고 썼다. 이곳은 어느 한순간도, 그다음 순간에도 결코 똑같을 수 없기 때문이다(Carson 1961: 2). 그곳은 땅도 아니고 바다도 아닌 중간공간이다. 그리고 지난 200년 동안 해변은 혐오와 위험의 장소에서 매혹과 욕망의 장소로 변했다. 방문객이 적잖이 거주하는 곳이 되었고, 대지가 아닌 경관의 장소, 특히 노동이 아닌 여가의 장소가 되었다. 해변을 길들이는 오랜 과정이 있었고, 그래서 여기에 방해되는 현지인의 실천은 해변에서 치워졌다. 현지인은 관광객의 시선의 대상으로 순치되고 변모했다(Corbin 1994: 232). 이를 반영하는 것이 해변을 그리는 방식의 변화이다. 회화에서 해변은 노동과 고역의 장소에서 여유로운 산책의 장소로 변했다(Bærenholdt, Haldrup, Larsen, Urry 2004: 55-57; Crouch, Lübbren 2003).

특히 지중해와 카리브해의 황금빛 해변은 지상낙원으로 여겨지게 되었다(Caletrio 2003; Sheller 2003). 해변은 방문자가 잠시 머무는 장소의 전형이 되었다. 당대의 복장 규약과 비교할 때 확실히 특이한 온갖 소품을 착용한 채 오랫동안 나체로 머무는. 20세기 초 수십 년 동안 유럽과 북미 부유층에게 해변은 엄청난 정동의 장소이자 지상의 낙원이며 과잉의 장소가 되었다. 그리고 20세기를 지나면서 이 신기한 경계적 장소는 더욱 널리 욕망의 대상이 되었다. 해변은 공장, 직장, 가정에 대한 상징적 '타자'를 의미한다. 해변은 전 세계적으로 욕망의 대상이 되는데, 해변에서는 햇볕이 거의 벌거벗은 몸을 어루만지기 때문이다. 더 일반적으로, 이렇게 햇볕에 그을린 몸이라는 상징은 몸이 "가면"이나 "기호"가 되는 것을 의미했다(Ahmed 2000). 이를 신호로 수많은 신체 장식, 그리고 신체의 물리적 변형이나 화학적 변형이 시작되었다. 이것은 자아의 안정성을 해체하고, 신체 자체를 '이동적'으로 만들며, (옷을 입은) 부와 권력의 전통적 위계질서를 전복시켰다.

바다와 육지 사이의 이 모호한 가는 해안선은 다양한 여가 수행〔공연〕의 무대로 변모한다(Bærenholdt, Haldrup, Larsen, Urry 2004: 4장). 쉴즈에 따르면, 해변에서는 "모두 관객이 아닌 배우이다"(Shields 1991: 85). 이 해안선의 가는 띠는 현대의 여가나 관광에서 논란이 되고 때로는 주변화되는 다양한 수행의 중심 무대가 된다(Lencek, Bosker 1998). 방문객은 관광객의 무대인 해변에서 공연자로 변신해야 한다. 이런 장소에 어울리는 일을 하는 방문자들이 그곳을 방문하고 거기 머물 때, 무대가 살아난다. 전반적으로 해변은 "느긋한 삶을 상징하는 공간"이다(Bærenholdt, Haldrup, Larsen, Urry 2004: 50). 이 띠가 세계적 아이콘으로 변모한 것은 대지에서 경관으로, 일에서 놀이로의 사회적 전환에 기인한다. 그리고 몇몇 사회에서는 해변이 국가적 상징이 기도 하다. 호주의 본다이비치나 서인도제도를 둘러싼 해변이 그렇다. 이들은 즐거움이 정체성의 중심인(그리고 많은 노동이 다른 사람에게 유희 를 제공하는 데에 바쳐지는) 국가이다.

하지만 해변은 흥망성쇠를 겪는다. 어떤 해변은 갈수록 욕망의 대상이 되고 어떤 해변은 그렇지 않다. 북유럽과 북미의 해변 중 일부는 '구닥다 리'가 되었다. 자동차 모빌리티와 항공 여행 때문에 해변들 사이에 일국 적 경쟁이나 세계적 경쟁이 엄청나게 격화되었는데, 이런 '구닥다리' 해 변들은 주로 그 이전에 등장한 곳들이다. 온천이나 휴양지는 많은 경우 에 아쉬운 장소라는 이미지를 갖게 되었다. 다른 곳, 특히 낙원 같은 새 로운 해변에 갈 수 없어 어쩔 수 없이 오는 곳이 되었다(이에 관련된 일반적 서술은 Urry 2002c 참조).

장소는 빠르게 생산되는 만큼이나 빠르게 소비되고 낭비되고 소진된 다. '유람'의 대상인 장소는 끝내 그저 추상적 특성들의 집합으로 전락한 다. 따라서 계속 이동하는 여행 실천은 더는 긍정적 정동의 장소가 아닌 곳을 떠나 버린다. 이처럼 '유람'하는 세계에서 장소는 흥망성쇠를 거듭 한다. 어떤 장소는 빨라지고, 어떤 장소는 느려지다가 숨을 거둔다. 사람 들이 가차 없이 구속하는 "장소의 고역"이 있는 곳, 시간이 고정되고 변 화하지 않는 곳에서 탈출하는 것이기도 하다. 그런 장소는 시간의 무게 를 지닌 채 "저속 차선"에 남아서 추월당한다. 북유럽과 미국의 많은 구 식 해변 휴양지가 그렇다(Urry 2002c). 이런 곳은 향수를 수행하는 장소(영국 의 맨섬)나 도박 장소(미국의 애틀랜틱시티)로 거듭날 수도 있다.

이런 장소는 모두 상품과 서비스를 소비하는 장소이다(Urry 1995). 이런 상품이나 서비스는 종종 그 장소의 환유, 즉 전체를 대표하는 부분이다. 장소의 소비는 그 장소에 문화적으로 특유한 상품이나 서비스를 소비하는 것이기도 하다. 몰로치가 말하듯 "관광에 관련된 것들은 또렷한 장소성을 지닌다"(Molotch 2003: 677). 상품은 장소 안으로 접혀 들어가고, 장소는 상품을 통해 비로소 그 장소가 된다. 사람들은 "다른 것"을 먹고 마시고 모으고 도박하고 스쿠버다이빙하고 서핑하고 번지점프하는 것이다(Urry 2002: 3). 그러한 장소 중 일부는 위험의 극단까지 소비를 수행하는 과잉의 장소라는 점에서 다른 장소들과 일시적으로 차별화된다(Sheller, Urry 2004).

그러나 때로는 장소의 수행이 이루어지지 못해 쓰라린 실망, 좌절, 절망으로 점철되는 곳도 있다. 이를 잘 포착한 것이 가랜드Garland의 소설 《해변The Beach》이다(Garland 1997; 또한 Campbell 1987 참조). 어떤 장소에 대한 환상을 그 장소가 유도하는 실제 수행과 비교하는 것은 관광객을 소재로 하는 이야기에서 반복되는 수사이다. 소비 수행의 대상을 손에 넣을 수 없거나(겨울 동안 폐쇄되는 키프로스(Sharpley 2004)), 목적지의 서비스 품질이 그 장소의 이미지에 미치지 못하거나(잉글랜드의 해로게이트(Cuthill 2004)), 갈망하던 장소에 싸구려 기념품 상점이 즐비하거나(타지마할(Edensor 2004)), 청정 산호초가 대중 관광으로 이미 파괴되었음을 생태관광객이 알게 되거나(Duffy 2004), 중년 사업가가 사는 도심이 난잡하고 술 취한 '파티 순례자들'로 들끓거나(Chatterton, Hollands 2003) 한다. 장소의 수행은 때로 실현될 수 없다. 또는, 어떤 장소의 수행이나 장소의 "감성지리"[7]는 논란의 여지가 있다(Bondi, Smith, Davidson 2005).

---

[7] emotional geography. 감성과 장소의 관계, 혹은 이를 다루는 지리학 분야를 말한다.

장소와 국가

이 절에서는 한 가지 유별난 장소 수행을 고찰한다. 어떤 장소가 국민 성의 핵심이 되는 경우이다. 일반적으로 국가의 역사는 역사를 관통하는 인민에 관해 이야기한다. 그 시초는 흔히 유구한 세월의 안개에 가려져 있다(Bhabha 1994). 전통이나 상징을 다루는 이런 역사의 상당 부분은 "발명" 되고, 많은 부분 과거의 기억 못지않게 과거의 망각에서 비롯한다(McCrone 1998: 3장).

19세기 후반 유럽은 이러한 국가적 전통을 경이롭게 발명하는 시대 였다. 프랑스에서는 1880년 바스티유의 날〔혁명기념일〕[8]이 발명되었고, 1879년 〈라 마르세예즈〉가 국가國歌가 되었으며, 1880년에는 7월 14일이 국경일로 지정되었고, 1870년대 가톨릭교회는 무명의 잔 다르크를 우러 르게 만들었다(McCrone 1998: 45-46). 전반적으로 '프랑스'라는 관념이 널리 퍼 졌는데, "이 과정은 통신(도로, 철도, 그리고 무엇보다 신문)에 의한 식민화 와 유사했다." 그리고 이러한 다양한 모빌리티를 통해 "19세기 말에 이르 러 대중문화와 엘리트문화가 결합하게 되었다"(McCrone 1998: 46). 이 과정의 핵심은 특히 재건된 파리에 이 국가의 공공기념물을 다수 건설한 것이었 다. 그림, 사진, 영화, 그리고 유럽의 신흥 관광산업을 통해, 이 기념물들은 여행해서 보고 이야기하고 점차 공유할 필요가 있는 것이 되었다. 여러 모 빌리티들이 결합하여 국민 정체성의 중심인 장소를 재생산한 것이다.

이러한 집단적 참여, 그리고 일반적으로 국가를 형성하는 이동의 역할

---

[8] 1789년 7월 14일 프랑스혁명의 발단이 된 바스티유 감옥 습격을 기념한 날.

은 1851년 런던 크리스탈팰리스에서 열린 대영박람회에서 본격적으로 시작되었다. 아마도 최초의 국가적 관광 **이벤트**였던 이 박람회는 내가 일찍이 "이벤트 대면facing-the-event"이라고 부른 것의 의미를 잘 보여 준다. 당시 영국 인구는 고작 1,800만 명에 불과했는데, 런던의 이 박람회에 6백만 명이 들렀다. 기차로 온 이들 중 대다수는 생전 처음으로 **국가**의 수도를 방문했다. 19세기 후반에는 유럽 전역의 수도에서 이와 비슷한 대규모 국가적 이벤트가 벌어졌으며, 때로는 약 3천만 명이 방문하기도 했다(Roche 2000). 호주에서는 1888년 멜버른에서 100주년 국제박람회[9]가 열려 호주 인구의 3분의 2가 관람했다(Spillman 1997: 51).

더 일반적으로 말해, 어떤 사회에서 핵심 장소, 텍스트, 전시장, 건물, 풍경, 레스토랑, 업적 등을 간직한 장소들로의 여행은 19세기 중반 이후 민족의 상상적 현존이라는 문화적 의미를 재생산했다(Urry 2000). 민족주의 계보에서 특히 중요한 것은 특정 마을이나 도시에 국립박물관, 콘서트홀, 극장, 갤러리 등을 건립하는 것과 국가적으로 중요한 특정 장소에 대한 역사를 기록하는 것이었다(McCrone 1998: 53-55; Kirshenblatt-Giblett 1998; Edensor 2002).

더 최근에는 지구적인 공공 무대가 출현했다. 이 무대 위에서 거의 모든 국가는 스펙터클로서 등장하고, 경쟁하고, 동원되어야 한다. 그래서 핵심 장소들로 많은 방문객을 끌어들여야 한다. 이러한 장소 배치는 특히 '글로벌' 도시에서 열리는 올림픽, 월드컵, 엑스포 같은 초대형 행사를 통해 이루어진다(Harvey 1996; Roche 2000). 이와 같은 국제행사의 기반은 대중적 여행이다. 이러한 행사를 연출하는 데에는 신체 이동과 상상 이동이

9　유럽인의 호주 정착 100주년을 기념하여 세계 34개국이 참가한 박람회.

필요한데, 특히 "지구적 문화의 성장 중에 열리는 올림픽과 엑스포"로 가는 이동이 그렇다(Roche 2000).

　이것은 국민 의식의 성격 변화와도 관련이 있다(Maier 1994: 149-150; McCrone 1998). 국민 의식은 한때는 지도에 그려지는 동질적인 국가 영토를 기반으로 했다. 그러한 영토 경계 내에서 법률이 제정되었고, 권위가 표방되었으며 충성이 요구되었다. 그러나 지금은 대대적인 신체 이동과 상상 이동 때문에 전 세계 국경선들이 투과성을 지니게 되었고, 수많은 문화생활이 호환 가능해졌다. 따라서 "국민이 자신을 정의하는 데에 영토는 그다지 중심적이지 않고" 특정한 장소, 경관, 상징이 더 중요하다(Maier 1994: 149; Lowenthal 1985). 지구적 이동이 활발한 국면에서는 어떤 문화의 위치를 결정짓는 아이콘이 중요하다. 프랑스의 포도밭, 스코틀랜드의 하이랜드, 카리브해의 해변, 뉴욕의 스카이라인, 잉글랜드의 셰익스피어 출생지, 페루의 마추픽추 등이 그렇다. 이곳들은 지구적 공공 무대에서 국민적 정동이 작동하는 핵심 장소이다.

　다음 절에서는 장소 간의 지구적 경쟁이라는 일반적인 현상을 서술할 것이다.

지구적 이동과 장소

　1장에서는 현대 세계에서 이루어지는 이동 실천의 주요 유형 열두 가지를 나열했다. 이 유형들은 각각 장소에 의해 이끌리고 **또한** 밀려난다. 이제 이에 대해 간략히 설명하고자 한다.

첫째, 수많은 기근, 박해, 빈곤의 장소에서 탈출하는 망명자나 난민의 이동이 있다. 이러한 이주를 위해서는 종종 극히 위험하고 복잡한 고비용의 이동을 해야 한다. 전 세계에서 우발적인 '환대'를 제공해 줄 풍요로운 장소를 찾아가는 것이다(Marfleet 2006). 전반적으로 "낯선 공간에 대한 접근의 불평등"은 심각하며, 이는 특히 탈주자의 모빌리티에 큰 영향을 미친다(Neumayer 2006). 디지털 통제 사회로 전환하면서, 국경은 문자 그대로의 국경에 있는 것이 아니라 좀 더 가상적이게 되고 탈지역화된다(Walters 2006: 193).

둘째, 이와 크게 대조되는 것으로 사업가나 전문직의 출장이 있다. 이들은 세계시민적 활기로 유명한 장소로 가고, 안전하고 효율적인 호텔과 회의 시설에 머문다(북미, 유럽, 주요 아시아 국가의 많은 도시에서 그렇다. 본서 8장 참조).

셋째, 학생, 오페어, 여타 젊은이의 '해외 체험'을 통한 탐색 여행이 있다. 일반적으로 문명의 중심지로 가지만, 다른 사람이 많이 가는 곳으로 가기도 한다. 그래서 "배낭여행자의 고립지"가 형성된다(Williams 2006). 일단 그런 곳에 도착하면 소위 "체험의 허기"에 이끌려 계속 이동하게 된다. 돈은 없어도 시간은 많은 젊은 '여행자'는 '배낭'을 끌고 다음 장소로 간다. 이들에게 배낭여행은 젊은 중산층으로 가는 통과의례이다(Richards, Wilson 2004: 5).

넷째, 점차 수준 높은 의료 서비스에 전문화된 개발도상국의 특정 도시(쿠바의 아바나나 인도의 델리 등)의 온천, 병원, 치과, 안경점 등을 찾아가는 의료 여행이 있다.

다섯째, 군대, 탱크, 헬기, 항공기, 로켓, 정찰기, 위성 등의 군사 모빌리티는 일반적으로 우세한 사회에서 가난한 개발도상국의 장소 및 사회로 이동한다. 반면에, 테러리스트는 이와 반대되는 방향으로 흐르면서 내가 제국의 중심이라고 부르는 곳으로 이동한다.

여섯째, 퇴직 후의 이동이나 은퇴 후의 초국적 생활은 대개 햇볕이 쨍쨍하고 물가가 싼 해변이나 '안전한' 작은 마을에서 이루어진다. 예를 들어 스웨덴과 스페인의 여러 장소가 그렇다(Gustafson 2001; O'Reilly 2003).

일곱째, 자녀, 배우자, 여타 친척이나 가사노동자의 "길을 내는 이동"은 보통 가난한 마을과 도시에서 번영하는 마을과 도시로 향한다. 번영하는 마을과 도시에는 대개 이 길을 따라오는 배우자나 부모를 위한 양질의 일자리가 있다(Kofman 2004).

여덟째, 어떤 디아스포라 내에서 중심 교점을 통과하는 이동은 다방면으로 이루어지지만, 역시 이러한 디아스포라 교점이 주로 위치하는 대도시가 특히 중요하다(Cohen 1997; Coles, Timothy 2004; Hannam 2004). 디아스포라 이주 패턴과 모국 방문 사이에는 복잡한 관계가 있다(Duval 2004).

아홉째, 서비스 노동자는 주로 빈한한 시골 지역에서 이런 일자리가 집중된 세계도시로 이동한다. 이런 도시들에는 심하게 시간에 쫓기는 수많은 고소득 전문직이 이런 서비스 노동자를 고용할 가능성이 가장 크기 때문이다. 때로는 어느 정도 불법적으로 고용한다(Sassen 2000).

열째, 역사적으로 장소나 이벤트를 방문하는 관광객 이동은 서유럽이나 북미의 도시와 시골로 가는 것이었다. 그러나 이 추세가 아시아에서의 여가 여행이 성장하면서 급변하고 있다(Urry 2002c).

열한째, 친구나 친척을 방문하기 위해 매우 다양한 장소로 가는데, 때로는 "관광객을 끄는 매력"이 없는 장소로도 간다(Conradson, Latham 2005; 본서 10장과 11장 참조). 일반적으로 다수의 이동이 중요한 가족이나 친구와 함께 이동하거나 특정 장소에 함께 있기 위해서 일어난다. 따라서 앞의 여러 장에서 고찰한 것처럼, 친교는 많은 이동에서 핵심을 이룬다.

마지막으로 통근을 비롯한 직장 관련 이동은 상당히 다양한 직장에서 일어난다. 특히 세계도시에서 직장을 오가는 고급 인력이 그렇다(Grabher 2004; Beaverstock 2005). 이러한 이동 중 일부는 점차 '사이공간'을 경유한다(본서 8장).

이 열두 가지의 "흐름"이 상호작용하기 때문에, 장소는 매우 복잡하게 구조화되고 재구조화된다. 일반적으로 보아, 모빌리티 때문에 전 세계의 거의 모든 장소는 방문객 흐름을 매개로 서로 관계를 맺는다. 장소가 차례차례 이런 흐름을 받아들이는 곳으로 재구성되기 때문이다. 전 세계에서 장소의 생산과 "장소의 소비"는 잡식성으로 일어난다(Urry 1995). 이러한 흐름에서 장소들은 서로 다른 단계나 위치에 처해 있다. 어떤 장소는 "흐름을 따라" 이동하고 어떤 장소는 "뒤에" 처지지만, 이런 상황은 시시각각 변한다. 어떤 장소는 (그 자체가 어떤 기능을 하는) 다양한 지구적 중심지 가까이 "이동"한다. 한편 마을, 도시, 국가는 지구적 무대에 올라 서로 경쟁하고, 자신을 스펙터클로 동원하며, 자신의 브랜드를 개발하고, 방문객들을 끌어들인다. 그러나 어떤 장소는 이런 무대로부터 멀어진다.

장소는 (테러리스트의 흐름이나 특정한 이주자의 흐름을 제외하고) 이런 흐름을 끌어들이기 위해, 이 가차 없는 지구적 무대에서 "공연"을 한다. 지구적 질서에 **진입**하여 어떤 식으로든 "인지"되려면 특히 스펙터클이 되는 것이 중요하다. 도시가 이 세계의 새로운 (무)질서에서 진지하게 받아들여지려면 기필코 스펙터클로 두드러져야 한다. 그런 장소는 종종 엄청나게 복잡하다. 거기에는 단 하나의 선형적 경험이란 없다. 네트워크는 경쾌하게 세계를 가로지르며 도시마다 차례로 막을 올리고 내리기 때문이다.

어떤 장소는 지구적 아이콘이나 세계의 불가사의로 유명하다. 이런 곳은 숨죽이게 하는 장소이고, 우리가 직접 보고 오래 머물며 몸소 있으면서 "세계시민"이 되기를 갈망하는 장소이다. 세계 일주는 장소의 감식가로서 세계를 수행하는 방식이다. 슐츠Schultz는《죽기 전에 봐야 할 천 개의 장소1000 Places to See Before You Die》라는 (972쪽에 달하는) 가히 놀라운 책을 썼다(Schultz 2003). 이러한 감식안은 모든 유의 장소, 좋은 클럽, 전망, 산책, 역사 유적, 음식, 랜드마크 건축물 등을 향한다.

이 지구적 경쟁에서 정동의 장소에는 건물이 결정적 역할을 한다. 건물은 "베니스는 보고 죽어야 한다"는 말처럼 어떤 장소를 보기를 갈망하게 만든다. 마추픽추는 잉카의 유산을 상징하고(Arellano 2004), 타지마할은 "이국적 동양"을 상징하며(Edensor 1998), 팜아일랜드는 두바이를 상징한다(Junemo 2004). 유명 건축가가 지은 새로운 랜드마크인 호텔, 사무실 건물, 갤러리는 온 세계가 주목하는 지구적 아이콘이다(Sheller, Urry 2004).

또한, 사교의 중심지인 장소는 정동의 중심지이기도 하다. 다른 사람의 수행 덕분에 생동감이 생기고 축제가 벌어지며 그곳으로의 이동이 일어난다. 적절한 아비투스를 가지고 이동하는 수많은 사람은 그곳이야말로 마땅히 있어야 할 **바로 그** 장소, 갈망할 만한 장소, 놓치면 안 되는 장소, 삶의 장소임을 보여 준다. 장소를 정동적으로 체험하기 위해서는 이동하고 관람하는 다른 사람들의 수행이 필수적이다. 세계시민적인 홍콩(Sum 2004), 바르셀로나올림픽(Degen 2004), 잉글랜드의 해로게이트(Cuthill 2004) 등이 그렇다. 보들레르의 산보자 개념은 이러한 정서적이고 이동적인 장소 수행을 포착한다. 그것은 "인파 속에서, 밀물과 썰물 속에서, 부산하고 덧없는 곳에서 거주하기"다(Tester 1994a: 2 재인용).

이러한 장소들 사이의 지구적 경쟁의 전제는 "장소 성찰성"[10]이라는 어떤 규율, 절차, 기준의 집합이다. 이를 통해 각 장소는 새롭게 출현하는 지구적 이동의 패턴 안에서 자신의 "잠재력"을 스스로 감시, 평가, 개발한다. 이러한 성찰성은 전 세계에 소용돌이치는 지리, 역사, 문화의 판세 안에서 특정 장소의 위치를 확인하는 것이고, 특히 이 장소의 실제적이거나 잠재적인 물질 자원과 기호 자원을 확인하는 것이다. 수많은 컨설팅 회사들은 지역적·국가적·국제적 정부, 기업, 자발적 결사체, 비정부기구와 연계해서 격동하는 지구적 질서 안에서 각 '장소'가 제 위치를 감시, 교정, 극대화하도록 돕는다. 이러한 절차는 새롭거나 변모하거나 재포장되거나 틈새를 노리는 장소와 거기 걸맞은 시각적 이미지를 "발명"하고 생산하고 마케팅하고 유통한다. 이를 위해서는 특히 국제적으로 방송되는 텔레비전과 인터넷이 활용된다(Urry 2002c: 8장 참조). 일반적으로, 이렇게 방문자가 많이 찾는 장소에서는 다양한 일들이 일어난다. 교통, 접대, 여행, 디자인, 컨설팅, 회의 등이 그렇고, 인쇄물, 텔레비전, 뉴스, 인터넷 등을 통한 이미지의 미디어화와 유통이 그렇다. 또, 관광 인프라나 섹스 관광산업에 찬성하거나 반대하는 정책이나 시위를 조직하는 운동도 이에 해당한다(Clift, Carter 1999). 따라서 숱한 사람과 장소가 지구적 이동의 현기증 나는 소용돌이에 말려든다. "지구성"과 "이동"은 서로 분리된

---

[10] 장소 성찰성place reflexivity은 장소가 인지되고 인정받고 부각되도록 장소 자체를 관찰, 감시, 평가, 수행하는 의도적이고 역동적인 과정을 뜻한다. 이러한 맥락에서 관광 성찰성tourist reflexivity은 장소 자체를 관광지로 만들려는 잡식성 충동을 뜻한다. 어리는 이를 "새로운 지구적 관광 양상에서 각 장소가 자신의 '관광 잠재력'을 감독, 평가, 발전시키는 규율, 절차, 기준의 집합"으로 정의한다. Urry, John. (2001). "Globalising the tourist gaze", *Tourism development revisited: Concepts, issues and paradigms*, p. 150.

채 어떤 외적 관계를 맺는 두 개의 실체가 아니다. 둘은 복잡하고 상호연결된 동일한 과정의 본질적 부분이다. 게다가 이러한 인프라, 이미지 흐름과 사람 흐름, "관광 성찰성"이라는 새로운 실천이 조합되어 "지구적 혼종"을 이룬다. 이 혼종은 테크놀로지, 텍스트, 이미지, 사회적 실천 등의 아상블라주이다. 이것들은 **모여서** "지구적 혼종"을 전 세계로 확장하고 재생산한다.

관광객의 행선지가 된다는 것은 때로는 어떤 사회나 장소가 지구적 질서에 "진입"하게 되는(혹은 1990년대 쿠바나 러시아 상트페테르부르크의 경우처럼 "재진입"하는) 성찰적 과정의 일환이다. 물론 전 세계인의 대다수는 지구적 여행자가 아니지만, 그들이 사는 장소, 그리고 여기 결부되는 자연·국가·식민주의·희생·공동체·유산 등의 이미지는 여행자의 다중적 흐름을 구성하는 강력한 요인이다. 이런 장소 방문은 대개 이동을 수반하는데, 특히 이런 장소를 돌아다니는 자동차의 이동이나 보행자의 이동을 수반한다. 배렌홀트, 홀드럽, 라르센, 어리는 다양한 관광 수행의 무대인 해변, 어촌, 섬, 성 등의 다양한 장소에서 일어나는 관광객의 수많은 복잡한 미시 모빌리티를 고찰한 바 있다(Bærenholdt, Haldrup, Larsen, Urry 2004).

어떤 기묘한 장소는 특정한 흐름 내의 교점이면서 특이하게 "떠돌아다니기" 좋은 장소이기도 하다(Urry 2004d 참조). 케네디 대통령이 암살된 댈러스의 풀 덮인 언덕, 싱가포르의 창이 감옥, 영국 채널제도의 나치 점령지, 엘비스 프레슬리의 유산이 남은 멤피스의 그레이스랜드, 독일의 다하우 강제수용소, 히로시마, 노예농장, 북아일랜드, 서아프리카 노예 요새, 이집트의 피라미드, 진주만, 남아프리카공화국의 로벤섬, 사라예보의 '학살의 길', 파리의 짐 모리슨Jim Morrison 무덤, (유네스코 세계문화유산인) 아우슈비츠-비르케나우 강제수용소 등이 그렇다. 이런 곳은 변사가 일어난 장소이고, 한 명이나 여러 명의 아이콘이 있는 장소이다(가령 다이애나비, 존 F. 케네디, 제임스 딘, 샤론 테이트 등이 그렇다[Rojek 1993; Lennon, Foley 2000 참조]). 실로 어떤 장소가 마음을 끄는 것은 어느 정도는 죽음, 위험, 모험의 매력 때문인 것 같다. 카리브해에서 "위험"은 바로 옆에, 유흥지의 화려한 겉치장 바로 아래에 있다. 해적, 라스타파리,[11] 마약, 야디[12] 등의 이야기는 모두 이 낙원 같은 섬의 "위험한 여행"에 일조한다[Sheller 2003]. 최근의 관광 수행에는 자기 몸을 여러 종류의 개인적 위험에 빠뜨리는 것도 포함된다[뉴질랜드의 모험 관광에 대해서는 Bell, Lyall 2002 참조]. 최근에는 "위험한 여행" 안내서가 다수 출판되었으며[Schroeder 2002: 73], "위험한 지역에서의 휴가"를 다룬 BBC 텔레비전 다큐멘터리 시리즈도 방영되었다.

이런 죽음과 고난의 장소는 이제 방문객에게 입장료를 받고 통역 서비스를 제공하며 다양한 서비스를 판매한다. 관광객들은 와서 공공연하게 "경의"를 표함으로써 집단 간증을 수행한다. 마치 이 죽음의 성지를 방문한 이방인과 순례자 덕분에 그 장소에서 죽은 사람들, 혹은 그 대의명분을 위해 죽은 사람들은 불멸의 존재가 된다. 그래서 이런 장소에서 벌어지는 복잡한 공연에 참여하는 방문객은 미디어화된 이미지로 알려진 어

---

[11] Rastafari. 1930년대 자메이카에서 발흥한 신흥 종교이자 사회변혁운동. 에티오피아의 마지막 황제 하일레 셀라시에Haile Selassie(본명 라스 타파리 마콘넨)를 숭상하며, 흑인들이 언젠가 아프리카로 돌아갈 것이라고 믿고, 레게 머리 등 독특한 외양과 레게음악이나 마리화나 흡입 등 고유한 문화와 행동 방식을 고수한다.

[12] 서인도제도의 범죄 집단.

떤 인종, 국민, 지도자, 스타의 죽음을 추모하며 공공연하게 애도한다. 이 죽음과 유희의 장소에서는 이에 수반하는 기억, 경의, 집단적 애도, 정서의 복잡한 공연이 벌어진다. 케네디가 묻힌 알링턴 국립묘지의 눈에 잘 띄는 공지문은 방문객에게 "침묵과 경의"를 요구한다(Lennon, Foley 2000: 88). 특정인의 죽음에 경의를 표하며 기념하는 이런 장소의 방문자가 알링턴을 수행하는 방식이다.

더 일반적으로, 기억은 장소의 요체이다. 우리는 어떤 장소를 마주친 후 하루, 며칠, 몇 주일, 몇 년 또는 수십 년 동안 그곳을 기억한다. 워즈워스는 1790년 알프스 도보 여행 중에 "이 이미지로부터 행복을 느끼지 못하는 날은 내 평생 하루도 없을 것"이라고 했다(De Botton 2002: 153-154 재인용, 본서 4장 참조). 그 이미지는 그의 기억에 살아남았다. 그의 의식에 들어간 이미지는 몇 년 전 장소로의 상상 이동을 가능하게 한다. 그는 이 기억의 섬광을 "시간의 점spots of time"이라고 불렀다. 이 점은 그 본성상 경이롭게 다시 일깨워질 수 있는 조그만 결정적 순간이다. 그것은 "내면의 눈앞에 번쩍이면서" 우리를 다른 곳으로 실어 나르고 "갱생시키는 미덕"이 있다(De Botton 2002: 156; Bærenholdt, Haldrup, Larsen, Urry 2004: 149).

'기억 작업'이라고 할 만한 이런 일은 1839~1840년 사진의 발명으로 이미지를 고정할 수 있게 되고, 19세기 중반부터 이동과 사진이 결속 시스템을 이루면서 결정적으로 변했다(Osborne 2000; Urry 2002c; '결속 시스템'에 대해서는 앞선 설명 참조). 폭스 탤벗이 "자연의 마술"이라고 묘사한 이러한 이미지 고정은 장소나 경험에 대한 기억을 부동화한다. 이 기억 작업과 관련하여, 우리는 다른 지면에서 이 유동적 근대의 관광객이 휴가 사진을 활용해 이미지를 영속화하고 시간을 멈춘다는 것을 보여 주었다(Bærenholdt, Haldrup,

Larsen, Urry 2004: 116-117]. 사진은 사람과 장소를 가깝게 만든다. "〔사진을〕 보는 사람은 기억되는 것의 흔적과 신체적으로 접촉하기" 때문이다[Edwards 1999: 118]. 그 흔적은 기억 여행을 출발시킬 수 있지만, 그 자체가 종착지는 아니다. 기억 여행의 종착지는 종종 이런 흔적에 실제로 있는 것과는 전혀 다른 회상, 기억, 의미를 불러일으킬 수 있다. 우리 연구에 참여한 일부 응답자는 사진이 어떻게 기억을 환기하는지를 묘사했다. 이런 기억은 장소의 광경에 대한 기억일 뿐 아니라 냄새, 맛, 소리, 온도에 대한 기억이기도 하다[Bærenholdt, Haldrup, Larsen, Urry 2004: 119]. 그것은 또한 사랑하는 사람의 죽음, 연약한 몸의 무정한 노화, 사람과 관계의 복잡한 움직임에 대한 기억도 불러일으키고, 마음을 무너뜨리며 꿈을 산산조각 내기도 한다[Bærenholdt, Haldrup, Larsen, Urry 2004: 120]. 우리가 이 연구에서 강조했듯이, 이러한 일시적 휴가 사진은 전혀 일시적이지 않고, "지속하는 내세를 갖는다. … 이는 삶의 서사와 일상생활의 공간에서 불가결한 부분이다"[Bærenholdt, Haldrup, Larsen, Urry 2004: 122]. 이처럼 일반적으로 사람이나 장소에 대한 다양한 기대와 기억을 동반하는 이동은 친교와 가정생활에 중요하다.

결론

이 장에서는 장소 안에서의 정동적 관계, 그리고 이런 장소가 수반하는 다양한 수행을 다루었다. 시간이 흘러 그런 수행이 종적을 감추면 장소는 변하여 다른 무언가가 될 것이다. 장소와 수행은 서로 얽혀 있다. 장소는 고정되고 불변하는 것이 아니다. 그것은 "주인", 그리고 특히 "손님"이 그 안에서 몸으로 수행하는 것에 의존한다. 유희의 장소는 관광객의 조직적 수행이나 비공식적 수행 시스템으로 생겨나는데, 이러한 수행에는 특히 사진과 기억 작업이 중요하다. 따라서 장소의 경제적 · 정치적 · 문화적 생산은 사람의 다양한 모빌리티로, 나아가 자본 · 사물 · 기호 · 정보의 다양한 모빌리티로 일어난다. 이런 것들은 빠르지만 불균등한 속도로 수많은 경계를 가로질러 움직이며, 단지 우발적으로만 스펙터클의 안정적 장소를 형성한다.

이 장에서는 먼저 온천도시나 해변에서 펼쳐지는 병약자의 수행을 고찰했다. 이것은 다양한 정서적 즐거움을 위해 어떤 장소로 여행하는 폭넓은 패턴을 살펴보기 위한 예비 단계였다. 그리고 대지로부터 경관으로의 전환을 분석하고, 이러한 전환을 통해 장소들을 비교, 대조, 수집하는 수행이 세계-내-존재의 어떤 특수한 양식을 드러낸다는 데에 주목했다. 그다음 절에서는 특히 어떤 장소와 그리로의 이동이 국민 정체성의 핵심이라는 점을 고찰했다. 그리고 마지막으로 지구적 무대에서 입지를 다지고자 분투하는 장소들이 유례없는 지구적 경쟁을 벌이고 있다는 점을 분석했다.

장소는 꼭 한 "위치"에 머물지 않고 역동적으로 이리저리 이동한다. 장소는 인간 행위자와 비인간 행위자의 네트워크 안에서 이동하는데, 비인간 행위자에는 사진, 모래, 사진기, 자동차, 기념품, 그림, 서핑 보드 등이 있다. 이런 물건은 인간이 할 수 있는 일들을 확장하고, 장소에서 수행할 수 있는 일들을 확장한다. 이로부터 나오는 네트워크는 소용돌이치면서 점점 유체처럼 된다. 그리하여 응고된 장소를 변화시키고 예기치 않은 새 장소를 이런 놀이 "안으로" 끌어들인다.

마지막으로, 우리는 이처럼 빙빙 돌며 소용돌이치는 **지구적 이동**이 그에 반하는 것을 낳는 현상에 주목해야 한다. 바야흐로 테러리즘도 지구적이게 되는 것이다. 지구적 테러리즘은 강대국 미국과 그 동맹국들, 그리고 모빌리티 문화에 도전한다. 이 새로운 세계의 (무)질서에서 서구 방문자를 끌어들이는 장소는 바로 새로운 범지구적 전쟁의 최전선에 있다. 최근 카이로, 룩소르, 뉴욕, 발리, 몸바사, 자카르타, 카슈미르 등에서 일어난 테러가 그렇다. 다른 곳으로부터 방문객을 끌어들이는 이런 장소들에는 잠재적 죽음이나 죽음의 공포가 따라다닌다. 때로는 테러리스트 본인이 관광객이 되어 간헐적으로만 테러리스트로 변신할 수도 있다. 약자의 무기는 테러를 통해 공포를 일으키는 것이다. 그것은 멀리까지 놀러 와서 이런 장소에서 의당 수행할 일을 수행할 뿐인 "무고한 관광객"을 공황에 빠뜨린다. 공항, 비행기, 호텔, 나이트클럽, 해변, 주유소, 관광버스, 아파트 등을 타격하는 이 새로운 공포는 돌림병이 된다. 관광객이 되는 것은 최전선에 선다는 것이다. 그곳은 긍정적 정동의 장소이지만, 순식간에 학살의 장소로 탈바꿈한다(Dicken, Laustsen 2002: 14).

　　하지만, 이런 죽음의 장소도 시간이 흐르면 방문객을 위한 새로운 장소로 변모할 것이다. 그래서 뉴욕의 그라운드제로나 벨파스트의 폴스로드 및 샨킬로드는 이제 관광 지도에 올라 방문객을 기다린다(북아일랜드 벨파스트에는 "분열 투어"[13]가 있다). 판에 박힌 듯 방문객을 위한 장소로 변

13　분열 투어Troubles Tour는 1968년 이후 영국에서의 독립 문제를 두고 구교도와 신교도 사이에 벌어진 갈등과 폭력 사태를 뜻하는 북아일랜드 국가 분열 사태The Troubles와 관련된 장소를 둘러보는 투어이다.

모하는 죽음의 장소는 거듭 개정되는 관광 일정에 등장한다. 7장에서 공항과 관련하여 논의한 것처럼, 이 새로운 보이지 않는 적은 새로운 감시와 통제 방식을 낳는다. 방문객이 계속해서 전 세계를 누비도록 보장하려는 것이다. 미국에서는 이런 필요 때문에 공항 보안을 국가가 담당하게 되었다. 그리하여 미국을 방문하는 **연간 5억 5천만 명**의 개인 방문자에 대한 통제 시스템이 전면적으로 발전했다[Dicken, Laustsen 2003: 3]. 이런 방문객이 일주일 동안 스펙터클한 도시에 들어가는 것은 전자 파놉티콘으로 들어가는 것이다. 이 전자 파놉티콘은 공항에만 있는 것이 아니라 점차 길거리로 옮겨지면서 날이 갈수록 범지구적이게 되고 있다.

마지막 장에서는 앞날을 내다보면서 어떠한 이동적 미래가 출현할지 살펴볼 것이다. 이 미래는 예측 불가능하지만, 일단 출현하면 상당 기간 돌이킬 수 없을 것이다. 특히 9장, 10장, 11장, 12장에 의지하여, 향후 일어날 가능성이 있는 이동적 미래를 해독하는 데에 네트워크 자본, 네트워크, 공동현전, 장소, 만남 같은 개념이 핵심임을 강조하려 한다. 이러한 미래에는 이동적 인구를 통제하고 정렬하는 새로운 방식들이 어떤 결속 시스템을 이룰 것이다. 이전의 여러 장에서 상술한 것처럼, 사람, 기계, 장소 등이 이동 중이지만, 추적과 질서, 통치 수단도 이동 중이다. 점차 특정한 위치에서 벗어나는 이것들은 어떤 어두운 미래를 초래할 수 있다.

제13장

시스템과 어두운 미래

나는《크래시》곳곳에서 자동차를 성적 이미지로
만 활용한 것이 아니라, 현 사회에서 인간의 삶에
대한 총체적 은유로도 활용했다. 《크래시》의 궁
극적인 역할은 경고이다. 그것은 잔혹하고 호색
하며 과열된 영역을 경계하는 경고이다. 이 영역
은 기술 경관의 변두리에서 점점 호소력 있게 우
리를 유혹하고 있다.

(J. G. Ballard 1995: 6)

이 장의 대부분에서는 미래 모빌리티에 대한 몇 가지 분석을 제시할 것이다. 특히 현재 지배적인 모빌리티 시스템인 자동차 모빌리티가 과연 곳에 따라서는 대안적인 포스트카 시스템으로 대체될지도 모른다는 데에 주목한다. 나는 특히 대안적 미래를 어떻게 "사유"할 것인가에 관심이 있다. 이러한 시스템의 미래를 검토하기 위해 시스템과 전복점 개념을 활용할 것이다. 다양한 시나리오를 검토한 후에, 지난 "모빌리티의 세기"와 삶의 놀라운 "디지털화"가 유발한 돌이킬 수 없는 결과로서, 어떤 어마어마하고 상호의존적인 유산이 남았다는 결론을 내릴 것이다. 나의 주장은 이 세계가 지구온난화, "지방 군벌", (지구온난화를 완화하는 유일한 수단인) "디지털 파놉티콘" 사이의 갈림길에 있다는 것이다. 이 암울한 시나리오를 분석하기 전에 이 책에서 지금까지 다룬 주요 주제를 간략하게 요약해 보자.

모빌리티

논의의 출발점은 인간은 다양한 시스템으로 조직된 사물 없이는 아무것도 아니라는 것이다. 시스템이 먼저이다. 시스템은 그것 없이는 허약한 개별 인간 주체의 역량을 증강한다. 인간 주체들이 하나로 뭉쳐서 어마어마한 역량을 발휘하는 것은 그들이 속한 시스템 덕이다. 특히 주체들, 이들의 생각, 정보, 다양한 사물들을 이동시키는 시스템들 말이다. 앞서 다양한 모빌리티 시스템의 특성, 그리고 적응하고 진화하는 시스템들의 상호관계가 지닌 특성을 검토한 바 있다.

특히 내가 주장하는 것은, 이동과 교통이란 독자적으로 결정된다거나 원칙상 비용편익 계산으로 결정된다고 보아서는 안 된다는 점이다. 이동과 교통을 이해하려면, "새 모빌리티 패러다임"이 분석하는 다양한 시스템 과정을 검토해야 한다. 이 패러다임은 다음에 나열하는 상호의존적 특성들로 이루어져 있다. 모든 사회적 관계에는 다양한 "연결"이 개재된다. 이런 연결은 다소간 "원거리에서" 다소간 빠르고 다소간 집중적이며, 종종 물리적 이동을 수반한다. 다섯 가지 상호의존적 "모빌리티"가 거리를 가로질러 조직되는 사회적 삶을 생산하고 그 윤곽을 형성(그리고 재형성)한다. 신체 이동에서 몸은 굼뜨고 허약하며 연령·젠더·인종 등에서 차이를 보인다. 그리고 몸은 다채로운 감각을 통해 다른 몸, 물건, 물리 세계와 조우한다. 광범위한 이동의 결과로 때로는 일정 기간 대면 연결이나 만남이 이루어진다. 거리distance는 굼뜬 신체를 가지고 간간이 이동하는 인구에게 "통치성"을 행사하려는 국가에 심각한 문제를 일으킨다. 사회적 삶은 ("자연"과 "테크놀로지"를 포함하여) 다양한 사물로 이루어져 있는데, 이 사물들은 다른 사물이나 사람이나 정보의 이동을 직간접적으로 초래하거나 봉쇄한다. 이러한 관계를 분석하는 데에서 중요한 것은, 변화하는 환경이 행위, 이동, 믿음의 다양한 가능성을 어떻게 "유도"하는지이다. 어떤 시간과 공간 안에서, 혹은 이를 가로질러 사람, 활동, 사물을 분배하는 다양한 시스템을 분석해야 한다. 모빌리티 시스템은 사람, 사물, 정보를 다양한 공간적 범위와 속도로 퍼뜨리는 과정들을 중심으로 조직된다. 이 다양한 모빌리티 시스템과 경로는 종종 공간적으로 견고하게 고정되어서 오래 지속된다. 모빌리티 시스템이 기반하는 지식 형태는 점점 전문화되면서 우리를 소외시킨다. "부동적" 물질세계의 상호의존적 시스템들, 특히 극히 부동적인 플랫폼(송신기, 도로, 차고, 역, 안테나, 공항, 부두)은 **복잡한** 적응 시스템을 형성하고 이로써 모빌리티 경험을 구조화한다. 마지막으로, 연속 시스템과 결속 시스템의 구별이 중요하다. 앞의 여러 장에서 보행과 자동차 모빌리티라는 연속 시스템과 철도와 항공이라는 결속 시스템을 검토했다. 다음 몇 절에서는 자동차 모빌리티가 연속 시스템에서 결속 시스템으로 전환할 것인지, 만약 그런 일이 일어난다면 이 전환의 함의는 무엇인지 검토할 것이다.

나는 혼종적 시스템들과 이 시스템들의 불확실한 미래를 분석하고자 복잡성 과학의 몇 가지 관념을 동원하였다. 복잡성 과학은 특히 시스템의 비선형적 특성을 고찰한다. 이 시스템은 평형점으로부터 이탈하는데, 그 이탈은 예측할 수도 없고 돌이킬 수도 없다. 전반적으로 모빌리티 시스템은 전 세계의 생산, 소비, 이동, 통신을 조직하는 강력하고 상호의존적인 지식 기반 시스템들의 하나의 부분집합이다. 거의 다 소프트웨어 기반인 이 시스템들은 상품을 구매하고 모임을 열고 부품을 공장에 보내고 비행기를 대기시키고 메시지를 전달하고 돈이 도착하도록 보장하며, 나아가 이런 일들이 대수롭지 않게 보이도록 한다. 이런 시스템 덕분에 대개 별다른 인지적 숙고 없이도 행동을 되풀이할 수 있는 것이다. 이 시스템은 경제, 사람, 활동을 전 세계에 분산시키는 정규적이고 반복적인 "기대 공간"을 산출한다. 앞서 1989년부터 1990년까지가 이 수많은 새로운 시스템들이 발전한 결정적 시기였음을 보여 주었다.

이 시스템의 효과는 연결을 널리 확산하는 것이다. 모든 영역에서 이러한 연결은 이제 예측 가능한 공동현전에 기초하기보다는 비교적 원거리의 네트워크에 기초한다. 그리고 이 네트워크는 적어도 부분적으로는 약한 유대들로 이루어진다. 따라서 외관상 다른 직장, 가족, 사회적 삶의 영역들이 더 네트워크를 이루며 연결되고, 어떤 면에서는 서로 비슷해진다. 이러한 영역 내의 네트워크들이 점점 겹쳐지면서, 이 영역들 사이나 영역을 가로지르는 이동이 중요해진다. 약한 유대는 한 영역에서 다른 영역으로 확산한다. 이는 특히 네트워크 자본의 성장에 따른 것이다. 네트워크 자본으로 인해 어떤 교점의 권력은 극적으로 증강된다. 따라서 전체적으로 네트워크 자본에 대한 상대적 접근성 정도에 따른 사회적 불평등이 초래된다.

사람들이 "멀리 그리고 넓게" 흩어져 살기 때문에, 만남은 직장, 가족, 사회적 삶에 필수적이다. 사람들은 때때로 모여야 하는데, 이는 의무적인 것이면서도 비용이 많이 든다. 만남은 중요하고, 만남을 수행하고 실현하는 자원인 네트워크 자본 접근성에는 심대한 불평등이 존재한다. 많은 이동은 사업이나 직업상 이유로 다른 사람을 만나기 위한 것이거나 특정 장소에 있는 가족이나 친구를 방문하기 위한 것이다. 사람들의 사업, 직업, 가족, 친목을 위한 네트워크의 지리적 분포는 이 의무적인 이동의 형태, 리듬, 패턴을 구조화한다.

여기에 어떤 동역학이 존재한다. 네트워크 자본이 증가하고 요긴해짐에 따라 네트워킹은 확대되고, 그럴수록 네트워크에 참여하려면 더 많은 네트워크 자본이 필요해진다. 네트워크 역량을 "그대로 유지"하는 데에도 네트워크 자본이 더 많이 필요해진다. 그러므로 네트워킹 범위가 넓어질수록 네트워크 자본이 확장되고, 더 나아가 네트워크의 범위, 정도, 이질성도 확대되는 되먹임 메커니즘이 존재하게 된다.

나는 사회적 삶의 네트워킹이 "문 대 문" 연결로부터 "장소 대 장소" 연결로, 그리고 "개인 대 개인" 연결로 바뀐다는 것을 보여 주었다. 장소나 집보다는 개인이 점점 더 사회적 네트워크의 새로운 중심이자 새로운 "포털"이 된다. 네트워크를 구조화하는 데에는 각 개인과 특정 네트워크가 핵심이 되고, 장소·가정·환경은 덜 중요해진다. 또, 이 "개인화된 네트워크"와 연락을 유지하기 위해 이동 시간(그리고 대기 시간)을 더 많이 사용하게 된다. 이것은 종종 이동 중에 신뢰를 회복하고, "부재중 현전"을 유지하며, "연결된 현전"을 통해 이벤트를 다시 조율하는 "업무"를 처리한다. 현대적 삶의 주요 변화는 일상의 통근, 연례 휴가, 매주 가족 방문에서 나타나는 특정한 "이동 공간"에서 광범위하고 정교한 "중간공간" 또는 모호한 시공간으로의 전환이다. 이 공간은 가정과 직장과 사회 사이에 있다. 다양한 모빌리티, 첨단기술, 확장된 네트워크가 성장함에 따라 "중간공간적"인 사회적 삶의 새 "장"이 나타나고 있고, 여기서는 네트워크 자본이 매우 중요하다.

나는 또한 개인화된 네트워크로의 전환과 더불어, 시간의 "궁핍"이 나타난다는 것을 보여 주었다. 사람들의 매일매일 시공간 패턴이 직장, 공동체, 가정으로부터 탈동기화되고, 따라서 서로로부터 탈동기화되기 때문이다. 직장, 가족, 친교에 매우 중요한 공동현전은 특히 힘들어진다. 집단적 조율이 사라지기 때문이다.

자본주의 사회는 신체의 많은 요소나 측면을 상품화하는 것과 더불어 전반적으로 새로운 즐거움을 필요로 하는 것처럼 보인다. 직장에서도 새로운 관리 방식은 어느 정도는 즐거움을 유발하려 한다. 집중적으로 일하면서도 일을 "사교적이면서도 재미있는 것"으로 느끼게 하려는 것이다. 그리고 다양하게 상품화된 몸은 자신 안에서나 자신을 가로질러 이리저리 이동하고, 나아가 특정 장소에 존재하면서 이 장소를 수행한다. 신체는 "새로움"에 종속된다. 그래서 새로움에 대한 종속은 주로 다른 곳에서, 이동 중에, 방문해서 몰입할 "필요"가 있는 다른 장소에서 일어난다. 21세기에 새로움은 종종 이동하고 상품화되는 몸과 관련된다. 현대 자본주의 질서 내부에서 삶은 간헐적 이동을 전제로 한다. 여기에서 새롭게 흐르는 몸은 어떤 장소에서 풍요로운 (체화된) 대면 공동현전을 통해 타인과 간간이 조우한다. 장소로의 이동은 다양한 정동을 불러일으킨다. 앞서 대지로부터 경관으로의 전환이 특정한 세계-내-존재 방식을 드러낸다는 데에 주목한 바 있다. 이런 일은 장소를 비교, 대조, 수집하여 수행함에 따라 일어난다. 나는 또한 장소들 사이에서 벌어지는 예외적인 범지구적 경쟁을 분석했다. 장소가 범지구적 무대에서 입지를 다지고자 분투할 때 그 경쟁은 장소의 성격을 변화시킨다. 그러므로 장소는 꼭 한 "위치"에 머물지 않고 역동적으로 이리저리 이동한다. 장소는 인간 행위자와 비인간 행위자의 네트워크 안에서 이동하는데, 비인간 행위자로는 사진, 모래, 사진기, 자동차, 기념품, 그림 등이 있다. 이 물건들은 인간이 할 수 있는 일, 장소에서 수행할 수 있는 일을 확장한다. 거기에서 나오는 네트워크는 소용돌이치면서 점점 유체가 되고, 응고된 장소를 변화시키며, 예기치 않은 새로운 장소를 유희 "안으로" 끌어들인다.

그리고 나는 사람들이 이리저리 이동하면서 불가피하게 인간 주체인 자신에 대한 정보를 무수한 흔적으로 남긴다는 것을 논의했다. 예전에는 "사적"이었던, 그래서 신체로서의 개인 가까이에 또는 개인 그 자체에 담겨 있던 많은 것들이 오늘날에는 그 신체 바깥과 "자아" 바깥에 존재한다. 달리 말해, 자아는 시공간에 흩어진 다양한 데이터베이스들을 가로질러 넓게 분산된다고 말할 수 있다. 사회 세계는 "데이터베이스화"를 향해 비가역적으로 전환해 왔다. 이는 생명 자체의 유전적 "코드화"와 관련하여 많이 검토되어 왔다. 그러나 다음에서는 이런 "데이터베이스화"가 낳는 또 다른 결과를 강조하려고 한다. 특히 돌이킬 수 없는 기후변화로 인한 지구적 대재앙의 잠재적 발생이라는 맥락에서 그 이상의 함의를 내포하고 있음을 시사한다.

앞의 여러 장에서는 인간이 자신도 모르는 사이에 기계와의 파우스트적 거래에 빠져들었다고 했다. 이러한 기계 덕분에, 인간은 예전에는 상상도 못 했던 일을 대규모로 할 수 있게 되었고, 상상도 못 했던 곳으로 갈 수 있게 되었다. 이는 특히 1840년경부터 시작된 상호교차하는 시스템들의 발전 덕택이다.

나는 1990년경 또 한 차례의 파우스트적 거래가 이루어졌다고 주장한다. 인간은 이번에는 무수한 디지털 코드와 데이터베이스로 이루어진 어떤 새로운 배치에 포섭되었다. 이 데이터베이스는 인간이 할 수 있는 일을 어마어마하게 확장한다. 그것은 가상으로 이동하게 하고, 정보를 즉각 검색할 수 있게 하며, 이동 중에도 수많은 타인과 소통하게 하고, (웹 2.0같이) 많은 새로운 정보나 친교의 원천을 증식시킨다. 그러나 동시에 이 "디지털과의 춤"은 이러한 상호의존적인 "데이터베이스" 시스템들에 인간을 가둔다. 예전에는 각 자아에 사적으로 머물던 것을 데이터베이스를 통해 공적으로 만드는 이 과정은 아직 제대로 시작되지도 않았다. 여기에서 내 주장은 새로운 기술적 경로가 마련되었다는 것, 그래서 갈수록 많은 경제생활과 사회생활 요소가 웹 2.0보다는 거미줄〔웹〕에 더 가까운 경로의존 패턴에 "잠기게" 된다는 것이다.

지금까지 살펴본 바로는, 지구에서 인간 삶의 미래는 자아의 광범위하고 집중적인 "데이터베이스화", 혹은 부캇만Bukatman이 말하는 "단말기 정체성"'에 의존한다(Bukakman 1993). 압도적으로 지배적인 자동차 시스템을 길들이고, 모빌리티 기계들이 지구적 기후변화에 끼치는 가공할 영향력을 한 단계 완화하는 유일한 방법은 자동차 시스템을 연속 시스템에서 결속 시스템으로 전환하는 것이다. 이 결속 시스템이 작동하려면, 경제적·사회적·정치적 삶의 데이터베이스화를 어마어마하게 확장해야 한다. 특히 각 "자아"의 몸이 매 순간 있는 정확한 위치를 데이터베이스화해야 한다. 이 데이터베이스화의 핵심적 양상 가운데 하나가 미국에 기반을 둔 위성항법시스템GPS으로, 이것은 EU가 개발하는 갈릴레오 항법시스템을 통해 그 정확도가 크게 향상되고 있다. 사용료를 내는 상업적 이용자의 경우에는 식별 정확도 오차가 1미터 이하가 될 것이다. 여기에 지상관제소를 통해 보완하면, 정확도의 오차는 경이롭게도 몇 센티미터 이하로 떨어질 것이다.

이어질 다음 절들에서는, 지구의 미래를 지속하기 위해서는 향후 냉정한 선택을 내려야 한다는 결론에 도달할 것이다. 한편으로는, 통제되지 않는 기후변화, 경제적·사회적 삶에서 기존의 "문명화" 실천 대부분의 소멸, 그리고 지난 수십 년 동안 전개된 여러 모빌리티와 네트워크 자본의 발전에 난폭한 반전이 일어날 수 있다. 다른 한편으로는, 자아와 사회

---

1 단말기 정체성terminal identity은 텔레비전이나 컴퓨터 등의 단말기terminal에서 구성되는 새로운 정체성의 탄생을 의미하는 동시에, 전통적 "주체"인 자아가 소멸하는 "종말적terminal" 정체성을 뜻한다.

의 디스토피아적 디지털 오웰화가 일어날 수 있다. 이 경우 거의 모든 이동이 디지털로 추적되고 조회될 것이다. 적어도 부유한 사회에서는 거의 모든 사람이 디지털 파놉티콘에 수용될 것이고, 탄소 데이터베이스는 가치와 지위를 재는 공식 측정 수단이 될 것이다.

여러 미래

일단은 이 책에서 살펴본 여러 논점에 의지하여 미래의 여러 가능성을 전반적으로 고찰하고자 한다. 우선, 미래는 다양한 제약이 있으므로 완전히 열려 있는 것은 아니다. 미래를 제약하는 핵심 요인들을 가령 다음과 같다. 인간의 인지적·비인지적 역량, 사회마다 뿌리내린 전통, 국가와 국제기구의 권력 및 권력 유지 효과, 다양한 수준에서 작동하는 광대한 지구적 과정, 건조建造 환경의 상대적 부동성, 다양한 경제적·기술적·사회적 경로의존성, 전 세계에서 심대한 경제기술적·사회적·환경적·정치적 불평등 등이 그것이다. 이처럼 서로 다른 시공간 안에서나 이를 가로질러 이동하는 매우 강력한 사회물리적 시스템들은 "미래"의 가능성에 여러 제약을 가한다. 이 시스템들은 다양한 수준 혹은 차원에서 잠기면서 미래 변화의 가능성을 많은 면에서 제약한다.

이 시스템들의 복잡한 상호의존성 때문에 개인들로 이루어진 소규모 집단이 변화를 이끄는 적실한 수단을 예측하기란 거의 불가능하다. 많은 집단이 다양한 사회 변화 프로젝트를 실현하는 데에 진력하지만, 특히 그 변화가 지구적인 것이거나 그런 것이어야 한다면, 그것은 몹시 어려운 일이 된다. 비록 꽤 강력한 권력을 지닌 일부 집단을 포함하여 많은 집단이 노상 그렇게 노력하지만, 그런 지구적 변화가 일어나리라고는 거의 상상할 수 없다. 경제적·사회적·정치적 혁신이 일어나는 시간과 공간에는 의도하지 않은 결과가 너무 많이 일어난다. 그리고 그 결과 자체가 적응하면서 진화하는 시스템 효과를 낳는다. 세계무역센터의 쌍둥이 빌딩이 폭격으로 무너진 것은 전 세계에서 알카에다가 기대한 수많은 결과를 낳았을지도 모른다. 그러나 어떤 집단이 효과적으로 예측하고 적당한 행동을 실행하여 의도한 결과를 낳는 이런 사례는 극소수이다(미국 국방부의 "미래 예측"은 이라크에서 어이없이 빗나갔다).

그렇지만 변화의 가능성이 제법 열리는 순간이 있다. 아직 주사위가 던져지지 않았고, 다양한 현실적 대안들이 의제로서 체계적으로 다뤄지는 시기다. 변화는 물론 어떤 원인 때문에 일어나겠지만, 그렇다고 기존 시스템으로 온전히 환원되는 것은 아니다. 어떤 순간에는 변화의 기운이 감돈다. 물론 이런 순간은 흔히 돌이켜 볼 때에만 깨달을 수 있긴 하지만. 1990년 무렵이 이런 순간이었던 것 같다. 그러나 여기에는 위험이 상존한다. 자신이 처한 이 순간이 어떤 식으로든 비범한 전환의 순간이라고 믿고, 이 순간 내리는 결정이 다른 때 다른 곳에서 내리는 결정보다 운명적이라고 믿는 시대적 허세라는 위험이다(이와 연관하여 "혼돈점chaos point" 개념[2]에 대해서는 Laszlo 2006 참조).

---

[2] 어빈 라즐로가 《혼돈점The Chaos Point》(2006)에서 주창한 이 개념은 그것을 넘으면 더 이상 돌이킬 수 없는 어떤 임계점을 뜻한다. 라즐로는 이 혼돈점이 더 안전하고 지속 가능한 세계로 나아가거나, 사회·경제·생태 시스템이 송두리째 무너진 세계로 나아가는 갈림길이라고 예견한다.

더구나 변화가 아무 수단으로나 일어나는 것은 아니다. 사회적 관계의 어떤 네트워크는 오래도록 안정을 이룬다. 앞서 경로의존성 분석이 중요하다고 언급한 바 있다. 이런 분석에 따르면, 인과관계는 우발적 사건에서 일반적 과정으로 흘러가고, 미미한 원인에서 심대한 시스템 효과로 흘러가며, 역사적으로나 지리적으로 외진 위치에서 보편적인 위치로 흘러간다. 내가 논의한 경로의존성의 의미는 이렇다. 시간이 흘러 어떤 과정들이 질서를 가지게 되면, 이 과정들은 때로는 수십 년 후에, 심지어 수백 년 후에 드러나는 비선형적 경로에 심대한 영향을 끼치는 것이다. 과정에 대한 경로의존성 모델에 따르면, 시스템은 "잠금"을 통해 비가역적으로 전개되지만, 어떤 "경로"의 시작을 촉진하거나 전복하는 데에는 모종의 미미한 원인이면 충분하다. 이 미미한 원인은 대개 예측이 불가능하거나 어렵다. 그래서 나중에 돌이켜 보면서 이런 원인이 어떻게 경로의존적 결과를 통해 시스템을 전복했는지 설명할 수 있을 따름이다.

나아가 변화가 점진적이지 않고 극적으로, 순식간에, 급작스럽게, 쇄도하듯이 일어날 수도 있음을 살펴보았다. 시스템이 특정 임계치를 통과하면 전환점 혹은 전복점이 발생하고 이것은 다시 "단속평형"을 이룬다. 온도 조절의 하찮은 변화로 액체가 기화하는 것, 1990년대 말 인터넷이 극적으로 성장하고 수많은 사람과 조직이 거기 적응하고 공진화한 것, 지구 온도의 미미한 상승으로 통제 불능의 지구온난화가 일어나는 것이 그런 사례이다.

승용차, 기후, 파국

우리가 고찰한 것처럼, 잠김이라는 현상은 시스템의 장기 발전에서 제
도가 매우 중요함을 보여 준다. 매우 넓은 의미에서 제도는 장기적 비가
역성을 생산할 수 있다. 이 장기적 비가역성은 "예측은 쉽지만 되돌리기
는 더 어렵다"(North 1990: 104). 애보트Abbott에 따르면, 변화는 사물의 정상
질서이다. 현대사회의 삶에 관한 수많은 분석은 심대한 변화가 점차 가
속하고 있음을 강조한다. 하지만 사회관계들의 네트워크는 꽤 오랫동
안 안정을 누린다(Abbott 2001). 6장에서 살펴보았듯이, 그중 하나가 자동차
시스템이다. 어마어마한 경제적 · 사회적 · 기술적 변화의 소용돌이가
에워싸고 있음에도 불구하고, 이 시스템은 매우 안정적이고 거의 변하
지 않았다. 석유-강철로 이루어진 자동차 시스템은 여전히 거침없이 순
항하고 있다. 한 세기가 넘도록 도보, 자전거, 버스, 기차와 같은 경쟁자
를 "몰아낸" 것이다. 이것은 현대판 리바이어던이다. "자동차 모빌리티
는 생산, 소유, 도관導管, 투사, 압력, 동력 등 여섯 개의 손가락을 뻗쳐서
인류에 대한 전 세계적 지배력을 강화한다"(Latimer, Munro 2006: 35).[3] 이와 같

---

3   여기 인용된 논문에서 저자들(Latimer, Munro)은 어리의 논문(Urry, J. "Automobility, car culture and
    weightless travel: a discussion paper", Lancaster: Department of Sociology, Lancaster University. 1999)의 논지
    를 소개하면서, 이를 P로 시작하는 여섯 단어로 요약한다. 어리의 논문에서 서술하는 자동차 모
    빌리티의 특징과 여기 인용된 논문의 표현은 다음과 같이 대응한다. 1) 본질적으로 공산품임(생산
    production), 2) 개인 소비의 주요 품목임(소유possession), 3) 타 산업(정유, 도로 건설, 모텔, 광고 등)과 기
    술적 · 사회적으로 연계하는 매우 강력한 기계 복합체임(도관pipelines), 4) 다른 공적 모빌리티(도보,
    자전거, 철도 등)를 지배하는 준準사적 모빌리티 형태임(투사projection), 5) 사회성을 조직하고 정당화
    하는 지배적 문화임(압력pressure), 6) 엄청난 물질 · 공간 · 에너지를 동원하는, 환경자원 사용의 가
    장 중요한 원인임(동력power).

은 잠겨진 제도적 과정은 극히 되돌리기 힘들다. 전 세계 수십억 명의 행위자가 공진화하고 적응하면서, 이 강제성과 유연성의 기묘한 혼합물을 중심에 두고 자기 삶을 구축하기 때문이다(더 일반적으로 행위자와 시스템에 관해서는 Krugman 1996 참조).

　그러나 영원히 고정되는 것은 아무것도 없다는 것이 복잡성 접근법의 핵심이다. 애보트에 따르면, "자물쇠에 열쇠를 꽂아 중요한 전환점을 가져올 어떤 행위 패턴의 가능성이 상존한다"(Abbott 2001: 257). 그러나 현재 수많은 정부나 기업의 사고와 실천은 자동차의 미래와 관련하여 복잡성 관점이 아니라 선형성 관점을 채택한다. 다시 말해, "자동차"의 특정 측면 하나가 변화할 수 있는가, 그리고 연비 향상, 출력 대비 무게 감소, 자동차 공유 확산 등의 선형적 변화가 어떤 결과를 낳을 것인지를 묻는다. 이러한 지배적인 선형적 접근은 영국의 왕립공학아카데미 보고서《2050년의 교통Transport 2050》에도 나타난다(Royal Academy of Engineering 2005). 이 보고서는 자동차를 수많은 경제적·사회적 실천과 밀접하게 상호연결된 어떤 복잡한 시스템으로 검토하지 않는다. 그뿐 아니라, 소소한 변화가 어떻게 시스템을 변화시키고 포스트카라는 새로운 존재를 출현시킬지도 검토하지 않는다. 그래서 "여느 때와 다름없는" 현재의 자동차 시스템(Adams 1999)에 균열을 내기 위해, 나는 무엇이 "전복점"을 유발할지 살펴보고자 한다. 4인승이고 차체는 강철이며 동력은 석유인 1톤짜리 자동차는 향후 몇십 년 안에 박물관으로 갈 것이다. (그래도 볼 만한 것이 있다고 박물관에 가 볼 사람이 있다면) 관람객은 이 공룡 같은 기계를 우두커니 바라볼 것이다. 이런 기괴한 자동차가 들어 있는 진열장 옆에는 마찬가지로 진기한 이동전화, 커다란 금속 상자 안의 볼품없는 컴퓨터가 있을 것이고,

야외에는 점보제트기가 녹슬고 있을 것이다.

포스트카의 미래는 사뭇 다른 두 가지 양상으로 도래할 수 있다. (석유 공급의 붕괴와 더불어) 지구온난화라는 파국이 전 세계의 수많은 자동차, 도로, 통신시스템을 "쓸어 버릴" 수도 있다. 인구, 생산, 소비, 통신, 모빌리티의 감소로 한결 저탄소의 경제가 등장할 것이다. 이 시나리오는 "부족 거래"로 불렸다(Foresight 2006). 그렇지 않으면, 자동차 결속 시스템이 출현할 것이다. 이 경우 이 시스템은 몇몇 부유한 사회에서 시작되어 점차 세계 전역으로 퍼져 나갈 것이다. 이 포스트카 시스템에서는 다양한 시간적·공간적 규모에서 작동하는 수많은 시스템들이 서로 적응하고 공진화하면서 상호작용할 것이다. 이 시스템들은 환경·기술·경제·정책·사회의 다양한 자원을 포함할 것이다.

과연 이 두 번째 변환으로 포스트카가 등장할 것인지 예측하기란 여간 어려운 일이 아니다. 이 책에서 강조한 것처럼, 시스템의 대규모 변화는 보통 어떤 사회기술적 시스템의 초기 단계에서 일어나는 여러 "작은" 변화들에 기인한다. 하나의 특수한 질서에서 일어나는 이런 작은 변화들은 이후에 경로의존 패턴으로 정착한다.

따라서 이제 여덟 가지의 "작은" 발전이 역동적으로 상호의존하면서 모빌리티를 새로운 시스템, 즉 자동차 결속 시스템으로 뒤집어 놓을 수도 있음을 간략히 살펴보겠다(이와 대립하는 견해는 Graham, Marvin 2001 참조. 여기에서 킹슬리 데니스Kingsley Dennis의 연구에 깊이 감사한다). 이 변화들은 다양한 시스템에 걸쳐 일어나는 것들로서 그 자체로는 전혀 "기술"의 문제가 아니다. 여기서 나의 주장은 전기 그리드 시스템의 성장에 대한 휴즈Hughes의 고전적 연구에 기초한다(Hughes 1983). 그는 대규모 기술의 성공이 장치의 설계뿐 아니라 그러한 설계가 끼어들 "사회"의 설계에도 달려 있음을 잘 보여 준다. 다시 말해, (포스트카 결속 시스템이 될) 새로운 대규모 시스템은 이런 장치들이 배치될 어떤 재구성된 미래 사회라는 전망을 요구한다. 그렇다면 이 시스템 변화를 촉발할 작은 변화들은 무엇인가?

첫째, **지구적 기후변화**에 관한 이해가 급변하는 것이 하나의 작은 변화이다. 지난 몇 년 동안 기후변화를 다루는 다양한 과학에서 불확실성이 현저하게 줄었다. 물론 향후 온도 변화의 규모나 여파가 아직도 격렬한 논쟁 대상이고, 특히 미국과 몇몇 개발도상국에서 비판을 받고 있기는 하지만, 다음과 같은 사실에 대해서는 점차 의견이 일치한다. 지난 세기 동안 지구 온도가 최소한 섭씨 0.5도 상승했으며, 이것이 대기 중의 온실가스 수준을 높인 매우 다양한 인간 실천의 결과임은 거의 확실하다 (Stern 2006: ii). 게다가 이러한 온실가스 수준과 지구 온도는 향후 수십 년 동안 크게 높아질 텐데, 이는 특히 그린란드의 해빙解氷 같은 다양한 양의 되먹임을 통해 온도를 더욱 상승시킬 것이다(Lovelock 2006: 33). 이 과정은 잠길 것이고, 러브록에 따르면 "온도 상승을 상쇄할 거대한 음의 되먹임은 없다"(Lovelock 2006: 35). 이러한 변화로 인한 전체적인 경제적 · 사회적 · 정치적 파급효과가 범지구적으로 나타난다. 이 변화가 대폭 완화되지 않는다면, 전 세계적으로 생활수준과 삶의 역량이 크게 낮아질 것이다. 그리고 그 영향은 빈국에서 가장 크게 나타나므로, 세계 총인구도 큰 폭으로 감소할 것이다(Stern 2006: vi-vii). 여느 때와 다름없이 행동한다면 온실가스는 금세기 말에 세 배까지 증가할 수 있으며, 온도가 섭씨 5도 이상 상승할 위험이 50퍼센트에 달한다. 예를 들어, 전 세계 소비 수준이 5퍼센트에서 20퍼센트까지 감소하여 세계의 자연지리 및 인문지리가 변형될 위험이 있다(Stern 2006: iii, x). 따라서 자연과학자와 사회과학자, 그리고 여러 국가의 정부나 국제기구 사이에서는 전 지구적으로 반드시 탄소 소비를 줄여야 하고 여기에는 매우 실질적인 경제적 이유도 있다는 공감대가 커지고 있다. 그중에서도 교통 부문의 탄소 사용 억제가 중요하다. 승용차 이용 증가, 저가 항공 여행의 급속한 확대, 공산품과 식품의 비행 "거리" 증가 등으로 인해 교통 부문은 파격적으로 확장되어 왔기 때문이다. "승용차" 구동의 경우 탄소 기반 시스템의 잠재적 대안들이 있기 때문에, 이 부문의 탄소 사용 억제는 여러 경제적 · 정책적 의제에서 우선순위를 차지한다(Motavalli 2000). 탄소 기반 교통시스템에서의 탈피는 비교적 단기적 책무이지만, 적시에 달성되면 장기적 절감 효과를 낳을 것이라는 주장이 점차 호응을 얻고 있다. "지연하면 큰 대가를 치를 것이다"(Stern 2006: xv). 따라서 이 전 세계적인 경제적 · 정책적 환경 변화는 작은 변화이지만 잠재적으로 매우 중요하다.

둘째, 전 세계 **석유 공급**의 고갈이 곧 시작된다는 인식이 점점 확산하고 있다. 미국의 석유 생산 정점은 1971년으로 거슬러 올라간다. 세계적으로 석유 생산은 2010년경 정점에 이를 것으로 보인다. 특히 과거와 같은 속도로 새 유전을 찾아내지 못하기 때문이다(Heinberg 2005; Rifkin 2002: 2장). 에너지는 점점 비싸질 것이고, 특히 세계 인구가 꾸준히 증가함에 따라 자주 부족해질 것이다. 석유가 충분하지 않기 때문에, 심각한 경제침체가 일어나고, 자원전쟁이 빈번해지며, 일각에서는 인구를 줄여야 한다고 주장할 것이다. 담수 공급도 화석연료에 의존하는데, 현재 세계 인구의 3분의 1이 지독한 물 부족에 시달리고 있다(Laszlo 2006: 28-29). 리프킨Rifkin은 석유 시대가 "등장하던 속도대로 퇴조하고 있다"고 강조한다(Rifkin 2002:

174). 실제로 지난 30년 이상 미국 외교정책의 토대는 피크오일peak oil 개념이었다. 그로 인한 흥미로운 결과는, "애국적인" 미국 유명인들이 이제 "외국" 기름 수입을 줄이고자 기름을 쓰지 않는 "녹색" 자동차를 사게 된 것이다.

셋째, **교통정책**이 (항공 여행을 제외하면) 예측-공급 모델[4]에서 벗어나고 있다. 이 모델은 모빌리티 증가를 바람직한 재화로 보는 관점에 기초한다. 이 모델에 따라 공학자들은 미래 자동차 이용 예측에 대응하고자 새로운 도로 계획을 마련했다. 이 모델에서 예측한 바를 공급하기 위해서다(Whiteleggg 1997; Vigar 2002). 이에 비해 "신현실주의" 정책은 도로망을 확충하면 승용차 이동만 늘 뿐이라고 비판한다. 신현실주의와 연계된 수많은 조직은 대안 모빌리티를 발전시키고 있다. 여기에는 통합 대중교통, 자전거나 보행을 위한 시설 개선, 첨단 교통관리, 토지 이용 개선 계획, 실시간 정보시스템, 교통수단의 환경영향에 관한 폭넓은 분석 등이 포함된다(Vigar 2002). 특히 브라질의 쿠리치바시와 같은 대안 교통 모델에 주목한다. 이 모델에 따라 여러 교통 유형은 분리되고, 도시의 주요 동맥에 버스전용차선이 설치되었다. 그 결과로 안전하고 미덥고 효율적인 버스 서비스가 등장했다. 버스가 다른 교통수단과 뒤섞여 운행하면 위험하고 느릴 수밖에 없는데, 이 모델 덕분에 그럴 위험과 지연이 줄어든 것이다. 그리고 버스 노선을 따라 개발이 집중적으로 이루어진다. 1천 대 이상의 버스가 하루에 1만 2,500회 운행하면서 130만 명의 승객을 실어 나른다.

---

4 예측-공급 모델predict and provide model은 (특히 교통정책 등에서) 미래의 수요를 예측하고 이에 필요한 인프라를 공급하는 모델이다.

쿠리치바의 버스는 다섯 가지 유형인데, 이 중에서 신형 "이중굴절" 버스는 교통 수송량이 많은 바깥쪽 차선으로 운행한다. 세계 최대의 이 이중 굴절 버스는 세 대의 버스를 두 군데 굴절 부위로 연결하여 승객 270명을 태울 수 있다.

넷째, 승용차, 승합차, 버스용 새로운 **연료 시스템**이 등장한다. 새롭게 등장한 첨단 연료 시스템에는 리튬이온 나노 배터리, 탄소 나노튜브 배터리와 축전기, 휘발유나 경유와 배터리로 구동하는 하이브리드 자동차(혼다 인사이트, 도요타 프리우스), 가스와 증기로 구동하는 하이브리드 자동차(BMW), 플러그인 하이브리드 전기차, 오일시드에서 뽑은 [바이오] 디젤, 천연가스(Honda GX), 곡물·사탕수수·옥수수로 만든 에탄올, 수소 연료전지 등이 있다(Motavalli 2000: 107; Rifkin 2002: 192-193). 거의 모든 주요 자동차업체는 대체연료 시스템을 하나 이상 개발하고 있으며, 석유회사도 BP의 슬로건처럼 '석유 너머Beyond Petroline'로 가려 한다. MIT의 스마트 시티 프로젝트는 공유할 수 있고 겹쳐 쌓을 수 있는 개인용 로봇 "자동차"를 개발했다(Jha 2005). 최근의 다른 포스트카에는 G-위즈, 싱크시티, 사쿠라 마라넬로 전기차, 다임러크라이슬러 수소 버스, 네카 자동차 등이 있다. 현재 4천여 업체가 양산형 수소차 개발을 추진 중이다(Vidal 2002). 물론 일각에서는 회의적이지만, 리프킨은 "세계적 수소 에너지망"을 1990년 인터넷과 네트워크 사회의 출범을 계승하는 차세대의 기술적·상업적·사회적 혁명이라고 기술한다(Rifkin 2002: 9, 특히 8장).

다섯째, "자동차" 차체를 만드는 다양한 **신소재**가 출현하고 있다. 이 모델 중 하나가 고급 폴리머 복합소재로 만든 초경량 "하이퍼카"이다(Hawken, Lovins, Lovins 2000). 또한 알루미늄 기술이나 나노기술도 있는데, 그

덕에 탄소섬유는 강철의 100배 강도, 6분의 1 중량이 된다(US Department of Transportation 1999: 4-5). 요즘 등장한 사례는 로터스의 탄소섬유와 수지 개발이다. 이러한 신소재는 차량 무게를 크게 줄이므로 차량을 움직일 강력한 엔진의 필요성도 줄어든다. 또한 혼잡한 도시 공간 때문에 (4인승 가족용 승용차보다) 훨씬 작은 경차 생산이 늘 수도 있다. 현재 이런 경차 혹은 "스테이션카"[5]의 예로는 메르세데스 스마트카, 카브리올레, 닛산 하이퍼미니, [시트로엥] C1, 푸조 튤립뿐 아니라 세그웨이 전동킥보드와 BMW 오토바이/자동차 하이브리드 등도 있다. 다양한 경량 교통시스템도 계획되어 있는데, 히드로공항에서 스마트카드로 구동하는 ULTra 자동화 택시 혹은 Taxi2000 프로토타입 등이 그것이다(디지털 시대 이전 아라미스의 실패에 대한 라투르의 유용한 설명은 Latour 1996 참조).[6] 또 다른 계획들에서는 대형 차량을 물리적으로 쪼개어 가벼운 경차로 만들려고 한다.

여섯째, 자동차의 **탈사유화**로 나아가는 중대한 움직임이 일어나고 있다. 공유 자동차, 협동조합식 자동차 클럽, 지능형 렌터카 제도 등이 그것이다. 2001년까지 유럽의 600개 도시는 5만여 명이 참여하는 자동차 공유 제도를 개발하였다(Cervero 2001). 프랑스 라로셸시(리셀레 시스템), 북부 캘리포니아, 베를린, 일본 등지에서 개발한 프로토타입이 그런 사례이다(Motavalli 2000: 233). 옥스퍼드에서는 영국 최초로 아비스 카비니언스라는 이름의 시간당 렌터카 클럽 제도를 도입했다. 미국에는 집카와 플렉

---

5 집에서 역station까지 타고 가서 철도나 지하철로 환승하는 데에 주로 사용하는 자동차.
6 라투르는 《아라미스: 기술에 대한 사랑Aramis, or The Love of Technology》(1993)에서 파리의 신개념 개인 고속수송시스템Personal rapid transit · PRT 아라미스 프로젝트의 실패를 미스터리 소설 형식을 차용해 서술했다.

스카라는 두 회사가 있고, 영국에는 시티카 클럽, 카플러스, 카셰어 같은 다양한 자동차 클럽이 있다. 일부는 예약과 결제에 스마트카드 기술을 활용하는데, 이것으로 대중교통도 이용할 수 있다. 이러한 발전은 현대 경제에서 리프킨이 말하는바 소유에서 접근으로의 일반적 전환을 반영한다. 이는 인터넷을 통한 수많은 서비스 제공에서 잘 나타난다(Rifkin 2000). 따라서 **차량** 소유가 아니라 모빌리티 **서비스** "접근"에 대한 결제가 늘고 있다는 가설을 세워 볼 수 있다. 이것이 가져올 중대한 결과는 이렇다. 가정마다 자동차를 소유하지 않는다면 "자동차 서비스"를 제공하는 협동조합이나 기업이 "미운행" 차량의 단기적 주차를 담당하고, 특히 장기적 처리도 담당하리라는 것이다. 만일 전자가 이루어진다면 더 많은 차량이 "도로에서" 운행되므로 필요한 주차장 규모가 크게 줄어들 것이다. 그리고 후자가 이루어진다면 차량 재활용 비율이 획기적으로 개선될 것이다(Hawken, Lovins, Lovins 2000에서 이를 잘 보여 주었다). 전체적으로 보아 자동차의 역사적 단계는 이렇게 설정할 수 있다. 즉, 럭셔리 차량이나 스피드 차량에서 가정용 혹은 가구용 차량으로, 나아가 개인이 소유하고 운전하는 승용차로, 그리고 협동조합이나 기업이 소유하고 "임대"하는 차량으로 변천한다.

일곱 번째, 이와 연계하여 승용차에서 집, 버스, 교육장, 직장, 웹사이트, 상점 계산대, 은행으로 정보를 전송하는 "스마트카드" 테크놀로지가 발달할 것이다. 이러한 연결성은 교통수단이 무엇이건 간에 '이동' 결제 수단을 단일화하기 쉽게 만든다. 이와 동시에 자동차를 이른바 탈사유화하여 포털에 가깝게 만든다. 공공·민간의 교통수단 호환 여행카드를 개발한 스위스는 이미 여기에 근접해 있다. 차량은 점차 이동전화, 개인 엔터테인먼트 시스템, 노트북컴퓨터 등의 기술과 혼성된다(가령 자동차 회사가 인터넷 서비스 제공자와 결합한다). 운전자와 동승자는 자신의 통신 링크(이메일 주소, 전화번호, 웹 주소)와 엔터테인먼트 애플리케이션(디지털 음악, 프로그램된 라디오방송)을 가지고 자동차를 개인화한다. 따라서 모든 차량은 점차 집 밖에서도 "스마트홈"에 가까워질 것이다.

여덟째, **통신**은 갈수록 교통과 연결된다(Castells 2001 참조). 정보통신 기술 ICT이 휴대전화, 팜톱 컴퓨터, 자동차, 버스, 기차, 항공기 등 이동체에 내장된다. 이런 차량 내부 장치 중 일부는 AIDE와 PReVENT 같은 혁신적인 지능형 안전기술을 활용한다. 정보가 디지털화되고 특정 위치에서 벗어남에 따라, 자동차는 물론이고 도로, 건물이 디지털 정보를 서로 주고받게 된다('지능형 교통시스템ITS'). ICT와 ITS의 이러한 융합은 자동차가 외부와 분리된 "쇠우리"에서 네트워크 시스템으로, 서로 평행한 **연속** 시스템에서 잠재적으로 통합된 **결속** 시스템으로 재구성되는 획기적 전환을 가져올 것이다(Foresight 2006 참조). 이는 근대의 분리된 교통 흐름에서 피터스가 유기적 흐름이라고 부르는 것으로의 전환이다. 이 유기적 흐름에서는 GPS나 갈릴레오 시스템을 기반으로 모든 교통 참여자가 생존하고 공존한다(Peters 2006).

이상의 여덟 가지 변화가 현재 일어나고 있다. 이 중 어느 것도 그 자체로는 자동차 시스템을 전복할 수 없다. 그러나 나의 주장은 만일 특정한 상호의존성이 최적의 순서로 일어난다면 포스트카 시스템을 출현시킬 수 있다는 것이다. 다수의 작은 변화가 다양한 시스템을 휩쓴다면 일종의 전염의 감각이 생산될 수 있다. 자동차 모빌리티 시스템은 지금까지 전 세계를 전능하게 장악하면서 그에 대한 모든 도전을 "몰아냈지만",

이 네트워크화된 시스템은 자동차 모빌리티 시스템을 길들일 것이다.

이 포스트카 시스템은 어떤 모습일까? 느리게 달리는 반#공용 경차, 자전거, 수많은 하이브리드 차량, 보행자, 대중교통이 혼재된 흐름이 물리적 접근 **그리고** 가상적 접근의 모빌리티로 통합될 것이다. 부유한 '북반구'의 일부 사회에서 시작되는 이 시스템은 다양하고 조밀한 이동 방식들로 이루어질 것이다. 거기 포함될 탈사유화된 "차량"은 초소형이자 초경량이고 지능적이며 아마도 바이오연료나 수소로 구동될 것이다. 가로등 기둥과 차량에 내장된 전자제어 장치는 접근을 규제하고 비용을 조직화하며 차량 속도를 조절할 것이다. 그러한 차량 일부에는 운전자가 없을 것이다. '스마트카드'는 다양한 형태의 모빌리티에 대한 접근을 제어하고 이에 대한 결제 수단으로 사용될 것이다. 차량 운행은 수많은 여타 모빌리티 수단과 전자적이고 물리적으로 통합될 것이다. 동력 교통수단과 비동력 교통수단 사이에, 그리고 수많은 다른 방식으로 '이동 중'인 사람들 사이에, 전자적으로 조율이 이루어진다(Hawken, Lovins 2000: 47; 이러한 "좋은 의도"에 관해서는 Foresight 2006 참조). 유연한 이동을 위해 필요하다면 작고 가벼운 이동식 고치를 이용할 수 있다. 소프트웨어 시스템은 일하거나 만나거나 특정 장소·행사로 가는 최적의 방법을 지속적으로 계산해 낼 것이다. 동네에서는 주거 패턴이 조밀해지고 토지 사용이 통합되는 덕분에 "근접에 의한 접근"이 향상될 것이다. 사람들은 훨씬 밀집되고 통합된 도시 지역에 살 테고 그래서 공동현전을 극대화할 것이다. 이러한 재설계 덕에 사람들의 네트워크가 서로 겹쳐짐에 따라 사람들은 서로 마주치도록 "강요"받을 것이다. 그리고 포사이트foresight〔예측〕 프로그램에서 "좋은 의도"라고 부르는 이 패턴에서는 탄소배출 허용량이라는 새로운 통화

通貨를 할당하고 감독하고 측정할 것이다. 이 시나리오는 하비의 《희망의 공간Spaces of Hope》에서 언급한 흥미로운 시나리오보다도 발전한 형태 이다(Harvey 2000: 270-271; 과학소설에 등장하는 미래에 관해서는 Bukatman 1993 참조).

암울한 미래

지금까지는 강철과 석유에 기반한 자동차 모빌리티의 시대가 얼마 남지 않았다고 말했다. 석유 엔진을 장착하고 차체가 강철인 1톤짜리 개인 소유 승용차는 19세기 기술인데, 2100년에도 개인 모빌리티가 이런 기술을 기반으로 이루어질 거라고는 상상하기 힘들다. 이런 자동차 모빌리티 시스템은 그전에 사라지리라는 것이 거의 확실하다. 그러나 이는 이제부터 분석할 두 가지 이유로만 일어날 수 있을 뿐이다. 게다가 19세기 "공공 모빌리티", 즉 공공이 소유하고 관리하며 시간표대로 운행하는 버스, 기차, 시외버스, 선박이 **지배하는** 패턴은 다시 자리 잡지 못할 것이다. 이런 것의 패배는 돌이킬 수 없다. 순간시간, 파편화, 강요된 유연성에 기초하여 개인 모빌리티를 산출하고 필수적으로 만드는 승용차 시스템은 스스로를 확장하는 성격이 있기 때문이다. 자동차의 세기 동안 자동차 모빌리티는 개인화된 이동을 전제로 하고 또 그러한 이동을 만들어 냈는데, 포스트카 시스템도 어떤 모습이 되든 상당 정도 이런 개인화된 이동을 수반할 것이다. 그리고 포스트카 결속 시스템으로 넘어가는 전복점은 예측 불가능하다. 기존 기업, 산업, 관행, 경제의 선형적 변화로부터 읽어낼 수도 없다. 인터넷과 이동전화가 '난데없이' 등장한 것처럼, '포스트카'

로의 전복점은 예측 불가능한 방식으로 출현할 것이다. 이제는 모든 곳에 편재하는 이동전화가 핀란드의 화장지 제조업체 노키아에서 불쑥 나타난 것처럼, 그 전복점은 어쩌면 현재 자동차산업과 문화의 중심에 있지 않은 기술, 기업, 정부로부터 나타날 수도 있다. 그것은 어딘가에서 발전하여 문득 유행이 될 것이다. 어쩌면 어떤 작은 사회나 도시국가에서 출현할 텐데, 이런 곳의 정보 트래픽은 매우 조밀하기 때문에 포스트카 구조로의 전환을 가능하게 할 것이다(이미 최초의 수소사회라고 공표한 아일랜드는 흥미로운 시범 사례일 것이다).

그런데 여기서 살펴보아야 할 또 다른 시나리오가 있다. 그것은 승용차와는 조금 다르지만, 역시 순간시간과 시공간 유연성에 기초하는 개인 모빌리티다. 이것은 "수직 모빌리티"인데, 한 형태는 이미 브라질 상파울루에 출현했다. 헬기로 이동하는 부유한 개인이나 용병은 고속도로를 비집고 들어가는 저 가련한 사람들 위에서 유유히 순항한다(Cwerner 2006). 현대 도시 디자인의 요소로서 헬기장의 발전은 수직 모빌리티의 잠재적 변형 효과와 네트워크 자본의 새로운 구성 요소를 나타낸다. 또한 개인이 소유하든 이보다 흔하게 임대하든, 전용기가 급증하고 있다. 이들은 군용기나 민항기의 비행 노선 아래의 비어 있는 하늘을 이용한다. 물론 수직 시스템이 대중교통시스템의 기초가 될 것이라고 상상할 수는 없다. 그러나 자동차 모빌리티가 높은 수준의 불평등을 유도한 것을 감안하면, 수직 모빌리티 시스템이 브라질처럼 소규모로 발전하기만 해도 사회적 불평등 수준은 훨씬 높아질 것이다. 이러한 유형 중 하나가 데이젯이 계획하는 '항공택시' 개발이다. 이 5인승 혹은 6인승 비행기는 미국의 지방 공항을 오갈 것이다. 또한 버진갤럭틱은 2008년부터 우주여행 서비스 개시를 계획하고 있다. 버진 조종사 30명은 '우주비행사'로 훈련받을 것이다. 수직 모빌리티는 아래에서 다시 살펴보겠다.

이보다는 좀 더 일상적인, 결속형 포스트카 시스템 시나리오를 고찰해 보자. 이 시나리오는 영국의 포사이트 프로그램에서 내놓은 "좋은 계획" 시나리오와 다소 비슷한 점이 있다. 포사이트 프로그램이란 지능형 정보시스템이 미래 교통을 어떻게 안전하고 지속 가능하며 안정적으로 만들 수 있을지를 예측한다(Foresight 2006)(나도 이 시나리오를 만드는 토론 일부에 참여했다). 수많은 디지털 변환은 물리적 모빌리티를 가상적 모빌리티로 대체하고, 여행자가 이용 가능한 선택지에 '지능적으로' 반응하도록 한다. 그리고 아직 그리 디지털화되지 않은 교통 **내부에** 정보시스템을 내장할 절호의 기회를 제공한다. 포사이트 보고서는 2055년 나타날 네 가지 시나리오를 제안하면서, 각 시나리오를 실현하려면 어떤 과정과 발전이 필요한지 다양하게 분석한다(이것은 역추적 기법[7]이라고 불린다(Foresight 2006 참조). 여기에서 내 주장은, 그중에서 경험적으로 가장 그럴듯한 두 가지 시나리오가 "좋은 의도"와 "부족 거래"라는 것이다(다음에서는 이 둘을 다르게 부를 것이다).

"부족 거래" 시나리오는 석유전쟁과 지구온난화로 인해, 전 세계를 아우르는 광범위한 이동과 통신 연결 다수가 상당 부분 붕괴한다는 것이다. 인프라 붕괴가 확산하고 여러 지역 혹은 "부족" 간의 분리가 심해진다. 보수 시스템이 해체되고, 자전거·자동차·트럭·전화 시스템을 지

---

[7] backcasting. 성공한 미래의 상태를 구체적으로 상상하면서 현재 상태와의 차이를 분석하여 현재 상태에서 미래 상태로 나가는 방법을 찾아내는 기법.

역마다 재활용하는 일이 늘어난다. 나는 부족 거래를 "지방 군벌"이라고 부르는데, 이로 인해 삶의 수준은 곤두박질치고 모빌리티 패턴은 다시 지역화된다. 모빌리티 수단과 무기의 재활용을 지배하는 지방 군벌이 점차 발호하고, 제국이나 국가의 통치는 상대적으로 약해질 것이다. 오직 거부巨富들만 이동할 수 있다. 이들은 하늘을 날아다니고, 어쩌면 뻔질나게 우주 관광을 하면서 이 지옥 같은 지구를 벗어날 것이다(그리고 절대적인 "관광객의 시선"을 얻을 것이다). 홉스적인 전쟁이 발발할 것인데, 군벌이 지배하는 각 지방은 특히 물, 석유, 가스에 대한 접근을 놓고 서로 다툴 것이다. 광범위한 홍수, 극단적 기후 사태, 석유나 가스의 장거리 파이프라인 붕괴로 무장 갱단이 물, 석유, 가스 등의 자원을 두고 싸우고 또 이를 보호할 것이다. 물론 석유전쟁은 이미 다양하게 일어났지만, 온난화된 지구에서는 물전쟁도 일어날 것이다. 빗장을 지른 진지 같은 곳에서 살 수 있는 사람은 그렇게 할 것이다. 이 시나리오에 대한 맛보기는 이미 많지만, 특히 현재 이라크가 그렇다. 수많은 여타 "황무지"가 존재할 수 있는데, 여기서 "서구"는 석유가 흐르지 않는 것처럼 보이면 부리나케 **퇴장**하면서 그 "사회"를 종족 · 부족 · 종교 군벌에게 맡겨 버릴 것이다.

따라서 우리는 선택권이 있다면 분명 "부족 거래"("지방 군벌")보다는 "좋은 의도"를 택할 것이다. 그러나 나는 "좋은 의도"의 특징이 "디지털 파놉티콘" 시나리오라고 주장한다. 왜 그런가? 기후변화의 경험적 증거에 따르면, 지구 기온의 상승 속도를 늦추고 **나아가** 이 추세를 역전시키려면 중차대한 전환이 하루빨리 일어나야 한다. 제국과 국가 시스템이 붕괴하고 "지방 군벌"이 확산하기까지 남은 시간이 별로 없다. 시스템이 적어도 한동안 한 방향이나 여러 방향으로 이동하더라도 이 기간이 오래 지속할 수 없다면, 라즐로Laszlo가 말한 "혼돈점"이 나타난다[Laszlo 2006]. 서로 연동된 다양한 시스템들이 이 세상을 미지의 영토로 데려가는데, 이는 돌이킬 수 없다. 스턴Stern은 이렇게 쓴다. "기후변화는 시장의 가장 거대한 실패이자 가장 폭넓은 실패이다"[Stern 2006: i]. 세계시장은 경제학 용어로 거대한 "외부 불경제external diseconomies"에, 사회학 용어로는 무시무시한 범지구적 위험에 에워싸여 있다. 어느 쪽으로 보든, 막강한 시스템들이 서로 적응하면서 진화하는 관계는, 기든스가 한때 모빌리티의 유비로 표현한 것처럼 절벽을 향해 전속력으로 달리는 "저거너트"[8]를 방불케 한다. 만일 우리가 저거너트를 타고 있다면, 그것을 약간 늦추는 데에도 그것을 붕괴시킬 만큼 강력한(더 강력하지는 않더라도 적어도 그만큼 강력한) 시스템이 필요할 것이다.

스턴 보고서는 기후변화를 완화하는 데에 필요한 행동 변화는 거의 기술하지 않는다[Stern 2006]. 이 보고서는 '사회'에, 그리고 일상생활을 이루고 구성하는 다양한 사회적 실천에 시스템 사고를 적용하지 않는다. 그러나 시스템 개념으로 이 문제를 궁리해 보면, 아주 강력한 모종의 시스템이 있어야 지구적 기후변화로 치닫는 이런 추세를 상쇄할 수 있음은 뻔하다. 기후변화에 내포된 양의 되먹임 고리에 아주 거대하고 강력한 새 시스템을 대치시켜야 한다. 여기서는 모빌리티 시스템, 특히 승용차 모빌리티 시스템만 다루지만, 이와 비슷한 것을 새로운 유형의 에너지 생산

---

8   juggernut. 인도 신화의 크리슈나 신의 수레를 뜻하는 산스크리트어 '자가나타'에서 유래한 개념. 기든스는 모든 것을 깔아뭉개고 부수며 지나가는 거대한 수레의 이미지를 활용해, 근대를 멈출 수도 없고 파악할 수도 없는, 극도로 위험한 저거너트에 비유한다.

과 절감에도 적용할 수 있다. 이와 같은 심대한 시장 실패를 "교정"하고 지배적인 자동차 시스템을 길들이는 단 하나의 방법은 모빌리티 기계 조직 방식을 한 단계 변화시키는 것이다. 이는 "승용차"를 연속 승용차 시스템에서 결속 차량 시스템으로 변환할 때에만 성공할 것이다.

하지만 세상에 공짜는 없다. 이를 위해서는 감시 및 지도 제작을 위한 통합적 지구자동화 시스템이 지구적 수준에서 있어야 한다. 그리고 일상생활 수준에서의 결속 시스템은 기후변화에 맞서는 제반 요소들과 더불어 "디지털 파놉티콘"을 필요로 할 것이다. 그러므로 지구에서 인류 삶의 미래는 아마 모든 자아의 광범위하고 나아가 집중적인 "디지털화"에 달려 있을 것이다. 이 행성은 여러 디스토피아적 선택지 사이에 놓여 있다. 이는 지난 한두 세기 동안 확립되고 잠긴 비가역성 때문이고, 특히 모빌리티에서는 자동차가 전 세계적으로 인류를 단단히 장악했기 때문이다 (Latimer, Munro 2006: 35). 그 장기 경로의존 패턴, 즉 자동차 모빌리티로 인해 고도로 증가한 탄소 소비 패턴 때문에 다른 대안의 여지는 크지 않다.

이 잠재적 결속 시스템의 디지털 파놉티콘에는 다음과 같은 것이 포함된다. 위성추적장치, 스마트 인프라의 일부로서 편재하는 CCTV 카메라, 데이터마이닝 소프트웨어, 도시 지역에 생체보안 시스템 적용, 다양한 데이터베이스를 가로지르는 "자아"의 분산, 개인의 경제적 · 사회적 · 정치적 삶의 요소 대부분을 통합하는 보편적 데이터베이스화, 공간의 표준화, 환경에 내장된 디지털 처리 장치, 점점 지능적으로 작동하는 이동 차량 내부 센서, 몇 십 년 내에 무선주파수 식별기술RFID 삽입을 통해 물체와 사람의 위치를 부단히 추적하는 제반 테크놀로지, 도로 공간 할당을 위한 자동화 소프트웨어 시스템, 차량의 경로 · 요금 · 접근 · 속도를 결정하는 지능형 코드공간의 발전, 차량의 자율주행용 센서와 프로세서, 개인의 탄소 허용량 및 탄소 지출을 추적하고 조회할 가능성 등이 그것이다(Thrift 2004c; Ahas, Mark 2005; Sager 2006: 476-477; Information Commissioner 2006; 일반적으로는 학술지《감시와 사회Surveillance and Society》참조). 이러한 어마어마한 디지털화의 진전이 유발하는 문제는 소위 시민의 자유에만 국한되지 않는다. 9·11 이후 "보안화"의 전형 아래에서 이런 기술 다수가 급속히 발전하고 있다. 영국에서는 정보위원장조차 우리가 감시사회에 살고 있다고 털어놓는다(Information Commissioner 2006: 1). 이러한 감시 및 추적 시스템으로 인해 삶의 특징조차 단계적으로 변질된다. 이동하기 위해서는 파우스트적 거래를 해야 한다. 특히 중요한 것은 오직 거대한 결속 시스템만이 자동차를 대신할 수 있다는 것이다. 이 시스템은 모든 차량과 운전자·동승자를 지시하고 규제하고 추적하며 얼마 안 있어 운전까지 담당할 것이다. 이는 정보와 메시지가 충일한 풍요로운 환경에 의존하며, 그 정보와 메시지는 그 자체가 이동적이며 점차 유정한 존재가 된다. 사람들은 유정하고 지능적이고 반응적인 군집 행동의 일부가 된다.

따라서 황량한 두 갈래 길이 우리 앞에 놓여 있다. 한편에는 "부족 거래", 즉 "지방 군벌"이 있다. 이는 기후변화 통제의 실패, 홍수 증가, 극단적 기상 사태, 경제생활과 사회생활 다수에서 기존 "문명화" 실천의 해체, 장거리 모빌리티 및 이와 관련한 지난 수십 년간에 걸친 발전의 극적 붕괴를 뜻한다. 뉴올리언스는 분명 일종의 경종이었고, "서구"의 미래에 대해 9·11보다 더 상징적인 사건이었다.[9] 여기 "서구"에서도 인생은 끔

---

9 2005년 8월 뉴올리언스를 덮친 허리케인 카트리나와 그로 인한 가공할 피해.

찍하고 잔인하며 거의 확실히 "단명"하게 될 것이다. 특히 해안가에서.

　물론 지금 전반적 변혁이 일어난다면 이런 상황을 가까스로 피할 수도 있을 것이다. 그러나 그러려면 자아와 사회의 디지털 오웰화가 필요하다. 디지털 감시와 추적 없이는 이동할 수 없고, 아무도 파놉티콘을 벗어날 수 없다. 이는 승용차 시스템(그리고 다른 에너지 시스템)을 길들일 수 있는데, 그러려면 가치와 지위에 대한 공적 척도로 작동하기 시작하는 개인의 탄소 허용량을 추적하고 조회하는 등의 여타 상황도 전개되어야 한다. 그래도 삶은 계속될 것이고, 어쩌면 수많은 사람이 여전히 광범위한 공동현전을 누릴 수 있을 것이다. 그러나 이런 일은 오로지 소프트웨어 시스템이 작동하여 모든 사람과 모든 일이 측정되고 관찰되고 추적되고 조회되어야 가능하다. 스스로 조직하는 풀뿌리 가상공동체라는 꿈은 악몽으로 변한다. 그것은 거의 완벽하게 시공간적으로 분산된 자아, 그리고 가까운 미래에 탄소 데이터베이스를 포함하여 다중적이고 상호의존적인 데이터베이스에서 가상으로만 존재하는 자아라는 악몽이다.

　어쩌면 이와 다른 미래 시나리오들도 있을 수 있다. 수많은 이동양식들의 흐름과 비등하는 공동현전의 즐거움이 지속 가능한 방식으로, 그리고 다양하면서도 대체로 평등한 역량들을 보장하는 방식으로 보증되고 확보된다면 말이다. 그래서 당연하게도 시스템들에 대항하는 집단 투쟁이 다양하고 예측 불가능하며 소규모지만 지극히 분산되어 일어나고 있다(특히 만물의 척도이던 근접성의 소멸에 대해서는 Thrift 2007: 1장 참조). 그리고 특히 혼돈점 혹은 전복점을 가로지름으로써 예측 불가능한 의외의 시스템 변화가 일어날 수도 있다. 여기서의 분석은 모든 것이 굳어 있고 영원하다고 주장하지 않는다(우주 자체가 이미 그렇지 않다). 그러나 지금까지 모빌리티의 미래는 두 가지 가능성 사이에 끼어 있는 듯 보인다. 그중 하나는 지구온난화의 다중적 되먹임 고리를 통해 수많은 시스템과 네트워크가 붕괴하는 것이다. **다른** 하나는 수많은 모빌리티, 특히 승용차 시스템의 "안전"을 위해, 그리고 다중적 파놉티콘 환경 내부에서 사람들의 "안전"을 위해, 시스템과 모빌리티가 지나치게 잘 작동하는 세상이다.

이 책에서는 사회과학을 재구성하는 한 가지 방법으로 새 모빌리티 패러다임을 상론하고 발전시켰다. 여기서 이 패러다임을 논의하고 정당화한 여러 방식을 통해, 사회과학이 이동화하고 큰 혜택을 얻기를 바란다. 이 분석을 마무리하는 나의 주장은, 이 패러다임의 렌즈를 통해 모빌리티의 다양한 미래를 사유한다면 지구의 미래가 오웰적 미래와 홉스적 미래 사이에서 진퇴양난에 처해 있음을 알게 된다는 것이다.

존 어리 인터뷰: 모빌리티, 만남, 미래

Mobilities, Meetings, and Futures: An Interview with John

피터 애디Peter Adey · 데이비드 비셀David Bissell

* 출처: *Environment and Planning D: Society and Space* 2010, volume 28, pp. 1–16.

서문

우리는 2009년 3월 2일 오후 1시, 랭커스터에서 존 어리를 인터뷰했다. 존과 만나기 전 우리 둘은 랭커스터 기차역 3번 플랫폼에서 만났다. 그보다 앞서 우리는 서로 문자메시지를 주고받으면서, 우리 각자가 타고 있는 런던발 열차와 크루발 열차가 10분 안에 랭커스터역에 도착하리라 예측했다. 우리는 각각 잉글랜드 남동부와 웨일스 남부에서 북쪽으로 장거리 이동을 했다. 랭커스터 중심가에서 대학까지 가는 짧은 거리를 이동한 우리는 (둘 다 정확한 위치를 기억하지 못한다는 것을 깨닫고) 가려는 건물의 방향을 찾기 위해 데이비드의 이동전화에 있는 인터넷 브라우저를 활용했다. 정시에 사무실에서 그를 만날 수 있었다. 점심 식사는 시간 맞춰 도착했다. 우리는 존이 다른 회의에 참석하러 떠나기 직전에 인터뷰를 끝냈다. 역으로 돌아가는 택시를 예약했으나 오지 않았다. 알고 보니 운전기사는 우리가 대학 캠퍼스의 다른 곳에 있다고 생각했다. 택시 회사의 전화교환원과 현지에서 대학 건물을 부르는 용어를 잘 모르는 우리 사이에 빚어진 혼선 탓이었다. 결국 조금 스릴 있게 달리는 택시를 타고 이동했고, 여유 시간이 넉넉한 여정 덕에 가까스로 예약한 기차에 올랐다. 그리고 각자 집으로 돌아갔다. 둘 다 집으로 돌아가는 이동이 지체되지는 않았다. 서로의 지인을 만나고 적절한 시간에 돌아왔으며, 무사히 도착했음을 문자메시지로 서로 알렸다.

우리는 이 만남을 위해 필시 총 1,100마일 이상의 거리를 이동했고, 이동 시간은 도합 17시간 이상 소요되었다. 상당히 먼 거리를 이동한 것이다. 이 모든 이동에는 얼마간 조정이 필요했다. 바쁜 일정 중에 미팅 일정을 언제 잡을 수 있는지 조율하고자 인터뷰 진행자인 우리와 존 사이에 몇 차례 이메일이 오갔다. 존은 사무실 예약과 주차권(우리 중 한 명한테 우편으로 보냈는데 사용하지는 않았다), 점심 준비를 위해 연구소 소속 관리자와 나누는 연락에 우리도 참여시켰다. 인터뷰 진행자인 우리는 인터뷰 주제와 질문을 이메일로 주고받았고, 그다음에 존이 미팅 전에 훑어보도록 공유했다.

언뜻 보기에 이 인터뷰의 시공간은 도린 매시(Massey 2005)의 표현에 따르면 "공동피투성thrown together"[1]의 특징을 온전히 보여 준다. 그렇지만 실제로는 적지 않은 준비와 관리가 필요했다. 다른 사람들, 다른 사물들, 그리고 우리가 함께 모여야 했기 때문이다. 이 만남에는 상당한 수준의 조율이 필요했고, 우리는 그것을 다른 모빌리티 시스템들에 이관하고 위임했다. 이런 만남의 과정이 의존한 다수의 동기화 기술은 우리가, 그리고 우리의 이동을 준비하는 데에 도움을 준 다른 사람들이 즉시 쓸 수 있도록 가까이 있었다. 가령 이동전화로 직접 전달되는 실시간 여행 정보 같은 사용자 인터페이스 덕분에 우리는 늦지 않게 만날 수 있었다. 대학의 공간 예약시스템도 그렇다. 또 이 만남은 매우 복합적인 운송의 '후방' 통제 및 조정 시스템에도 의존했다. 이런 시스템은 우리가 탄 열차가 원활히 운행되는 데에 필수적이지만, 승객인 우리 눈에는 보이지 않는다. 그리고 이 모두는 우리가 순조롭게 이동하게 하는 아스팔트 도로, 철로, 구리 케이블, 무선 네트워크와 같은 거대하고 고정되고 상호연동된 일군

---

[1] 매시는 하이데거의 (인간이 세계에 "던져졌다"는 의미의) "피투성被投性(Geworfenheit)" 개념을 빌려, 어떤 장소에서 서로 이질적인 다수의 인간과 비인간이 공존하고 만나고 관계 맺음을 서술한다.

의 이동 인프라에 의지한다.

곰곰이 생각해 보면, 세 사람의 만남, (이를 위한 모빌리티와 조율에 필요
한) 기차, 택시, 점심 식사 등은 존 어리가 현대 사회이론에 공헌한 귀중
한 연구를 상기시킨다. 그 연구 의제에 따르면, 우리의 이동적 만남을 뒷
받침하는 저류底流가 중요하다. (랭커스터에 모였다가 다시 흩어지는) 우리
의 인터뷰를 성사시킨 저 평범하고 실질적이며 일상적인 이동과 소통 과
정에 주목한다면, 현대의 이동적 삶이 어떻게 작동하는지에 관한 감각을
얻는다. 여기에 주목하면 모빌리티가 어떻게 사회성을 산출하고, 어떻게
친교, 가족의 의무, 사업 관계, 경제, 공급망을 구성하는지 선명하게 떠오
른다. 더 나아가, 모빌리티가 어떻게 기차 객실의 물질적 지리를 통해 구
성되는 소소한 정동情動을 산출하는지도 뚜렷이 나타난다. 이러한 정동으
로 생기는 불안정은 현대적 삶의 방식을 위태롭게 하는 것이다.

본래 전공은 사회학인 존 어리는 현대 사회과학에서 가장 영향력 있
는 학자 중 한 명이다. 그의 연구는 깔끔하게 그어진 분과학문의 장벽을
넘나든다. 그는 학제적學際的 연구 공간, 사건, 계기를 만들어 내고자 불철
주야 노력해 왔다. 달리 말하면, 그의 연구는 그 주제만큼이나 이동적이
다. 그것은 혁명의 사회학을 다룬 박사학위 논문이나 자본주의, 권력, 계
급에 관한 중요한 분석으로부터, 최근《자동차 이후After the Car》(Dennis and
Urry 2009)의 모빌리티, 기후변화, 에너지 위기에 관한 고찰에까지 걸쳐 있
다. 또 런던의 교통혼잡부담금을 둘러싼 켄 리빙스턴Ken Livingstone과의
논쟁부터, 과학 및 기술 문제와 관련한 영국 정부의 연구그룹인 포사이
트 프로그램Foresight programme에 대한 의미 있는 기여에 이르기까지, 어
리는 학계를 넘어 공론장에서 목소리를 내는 중요한 학자이다.

존 어리는 아마 '새 모빌리티 패러다임'[Hannam et al. 2006; Sheller and Ury 2006]의 지지자로 가장 잘 알려져 있을 것이다. 그는 현대의 일상생활을 형성하고 생성하는 연결, 집합, 관습을 이해하는 핵심 통로로서 모빌리티 연구를 탐구하고 발전시키려 한다. 21세기 사회과학을 위한 이러한 선언은 선구적 저술인 《사회를 넘어선 사회학Sociology beyond Societies》[Urry 2000]에서 최초로 기획되었다. 그 이후로 다른 학자들과의 공동연구에서 이 주제를 자동차 모빌리티[Featherstone et al. 2004], 항공 모빌리티[Cerner et al. 2009], 이동적 방법론[Büscher and Ury 2009] 등의 맥락에서 탐구했다. 더욱이 2006년에는 이 주제들을 중심으로 최신 연구를 탐색하고 소개하는 학술지 《모빌리티스Mobilities》를 창간하여, 이 주제들을 현대 사회과학의 중심 무대에 세우는 데에 공헌했다.

우리는 인터뷰를 위해 2008년 말 존에게 연락을 취했다. 이 인터뷰의 목적은 그의 이러한 공헌을 돌이켜 보는 것이다. 즉, 그가 사회과학에 이바지한 바를 평가하고, 그의 사상의 궤적을 이해하며, 앞으로의 연구 방향을 검토하기 위함이다.

인터뷰 녹취문

1. 자원

피터 애디 선생님의 연구를 보면서, 사람들이 수용하면서도 외면하는 무언가를 드러낸다는 걸 느꼈습니다. 《지구적 복잡성Global

Complexity》(Urry 2003)에서 설정한 관계 중 하나는 이동과 정박의 관계입니다. 그것은 어디론가 떠나려면, 아니 적어도 움직이려면, 사회에 정박한 인프라가 있어야 한다는 것입니다. 선생님은 모빌리티 연구에서 수많은 문헌을 살펴보면서 관념들을 조립하고 있는데(사실 제 생각에 선생님은 종종 방대한 사회적-공간적 과정을 수집하고 번호 매기고 배열하는 것 같습니다), 이것은 사람들이 수용할 만한 일종의 '인프라'를 만들고자 하는 것인가요?

존 어리 그런 식으로 생각해 본 적은 없네요. 적어도 의식적으로는 말입니다. 하지만 제가 발전시키려고 노력해 온 것들의 의의가 단지 일시적이라는 건 확실합니다. 흥미로운 것은 이런 관념들에 대한 저항입니다. 그리고 새로운 패러다임과 새로운 배치가 어떻게 창발하는지도 흥미를 끕니다. 쿤과 달리, 여러 패러다임이 서로 완전히 통약 불가능하다고 생각하지는 않습니다. 그렇다고, 하나 위에 다른 것을 쌓아 올리는 단순한 구조에 의거해 패러다임이 직선적으로 진보하는 것도 아닙니다. 그런 까닭에 이접離接과 리좀을 떠올리는 것이 더 효과적입니다. 하지만 특정 형태의 '모빌리티 사상'에 대한 이의가 있으리라는 점, 또한 제가 주장하고 저술한 것과 전혀 다르거나 다소 다른 형태의 '모빌리티 사상'이 나타나리라는 점에는 의심의 여지가 없습니다. 현재로서는 두 분야에 관심을 두고 있습니다. 하나는 모빌리티 정치경제학입니다. 이것은 작금의 금융위기 및 피크오일과 관련하여 제가 고민해 온 분야 중 하나입니다. 저는 모빌리티와 석유, 더 일반적으로는 모빌리티와 자원의 장기적 관계에 큰 관심을 갖게 되었습니다. 관심을 두는 또 하나의 분야는 기후변화와 모빌리티의 관계입니다. 그래서 향후 발전할 '포스트모빌리티' 모빌리티 패러다임은 자원에 좀 더 관심을 둘 것이라고 예상합니다.

피터 애디 정말 흥미롭군요. 특히 새 모빌리티 패러다임의 기원을 돌이켜 보면 그렇습니다. 《조직자본주의의 종언》(Lash and Urry 1987) 이후로 선생님은 모빌리티를 단지 하나의 효과(경제적 변동의 결과이거나 매우 견실한 제도 및 조직의 복잡성이 낳은 결과)로 이해하는 차원에서 벗어나, 흐름 자체와 흐름의 경험에 더 세심한 주의를 기울이는 것으로 보입니다. 이것이 이동 중인 삶에 대한 연구의 시작인 것이죠. 하지만 새 모빌리티 패러다임의 몇몇 분야와 관련해서는, 이 패러다임이 선생님이 이전 연구에서 다룬 바를 충분히 고려하지 않는다는 일부의 비판도 있습니다.

존 어리 맞습니다. 이동적 삶에 대해 글을 쓰는 많은 이들이 거버넌스 문제, 그리고 거버넌스를 구성하는 다양한 산업 및 조직의 경제적 기초 문제를 도외시한다는 데에 동의합니다. 《조직자본주의의 종언》은 상당히 체계성을 갖춘 연구였어요. 사실 지금 하는 연구 중 일부도 《조직자본주의의 종언》에 가깝습니다. 2008년 증시 대폭락과 제가 '자원자본주의'라고 부르는 것에 관해 쓰려고 합니다. 자본주의 사회는 네 단계의 주기가 있다고 보는데, 네 번째 단계가 비조직자본주의 이후의 '자원자본주의'입니다. 그래서 2008년 10월의 증시 대폭락, 혹은 그 후의 일련의 대폭락으로 인해 다양한 문제가 의제에 오르게 됐지요. 오바마 대통령 당선, '그린뉴딜' 관념 등이 '자원자본주의'라는 새로운 아상블라주의 요소로 등장할 것입니다. 이동과 관련한 여러 현안, 사람들을 이리저리 이동시키는 여러 산업, 그리고 사람들이 가는 다양한 장소 등은 모두 기후변화에, 그리고 뚜렷한 피크오일에 실질적으로 제약받을 것입니다. 이런 것이 제가 지금 매우 중요하다고 생각하는 것입니다. 킹슬리 데니스 Kingsley Dennis와 함께 쓴 책《자동차 이후》(Dennis and Ury 2009)에서도 분석한 바 있고요. 그래서 모빌리티의 기반인 자원이 중요하다는 것은 명백합니다. 그런데 바우만의《액체근대Liquid Modernity》(2000)나 래쉬와 어리Lash and Urry의《기호와 공간의 경제》(1994)를 보면, 자원에 대한 내용은 전무합니다. 저는 20세기가 어쩌면 인류사의 찰나이겠다고 생각하게 됐습니다. 이는 매우 특수한 것, 즉 1859년 최초의 석유 발견에서 유래합니다. 19세기 후반의 또 다른 수많은 발견 덕분에 1890년대에 자동차가 등장했습니다. 그래서 석유 기반 자동차가 출현하고, 1903년에는 라이트 형제에 의해 비행기가 출현했습니다. 이런 대형 기계에 기반한 이동이 20세기를 낳은 셈이죠. 점점 이동적이 된 20세기는 이동하는 석유라는 무척 특이한 자원에 기초하고 있습니다. 실제로 석유는 이리저리 이동해요. 꽤 유연하죠. 석유는 이 방에 있는 많은 것들의 기초이기도 합니다. 그런데 대부분 유전은 1960년대 발견됐고, 지금은 예전처럼 효율적으로 유전을 발견하지 못하고 있어요. 이제는 석유 1배럴을 발견하기 위해 3배럴이 필요합니다. 하지만 세계 인구가 급증하면서 석유 수요도 급증하고 있습니다. 특히 중국과 인도의 석유 소비 때문에 그렇습니다. 이제 석유는 곧 바닥을 드러낼 겁니다. 따라서 모빌리티 패러다임은 어떤 면에서는 20세기의 특징, 패턴, 과정과 관련이 있습니다.

2. 공공

데이비드 비셀 20세기의 석유 기반 자동차를 가지고 잠시 이야기를 이어가 볼까요? 자동차 모빌리티에 대한 선생님 저작을 꿰뚫는 생각 중 하나는 자동차 모빌리티가 이제는 '온전한 문화'를 이룬다는 것입니다. 사실 새 모빌리티 패러다임 내부에서 작업하는 연구자들은 대부분 자동차 모빌리티와 모빌리티의 사사화에 초점을 맞췄습니다. 그런데 최근에는 공공 모빌리티에 새롭게 초점을 맞추게 되었습니다. 현재 전 세계에서 논의되고 있는 (가령 미국과 영국의 고속철도 등) 대규모 공공 인프라 프로젝트를 고려한다면, 이런 일은 상당히 적절해 보입니다. 그중 다수는 현 경제 상황을 치유할 재정 부양책의 일환입니다. 자동차 모빌리티를 둘러싼 논의들은 모빌리티의 사사화 증대를 중시하는데, 선생님은 대중교통의 형태와 미래를 어떻게 내다보시나요? 실제로 유럽과 북미 외의 지역에서 자동차가 아닌 운송 기술을 활용한 다른 모빌리티 시스템이나 이동 아상블라주도 '온전한 문화'를 이룰 수 있을까요?

존 어리 두 가지를 말씀 드리겠습니다. 첫째, 제가 자동차 모빌리티가 온전한 문화를 이룬다고 말할 때, 거기에는 자동차 모빌리티가 그저 이동의 한 형태가 아니라, 문학, 예술, 미디어, 호텔, 자원 체계 등과 관련된다는 함의가 있습니다. 그러므로 미국에서 가장 두드러져 보입니다만, 자동차 모빌리티 사용의 규모와 영향, 중요성은 하나의 온전한 문화입니다. 미국의 문화는 어떤 면에서 자동차 모빌리티 문화입니다. 그러나 대중교통이나 집단적 교통수단이 사라져야 한다거나 덜 중요해야 한다는 것은 아닙니다. 다만, 그것이 덜 중요해질 것이라는 것입니다. 자동차 문화가 지배력을 발휘한 세기 이래로 온갖 결과가 뒤따라 나타났기 때문입니다. 따라서 [자동차 모빌리티로 인해 생긴] 이동 시간과 공간이 유연하다는 관념 때문에 집단적 교통 형태로 회귀하는 일은 쉽지 않습니다. 이런 시스템의 비가역성 때문에, 대중교통시스템이 이동의 대부분을 제공하는 시대로 되돌아갈 수 없다는 것입니다. 거의 모든 나라에서 이동의 80~85퍼센트가 승용차로 이루어집니다. 그 반례는 극소수이고, 그 반대 경우는 상상조차 어렵습니다. 물론 대중적이고 집단적인 교통수단인 새로운 형태의 버스, 기차, 시외버스, 배, 항공기에 너무 열광하지 말자는 뜻이 아닙니다. 그러나 이런 일은 《자동차 이후》에서 설명한 바와 같이) 새로운 탈사사화 승용차 시스템 맥락 안에서 극히 혁신적인 방식으로 수행되어야 합니다.

데이비드 비셀 아주 흥미로운 이야기입니다. 이것은 특히 여러 모빌리티 시스템에서 사람들이 어떻게 함께 거주하는지를 사유하는 데에 중요합니다. 많은 사람들은 서로 다른 모빌리티가 어떻게 사람들을 특정 방식으로 모이게 하는지를 생각해 왔습니다. 그래서 종종 사람들이 자동차 모빌리티에서는 공공 교통수단과 다르게 거주한 다는 것을 강조하게 됩니다(Brown and Laurier 2005; Sheller 2004를 Bissel 2010과 비교해 볼 것). 따라서 함께 이동하는 것은 정치적이고 윤리적인 잠재력 이 있는 어떤 장소를 만들 수도 있습니다(Jensen 2009). 그러므로 신체 들이 좀 더 밀접하게 머무르는 대중교통의 이동 공간은 집단적 책 임이 계발되는 중요한 장소가 될 수도 있습니다. 미래의 모빌리티 시스템에서 요구될 유연성과 개인화의 증가는 이동하는 시민의 책 임과 유쾌한 만남이라는 문제에 어떤 영향을 미칠 것으로 생각하 십니까?

존 어리 그 점이 큰 문제라는 데에 동의합니다. 문제는, 혼자 타고 가는 승용차의 비율이 는다는 것입니다. 에릭 로리에Eric Laurier는 다른 사람과 함께 승용차를 타고 갈 때 이루어지는 온갖 유형의 사회성 과 유쾌함을 묘사한 바 있습니다(Laurier et al. 2008 참조). 그런데 여기서 정말 흥미로운 가능성은 일종의 자율주행차를 가능하게 하는 사 회기술적 체계입니다. 그렇다면 모든 사람이 승객이 되겠지요. 제 가 참여했던 지능형 교통 인프라 시스템에 관한 영국 포사이트 프 로그램의 연구를 되짚어 보겠습니다. 당시 영국 정부 수석 과학자 이던 데이비드 킹David King 경이 발표한 광범위한 보고서 작성에 는 저를 포함해서 두 명의 사회과학자가 참여했습니다. 이 보고서 는 애리조나 사막에서, 그리고 최근에는 모의 도시환경에서 벌어 지는 대단히 흥미로운 자율자동차 경주를 다루었습니다. 그전에는 못 했지만, 이제는 자율자동차 대부분이 이런 이동을 끝까지 성공적으로 마칩니다. 물론 미군도 여기에 주목하고 있습니다. 어쨌든, 20년에서 30년 내에 어떤 도시에서는 모두가 승객이 되는 일까지 상상할 수 있습니다. 웨스트잉글랜드대학과 함께 이동 시간 활용 연구프로젝트에 참여한 적이 있는데, 여기서 우리는 특히 대중교통에서 벌어지는 집단 활동과 실천에 관심을 기울였습니다. 분명한 것은, 그 연구 프로젝트가 이동에 잠재한 사회성에 주안점을 두었다는 점입니다(Lyons and Urry 2005 참조).

데이비드 비셀 모빌리티의 사회성을 좀 더 따져 보자면, 의사소통을 구성하는 것 중 상당 부분은 서로 복잡하게 뒤얽혀 있는 문자와 대화일 것입니다. 면대면 대화이건 의사소통 테크놀로지를 통한 원거리 대화이건, 구두 대화에 초점을 맞추는 것이 최근에 선생님이 하신 연구의 주요 특징입니다(Urry 2006). 그렇지만 이동 중인 사람들 사이의 관계가 응집하고 응축하는 상황을 떠올려 보면, 서로 마음이 맞거나 맞지 않는 관계가 대화 없이 다른 표현 형식으로 일어나기도 합니다(Bissell 2009a; 2009b; Fujii 1999; Kraftl and Adey 2008). 이동 중의 삶을 연결하는 데에 의사소통의 비언어적이고 정서적인 측면이 어느 정도까지 (언어적 측면보다 중요하지는 않더라도) 언어적 측면과 동등한 역할을 한다고 생각하시는지 궁금합니다.

존 어리 위험, 분노, 공포, 안전 같은 정서적 감각을 포함하여, 분위기의 문제는 흥미롭지요. 이러한 논점 중 일부를 덴마크 관광산업을 다룬 저작《관광지 수행Performing Tourist Places》(Baerenholdt et al. 2004)에서 언급한 적이 있습니다. 이동 시간에 관한 연구는 이동이 주는 굉장한 즐거움과 흥분, 타인과 함께하는 커다란 즐거움에 대해 밝힌 바 있고요(Urry 2007 참조). 우리는 포커스그룹을 상대로 '순간이동 테스트'라는 설문을 진행했습니다. "x에서 y로 즉시 순간이동을 하시겠습니까?"라고 물었지요. 이 질문은 미국에서 실시한 대규모 조사에서 이미 사용한 적이 있지만(Mokhtarian and Salomon 2001), 우리는 포커스그룹에 적용했습니다. 자동차든 기차든 비행기든 그 무엇을 이용하건, 보통 처음에는 이렇게 말하지요. "그럼요, 이동할 때의 지루함과 번거로움을 모두 피할 수 있도록 순간이동을 하고 싶어요." 그러나 얼마간 토론을 하고 나면, 그렇게 말하던 사람이 보통은 마음을 바꿔서 "아뇨, 순간이동은 하고 싶지 않습니다"라고 말합니다. 전체적으로 보아 모든 집단에서 순간이동을 하면 무언가 잃을 것이 있다는 데에 의견이 일치합니다. 즉, 이동하는 시간과 경험이 주는 정서적 즐거움이 사라질 것이라는 겁니다. 물론 가끔은 이동 시간이 너무 길어서 짜증이 나기도 하지만요. 때로는 이동 시간이 너무 짧아서 시간이 부족할 때도 있습니다. 예를 들어, 직장에서 집으로 이동하든, 집에서 여가 활동지로 이동하든, 긴장을 풀고 이른바 코드를 변환하는 데에 시간이 부족한 겁니다. 그래서 그런 연구들에서는 시간과 시간성의 다양성이 중요하다고 지적합니다. 이런 것은 비언어적이고 정서적인 양식과 관련이 있지요. 또 기차, 승용차, 비행기 이동의 분위기, 또는 걷기의 분위기도 이동이 진행되면서 달라집니다.

피터 애디 라투르는 과속방지턱이 (운전자가 속도를 줄여 다른 사람과 자기 자동차를 보호한다는) 인간 목표를 번역하고, 아울러 (특히 행정 당국과 도시계획자 같은) 타인의 의도를 대리한다고 말합니다(Latour 1999). 서로 관계 맺고 〔이동의〕 통제자들과도 관계 맺는 이동하는 사람들 사이에도 이와 유사한 상호반영이 일어날까요?

존 어리 저의 저작 《모빌리티Mobilities》(Urry 2007)의 마지막 부분에서는 '디지털 파놉티콘'이라는 개연성 있는 시나리오를 분석했지요. 이동 경험은 어떤 디지털 파놉티콘에 통합될 가능성이 있습니다. 차량, 도로, 도로 시설물에 점점 더 내장되고 있는 다양한 센서가 우리를 감시할 것입니다. 이 경우 개인의 자유를 위협하거나, 오류가 발생하거나, 파놉티콘이 내면화되는 등의 여러 문제가 분명히 존재합니다(Lyon 2004; Zureik and Salter 2006). 그렇지만 기후변화와 석유 고갈이라는 문제 때문에 이런 미래가 점점 더 필연이 되고 있습니다. 이런 파놉티콘에서는 자동차 사용, 자동차의 부적절한 사용, 하루 중 부적절한 시간의 자동차 사용 등을 규제 · 관리 · 제한할 것입니다. 이는 일부 부유한 도시에서 매우 중요하고 유망한 추세로 나타나는데, 어쩌면 싱가포르에서 시작될 것 같습니다.

3. 신체

데이비드 비셀 이제 그러한 네트워크 내에서 신체의 지위에 관한 흥미로운 질문이 몇 가지 제기됩니다. 새 모빌리티 패러다임의 여러 사상은 행위자-연결망 이론에서 라투르의 아상블라주 견해에서 영감을 받았습니다. 특히 이런 식의 이론화에 힘입어, 복잡성의 함의를 숙고하고, 나아가 이러한 유동적 연결망들이 산출하는 다양한 시간점과 공간점에서 일어나는 결합을 숙고할 수 있습니다. 그러나 행위자-연결망 이론에서 영감을 받은 연구가 직면하는 난제는, 철두철미 이런 연결망과 결합체 외부에 있는 현상들에 반응하고 증언해야 한다는 것입니다. 제가 지금 염두에 두는 것은 신체가 이러한 표상과 의미화의 아상블라주로부터 이탈하는 경우입니다. 저에게 고통, 탈진, 피로와 같은 현상은 이런 행위자-연결망에서 이탈하는, 철저히 비관계적인 현상입니다(Harrison 2007; 2008). 문제는, 이런 현상이 이동이라는 현대적 경험의 중요한 차원을 이루는 특징이라는 겁니다. 따라서 우리는 (이런 현상을 수용하든 거부하든) 이런 현상의 경험 차원에 대한 인식이 미래의 모빌리티에 어떻게 통합될 수 있을지 궁리하게 됩니다.

존 어리 잠시 이동 시간의 활용에 관한 연구로 돌아가 보면, 우리는 기차에서 느끼는 피로와 그것을 연구하는 방법에 관심을 두었습니다. 이와 관련된 것이 적절한 이동적 방법입니다. 이건 모니카 뷔셔Monika Büscher와 저의 최근 연구(Büscher and Urry 2009)를 참조할 수 있습니다. 피로할 때에는 시간이 빨라지거나 느려지는 감각을 경험합니다. 따라서 시간, 시간 계산, 시간 측정, 시간 경험 체계를 살펴볼 필요가 있습니다. '시간 체제'는 다양합니다. 시간 경험도 다양합니다. ANT는 제게 인간 행위자와 비인간 행위자로 이루어진 연결망의 중요성을 보여 주었습니다. 그 조우 과정을 통해 아상블라주가 형성되는데, 이 아상블라주는 경계를 넘어 이동하면서 제형태를 유지할 수도 있고 유지하지 않을 수도 있습니다. 그리고 다양한 유형의 경계와 온갖 종류의 공간이 있습니다. 몰Mol과 로Law가 지역, 네트워크, 유체를 구분하는 방식이 마음에 듭니다(Mol and Law 2001). 저는 이 구분을 제 프레임에 이식했습니다. 선생님이 말씀하듯이 이처럼 인간을 넘어선〔포스트휴먼〕 사회과학, 사회를 넘어선 사회과학은 인간 자신의 보잘것없는 힘이 문자, 기계, 물리적 실체의 아상블라주로 엄청나게 증대되는 것을 다룹니다. 그래서 저는 인간이 사물이나 기계와 맺는 궁극적 관계에 주목하고, 그것이 산출하는 다양한 이동 방식에 주목합니다. 어떤 면에서는 이렇게 다양한 사물이 없다면 이동도 없습니다.

데이비드 비셀 그렇다면 이렇게 졸리고 지친 몸을 실어 나를, 더 나은 이동체를 설계할 수 있을까요?

존 어리 항공기 일등석으로 이동하는 경험을 설계하는 사람들을 생각해 보면, 그들이야말로 정확히 그렇게 하려고 할 겁니다. 여기 관련된 광고와 마케팅 유형을 연구하는 것도 흥미로울 것 같아요(Cronin 2006 참조). 하지만 설계자와 이야기해 보는 것도 재미있을 것 같네요. 앞서 이동 시간 조사 프로젝트를 진행하면서 기차와 버스 설계자들을 인터뷰한 적이 있습니다. 그들에 따르면, 최근까지는 기차는 기차이고 버스는 버스라고 생각했다는 겁니다. 기차나 버스 모두 단지 사람을 이동시키는 것이니까, 문제는 기껏해야 올바른 공학 기술이었죠. 이런 설계자들은 최근에야 승객을 온갖 복잡한 경험과 시간 경험을 하는 민감한 존재로 보아야 한다고 생각하기 시작했습니다. 제 생각에 일부 항공사는 이를 체계적으로 고민해 왔는데, 사업가라는 비행 주체를 생각하고 문제를 던진 것이지요(Adey 2008; 2009).

피터 애디 그런 종류의 수동성, 즉 피로감이나 피로 경험을 겪는 주체, 즉 다소 경시되어 온 피로한 주체라는 관념과 관련하여 데이비드가 한 말은 새 모빌리티 패러다임이 가정할지도 모르는 일종의 들뜬 신체나 모빌리티와 배치될까요?

존 어리 사실 그게 타당한 지적인지는 모르겠어요. 학술지《모빌리티스》에 실린 논문들을 떠올려 보면, 대개는 들뜬 신체를 상찬하지는 않거든요.

피터 애디 이동 중인 삶을 이처럼 즐겁고 황홀한 경험으로 상찬하는 것뿐 아니라, 모빌리티를 제약 없이 흐르는 것으로 보는 것도 마찬가지지요. 여기서 벗어나려면 각별한 노력이 필요할 것 같아요. 특히 모빌리티와 자원의 관계에 대한 선생님의 서술을 생각해 보면 말입니다.

존 어리 하지만 제가 또 특별히 강조하고 싶은 것은 이렇습니다. 누군가의 모빌리티는 어떤 의미에서는 늘 부동적인 다른 사람들의 희생을 필요로 합니다. 이들은 타인의 모빌리티를 순조롭게 조직하고 조정하고 서비스하고자 부동합니다. 그래서 항상 관계성이 있는 거지요. 이동성은 권력관계를 통해 다른 사회집단의 부동성을 전제로 합니다. 그러나 때로는 네트워크 자본이 많은 사람이 부동적이기도 합니다. 그들은 이동적인 사람들을 자기가 있는 곳으로 불러들일 수 있거든요. 따라서 움직이는 사람이 권력을 지닌 사람이라고 단정해서는 안 됩니다. 두 분은 여기 랭커스터에 오서야 했습니다. 그렇지 않습니까? 이 연구 영역은 매우 흥미롭지만, 제가 생각하기에는 아직 충분히 체계화되지 않았습니다. 또한, 이 연구 영역은 일부 모빌리티 연구가 더 정통적인 방법을 활용해 온 데에 대한 여러분의 의문과도 깊이 연관되어 있습니다. 예를 들어, 사회적 불평등을 모빌리티와 관련지어 살펴보는 데에는 차등적 이동 역량을 포착할 수 있는 혁신적 방법이 필요합니다. 누가 이동 중인가? 누가 누구를 이동시키는가? 누가 이동해야 하는가? 누가 그대로 있을 수 있는가?

피터 애디 그리고 선생님 말씀처럼, 누가 무엇을 이동시키는지도 살펴보아야겠지요. 우리에게 봉사하는 이 모든 인프라, 흐름, 사물이 주변에 있으니까요.

존 어리 물론입니다. 특히 강조하고 싶은 것은 네트워크 자본입니다. 더 많은 이동은 완전히 다른 어떤 것을 산출합니다. 이것은 사회과학 연구에서 보통 사용하는 불평등 개념들, 즉 경제자본, 문화자본,

정치자본과 어느 정도 변별되는 자본 유형을 만들어 냅니다. 그래서 제 저서 《모빌리티》에서, 요나스 라르센Jonas Larsen · 케이 악스하우젠Kay Axhausen과 공저한 《모빌리티, 네트워크, 지리Mobilities, Networks, Geographies》(Larsen et al. 2006)에서나, 네트워크 자본의 구성 요소 8가지를 강조했습니다. 우리가 보여 주려 한 것은 사회적 불평등의 근간이 이동 역량, 소통 역량, 이동 중 정지할 장소의 확보 역량이라는 것입니다. 그러므로 경제자본이 있다고 반드시 네트워크 자본이 있는 것은 아닙니다. 바우만Bauman은 유동적인 현대 세계에서 '이동 역량'이야말로 사람들을 구별하는 최상위 범주가 되었다고 말합니다(Bauman 2000).

4. 만남

피터 애디 지금 우리가 이야기하는 네트워크와 관련해서 선생님은 연결 능력, 연락 능력, 대면 만남 능력의 관점에서 글을 쓰셨지요(Urry 2004 참조). 그렇다면 이것은 우리가 신문에서 읽는 주요 현안을 생각하거나 해명하는 데에 얼마나 유용할까요? 가령 세계 경제위기, 테러, 기후 변화와 같은 현안 말입니다. 그리고 이런 것이 정말로 네트워크 타이밍, 즉 동기화와 관련이 있을까요? 다시 말해, 이런 것이 잘못된 동기화와 관련된 것일까요? 이런 위협을 극복하기 위해 통제를 동기화하려는 시도는 어떤가요?

존 어리 그렇게 볼 수 있을지 잘 모르겠네요. 하지만 우선 저에게는 만남이 대단히 중요합니다. 사실 교통지리학의 문제는 이동 수요를 만남과 무관한 것처럼 다룬다는 것입니다. 흡사 이동 수요가 따로 설명이 불필요하다는 듯이, 또는 시스템에 외재적이라는 듯이 다루는 것이지요. 그러나 제가 보기에 이동 수요는 만남과 깊은 관계가 있으며, 만남은 온갖 다양한 방법을 동원해 검토해야 할 문제입니다. 만남은 당연히 흥미롭습니다! 만남을 다루는 사회과학은 아주 적었지만, 그래도 사람들은 만남에 많은 시간을 소비합니다. 데어드레 보든Deirdre Boden은《대화라는 비즈니스The Business of Talk》라는 흥미로운 책에서 "가까움에 대한 충동"을 고찰했습니다(Boden 1994). 저는 만남이 이루어지는 조건을 꽤 다양한 방법으로 포착하고 반영하고 궁리하고자 노력했습니다. (때로는 우연히) 만남이 이루어질 때는 언제나 일정량의 신체 이동을 수반합니다. 누가 이런 이동을 산출할까요? 어떤 조건에서요? 이런 만남은 어떤 환경에서 이루어질까요? 이때 무엇이 적절하고 무엇이 부적절한가요? 만남이 이루어지는 장소의 분위기는 어떤가요? 이런 것은 모두 모빌리티 연구에서 흥미로운 질문이지만 충분히 연구되지 않았습니다. 이런 연구가 까다로운 이유는, 연구를 하려면 바로 그 자리에 있어야 한다는 겁니다. 때로는 그렇게 하기 어렵습니다. 하지만 그것이 모빌리티 논의에 핵심적이라는 것이 지금 말하고 싶은 요점입니다.

논점에서 다소 벗어날 수도 있지만, 두 번째 요점은 기후변화, 일반적으로는 저탄소 경제 및 사회로의 변화와 관련이 있습니다. 이 변화가 일어나려면, 사람들이 덜 만나거나, 만나더라도 다른 에너지를 이용해 만나야 합니다. 그렇다고 해서 사람들이 덜 이동할 수 있을까요? 이를 통해서 제기되는 흥미로운 문제는, 가상 통신 및 가상 현전에 드는 에너지 비용과도 관련됩니다. 그러므로 새로운 형태의 가상 통신을 통해 신체 이동을 줄이려면, 공동현전의 즐거움이라는 매우 중요한 측면을 〔가상 통신으로〕 재연할 수 있어야 합니다. 오늘 우리의 만남처럼 이런 즐거움에는 어느 정도의 잡담과 대화, 소문 퍼뜨리기 등이 포함됩니다! 여기서 유용한 또 하나의 용어는 줄리엣 제인Juliet Jain이 서술한 "이동이라는 선물"입니다(Jain and Lyons, 2007). 여러분도 오늘 제게 여러분의 이동 시간을 선물했습니다! 그래서 저탄소 사회의 문제와 관련하여, 여기에는 상당히 흥미로운 맞교환이 존재합니다. 현재의 사회는 앤서니 엘리엇Anthony Elliott과 제가 "이동적 라이프스타일"이라고 진단한, 높은 수준의 신체적 근접성, 높은 수준의 만남에 길들어 있습니다. 매년 얼마나 많은 만남이 이루어지는지는 아무도 모르지만, 분명히 수십억 번은 될 겁니다. 지구의 생명을 구하려면 이 수십억이라는 숫자를 줄여야 하는 거죠. 그러려면 자주 만나지 않거나 다양한 가상 시뮬레이션을 통해 만나야 합니다. 하지만 제가 말한 것처럼, 여기에도 에너지가 꽤 소모됩니다. 지난 20세기는 극히 가혹한 선택을 21세기에 넘겨준 셈입니다!

피터 애디 알겠습니다. 저는 9·11 테러를 살펴봐야 한다고 말하려던 참이었어요. 같은 시간에 만나면서 동기화된 여러 사람이 세심하게 예행연습과 기획, 물류 조직을 한 것으로 보입니다. 이렇게 끔찍한 결과를 초래한 만남도 많습니다. 이것은 만남의 이면일까요? 테러리즘은 우리의 조정 능력이 갖는 또 다른 이면일까요?

존 어리 9·11 테러는 독특한 네트워크의 산물이라고 생각합니다. 소수의 인물, 비행기 몇 대, 주머니칼들이 이룬 연결망이지요. 하지만 이 네트워크는 항공사를 비롯한 수많은 행위자가 이룬 연결망에 비하면 대단히 약한 것이었습니다. 엄청나게 약한 것과 엄청나게 강한 것이 만난 것이죠. 그리고 제가 보기에 이것이야말로 비선형성이 매우 중요한 이유입니다. 저는 "블랙스완"에 관한 탈레브Taleb의 저 유명한 책(Taleb 2008)을 읽었습니다. 확률이 매우 낮고 예측도 불가능한 사건이 변방에서 일어나서 여러 시스템에 파국적 결과를 초래할 수 있다는 것입니다. 우리는 기후변화와 관련된 많은 과학적 연구에서 충격을 받았고, 세계가 전복점으로 다가가고 있다는 견해에도 충격을 받았습니다. 전복점이라는 개념은 오랫동안 아무 일도 일어나지 않다가, 평균적이지 않은 어떤 극단적 사건이 일어나서 시스템이 일순간 전복한다는 것입니다. 그래서 구조와 시스템에 대한 사고는 매우 흥미롭고 중요합니다. 구조와 시스템은 제자리에 있지만, 꼭 영원히 그런 것은 아닙니다. 제자리를 벗어나는 일이 일어날 수 있고, 그러면 2008년 10월 증시 대폭락이 극적으로 보여준 것처럼 시스템이 뒤집힙니다.

데이비드 비셀 우리는 지금 그런 시스템에 대응하거나 시스템이 뒤집히는 사건에 대응할 가능성을 논하고 있습니다. 최근에 분명하게 나타난 것처럼, 이동이 줄거나 이동에 대한 제약이 증가할 가능성이 있는데, 특히 여태까지 상대적으로 제약 없이 이동을 누린 사람들에게 그럴 가능성이 있습니다. 어떤 이에게는 개인적 경제난으로 이런 제약이 생길 수도 있지만, 어떤 이에게는 또 다른 방식으로 부동이 강제될 수 있습니다. 현대의 일부 담론에서는, 우리가 자각하고 있는 모빌리티 권리가 자유에 포함된다고 역설합니다. 제가 관심을 갖는 것은 이런 권리가 갑자기 사라질 때, 이러한 이동 능력의 상실에서 생기는 좌절이라는 정서적 경험입니다. 그런 불안이나 좌절을 완화할 잠재적 사건이나 배출구가 있을까요?

존 어리 그렇습니다. 그런 사건이나 좌절에 대해 깊이 생각하지는 못했습니다만, 그 말이 당연히 맞습니다. 예를 들면, 휘발유 가격 인상에 반대하여 빗발치던 시위에는 저렴한 휘발유를 구매할 권리가 좌절되었다는 느낌이 있었지요. 아마도 이런 일은 다른 이동 방식보다도 자동차 기반의 이동에서 더 자주 일어날 것입니다(Katz 1999; Thrift 2004). 작년에는 항공사 30개가 폐업했지만, 항공사 폐업에 반대하는 시위를 하기는 어렵습니다. 기껏해야 문을 두드리면서 "제 돈 돌려주세요"라고 말하는 것이 전부일 겁니다. 그런데 제 생각에 흥미로운 질문은, 모빌리티 권리가 얼마나 구체적으로 느껴지고 체감되는가 하는 것입니다. 대단히 흥미로운 질문입니다. 틀림없이 북미에서는, 아니 북미와 서유럽에서는 좀 더 그렇게 보일 수도 있습니다. 그렇지만 그렇게 단순하게 볼 수는 없습니다. 제가 자주 드는 사례는 세계 최대의 이동이 일어나는 행사인 인도 알라하바드에서 열리는 마하 쿰브멜라('거대한' 쿰브멜라)입니다. 2001년의 마하 쿰브멜라에는 약 6천만 명의 인파가 몰렸습니다. 세계 최대 규모의 만남입니다.

그건 그렇고, 이동의 권리라는 개념(Cresswell 2006a; 2006b)을 상정해 봅시다. 그것은 아마도 부유한 북반구에서 강하게 느껴질 겁니다. 유가와 유류세 인상에 반대하는 시위에서 잘 나타나지요. 코트라이트Cortright는 미국의 비우량 주택담보대출 사태가 승용차 이동에 가장 의존적인, 도심에서 멀리 떨어진 교외 지역에서 특히 심각한 문제였음을 지적합니다(Cortright 2008). 비우량 주택담보대출 시장 붕괴의 첫 조짐이 나타난 바로 그 무렵에 유가 상승이 일어났다고 합니다. 그래서 미국의 주택담보대출 시장을 뒤집어 놓은 그 사태는 적어도 부분적으로는 유가가 일으킨 문제였다는 것이죠. 그래서 국토의 무수한 도로, 즉 승용차 이동에 의존적인 교외 지역에서 새롭게 건설된 무수한 도로가 비경제적 존재로 전락했다는 것입니다. 이 모든 일은 2005년과 2007년 사이에 세계적 유가 상승의 산물이었던 것입니다.

피터 애디 정동과 관련하여, 그리고 정동이 이동하고 전염되는 방식과 관련하여 꽤 흥미로운 견해가 있습니다(Brennan 2004). 그것은 금융위기 같은 일에도 대단히 중요해 보입니다. 그러니까 소문, 분위기, 위험이 이동한다는 것입니다.

데이비드 비셀 그리고 그런 이동은 부동성을 야기합니다.

존 어리 네, 모빌리티 연구가 어디로 이동할지 말하라고 한다면, 두 분 모두 염두에 두는 정동의 이동이라고 할 수 있겠습니다. 저의 사회학 박사학위 논문은 혁명에 대한 것이었습니다. 그래서 사람들은 더러 묻곤 합니다. 현재의 연구와 과거의 연구 사이에 어떤 관계가 있느냐고 말이죠. 그 관계는 부자들이 가진 권력과 부에 대한 '상대적 박탈감과 분노'의 확산입니다. 그것은 온통 분노라는 감정의 확산에 관한 연구였습니다. 우리가 알고 있는 감정의 이동은 부분적으로 사람들의 이동, 즉 공동현전을 위한 이동에 바탕을 두고 있습니다. 하지만 그뿐만이 아닙니다. 우리가 랭커스터대학에서 수행하고 있는 프로젝트는 공공공간에서 삶의 형태 및 패턴의 변화에 관한 것입니다. 공공공간에서 사람들이 어떻게 이동하고, 이런 이동이 모빌리티 기계에 의해 어떻게 변형되고 증강되는지 살펴보고 있습니다. 이제 공공공간에 있으면 거의 언제나 기계가 개입합니다. 또 메시지, 정보, 이미지를 수신하는 사람들이 개입합니다. 그래서 감정의 이동에는 그러한 이동, 즉 신체적 이동이나 다양한 소통 방식을 통한 이동이 개입하는 것입니다.

피터 애디 선생님이 만남에 대해서, 그리고 만남이 일어나는 자리에〔연구자가〕 있기 어렵다는 점을 이야기했을 때, 제게는 재현이라는 문제가 떠올랐습니다. 우리가 그런 만남의 자리에 이를 수 없다면, 그 만남에 대해 말하는 사람에게만 이를 수 있는 것일까요?

존 어리 아니면, 그런 만남이 재현represent되는 방식에만 이를 수 있다고 해야 하지 않을까요? 물론 이따금 우리도 거기 현전present할 수 도 있겠지만, 그렇다고 정말 '현전'한 것일까요? 무슨 일이 일어나 고 있는지 정말 알 수 있을까요? 그것은 또 다른 문제입니다. 다시 말하지만, 거기 현전한 사람들을 그 이후에 인터뷰해야 할지도 모 릅니다. 여기에 모빌리티 연구의 거대한 과제가 있습니다. 만남은 지극히 중요한 문제입니다. 하지만 연구 환경 탓에 연구자의 진입 이 막힐 수도 있습니다. 보통 가난한 사람들은 연구하기가 쉽습니 다. 연구자가 자신들의 만남에 끼는 것을 막을 힘이 별로 없기 때문 입니다. 하지만 가난한 사회과학자가 부유하고 권력이 있는 사람 들의 만남에 접근하는 것은 불가능할 때가 많습니다. 대학 윤리위 원회의 제약을 받기 때문에 더더욱 그렇지요!

5. 대화와 분과학문

피터 애디 선생님이 가졌던 여러 만남에 대해서, 그리고 선생님의 연구 가 다른 학자들과의 만남을 어떻게 반영하고 있는지 조금 더 생각 해 보고 싶습니다. 그러면 다른 사람과의 만남이 선생님의 이동 감 수성에 어떤 영향을 미쳤는지 논의할 수 있을 것 같습니다. 우리는 처음에 이 인터뷰를 생각하면서 "선생님 연구의 궤적은 무엇이었 는가", 그리고 그 궤적은 실제로 어떻게 이동적 관계를 반영하고 있 는가라고 자문했습니다.

존 어리 분명 저는 흥미를 느끼는 것들 사이를 이리저리 오갔습니다.

그런데 저는 뭐랄까, 한 기관에 계속 머물면서 제 관심사를 따라서 움직였지요. 그렇지만 물론 사고의 내적 변화라는 측면에서뿐 아니라 세 가지 문제와 관련해서도 이리저리 이동했습니다. 첫 번째는 물론 세계의 제반 조건의 변화였습니다. 두 번째는 동시대의 지적 논쟁에 대한 저의 인식과 그에 응답하고자 하는 마음이었습니다. 그리고 마지막은 특히 랭커스터에 정착하거나 잠시 들른 사람들과의 관계입니다. 훌륭한 공동연구자들을 만난 것은 분명 굉장한 일이었습니다. 그래서 이것은 이동하는 네트워크에 가까울지도 모릅니다. 어떤 면에서는 퍽 이상합니다. 랭커스터대학은 권력의 중심에서 멀리 떨어진, 영국 북서부에 소재한 소규모 대학이거든요. 이 대학은 1980년대에 대처 총리의 감축정책으로 큰 타격을 입어 대학, 사회학과, 사회과학부 전체가 대폭 축소되었습니다. 그런데 이 모든 일에도 불구하고, 대학원생일 때 하던 것을 넘어서려는 열망을 공유하는 사람들이 모여서 흥미로운 집단을 이루었습니다. 대학원생일 때 하던 일이 이런 식의 "경로의존성"을 형성하면 사람들은 일정한 패턴으로 거기에 잠겨 버리게 됩니다. 그것을 넘어서는 것이 매우 중요한데, 랭커스터대학에서 저와 함께 연구하던 분들 대부분은 그런 일을 정말 잘 해냈습니다. 따라서 협업과 이동을 이루는 데에 능숙했지요. 네, 그래서 이동적 네트워크라고 하겠습니다.

피터 애디 하지만 선생님이 적어도 한 기관에 머물렀다는 의미에서 부동적이었다고 한다면, 그 이면에서는 이 네트워크들 사이에서 신체적 이동이 활발했다는 것인가요? 그러니까 다양한 장소로의 이동이 많았던 건가요?

존 어리 네, 그런 것 같아요. 그런데 저는 다른 장소에서는 단 6개월이라도 일한 적이 없습니다. 하지만 제게 중요했던 다양한 네트워크를 얘기할 수는 있겠습니다. 예를 들어, 1970년대 후반에는 사회주의경제학자협의회Conference of Socialist Economists · CSE 지역위원회가 있었습니다. 그다음에는 서식스 지방을 중심으로 여러 도시와 지방을 잇는 중요한 연결들이 있었는데, 랭커스터를 포함해 여러 장소를 아울렀지요. 그 외에도 다양한 장소를 방문했고, 다른 사람들을 초대했습니다. 랭커스터대학에는 다른 사람들의 방문을 유도하는 데에 특히 능한 분들이 계셨지요. 스콧 래쉬Scott Lash, 브라이언 윈Brian Wynne, 존 로John Law, 밥 제숍Bob Jessop, 엘리자베스 쇼브Elizabeth Shove, 앤드류 세이어Andrew Sayer 등이지요. 그분들이 사람들을 끌어모았기 때문에 제가 반드시 이동할 필요가 없었습니다! 또, 대학에서 회의나 워크숍 시설들을 마련해 줬습니다. 젊은 학자, 중견 학자, 그리고 상당히 저명한 학자들이 많이 오시는데, 이분들을 따라오는 인상적인 청중들이 학술적인 활기를 만들어 냈지요.

피터 애디 많은 사람과 많은 사상이 랭커스터라는 허브로 들어왔기 때문에 어떤 면에서는 이동할 필요가 없었다고 말씀하셨는데요. 특히 이동적 사고나 이론에 대해 글을 써 온 사람들은 스스로 신체적 모빌리티 감각을 경험한다는 사실이 문득 떠오릅니다. 이주나 추방에 관해 이야기하는 사람들은 그들이 이주자였을까요? 그들은 사이드가 자신의 "망명 에너지"[Said 1994]라고 부른 것을 표현한 것일까요? 선생님은 스스로 그렇게 많이 이동할 필요가 없었다고 말씀하시는데요.

존 어리 랭커스터대학은 비교적 작은 기관이라 무슨 일이 일어나고 있는지, 누가 들렀고 누가 지나치는지 쉽게 알 수 있습니다. 따라서 지금 일어나고 있는 일에 대한 정보와 열정이 더 많이 생겨납니다. 그래서 행사나 워크숍을 개최하기가 아주 편한 곳입니다. 대학은 시내와 가깝습니다. 그래서 무엇을 준비하든 사람들이 쉽게 오갈 수 있습니다. 작다는 것에도 분명 장점이 있습니다! 1980년대에 제게 영향을 준 랭커스터 지역위원회가 그 예입니다. 우리는 각종 보조금을 받았고, 책 두 권과 다수의 연구 보고서를 썼습니다. 지역적이기는 하지만 그 안에서 모두 잘 연결되어 있었습니다. 재밌는 점은, 1980년대에는 네트워크가 지금보다 훨씬 덜 국제적이었다는 것입니다. 그래서 해외에서 오는 방문객이 그리 흔치 않았지요. (설사 유명한 사람이라 하더라도) 해외여행을 하는 사람 자체가 흔치 않았고요. 사실 이는 모빌리티와 관련하여 흥미로운 문제입니다.

데이비드 비셀 어쩌면 지금이 분과학문의 경계에 관해 얘기하기에 좋은 순간 같네요. 선생님은 사회학자인데도 불구하고, 선생님의 연구는 사회과학 전반에 깊은 영향을 끼쳤습니다.

피터 애디 네, 제 생각에 그것은 앞서 말한 연결들과 관련이 있어 보이네요. 이런 연결은 분과학문의 컨테이너라는 감각을 뛰어넘는 데에 도움을 주었을 테니까요. 당시 진행되던 〔대처 정부의〕 저 구조조정이 바로 분과학문 차원에서도 일어났지요.

존 어리 저는 경제학 서적을 읽기 시작하고 혁명의 정치사회학을 연구하기 시작한 다음에 철학자 러셀 키트Russell Keat와 공동으로 《과학으로서의 사회이론Social Theory as Science》(Keat and Urry 1975)이라는 책을 저술했어요. 그리고 1970년대 후반에는 흥미로운 지리학자들을 마주치기 시작했죠. 그러니까 오로지 하나의 분과학문에만 전념해야 한다는 의무감이 없었습니다. 1980년대 초반에 키스 조셉 Keith Joseph[2]이 사회과학을 공격하여 크게 논란이 되었습니다. 그때는 연구지원을 담당하는 위원회 명칭이 사회과학연구위원회에서 경제사회연구위원회로 바뀌던 시점이었어요. 그와 더불어 대학 규모도 크게 줄었지요. 가령 솔퍼드대학의 규모는 3분의 1이 줄었고, 랭커스터대학의 규모도 10~15퍼센트 줄었습니다. 그에 저항하는 사람들이 주창한 것은 '스파게티 전략'이었어요. 많은 학과가 서로 밀접하게 얽히면 그중 한 학과를 폐과하기가 훨씬 어려워진다는 것이지요. 사회학과 다른 사회과학들은 서로 얽히도록 압력을 받은 셈입니다. 그러니까 그런 일이 필요해진 것은 당대의 경제적·사회적·정치적 변화 때문이기도 하고, 각 대학이 운영하는 제도

---

2 키스 조셉은 1981년부터 1986년까지 영국의 교육과학부 차관이었다.

적 절차 때문이기도 했어요. 그래서 학제적이 될 수밖에 없다고 생각했습니다. 그래서 1980년대 초반에《환경과 계획 D: 사회와 공간Environment and Planning D: Society and Space》같은 주요 학술지가 다수 만들어졌습니다. 흥미롭게도, 이 학술지는 또 다른 학술지인《이론, 문화, 사회Theory, Culture and Society》창간이나 폴리티출판사 창립과 거의 비슷한 시기에 시작되었습니다. 그러니까 사회과학의 주요 혁신 세 가지가 1980년대 초에 시작되었습니다. 그것은 대처 정책의 사례인 동시에, 탈분과적 사회과학과 사회이론을 발전시킨 사례였습니다. 이러한 매우 흥미로운 순간에 이어서, 저를 포함하여 분과학문을 넘어서는 데에 관심이 있던(그리고 필요를 느낀) 다양한 사람들이 나타났습니다. 분과학문discipline의 규율discipline을 좀 느슨하게 하려는 것이었지요.

데이비드 비셀 정말 흥미진진합니다. 선생님은《사회를 넘어선 사회학》(Urry 2000) 마지막 부분에서 도건Dogan과 파레Pahre의 표현대로 "창조적 변방"에 머무는 것의 중요성을 설명하셨죠. 이러한 성향이나 "힘"이 오늘날의 사회과학자들에게 어느 정도나 필요할까요?

존 어리 변방(변방의 기관이나 분과학문)에서는 항상 그런 것은 아니지만 자주 혁신적인 일이 벌어진다는 것은 입증된 듯합니다. 변방에서는 꼭 대규모 기금이 필요 없는 공동연구를 모으고 조직할 수 있습니다. 그리고 새로운 활동을 만들고 키울 수 있지요.

피터 애디 제가 지금 알고 싶은 부분이 있습니다. 데이비드는 "힘"이라는 단어를 사용했는데요. 무언가 새롭거나 혁신적인 것을 시도할 수 있는 변방의 힘 말입니다. 협업을 통해서, 그리고 사람들과 대화하고 새로운 생각을 창출함으로써 생겨나는 어떤 요소가 있다는 건가요? 다른 사람들과 함께 변방에 있으면서 함께 이동하는 일이 어떤 집단적인 힘을 발휘하는 건가요?

존 어리 물론이죠. 서로의 차이에 대한 감각은 협업을 통해 생겨난다는 것을 강조하고 싶습니다. 이러한 저항의 수준, 형태, 효과는 다양하고 물론 미미할 수도 있습니다. 하지만 지배적 패러다임에 저항하는 일에는 이처럼 함께한다는 감각이 중요합니다. 보통은 사람들이 저항하는 강력한 "타자"가 있습니다. 저에게는 특히 두 가지가 있었습니다. 하나는 "타자"로서 큰 역할을 한 미국식 사회과학이었고, 또 하나는 이따금 서술되는 바대로의 "영국 경험주의"였어요. 우리 세대가 반대한 "타자"였지요.

피터 애디 지리학 분야의 최근 연구들은 분과학문이 발전해 온 이야기, 특히 워싱턴학파와 공간과학 출현의 이야기를 복원하고자 합니다 (Barnes 2004). 그 당시에 야심 있는 젊은 교수진과 대학원생들은 자신들의 연구에 상당히 들떠 있었습니다. 무언가 다른 것을 하는 식으로 사회과학을 연구했습니다. 당시를 돌이켜 보면, 그리고 지식과 사상이 어떻게 발전했는지를 돌이켜 보면, 그 점에서 (서로 잘 어울리건 그렇지 않건 간에) 협력관계를 느끼는 것이 실로 중요하다는 생각이 듭니다.

존 어리 저도 대단히 중요하다고 생각해요. 그리고 1980년대 초 대학과
사회과학에 대한 공격은 이처럼 신중한 저항을 수행하는 데에 도
움이 되었다고 생각합니다. 비교적 새롭게 등장한 68세대는 저항
을 열망했습니다. 할 수만 있다면 어떤 식으로든요. 그런 저항 방
식 중 하나는 (경험주의 모델이라고도 할) 미국식 모델에 얽매이지 않
은 탈분과적이고 학제적인 사회과학을 만들어 내는 것이었습니다.
학제적인 것이 매우 선호되었고, 그 자체로 저항의 방식이었습니
다. 당시 대학에서는 대개 학제적interdisciplinary이라는 것은 곧 '규
율 없음indiscipline'의 징후라고 보아 바람직하지 않게 여겼습니다.
그래서 새로운 학과를 세우고 사회과학을 기꺼이 용인한 랭커스터
대학에서도 학제적인 것은 신중한 저항 방식이었지요.

데이비드 비셀 변방의 이러한 의의와 관련하여, 최근 데이비드 하비David
Harvey는 자신이 "급진적" 정신으로 여기는 것이 사회과학에 부족하
다고 한탄하며 이렇게 주장했어요.

"기든스의 지휘 아래, 새로운 사회학은 대부분 정치권력에 접근하여 자본
주의에 순치된 무슨 '제3의 길'이라는 기묘한 이상을 만들었다. 이 길은 우
리가 아는 자본주의와 다른 무언가를 향해 가는 길이 아니다. 오히려 그
것은 19세기 초반 기독교 사회주의의 물렁물렁한 재판再版처럼 보인다(적
어도 부르디외는 이런 노력을 지지하지 않을 만큼은 분별력이 있다). 여

기에 혁명적 정신은 보이지 않다시피 하다. … 대다수는 비판적 이론의 과제는 단지 세계를 해석하는 것이 아니라 변혁하는 것이라는 단순한 격언을 잊었다. 이러한 관점에서 본다면, 새로운 사회학은 비판적 사고의 새로운 지평을 여는 것이 아니다. 새로운 사회학은 한때 젊었으나 이제 늙어 가는 (1960년대의 사회운동과 분투를 통해 경험을 쌓은) 신좌파가 전문화되면서 겪고 있는 단말마의 고통처럼 보인다"[Harvey 2005: 251].

하비가 시사하듯, "정책적 유용성"은 필연적으로 정치권력에 아첨하는 것을 뜻할까요?

존 어리 제게는 이런 표현이 거슬립니다. 이런 과정은 모든 사회과학에 해당하거든요. 또 그건 하나의 분과학문을 한 인물을 통해 바라보는 엘리트 중심 관점이기도 합니다. 그리고 사실 기든스는 (물론 일반적으로 말해서, 주요한 대중적 지식인이지만) 현대 사회학에서 그렇게나 영향력 있는 인물도 아닙니다. 그가 이 정도 인물이 된 것은 사반세기 전인 1984년에 펴낸《사회구성론The Constitution of Society》덕분인데, 여러모로 그의 저작 중에서는 그나마 가장 낫습니다. 기든스는 물론 정치권력에 상당히 가깝게 다가갔습니다. 그러나 정책적 유용성이 반드시 아첨을 의미할까요? 꽤 복잡한 문제입니다. 예를 들어, 어떤 유형의 정치권력은 이해하고 검토하려면 반드시 정책 연구를 실제로 수행해야 합니다. 다양한 조직을 분석하려면 일종의 내부자가 되어야 합니다. 물론 꼭 '각하'가 될 필요까지는 없겠지요! 사회과학자는 연구를 적절히 수행하기 위해 정치권력과 기업 부문에 접근해야 했습니다. 제 생각에 이 모든 일은 극히 까다로운 사안입니다. 특히 신자유주의 시대에는 말이지요. 신자유주의 시대에는 연구자가 특별한 조건 아래에서만 특정 조직에 들어갈 수 있는 경우가 많습니다. 그러므로 하비의 주장과 같은 극좌적 태도를 취할 수도 있지만, 그것은 제 생각에는 지나치게 단순한 태도입니다. 그런 순수주의 입장은 그다지 도움이 되지 않습니다.

데이비드 비셀 제휴와 대화라는 이 문제의 이면은 학자, 실무자, 대중 사이의 지식 이동을 생각해 보게 하는데요. 특히 이것이 우리 연구에서 점점 중요해지는 측면인 데다, 우리가 자신의 존재를 정당화하는 방식이니까 말입니다. 선생님의 경험과 최근 연구에 비춰 본다면, 이러한 지식 교환 과정을 용이하게 하는 새로운 메커니즘 또는 새로운 공간이 있을까요?

존 어리 여기서는 두 가지가 중요합니다. 첫째, 사회과학자가 자기 연구를 그 사용자와 유관한 방식으로 명료하게 제시할 수 있도록 의제를 탈바꿈시켜야 한다는 데에 전적으로 동의합니다. 즉, 사용자를 탑승시켜야 한다는 것입니다. 그러나 두 번째 요점은, 그렇다고 해서 사회과학이 시장 조직을 아주 직접적으로 묘사하기를 기대해서는 안 된다는 것입니다. 새로운 데이터를 다루는 마이크 새비지 Mike Savage의 최근 글(Savage 2009)을 보셨나요? 그는 (특히 시장조사기관 같은) 민간 부문에서는 이제 사람들의 구매 이력을 통해 거의 자동으로 효과적 데이터가 수집된다고 합니다. 이 구매 이력을 가령 우편번호와 연결하면 사람들의 소비 패턴이나 습관을 알아낼 수 있다는 거죠. 그러니까 사회과학 데이터는 민간 부문의 조직에서 더 즉각적이고 체계적으로 수집되고 있어요. 그럼 사회과학은 어떻게 될까요? 이에 대한 한 가지 대답은, 그런 조직에 필요한 것은 꼭 새로운 데이터라기보다는 새로운 아이디어라는 것입니다. 그 때문에 데이비드 하비, 앤서니 기든스, 지그문트 바우만의 글이야말로 정말 민간 부문 조직에서 찾는 것일 수 있습니다. 그러니까 이 관계는 단지 영혼을 파는 것보다는 복합적인 관계입니다. 실제로 민간 부분의 많은 미디어 기관이 사회과학자를 고용하거나 사회과학자가 운영하고 있습니다. 따라서 저기에는 민간 부분이 있고 여기에는 사회과학자가 있는 그런 단순한 상황은 아닙니다. 순수한 사회과학자가 민간 부분 조직과 접촉하여 변절하는 것은 아니라는 것입니다.

존 어리 특집 서문*

John Urry: E-Special Introduction

_미미 셸러Mimi Scheller

* 출처: *Theory, Culture & Society* 2016, vol. 33(7–8), pp. 395–408.

이 글은 영국 사회학자 고故 존 어리 교수(1946~2016)가 학술지《이론, 문화, 사회Theory, Culture & Society》와《신체와 사회Body & Society》에 기고한 다수의 중요 연구를 모은 전자저널 특집의 서문이다. 이 글은 사회학자로서, 네트워크 조직자로서, 그리고 영국과 나아가 전 세계의 사회과학의 얼굴을 변모시킨 공적 지식인으로서 어리의 심오한 공적을 기념하는 동시에 계승하고자 한다. 이 특집에 실린 어리의 글은 1982년부터 2014년에 걸쳐 발표된 것으로, 단독으로나 공동으로 집필한 논문이나 특집 서문 등을 포함한다. 이 글들은 모두 그의 전체 저작과의 연관성 아래 소개된다. 그의 글 일부를 이처럼 한군데에 모아 놓음으로써 독자들이 그의 글을 쉽게 접할 수 있게 하고, 나아가 그가 현대 사회이론에 미친 귀중하고 중대한 영향을 기록하고자 한다.

존 어리와 더불어 이론, 문화, 사회를 횡단하기

이 특집호는 위대한 사회학자 존 어리를 추념한다. 그는 우리 중 많은 사람의 교사이자 동료이자 멘토이자 롤모델이다. 존은 20세기 후반과 21세기 초반에 가장 중요한 영국 사회학자 중 한 사람이며,《이론, 문화, 사회》와《신체와 사회》의 탄생에 영향을 미친 사회과학의 여러 이론적 전환에 이바지한 핵심 인물이다. 따라서 이 학술지들에 실린 그의 글 전체를 그와 관련된 몇몇 출판물에 대한 소개와 더불어 다시 출판하는 일은 퍽 시의적절하다. 나는 두 학술지에 실린 그의 중요한 연구 여러 편을 모은 이 특집이 사회이론가로서뿐 아니라 네트워크 조직자이자 영국과 나아가 전 세계 사회과학의 얼굴을 변모시킨 공적 지식인으로서 그의 심오한 공적을 기념하고 계승하리라 기대한다.

먼저 지리적 위치부터 언급해야겠다. 피터 애디Peter Adey는 이미 존의 저작에 대해, 그리고 수많은 사람과 분야에 끼친 그의 영향에 대해 감동적이고 포괄적인 헌사를 《이론, 문화, 사회》에 쓴 바 있다. 존은 학자로서의 삶을 하나의 장소, 즉 랭커스터대학에서 보내면서도 그렇게 폭넓은 영향을 끼친 것이다. 랭커스터는 내가 그를 처음 만난 곳이다. 내가 1998년 랭커스터대학 사회학과에 합류했을 때이다. 존은 랭커스터에 자리잡은 뒤로 수많은 대학원생, 박사후 연구자, 방문학자, 신진 강사를 이 잉글랜드 북서부 도시로 끌어들였다. 또한, 그는 전 세계의 수많은 사람들과 유대를 맺었고, 우리를 워크숍이나 학회로 데리고 다녔다. 이처럼 멀리 떨어진, 말 그대로 수백 명의 사람들과 이런 연결을 유지하고 때때로 대면 만남을 갖는 것은 인상적이다. 이를 통해 작고한 그의 동료 데어드레 보덴Deirdre Boden이 이론화하고 존이 자주 인용한 "가까움에 대한 충동"[Boden and Molotch 1994]을 실천한 것이다. 지금 우리는 이러한 가까움이 너무도 그립다.

존이 애석하게도 갑자기 세상을 떠난 2016년 3월의 바로 그 주에 학술지 《응용 모빌리티Applied Mobilities》에 우리의 공저 논문 〈새 모빌리티 패러다임의 동원Mobilizing the New Mobilities Paradigm〉이 실렸다. 여기에서는 지난 10년 동안 모빌리티 패러다임이 사회과학에 끼친 영향을 평가했다[Sheller and Urry 2016]. 어떤 것을 "새로운 패러다임"이라고 선포하는 것이 교만해 보이기는 하지만, 존은 그 됨됨이가 자신을 극히 낮추고 겸손한 사람이었지 업적을 떠벌리는 사람이 아니었다. 그는 협업 환경을 만들었고, 이런 환경 속에서 종종 젊은 학자들과 함께 글을 쓰고 그들이 성공할 수 있도록 큰 힘을 주었다. 우리는 또한 학술지《현대사회학Current Sociology》에 게재할 글을 함께 쓰는 중이었다. "모빌리티 전환"과 "공간적 전환"의 관계에 관한 이 글을 쓰면서 나는 공간과 운동에 관한 그의 사상의 기원에 관해 이야기를 나눌 수 있었다. 그의 업적에 대한 나의 평가는 바로 우리의 공동작업을 돌이켜 보고 다양한 분야에 미친 그의 영향을 검토하는 맥락에서 나오는 것이다.

내가 다행스럽게 생각하는 그와 나눈 최근의 대화들에서, 존은 모빌리티에 대한 자신의 관심이 어디에서 유래하는지 반추하면서 르페브르Lefebvre의 1974년 저작《공간의 생산Le production de l'espace》[영어 번역본 Lefebvre 1991]에서 시작된 사회이론의 공간적 전환, 그리고 특히 우리가 최근 잃은 또 다른 위대한 사상가 도린 매시Doreen Massey의《노동의 공간적 분업Spatial Divisions of Labour》[Massey 1984]이 영국에서 유발한 논쟁을 들었다. 어리에 따르면, 매시의 이 획기적 연구는 자본이 장소를 드나드는 복잡하고 다양한 운동과 그 결과로 각 장소에서 일어나는 침전 형태를 검토했다[Massey 1991, 1994도 참조하라]. 그 뒤를 이어 곧바로 그레고리Gregory와 어리가 편집한《사회관계와 공간구조Social Relations and Spatial Structures》[Gregory and Urry 1985]가 출간되었다. 이 책은 하비, 기든스, 매시, 프레드Pred, 세이어, 소자Soja, 스리프트의 지리학과 사회학 연구를 한군데 모아 놓은 것이었다. 어느 정도는 이 편저에서 자극을 받아 존은 이른바 "장소를 드나드는 사람들의 여가 이동"이라고 부르는 것으로 시선을 돌렸다. 이 연구는 이후 발전하여《관광객의 시선The Tourist Gaze》[Urry 1990]으로 출간되었다. 그뿐 아니라 존은 다양한 모빌리티와 그것이 장소에 미치는 결과에 대한 분석에도 착목했는데, 그 성과는 그와 래쉬의 공저《조직자본주의의 종언》(Lash and Urry 1987)과 《기호와 공간의 경제》(Lash and Urry 1994)로 발표되었다. 러셀 키트와 공저한 초기작《과학으로서의 사회이론》(Keat and Urry 1975)과《자본주의 사회의 해부학The Anatomy of Capitalist Societies》(Urry 1981)은 그의 연구 방향의 초석을 놓은 중요한 이론적 저작이었다. 그는 초기부터 영향력 있는 사회학 이론가이자 사회이론가였고, 이처럼 광범위한 이론적 문제에 바탕을 둠으로써 수많은 중요한 분야(관광, 모빌리티, 자연/기후 등)에서 개념적 혁신을 이룰 플랫폼을 마련했다.

　흥미로운 것은, 이런 발전이 1980년대 초반 학술지《환경과 계획 D: 사회와 공간》과《이론, 문화, 사회》의 창간 및 폴리티출판사 설립과 겹친다는 점이다. 존은 이것을 대학에 대한 대처 정권의 공격, 특히 대학의 사회과학 프로그램에 대한 지원 축소에 대응하여 탈분과학문적 사회과학과 사회이론을 발전시키려 한 시도라고 묘사한다(Adey and Bissell 2010: 12). 또한, 자신의 연구를 가리켜 미국식 사회과학과 '영국 경험주의'에 맞서는 시도로 묘사한다(Adey and Bissell 2010: 13). 미국에서 활동하는 나의 관점에서 보면, 미국 사회학회나 미국의 여러 주류 사회학과들이 다른 곳에서 널리 받아들이는 새 모빌리티 패러다임을 계속 꺼리는 것은 바로 그의 연구에 담긴 통렬한 반실증주의 때문으로 보인다. 존은 이러한 지적인 입장뿐 아니라 개인적 태도에서도 철두철미 엘리트주의나 신자유주의와 상반된다. 이 점은 그의 일상적인 교류에서 구체적으로 나타날 뿐 아니라, 늘 입는 단색의 '작업복'에서도 상징적으로 나타난다. (보통) 파란 면셔츠, 파란 재킷과 바지를 입고, 넥타이를 매지 않은 칼라는 늘 열려 있다. 그는 철저한 평등주의자로서 허세나 위계나 지위를 추구하는 데에 허비할 시간이 없었다. 전 세계에서 찾아오는 학생과 방문자를 전염성 있는 웃음으로 반갑게 맞이했고, 언제나 그들과 마주앉을 자리를 만들었다.

1990년대 중반 공간을 "흐름"이자 "네트워크"로 이론화하는 일은 카스텔Castells의 《네트워크 사회의 도래The Rise of the Network Society》(Castells 1996)로 특히 중요한 의미를 가지게 되었다. 이와 동시에 "유목주의"의 탈근대주의 이론들에서 페미니즘적 비판(Braidotti 1994; Kaplan 1996)이 나타났으며, 모빌리티 정치에 관한 크레스웰Cresswell의 초기 글이 실린 《공간과 사회이론Space and Social Theory》(Benko and Strohmayer 1997; Cresswell 2006도 참조)도 출간되었다. 많은 사람들은 존의 모빌리티 연구를 흐름과 유목주의에 관한 탈근대주의 이론의 일반적 관심과 동일시했다. 그러나 그의 이론의 뚜렷한 후기 마르크스주의적 특징과 잉글랜드 북서부(여기에서 그는 북서부 지역 연구 그룹의 일원이었다)라는 지리적 위치 때문에, 그의 접근법은 물질적 토대를 소홀히하는 다른 문화이론들과 달랐다. 21세기 들어 "모빌리티" 개념은 변화하는 경제, 문화, 세계화에 관한 다양한 분석에서 핵심 용어로 부상했다. 존은 바우만Bauman을 여기에 기여한 주요 학자로 꼽았다. 바우만은 《액체근대Liquid Modernity》에서 이렇게 주장했다. "모빌리티는 탐나는 가치 중에서 최상 등급까지 올라갔다. 줄곧 희소하고 불균등 분배되는 재화인 이동의 자유는 우리의 후기 근대 혹은 탈근대 시대를 계층화하는 주요인으로 급부상했다"(Bauman 2000).

《액체근대》와 같은 해에 출간된 《사회를 넘어선 사회학Sociology Beyond Societies》(Urry, 2000b; Urry, 2000a도 참조하라)은 새롭게 부상하는 공간적 사회과학에서 핵심 개념인 모빌리티에 관한 관심을 공고히하는 데에 이바지했다. 모빌리티에 대한 존의 독특한 접근법은 광범위한 이론적 종합, 사회현상에 관한 폭넓은 관심, 능란한 문화적 접근이라는 고유한 특징을 지녔다. 이러한 개방성이야말로 그렇게 많은 독자에게 관심을 산 이유 중 하나이다. 세기 전환기에 모빌리티에 대한 흥분은 다양한 이벤트를 양산했다. 가령 우리는 2003년 랭커스터대학의 모빌리티연구소Centre for Mobilities Research(CeMoRe)를 창립했다. 그리고 2004년 1월 랭커스터에서 대안모빌리티미래 학술대회Alternative Mobility Futures Conference가 처음 열렸다. 다음 해에는 학술지《모빌리티스Mobilities》를 창간했는데 첫 호는 2006년에 나왔다. 그리고 우리는 학술지《환경과 계획 A Environment and Planning A》의 "물질성과 모빌리티" 특집을 조직하고, 여기에 논문〈새 모빌리티 패러다임The New Mobilities Paradigm〉을 발표했다(Sheller and Urry 2006). 이러한 토대적 작업의 주안점은 여러 공간적 규모를 가로질러 사유하고, 분과학문의 경계를 흩어 놓으며, 물질성과 시간성을 탐구하고, "정주적" 국가나 사회의 프레임을 넘어서며, "모빌리티"가 새로운 사회과학의 비전을 제시할 수 있을지 탐색하는 것이었다. 그러한 비전은 더욱 개방적이고 더욱 광범위하며 다른 분야들과 더욱 조화를 이루고 심지어 더욱 사변적이면서 미래지향적이다.

어리의 모빌리티 연구는 활발한 논쟁을 불러일으키기도 했다. 이 논쟁은 영국의 사회학, 사회이론, 문화지리학뿐 아니라, 성찰적 근대화와 세계시민주의와 관련된 유럽의 사회이론 내에서도 일어났다(가령 다음을 참조하라. Canzler et al. 2008). 간혹 페미니즘 그룹이나 탈식민주의 그룹에서는 반응이 미지근했는데, 이런 그룹이 보기에 모빌리티 정치는 가부장제, 식민주의, 인종적 지배를 담고 있기 때문이었다. 그러나 존은 언제나 이런 해석에, 그리고 이런 해석이 산출하는 이런 유의 권력 문제에 개방적이었다. 그가 표현한 것처럼, 때로는 이동적 엘리트들이 가장 많이 움직이지만, "때로는 네트워크 자본이 많은 사람이 부동적이기도 하다. 그들은 이동적인 사람들을 자기가 있는 곳으로 불러들일 수 있기 때문이다. … 누가 이동 중인가? 누가 누구를 이동시키는가? 누가 이동해야 하는가? 누가 그대로 있을 수 있는가?"(다음에서 인용. Adey and Bissell 2010: 7]. 그러므로 모빌리티 투쟁의 정치와 논쟁적인 모빌리티 정의正義 관념은 여전히 미래의 모빌리티 연구에서 핵심 사안이다.

존 어리의 연구 일부를 모으는 이 특집을 기획하면서 《이론, 문화, 사회》와 《신체와 사회》에 실린 그의 글 중에서 그가 사회과학에 전반적으로 공헌한 바의 광범위한 윤곽을 드러낼 수 있는 주요 글을 엄선했다. 이는 세 부분으로 나뉘는데, 첫 부분은 복잡성과 사회과학에 대한 이론에 초점을 맞춘다. 이것이 아마도 그의 핵심적 공헌이고, 또 그의 초기 사상과 가장 긴밀하게 연관되기 때문이다. 두 번째 부분은 이러한 사상이 모빌리티, 기후변화, 탄소 자본과 관련된 사례들을 가로질러 발전하는 모습에 초점을 맞춘다. 마지막으로 인간의 체화된 경험에 주목하는 관광, 신체, 자연에 관한 연구에 주목한다. 이제 각 부분을 개관한다.

복잡성과 사회과학

사회질서 문제에 관한 어리의 초기 연구는 영국 좌파의 후기 마르크스주의 사회이론 내의 논쟁들에서 시작되었다. 이 점은 이 특집의 서두를 장식하는 1982년 논문 〈구조의 이원성Duality of Structure〉에서 잘 나타난다. 그는 특히 기든스의 구조화 이론이 우선 비선형 복잡성을 간과하고 있다고 보았다. 비선형 복잡성 때문에 구조는 특정 사회 체계를 산출하거나 재생산할 수도 있고 그러지 않을 수도 있다는 것이다. 둘째로 그는 기든스의 구조화 이론이 사회적 투쟁과 그로 인한 의도하지 않은 결과들이 형식에 가하는 제약을 간과하고 있다고 보았다. 흥미롭게도 구조와 행위의 이원성에 대한 이런 비판은 복잡성에 관한 어리의 이후 연구로 직결된다. 9·11에 관한 2002년 논문에서 어리는 이와 유사하게 "지구적인 것에 관한 이런 선형적 견해의 뿌리 깊은 한계"를 지적하고, 세계화를 "무질서하고 역설로 가득하며 뜻밖의 사건, 비가역적이고 병렬적인 복잡성의 사건"(Urry 2002: 58)이라고 서술한다. 그리고 사회적인 것은 "전혀 행위나 구조가 아니라 순환하는 실체라는 기묘한 속성을 지닌다"(Latour 1999: 17)는 라투르Latour의 말을 인용한다.

무질서한 세계에 관한 이러한 묘사는 스콧 래쉬와 공저한 1994년 저작 《기호와 공간의 경제》에서도 매우 선명하게 나타난다. 이 저작은 비조직 자본주의의 20세기 후반 형태에 관한 설명을 통해 마르크스를 쇄신한다. 이런 비조직자본주의 형태에서는 "객체와 주체는 놀랍도록 이동적이고 이런 모빌리티는 그 자체가 구조화되고 구조화하는 것이다"(Lash and Urry 1994: 3). 이것은 상품, 자본, 이주자, 관광객, 노동, 정보의 흐름과 연관하여 모빌리티를 핵심 개념으로 이론화하는 효시다. 마르크스의 상품 순환 및 노동 소외 이론을 바탕으로, 어리는 비조직자본주의에서 점증하는 모빌리티, 속도, 성찰성, 그리고 이런 난류亂流가 생산하는 사회적 삶의 복잡한 패턴에 초점을 맞춘다.

그러므로 어리의 마르크스 다시 쓰기는 모빌리티 이론화와 직결된다. "모빌리티는 거시적이지도 미시적이지도 않고 각각의 사이에서 순환한다. '속력, 속도, 파동, 지속적 흐름, 맥동, 유동성과 점착성, 리듬, 조화, 불화, 난류'(Dillon 2000: 12)를 통해"(Urry 2002: 58). 따라서 그의 모빌리티 이론은 구조화 이론에 대한 그의 비판에서 나와서 그것과 나란히 진행된다는 것을 알 수 있다. 또한 이 이론이 복잡성 이론에 의존하여, 비선형 네트워크의 형태, 혹은 "수렴하는 **이동적이고 물질적인 세계들**"(Urry 2002: 59) 간의 순환하는 관계성의 형태를 묘사한다는 것도 알 수 있다. 사실 그의 모빌리티 이론은 고전 사회학 전통의 선형성과 여기 내장된 행위 및 인과의 가정을 거부하는 것이다. 그 대신에 그는 더 이동적이고 불안정하며 무질서하고 혼돈에 휩싸인 과정, 의외의 결과를 낳는 과정, 물질적 이질성과 경로의존적 비가역성을 통해 사회적인 것을 넘어서는 과정을 묘사한다. 이것은 20세기 후반의 격변에 어울리는 사회이론이다. 이 시기에 사람들은 과거에 타당하던 구조의 붕괴를 감지했다. 이 사회이론은 특히 이를 설명하는 참신한 프레임을 찾던 신세대 사회이론가들에게 영향을 주었다.

어리는 저작 《지구적 복잡성Global Complexity》(Urry 2003)에 기초하여, 《이론, 문화, 사회》 2005년 특집호에서 복잡성 이론을 사회과학에 도입한다. 여기에서 프리고진(Prigogine 1997)의 영향을 받은 미국 소재 굴베키안 위원회를 참조하여, '자연'과학과 '사회'과학 분리의 철폐를 주장했다. 자연과 사회 모두 복잡성이라는 특징이 있기 때문이다(Urry 2005: 236). 그리고 2005년 논문의 '복잡성과 마르크스'라는 절에서 자신의 이론을 마르크스로 거슬러 추적하면서, 마르크스를 "사회과학 내에서 복잡성 분석의 최상의 사례"라고 평가한다(Urry 2005: 240). 이것은 1982년 논문에서 지목한 "구조의 이원성" 문제와 직결된다. 이제 그는 인간 행위는 제한적이라는 논변으로 돌아와, 마르크스라면 다음과 같은 주장에 동의할 것이라고 강조한다[Urry 2005: 243]. "사회는 이질적 물질들로 이루어진다. 대화, 신체, 텍스트, 기계, 건축, 이 모든 것과 또 다른 무수한 것들이 사회 안에 내포되고 사회를 수행한다"[Law 1994: 2]. 어떤 의미로는 어리의 모든 연구에서 복잡성, 상대성, 모빌리티로의 이동은 맨 처음 제기한 물음에 답하려는 노력이다. 사회질서를 생산하고 재생산하고 파열시키는 것은 무엇인가? 사회변화의 창발적 패턴을 어떻게 이해할 수 있는가?

모빌리티, 기후변화, 탄소 자본

어리의 모빌리티 연구는 (일부에서 오해하는 것처럼) 단순히 더 이동적인 세계를 서술하고 설명하려는 것이 아니다. 그것은 《지구적 복잡성》[Urry 2003]에서 묘사하듯이, 부동성과 정박한 인프라가 어떻게 고르지 않은 지형을 근저에서 형성하는지, 그리고 이것이 사회과학에 어떤 함의를 지니는지도 다룬다. 새 모빌리티 패러다임은 공간을 사회적 과정의 컨테이너로 보는 관념에 도전하고, 다양한 연구 분야를 가로질러 사회이론 안으로 공간의 역동적이고 지속적인 생산을 도입한다. 그러나 그것은 또한 분과학문의 컨테이너들에도 도전하고 사회이론가들이 함께 이동하여 새로운 아상블라주(그리고 아마도 그 안에서 협업할 수 있는 새로운 조립체)를 이루게 만든다. 오늘날 우리가 이동하는 엄청난 규모의 "거리"는 국가 주권에 수많은 문제를 일으키며 통치와 규제에 도전한다. 따라서 어리에 따르면, 모빌리티와 규모scale는 서로 맞물리면서 다양한 양상의 투쟁을 일으킨다.

이 절에 묶인 논문 중에서 먼저 우리가 공저한 〈'공적' 삶과 '사적' 삶의 이동적 변형Mobile Transformations of 'Public' and 'Private' Life〉은 사회적 삶의 면모를 광범위하게 변형시키는 모빌리티의 의미를 보이고자 한다. 이 논문은 어리가 수많은 공동연구자와 더불어 시도하던 대형 프로젝트의 일부이지만, 명백히 경제·시민사회·국가에 관한 그의 초기 사회이론에 토대를 두고 이런 것들이 현재 어떻게 변형되고 있는지 보여 준다. 그뿐 아니라 그는 자동차 모빌리티(Sheller and Urry 2000; Urry 2004; Featherstone et al. 2004; Dennis and Urry 2008), 항공 모빌리티(Cwerner et al. 2009; Urry et al. 2016), 이동적 삶과 네트워크 자본(Elliott and Urry 2010), 이동적 방법(Büscher and Urry 2009; Büscher et al. 2011) 등에 관한 공동연구를 통해 모빌리티 개념을 계속 발전시킨다. 승용차 시스템에 의한 도시 형성을 분석한 우리의 과거 연구(Sheller and Urry 2000)에 바탕을 두고, 어리의 논문 〈자동차 모빌리티 '시스템'The "System" of Automobility〉(Urry 2004)은 하나의 실증 사례를 활용하여, 일종의 범례로서 하나의 복합 시스템의 창발을 설명하려고 한다. 이는 이 시스템을 어떻게 해체할 수 있을지를 상상하기 위함이다.

　자동차 모빌리티의 종언이라는 어리의 관심사는 21세기 핵심 현안인 기후변화와 에너지 소비에 관한 관심이 점증하는 것과 연계된다. 랭커스터대학 동료인 브론 스제르스친스키Bron Szerszynski와 공동으로 진행한 그의 연구는, 먼저 그의 후기 연구에서 점점 선명해지는 이 주제의 윤곽을 추적한다. 《이론, 문화, 사회》의 2010년 특집에 실린 스제르스친스키와 어리의 이 글은 (개인적·합리적·계산적 행위자의 행동 변화에 집중하여) 인간의 변화로 기후변화를 완화할 수 있다고 주장하는 지배적인 경제모델에 반대하여, 기후변화를 복잡한 체계, 사회, 자연 과정으로 이해할 것을 역설한다. 두 사람은 "이론을 활용하여, 기후변화라는 도전의 사회적 차원을 탐구하고, 이를 통해 우리가 진입하고 있는 시대의 본성과 그 중차대한 문제를 올바르게 이해하고자 한다"(Szerszynski and Urry 2010: 4). 두 사람의 특집 서문과 함께 여기에 재수록한 어리의 논문〈행성의 과잉 소비 Consuming the Planet to Excess〉는 기후변화에 대한 사회과학적 접근을 정교하게 옹호한다(Urry 2010). 이런 접근은 기후변화에 관한 그의 다음 책에서 온전하게 나타난다(Urry 2011).

복잡성 연구에서 그랬던 것처럼, 어리는 자신의 주장을 마르크스와 엥겔스에 대한 독해를 바탕으로 펼친다. 마르크스와 엥겔스는 자본주의에서 출현하여 자본주의 고유의 불안정과 무질서를 야기하는 저 모순적 과정을 연구한 이론가이다. 마찬가지로《이론, 문화, 사회》의 2014년 특집에 실린〈에너지 문제The Problem of Energy〉에서도 어리는 이 문제를 마르크스의 해석을 경유하여 도입한다. 마르크스에 따르면, 인간과 '자연'은 "철두철미 서로 얽혀 있지만", 화석연료 자본주의에 의한 사회적-자연적 물질대사, 순환의 가속과 강화는 인간과 '자연' 사이에 뚜렷한 균열을 낸다(Urry 2014: 6-7). 그러므로 사실상 어리는 마르크스의 역사 유물론 이해를 21세기 판본으로 재해석하고 쇄신한다. 기후변화와 탄소 기반 모빌리티에 대한 이런 관심으로 인해 이 시기 어리의 연구는 피크오일, 자원 소비, 에너지 소비, 일반적 미래 전망이라는 문제로 전환한다. 물론 그 미래는 종종 지구 위의 생이 지닌 한계에 육박하는 암담하고 파국적인 미래이다.

여기에서 모빌리티 시스템에 대한 어리의 관심이 더 폭넓은 자본주의 변혁 이론의 일부임을 알 수 있다. 이것은 현대 자본주의의 토대인 고탄소 모빌리티에 관한 연구를 매개로, 초기의 정치경제학 연구를 후기의 기후 연구와 연결하는 것이다. 결국 어리의 모빌리티 연구는 지구생태학적 전환으로 사유를 이끌어 간다. 본인의 말에 따르면, 어리는 기후변화(Urry 2011), 피크오일(Urry 2013), 역외투자(Urry 2014)에 관한 후기 연구에서 이것들을 "모빌리티 정치경제학"의 관점에서 사유했다. 그리고 "'포스트모빌리티' 모빌리티 패러다임은 자원에 좀 더 관심을 둘 것"(Adey and Bissell 2010: 3)이라고 주장한다.

관광, 신체, 자연

마지막으로 어리 연구의 이 부분은 관광, 자연(들), 그리고 신체 사회학을 포괄한다. 물론 이 특집은 신체 차원에서 시작하여, 신체와 여가로부터 자동차와 도시 형태로, 그리고 지구적 복잡성과 행성적 자원 소비로 '상승'할 수도 있었을 것이다. 그러나 나는 그 반대 방향으로 진행하는 것이 더 유익하다고 생각했다. 그래야 자본주의 모순에 관한 어리의 초기 연구로부터 시작하여, 관계적 전환 및 물질적 전환을 경유하여, 우리가 이 세계 내에서 어떻게 살아야 하는가라는 인간 수준 문제의 재정립으로 이동할 수 있기 때문이다. 어리는 체계와 지구적 과정을 다루는 거시 사상가이지만, 감각적 신체를 다루는 미시 사상가의 면모가 그만큼이나 개인으로서의 어리에게 잘 어울리기도 하고 정치적으로도 가장 영감을 주었다. 이런 감각적 신체의 일부는 우리가 만든 저 사회적 실천 및 관계 안에서 여러 세계를 가로질러 이동한다. 어리는 우리 자신의 선택과 외관상 자유를 통해 우리가 더 이동적인 고탄소의 삶에 예속되어 있음을, 그럼에도 불구하고 다른 미래를 상상할 수 있음을 보여 준다.

어리는 포스트휴머니즘적이고 관계적으로 사회적 실천에 접근하는 선구자 중 한 사람이다. 이런 접근에서는 행위성이 인간, 장소, 물질에 분산되어 있음을 연구한다. 맥나튼Macnaghten과 어리는《경합하는 자연들Contested Natures》(Macnaghten and Urry 1998) 서문에서 사회적 실천은 담론적으로 구성되고 체화되며, 공간화되고 시간화되며, 위험, 행위성, 신뢰를 포함한다고 서술한다. 초기 저작에서와 마찬가지로, 이런 서술은 전통적 사회학에 대한 비판, 그리고 자연과학에서 전통적 사회학의 분리에 대한 비판에 기초한다. 두 사람은《신체와 사회》의〈자연의 신체들Bodies of Nature〉특집호에서도 "서로 다른 '자연들'을 생산하고 재생산하는 … 다양한 체화된 수행들"에 대한 관심을 표출한다(Macnaghten and Urry 2000: 1). 특정한 여가 실천의 출현을 추적하면서 두 사람은 "자연과 비자연, 시골과 도시, 주체와 이른바 객체의 단순한 이분법을 해체"(Macnaghten and Urry 2000: 2)하고자 한다. "비사회적(혹은 자연적) 자연은 없다"는 것이다(Macnaghten and Urry 2000: 4). 두 사람은 깁슨(Gibson 1979)과 코스탈(Costall 1995)의 유도성 개념을 발전시켜, 어떻게 "환경의 특정 '객체'가 광범위한 가능성과 저항을 유도하는지"(Macnaghten and Urry 2000: 9) 서술한다. 이러한 해석은 사회이론과 문화지리학에서 점차 영향력이 커졌다.

자동차 모빌리티에 관한 어리의 연구와 마찬가지로, 신체와 여가에 대한 이런 접근에서도 "탈출", "자유", "자연"으로 이해되는 실천들이 뿌리 깊게 제약되고 규제되며 시간적으로나 공간적으로 관리된다는 점을 강조한다. 그리하여 이 모순은 서구의 자본주의적 현대에서 핵심 특징으로 자리잡는다. 이런 모순은 또《신체와 사회》서문(Macnaghten and Urry 2000: 9~10)에 담긴 모빌리티, 복잡성, 혼돈적 창발의 이론과 관련되어 있다. 따라서 이 계열의 연구는 모빌리티 전환과 긴밀하게 연계되고, 운동과 공간뿐만 아니라 인간, 객체, 인프라로 이루어진 여러 "혼종들" 간의 물질적 관계도 사유하는 관계적 방식과 긴밀하게 연계된다. 이처럼 이동 중의 신체를 강조하는 것은 관광 연구(Edensor 1998; Hollinshead 2016), 문화지리학(Adey 2010; Adey et al. 2014), 디자인 사고(Jensen 2013; Jensen 2014) 같은 분야에 특히 영향을 미쳤다. 그것은 또한 사회적 실천, 유도성과 분위기, 감각과 감각경관, 정동과 정서, 그리고 비재현 이론의 출현(Thrift 2008)과 관련된 새로운 계열의 연구와 연계되고 여기에 영감을 주었다.

어리가 관광, 여행, 모빌리티, 투기 자본주의에서 발견한 소비 욕망의 과잉이야말로 우리를 자원 약탈, 낭비, 점증하는 에너지 소비 체계에 예속시키는 거시적 과정의 동력이다. 기호와 공간의 경제에 관한 초기 연구를 복기하자면, 개인 차원의 욕망과 소비에 대한 이러한 민감성이야말로, 우리를 해방하는 동시에 자멸로 끌고 가는 여러 문화 과정과 경제 과정을 접합한다. "특히 탈규제 경제시스템을 비롯한 막강한 여러 시스템과 과잉소비는 서로 적응하고 진화하며, 이 관계는 전속력으로 심연의 가장자리를 향해 파멸적으로 달려간다"(Urry 2010: 207).

그러므로《경합하는 자연들》에서는 어리의 사회학적 상상력의 핵심에 서구 근대에 대한 모종의 해석이 놓여 있음을 알 수 있다. 이 해석은 일국적 사회구조나 기타 구조적 이분법의 종말을 중심으로 이루어진다. 그리고 "공간적으로 고르지 않고 시간적으로 다양한" 세계를 "가로지르며" "비결정적, 양의적, 징후적 위험문화"를 생산하는 지구적 흐름을 그려 낸다(Macnaghten and Urry 1998: 31). 관광, 자연, 신체에 대한 어리의 해석을 관통하는 공통된 프로젝트가 있다면, 이 프로젝트는 그의 모빌리티 개념으로, 그리고 최종적으로 지구적 복잡성과 사회과학 이론으로 곧바로 인도하는 것이다.

결론

이런 것들이 존 어리와 그와 함께 연구한 수많은 학자가 제기한 새로운 사회학적 물음이다. 이런 물음은 계속해서 사회학적 상상력을 새로운 공공영역으로 생산적으로 이동시키고 있다. 그의 연구는 그 자신이 높은 가치를 부여한 창조적 변방에서 수많은 학제적이고 활력 넘치는 조우를 가능하게 했다(가령 Adey et al. 2014; Sheller 2014; Sheller and Urry 2016). 여기에서 어리의 연구를 재조립하면서 깨닫는 것은, 그가 협업을 자기 연구 과정의 핵심으로 삼았다는 점이다. 그러면서 늘 주변 학자의 연구를 흡수하고 토대로 삼았다. 특히 이 연구에 흔적을 남긴 랭커스터의 많은 동료가 그렇다. 예컨대《관광객의 시선》에서 어리는 특히 피터 디킨스Peter Dickens, 폴 힐라스Paul Heelas, 스콧 래쉬, 셀리아 루리Celia Lury, 크리스 로젝Chris Rojek, 댄 샤피로Dan Shapiro, 롭 쉴즈Rob Shields, 실비아 월비Sylvia Walby, 앨런 와드Alan Warde, 그리고 3판을 교정한 요나스 라르센Jonas Larsen에게 사의를 표했다.《경합하는 자연들》에서는 특히 사라 프랭클린Sarah Franklin, 수 펜나Sue Penna, 재키 스테이시Jackie Stacey, 브론 스제르스친스키, 마크 투굿Mark Toogood, 클레어 워터턴Claire Waterton, 브라이언 윈Brian Wynne의 영향을 찾을 수 있다. 모빌리티 관련 연구에서는 나와 협업했을 뿐 아니라, 랭커스터를 거쳐 가거나 거기 머문 사람들, 특히 킹슬리 데니스Kingsley Dennis, 데이비드 타이필드David Tyfield, 토마스 비르치넬Thomas Birtchnell, 모니카 뷔셔Monika Büscher 등과 협업했다.

새 모빌리티 패러다임과 여기 소개한 어리의 방대한 연구는 어쩌면 "랭커스터학파"로 기억될지도 모르겠다. 이 학파는 미국과 영국의 사회과학에서 양적 연구를 중시하는 경험주의 전통에 계속 대항하면서, 대학 학과의 위계질서, 전문가 단체와 그 분과학문적 폐쇄성과 길항하고 있다. 이것은 내가 이 전통을 이어 나가려는 여러 사람과 더불어 만들고자 하는 일종의 탈분과학문적 사회과학을 비추는 희망의 불빛이다. 또한 이것은 신자유주의 대학의 시장지향적 분과/규율discipline에 맞선다. 사회이론은 예속적 근대화 과정 자체에 깊이 뿌리내린 이러한 분과/규율을 폭로하는 것이다.

여러 대학과 국가를 망라하여 모빌리티 연구자의 활기찬 국제 네트워크를 조직하고, 새로운 학술지와 새로운 총서를 창조하고, 새로운 연구소와 학문적 이력에 영감을 줌으로써, 존 어리는 새로운 이동 학자군群을 창조했다고 말할 수 있다. 그것은 분과학문을 넘어서며, 새로운 지적 배치를 열고, 전체적으로 이 세계에서 사회학의 중요성을 갱신한다. 지하경제, 자원 추출, 기후 재앙, 지속 가능 도시, 이주 분쟁, 모빌리티 정의 등 중차대한 공적 현안에 개입하기 때문이다. 우리는 이 새로운 구도에서 함께 이동함으로써, 존 어리의 이론·문화·사회를 가로지르는 우아하고 풍부한 이동과 더불어 사유하기를 그치지 않을 것이다.

Aaltola, M. 2005. 'The international airport: the hub-and-spoke pedagogy of the American Empire', *Global Networks*, 5: 261-78.

Abbott, A. 2001. *Time Matters*. Chicago: University of Chicago Press.

Abercrombie, N., Longhurst, B. 1998. *Audiences*. London: Sage.

Adam, B. 1995. *Timewatch*. Cambridge: Polity.

_____. 1998. *Timescapes of Modernity*. London: Routledge.

Adams, J. 1995. *Risk*. London: UCL Press.

1999. *The Social Implications of Hypermobility*. OECD Project on Environmentally Sustainable Transport. Paris: OECD.

Adey, P. 2004. 'Secured and sorted mobilities: examples from the airport', *Surveillance and Society*. 1: 500-9.

_____. 2006a. 'Airports and airmindedness: spacing, timing and using Liver pool Airport, 1929-1939', *Social and Cultural Geography*, 7: 343-63.

_____. 2006b.'If mobility is everything then it is nothing: towards a relational politics of (im) mobilities', *Mobilities*, 1: 75-94.

Adey, P., Bevan, P. 2006. 'Between the physical and the virtual: connected mobilities', in. Sheller, M., Urry, J. (eds) *Mobile Technologies of the City*. London: Routledge.

Adler, J. 1989. 'Origins of sightseeing', *Annals of Tourism Research*, 16: 7-29 Adomo, T. 1974. Mimima Moralia. London: Verso.

Agamben, G. 1998. *Homo Sacer: Sovereign Power and Bare Life*. Stanford: Stanford University Press.

Ahas, R., Mark, Ü. 2005.'Location based services-new challenges for planning and public administration', *Futures*, 37: 547-61.

Ahmed, S. 2000. *Strange Encounters: Embodied Others in Postcoloniality*. London and New York: Routledge.

_____. 2004. *The Cultural Politics of Emotion*. Edinburgh: University of Edinburgh Press.

Albrow, M. 1997. 'Travelling beyond local cultures: socioscapes in a global city', in Eade, J. (ed.) *Living the Global City: Globalization as Local Process*. London: Routledge.

Allen, G., Crow, G. 2001. *Families, Households and Society*. London: Palgrave.

Amin, A., Cohendet, P. 2004, *Architectures of Knowledge*. Oxford: Oxford University Press.

Amin, A., Thrift, N. 2002. *Cities. Reimagining the Urban*. Cambridge: Polity.

Anderson, B. 1991. *Imagined Communities: Reflections on the Origin and Spread of Nationalism*. London and New York: Verso.

Anderson, S., Tabb, B. (eds) 2002. *Water, Leisure and Culture*. Oxford: Berg.

Arellano, A. 2004. 'Bodies, spirits and Incas: performing Machu Picchu', in Sheller, M.,

Urry, J. (eds) *Tourism Mobilities: Places to Play, Places in Play*. London and New York: Routledge.

Aristotle 2002. *Nicomachean Ethics*. Oxford: Oxford University.

Arquilla, J., Ronfeldt, D. 2001. *Networks and Netwars*. Santa Monica: Rand.

Arthur, B. 1994a. *Increasing Returns and Path Dependence in the Economy*. Am Arbor: University of Michigan Press.

_____. 1994b. 'Summary Remarks', in Cowan, G. Pines, D. Meltzer, D. (eds) *Complexity, Metaphors, Models and Reality*. Santa Fe Institute: Studies in the Sciences of Complexity Proceedings, vol. 19.

Augé, M. 1995. *Non-Places*. London: Verso.

Axelrod, R., Cohen, M. 1999. *Harnessing Complexity*. New York: Free Press.

Awdry, W. 2002. *Thomas the Tank Engine: The Classic Library Station Box*. London: Egmont.

Axhausen, K. W. 2002. *A Dynamic Understanding of Travel Demand*. A Sketch. Zürich: Institut für Verkehrsplannung und Transportsysteme, ETH, Switzerland.

_____. 2003.'Social networks and travel: some hypotheses' *Arbeitsbericht Verkehrs-und Raumplannung 197*, Zürich: Institut für Verkehrsplanung und Transportsysteme, ETH, Switzerland.

Bachen, C. 2001.'The family in the networked society: a summary of research on the American family', *http://sts.scu.edu/nexus/Issuel-1/Bachen_TheNetworkedFamily.asp* (accessed 31.11.04).

Bachmair, B. 1991. 'From the motor-car to television: cultural-historical arguments on the meaning of mobility for communication', *Media, Culture and Society*, 13: 521-33.

Bærenholdt, O., Haldrup, M., Larsen, J., Urry, J. 2004. *Performing Tourist Places*. Aldershot: Ashgate.

Bales, K. 1999. *Disposable People. New Slavery in the Global Economy*. Berkeley: University of California Press.

Ball, P. 2004. *Critical Mass*. London: Heinemann.

Ballard, J. G. [1973] 1995. *Crash*. London: Vintage.

Barabási, A-L,. 2002. *Linked. The New Science of Networks*. Cambridge, Mass: Perseus.

Barrell, J. 1972. *The Idea of Landscape and the Sense of Place: 1730-1840*. Cambridge: Cambridge University Press.

Barthes, R. 1972. *Mythologies*. London: Cape.

Baskas, H. 2001. *Stuck at the Airport: The Very Best Services, Dining and Unexpecied Attractions at 54 Airports*, New York: Simon and Schuster.

Batty, M. 2001.'Cities as small worlds', *Environment and Planning B Planning and Design*, 28: 637-8.

Bauböck, B. 1994. *Transnational Citizenship*. Aldershot: Edward Elgar.

Baudrillard, J. 1988. *America*. London: Verso.

Bauman, Z, 1993. *Postmodern Ethics*. London: Routledge.

_____. *Globalization: The Human Consequences*, Cambridge: Polity Press.

_____. *Liquid Modernity*. Cambridge: Polity.

_____. 'Reconnaissance wars of the planetary frontierland', *Theory, Culture and Society*, 19, 81-90.

_____. *Liquid Love*. Cambridge: Polity Press.

Baym, K. 1995.'The emergence of community in computer-mediated communication', in Jones, S. (ed.) *Cybersociety*. London: Sage.

Beaverstock, J. 2005. 'Transnational elites in the city: British highly skilled transferees in New York's financial district', *Journal of Ethnic and Migration Studies* 31: 245-269.

Beck, U. 1999. *Individualization*. London: Sage.

_____. 2001 'Living your own life in a runaway world: individualization, globalization and politics', in Hutton, W., Giddens, A. (eds) *On the Edge: Living with Global Capitalism*. London: Vintage.

Beck, U., Beck-Gernsheim, E. 1995. *The Normal Chaos of Love*. Cambridge: Polity Press.

Beck-Gernsheim, E. 2002. *Reinventing the Family: in Search of New Lifestyles*. London: Blackwell.

Beckmann, J. 2001. *Risky Mobility. The Filtering of Automobility's Unintended Consequences*. University of Copenhagen: Dept of Sociology PhD.

Beeton, S. 2005. *Film-Induced Tourism*. London: Channel View.

Bell, C., Lyall, J. 2002. 'The accelerated sublime: thrill-seeking adventure heroes in the commodified landscape', in Coleman, S., Crang, M. (eds) *Tourism. Between Place and Performance*. New York: Berghahn.

Bell, C., Newby, H. 1976. 'Communion, communalism, class and community action: the sources of new urban politics', in Bell, C., Newby, H., Herbert, D., Johnston, R. (eds) *Social Areas in Cities*, Volume 2. Chichester: Wiley Benjamin, W. 1992. *Illuminations*. London: Fontana.

_____. 1999. *The Arcades Project*. Cambridge, Mass: Belknap Press.

Berman, M. 1983. *All that is Solid Melts into Air*. London: Verso.

Bhabha, H. 1994. *The Location of Culture*. London Routledge.

Bijsterveld, K. 2001. 'The diabolical symphony of the mechanical age', *Social Studies of Science*, 31: 37-70.

Billig, M. 1995. *Banal Nationalism*. London: Sage.

Blackbourn, D. 2002. 'Fashionable spa towns in nineteenth century Europe', in Anderson, S., Tabb, B. (eds) *Water, Leisure and Culture*. Oxford: Berg.

Boden, D. 1994. *The Business of Talk*. Cambridge: Polity.

_____. 2000. 'Worlds in action: information, instantaneity and global futures trading', in Adam, B., Beck, U., B., van Loon, J. (eds) *The Risk Society and Beyond*. London: Sage.

Boden, D., Molotch, H. 1994. 'The compulsion to proximity', in Friedland, R., Boden, D.

(eds) *Nowhere. Space, Time and Modernity*. Berkeley: University of California Press.

Bogard, W. 2000. 'Simmel in cyberspace: strangeness and distance in postmodern communications', *Space and Culture*, 4/5: 23.46 Böhm, S., Jones, C., Land, C., Paterson, M. (eds) 2006. Against Automobility. Oxford: Blackwell Sociological Review Monograph.

Bondi, L., Smith, M. Davidson, J. (eds) 2005. *Emotional Geographies*. Aldershot: Ashgate.

Bourdieu, P. 1984. *Distinction. A Social Critique of the Judgment of Taste*. London: Routledge and Kegan Paul.

Brah, A. 1996. *Cartographies of Diaspora: Contesting Identities*. London: Routledge .

Braidotti, R. 1994. *Nomadic Subjects: Embodiment and Sexual Difference in Contemporary Feminist Theory*. New York: Columbia University Press.

Braudel, F. 1992. *The Mediterranean World in the Age of Philip 11*, London: BCA.

Breedveld, K. 1998. 'The double myth of flexibilization: trends in scattered work hours, and differences in time sovereignty', *Time and Society*, 7: 129-143.

Breen, R, Rottman, D. 1998. 'Is the national state the appropriate geographical unit for class analysis?', *Sociology*, 32: 1-21.

Brendon, P. 1991. *Thomas Cook: 150 Years of Popular Tourism*. London: Secker and Warburg.

Brottman, M. (ed.) 2001. *Car Crash Culture*. New York: Palgrave.

Brown, B., Green, N., Harper, R. (eds) 2002. *Wireless World*. London: Springer.

Brown, B., O'Hara, K. 2003.'Place as a practical concern of mobile workers', *Environment and Planning A*, 35: 1565-1587.

Brown, J. S., Duguid, P. 2000. *The Social Life of Information*. Boston: Harvard Business School Press.

Bryson, N. 1983. *Vision and Painting*. London: Macmillan.

Buchanan, M. 2002. *Nezus: Small Worlds and the Groundbreaking Science of Networks*. London: W.W.Norton.

Bull, M. 2000. *Sounding out the City*. Oxford: Berg.

_____. 2004. 'Automobility and the power of sound', *Theory, Culture and Society*, 21: 243-59.

_____. 2005. 'No dead air! The iPod and the culture of mobile listening', *Leisure Studies*, 24: 343-55.

Bunce, M. 1994. *The Countryside Ideal*. London: Routledge.

Burawoy, M. (ed.) 2000. *Global Ethnography*. Berkeley: University of California Press.

Burt, R. 1992. *Structural Holes*. Cambridge, Mass.: Harvard University Press.

Bukatman, S. 1993. *Terminal Identity*. Durham, US: Duke University Press.

Buzard, J. 1993. *The Beaten Track*. Oxford: Clarendon Press.

Byrne, D. 1998. *Complexity Theory and the Social Sciences*. London: Routledge.

Cairncross, F. 1997. *The Death of Distance*. London: Orion.

Cairns, S., Sloman, L., Newson, C., Anable, J., Kirkbridde, A. and Goodwin, P. 2004. *Smarter choices - changing the way we travel*, London: Department for Transport.

Caletrio, J. 2003. *A Ravaging Mediterranean Passion: Tourism and Environmental Change in Europe's Playground*. Unpublished PhD. Lancaster University: Dept. of Sociology.

Callon, M., Law, J. 2004.'Guest editorial', *Environment and Planning D*, 22: 3-11.

Callon, M., Law, J., Urry, J. (eds) 2004. 'Absent Presence: Localities; Globalities, and Methods', special issue of *Environment and Planning D: Society and Space*, 22: 3-190.

Campbell, C. 1987. *The Romantic Ethic and the Spirit of Modern Consumerism*. Oxford: Basil Blackwell.

Capra, F. 1996. *The Web of Life*. London: Harper Collins.

_____. 2002. *The Hidden Connections. A Science for Sustainable Living*. London: Harper Collins.

Carphone Warehouse 2006. *The Mobile Life Report*. London: Carphone Warehouse.

Carrabine, E., Longhurst, B. 2002. 'Consuming the car anticipation, use and meaning in contemporary youth culutre', *Sociological Review*, 50: 181-96.

Carson, R. 1961. *The Sea Around Us*. New York: Oxford University Press.

Carter, I. 2001. *Railways and Culture in Britain*. Manchester and New York: Manchester University Press.

Cass, N., Shove, E., Urry, J. 2003. *Changing infrastructures. Measuring Socio-Spatial Inclusion/Exclusion*. Report for DIT, Lancaster University: Dept of Sociology.

_____. 2005. 'Social exclusion, mobility and access', *Sociological Review*, 53: 539-55.

Castells, M. 1996. *The Rise of the Network Society*. Oxford: Blackwell.

_____. 1997. *Power of Identity*. Oxford: Blackwell.

_____. 2001. *The Internet Galaxy*. Oxford University Press.

_____. 2004. 'Informationalism, networks, and the network society: a theoretical blueprint', in M.Castells (ed.) *The Network Society*. Cheltenham; Edward Elgar.

Casti, J. 1994. *Complexification*. London: Abacus.

Caves, R. 2002. *The Role of Aviation in the UK Socio-Economy*. University of Loughborough: Dept of Civil and Building Engineering.

Cerny, P. 1990. *The Changing Architecture of Politics*. London: Sage.

Cervero, R. 2001. 'Meeting mobility changes in an increasingly mobile world: an American perspective', Paris: Urban Mobilities Seminar, l'institut pour la ville en mouvement, June.

Chamberlain, M. 1995. 'Family narratives and migration dynamics', *Immigrants and Minorities*, 14: 153-69.

Chatterton, P., Hollands, R. 2003. *Urban Nightscapes*. London: Routledge.

Chayko, M. 2002. *Connecting. How we form social bonds and communities in the internet age*. New York: State University of New York Press.

Chesters, G., Weish, I. 2005. 'Complexity and social movement(s): process and emergence in planetary action systems', *Theory, Culture and Society*, 22: 187-211.

Church, A., Frost, M., Sullivan, K. 2000. 'Transport and social exclusion in London', *Transport Policy*, 7: 195-205.

Clark, T. J. 1984. *The Painting of Modern Life. Paris in the Art of Manet and his Followers*. London: Thames and Hudson.

Clifford, J. 1997. *Routes: Travel and Translation in the Late Twentieth Century*. Cambridge, Mass: Harvard University Press.

Clift, S., Carter, S. (eds) 1999. *Tourism and Sex. Culture, Commerce and Coercion*, London and New York: Pinter.

Cloke, P., Milbourne, P., Widdowfield, R. 2003.'The complex mobilities of homeless people in rural England', *Geoforum*, 34: 21-35.

Cohen, R. 1997. *Global Diasporas*. London: UCL Press.

_____. 2004. 'The free movement of money and people: old arguments, new dangers', paper given to the ESRC/SSRC Colloquium on Money and Migration, Oxford, March.

Coleman, S., Crang, M. (eds) 2002. *Tourism Between Place and Performance*. Oxford: Berghahn Books.

Coles, T., Timothy, D. (eds) 2004. *Tourism, Diasporas and Space*. London: Routledge.

Collis, R. 2000. *The Survivor's Guide to Business Travel*. Dover. Herald International Tribune.

Conradson, D., Latham, A. 2005.'Transnational urbanism: attending to everyday practices and mobilities', *Journal of Ethnic and Migration Studies*, 31: 227-33.

Corbin, A. 1986. *The Foul and the Fragrant*. Leamington Spa: Berg.

Cornford, J., Pollock, N. 2001.'Space, place and the Virtual University: the university campus as a "resourceful constrain"', paper given to the Association of American Geographers, February-March.

Coveney, P., Highfield, R. 1990. *The Arrow of Time*. London: Flamingo.

Cresswell, T. 2001. 'The production of mobilities', *New Formations*, 43: 11-25.

_____. 2002. 'Introduction: theorizing place', in Verstraete, G., Cresswell, T. (eds) *Mobilizing Place, Placing Mobility*. Amsterdam: Rodopi.

_____. 2006. *On the Move*. London: Routledge.

Crouch, D., Lübbren N. (eds) 2003. *Visual Culture and Tourism*. Oxford: Berg.

Cwerner, A. 2006. 'Vertical flight and urban mobilities: the promise and reality of helicopter travel', *Mobilities*, 1: 191-216.

Dant, T. 2004. 'The driver-car', *Theory, Culture and Society*, 21: 61-80.

Dant, T., Bowles, D. 2003. 'Dealing with dirt: servicing and repairing cars', *Sociological Research Online*, 8: Part 2 unpaged.

Davidson, R., Cope, B. 2003. *Business Travel: Conferences, Incentive Travel, Exhibitions, Corporate Hospitality and Corporate Travel*. London: Prentice Hall.

Davies, P. 2001. 'Before the Big Bang', *Prospect*, June: 56-9.

Davis, M. 2000. *Magical Urbanism*. London: Verso.

De Botton, A. 2002. *The Art of Travel*. New York: Pantheon Books.

Degen, M. 2004. 'Barcelona's games: the Olympics, urban design, and global tourism', in

Sheller, M., Urry, J. (eds) *Tourism Mobilities: Places to Play, Places in Play*. London and New York: Routledge.

Delanda, M. 2002. *Intensive Science and Virtual Philosophy*. London: Continuum.

Deleuze, G. 1995. 'Postscript on control societies', in G. Deleuze (ed.) *Negotiations, 1972-1990*. New York: Columbia University Press.

Deleuze, G., Guattari, F. 1986. *Nomadology*. New York: Semiotext(e) .

Demerath, L., Levinger, D. 2003. 'The social qualities of being on foot: a theoretical analysis of pedestrian activity, community, and culture', *City and Community*, 2: 217-37.

Derrida, J. 1987. *Positions*. London: Athlone Press.

_____. 2001, *Cosmopolitanism and Forgiveness*. London: Routledge.

DfT 2002. *The Future Development of Air Transport in the UK: North of England. A National Consultation*. London: DfT.

Diken, B., Laustsen, C. 2005. *The Culture of Exception. Sociology Facing the Camp*. London: Routledge.

Dillon, M. 2003. 'Virtual security: a life science of (dis)order', *Millennium*, 32: 531-58.

Dodge, M., Kitchin, R. 2004. 'Flying through code/space: the real virtuality of air travel', *Environment and Planning A*, 36: 195-211.

Doyle, J., Nathan, M. 2001. *Wherever Next. Work in a Mobile World*. London: The Industrial Society.

DTLR 2001. *Focus on Personal Travel*. London: DTLR/Stationery Office.

Du Gay, P., Hall, S., Janes, L., Mackay, H., Negus, K. 1997. *Doing Cultural Studies. The Story of the Sony Walkman*. London: Sage.

Dubois, W. 1903. *On the Quest for Golden Fleece*. New York: Bantam.

Duffy, R. 2004. 'Ecotourists on the beach', in *Tourism Mobilities: Places to Play, Places in Play*. Sheller, M., Urry, J. (eds), London and New York: Routledge.

Durbin, S. 2006. 'Theorising women's networks in the knowledge economy', paper presented to the ESRC Seminar on Gendering the Knowledge Economy, Lancaster, March.

Durkheim, E. 1915. *The Elementary Forms of the Religious Life*. London: George Allen and Unwin.

_____. [1895] 1964. *Rules of Sociological Method*. New York: Free Press.

Durrschmidt, J. 1997. 'The delinking of locale and milieu: on the situatedness of extended milieux in a global environment', in J. Eade (ed.) *Living the Global City: Globalization as Local Process*. London: Routledge.

Duval, T. 2004, 'Linking return visits and return migration among Commonwealth Eastern Caribbean migrants in Toronto', *Global Networks*, 4, 51-8.

Edensor, T. 1998. *Tourists at the Taj: Performance and meaning at a symbolic site*. London: Routledge.

_____. 2001. 'Walking in the countryside', in Macnaghten, P., Urry, J. (eds) *Bodies of Nature*. London: Sage.

_____. 2002. *National Identities in Popular Culture*. Oxford and New York: Berg.

_____. 2004. 'Automobility and national identity: representation, geography and driving practice', *Theory, Culture and Society*, 21: 101-20.

Edholm, F. 1993. 'The view from below: Paris in the 1880s', in B. Bender (ed.) *Landscape: politics and perspectives*. Oxford: Berg.

Edwards, B. 1997. *The Modern Station*. London: Spon.

_____. 1998. *Modern Terminal: New Approaches to Airport Architecture*. New York: E and FN Spon.

Edwards, E. 1999. 'Photographs as objects of memory, in Kwint, M., Breward, C., Aynsley (eds) *Material Memories. Designs and Evocations*. Oxford: Berg.

Elias, N. 1978. *The Civilizing Process. The History of Manners*. Oxford: Basil Blackwell.

_____. 1995. 'Technicization and civilization', *Theory, Culture and Society*, 12: 7-42.

Ellegård, K., Vilhelmson, B. 2004. 'Home as a pocket of local order: Everyday activities and the friction of distance', *Geografiska Annaler, Series B*, 86 B: 281-96.

Enevold, J. 2000. 'Men and women on the move', *European Journal of Cultural Studies*, 3: 403-20.

Evans, P., Wurstler, T. 2000. *Blown to Bits. How the new economics of information transforms strategy*. Boston: Harvard Business School Press.

Eyerman, R., Löfgren, O. 1995. 'Romancing the road: road movies and images of mobility', *Theory, Culture and Society*, 12: 53-79.

Farmer, P. 1999. *Infections and Inequalities: The Modern Plagues*. Berkeley: University of California Press.

Featherstone, M. 2004. 'Automobilities. An introduction', *Theory, Culture and Society*, 21:1-24.

Featherstone, M., Thrift, N., Urry, J. (eds) 2004. *Automobilities*, special double issue of *Theory, Culture and Society*, 21: 1-284.

Fennel, G. 1997. 'Local lives–distant ties: researching communities under globalized conditions', in Eade, J. (ed.) *Living the Global City: Globalization as local process*, London: Routledge.

Ferguson, H. 2004. *Protecting Children in Time*. Basingstoke: Palgrave.

Fevre, R. 1982. *Problems of Unbelief in the Sixteenth Century*. Cambridge,Mass: Harvard University Press.

Figueroa, M. 2005. 'Democracy, civil society and automobility: understanding battles against motorways', in Thomsen, T., Nielsen, L., Gudmundsson, H. (eds) *Social Perspectives on Mobility*. London: Ashgate.

Finch, J., Mason, J. 1993. *Negotiating Family Responsibilities*. London: Routledge.

Flink, J. 1988. *The Automobile Age*. Cambridge, Mass: MIT Press.

Florida, R. 2002. *The Rise of the Creative Class*. New York: Basic Books.

Flyvbjerg, B., Bruzelius, N., Rothengatter, W. 2003. *Megaprojects and Risk. An Anatomy of*

Ambition. Cambridge: Cambridge University Press.

Foresight 2006. *Intelligent Information Futures. Project Overview.* London: Dept for Trade and Industry.

Forster, E. M. (1910) 1931. *Howard's End*. Harmondsworth: Penguin.

_____. [1908] 1955. *A Room with a View*. Harmondsworth: Penguin.

Fortier, A-M. 2000. *Migrant Belongings: Memory, Space, Identity*. Oxford and New York: Berg.

Fortunati, L. 2005. 'Is the body-to-body communication still the prototype?', *The Information Society*, 21:53–61.

Foucauit, M. 1976. *The Birth of the Cliric*. London: Tavistock 1991. 'Governmentality', in Burchell, G., Gordon, C., Miller P. (eds) *The Foucault Effect. Studies in Governmentality*. London: Harvester Wheatsheaf.

Fox, K. 2001. 'Evolution, alienation and gossip: The role of mobile telecommunications in the 21st century', Oxford: Social Issues Research Centre.

Fox Keller, E. 2005. 'Revisiting "scale-free" networks', *BioEssays*, 27: 1060-68.

Franklin, S., Lury, C., Stacey, J. 2000. *Global Nature, Global Culture*. London: Routledge .

Franz, K. 2005. *Tinkering. Consumers Reinvent the Early Automobile*. Philadelphia: University of Pennsylvania Press.

Freund, P. 1993. *The Ecology of the Automobile*. Montreal and New York: Black Rose Books.

Frisby, D. 1994. 'The flâneur in social theory', in Tester, K. (ed.) *The Flâneur*. London: Routledge.

Froud, J., Johal, S., Leaver, A., Williams, K. 2005. 'Different worlds of motoring: choice, constraint and risk in household consumption', *Sociological Review*, 53: 96-128.

Fuller, G., Harley, R. 2005. *Aviopolis. A Book about Airports*. London: Black Dog Publishing.

Fyfe, N. 1998. 'Introduction: reading the street', in Fyfe, N. (ed.) *Images of the Street*. London: Routledge.

Gamst, F. 1993 '"On time" and the railroader — temporal dimensions of work, in Helmers, S. (ed.) *Ethnologie der Arbeitswelt*. Bonn: Holos Verlag.

Gans, H. 1962. *The Urban Villagers: Group and Class in the Life of Italian-Americans*. New York: Free Press of Glencoe.

Garland, A. 1997. *The Beach*. Harmondsworth: Penguin.

Gaskell, E. 1998. *North and South*. New York: Oxford University Press.

Gault, R. 1995. 'In and out of time', *Environmental Values*, 4: 149-66.

Geffen, C., Dooley, J., Kim, S. 2003. 'Global climate change and the tranportation sector: an update on issues and mitigation options', paper presented to the 9th Diesel Engine Emission Reduction Conference, USA.

Gergen, K. 2002. 'The challenge of absent presence', in Katz, J., Aakhus, M. (eds) *Perpetual*

Contact Mobile Communication, Private Talk, Public Performance. Cambridge: Cambridge University Press.

Geser, H. 2004. *Towards a Sociological Theory of the Mobile Phone*, Zurich: University of Zurich http://socio.ch/mobile/t_geserl.htm (accessed 10.3.06)

Gibson, I. J. 1986. *The Ecological Approach to Visual Perception*. Boston: Houghton Mifflin.

Giddens, A. 1991. *Modernity and Self-Identity*. Cambridge: Polity.

_____. 1994. 'Living in a post-traditional society', in Beck, B., Giddens, A., Lash, S. (eds) *Reflexive Modernization: politics, tradition and aesthetics in the modern social order*. Cambridge: Polity.

Gillespie, A., Richardson, R. 2004. 'Teleworking and the city: myths of workplace transcendence and travel reduction', in Graham, S. (ed.) *The Cybercities Reader*, London: Routledge.

Gilroy, P. 1993. *The Black Atlantic: Modernity and Double Consciousness*. London and New York; Verso.

_____. 2000. 'Driving while black', in Miller, D. (ed.) *Car Cultures*. Oxford: Berg.

Gladwell, M. 2000. *Tipping Points. How Little Things can make a Big Difference*. Boston: Little, Brown and Company.

Gleick, J. 1999. *Faster. The Acceleration of Just About Everything*. London: Little, Brown and Company.

Glennie, P., Thrift, N. 1996. 'Reworking E. P. Thompson's "Time, Work-Discipline and Industrial Capitalism", *Time and Society*, 5: 275-99.

Goffman, E. 1963. *Behaviour in Public Places*. New York: Free Press.

_____. 1971a. *The Presentation of Self in Everyday Life*. Harmondsworth: Penguin.

_____. 1971b. *Relations in Public*. Harmondsworth: Penguin.

_____. 1972. *Interaction Ritual*. Harmondsworth: Penguin.

Golaszewski, R. 2003. 'Network industries in collision: aviation infrastructure capacity, financing and the exposure of traffic declines'. *Journal of Air Transport Management*, 9: 57-65.

Goldthorpe, J. H. 1980, *Social Mobility and Class Structure in Modern Britain*. Oxford: Clarendon Press.

Gordon, C. 1991. 'Governmental rationality: an introduction', in Burchell, G., Gordon, C., Miler, P. (eds) *The Foucault Effect. Studies in Govern mentality*. London: Harvester Wheatsheaf.

Gordon, D., Adelman, L., Ashworth, K., Bradshaw, J., Levitas, R., Middleton, S., Pantazis, C., Patsios, D., Payne, S., Townsend, P., Williams, J. 2000. *Poverty and Social Exclusion in Britain*, York: Joseph Rowntree Foundation, York Publishing Services.

Gottdiener, M. 2001. *Life in the Air*. Oxford: Rowman and Littlefield.

Goulborne, H. 1999 'The transnational character of Caribbean kinship in Britain', in *Changing Britain: Families and Households in the 1990s*, Oxford: Oxford University Press.

Grabber, G. 2004. 'Architectures of project-based learning: Creating and sedimenting knowledge of project ecologies', *Organizational Studies*, 25: 1491-514.

Graham, S. (ed.) 2002. *The Cybercities Reader*. London: Routledge.

_____. 2004. 'Constructing premium network spaces: reflections on infrastructure networks and contemporary urban development', in Hanley, R. (ed.) *Moving People, Goods, and Information in the Twentieth Century*, London: Routledge.

Graham, S., Marvin, S. 2001. *Splintering Urbanism: Network Infrastructures, Technological Mobilities and the Urban Condition*. London: Routledge.

Granovetter, M. 1983. 'The strength of weak ties: a network theory revisited', *Sociological Theory*, 1: 203-33.

Graves-Brown, P. 1997. 'From highway to superhighway: the sustainability, symbolism and situated practices of car culture', *Social Analysis*, 41: 64-75.

Gray, D., Shaw, J., Farrington, J. 2006. 'Community transport, social capital and social exclusion in rural areas', *Area*, 38: 89-98.

Green, N. 1990. *The Spectacle of Nature*. Manchester: Manchester University Press.

Gregory, D. 1994. *Geographical Imaginations*. Oxford: Basil Blackwell.

_____. 1999. 'Scripting Egypt: Orientalism and the cultures of travel', in Duncan, J., Gregory, D. (eds) *Writes of Passage*. London: Routledge.

Gregory, D., Urry, J. (eds) 1985. *Social Relations and Spatial Structures*. London: Macmillan.

Gustafson, P. 2001. 'Retirement migration and transnational lifestyles', *Ageing and Society*, 21: 371-94.

Hacking, I. 1998. *Mad Travelers*. Charlottesville and London: University Press of Virginia.

Hajer, M., Reijndorp, A. 2002. *In Search of the New Public Domain*. Rotterdam: NAI.

Halgreen, T. 2004. 'Tourists in the concrete desert', in Sheller, M., Urry, J.(eds) *Tourism Mobilities: Places to Play, Places in Play*, London and New York: Routledge.

Hall, S. 2002. *Haweswater*. London: Faber and Faber.

Hamilton, K., Jenkins, L., Hodgson, F., Turner, J. 2005. *Promoting Gender Equality in Transport*. Manchester. Equal Opportunities Coinmission Working Paper Series no. 34.

Hampton, K., Wellman, B. 2001. 'Long distance community in the network society: contact and support beyond Netville', *American Behavioral Scientist*, 45: 477-96.

Hanley, R. (ed.) 2004. *Moving People, Goods, and Information*. London and New York: Routledge.

Hannam, K. 2004. 'India and the ambivalences of diaspora tourism', in Coles, T., Timothy, D. (eds) *Tourism, Diasporas and Space*. London: Routledge.

Hannam, K., Sheller, M., Urry, J. 2006. 'Editorial: mobilities, immobilities and moorings', *Mobilities*, 1: 1-22.

Hardt, M., Negri, A. 2000. *Empire*. Cambridge, Mass: Harvard University Press.

Harris, P., Lewis, J., Adam, B. 2004. 'Time, Sustainable Transport and the Politics of Speed', *World Transport Policy and Practice* 10: 5-11.

Harrison, A., Wheeler, P., Whitehead, C. (eds) 2004. *The Distributed Workplace. Sustainable Work Environments,* London: Spon Press.

Harvey, D. 1989. *The Condition of Postmodernity.* Oxford: Blackwell.

_____. 1996. *Justice, Nature and the Geography of Difference.* Oxford: Blackwells.

Harvey, P. 1996. *Hybrids of Modernity.* London: Routledge.

Hawken, P., Lovins, A., Lovins, L. 2000. *Natural Capitalism.* London: Earthscan.

Hawkins, R. 1986. 'A road not taken: sociology and the neglect of the automobile', *California Sociologist,* 9: 61-79.

Hayles, N. K. 1999. *How We Became Posthuman.* Chicago: University of Chicago Press.

Heidegger, M. 1962. *Being and Time.* Oxford: Blackwell.

_____. 1993. *Basic Writings* (ed. by D. Farrell Krell). London: Routledge.

Heim, M. 1991. 'The erotic ontology of cyberspace', in Benedikt, M. (ed.) *Cyberspace.* Cambridge, Mass: MIT Press.

Heinberg, R. 2005. *The Party's Over: Oil, War and the Fate of Industrial Society.* New York: Clearview Books.

Hetherington, K. 1997. 'In place of geometry: the materiality of place.', in Hetherington, K., Munro, R. (eds) *Ideas of Difference.* Oxford: Blackwell.

Hewison, R. 1993. 'Field of dreams', *Sunday Times,* January 3rd.

Hiller, H. H., Tara, M. F. 2004. 'New ties, old ties and lost ties: the use of the internet in diaspora', *New Media and Society,* 6: 731-52.

Hine, J., Swan, D., Scott, J., Binnie, D., Sharp, J. 2000. 'Using technology to overcome the tyranny of space: information provision and wayfinding', *Urban Studies,* 37: 1757-70.

Hirst, P., Thompson, G. 1999. *Globalisation in Question. Second Edition.* Cambridge: Polity.

Hochschild, A. 1983. *The Managed Heart.* Berkeley: University of California Press.

Hodgson, F. 2002. 'What's so good about walking anyway?', paper given to ESRC Mobile Network Series, Bristol.

Holmes, M. 2004. 'An equal distance? Individualisation, gender and intimacy in distance relationships', *Sociological Review,* 52: 180-200.

Horvath, R. 1974. 'Machine space', *The Geographical Review,* 64: 1674-88.

Hotopp, U. 2002. 'Teleworking in the UK', *Labour Market Trends,* June: 311-18.

Høyer, K., Ness, P. 2001. 'Conference tourism: a problem for the environment, as well as for research', *Journal of Sustainable Tourism,* 9: 451-70.

Hughes, T. 1983. *Networks of Power: electrification in Western society, 1880-1930.* Baltimore: John Hopkins University Press.

Hutnyk, J. 1996. *The Rumour of Calcutta.* London: Zed.

Hulme, M., Truch, A. 2005. 'The role of interspace in sustaining identity', in Glotz, P., Bertscht, S., Locke, C. (eds) *Thumb Culture. The Meaning of Mobile Phones for Society.* New Brunswick, USA: Transaction.

Huntington, S. 1993. 'The clash of civilizations', *Foreign Affairs,* 76: 28-59.

Hutchby, I. 2001. *Conversation and Technology*. Cambridge: Polity.

Ihde, D. 1974. 'The experience of technology: human-machine relations, *Cultural Hermeneutics*, 2: 267-79.

Information Commissioner, 2006. *A Report on the Surveillance Society*. London: The Surveillance Network.

Ingold, T. 1993. 'The temporality of the landscape', *World Archaeology*, 25: 152-74.

_____. 2000. *The Perception the Environment: Essays on Livelihood*, Dwelling and Skill. London: Routledge.

_____. 2004. 'Culture on the ground', *Journal of Material Culture*, 9: 315-40.

Ito, M., Okabe, D., Matsuda, M. (eds) 2005. *Personal, Portable, Pedestrian. Mobile Phones in Japanese Life*. Cambridge, Mass: MIT Press.

Iyer, P. 2000. *The Global Soul*. London: Bloomsbury.

_____. undated. 'The nowhere man', *Prospect Observer Taster*, 6-8.

Jack, I. 2001. *The Crash that Stopped Britain*. London: Granta.

Jacobs, J. 1961. *The Death and Life of Great American Cities*. New York: Vintage.

Jain, J., Lyons, G. 2006. 'The gift of travel time', *Bristol: Centre for Transport and Society*, University of the West of England.

Jain, S. 2002. 'Urban errands', *Journal of Consumer Culture*, 2: 385-404.

Jarach, D. 2001. 'The evolution of airport management practices: towards a multi-point, multi-service, marketing driven firm', *Journal of Air Transport Management*, 7: 119-25.

Jarvis, 1997. *Romantic Writing and Pedestrian Travel*. London: Macmillan.

Jenkins, S., Osberg, L. 2003. 'Nobody to play with? The implications of leisure coordination', Discussion Paper 368, Berlin: German Institute for Economic Research.

Jensen, O. 2006. '"Facework", flow and the city: Simmel, Goffman, and mobility in the contemporary city', *Mobilities*, 1: 143-65.

Jha, A. 2005. 'Robot car: streets ahead in cities of the future, *the Guardian*, December 29th.

Jokinen, E., Veijola, S. 1997. 'The disoriented tourist: the figuration of the tourist in contemporary cultural critique', in Rojek, C., Urry, J. (eds) *Touring Cultures*. London: Routledge.

Jones, K. 1997. *A Passionate Sisterhood: the Sisters, Wives and Daughters of the Lake Poets*. London: Constable.

Jones, R., Oyung, R., Pace, L. 2002. 'Meeting virtually-face-to-face meetings may not be a requirement for virtual teams', *ITjournal, HP*: http://www.hp.com/execcomm/itjournal/second_qtr_02/articleób.html, (accessed 15.12.04)

Jones, S. 1995. 'Understanding community in the information age', in Jones, S. (ed.) *Cybersociety*. London: Sage.

Jordon, B., Düvell, F. 2002. *Irregular Migration. The Dilemmas of Transnational Mobility*. Cheltenham: Edward Elgar.

Joseph, M. 1999. *Nomadic Identities: The Performance of Citizenship*, Minneapolis and London: University of Minnesota Press.

Junemo, M. 2004. 'Let's build a "palm island"! Playfulness in complex times', in Sheller, M., Urry, J. (eds) *Tourism Mobilities: Places to Play, Places in Play*. London and New York: Routledge.

Kaplan, C. 2006. 'Mobility and war: the "cosmic view" of air power', *Environment and Planning A*, 38: 395-407.

Katz, J., Aakhus, M. 2002a. 'Introduction: framing the issues', in Katz, J., Aakhus, M. (eds) *Perpetual Contact: Mobile Communication, Private Talk, Public Performance*, Cambridge: Cambridge University Press.

_____. (eds) 2002b. *Perpetual Contact*. Cambridge: Cambridge University Press.

Kaufmann, V. 2000. 'Modal practices: from the rationales behind car and public transport use to coherent transport policies', *World Transport Policy and Practice*, 6: 8-17.

_____. 2002. *Re-thinking Mobility. Contemporary Sociology*. Aldershot: Ashgate.

Kaufmann, V., Manfred, M., Joye, D. 2004. 'Motility: mobility as social capital', *International Journal of Urban and Regional Research*, 28, 745-56.

Kellerman, A. 2006. *Personal Mobilities*. London: Routledge.

Kennedy, P. 2004. 'Making global society: friendship networks among transnational professionals in the building design industry', *Global Networks*, 4: 157-79.

Kenworthy, J., Laube, F. 2002. 'Urban transport patterns in a global sample of cities and their linkages to transport infrastructure, land use economics and environment', *World Transport Policy and Practice*, 8: 5-19.

Kenyon, S. 2006. 'Reshaping patterns of mobility and exclusion? The impact of virtual mobility upon accessibility, mobility and social exclusion', in Sheller, M., Urry, J. (eds) *Mobile Technologies of the City*. London: Routledge.

Kenyon, S., Lyons, G., Rafferty, J. 2002. 'Transport and social exclusion: investigating the possibility of promoting inclusion through virtual mobility', *Journal of Transport Geography*, 10: 207-19.

Kesselring, S. 2006a. 'Pioneering mobilities: new patterns of movement and motility in a mobile world', *Environment and Planning A*, 38: 269-79.

_____. 2006b. 'The social construction of global "airtime-spaces". Interna tional airports: global transfer points of the mobile risk industry', paper presented to the Air Time-Spaces Workshop, CeMore, Lancaster University, September.

Kirn, W. 2001. *Up in the Air*. New York: Doubleday.

Kirschenblatt-Gimblett, B. 1998. *Destination Culture: Tourism, Museums and Heritage*. Berkeley: University of Claifomnia Press.

Klinenberg, E. 2002. *Heatwave. A Social Autopsy of Disaster in Chicago*. Chicago: Chicago University Press.

Knorr Cetina, K. 2003. 'How are global markets global? The architecture of a flow world', paper presented to the Economics at Large Conference, New York, November 14-15.

_____. 2005. 'The rise of a culture of life', *EMBO reports*, 6: S76-S80.

Knorr Cetina, K., Bruegger, U. 2002. 'Global microstructures: the virtual societies of financial markets', *American Journal of Sociology*, 107: 905-50.

Kofman, E. 2004. 'Family-related migration: critical review of European studies', *Journal of Ethnic and Migration Studies*, 30: 243-63.

Koshar, R. 2002. *Histories of Leisure*. Oxford: Berg.

Krugman, P. 1996. *The Self-Organizing Economy*. Cambridge, Mass: Blackwell.

Kuhn, A. 1995. *Family Secrets. Acts of Memory and Imagination*. London: Verso.

Kuhn, T. 1970. *The Structure of Scientific Revolutions*. Chicago: University of Chicago Press.

Kunstler, J. 1994. *The Geography of Nowhere: The Rise and Decline of America's Man-Made Landscape*. New York: Touchstone Books.

Laing, R. D. 1962. 'Series and nexus in the family', *New Left Review*, 1: May-June: 7-14.

Larsen, J. 2001. 'Tourism mobilities and the travel glance: experiences of being on the move', *Scandinavian Journal of Hospitality and Tourism*, 1: 80-98.

_____. 2004. '(Dis) Connecting tourism and photography, corporeal travel and imaginative travel', *Journeys*, 5: 20-42.

_____. 2005. 'Families seen photographing: the performativity of family photography in tourism', *Space and Culture*, 8: 416-34.

Larsen, J., Axhausen, K., Urry, J. 2006. 'Geographies of social networks: meetings, travel and cominunications', *Mobilities*, 1: 261-83.

Larsen, J., Urry, J., Axhausen, K. 2006. *Mobilities, Networks, Geographies*. Aldershot: Ashgate.

Lasch, C. 1980. *The Culture of Narcissism*. London: Sphere.

Lash, S. 2005. 'Lebenssoziologie: Georg Simmel in the information age', *Theory, Culture and Society*, 22: 1-23.

Lash, S., Urry, J. 1987. *The End of Organized Capitalism*. Cambridge: Polity.

_____. 1994. *Economies of Signs and Space*. London: Sage.

Lash, S., Lury, C., Boden, B. 2006. *Global Cultural Industries. The Mediation of Things*. Cambridge: Polity.

Laszlo, E. 2006. *The Chaos Point*. London: Piatkus Books.

Lassen, C. 2006. 'Rethinking central concepts of work and travel in the "age of aeromobility"', *Environment and Planning A*, 38: 301-12.

Latimer, J., Munro, R. 2006. 'Driving the social', in Böhm, S., Jones, C., Land, C., Paterson, M. (eds) 2006. *Against Automobility*. Oxford: Blackwell Sociological Review Monograph.

Latour, B. 1987. *Science in Action: How to Follow Scientists and Engineers through Society*. Milton Keynes: Open University Press.

_____. 1993. *We Have Never Been Modern*, Hemel Hempstead: Harvester Wheatsheaf.

_____. 1996. *Aramis or the Love of Technology*. Cambridge, Mass: Harvard University Press.

_____. 1999. 'On recalling ANT', in Law, J., Hassard J. (eds) *Actor Network Theory and After*. Oxford: Blackwell/Sociological Review.

_____. 2004. *Politics of Nature*. Cambridge, Mass: Harvard University Press.

Laurier, E. 2002. 'The region as a socio-technical accomplishment of mobile workers', in

Brown, B., Green, N., Harper, R. (eds) *Wireless World*. London: Springer.

_____. 2004. 'Doing office work on the motorway', *Theory, Culture and Society*, 21: 261-77.

Laurier, E., Buckner, K. 2004. 'Busy meeting grounds: the café, the scene and the business', paper presented to an International Specialist Meeting on ICT, Everyday Life and Urban Change, Utrecht.

Laurier, E., Philo, C. 2001. *'Meet you at junction 17': a socio-technical and spatial study of the mobile office*. ESRC Award Final Report (at http://www.geog.gla.ac.uk)

Law, J. 1994. *Organizing Modernity*. Oxford: Basil Blackwell.

_____. 2006. 'Disaster in agriculture: or foot and mouth mobilities', *Environment and Planning A*, 38: 227-39.

Law, J., Hassard, J. (eds) 1999. *Actor Network Theory and After*. Oxford: Blackwell/ Sociological Review.

Law, J., Hetherington, K. 1999. 'Materialities, spatialities, globalities', *Dept of Sociology*, Lnacaster University.

Law, J., Mol, A. 2001. 'Situating technoscience: an inquiry into spatialities', *Environment and Planning D: Society and Space*, 19: 609-21.

Law, J., Urry, J. 2004. 'Enacting the social', *Economy and Society*, 33: 390-410.

Layard, R. 2005. *Happiness. Lessons from a New Science*. London: Allen Lane.

Leadbetter, C. 1999. *Living on Thin Air*. London: Viking.

Lean, G. 1994. 'New green army rises up against roads', *The Observer*, February 20.

Lefebvre, H. 1991. *The Production of Space*. Oxford: Blackwell.

Lennon, J., Foley, M. 2000. *Dark Tourism. The Attraction of Death and Disaster*. London: Continuum.

Leonard, D., Swap, T. 1999. *When Sparks Fly*. Boston: Harvard Business School.

Lethbridge, N. 2002. *Attitudes to Air Travel*. London: ONS.

Lewis, N. 2001. 'The climbing body, nature and the experience of modernity', in Macnaghten, P., Urry, J. (eds) *Bodies of Nature*. London: Sage.

Li, Y., Savage, M., Tampubolon, G., Warde, A., Tomlinson, M. 2002. 'Dynamics of social capital: trends and tumover in associational member ship in England and Wales, 1972-1999', *Sociological Research Online*, 7: 1-22.

Licoppe, C. 2004.'"Connected" presence: the emergence of a new repertoire for managing social relationships in a changing communication technoscape', *Environment and Planning D: Society and Space*, 22: 135-56.

Light, A. 1991. *Forever England: Femininity, Literature and Conservatism Between the Wars*. London: Routledge.

Linder, S. 1970. *The Harried Leisure Class*. New York: Columbia University Press.

Ling, R. 2004. *The Mobile Connection*. Amsterdam: Elsevier.

Ling, R., Yttri, B. 1999. 'Nobody sits at home and waits for the telephone to ring: micro and hyper-cordination through the use of the mobile phone', Telenor Forskning of Utvikling,

FOU Rapport, 30/99.

_____. 2002. 'Hyper-coordination via mobile phones in Norway', in Katz, J., Aakhus, M. (eds) *Perpetual Contact: Mobile Communication, Private Talk, Public Performance.* Cambridge: Cambridge University Press.

Liniado, M. 1996. *Car Culture and Countryside Change.* Bristol: MSC dissertation, Geography Dept, Bristol University.

Little, S. 2006. 'Twin Towers and Amoy Gardens: mobilities, risks and choices', in Sheller, M. J., Urry, J. (eds) *Mobile Technologies of the City.* London: Routledge.

Liu, J., Daily, G., Ehrlich, P., Luck, G. 2003. 'Effects of household dynamics on resource consumption and biodiversity', *Nature,* 421 (Jan): 530-3.

Lloyd, J. 2003. 'Dwelltime: airport technology, travel and consumption', *Space and Culture,* 6: 93-109.

Lodge, D. 1983. *Small World.* Harmondsworth: Penguin.

Löfgren, O. 1999. *On Holiday: A History of Vacationing.* Berkeley: University of California Press.

Lovelock, J. 2006. *The Revenge of Gaia.* London: Allen Lane.

Lowenthal, D. 1985. *The Past is a Foreign country.* Cambridge: Cambridge University Press.

Lübbren, N. 2001. *Rural Artists' Colonies in Europe 1870-1910.* Manchester: Manchester University Press.

Luhmann, N. 1995. *Social Systems.* Stanford: Stanford University Press.

Lury, C. 1997. The objects of travel, in Rojek, C., Urry, J. (eds) *Touring Cultures: Transformations of Travel and Theory.* London: Routledge.

Lynch, M. 1993. *Scientific Practice and Ordinary Action.* Cambridge: Cambridge University Press.

Lyons, G., Jain, J., Holley, D. 2007. 'The use of travel time by rail passengers', *Transportation Research A,* 41: 107-20.

Lyons, G., Urry, J. 2005. 'Travel time use in the information age', *Transportation Research A,* 39: 257-76.

Lyotard, J-F. 1984. *The Postmodern Condition.* Manchester: Manchester University Press.

Ma, L., Cartier, C. (ed.) 2003. *The Chinese Diaspora: Space, Place, Mobility and Identity.* New York: Rowman and Littlefields.

Macnaghten, P., Urry, J. 1998. *Contested Natures.* London: Sage.

_____. (eds) 2001.*Bodies of Natures.* London: Sage.

Mahoney, J. 2000. 'Path dependence in historical sociology', *Theory and Society,* 29: 507-48.

Maier, C. 1994. 'A surfeit of memory? Reflections of history, melancholy and denial', *History and Memory,* 5: 136-52.

Majone, G. 1996. *Regulating Europe.* London: Routledge.

Makimoto, T., Manners, D. 1997. *Digital Nomad.* Chichester: John Wiley.

Mann, T. [1912] 1955. *Death in Venice,* Harmondsworth: Penguin.

Marfleet, P. 2006. *Refugees in a Global Era*. Basingstoke: Palgrave Macmillan.

Marinetti, F. T. 1909. *The Futurist Manifesto*, no. 4. Paris: Le Figaro.

Marples, M. 1959. *Shanks's Pony. A Study of Walking*. London: J. M. Dent.

Marsh, P., Collett, P. 1986. *Driving Passion*. London: Jonathan Cape.

Marshall, T., Bottomore, T. 1992. *Citizenship and Social Class*. London: Pluto.

Marx, K. [1967] 1965. *Capital*, vol. 1. London: Lawrence and Wishart.

_____. 1973. *Grundrisse*. Harmondsworth: Penguin.

Marx, K., Engels, F. [1848] 1952. *The Manifesto of the Communist Party*. Moscow: Foreign Languages.

Mason, J. 1999. 'Living away from relatives: kinship and geographical reasoning', in McRae, S. (ed.) *Changing Britain: Families and Households in the 1990s*, Oxford: Oxford University Press.

_____. 2004. 'Managing kinship over long distances: The significance of "the visit"', *Social Policy and Society*, 3: 421-9.

Massey, D. 1994a. Power-geometry and a progressive sense of place, in Robertson, G., Mash, M., Tickner, L., Bird, J., Curtis, B., Putnam, T. (eds) *Travellers' Tales: Narratives of Home and Displacement*. London: Routledge.

_____. 1994b. *Space, Class and Gender*. Cambridge: Polity.

Mauss, M. 1979. *Sociology and Psychology*. London: Routledge and Kegan Paul.

May, J., Thrift, N. 2001. 'Introduction', in May, J., Thrift, N. (eds) *Timespace: Geographies of Temporality*. London: Routledge.

Maznevski, M., Chudoba, K. 2000. 'Bridging space over time: global virtual team dynamics and effectiveness', *Organisation Science*, 11: 473–92.

McCarthy, A. 2001. *Ambient Television*. Durham and London: Duke University Press.

McCarthy, H., Miller, P., Skidmore, P. 2004. *Network Logic. Who Governs in an Interconnected World?* London: Demos.

McCrone, D. 1998. *The Sociology of Nationalism*. London: Routledge.

Meadows, M., Stradling, S. 2000. 'Are women better drivers than men? Tools for measuring driver behaviour', in Hartley, J., Branthwaite, A. (eds) *The Applied Psychologist*. Milton Keynes: Open University Press.

Mennell, S. 1985. *All Manners of Food*. Oxford: Basil Blackwell.

Meyrowitz, J. 1985. *No Sense of Place*, New York: Oxford University Press.

Michael, M. 1996. *Constructing Identities*. London: Sage.

_____. 1998. 'Co(a)gency and the car: attributing agency in the case of the froad rage', in Brenna, B., Law, J., Moser, I. (eds) *Machines, Agency and Desire*. Oslo: TMV Skriftserie.

_____. 2000. *Reconnecting Culture, Technology and Nature*, London: Routledge.

_____. 2001. 'These boots are made for walking. ...: mundane technology, the body and human-environment relations', in Macnaghten, P., Urry, J. (eds) *Bodies of Nature*. London: Sage.

Miller, D. 1998. *A Theory of Shopping*. Cambridge: Polity.

_____. (ed.) 2000a, *Car Cultures*. Oxford: Berg.

_____. 2000b. 'Driven societies', in Miller, D. (ed.) *Car Cultures*. Oxford: Berg.

Miller, D., Slater, D. 2000. *The Internet*. Oxford: Berg.

Miller, S. 2006. *Conversation. A History of a Declining Art*. New Haven: Yale University Press.

Milton, K. 1993. 'Land or landscape: rural planning policy and the symbolic construction of the countryside', in Murray, M., Greer, J. (eds) *Rural Development in Ireland*. Aldershot: Avebury.

Mina, E. 2002. *The Business Meetings Sourcebook: A Practical Guide to Better meetings and Shared Decision Making*. London: Amacom.

Mische, A., White, H. 1998. 'Between conversation and situation: public 1 switching across network domains', *Social Research*, 65: 695-724.

Mishan, E. 1969. *The Costs of Economic Growth*. Harmondsworth: Penguin.

Mitleton-Kelly, E. 2003. *Complex Systems and Evolutionary Perspectives of - Organisations*. London: Elsevier.

Mokhtarian, L., Salomon, I. 2001. 'How derived is the demand for travel? Some conceptual and measurement considerations', *Transportation Research A*, 35: 695-719.

Molotch, H. 2003. *Where Stuff Comes From: How Toasters, Toilets, Cars, Computers, and Many Other Things Come To Be As They Are*. New York: Routledge.

Molz, J. Germann, 2006. 'Watch us wander; mobile surveillance and the surveillance of mobility', *Environment and Planning A*, 38: 377-93.

Morley, D. 2000. *Home Territories: Media, Mobility and Identity*. London: Routledge.

Morris, J. 2004. *Locals and Experts: The New Conservation Paradigm in the MANU Biosphere Reserve, Peru and the Yorkshire Dales National Park*, England. Lancaster: Unpublished PhD thesis, Lancaster University.

Morris, M. 1988. 'At Henry Parkes Motel', *Cultural Studies*, 2: 1-47.

Morrison, S., Winston, C. 1995. *The Evolution of the Airline Industry*, Washington, D.C.: The Brookings Institution.

Morse, M. 1998. *Virtualities: Television, Media Art and Cyberculture*. Indiana: Indiana University Press.

Motavalli, J. 2000. *Forward Drive*. San Francisco: Sierra Club.

Nader, R. 1965. *Unsafe at any Speed. The designed-in dangers of the American automobile*. New York: Grossman.

Nandhakumar, J. 1999. 'Virtual teams and lost proximity: consequences of trust relationships', in Jackson, P. (ed.) *Virtual Working: Social and Organisational Dynamics*. London: Routledge.

Neumayer, E. 2006. 'Unequal access to foreign spaces: how states use visa restrictions to regulate mobility in a globalized world', *Transactions of the Institute of British Geographers*, NS 31: 72-84.

Newmann, M. 2002. 'Making the scene: the poetics and performances of displacement at the Grand Canyon', in Coleinan, S., Crang, M. (eds) *Tourism. Between Place and Performance*. New York: Berghahn.

Neyland, D. 2005. *Privacy, Surveillance and Public Trust*. London: Macmillan.

Nicolis, G. 1995. *Introduction to Non-Linear Science*. Cambridge: Cambridge University Press.

North, D. 1990. *Institutions, Institutional Change and Economic Performance*. Cambridge: Cambridge University Press.

Noble, G. 2004. *Bin Laden in the Suburbs: Criminalising the Arab Other*. Sydney: Sydney Institute of Criminology.

Nowotny, H. 1994. *Time*. Cambridge: Polity.

Nussbaum, M. 2006. *Frontiers of Justice*. Cambridge, Mass: The Belknap Press.

Ó Riain, S. 2000. 'Net-working for a living. Irish software developers in the global market place', in Burawoy, M. (ed.) *Global Ethnography*. Berkeley: University of California Press.

O'Connell, S. 1998. *The Car in British Society*. Manchester: Manchester University Press.

O'Dell, T. 2004. 'Cultural kinesthesis: the energies and tensions of mobility', unpublished paper, Lund: Lund University, Sweden.

O'Reilly, K. 2003. 'When is a tourist? The articulation of tourism and migration in Spain's Costa del Sol', *Tourist Studies*, 3: 301-17.

Ohnmacht, T. 2005. 'Contrasting time-space paths', paper presented at the New Horizons Project, Social Networks and Future Mobilities, Lancaster, December.

Oliver, M. 1996. *Understanding Disability. From Theory to Practice*. Basingstoke: Macmillan.

Ong, A. 1999. *Flexible Citizenship: The Cultural Logics of Transnationality*. Durham, US: Duke University Press.

Ong, A., Nonini, D. (eds) 1997. *Ungrounded Empires: The Cultural Politics of Modern Chinese Transnationalism*. New York: Routledge.

Osborne, P. 2000. *Travelling Light Photography, Travel and Visual Culture*. Manchester: Manchester University Press.

Ousby, I. 1990. *The Englishman's England*. Cambridge: Cambridge University Press.

Owen, W. 1987. *Transportation and World Development*. Baltimore and London: Johns Hopkins University Press.

Palmer, R. 2000. *Cultures of Darkness*. New York: Monthly Review Press.

Papastergiadis, N. 2000. *The Turbulence of Migration: Globalization, Deterritorialization and Hybridity*. Cambridge: Polity Press.

Park, R. E. 1970 [1925]. 'The mind of the hobo: reflections upon the relation between mentality and locomotion' in Park, R., Burgess, E., McKenzie, R. (eds) *The City*. Chicago and London: University of Chicago Press.

Parker, K. 2002. 'Making connections: travel, technology and global air travel networks', paper presented to Social Change in the 21st Century Conference, Queensland University of Technology, November.

Pascoe, D. 2001. *Airspaces*. London: Reaktion.

Pearce, L. 2000. 'Driving North/ driving South: reflections upon the spatial/temporal co-ordinates of "home"', in Pearce, L. (ed.) *Devolving Identities: Feminist Readings in Home and Belonging*. Aldershot: Ashgate.

Pemble, J. 1987. *The Mediterranean Passion*. Oxford: Clarendon.

Pennycook, F., Barrington-Craggs, R., Smith, D. and Bullock, S. 2001. *Environmental Justice: Mapping transport and social exclusion in Bradford*. London: Friends of the Earth.

Perkins, H., Thorns, D. 2001. 'Gazing or performing? - Reflections on Urry's tourist gaze in the context of contemporary experiences in the Antipodes', *International Sociology*, 16: 185-204.

Perrow, C. 1999. *Normal Accidents*. Princeton: Princeton University Press.

Peters, P. 2006. *Time, Innovation and Mobilities*. London: Routledge.

Pinkney, T. 1991. *Raymond Williams*. Bridgend: Seren Books.

Pirsig, R. 1974. *Zen and the Art of Motorcycle Maintenance*. London: Corgi.

PIU 2002. *Geographic Mobility. A Discussion Paper* (by N. Donovan, T. Pilch, T. Rubenstein). Cabinet Office, London: Performance and Information Unit.

Plant, S. (2000), *On the Mobile: The Effects of Mobile Telephones on Social and Individual Life*. http://www.motorola.com/mot/doc/0/234_MotDoc.pdf (accessed 7 March, 2005)

Platt, E. 2000. *Leadville*. London: Picador.

Pooley, C., Turnbull, J. and Adams, M. 2005. *A Mobile Century?: Changes in Everyday Mobility in Britain in the Twentieth Century*. Aldershot: Ashgate.

Pound, E. 1973. *Selected Prose, 1909–1965*. London: Faber.

Pratt, M. 1992. *Imperial Eyes*. London: Routledge.

Prigogine, I. 1997. *The End of Certainty*. New York: The Free Press.

Putnam, R. 1993. *Making Democracy Work*. Princeton, N.J.: Princeton University Press.

_____. 2000. *Bowling Alone*. New York: Simon and Schuster.

Raje, F. 2004. *Transport Demand management and Social Inclusion: The Need for Ethnic Perspectives*. Aldershot: Ashgate.

Ray, L. 2002. 'Crossing borders? Sociology, globalization and immobility', *Sociological Research Online*, 7: 1-18.

Reeves, R. 2002. 'Go to work in your pyjamas', *the Guardian*, June.

Reich, R. 1991. *The Work of Nations. Preparing Ourselves for 21st Century Capitalism*. New York: Knopf.

Relph, E. 1976. *Place and Placelessness*. London: Pion.

Resnick, M. 1997. *Turtles, Termites and Traffic Jams*. Cambridge, Mass: MIT Press.

Rheingold, L. 1994. *The Virtual Community*. London: Secker and Warburg.

Rheingold, H. 2002. *Smart Mobs. The Next Social Revolution*. Cambridge, Mass: Basic Books.

Richards, G., Wilson, J. (eds) 2004. *The Global Nomad: Backpacker Travel in Theory and Practice*. Clevedon: Channel View.

Richards, J., Mackenzie, J. 1986. *The Railway Station*. Oxford: Oxford University Press.

Richardson, T., Jensen, O. 2003. 'Linking discourse and space: towards a cultural sociology of space in analysing spatial policy documents', *Urban Studies*, 40: 7-22.

Rifkin, J. 2000. *The Age of Access*. London: Penguin.

_____. 2002. *The Hydrogen Economy*. New York: Penguin.

Putnam Riles, A. 2001. *The Network Inside Out*, Ann Arbor University of Michigan Press.

Ring, J. 2000. *How the English Made the Alps*. London: John Murray.

Ritzer, G. 1992. *The McDonaldization of Society*. London: Pine Forge.

_____. 1997. '"McDisneyization" and "post-tourism": complementary perspectives on contemporary tourism', in Rojek, C., Urry, J. (eds) *Touring Cultures*. London: Routledge.

Roche, M. 2000. *Mega-Events and Modernity*. London: Routledge.

Rodaway, P. 1994. *Sensuous Geographies: Body, Sense and Place*. London: Routledge.

Rojek, C. 1993. *Ways of Escape*. Harmondsworth: Macmillan.

_____. 1997. 'Indexing, dragging and the social construction of tourist sites', in Rojek, C. and Urry, J. (eds) *Touring Cultures*. London: Routledge.

Rojek, C., Urry, J. (eds) 1997. *Touring Cultures*. London: Routledge.

Romano, N., Nunamaker, J. 2001. 'Meeting analysis: finding from research and practice' *34th Hawaii International Conference on System Sciences*, Hawaii.

Roos, P. J. 2001. 'Postmodernity and inobile communications', *http://www.vali.helsinki. fi.staffproos/mobelization.htm* (accessed April 1, 2005)

Root, A. 2000. 'Transport and communications', in Halsey, A., Webb, J. (eds) *Twentieth Century British Social Trends*. London: Macmillan.

Rose, N. 1996. 'Refiguring the territory of government', *Economy and Society*, 25: 327-56.

Royal Academy of Engineering 2005. *Transport 2050: The Route to Sustainable Wealh Creation*. London: Royal Academy of Engineering.

Ryan, L. 2004. 'Family Matters: (e)migration, familial networks and Irish women in Britain', *Sociological Review*, 52: 351-364.

Ryave, A., Schenkein, J. 1974. 'Notes on the art of walking', in Turner, R. (ed.) *Ethnomethodology*. Harmondsworth: Penguin.

Rycroft, R., Kash, D. 1999. *The Complexity Challenge*. London: Pinter.

Sachs, W. 1992. *For Love of the Automobile*. California: University of California Press.

Sager, T. 2006. 'Freedom as mobility: implications of the distinction between actual and potential travelling', *Mobilities*, 1: 463-86.

Samuel, R. 1994. *Theatres of Memory*. London: Verso.

Sardar, Z. 1996. alt.civilizations faq: cyberspace as the darker side of the west, in Sardar, Z., Ravetz, J. (eds) *Cyberfutures*. London: Pluto.

Sarker, S., Sahay, S. 2004. 'Implications of space and time for distributed work: an interpretive study of US-Norwegian systems development teams', *European Journal of Informtion Systems*, 13:3-20.

Sassen, S. 2000. *Cities in a World Economy*. London: Pine Forge.

_____. 2002. 'Locating cities on global circuits', in Sassen, S. (ed.) *Global Networks, Linked Cities*. London: Routledge.

Schafer, A., Victor, D. 2000. 'The future mobility of the world population', *Transportation Research A*, 34: 171-205.

Scanlan, J. 2004. 'Trafficking', *Space and Culture*, 7: 386-95.

Scannell, P. 1996. *Radio, Television and Modern Life*, Oxford: Blackwell.

Scharff, V. 1991. *Taking the Wheel: Women and the Coming of the Motor Age*. New York: Free Press.

Schivelbusch, W. 1986. *The Railway Journey. Trains and Travel in the Nineteenth century*. Oxford: Blackwell.

Schroeder, J. 2002. *Visual Consumption*. London: Routledge.

Schultz, P. 2003. *1000 Places to See Before You Die*. New York: Workman Publishing.

Schwartz, B. 2004. *The Paradox of Choice*. New York: HarperCollins.

Schwartzman, H. 1989. *The Meeting*. New York and London: Plenum.

Scott, J. 1997. *Corporate Business and Capitalist Classes*. Oxford: Oxford University Press.

_____. 2000. *Social Network Analysis*. A Handbook. London: Sage.

Sen, A. 1999. *Development as Freedom*. Oxford: Oxford University Press.

Sennett, R. 1977. *The Fall of Public Man*. London and Boston: Faber and Faber.

_____. 1994. *Flesh and Stone*. New York: Norton.

_____. 1998. *The Corrosion of Character*. New York: W. W. Norton and Co.

Serres, M. 1995. *Angels. A Modern Myth*. Paris and New York: Flammarion.

Setright, L. 2003. *Drive On! A Social History of the Motor Car*. London: Granta.

SEU 2002. *Making the Connections: Transport and Social Exclusion* www.cabinet-office. gov.uk/seu/publications

Seufert, A., Krogh, A. von, Bach, A. 1999. 'Towards knowledge networking', *Journal of Knowledge Management*, 3: 180-90.

Sheller, M. 2003. *Consuming the Caribbean*. London and New York: Routledge.

_____. 2004a. 'Automotive emotions: feeling the car', *Theory, Culture and Society*, 21: 221-42.

_____. 2004b. 'Demobilising and remobilising the caribbean', in Sheller, M., Urry, J. (eds) *Tourism Mobilities: Places to Play, Places in Play*. London and New York: Routledge.

_____. 2006. 'Mobility, freedom and public space', paper presented to the Mobilities in Transit Symposium, Trondheim, June.

Sheller, M., Urry, J. 2000. 'The city and the car', *International Journal of Urban and Regional Research*, 24: 737-57.

_____. 2003. 'Mobile transformations of "public" and "private" life', *Theory, Culture and Society* 20: 107-25.

_____. (eds) 2004. *Tourism Mobilities: Places to Play, Places in Play*. London: Routledge.

_____. (eds) 2006a. *Mobile Technologies of the City*. London: Routledge.

_____. (eds) 2006b. 'The new mobilities paradigm', *Environment and Planning A*, 38: 207-26.

Sherry, J., Salvador, T. 2002. 'Running and grimacing the struggle for balance in mobile work', in Brown, B., Green, N., Harper, R. (eds) *Wireless World*. London: Springer.

Shields, R. 1991. *Places on the Margin*. London: Routledge.

_____. 1997. 'Ethnography in the crowd: the body, sociality and globalization in Seoul', Focaal, 30/31: 23-8.

Shilling, C. 2005. *The Body in Culture, Technology and Society*. London: Sage.

Shove, E. 2002. *Rushing Around: Coordination, Mobility and Inequality*. Lancaster: Department of Sociology, Lancaster University, http://www. comp.lancs.ac.uk/sociology/papers/Shove-Rushing-Around.pdf(02/11), (accessed 18.11.04)

Shove, E., Pantzar, M. 2005. 'Consumers, producers and practices', *Journal of Consumer Culture*, 5:43-64.

Simmel, G. 1990. *The Philosophy of Money*. London: Routledge.

_____. 1997. *Simmel on Culture*. Frisby, D., Featherstone, M. (eds) London: Sage.

Skeggs, B. 2004. *Class, Self, Culture*. London: Routledge.

Sklair, L. 1995. *Sociology of the Global System*, 2nd edn. Hemel Hempstead: Harvester.

Slater, D. 2001. 'Markets, materiality and the new economy', paper given to Geographies of New Economies Seminar, Birmingham, UK, October.

Smart, C., Neale, B. 1999. Family Fragments. Cambridge: Polity.

Smith, A. 1986. 'State-making and nation-building', in Hall, J. (ed.) *States in History*. Oxford: Blackwell.

Solnit, R. 2000. *Wanderlust. A History of Walking*. New York: Penguin.

Sontag, S. 1979. *On Photography*. Harmondsworth: Penguin.

Southerton, D. 2001. 'Squeezing time: allocating practices, co-ordinating networks and scheduling society', *Time and Society*, 12: 5-25.

Southerton, D., Shove, E., Warde, A. 2001. *Harried and Hurried: Time Shortage and Coordination of Everyday Life*. Manchester: CRIC Discussion Paper 47, University of Manchester.

Soysal, Y. 1994. *Limits of Citizenship*. Chicago: University of Chicago Press.

Spillman, L. 1997. *Nation and Commemoration*. Cambridge: Cambridge University Press.

Spitulnik, D. 2002. 'Mobile machines and fluid audiences: rethinking reception through Zambian radio culture', in Ginsburg, F., Abu-Lughod, L., Larkin, B. (eds) *Media Worlds: Anthropology on New Terrains*. Berkeley and Los Angeles: University of California Press.

Spring, U. 2006. 'The linear city: touring Vienna in the nineteenth century', in Sheller, M., Urry, J. (eds) *Mobile Technologies of the City*. London: Routledge.

Standage, T. (2004), 'Virtual meetings—being there', *The Economist* 5/3. http://www.ivci.com/international videoconferencing news_051304.html,(accessed January 15, 2005)

Staubmann, H. 1997. 'Self-organization of the economy: a system-theoretical reconsideration of Georg Simmel's Philosophy of Money', in Eve, E., Horsfall, S., Lee, M. (eds) *Chaos, Complexity and Sociology*. London: Sage.

Stephenson, M. 2006. 'Travel and the "freedom of movement": racialised encounters and experiences among ethnic minority tourists in the EU', *Mobilities*, 1: 285-306.

Stem, N. 2006. *Stern Review. The Economics of Climate Change*. (http:// www.hm-treasury. gov.uk/independent_reviews/stem_review_economics_climate change/stemreview_index. cfm accessed 6.11.06)

Stradling, S., Meadows, L., Beatty, S. 2002. 'Behavioural research in road safety: tenth seminar' (accessed on January 4, 2002, DTLR web site)

Sudjic, D. 1999. 'Identity in the city', The Third Megacities Lecture, The Hague (http:// www.megacities.nl/lecture_3/lecture.html, accessed 7.3.06)

Sum, N-L. 2004. The paradox of a tourist centre: Hong Kong as a site of play and a place of fear, in Sheller, M., Urry, J. (eds) *Tourism Mobilities: Places to Play, Places in Play*, London: Routledge.

Surowiecki, J. 2004. *The Wisdom of Crowds*. New York: Little, Brown.

Sutton, R. C. 2004. 'Celebrating ourselves: the family reunion rituals of African Caribbean transnational families', *Global Networks*, 4: 243-58.

Switzer, T. 2002. 'Hungarian spas', in Anderson, S., Tabb, B. (eds) *Water, Leisure and Culture*. Oxford: Cowley.

Symes, C. 1999. 'Chronicles of labour: A discourse analysis of diaries', *Time and Society*, 8: 357-80.

Szerszynski, B. 1997. 'The varieties of ecological piety', *Worldviews: Environment, Culture, Religion*, 1: 37-55.

Szerszynski, B., Urry, J. 2006. 'Visuality, mobility and the cosmopolitan: inhabiting the world from afar', *British Journal of Sociology*, 57: 113-32.

Taylor, J. 1994. *A Dream of England*. Manchester: Manchester University Press.

Tester, K. 1994a. 'Introduction', in Tester, K. (ed.) *The Flâneur*. London: Routledge.

_____. (ed.) 1994b. *The Flâneur*. London: Routledge.

The Economist 2005. 'Change is in the air', *The Economist*, March 25.

Thomas, C. 2002. *Academic Study into the Social Effects of UK Air Travel*. London: Freedom-to-Fly.

Thomsen, T., Nielsen, L., Gudmundsson, H. (eds) 2005. *Social Perspectives on Mobility*. London: Ashgate.

Thompson, J. 1995. *The Media and Modernity*. Cambridge: Polity.

Thrift, N. 1990. 'The making of a capitalist time consciousness', in Hassard, J. (ed.) *The Sociology of Time*. London: Macmillan.

_____. 1996. *Spatial Formations*. London: Sage.

_____. 1999. 'The place of complexity', *Theory, Culture and Society*, 16:31-70.

_____. 2000. 'Performing cultures in the new economy', *Annals of the Associa tion of American Geographers*, 90: 674-92.

_____. 2001. 'Still life in nearly present time: the objects of nature', in Macnaghten, P., Urry, J. (eds) *Bodies of Nature*. London: Sage.

_____. 2004a. 'Driving in the city', *Theory, Culture and Society*, 21: 41-59.

_____. 2004b. 'Movement-space: the changing domain of thinking resulting from the development of new kinds of spatial awareness', *Economy and Society*, 33: 582-604.

_____. 2004c. 'Remembering the technological unconscious', *Environment and Planning D*, 22: 175-90.

_____. 2004d. 'Intensities of feeling: towards a spatial politics of affect', *Geografiska Annaler Series B*, 86: 57-78.

_____. 2007. *Non-Representational Theories*. London: Routledge.

Thrift, N., French, S. 2002. 'The automatic production of space', *Transactions of the Institute of British Geographers New Series*, 27: 309-35.

Toiskallio, K. 2002. 'The impersonal flâneur: navigation styles of social agents in urban traffic', *Space and Culture*, 5: 169-84.

Torpey, I. 2000. *The Invention of the Passport*. Cambridge: Cambridge University Press.

Townsend, A. 2004. *Mobile Communications in the 21st Century City*. http:// urban.blogs. com/research/Townsend-TheWireless World-Book Chapter. PDF (accessed 30.7.05)

Truch, A., Hulme, M. 2004. 'Exploring the implications for social identity of the new sociology of the mobile phone', paper given to The Global and the Local in Mobile Communication: Places, Images, People, and Connections Conference, Budapest, June 10-11.

Tully, C. 2002. 'Youth in motion: communicative and mobile. A perspective from youth sociology', *Young*, 10: 19-43.

Turkle, S. 1996. *Life on the Screen*. London: Weidenfeld and Nicolson.

Tzanelli, R. 2004. 'Constructing the "cinematic tourist": the "sign industry" of the Lord of the Rings', *Tourist Studies*, 4: 21-42.

UDHR 1948. *Universal Declaration of Human Rights*. New York: United Nations.

UNDP 2004. *Human Development Report*. New York: UN.

Urry, J. 2000. *Sociology Beyond Societies*. London: Routledge.

_____. 2002a. 'The global complexities of September 11th. Theory', *Culture and Society*, 19: 57-70.

_____. 2002b. 'Mobility and proximity', *Sociology*, 36: 255-74.

_____. 2002c. *The Tourist Gaze*. Second Edition. London: Sage.

_____. 2003a. *Global Complexity*. Cambridge: Polity.

_____. 2003b. 'Social networks, travel and talk', *British Journal of Sociology*, 54: 155-75.

_____. 2004a. 'Connections', *Environment and Planning D: Society and Space*, 22:27-38.

_____. 2004b. 'Small worlds and the new "social physics"', *Global Networks*, 4: 109-30.

_____. 2004c. 'The "system" of automobility', *Theory, Culture and Society*, 21: 25-39.

_____. 2004d. 'Death in Venice', in Sheller, M., Urry, J. (eds) *Tourism Mobilities: Places to Play, Places in Play*. London: Routledge.

_____. 2005. *Complexity. Special issue of Theory, Culture and Society*, 22: 1-274.

US Department of Transportation 1999. *Effective Global Transportation in the Twenty First*

Century: A Vision Document. US Department of Transportation: 'One Dot' Working Group on Enabling Research.

Van der Veer, P. 1995. *Nation and Migration: The Politics of Space in the South Asian Diaspora.* Philadelphia: University of Pennsylvania Press.

Van Vree, W. 1999. *Meetings, Manners and Civilization.* London and New York: Leicester University Press.

Van Wee, B., Rietveld, P., Meurs, H. 2006. 'Is average daily travel time expenditure constant? In search of explanations for an increase in average travel time', *Journal of Transport Geography*, 14: 109-22.

Vaughan, A. 1997. *Railway Men, Politics and Money.* London: John Murray.

Verstraete, G. 2002. 'Railroading American: Towards a material study of the nation', *Theory, Culture and Society*, 19: 145-59.

_____. 2004. 'Technological frontiers and the politics of mobility in the European Union', in Ahmed, S., Castaneda, C., Fortier, A-M., Sheller, M. (eds) *Uprootings/ Regroundings: Questions of Home and Migration.* New York and London: Berg.

Verstraete, G., Cresswell, T. (eds) 2002. *Mobilizing Place, Placing Mobility.* Amsterdam: Rodopi.

Vertovec, S. 2004. 'Cheap calls: the social glue of migrant transnationalism', *Global Networks*, 4: 219-24.

Vidal, J. 2002. Stuttering start for the revolutionary car that some say will save the planet, *the Guardian*, October 17th.

Vigar, G. 2002. *The Politics of Mobility.* London: Spon.

Vilhelmson, B., Thulin, E. 2001. 'Is regular work at fixed places fading away? The development of ICT-based and travel-based modes of work in Sweden', *Environment and Planning A*, 33: 1015-29.

Virilio, P. 1986. *Speed and Politics.* New York: Semiotext(e)

_____. 1997. *The Open Sky.* London: Verso.

Visconti, L. 1971. *Death in Venice.* Warner Bros Film.

Walby, S. 1990. *Theorizing Patriarchy.* Oxford: Blackwell.

_____. 1997. *Gender Transformations.* London: Routledge.

_____. 2005. 'Measuring women's progress in a global era', *International Social Science*Journal, 184: 371-87.

Walby, S. 2008. *Globalization and Inequalities.* London: Sage.

Waldrop, M. 1994. *Complexity.* London: Penguin.

Wallace, A. 1993. *Walking, Literature and English Culture*, Oxford: Clarendon Press.

Wallerstein, I. 1996. *Open the Social Sciences. Report of the Gulbenkian Commission on the Restructuring of the Social Sciences.* Stanford: Stanford University Press.

Walter, T. 1981. 'Family car', *Town and Country Planning*, 50: 56-8.

Walters, W. 2006. 'Borders/control', *European Journal of Social Theory*, 9: 187-203.

Warde, A., Martens, L. 2000. *Eating Out*. Cambridge: Cambridge University Press.

Warhol, A. 1976. *The Philosophy of Andy Warhol. From A to B and Back Again*. New York: Harcourt.

Watson, P. 2003. 'Targeting tourists, not terrorists: why airport security is a charade', http://english.pravda.ru/columnists/2003/01/08/41736.html (accessed October 30, 2006)

Watters, E. 2004. *Urban Tribes: Are Friends the New Family*, London; Bloomsbury.

Watts, D. 1999. *Small Worlds*. Princeton: Princeton University Press.

Watts, D. 2003. *Six Degrees. The Science of a Connected Age*. London: Heinemann.

Watts, L. 2006. 'Travel times or "journeys with Ada', paper presented to Stakeholders Workshop, Department for Transport, London http://www. transport.uwe.ac.uk/research/projects/travel-time-use/papers.htm(accessed 30.10.06)

Weber, K., Chon, K.S. 2003. *Convention Tourism: International Research and Industry Perspectives*. London: Haworth Press, Inc.

Weber, M. 1948. *From Max Weber. Essays in Sociology*. London: Routledge and Kegan Paul.

Wellman, B. 2001. 'Physical place and cyber place: the rise of networked individualism', *International Journal of Urban and Regional Research*, 25: 227-52.

_____. 2002. 'Little Boxes, glocalization, and networked individualism', in Tanabe, M., Van den Besselaar, P., Ishida, T. (eds) *Digital Cities II: Computational and Sociological Approaches*. Berlin: Springer.

Wellman, B., Haythornthwaite, L. (eds) 2002. *Internet in Everyday Life*. London: Blackwell.

Wellman, B., Hogan, B., Berg, K., Boase, J., Carrasco, J-A., Côté, R., Kayahara, J., Kennedy, T., Tran, P. 2005. Connected lives: the project, in Purcell, P. (ed.) *Networked Neighourhoods*. Berlin: Springer.

Wenger, G. C. 1997. 'Nurturing networks', *Demos Collection*, 12:28-9.

Wenger, W. 1998. *Communities of Practice*. Cambridge: Cambridge University Press.

Werbner, P. 1999. 'Global pathways: working class cosmopolitans and the creation of transnational ethnic worlds', *Social Anthropology*, 7: 17-35.

West, N. 2000. *Kodak and the Lens of Nostalgia*. Charlottesville: University of Virginia Press.

Weston, K. 1991. *Families We Choose: Lesbians, Gays, Kinship*. New York: Columbia University Press.

Whatmore, S. 2002. *Hybrid Geographies: Natures, Cultures, Spaces*. London: Sage.

Whitelegg, J. 1997. *Critical Mass*. London: Pluto.

Whitelegg, J., Haq, G. (eds) 2003. *The Earthscan Reader in World Transport Policy and Practice*. Earthscan, London.

Whitelegg, J., Hultén, S., Flink, T. (eds) 1993. *High Speed Trains*. Hawes, Yorkshire: Leading Edge.

WHO 2004. *World Report on Road Traffic Injury Prevention*. Geneva: World Health Organization Publications.

Whyte, W. 1988. *City*. New York: Doubleday.

Williams, A. 2006. 'Enfolded mobilities: international migration and mobility in the knowledge economy', paper given to Space and Mobility in the Knowledge-based Economy Workshop, Lancaster, September.

Williams, R. 1972. 'Ideas of nature', in Benthall, I. (ed.) *Ecology. The Shaping Enquiry.* London: Longman.

_____. 1988. *Border Country.* London: Hogarth Press.

_____. 1990. *Notes on the Underground. An Essay on Technology, Society and the Imagination.* Cambridge, Mass: MIT Press.

Wilson, A. 1992. *Culture of Nature.* Oxford: Blackwell.

Wilson, E. 1995. 'The invisible Maneur', in Watson, S., Gibson, K. (eds) *Postmodern Cities and Spaces.* Oxford and Cambridge: Blackwell.

Wittel, A. 2001. 'Towards a network sociality', *Theory, Culture and Society,* 18: 31-50.

Wolff, J. 1993. 'On the road again: metaphors of travel in cultural criticism', *Cultural Studies,* 7: 224-39.

Wong, Y. S. 2006. 'When there are no pagodas on Pagoda Street: language, mapping and navigating ambiguities in colonial Singapore', *Environment and Planning,* 38: 325-40.

Wood, D., Graham, S. 2006. 'Permeable boundaries in the software-sorted society: surveillance and the differentiation of mobility', in Sheller M., Urry, J. (eds) *Mobile Technologies of the City.* London: Routledge.

Wordsworth, W. 1876. The Prose Works, vol. 2. London: E. Moxon.

_____. [1844] 1984. *The Illustrated Wordsworth's Guide to the Lakes.* London: Book Club Associates.

World Travel and Tourism Council 2006. *Media and Resources Centre* http://www.witc. org/2004tsa/frameset2a.htm (accessed 7.3.06)

Young, M., Willmott, P. 1962. *Family and Kinship in East London.* Harmondsworth: Penguin.

Zerubavel, E. 1982. 'The standardisation of time: a socio-historical perspective', *American Journal of Sociology,* 88: 1-23.

Zimmerman, M. 1990. *Heidegger's Confrontation with Modernity.* Bloomington: Indiana University Press.

Zohar, D., Marshall, 1. 1994. *The Quantum Society.* New York: William Morrow.

Zukin, S. 2003. 'Home-shopping in the global marketplace', paper presented to 'Les sens du mouvement' colloquium, Cerisy-la-Salle, Normandy, June.

논문

Adey P (2010) *Aerial Life: Spaces, Mobilities,* Affects. London: Wiley.

Adey P and Bissell D (2010) Mobilities, meetings, and futures: An interview with John Urry. *Environment and Planning D: Society and Space* 28: 1-16.

Adey P, Bissell D, Hannam K, Merriman P and Sheller M (eds) (2014) *The Routledge Handbook of Mobilities*. London: Routledge.

Bauman Z (2000) *Liquid Modernity*. Cambridge: Polity.

Benko G and Strohmayer U (eds) (1997) *Space and Social Theory: Interpreting Modernity and Postmodernity*. Oxford: Blackwell.

Boden D and Molotch H (1994) The compulsion to proximity. In: Friedland R and Boden D (eds) *Now/Here: Time, Space and Modernity*. Berkeley: University of California Press.

Braidotti R (1994) *Nomadic Subjects: Embodied and Sexual Difference in Contemporary Feminist Theory*. New York: Columbia University Press.

Büscher M and Urry J (2009) Mobile methods and the empirical. *European Journal of Social Theory* 12(1): 99-116.

Büscher M, Urry J and Witchger K (eds) (2011) *Mobile Methods*. London: Routledge.

Castells M (1996) *The Power of the Network Society*. Oxford: Blackwell.

Canzler W, Kaufmann V and Kesselring S (eds) (2008) *Tracing Mobilities: Towards a Cosmopolitan Perspective*. Farnham: Ashgate.

Costall A (1995) Socializing affordances. *Theory and Psychology* 5: 467-81.

Cresswell T (1997) Imagining the nomad: Mobility and the postmodern primi tive. In: Benko G and Strohmayer U (eds) *Space and Social Theory: Interpreting Modernity*. Oxford: Blackwell.

Cresswell T (2006) *On the Move*. London: Routledge.

Cwerner S, Kesselring S and Urry J (eds) (2009) *Aeromobilities: Theory and Methods*. London: Routledge.

Dennis K and Urry J (2008) *After the Car*. Cambridge: Polity.

Edensor T (1998) *Tourists at the Taj: Performance and Meaning at a Symbolic Site*. London: Routledge.

Elliott A and Urry J (2010) *Mobile Lives*. London: Routledge.

Featherstone M, Thrift N and Urry J (eds) (2004) *Automobilities*. London: Sage.

Gibson J (1979) *The Ecological Approach to Visual Perception*. Boston, MA: Houghton Mifflin.

Gregory D and Urry J (eds) (1985) *Social Relations and Spatial Structures*. Basingstoke: Macmillan.

Hollinshead K (2016) A portrait of John Urry– harbinger of the death of distance. *Anatolia* 27(2): 309-316.

Jensen OB (2013) *Staging Mobilities*. London: Routledge.

Jensen OB (2014) *Designing Mobilities*. Aalborg: Aalborg University Press.

Kaplan C (1996) *Questions of Travel*. Durham: Duke University Press.

Keat R and Urry J (1975) *Social Theory as Science*. London: Routledge.

Lash S and Urry J (1987) *The End of Organized Capitalism*. Cambridge: Polity.

Lash S and Urry J (1994) *Economies of Signs and Space*. London: Sage.

Latour B (1999) On Recalling ANT. In: Law J and Hassard J (eds) *Actor Network Theory and After.* Oxford: Blackwell.

Law J (1994) *Organizing Modernity.* Oxford: Basil Blackwell.

Lefebvre H (1991 [1974]) *The Production of Space [Le production de l'espace].* Oxford: Blackwell.

Macnaghten P and Urry J (1998) *Contested Natures.* London: Sage.

Massey D (1984) *Spatial Divisions of Labour.* Basingstoke: Macmillan.

Massey D (1991) *A global sense of place.* Marxism Today 35(6): 24–29.

Massey D (1994) *Space, Place and Gender.* Cambridge: Polity.

Prigogine I (1997) *The End of Certainty.* New York: The Free Press.

Sheller M (2014) The new mobilities paradigm for a live sociology. *Current Sociology Review* 62(6): 789-811.

Sheller M and Urry J (2000) The city and the car. *The International Journal of Urban and Regional Research* 24: 737-757.

Sheller M and Urry J (2003) Mobile transformations of 'public' and 'private' life. *Theory, Culture & Society* 20(3): 107-125.

Sheller M and Urry J (2006) The new mobilities paradigm. *Environment and Planning A* 38(2): 207-226.

Sheller M and Urry J (2016) Mobilizing the new mobilities paradigm. *Applied Mobilities* 1(1): 10–25. DOI: 10.1080/23800127.2016.1151216. Available at: http://www.tandfonline.com/doi/pdf/10.1080/23800127.2016.1151216 (accessed 8 August 2016).

Thrift N (2008) *Non-Representational Theory: Space, Politics, Affect.* London: Routledge.

Urry J (1981) *The Anatomy of Capitalist Societies: The Economy, Civil Society and the State.* London: Macmillan.

Urry J (1990) *The Tourist Gaze.* London: Sage.

Urry J (2000a) Mobile sociology. *The British Journal of Sociology* 51: 185-203.

Urry J (2000b) *Sociology Beyond Societies.* London: Routledge.

Urry J (2003) *Global Complexity.* Cambridge: Polity.

Urry J (2004) The system of automobility. *Theory, Culture & Society* 21(4/5): 25-39.

Urry J (2007) M*obilities.* Cambridge: Polity.

Urry J (2011) *Climate Change and Society.* Cambridge: Polity.

Urry J (2013) *Societies Beyond Oil.* London: Zed.

Urry J (2014) *Offshoring.* Cambridge: Polity.

Urry J, Elliott A, Radford D and Pitt N (2016) Globalisation's utopia? On airport atmospherics. *Emotion, Space and Society* 19: 13-20.

인터뷰

Adey P, 2008, "Airports, mobility, and the calculative architecture of affective control"

Geoforum 39 438-451.

Adey P, 2009, "Facing airport security: affect, biopolitics, and the preemptive securitisation of the mobile body" *Environment and Planning D: Society and Space* 27 274-295.

Baerenholdt J, Haldrup M, Larsen J, Urry J, 2004 *Performing Tourist Places* (Ashgate, Aldershot, Hants)

Barnes T, 2004, "Placing ideas: genius loci, heterotopia and geography's quantitative revolution" *Progress in Human Geography* 28 565-595.

Bauman Z, 2000, *Liquid Modernity* (Polity, Cambridge)

Bissell D, 2009a, "Visualising everyday geographies: practices of vision through travel-time" *Transactions of the Institute of British Geographers*, New Series 34 42-60.

Bissell D, 2009b, "Vulnerable quiescence: mobile timespaces of sleep" *Cultural Geographies* 16(4) forthcoming.

Bissell D, 2010, "Passenger mobilities: affective atmospheres and the sociality of public transport" *Environment and Planning D: Society and Space* 28(2) forthcoming.

Boden D, 1994 *The business of talk* (Polity, Cambridge).

Brennan T, 2004 *The Transmission of Affect* (Cornell University Press, Ithaca, NY).

Brown B, Laurier E, 2005, "Maps and journeys: an ethnomethodological investigation" *Cartographica* 4(3) 17-33.

Büscher M, Urry J, 2009, "Mobile methods and the empirical" *European Journal of Social Theory* 12(1) 99-116.

Cortright J, 2008 *Driven to the Brink: How the Gas Price Spike Popped the Housing Bubble and Devalued the Suburbs* CEOs for Cities, Chicago, IL.

Cresswell T, 2006a, "The right to mobility: the production of mobility in the courtroom" *Antipode* 38 735-754.

Cresswell T, 2006b *On the Move: Mobilities in the Modern Western World* (Routledge, London).

Cronin A, 2006, "Advertising and the metabolism of the city: urban space, commodity rhythms" *Environment and Planning D: Society and Space* 24 615-632.

Cwerner S, Kesselring S, Urry J, 2009 *Aeromobilities* (Routledge, London).

Dennis K, Urry J, 2009 *After the Car* (Polity, Cambridge).

Featherstone M, Thrift N, Urry J (Eds), 2004, "Cultures of automobility", special issue of *Theory, Culture and Society* 21 (4/5) 1-284.

Fujii J, 1999, "Intimate alienation: Japanese urban rail and the commodification of urban subjects" *differences* 11(2) 106-133.

Giddens A, 1984 *The Constitution of Society* (Polity, Cambridge).

Hannam K, Sheller M, Urry J, 2006, "Mobilities, immobilities and moorings" *Mobilities* 1(1) 1-22.

Harrison P, 2007, "'How shall I say it ... ?' Relating the nonrelational" *Environment and Planning A* 39 590-608.

Harrison P, 2008, "Corporeal remains: vulnerability, proximity, and living on after the end of the world" *Environment and Planning A* 40 423-445.

Harvey D, 2005,"The sociological and geographical imaginations" *International Journal of Politics, Culture, and Society* 18(3/4) 211-255.

Jain J, Lyons G, 2007, "The gift of travel time" *Journal of Transport Geography* 16(2) 81-89.

Jensen O B, 2009, "Flows of meaning, cultures of movementsöurban mobility as meaningful everyday life practice" *Mobilities* 4(1) 139-158.

Katz J, 1999 *How Emotions Work* (University of Chicago Press, Chicago, IL).

Keat R, Urry J, 1975 *Social Theory as Science* (Routledge, London).

Kraftl P, Adey P, 2008, "Architecture/affect/dwelling" *Annals of the Association of American Geographers* 98 213-231.

Larsen J, Urry J, Axhausen K, 2006 *Mobilities, Networks, Geographies* (Ashgate, Aldershot, Hants).

Lash S, Urry J, 1987 *The End of Organized Capitalism* (Polity, Cambridge).

Lash S, Urry J, 1994 *Economies of Signs and Space* (Sage, London).

Latour B, 1999 *Pandora's Hope: Essays on the Reality of Science Studies* (Harvard University Press, Cambridge, MA).

Laurier E, Lorimer H, Brown B, Jones O, Juhlin O, Noble A, Perry M, Pica D, Sormani P, Strebel I, Swan L, Taylor A,Watts L,Weilenmann A, 2008, "Driving and passengering: notes on the ordinary organisation of car travel" *Mobilities* 3(1) 1-23.

Lyon D, 2004, "Globalizing surveillance" *International Sociology* 19(2) 135-149.

Lyons G, Urry J, 2005, "Travel time use in the information age" *Transportation Research A: Policy and Practice* 39(2/3) 257-276.

Massey D, 2005 *For Space* (Sage, London).

Mokhtarian P, Salomon I, 2001, "How derived is the demand for travel? Some conceptual and measurement considerations" *Transportation Research Part A: Policy and Practice* 35 659-719.

Mol A, Law J, 2001, "Situating technoscience: an inquiry into spatialities" *Environment and Planning D: Society and Space* 19 609-621.

Said E, 1994 *Culture and Imperialism* (Vintage, London).

Savage M, 2009, "Contemporary sociology and the challenge of descriptive assemblages" *European Journal of Social Theory* 12(1) 155-174.

Sheller M, 2004, "Automotive emotions: feeling the car" *Theory, Culture and Society* 21(4/5) 221-242.

Sheller M, Urry J, 2006, "The new mobilities paradigm" *Environment and Planning A* 38 207-226.

Taleb N, 2008 *The Black Swan: The Impact of the Highly Improbable* (Penguin, London).

Thrift N, 2004, "Driving in the city" *Theory, Culture and Society* 21(4/5) 41-59.

Urry J, 2000 *Sociology Beyond Societies* (Routledge, London).

Urry J, 2003 *Global Complexity* (Polity, Cambridge).
Urry J, 2004, "Small worlds and the new 'social physics'" *Global Networks* 4(2) 109-130.
Urry J, 2006, "Travelling times" *European Journal of Communication* 21 357-372.
Urry J, 2007 *Mobilities* (Polity, Cambridge).
Zureik E, Salter M (Eds), 2006 *Global Surveillance and Policing: Borders, Security, Identity* (Willan, Cullumpton, Devon) ß 2010 Pion Ltd and its Licensors.

모빌리티

2022년 2월 28일 초판 1쇄 발행

지은이 | 존 어리
옮긴이 | 김태한
감수 | 건국대학교 모빌리티인문학연구원
펴낸이 | 노경인 · 김주영

펴낸곳 | 도서출판 앨피
출판등록 | 2004년 11월 23일 제2011-000087호.
주소 | 우)07275 서울시 영등포구 영등포로 5길 19(37-1 동아프라임밸리) 1202-1호
전화 | 02-336-2776 팩스 | 0505-115-0525
전자우편 | lpbook12@naver.com
블로그 | blog.naver.com/lpbook12

ISBN 979-11-90901-79-6